Encuentro del Imperio español y el Imperio chino:
Manila en los siglos de XVI y XVII

# スペイン帝国と中華帝国の邂逅

十六・十七世紀のマニラ

平山篤子 著

法政大学出版局

本書の出版にあたって，スペイン教育文化スポーツ省の「グラシアン基金」より
2010 年度の助成を受けた．

La publicatión de este libro ha sido realizada gracias a la subvención del Programa
“Baltasar Gracián” del Ministerio de Educación, Cultura y Deporte de España en 2010.

# 目次

# 序章　本書の課題と構成

〈本書の課題〉

今日、「地球一元化」と考えられる現象は多方面で顕著である。未だ定義として定まったものはないが、従来ならある地域内で動いていた、主としてヒト・モノ・カネ・情報がフロンティアをやすやすと超えて行くのを一般的には指していると考えられる。この動きに対応する歴史叙述法として地球規模で歴史的動態を俯瞰する歴史観が提唱され、「帝国」論や「経済史」の視点から多様な研究が世に問われている。焦点は複数の地域や国家間の権力構造や権力の関係性、モノ・カネの動きに置かれ、それらの諸点から「地球一元化」とは何かを思弁している。モノ・カネ等は、その動きや量について何らかの痕跡を残す可能性が大きく、客観的なデータ化に適し、またデータ解析の手法が確立されていると言える面がある。他方、「地球一元化」は時代と地域の要請がヒトの運動となってある一定の方向性を帯び、それに従ってヒトが動き、繋いでいく運動だとも言えるのではないだろうか。「移動」するヒトは、他地域へ自己の文明を持ち込むことで文明間のフロンティアを形成し、何らかの現象を生じさせていたはずである。しかし、それは「普通のヒト」の移動・邂逅・対立・共存であるゆえに、そこでヒトが何を感じ、どのように振る舞ったかについては、何が実証的なデータとなり得るのかも不明である。惹起された環境は、人間の行動に影響を与えるであろうが、その環境の形成には人間の自由意志が重大な影響を与える。(1) その意味でヒトの邂逅は「地球一元化」現象の根幹に関わっていると言えよう。

本書は、スペイン史、具体的には十六・十七世紀のスペインによる海外発展史が持つ一つの特性、もしくは「帝国理念」に着目し、その特性が地球一元化における「ヒトの移動と邂逅」の検証をある程度可能にするとの見通しに立って、「ヒトの移動と邂逅」の一場面を描く試みである。

ところで、十六・十七世紀のスペインの運動は、「地球一元化」という歴史観で照射するといかなる位置づけになるのであろうか。モンゴル史の第一人者の一人、杉山氏は「超広域をカバーする歴史主体が出現し、彼らの活動が、自然発生に任せたのでは直接的関係が成立しがたい地域を繫ぐ役割を果たし、その一大画期を作ってきた」と指摘し、歴史上その最初の最も顕著な動きは、モンゴル帝国の出現であるとする。同帝国によって十三〜十四世紀のアジア史は、アジアの大半とヨーロッパの一部を領有する超広域ユーラシア帝国、従来からある繫がりを加えればアフロユーラシア世界を緩やかながらも一つに繫ぎ止める状況が形成されたとの理解に基づく。(2) この観点に立てば、その後に来た大きな画期が「発見の時代」である。ポルトガルとスペインの運動は、旧大陸と新大陸、ユーラシア世界西端とインドからユーラシア世界の東端、新大陸とユーラシア世界の東端が直接的関係で結ばれる端緒をつけ、その関係を維持したと理解できるからである。

こうした文明の邂逅と関係については既に多くの研究が積み上げられてきている。だが、本書が取り上げようとする場面は、従来ほとんど注目されてはこなかったのではないだろうか。ヨーロッパを中心に据えた視点から「世界史」が語られてきた状況では、ヨーロッパのちょうど裏側にあたり、新大陸とユーラシア世界の東端は共に周辺部に位置することになるからだ。スペインが太平洋横断で結び、その結びつきが惹起した現象は関心の外に置かれてきたと言えよう。スペインが太平洋を越えた意味に注目されることは少なく、ましてスペインがフィリピーナス諸島に陣取った意義が深く問われることもなく、カトリック宣教史の一幕として言及されるのがせいぜいであったのではないだろうか。この評価は当のスペインにおいても変わらない。同諸島に金銀はほとんど産出せず、むしろその流出口であったこと、および同諸島から制御しようとしたモルッカ諸島では、本国の意図どおりにことは運ばなかったことに主因がある。つまり、本国王権の視点からは、王会計が同諸島経営に投入した資金は回収できず、「赤字植民地」と位置づけられ、本国と同諸島との通信文から両者の関係を辿るならば、新大陸で得た収入を同諸島に注入し続けた光景しか見えてこない。米西戦争で敗戦し、アメリカに奪取されたことも帝国の栄光に負の記憶を呼び起こすものであろう。アンソニー・パグデンは二〇〇八年上梓の著作でも、スペインは同諸島を「キリスト教宣教」の目的でのみ領有したと言い切っており、本国の同諸島に対する観念は概ねこの言葉に集約される。

他方、明国が一つの中心をなす東アジアの政治理念、華夷秩序の枠内では、呂宋と呼ばれた同諸島は、夷が陣取る周辺の周辺として公式史に僅かに言及されるに過ぎない。かくのごとく、いずれの文明の中心からもフィリピーナス諸島にスペイン人が陣取ったことは軽視され続けてきた。

ところが、地球一元化の指標とも言える四要素、ヒト・モノ・カネ・情報に注目して同地を考察するならば、まずモノ・カネに関して同諸島、特にマニラは非常に活発な動きを擁したことを近年の諸研究はデータ化し、明らかにしつつある。第一章や第六章で先行研究を整理して提示するように、特にマニラを通過した銀とシルクの量は莫大であり、それらは長期的にはユーラシア世界の東端部と西端部の内部構造に変革を惹起し、他方東半球と西半球の関係を変え、近代ヨーロッパを今日の地位へ導く要因となったとまで言われる[3]。そしてこの環境を作り、支えたのはヒトであり、ここに「ヒトの邂逅」が明らかに存在する。スペイン史の特性に注目してマニラという地を凝視するならば、データ化や実証の難しい地球一元化における「ヒトの移動と邂逅」の局面として検証するのに適した場であると、以下二点から考えられる。

第一は、同諸島は世界を代表する二つの文明が対称の関係で直接邂逅した場であると言える。スペイン人はフィリピーナス諸島を「領有・支配」したのであるから、支配対象・関心の焦点は現地住民にあると了解されてきた。だが、同諸島の特性は、同地で行われた莫大な交易にあり、それは主として大陸から来る華人とスペイン人の間で行われた。スペイン人はもちろん現地住民に支配者意識を向けていたが、第Ⅱ部で詳述するように華人との交易こそが同諸島の生命線であったことから、華人に極めて大きな関心を払っている。それは同諸島を対象にして発出された法の約半分が華人を対象としていることからも傍証可能である。一方、華人・中華大陸の歴史や文明については彼ら自身に非常に多くの研究蓄積がある。新大陸の住民とスペイン人の「邂逅」の検証では、前者の証言が極めて少ないこととは大きく異なる。また第一章で言及するごとく、明・清朝の支配下に生きたマカオのポルトガル人とスペイン人の立場の比較では、後者の自律性は大きい。つまり華人とスペイン人の関係には、他の邂逅にはない対称性があると言え、ヒトの邂逅を検証するに際して、この意味は深い。

第二は、コロンブス以来、スペイン人の海外発展の主たる関心はモノとヒトにあった。モノは文字どおり物的富への関心であり、ヒトへの関心は邂逅した民衆のキリスト教化である。ヒトへの関心は「インディアス問題」として、ラス・カサスやビトリアの議論に代表され、他者との正しい関係など対他者行動を思弁する歴史に一つの画期を作っているが、スペイン帝国の他者への関心こそはスペイン史最大の特性の一つであり、本書の中心課題である。

すなわち、カトリック宣教は、キリスト教が絶対的一神教であることから、自己に関してカトリックの本質と文化習慣の区別、他者に関しては被宣教者とその宗教が何であるかを正確に把握する必要があり、その把握に基づいて宣教活動は行われる。その意味で優れた文化人類学的著作が従来から宣教師の手になるのが珍しくないのは当然と言える。他方、スペイン人と新大陸の住民の関係は、一般には支配と被支配、文明と野蛮の構図で捉えられ、いわば非対称の関係で形成された。被宣教民を「白紙」と考えたことから、特に初期は被宣教者に対する観察が不十分なまま教化が行われた。それに対して、マルコ・ポーロの著作に強い関心を示したコロンブス以来、中華大陸とその住民には、理性的で高度な文明を持つ、ヨーロッパ人と対等な文明とヒトのイメージが向けられた。特に宣教師には、「キリストを知らないだけの、自己に等しい他者」との概念が優勢で、新大陸では実現できなかった使徒の時代のごとき理想的な宣教活動が可能な地であり、華人は理想的なカトリック信徒になると想念されていた。この経緯においては、フィリピーナス諸島は中華大陸への橋頭堡と捉えられ、宣教師は諸島にいながら関心の大半を大陸に向け、宣教実現に躍起になっていた。他方明国は、厳重な入国管理を行い、外国人の行動に目を光らせる等、新大陸の経験からはスペイン人が想像できない対応を見せ、これによってスペイン人の明国に対する関心は更に高まった。一五八〇年代のことだが、これは新大陸での自らの行動を規制する「他者に対する行動規範」が識者の間では認識された時期にあたり、その規範に基づき対チナ宣教論が議論されることとなった。

この一連の運動は、自己のイデオロギーの地球規模での標準化への意識と換言することができ、更に「対等の他者」に自己のイデオロギーをいかに宣撫するかの問題は、他者の本質への関心を必要とするゆえに、人間や社会集団の関係を作り上げる際の根本的問題を提起する。この点で、現代の「地球一元化」が惹起する問題と同質にして最初の議論であると言える。

以上が本書の場面設定の経緯である。スペイン人がフィリピーナス諸島を領有したことに始まるスペイン人と華人との邂逅を地球一元化の過程における一つの画期として位置づけ、スペイン人の言説、および両者の関わりにおいて惹起された事件を中心にして、「ヒトの移動と邂逅」を考察することを課題とする。

考察の対象を、マニラにおけるスペイン政庁設立の一五七一年から一六五〇年前後までとするのは、舞台である東アジアもスペインが位置するヨーロッパも共に十七世紀中期に時代の転換期を迎え、概ねこの時期を境として政治や経済的環境が大きく変化するため、それ以前と以後では諸条件が異なるからである。

「先行研究」に関しては、各章で提起する問題は当然多くの先行研究に負っているので、それについては個々の章で言及していく。問題意識に関しては従来のものとは異なるので、必ずしもこの限りではない。

## 〈本書の構成〉

本書は二部で構成される。二部を展開するのに先立ち、第一章でスペインの海外発展の特徴を整理・確認する。第I部では、スペイン人と華人が邂逅したごく初期におけるスペイン人の対チナ観を、カトリック宣教の手段に関して展開された議論を中心に考察する。それは総括的に「チナ事業」と当時呼ばれたものである。「チナ事業」とは、宣教のために明国入りを企図したが、フィリピーナス諸島在のスペイン人勢力ではその実行は不可能と認識された状況下、スペイン側が持ち得る手段を勘案し、スペインの帝国理念の実現に本国の軍事援助を訴えた議論が基本であり、その正当性に関する議論、手段としての軍事行動計画、軍事行動後の宣教と統治計画など一切を含めたものである。この問題に言及し、論文を残した三人の修道士の議論とそれにまつわる言説の分析によって、「対等の他者」と概念したチナと華人へのキリスト教というイデオロギー伝達に際して、正しい自他の関係を踏まえるならいかなる行動が可能と考えていたかを明らかにする。まず、第二章で「チナ事業」の概略を描き、第三章、第四章、第五章をこの事業に対する三人の論者の論文の考察にあてる。「チナ事業」への賛否を基準にして、彼らの主張は、帝国主義的なスペインとそれを否定するスペインとの関係で従来は捉えられる傾向にあったが、双方の議論は観念論に終わらず、人文主義の伝統の中で、明国や華人に対するスペイン人の現実認識に基づいたものであり、普遍的で深い現代性を持つことを本書では論証していく。新たな史料は僅かでしかないが、それらを踏まえた既知の史料の読み直しを通して、これらの検証を行う。

第Ⅱ部は、スペイン人とフィリピーナス諸島に生きた華人との関係を考察課題とする。スペイン人は、当然華人の背後に明国の存在を想定している。本書が取り上げる時期、二度にわたり大規模な華人の暴動がマニラを中心とする地域で惹起された。一六〇三年と一六三九～一六四〇年である。これらの暴動に言及する文献は近年増加している。特に前者は華人側にも史料が残ることから、東洋史の側から言及される機会も多い。概ねスペイン人の植民地支配が無慈悲なることを物語る代表的出来事として取り上げられ、その構造は支配—被支配のステレオタイプで描かれる。それに対し本書は、第六章でマニラを中心とするスペイン植民地における華人の位置づけを先行研究や史料の読み直しに基づいて整理、確認した後、第七章では第一次暴動、第八章では第二次暴動を取り上げ、特に二次にわたる暴動の原因と事後処理に焦点を当て、両暴動を比較の視点で叙述することで、従来注目されなかった局面を描き出す。つまり、華人とスペイン人の間に発生した暴動は、当然異常事態であり、通常は「戦略的共存」の維持を両者が企図して行動していること、スペイン人と華人の関係は、大局的にはスペイン人とインディオのように非対称な関係ではなく、邂逅後間もなくから「戦略的共存」関係に立ち入っていることを明らかにする。本稿では「戦略的共存」を、自己の利益は他者の存在に依存していることを認識し、長期的関係維持のために便宜供与を双方が意識する姿勢の意味で用いている。

第Ⅰ部と第Ⅱ部を時系列で照射すると、第Ⅰ部は本書が取り扱う時間の中では初期にあたり、スペイン人が「チナ」に対する概念と知識を少しずつ広げていく時期である。第Ⅱ部はその後、華人との交渉が増大し、「チナ」を代理する明国官僚との接触も多少できた時期にあたることから、第Ⅰ部、第Ⅱ部を比較考察する視点を維持し、スペイン人のチナ認識の経年変化、両者の間に維持される関係、惹起される事故や事件にスペイン人のチナ認識がいかなる影響を与えるのかに注視し、終章でそれを総括することとする。

ここで「華人」「明国」「チナ」の使い分けについて、一言付言しなければならない。スペイン人が中華大陸に起源すると考え、非常に大きな関心を払った人々、および自らの帝国が対峙し、交渉すべき相手として想念した中華大陸の政治実体をどう呼ぶかの問題である。まず、フィリピーナス諸島在の「チナ人」と呼ばれた商人や労働提供者を、現在使用される概念において「中国人」と呼べるのかには疑問がある。しかしながら、彼らの個々の出身地を特定する手段もない。またそもそも「中国」という呼称自体をこの時期に使えるのかという問題もある。それらの問題を勘案した上で、スペイン人がChinosと呼んだ人々を、その起源を厳密に問うことなく、「華人」という呼称で統一した。

中華大陸の政治実体は時の支配王朝によって、支配地域も異なれば、対外理念や外部勢力に対する認識も異なる。本書が取り扱う時代は概ね明朝の最後期にあたる点から、歴史上存在した政治実体自体を指す場合を「明国」と呼ぶことにした。他方、スペイン人がその実体についてどの程度認識していたかについては、時期によってかなり差がある。彼らの概念は地理的にも政治的にも実体の「明国」には遥かに及ばず、その全体像を捉え切れていないことは明らかである。従って、スペイン人がChinaと呼ぶ場合は「チナ」と記すことにする。

注

（1）参照、猪木武徳『文芸に現れた日本の近代』有斐閣、二〇〇四年、六―一一頁。

（2）杉山正明『モンゴル帝国と長いその後』講談社、二〇〇八年、三〇―三一頁。

（3）参照、羽田正『東インド会社とアジアの海』講談社、二〇〇七年。

# 第一章　スペイン・カトリック帝国[1]とフィリピーナス諸島[2]（一四五〇頃～一六五〇頃）

## はじめに

本章は、本論の議論の前提となる以下三点を整理し、論点を明確にすることを目的とする。

第一は、スペインがアジアに至った時期の諸島の実態、スペイン帝国のフィリピーナス植民地の統治体制、つまり第Ⅰ部、第Ⅱ部で取り扱う舞台についての概観である。

第二は、「モノ」に関する観点から見れば、マニラは明らかに地球が一元化するための一接続点であるが、その性質を先行研究の成果に基づき概観する。第Ⅰ部、第Ⅱ部の背景を明確にするためである。

第三は、「植民地の統治とは他者を一つの世界史上の個体としていかに捉え、理解したかの自意識の形態と表裏するもの」と松井透氏が指摘されるように、[3]統治理念や制度は、それぞれの国が自己意識に基づき行動する具体的結果であり、植民地という他者に対峙するにあたって援用された理論や言説は、個々の植民国の生き方と置かれた状況を反映するものである。従って、各国・各時代に「植民」や「進出」を支える特有の理念や方法があるのは当然である。その観点からスペイン帝国の海外における運動を他の同様の運動を行った国と比較の視点で整理する。その目的としたところを明確にするためである。

## 一　スペイン・カトリック帝国とフィリピーナス諸島

一四九二年コロンブスが西回りで大西洋を横断し、新たな世界と邂逅したことを受けて、翌年ローマ教皇アレクサンデル六世が教書 Inter Cœtera を発し、地球をポルトガル側に属する半球とスペイン側に属する半球に二分した。住民のキリスト教化を両国に委託する一方で、「発見した地」の領有・支配を認めたことは周知に属する。翌年のトルデシーリャス条約は、この二分線即ちデマルカシオンを「ベルデ岬から三七五レグア西」に修正、西半球では西経四六度三七分、東半球では一三三度二三分を通る経線とした。因みにこの経線は広島県福山辺りを通る。しかし太陽や北極星を基準に計測可能な緯度に対して、経度の厳密な測定は十九世紀まで不能で、(4) 特に東半球での境界線は極めて曖昧であった。この問題と、先発権の問題が、アステカ王国の征服間もない一五二五年という時期、スペイン国王をして東洋に向けた遠征隊を太平洋から乗り出させた。つまり東半球でのポルトガルとの境界は不明確ながら、マゼラン隊が四年前に到達した海域辺りと考えられたこと、同艦隊の生き残りが一五二二年に本国へ持ち帰った香料諸島産物の魅力はこの海域への具体的進出の必要を感じさせ、スペインの西進をいやが上にも促した。地域情報に辿り着いたとしても、実効支配のためにはデマルカシオン内での往復交通手段を確立しなければならない。セブ島―アカプルコ間の往復路を確立する一五六五年までの四十年間、アジアに拠点を築くべく艦隊派遣が繰り返された。(5) これは諸島領有が偶然の結果ではなく、東洋へ向かうという帝国の明確な意志の結果であることを示す。また、アンドレス・デ・ウルダネタは、艦隊をフィリピーナスに導き、翌年アカプルコまでの帰還水路を確保したことで、フィリピーナス諸島領有の最功労者である。彼の人生は、帝国の意志と、その事業が年月と経験の蓄積で成功に導かれる過程を端的に物語るものであり、(6) 同様の働きで貢献した多数の無名の人間を代表すると言える。(7) というのは、彼は初回派遣のロアイサ隊乗員で、一五二五年にモルッカ海域に至るも艦隊崩壊のため帰国できず、現地で十一年間ポルトガル側と対峙し続けた。サラゴサ協定締結を知り帰国した後、一五五五年メキシコ市でアウグスチノ会に入会していたが、知識と経験ゆえに請われて、一五六五年レガスピ隊の水先案内人として働いたのである。長年のモルッカ海域滞在は彼に同地域を知悉させ、この知識の蓄積が目的地への往復航路確保と領有を可能にしたのだ。[8][9]

スペインが定着を試みたセブ島やルソン島は小規模な部族社会で構成され、当時は静かな海域であったが、広く見渡せば、明朝が周辺諸国へ朝貢貿易関係を慫慂、奨励したことから、一四〇〇年代に活性化され始め、一五七〇～一六三〇年頃をピークとする非常に活発な商業活動圏内にあった。[10]つまり、明国の周辺地域が多くの朝貢品を明国に搬入し、明国から様々な産物を各地に持ち帰る、これが大動脈となり、各地域間の交易を刺激していたのである。また明朝に一五七〇年代に起きた大変化には、明帝室宰相に任じられた張居正の改革、一条鞭法の施行、税の一律銀納化がある。これらが明国内に爆発的な銀需要を喚起し、銀を外部から引き寄せる誘因となった。明国には、様々な物産の生産と流通の体制が出来ており、交易による外部からの銀吸引を可能にした。それがこの商業圏拡大を促したのである。[11]

地方、明朝が「海禁政策」を祖法とし、華夷秩序に基づく朝貢を唯一合法的な交易制度にしていたのは余りに有名で、だから交易は不自由だと訴えるポルトガル人やスペイン人の書簡は少なくない。実際には、ポルトガル人の来明時（一五一七年）にも、何らかの取引が成立したことが示すごとく、密輸という形で対外交易は行われていたし、十六世紀後半では福建省を中心とした地域から大量の移民が流出していた。[12]この現実と倭寇の原因除去という論理から「海禁」が一五六七年正式に止揚され、明朝は対外交易を関税方式と朝貢の二本立てに転換した。前者は華人に対してのみならず、一五八二年のスペイン人も経験したように外部船舶にも適用され、特に地方政府は、多大な収入となる外部からの来航者を歓迎していた。[13]一方、ヨーロッパ勢はシャムやカンボジアの朝貢船を「朝貢船」として記録しており、明朝の対外交易基本姿勢を一応認識していたことが確認できる。

スペイン人の諸島への来航は、明国や日本など東アジア地域の変革と時期が重なり、銀（貨）と明国産シルクが主たる媒体として、カビーテ港を「国際」港化することになった。更にスペイン人など非労働人口の増加が諸島内に大量の職を創出することになり、常に人口過剰の福建から華人を引き寄せた。マニラは漳州・廈門から海路にして三～七日の至近距離にあり、しかも銀貨が潤沢に流通する点で華人には非常に魅力的で、定期的来航者や定住者が急増し[14]、この時期東南アジアで「華僑」が最も多い地域になる。

## 1　領有と統治

### 〈領有〉

レガスピ隊のフィリピーナス諸島領有過程は比較的よく知られているが、二点確認すべき事柄がある。第一は、この水域を知るウルダネタは、サラゴサ協定によって同諸島はポルトガル側に属したと確信し、この認識はヌエバ・エスパーニャ副王周辺でも共有されていたことだ。植民化が軌道に乗るまで時間がかかった理由の一つである[15]。副王府は協定の侵犯を避ける解決法を見いだせず、事実ポルトガル人もスペイン人に諸島からの即刻立ち退きを再三求めていた。フェリーペ二世は領有宣言をしておきながら、エンコミエンダ分配等の勅書発出を一五六八年まで遅らせている。また、組織的な抵抗がなかったセブ・ルソン島では、領有の正当性を明確に証明できなかった[16]。マニラ市創設一五七一年、マニラ初代司教着座一五八一年、統治の補佐と裁判機能を有するアウディエンシア設立は一五八四年となり、本国が経営を本格化させるのは早くて一五八〇年代後半、むしろ大司教区設立の一五九三年以降と言える。一五八〇年のフェリーペ王のポルトガル王位継承が、王国合併を意味しないと確認されたにもかかわらず、スペイン側の対ポルトガル障碍を最終的に除去したと考えられ、統治機構整備への再出発点になったと見てよい。爾後支配体制整備に向かうが、ルソン島内でも一度も実効支配が及ばない地域が残ったことも確かである。

第二は、フィリピーナスの領有・植民化の過程は従来の征服事業に比して、流血と暴力の程度が低かったと言われる。事実かどうかの詮議は他に譲るとして、そう評される理由は複数ある。最も代表的な五点のみを指摘したい。ス

ペイン側の事情としては、

①　先遣都督《アデランタード》レガスピの遵法意識の高さ——レガスピの人柄と法律家であることが先遣都督への選任理由である。

②　「新しい領土の発見と植民・平定に関する法」の公布（一五七三年）——平定活動において慎重な手続きと行動を求めたフェリーペ王の指令である。[17]本国から最遠隔地に位置する地での同法の実効性自体は疑問だが、法律家を先遣都督に選任したことと併せ、対他者姿勢の一つの意志ではある。

他方、他者の侵入に対峙した諸島側にも、新大陸の例とかなり異なる点が認められる。

③　旧世界に属する諸島——新大陸で住民の生命を大量に奪った旧世界の伝染病は、当然旧世界の諸島住民には免疫があり、疫病による大量死は起きなかった。

④　対決より逃散——諸島住民が敵に対峙する姿勢は、食料になるものを全て焼き払った上で山中に逃散する作戦が主で、むしろ征服者側がこの作戦で困窮している。

⑤　社会的単位の小ささ——諸島全体の人口、社会的集団の単位が小さく、組織的な抵抗は小さい。[18]これは④と相まって侵入者との摩擦を局地的なものとし、大量殺戮が行われなかった。

また住民にとっては、単に徴税者の交替に過ぎず、大きな抵抗行動の動機とならなかったとも言われる。

他に新大陸との違いを挙げるなら、一つは悪名高いレパルティミエント制である。これは同名の従来の制度とは趣を異にし、言わば物品徴発に似た制度を指す。非常に僅かな対価で食糧を徴発する点で、人々の生きる手段を奪いかねず、住民の抑圧である点では変わりがないが、少なくともそのこと自体が人口やその構成に劇的な変化を招来しなかった。また、本稿が扱う時期には、金銀鉱山がほとんど開発されていなかったこと、外来者のスペイン人自体の社会が小さかったこと、以上が現地人が被った経済・環境面での変化を新大陸の場合より遥かに小さくしたと言われる。[19]十七世紀初頭三十年間に、現地人人口に減少傾向が見られるが、対オランダ戦争などの戦乱に対する労働力・兵力としての徴用、またミンダナオ方面からの襲撃者による誘拐とそれに対する逃散に主因があるとされる。実際一六四八年のオランダとの和平後、人口は増加基調に転じる。

〈統治〉

帝国の植民地機構上の同諸島の位置づけは、ヌエバ・エスパーニャ副王の下部である。経済・軍事面で副王に依存したが、統治では国王直属で、独立性は高い。

諸島の会計はフェリーペ二世により厳密に規定され、支出権は総督にのみ留保された。[20] 経済面でのヌエバ・エスパーニャ副王に対する依存は以下三点に纏められる。

① マニラ・ガレオンの運航――主導権は財力に勝るヌエバ・エスパーニャ副王が持つ。

② 税関のないマニラの政庁に代わってアカプルコが査定・関税の代収を行う。[21]

③ 諸島の維持費は、副王からの諸島への救援金。

救援金とは、フィリピーナス総督指揮下にあるモルッカ海域での勢力維持・救援、諸島自体の防衛と維持を支援するためヌエバ・エスパーニャ副王が臨時送金したもので、マニラの要求に応じて当初は随時送られていたが、一六〇四年制度化された。その資金源は②と副王府支出の合計であり、マニラ政庁の王会計は Siruado という科目で収入し、王会計収入の約三〇%を占めた。だが、②と③の分離計上は極めて困難とされる。[22] 関税収入額が不明とは奇異だが、これはマニラ・ガレオン運行主導権がメキシコ側にあったことと関係する。[23] これに限らず、ガレオン船運行の主導権をメキシコ側が握ることに対するマニラ側の不満は大きく、王権がその不満に応える勅書を繰り返し出していることからも継続的な問題であることが明らかになる。[24] このようにメキシコ側とマニラ側で利害の対立する問題も多かったが、双方が見解や嘆願を国王に送っており、結果はともあれ、マニラ側はインディアス枢機会議ないしは国王の直接決裁を受け、自らの利益のために国王と直接交渉できた。セビーリャのインディアス総文書館に現在保管されている文書には、総督の報告書簡に同枢機会議の担当官が決裁事項を端書きした文書が多数あるが、その端書きは双方の見解のやり取りを窺わせる。総督人事も国王の決裁事項で、臨時総督の例を除いて副王政府の人間が直接マニラの高官に横滑りすることは、少なくとも本稿で取り扱う時期には想像されるよりはるかに少ない。

他方、総督府の構造は、アウディエンシアが機能し始めると（一五八二年設置勅令、廃止期間（一五九〇〜一五九八年））、一〜四人の聴訴官が任命され、総督はその議長として、彼らの補佐を受けた。前線基地を持つ関係から、総督は軍務経験者が多い。対オランダ戦など軍事行動が多くなる十七世紀の二〇年代から総督の力が相対的に強まり、本国宛報告書の執筆者の多様性が著しく減少し、アウディエンシアの地位は低下する。兵員補充は副王領と本国双方から行われた。総督着任時に本国から一定の兵員を帯同した場合もある。

現地住民の管理統治は、基本的にはエンコミエンダ制を通して行われた。イスパニョーラ島で施行されて以来既に約三世代を経た制度であり、施行理念の第一義は住民のキリスト教化である。エンコミエンダ制は、諸島平定に参加した個人への割り当てに始まり（一五六八年）、一五七〇年にメキシコから来島した家族移民五〇組への割り当てを通して定着し、徴税の基本組織となった。エンコミエンダが擁する住民数は、基本的には三〇〇名から一五〇〇名程度であるが、その統廃合・増設は現地住民の増減その他の要因で常に起きている。住民からの徴税の正当性を巡る問題は領有後二十年に亘り、政庁の喉に刺さった骨の存在となり、第一回マニラ司教座会議の中心課題である。[25]

## 2　本国との通信と物流

フィリピーナス総督府は、太平洋、大西洋の二洋を隔てて本国に統治上の決裁・指示を仰いだが、これには経度にして二四〇度の距離を繋ぐ通信制度が必要になる。これを太平洋で担ったのは通称マニラ・ガレオンで、一八二一年の廃止まで、通常年一回アカプルコ－マニラ間を国王の費用負担で往復した。通常一月〜四月にアカプルコを解纜するとマニラ到着は四月末〜七月。他方マニラ解纜は六月初旬から遅くとも八月初旬、十二月頃アカプルコ到着となる。解纜日の遅れは嵐に遭遇する率をその日数に比例して高め、海難に繋がるので、解纜日の下限を定める法律まで制定され[26]、マニラでは総督、アカプルコでは副王がその日程を非常に気に掛けた。マニラを発した人と通信文は、アカプルコに着くとメキシコ市に一旦上がる。その後大西洋側の港のベラクルスへ下ると、ここからは年一回のフロータス[27]に加わる船を利用しカディスへ向かい、セビーリャを経て宛先へ送られる。インディアス枢機会議が、「見た」と書簡に書くのは、マニラを出た翌年の七月から十月が多いが、これらは事故に遭遇せず順調に到着した書簡である。カビーテ港を出航したものの、ウラカン[28]に翻弄されて二カ月前後、とりわけマリアナ群島付近を彷徨した後、諸島に舞い戻る船、そのまま海の藻屑になる船は稀とは言い難い。通信文は本国まで到着しても、様々な理由で宮廷到着に時間が掛かる場合もある[29]。返信や本国からの指令はこの逆のコースを辿るが、同じような危険に遭遇する[30]。

当時の大洋横断の動力源は基本的には季節風であるので、時季を逃せばこの便は使えない。季節風を失した緊急の通信への基本的な対処法は、十二月にマニラから船を西に向けインド・ゴア経由でアラビア半島に向かい、ホルムズからは陸路で通信文を送るものだ[31]。この経路はかなり早い時期からあったと見えるが、決定的なことは不明である。スペイン王がポルトガル王位を兼務して、マカオとマニラの心理的距離が縮まる時期には、通信文のインド経由は珍しくなくなる印象を受ける。オランダの脅威が大きくなる十七世紀に入ると逆のケース、マカオ発の通信文がメキシコ経由で本国宮廷に送られた例も多発する[32]。もっとも、インド経由の方が確実かつ安全かというと、必ずしもそうは言えず、翌年メキシコ経由で送られた書簡の方が先着する場合もあった。書簡は通常写しを複数作成、分散して発信された。フェリーペ二世は一五八九年の勅書で、これらの不確実性のゆえに総督にマニラの王会計から支出する裁量権を与える、と述べる[33]。ただ、通信の不安定さはマニラに限ったことではない[34]。もっとも諸島政庁の方が、この距離を利用していた場合もある。たとえばマニラのスペイン人が一六二〇年代末に対日関係で起こしていた事件の報告では、マニラ側文書が沈黙する事柄をオランダ側の史料が詳細に語る例もあり[35]、本国への報告が煩雑で、総督らに都合が悪くなれば、現地の事情に合わせて事件を処理していたことを示唆する[36]。

以上はマニラがスペイン本国と繋がるラインの概要であるが、当然のことながら、本国とアメリカ大陸を結ぶ相当太いラインの存在を前提として、マニラはアメリカに恒常的に繋がれた点は強調されるべきで、これに関し以下三点を指摘したい。第一、本国とアメリカ大陸を結ぶ幹線航海は、年二回の護送船団方式の船団運行で維持された。当初は八〇～一〇〇トン前後の船が年間二〇～三〇隻の規模で運行されるが、年間運行船舶数のピークは十六世紀末にあり、一三〇隻前後がアメリカに向かっている[37]。十七世紀は船舶数の点で少し低位で推移するが、安全と操舵人員の節約の面から大型化の造船技術や航海技術の進歩に負い、貨物の減少ではない[38]。従って、メキシコからフィリピーナス諸島に向かう試みは一五二〇年代に始まるが、現実より早い時期にアカプルコへの復路が発見さされていたとしても、一五七一年以降に確立されたような規則的なガレオン船運行が半世紀前倒し可能であったかどうかは疑問である。ヌエバ・エスパーニャ副王領が人的資源・組織力を蓄積し、本国と確実に繋がれていなければ行い得ない事業であるからだ。

第二は、ガレオン船運行の技術面である。造船技術の発展は船の大型化を可能にし、インディアス法が太平洋航路の用船を三〇〇トンと決めていたにもかかわらず、実際には一〇〇〇トンに達する船が就航していた。十六世紀末にはマニラでの就航船建造が普通になった。造船経費はメキシコの半額で済んだと言われる[39]。従って、一〇〇〇トン級の造船がどこででも可能な時代になっている必要があった。

第三は資金力である。一隻当たりの、糧秣まで含めた艤装、人件費など経費を正確に数量化することは今後の課題であるとしても、たとえばマニラ—日本間を就航した三〇〇トン程度の船を仕立てるのに三万ペソ以上を要していることから、相当の資金力を要することは明らかである。人件費に関しては、現地雇い下級船員の俸給が上昇せぬよう、強い圧力を掛けていたが[40]、この資金繰りはマニラでは正に自転車操業であった。アカプルコへ船が安着して、シルクがメキシコで売られ、その代金を乗せた船がマニラに帰着して初めてマニラの住民は翌年の資金を得る。それをもって華人からシルクを仕入れ、メキシコに送るというのがサイクルである。資金に余力のないマニラの王室金庫と全てを投資する傾向のスペイン人社会は、特にアカプルコ行きの船が一度失われると全てを失い、このサイクルの再構築は至難の業となる。難破が判明した時点で、個人資産や華人からの借財で小船を仕立て、アカプルコに差し向ける年があるが、何としてでも銀貨を調達しなければ、翌年からマニラ政庁を支える術はなくなるからである。マニラからの要請に応えて、ヌエバ・エスパーニャ副王は船を新たに仕立てることになる。さらにヌエバ・エスパーニャ副王領の購買力が基本となって成立する点である。運行資金と購買力の双方が揃って毎年の運行は初めて可能になるものだ。この点の重要性は第三節で言及する。

## 3　フィリピーナス総督府と内政

### 〈スペイン人と現地社会〉

スペイン人渡来以前からフィリピーナス諸島に文字文化は存在したが、記録型社会ではないので、このテーマに言及する研究はしばしば考古学的手法が必要になる。特筆すべき事柄は多々あるが、ここでは主題に直接関係する事柄の列挙に止めたい。

社会はバランガイと呼ばれる小規模な血縁を基礎にしている。これはカトリック化事業には不向きで、政庁が効率を求めて人口集約化を図った地域もあり、これもアメリカ大陸で用いられた手法である。現在の人口集中地域がこの集約地と重なる例が少なくない[41]。

他方、本稿で扱う時期、フィリピーナス諸島の社会構成はいかなるものであったのか。ドミニコ会士フアン・コーボが一五八九年に母修道院に送った報告書に拠れば[42]、特にマニラには多様な人がいた。公式には語られないポルトガル人も少なくなく、現地人に次いで華人が多く、日本人がそれに次いだ。日本人の数は当時それほど多いとは思えないが、日本に強い関心を持っていたコーボは彼らに注目したのであろう。アジア系ではシャム、カンボジア、ジャワの人間、他にはベンガルなどかなり西方の人々や「ターバンを巻いた人々」、更には「ギリシアから来たギリシア人」や「クレタ島から来たクレタ人」にも言及しており、公文書には現れない多様な人々が開放空間である諸島にはいた可能性を示唆する。他方でコーボが言及しないにもかかわらず、確実に存在したのは新大陸の先住民で、メキシコからの補充兵力のかなりを彼らが占めた(43)。彼らは諸島住民と同一視されていたので、コーボの関心を喚起しなかったのだろう。以上の多様な人間集団は、スペイン人到来当時の報告や華人の記録には現れないので、スペイン人の到来が喚起した現象と言えよう。

以上の人々に関して、史料から具体的数値が拾えるのはスペイン人、現地人、華人、日本人のものである。スペイン人は一五七一年に約二五〇人、一五八三年に五七七人を数えているが、人口が最大になった十七世紀初頭時点で三〇〇〇人程度である。しかし、これはルソン島とその近隣、その他のミンダナオやテルナテ等への駐留兵も含めた人数で、更に帳簿上の数である点に留意が必要である(44)。現地人に関しては約五〇〜六〇万人というのが、納税人口から算出される概数である(45)。当然これはエンコミエンダに編入された人々の数でしかない。教会教区の年次報告から人口を算出する方法もあるが、この場合もキリスト教化された人口である。華人に関しては、六万人という数字がこの時期史料に現れる最大値ではないかと考えられるが、諸島居住者数は、一〜一・五万人が馴染みの数値である。第六章で言及するように、滞留免許制で華人を管理しようとしたが、スペイン人・華人双方の便宜と季節的な変動、および開放性の地形から網羅的な人数捕捉はまず不可能で、正確な数は不明である(46)。日本人の場合は好戦性がしばしば指摘され、兵力としての有効性と暴発の危険があること、キリシタンが多いことが政庁の注意を引いていたので政庁側史料に人数が残るが、一六一九年頃の三〇〇〇人という数字を最大値として、最盛期で一五〇〇人程度と見るのが妥当であろう。徳川幕府の政策から一六三〇年代中期には急減する。

こうした人口構成の中で、スペイン人の他者観が社会生活にどのように反映されるのか。それは生活の場面や社会事象に従い変化するが、以下三つの捉え方が可能である。

① 社会生活面――スペイン人（ヨーロッパ人）と非ヨーロッパ人に二層化した社会。諸島には、この時期一定の家族移民がおり、混血する割合は比較的低かったと見られる。二層化は病院や孤児院など社会施設建設時に具体

化され、ヨーロッパ人対象のものと、それ以外、つまり現地人・華人・日本人・シャム人等々対象のものに峻別されている。

② 通婚関係――社会構造はスペイン人富裕層を中核に置いた同心円として描くことができる。スペイン人社会の周辺に位置する貧窮のスペイン人兵士には、現地人女性との通婚が奨励された。フェリーペ二世の勅書は、彼女らの持参金としてエンコミエンダ他の収入を手当てするように命じる。(47)

他方華人は、彼らの中で富裕層、古参層を中心にした別個の同心円状社会構造を持っていたと窺え、婚姻関係から見ると周辺部に現地人社会との厚い重複層が存在し、その層が十八世紀になるとメスティーソ層を形成、現地人と近いが、異なる意識を持つ層である。

③ 社会的信用――安全を保障しあう人間の区分は、基本的にはカトリックか否かが基準で、スペイン人以外への課税もそれに準じて行われる。帝国と教会の論理的関係については第三節で言及するが、基本的には教会は王権によって保護され、他方王権の統治や徴税の理論的裏付けは教会の使命遂行にあり、両者は補完関係にある。改宗者は司祭の指導下にあり、司祭は政庁の一翼である点から、教化された現地住民の信用度が最も高い。異教徒で、母国との関わりを疑念され、なおかつ数に頼むと考えられた華人は、信用度が最も低い。日本人は暴動を起こし、マニラ滞在を禁じられたこともあるが、少なくともキリシタンの割合が高く、華人とむしろ対立関係にあったので、華人暴動の非常事態時には政庁軍の強力な一翼となることを期待されていた。

〈カトリック化〉

住民のカトリック化がフィリピーナス諸島統治に持つ意味については、第三節で言及する。ここでは、その始まりの状況の確認に止める。

一五六五年レガスピと共にセブ島に上陸したアウグスチノ会によって宣教事業は着手された。その後、フランシスコ会が一五七七年、イエズス会とドミニコ会は一五八一年に到来しているが、概して人数は少ない。先行したアウグスチノ会でも、一五七六年時点でさえ一三名の会員を置くのみで、現地言語学習の進捗は例外を除いて遅々としていた。改宗者数の推移はこの事態を端的に反映して、領有後の最初の五年間は一〇〇人未満、受洗者の大部分が子供である。

その背景としては、以下二点を指摘できる。一般論として、一五七〇年代の新大陸は、初期の宣教熱が一段落し、新世界の人々に対する評価が大きく変化した時期である。新世界で宣教が始まった当初、その住民は旧世界の人間とは異なり、純粋無垢な魂を持つと考えられた。この思い入れと、一五二〇～一五三〇年代にエラスムスらが説いた教育の力に対する期待が、ヨーロッパ式高等教育を新世界で宣教事業の一環として行うよう導いた。しかし、成果は宣教師の期待どおりではなく、先住民に対する失望が大きくなり、その原因は被宣教民の資質に帰せられた。精神的資質を酷く低く評価した時期が一五七〇年前後である。先住民青年を対象とした高等教育機関トラルテロルコ学院（メキシコ）が存亡の危機に瀕し、辛うじて中等教育機関として存続が認められたのもこの時期である。[48]

フィリピーナス諸島住民を、その精神性・文明度において新世界住民と同等と位置づけた時点で、諸島住民への宣教熱を新たに喚起する要因は非常に少なくなった。彼らを公文書で「インディオ」と呼んだが、これも新大陸住民に彼らを擬した事実を示すと言えよう。そして、来島の宣教師の関心は同地を足場に明国に向かうことである。上記一三人のアウグスチノ会士の記録は、同会修道士の福州滞在を巡る出来事にかなりの部分が費やされているし、またフランシスコ会士の場合も、一五七七年の来島後、活動立ち上げも十分整わぬ前に、三度明国本土への入国を試みている。

グアテマラ司教のドミニコ会士レメサルは、その著書にフィリピーナスや「チナ」情報を記載しているが、前掲のファン・コーボや、一五九二年に一時帰国したミゲール・デ・ベナビーデスの報告が基本にある。宣教師は、本国に帰国した際、母修道院で新たな宣教師を募ることが多い。教化活動は王家の事業であり、渡航費と生活費は王の内帑金から支出されるので、その人数は国王の裁可によるが、その数だけ宣教に鼓舞された修道士を集めると、宣教団を組み宣教地に向かう。フィリピーナス諸島への赴任はメキシコ経由なので、同地に脱落者が残留する場合も珍しくない[49]。勅書が、国王の負担で渡航しながら目的地に向かわぬ者がいると指摘するのも、脱落者が例外的ではないことを物語る。

一五八〇年代後半になると、「チナ」情報が具体性を帯びたことで[50]、「チナ」を最終目的地として、諸島に赴任する宣教師数は増加した[51]。増加に正比例して諸島での受洗者数も増加する[52]。

教化方法は基本的には新大陸で制度化された方法の踏襲と、新大陸で惹起された不都合の回避である[53]。基本方針は、支配者階級の子弟にカトリック教理と初等教育を施す一方で、庶民層には教義の基本を覚えさせた。展開数と洗礼数でフランシスコ会の成果は他を凌駕したが、この点でも新大陸と状況は似る。

使用言語は、原則は現地語で、スペイン語化ではない。カテキズムの基本事項は宣教地の言語に翻訳され、教義のキーワードのみがスペイン語もしくはラテン語のまま教授された。新大陸での経験が、翻訳の危険性、もしくは教義が持つ概念を現地語では表現しきれない翻訳の限界のようなものを認識させていた時期にもあたる[54]。タガログ語版と漢語版は書物化され、一五九三年に初版が発売された。漢語版に関しては第六章で言及する。

フェランは、帝国が意図したフィリピーナス平定は、基本的には教化事業で、それが行政に拡大されたものと評し[55]、パグデンは、帝国が太平洋を渡ったのは宣教のためだけだった、と近著で言い切った[56]。これは太平洋を渡った大量のモノの動きを見落としているのだが、本国の意識と王会計の収支の点から見れば、頷けなくもない。現在の社会に継承される最も顕著な帝国統治時代の遺産が東南・東アジアで唯一のキリスト教国だということ、植民開始当時ほぼルソン島付近まで北上していたイスラームがミンダナオをほぼ北限としている等の事実は、善悪を別として、無視することはできない。また、信仰問題で故国を出た高山右近らを歓迎行事と年金給付をもって出迎え、他方徳川幕府との険悪な緊張関係の中、一六三二年長崎奉行が送りつけた一三〇余名のキリシタン・ハンセン病患者に生活上の保障を与える案を政庁が本国に提案、本国が積極的に承認したことは、政庁・本国双方が理念を強く意識していたことの証左と考えてよいのではないだろうか。[57]

〈王会計〉

重金主義の点から見て、フィリピーナス諸島は期待外れの地であった。砂金の存在、住民が金の鎖等を装身具として所持していたこと等は、スペイン人の蛮行を告発した一五八三年のマニラ司教の書簡からも知られる。[58] しかし十七世紀初頭には金銀鉱山の発見を促し、鉱山と鉱山労働者への優遇を謳う勅書が何通も存在する割には、[59] 具体的事例への言及はなく、鉱山開発は少なくとも本稿が扱う時期にはほとんど皆無であった。これは、諸島に対する本国の関心が薄い理由でもある。諸島が売れるものを生産したのは、十九世紀初頭にタバコと砂糖の消費が大衆化し、その栽培を開始した後のことで、この時期、産物による収入は微々たるものである。現地住民の生産性は、華人が必需品を諸島外から搬入したことで領有以前よりむしろ低下し、植民者や兵士など非労働人口を養うため、主食の米類まで外部調達に頼った。王会計から見る限り、支出が収入を上回る、赤字植民地である。

王会計が確保した恒常的収入は、主として以下四口である。第一はエンコミエンダである。エンコメンデロは、住民一家族当たり年八レアルを徴収した。[60] エンコミエンダには国王所有と個人や修道会所有があり、後者二者の場合、徴収金は、王会計四レアル、エンコミエンダ所有者二レアル、教化費用として二レアルを教会が収納した。一五九三年以降、ミンダナオ方面からの襲撃や他の外敵に対する防衛経費が嵩み、防衛目的税として二レアルがさらに徴収された。[61]

第二に、意図せずして重大な収入源となり、定着したのが、華人への種々の課税である。これについては第六章で詳述するので、ここでは割愛するが、代表的な税には、諸島で越冬する者に課す滞留税、一人当たり年額八ペソと、華人居住区に指定された区域内店舗の賃貸料六ペソがある。[62] 華人に由来するこれら税収は、現地人からのそれを上回るところとなり〔巻末の表を参照〕、王会計の最も安定した収入であることは既に一六〇三年に確認されている。[63]ただし改宗者には改宗後十年間これを免除するよう王勅は指示した。華人対象の種々の課税は諸島の特殊事情の反映と考えるべきか、ペルーなどで不法在留外国人から徴収した在留許可料と同一視すべきか否かは今後の検討課題である。

第三は、諸島に来航する船舶および搬入品への課税である。これについても第六章で詳述する。一五八三年から税率をスペイン人と差別化し、華人の搬入貨物には総額の三％を課税し始めた。これは爾後外国船に対して適用された税率であるが、[64]一六〇六年以降は華人に対してのみ課税率を六％とした。明朝が外国船に相当高率で課税することを知り、外国船への課税を差別化したとも言われる。

第四は、救援金（Siruado）である。その他に罰金なども財源とされた。

一方、支出の首位は何といっても戦費である。ヨーロッパでは宗教戦争、オランダ独立戦争が続いていたが、その影響は大きい。オランダ船は一六〇〇年以降、諸島海域を遊弋、マニラ湾封鎖やモルッカ諸島海域への攻撃、他方でマカオ攻略を行い、常に最大の脅威であった。[65]次いで大きいのはミンダナオやホロ等の現地人勢力との攻防である。これらに対する防衛、時に攻撃に打って出る費用が全支出の平均三〇％前後、状況の悪い年ではさらに突出した支出となる。そうなると王室金庫は払底し、戦費をスペイン住民や華人からの借金・醵金で凌ぐなど、惨めの一語に尽きる報告もある。

諸島特有の支出としては、対日関係の樹立と維持を目的とした日本の権力者への礼物と使節派遣費用である。[66]対日関係は、後述するごとくメキシコから送られる銀貨の増幅装置として、また有望な宣教地として極めて重要であった。最後の対日通商使節が一六二四年に持参した礼物は将軍家への献上分だけで七二五〇ペソ、他に派遣費用は約三万一六〇〇ペソに上る。

戦争、自然災害やガレオン船の難船が続くと、マニラの王会計は更なる出超に苦しみ、まず兵士の給与支払いが滞る。一六二〇年代、オランダの襲撃が続く頃には、兵士の給与水準が前任地メキシコのものより低くなる矛盾を総督が嘆くほどである。[67] ただし、住民の収入と王会計の状態は当然分けて考える必要があり、「破産」に瀕したと語られる時、それは王会計であり、上記のごとくスペイン人住民からの借金や醵金で凌いでおり、必ずしもスペイン人住民の懐具合ではない。もちろんスペイン人住民の資産もガレオン船運行の成否に大きく左右されたことは確かだが、公文書として残るのは国王の会計に関するものでしかない。この点が認識されないと、後述するような大規模な交易成立の情景が摑めないことになる。

他方、スペイン人の来島はこの地を消費地に変え、それに気づいた華人が少量多品種を搬入、その後需要に敏感に反応した品物を舶載し、[68] この時期ではシルクが主要交易品となった。シルクはマニラ・ガレオンの主要積載品であり、マニラ対日交易の主品目でもあったからだ。記録に残るものだけでも、ペルーのカジャオにシルク販売を企図して、マニラ総督は一五八一年船を送り、一五八七年にはペルーからマニラに来航してシルクを求めたことが知られる。インディアス法は、マニラ―アカプルコ以外の交易を禁じたが、正にこの禁令自体がアカプルコ以外との交易が行われたことを想起させる。これらが王会計の収入の増減にどう関わるかは、会計文書を子細に検討する必要があり、今後の課題となっている。

## 4　対外関係と対外観

一五八六年、フィリピーナス諸島のプロクラドールとして全権を委任されて本国に帰国したイエズス会士アロンソ・サンチェス神父は、この土地の統治は「敵に非常に近い地であるから」人間を五種に分けて対処する必要があると宮廷に提出した覚書で述べている。[69] 帝国が自己の領域と見なす範囲、他者領域と認識する範囲は総督らの書簡から窺える。書簡は、他者を遠近に分け、さらに自己と対等か下位かを区別して対応している。それに従えば、「領土」と帝国が確認する範囲は当然実効支配している地域、徴税可能地域となるが、それ以外に平定に非常に苦労していたミンダナオ、ホロ、テルナテ、ティドーレの地域が含まれる。毎年遠征隊を送り、守備隊を僅かでも置くのはヨーロッパの領土観に基づいたものと考えられるが、「支配」を最低限証拠づけるための努力である。

「他者領域」の認識は、扱う事柄、文書の書き手よって当然異なる。「チナ」以外の主要地域への眼差しを概観すると以下になる。

〈マカオ〉

マカオとマニラの関係は重層的で、経済面・政治面および感情面での遠近感は立場によって異なる。しかし何はともあれ、スペイン人から見て、マカオはチナとの関係を築く上でのモデルである。ポルトガル人は、十六世紀初頭より既に半世紀以上に亘って、ゴアとマラッカでは領土、マカオには居留地、日本、モルッカ諸島諸地域、シャムで交易関係を築き、他にビルマ、カンボジアにも拠点を得ていた。それらの拠点間で金銀やモノを動かすことで利益を上げる術を知り、すでに莫大な利益を上げていたので、スペイン人には羨望の眼差しを向けるべき対象であった。

フェリーペ二世のポルトガル王位継承が、両者の実質的関係をどの程度変化させたのかは史料からは計りかねる面が多い。スペイン側の一五八三年の文書に、マカオとの関係発展を願い、東アジアで協力関係を築けたと慶賀する文言もあるが[70]、それはマカオのネットワーク力や既得のノウハウを共有できるとスペイン人が我流で解釈したに過ぎない。同じ王を戴くという思いから生じる依存願望でもあった。他方で支配欲や対抗意識が強く、スペイン人は対チナ交渉の失敗を悉くマカオ側の工作に帰するなど、実にアンビバレントな感情も読み取れる。

他方、マカオにとり、マゼラン以来この海域にスペイン王の名で来る者は邪魔者で、他人の領域を侵害する者であり、特に対日や対チナ関係は収益が大きい分、参入を許してはならない者である。とりわけマカオの最良の交易先である日本にマニラが参入しようとした時は、マカオの聖俗会双方にスペイン人に対する激しい敵意を惹起した。その経緯は在日イエズス会士の書簡に詳しい[71]。また、スペイン人の書簡に拠る限りでは、彼らはマニラに来航したが、スペイン人がマカオに交易に向かうことを阻止する強い意志を示した。マカオに入港したスペイン船を、艀載のスペイン人資産と共に没取したこともあり、スペイン人が描くマカオのポルトガル人像は非常に険悪である。

ところが、マカオのポルトガル人がマニラで交易した量となると、感情的で拒絶的な書簡文言とは相関しない。一つはマカオ—マニラ間の交通の頻度である。マニラの会計文書を基にしたショーニュの研究は、両地点の交通量がそれほど多くないことを示す(72)。しかし、書簡に「マカオからの船」「マカオへ向かった船」が現れる回数はもっと頻繁との印象を受ける。この落差はインディアス法が両地点の交通を禁じていることに遠慮したというよりも、ショーニュの研究が会計文書に基づく点に原因があると考えられる。もし荷の出入りがない、あるいは政庁が「ない」とする、または政庁の調達物資で課税対象外とされればこの記録には残らない。現実には、一五八三年以降毎年マニラに来航した模様で、先のコーボの証言が正しいとすれば、マニラには少なからずポルトガル人がおり、公式記録に残らぬ現地同士の交流は常に想定すべきである(73)。後述するごとく、対マニラ交易で華人がポルトガル人と競合し、ポルトガル人に対する様々な不平をスペイン人に持ち込む事実から見ても、その関係は過小評価すべきではない。また、総督タボラの統治期(一六二六〜一六三一年)、双方の関係は明らかに良好であった。ショーニュのデータを時系列で並べれば、ポルトガル船のマニラ入港数がこの時期非常に多いことからもそれを証明できる。タボラなる姓はポルトガル系であるが、実際彼の父親はポルトガルでコメンダドールを務めた。彼の統治期に起きたスペイン人によるシャムでの朱印船焼き討ち事件では、既に幕府はスペイン人を日本から放逐していたので、当事者に処罰を下せず、関係が深いと考えられたポルトガル人とその船を長期に亘って平戸で抑留し、甚大な危害を加えた(74)。だがこの事件は、少なくともタボラの本国宛書簡に拠る限りでは、マカオ—マニラ間に深刻な問題を惹起していない。おそらくは総督が自己の人脈を使い、経済関係をマカオ側に有利に計らうこと等で代償を払ったのではないかと考えられる(75)。以上は、二つの地の関係は個人的関係に依存する部分が大きいと見るべき事例で、記録に残る政治的関係では推測しきれないことを示す。更に、カサードと呼ばれるマカオを本拠にするポルトガル人とポルトガル国王の官吏とではマニラに対する視線と感情は異なる点、および対オランダ戦での協力関係については第三節で言及する。

マカオがオランダ人から攻撃される道義的理由は、スペインと同じ国王を戴くカトリック国であるからだが、長崎でのポルトガル船抑留事件と同様、両者は望むと望まざるにかかわらず、外部からは一蓮托生と見られがちであった。

〈日本〉

日本人との関わりを、日本の為政者とマニラ総督の外交関係に限定するなら、その期間は一五九二年から一六二三年と短い。また、マニラ総督の行動は、スペイン国王の意思を代理する場合と、フィリピーナス諸島にいるスペイン人の利害を代表する場合があり、個々に考える必要がある。更に、マニラを拠点とする宣教師の行動は、自らの使命感と修道会の利害に従ったと言うべきで、必ずしもスペイン国王の意思を代表したものではない。従って、マニラ総督府に関与したスペイン人や宣教師の行動を、即日本とスペイン帝国の関係として捉えることには大きな問題がある。

総督が外交関係として日本人に言及する初出は、スペイン船が倭寇と一五八二年にカガヤンで交戦した事件であろう。その後一五八五年、政庁はマニラに漂着した日本人を救助した。この時は外交関係が不明なこと、およびポルトガル人への遠慮から、総督は日本人をマカオ経由で日本に送還した。

宣教対象として日本に具体的に言及したマニラに関わるスペイン人は、一五八四年平戸に漂着したフランシスコ・マンリケである。他方、マニラ司教ドミンゴ・デ・サラサールは、一五八五年マニラに宣教師派遣を求めた日本人の一団の願いを代弁して、国王宛の書簡を残す[76]。当時は対チナ政策が国王の決断、指示待ちの時期にあたり、宣教師の熱意が宙に浮いた形になっていたので、チナと共に「第一級野蛮国[77]」と形容された日本に対する関心が非常に高まったのも偶然ではない。そしてマニラから実際に日本へ宣教に向かったのは一五九二年、フランシスコ会士である。これはポルトガル系イエズス会に日本宣教を限定した一五八五年の教皇教書を無視した行動である。爾後スペイン系托鉢修道会は、イエズス会に独占的日本宣教を認めた教書に対して執拗な抗議を行い、その結果、托鉢修道会参入禁止の項目は段階的に緩和され、一六〇八年全面撤廃、マニラ側からの宣教活動は合法化された。マカオ経由のイエズス会士が日本の為政者と融和的にことを進めようとしたのに対して、マニラ経由の宣教師は、ある種の挑戦的な態度を為政者に対してとる傾向があった点は否めない。

宣教と通商は、聖・俗二本の道が絡み合いつつ豊臣秀吉へと至る。日本側当事者は秀吉の没後、徳川家康、秀忠、家光と交替していくが、国内統治の完成を有利に展開する意図との関係で、禁教令を出しながらも対外交易に大きな関心を示した秀吉・家康に対し、内政確立期の秀忠・家光は、海をも支配する陸の支配者、典型的な東アジアの支配者としての性格を示した。宗教宣撫という主張を持った他者の存在を許さず、主張と商売を分離できないスペイン人を早期に排除した[78]。幕府による社会秩序の構築期にあって、信仰の社会化を求め、それに殉ずる日本人を生むカトリックの本質が日本社会に与える意味に幕府は当然気づいていたであろう。他方、スペイン人は、日本側のカトリックに対する厳しい姿勢が本気であることを看取できても、自分たちに向けられる嫌悪感の意味は理解できなかった。「仏僧がセビーリャの路傍で説教をすれば、汝らはどう思うか考えてみてほしい」と秀吉や家康が極めて相対化した論理で宣教活動の停止を求めた時、宣教師は自分の神を日本の邪神と比較するなどあり得ない暴論と驚き、「奇妙な論理で自分たちを煙に巻く」と捉えた[79]。だが、スペイン人に対する日本側の妥協のない姿勢は、マニラ側に非常に大きな衝撃を与えた。なぜなら、対日関係は以下三点でマニラにとり極めて重要であったからだ。

第一に、宣教地としての質の高さである。来世観が広く行き渡る精神構造、外来の思想に敬意を払う社会傾向、および戦国織豊から徳川政権への大変革期という状況は宣教師を受容する環境を呈した。入信のケースは多様だが、数的には多数であり、殉教にも耐えた。このことは殉教可能な地としてもカトリック世界で関心を集め、当代一流の劇作家ローペ・デ・ベーガの *Triunfo de la Fe*（信仰の勝利）なる演劇にも結実している[80]。従って、スペイン人がモノの交換のみに徹し、宣教師を徹底制御する道を選択すれば、少なくとも後十余年の交易続行は可能であったかも知れない。しかし、それは良心の問題であり、スペイン人に宣教師を排除する選択はなかった。実際、マニラのためにその道の選択を考えた総督はいたがこれを非難する宣教師の声が力を持つのがスペイン帝国である。

第二は、マニラのスペイン人の資金増幅装置である。漳州・廈門発ジャンクの五〇％はフィリピーナスとボルネオ向けだったが、フィリピーナス向け荷物には対日再輸出品が含まれる。アカプルコから来た銀貨でもって、銀を高く評価する明国華人から品質に比して安価なシルクを購入し、それを銀が安く、シルクの高い日本で販売すれば、単なる交易の利幅以上の利益を得ることができる。しかも対日交易は、王権の課税対象ではなかった。(81) 対日交易がマニラのスペイン人に持つ意味はここに集約される。

日本側がマニラと断交する一六二四年に至るまでの数年間、マニラ側が交易継続を求めて必死の努力を重ね、上述の朱印船焼き討ち事件の処理交渉では、日本側が対マニラ交易を再開するならば、マニラは賠償・謝罪共に行う用意があると総督が述べたことは、どれほどマニラが対日交易を望んでいたかを示す事例と言える。(82)

第三は、十七世紀に入ってから浮上したものだが、日本をマニラからアカプルコへ向かう際の中継地とするものだ。この航路はマニラを出ると一気に北緯三三度辺りまで北上し、その後東進する。日本はその航路の僅か北にあり、寄港によるロスはほぼ皆無であった。それゆえ、日本で新鮮な食料・薪炭が補給できれば、過積載の危険は半減する一方、商売も可能で一石二鳥と考えられた。だが、これが油断ならない危険と隣接することも前例が示していた。(83) 結論に至る前に日本から放逐されることになる。

日本を征服の対象とする見方は、管見の及ぶ限りではごく早期に消え失せた。むしろマニラ政庁は日本からの侵略を恐れた。秀吉のマニラ総督宛朝貢勧告や、日本との関係断絶後の一六三一年に板倉氏が送った船を、マニラは非常に緊迫した状況で迎えている。(84) 対日交易はスペイン船が出向く方式と決定された主因は、日本が関税を徴収しない以外に、防衛能力の弱いマニラにできるだけ日本船を寄せ付けたくなかったからだ。

〈モルッカ諸島〉

東アジアへの到着を非常に急いだ最大の理由は、香料諸島をポルトガルが完全に手中に収めぬうちに一部でも得たいと望んだからだ。モルッカ海域を含むアジア貿易の構造については、既に多くの研究があり、ヨーロッパ勢の同海域における活動の主要目的地として語られている。[85] ここでは、マニラ政庁にとり、この地がどのような意味を持ったのかについてのみ確認することとしたい。セブ島ないしはルソン島を領有したことで、スペイン人はモルッカ諸島に手が届くようになった。しかし同海域の島を支配下に置くことが、東アジアにスペインが来航した動機の一つではあっても、果たしてマニラ政庁の利益になったかどうかの判断は難しい。歴代の総督が多額の費用をかけ、ほぼ年中行事のようにモルッカ遠征に向かっているが、陣地を取り返したと思えば、次の航海可能な季節までには奪回される有様である上、一六三〇年以降は特にオランダとの確執の場となった。スペイン人は自己の既得権と見なすことを守るために、複数戦線の維持を余儀なくされ、兵の消耗も当然激しい。従ってマニラの人的資源と王会計に大きな負担を与え続けたことは紛れもない事実であり、それに見合う収穫を得たかには疑問が残る。維持費が高いことは明らかでも、放棄の決断を下せる者はおらず、一六八一年に同諸島の根拠地を完全にオランダに奪われるまで関与し続けている。

〈来島以降の地域認識〉

これは東南アジアのほぼ全域を含む。一六三〇年代では、マニラ発の宣教範囲は海南やコーチシナにも広がる。史料に最も頻繁に現れるのは台湾・シャム・カンボジアである。[86] 台湾は主として、①住民のキリスト教化、②日本やその他の地域への交通要衝の地、③大陸への橋頭堡として、十六世紀末から政庁の視野に入ってくる。特に②の観点からタボラ総督は、他のヨーロッパ諸国との競合における台湾の地政学的重要性を認識して、一六二六年に台湾領有に向け軍事行動を起こす。オランダとポルトガルも同島に注目、台湾島内で一時期双方なけなしの戦力を振り絞って陣地争奪戦を争っている。一六四〇年代以降マカオも対日交易から閉め出されていくのでその意義は薄れ、最後にオランダが一部を占領するが、彼らは鄭成功との確執に破れている。この間、ドミニコ会士が①と③の目的で入った。台湾から大陸への入国機会を窺い、大陸から追放されると台湾への退却を繰り返した。ただ同島への補給線の伸長は最早マニラ政庁には過重に過ぎた。積極的な関心を示す機会は次第に減少する。

他方、対シャム関係は、政庁役人の書簡に拠る限りでは、かなり高圧的な姿勢で維持されている。一六二四年、スペイン船の横暴な振る舞いが原因となって、メナム川で同船がシャム側から襲撃されたが、イエズス会士を使者にして謝罪要求を行う一方で、報復措置と称して明国向けシャム朝貢船をフィリピーナス諸島沖で襲撃、しかもそれを文書で「懲罰」と呼ぶ。(87) これは、管見による限りでは、対日関係等では使われない文言である。物産の豊かさや金の安さゆえに、ポルトガル人は早くから彼らとの関係を持ち、オランダ人も商館を置く。その結果、一六二〇年代初期からヨーロッパ諸国同士の確執がこの地で展開される事態も見える。宣教地としては、ポルトガル側の宣教師が早くから入っていたが、その成果には見るべきものはなかった模様で、それをアロンソ・サンチェス神父の書簡が白日に晒した。(88)

カンボジアは、真臘と呼ばれて日本からも多くの朱印船が通った地で、豊かな資源の存在が認識されていた。史料に見える限りでは、カンボジア王が内紛やシャムとの戦争で劣勢に立たされた一五九三年、マニラに救援を求めたことでマニラとの関係が始まっている。しかし、造船用木材が枯渇したマニラの造船基地の代替として同地に着目し、実際に船を竣工した総督タボラの例を除き、マニラ政庁には政庁として関与する資金的・人的余裕がないことから、宣教師と個人が個人資金で関与した。(89) タボラは他にもコーチシナやトンキンなどにも目を向け、政庁の必需品調達、および地域内交易に強い関心を示したが、例外的な総督である。これについては第三節で言及する。ただし、諸島が開放空間であり、交易の記録や国王官吏の書簡が諸島の経済活動を決して網羅していないことを常に念頭に置くべきで、需給関係があれば、交易は常に成り立っていたことを忘れるべきではない。

勅書が、現地報告を踏まえた上とは言え、積極的な征服行動を促すのは、ミンダナオと台湾である。(90) ミンダナオも自己の「領内」として、守備隊を置いたが、結果から見るならば、諸島の安全保障ゆえに死守すべきと考えたことが、この海域にあって逆に自己を疲弊させる原因であったとも言える。誰かの支配領域という概念は、この世界にも明らかに存在したが、「境界」概念はヨーロッパとは異なっていた。比較優位の主権者を状況の中で認識しつつも、双方が境界を曖昧にすることで摩擦を回避する文明世界とも言え、それはスペイン人には未知の世界だった。「領土」を獲得し、境界を明確にして自らを守るというヨーロッパ的概念は、マニラの王会計から見る限りでは、この海域において独りよがりの自滅的行為の側面が強い。同様の例は、後にインドに来たイギリスと周辺国との関係、「境」を巡る概念の相違がイギリス側に困惑と軍事行動を惹起した事実にも見られ[91]、第七章で扱う一六〇三年の暴動の間接的原因になった漳州のマンダリンの行動とスペイン人の反応にも窺える。

以上は、スペイン帝国のフィリピーナス植民地獲得の経緯と、その経営初期の状況、および帝国が周辺地域に向けた関心の概略である。フィリピーナス諸島獲得は偶然の結果ではなく、チナもこの海域での活動途中に「発見」されたものでもない。チナに対する認識は極めて観念的なものでしかなかったとしても、少なくとも宣教という一点では、フィリピーナス諸島の領有がチナ宣教に結びつくことを当初から十分認識しており、東アジアと関係を築くという明確な意志を持って帝国は太平洋を渡ったのである。チナとモルッカ諸島が来島以前からの関心事であり、華人との交易が当事者らの想像を遥かに超えた収益を上げたことが、足下の諸島への関心を奪い、その開発や経営に集中できなかった大きな理由である。換言すれば、新大陸—中華大陸間の交易場として、諸島で扱われたモノ（シルクと銀）の量は膨大であり、その量が当時の人々の認識を超える地球規模での変動を惹起する程度に達していたとすれば、フィリピーナス諸島の交易当事者、華人・スペイン人双方がこの交易に熱中したのは当然と言えるかも知れない。重金主義的立場から言えば、一五八六年頃、王が不機嫌に「それは我々のあり方ではない」と述べるごとく[92]、正に帝国からの銀の流出口であった。

カトリック宣教において同諸島が果たした役割は、①カトリックの東・東南アジアへの橋頭堡、②迫害地域からの亡命者の受け入れ地、③東アジア地域の現地人聖職者養成地、④北上しつつあるイスラームに対する前線基地、の四点になる。つまりカトリックの前線基地と言え、それは長期の歴史を振り返っても肯定できる。後述することになる本国での諸島放棄論に対しては、これを挫き、最終的に葬り去る根拠として以上が主張された。対日交易の途絶は、新大陸から諸島に注入される銀貨の増幅装置を失ったという意味で、重金主義の観点からは失点である。しかし見方を変えれば、第一のカトリック宣教という大義が、夾雑物を含みつつも、真性であることを示す事例と見ることもできるのではないか。

他方、諸島における帝国を、周辺諸国は軍事機動力を持つ一勢力として認知している。このことは既述のカンボジアの例や、『明実録』に見える記述からも確かめることができる。これについては第II部で言及する。

## 二　地球一元化におけるマニラ

### 1　地球一元化とグローバル化

グローバル化とはいかなる現象を指すのであろうか。極めて日常化された言葉であり、個人的にも様々な意味で日々実感する現象だが、その定義として合意されたものは実はない。観点の置き方として以下三点を例に何を意味するかを考えてみたい。

一つは、A・ホプキンスらの主張である。彼はその編著 *Globalization in World History*[93] で、グローバル化を四つの局面、即ち Archaic, Proto modern, Modern, Post colonial に分ける。それは段階ではなく、他地域との関係の広がりや密度の推移であるとし、イスラーム商人が宗教の同一性を通行手形にして地域境を越え、通商の道を開いた十四世紀の動きを Archaic なグローバル化とし、その担い手を一般的にはディアスポラ[94]や移住者と規定している。[95] 彼が想定するグローバル化は、「国境（地域境）を越えて経済的、政治的、社会的、文化的相互関係が変化することで、より広範囲に、より明確に、そしてより早くそれらが波及していくこと」という言葉に集約され、一元的な地球規模の繋がりではなく、多極的なネットワークが面的に重なる部分の密度に重点を置いている。同著で十六～十八世紀を論じるC・A・ベイリーは、グローバル化のProto modernな状況の物流をアフリカも視野に入れて解説する。[96]この状況の特徴として、重金主義、遠隔地への課税、軍事力の動員と国家もしく王権の行使を挙げるのだが、イベリア勢の海外運動には一切言及しない。彼らの運動は面の重なり合いとは言えないと判断し、彼らの定義するグローバル化の範疇に入らないと考えられたと理解することは一つの方法だが、彼ら自身による説明はない。[97]

他方、数値でグローバル化の開始時期を提示しようとするのはK・オルークとJ・ウィリアムソンである。彼らはダグラス・ノースらが提唱する数量経済史学的な手法でグローバル化の規定を試みる。モノの価格の世界中における平準化に注目し、幾種類かのモノの価格から輸送費を差し引いて得られた数値を指標として、その数値が世界中で平準化し始めた時点をグローバル化開始時期と定義し、一八二〇年代に始まったと主張する。[98]

一方、マニラがアメリカ大陸とマニラ・ガレオンによって結ばれたことをグローバル化の始点とするのは、D・フリンである。彼の説はオルークらによって厳しく批判されたが、彼はそれに以下反論する。オルークらの定義は「地球の一体化」を狭義の「数量」的局面のみで証明しようとしたものに過ぎない。世界は人間の関わりが織りなす営みである以上、様々な現象にまで視野を広げて考えるべきで、人のみならず動植物の移植も含む移動にまで目を配ることが必要だと説く。[99]他方、「グローバル化の流れは発展段階として」理解すべきだ主張する。[100]つまりスペイン帝国が、アカプルコとマニラの間に太平洋を跨ぐ恒常的交通手段（マニラ・ガレオン）の開設に成功したのは、それ以前に始まっていた太平洋進出の試みの成果と言うべきで、最後までヒトの自由な往来を拒んでいた地球表面積の三分の一を占める同部分にヒト・モノの往来を可能にしたことが地球を一体化したのであれば、それを可能にした年がグローバル化元年であると主張する。その観点から「今日我々が持つグローバル・システムは十六世紀初頭以来展開し続けている歴史的な動きの結果」であると結論する。その接続因子として特に銀に注目する。銀の巨大な消費市場としての中華大陸と供給者（供給源ではない）としてのヨーロッパ勢、両者の銀価格差が銀市場を産む。マニラ・ガレオンの就航でマニラがその市場となり、この市場が世界経済を一元化へ導いたとする。[101] 彼の定義は大筋で説得力があると評価できるが、接続への意思と接続後の現象が混在して語られる点、史料的裏付けへの明確な言及がない点で少し保留が必要と考える。

他に、「グローバル化」は否定的・政治的意味を強く帯びる場合もあり、その意味するところはコンテクストによって異なる。可能な限り包括的な現象を捉えるという意図から、本稿では「地球一元化」という言葉を用いていく。ところで、地球一元化の特徴的な現象としては、影響の及ぶ範囲が広範過ぎて、初期値を与えた人間の意図を遥かに超える現象を短期間に惹起しながら、予測不能な地球規模の変革をもたらすものなので、「一人勝ち不能な世界」と規定することは可能であろうか。特に第Ⅱ部には正にその様相が現れる。

## 2　アカプルコ―マニラ―漳州。交易と波及効果

地球一元化という意味で、アカプルコ―マニラ―漳州の三地点には、いかなる関係が存在したのであろうか。先行研究を整理して、以下の点を指摘したい。

スペイン王権は新旧大陸を繋ぎ、更にアカプルコ―マニラ間に往復航路を確保して、経度にして約一五〇度を跨いでヒトとモノを双方向かつ恒常的に動かすことを可能にした。[102] これを基礎にして、①スペイン人が潤沢な銀貨を毎年マニラに注入した、②明国内には銀に対して極めて高い需要があった、③明国がスペイン人の需要に応えるモノを潤沢に生産・供給できる体制にあった、④シルクなどの明国産奢侈品を求める社会が新大陸とヨーロッパに広く存在した、以上四点がスペイン人と華人をマニラにおいて長期的不分離の関係に結びつけたと言える。

マニラにおいてスペイン人が主としてシルクの対価として華人に差し出した銀貨の行き先にはおおよそ次の風景が広がる。華人商人は大部分が漳州・廈門の出身であったので、同地を経てペソ貨は明国へ流入する。これらの銀貨は

商品経済化とそれに伴う貨幣経済化が佳境に入った明国経済を刺激し、前世紀から朝貢貿易によって作り上げられてきた明国・東南アジアに日本を含む交易構造を、漳州―マニラを一つの中心とした、いわゆる環シナ海銭貨流通構造へと収斂させた。(103)

この過程で、明朝の交易形態と通貨概念に変革が起きている。まず、前者に関しては、同時期の明朝では、銀山がほぼ全て閉鎖されていた一方で、一条鞭法の徹底によって明国内の銀需要が非常に高まっていたことが背景にある。(104)福建に関して言えば、交易の民間開放は倭寇対策の意味が大きかったが、海澄県月港で関税化された交易が地方政府に実質的収入をもたらしたことがこれを促進させた。第六章で言及するように、特に呂宋帰りの商人が大量の銀貨を(105)搬入し始めたことが、銀を対象にした新税の導入を惹起し、多額の税収を福建にもたらした。この状況が明朝華夷秩序の根幹にある朝貢交易に、関税制交易を併存させる大きな力となったのである。

通貨に関しては、大量に明国に流入したペソ貨が、基本的には秤量的に流通してきた貨幣としての銀を銭の概念に変えたことである。ペソ貨の銀純度が高く、定性であるとの認識が広がると、少なくとも漳州近辺では、一旦銀に溶解させることなく、ペソ貨のまま流通し、一枚以下の支払いには切り取りで対処するようになり、やがて清朝が自前の貨幣鋳造を行う動機になったと言われる。明末・清朝の対外交易ではこの交易圏の商人が優先的に受け取る基軸通貨としての地位を十九世紀に至るまで享受する。(106)大洋を挟んだ遠国の通貨が、流通量と品質の定性ゆえに、全く別の世界システムの中で信用を得たのである。

スペインが運んだ銀貨が明国、後に清国に与えた影響の大きさは、清朝初期に記録されていた経済収縮の現象を読み解く過程で明らかにされた。一八九八年アメリカが米西戦争の結果フィリピーナス諸島を保護領化し、二十世紀初頭にスペイン側統治史料を英訳・出版したところ、(107)この問題意識のある東洋史研究者が、スペイン側史料を使って、東アジアに向かったスペイン銀貨の増減と清代に華南を中心とする地域で惹起された現象には関連があることを示唆したのである。(108)かくして注目されたスペイン側史料は、ペソ貨の東アジアへの流入量推定に使われ、他方でペソ銀貨よりも約一世代早く東アジアに流通した日本産銀の流通量と併せて、十七世紀の同交易圏のボリュームや朱印船貿易のダイナミズムを描き出すために使われ、ペソ貨の東・東南アジア交易圏における働きが指摘された[109]。これらの成果を踏まえて、太平洋を越えたペソ銀貨量と清初における経済収縮の関係に合理的な説明が行われるに至ったわけだ[110]。それ以外には一九三〇年代のシュルツや一九六〇年代のボクサーらがこの問題に触れたに過ぎない[111]。ヨーロッパが貴重な銀をもって「沈滞しているアジア」から何を買うのか、西欧中心史観ではこの構造が描けないことに理由の一つがある。十九世紀末の研究書が、「毛織物・緋衣・硝子細工・英国およびフランドルの時計・ポルトガルの葡萄酒」などのヨーロッパ側輸出品を、わざわざ「工業品」と呼ぶのはそうした困惑を示すものではないだろうか[112]。しかし、この固定観念が崩れ始めた一九八〇年代には、銀の世界規模での動きに注目が始まり[113]、特に一九九〇年代以降、東アジアにおける高い銀需要の実体について活発な議論が展開された。現在まで問題として残る部分は、明国が外部から受け取った銀の量、またその増減時期、増減の理由について研究者間にかなり大きな差異があることだ。数値がある場合でも、表出しない要因（あらゆる種類の密輸等）が相当大きいと考えられることから、それは部分でしかない。中国史の側面から見れば、漳州口は明清交替期の攻防の場になっていることが、状況の解明をより複雑にしている[114]。

他方、ヨーロッパ側で起きた変革の連鎖も大きい。まず銀貨と引き換えに新大陸に向かった大量のシルクである。安価な明国産シルクの新大陸への大量流入によって、本国のシルク業者が被害を被ったと訴え始めるのは一五九〇年前夜、安価な明国産シルクが新世界の一般現地住民に着用され、新大陸のシルク工業に悪影響が出ていると副王が報告するまで一世代余りでしかない[115]。現地住民のシルク着用を禁じる勅令が出たのは一六〇六年、法の存在はむしろその汎用が定着したことを示す[116]。この間、エルナン・コルテスがメキシコに導入し軌道に乗せた生糸生産を崩壊させた一方で、明国産生糸はメキシコに絹織物産業を根付かせ、雇用創出に貢献した[117]。同産業が緒に就いたばかりのペルーでは、シルク需要が高いにもかかわらず、シルク産業は消失する。つまりマニラによって新大陸と東アジアが接続されたことで、新大陸で産出された銀は本国向け以外に、東アジアにも大量に流れるようになり、後者に流れた銀貨はシルクとなって東に向かい、ヨーロッパとその影響を受けた人々の生活様式を変えた。その変化が一層この二つのモノに需要を喚起した。中華大陸でペソ銀貨が惹起した現象と、新旧大陸で明国産シルクが惹起した現象を見る限りでは、二つのモノが太平洋を渡った量は短期間に莫大な量に上ったと考えなければならず、重金主義の国是も、国王の警告もこれらの流れを止める力はなかった。

明国に流入した銀貨は、次の質の異なる動きに手を貸すことになる。銀を得た明国の消費意欲が、東南アジアで購買力を発揮する時、この地にトレーダーとして活躍したスペイン帝国の不倶戴天の敵国人に活気を与え、結果としてヨーロッパ内の政治勢力地図を塗り替える動力源となったのである。[118] この視点からマニラを照射すると、「帝国や文明圏の観点からは中心性を主張しようのない地域」ではあるが、この地を省いては地球の一体化を語ることができない地ということになる。[119] マニラはスペイン帝国の中では忘れられがちな存在であるにもかかわらず、地球規模で俯瞰する時、実は以上の点で帝国と世界の構造を今日に向けて大きく変えた存在である。

モノの観点から見れば、マカオはマニラより早くヨーロッパ人の拠点となり、東西の結節点として出発したと言えそうだ。しかし、そのあり方はマニラと大きく異なる。特に「ヒトの邂逅」という観点からはその差異は大きい。その相違点と相違点が生じる理由については、次節でスペインの海外進出のあり方を他国の例と比較する際に言及したい。

## 三　スペインの植民地主義の特徴

本章冒頭で松井氏の言葉を引用して述べたごとく、植民地統治理念や制度は、それぞれの国が自己意識に基づき行動する具体的結果であり、植民地という他者に対峙するにあたって援用された理論や言説は、個々の植民国の生き方と置かれた状況を反映するものである。スペインの場合、重金主義的目標の追求と世界のカトリック化が植民地獲得の大義である。イベリア勢に対するライバル意識から自己表現するイギリスやオランダは、スペインとは異なる価値観によってこそ各自の成功を得たと言説化され、それは信仰や通商に関する「自由」と重商主義であったと言われる。[121]だが、言うまでもなく、両国が覇権を主張し始めた時代は、スペインの最盛期から百五十年の時間が流れ、国家の富に関する価値観の軸自体が「重商主義」に移っている。十六世紀は、コロンブスらが貴金属に対して抱いた特殊な概念のみならず、国家や王権が保有する富の頂点はあくまでも貴金属であり、その多寡が国力を表す時代であり、いずれの集団も同じ目的を追求していた。[122]

スペインの交易体制が保護主義的であるのに対して、イギリス・オランダ・フランスのそれは自由主義だという言説も、地域別に見なければならない。確かに、後者は大西洋ではスペインの独占体制に対して自由貿易を主張したが、十七~十八世紀のアジアでは交易独占を求め、明らかに保護主義的であり、国家の主義として一貫しているわけではない。こうした視点から見れば、植民地の形態は必ずしも主義の選択の結果ではなく、自己に可能な行動を正当化したもので、[123]「帝国」を展開するのに可能な方法の違いとも言える部分が小さくない。[124]従って、これらの国々が行った対外運動を特徴づけるものは、運動の時期・地域・獲得物という外部要因と、その国自身が持つ内部要因に分けて考える必要がある。この観点から本節では、以下二点にわたり先行研究を整理することで、スペイン・カトリック帝国の海外運動に一貫する点と、ヨーロッパ諸国のアジアにおける運動の中でスペイン領としてのマニラの特殊性を極めて大雑把ながら、確認しておきたい。即ち、①同時期、同じ東アジアで活動したマカオのポルトガル人とマニラのスペイン人の行動の違いとその原因、②アメリカ大陸におけるイギリス人とスペイン人の行動の違いとその原因に焦点を当て、以上二点を整理する。

### 1　マカオとマニラ

アジアに展開したポルトガル帝国のことを、ボクサーは Seaborn Empire と呼んだ。王権が、海、即ち海関や陸揚げ貨物への課税と航海権の販売を主たる経済基盤としていた点に注目したわけだ。同様の観点からスペイン帝国を表すならば「シー・レーンの構築によって繋がれた陸の帝国」と呼ぶべきで、「陸の帝国」の部分は既にスブラマニヤムが概念化しており、彼はland-boundと呼ぶ。[125] 経済的基盤が土地にあるという意味である。しかし、シー・レーンの構築がなければ新大陸を経て、東アジアに至るスペイン帝国は成立せず、特にマニラを帝国に繋ぎ止めることはできない。「シー・レーン」によってマニラが新大陸にしっかりと繋がれたことがマニラの特徴を作り出した点は強調される必要がある。その点を明らかにするには、ポルトガル人のマカオとの比較が有用であると考えられる。

〈マカオ〉

ポルトガルの場合、その行動はアジアとブラジルで大きく異なる。アジアでの活動が先行し、更にその収益が莫大であることから、王室の関心は長くアジアにあった。ブラジルの本格的経営に乗り出すのは、アジアでの活動をオランダに大きく阻止されるようになった十七世紀後半からであるので、本稿が扱う時期の活動域はアジアであり、まさに「海の帝国」の時代である。因みにブラジルの経営は「陸の帝国」と捉えるべきである。[126] この点を明確にするために、焦点を王権の収入と王権が行う喜捨の二点に絞って考察すると、以下の点を指摘できる。

ポルトガル王室はゴアやマラッカでは土地を有するので、陸の事業からも収入を得たとはいうものの、基本的には海関を設けて「カルタス」と呼ばれる通行証の販売、関税八%の徴収、および航海権の販売が王権の主たる収入であった。従って宣教や慈善事業などへの喜捨も、主としてこうした権利の委譲によって行われる。特定の場所から上がる関税や航海権などを王権が指定、譲渡期間を設定すると、喜捨を受けた者はそこから上がる収入を得るのである。航海権譲渡の場合は、ほとんどの場合これを受ける団体が実際に航海を行う技術を持たないので、その権利を実行可能な者に売却することで現金化するシステムである。日本航海は収益率が高いので、当然高い値段がついていた。

また、国王負担で行われる航海は、基本的には本国からゴアまでであり、マラッカやモルッカ諸地域、マカオへの航海では、国王官吏の運行による場合と個人による場合の二通りがある。[127]当初船の運航は国王負担であったが、運航担当者も自身の商品をその船に便乗させるので、両者の商売は競合し、王権が損害を被るという実態があった。その改善策として王権がこのシステムに変更したものだ。[128]

ポルトガルのアジアにおける存在を少し近景から眺めるならば二つの特徴がある。①その行動は南アジアを中心に置いたマラッカ以西と中華大陸に向かったマラッカ以東では異なる。現地王権の意識が異なり、ポルトガル人がそれに対応したものだ。②ポルトガル人は、元手の多くを「カントリー・トレード」、即ちアジア地域内交易への参入から得ていた。

①に関して、マラッカ以西では、陸の帝国は海を支配する意志が薄く、現地の王に有用なモノをもたらす限り歓迎され、かつポルトガル側の武力は地元勢に対してことを有利に運ぶために有益であった。[129]それに対し、マラッカ以東の海域では陸の帝国が海を支配するゆえに、ポルトガル人は陸の帝国の意向に沿わねば、利益を上げるどころか、生きていくことさえ叶わぬものであった。マカオに関して言えば、本稿が扱う時期、ポルトガル人は明・清朝の法の下で租借料支払いによってマカオ居留と自治を許されていたのであり、領有したのではない。この関係は、単なる理念ではなく、明・清朝は門関を設けてマカオへの食料・水・薪炭等の搬入を制御し、マカオの生命線を握った。この関係が安泰であるためには、ポルトガル人は主権者に有用な存在として振る舞う必要があった。

一方、②は、アジアに参入した時、彼らが置かれた環境から出てきた生きる道であり、これによって莫大な収益を上げることができたことが、更に彼らを地域内交易に従事させたと言える。その最盛期は正に「長期の十六世紀」である。地域内交易については、ソウサの論証を纏めれば、南・東・東南アジア諸地域に点在する交易場にこまめに参入し、モノの運搬、金・銀の兌換率の違い等々、全ての商機に投資するもので、その主たる稼働者は「カサード（既婚者）」と呼ばれる、この海域で生涯を送ると決めたポルトガル人、もしくはポルトガル系の人々であった。

地域内交易がポルトガル人の稼業となった具体的な環境とは何であったのか。主たる理由として二点挙げることができる。第一は、ポルトガル人は銀貨をインドへ持ち込んだが、[130] インドの場合は銀を財産として退蔵する傾向が強く、ポルトガル人が投入した銀貨が流通に回る割合が小さかったことだ。第二、インド以東では国王の経費負担で船を運行させることは初期を除いて限定的であり、個人が国王の免許を受けて航海し、その収入から決められた額を国王に上納する、あるいは目的地を指定した航海権を国王が贈与する形で王権と臣下は繋がっていた。[131] これでは現実問題として臣下は王権の富を頼ることはできず、元手は自己責任で現地において稼ぎ出す、つまり何かを得、得たモノをできるだけ有利に販売、そこで得た収益をさらに投資し、最終的に銀として回収できる額を増やす、このサイクルを可能な限り有利に速く回すことが肝要である。この意味で彼らとモノを直接銀と交換する日本とマニラは、数ある地域内交易の中で最良のものであった。しかもこの二地点では銀が潤沢にあるので、安く評価されている。マニラはモノを持ち込めば必ず銀貨で買い上げる顧客であり、日本よりも近く、同じ文明・習慣を共有する分、少ない危険で銀を確実に調達できる地であったわけだ。マニラにはアカプルコ以外に、日本船、記録に残せない密輸船が新大陸方面からも来ていたと十分考えられ、シルク需要は記録より遥かに高い可能性が大である。[132] さらにマニラのスペイン人が求めた「モノ」に奴隷がある。これは競合者のない、ポルトガル人の独占販売であり、マニラでの彼らの販売リストに上がる頻度はかなり高い。[133] 今後、マニラの会計文書を子細に検討する必要があるが、第Ⅰ部で取り上げる「チナ事業」にもインドからの奴隷が要員として計上されており、かなり早期に、金額から言えばシルクに並ぶ「商品」であった可能性がある。従ってマニラは極めて貴重な顧客であり、あまつさえマニラに役立つ人材だと自ら売り込みもしたわけだ。[134] その裏返しで、スペイン人が自ら潤沢な銀貨を持ってこの海域で商売に乗り出すのを非常に恐れ、憎んだ。[135]

地域内交易者らが機転をもって交易の絆を広げる努力は、王権の任命で本国から来た、王室の威光を笠に着る役人のスタンスや感情とは相容れない場合が多い。ソウサはその著書で、地域内交易者の代表としてバエス・ランディロを例に引いているが、王の役人が目の敵にしたマニラに顧客としての重要性を彼は早期に見出し、独自にマニラと友好関係を築いていた人物として強調している。[136] 彼の名前は、一五八〇年代前半のマニラ発本国宛書簡にしばしば「スペイン人の友」として言及される。フェリーペ王のポルトガル王位継承をマニラのイエズス会士がマカオに伝達に向かった際、マカオの顕職者がイエズス会士に反感を示したのに対して、ランディロは自らの資金でマニラへの帰還を助けた。他にもマニラの苦境を救ったゆえに、マニラの市会や司教は、彼に対して謝意表明と年金の下賜を王に申請したほどだ。[137] カサードには「血の純潔」[138] に関する問題で追求されたくない背景を持っている者が少なくなく、ゴアで異端審問が活発化していたこともあり、できるだけ王権から距離を置き、マカオの繁栄を第一に考えて生き抜いた、とソウサは強調する。

一六四〇年は、リスボア市民がブラガンサ公爵を支持して革命を起こし、スペイン王の支配から脱した年である。この「吉報」は一六四一年マニラとマカオに伝わり、それによってポルトガル人は公式には対マニラ交易から閉め出された。ゴアへ向かう航路がオランダに襲撃される頻度が増した一六一〇年代以降、対日と対マニラ交易はマカオの生命線となっていたのだが、日本からは一六三九年に閉め出されており、彼らは最良の交易場を連続して失った。

他方、地域間交易には情報とネットワークが重要であったが、新キリスト教徒系ポルトガル人のネットワークが活用されたとスブラマニヤムは指摘する。ポルトガル人がアマゾンからペルーに入り、銀山周辺に蝟集していたと古くから指摘されていたが、彼に拠れば、それは新キリスト教徒系ポルトガル人ネットワークの一端で、ペルーで資金調達して東アジアに繋がり、莫大な収益構造を世界規模で構築していた。[139]

〈マニラ〉

以上のマカオに対して、フィリピーナス諸島におけるスペイン帝国の基本構造はエンコミエンダに基づき、概念としては土地から上がる収入を経済基盤とする。同諸島の場合、カビーテ港を出入りするモノに掛ける二～六%の関税、華人の搬入品、具体的にはシルクへの一〇%課税、また華人に対する滞留税等が最大の収入源になることが一六一〇年代以降常態化した。しかしそれは意図したことではなく、少なくとも帝国にとっては不規則な状況なのである。また、スペイン人や修道会は、収入源としてマニラ・ガレオンに用船料を支払い、モノを託し、アカプルコで委託売却するシステムへの参加に情熱を傾けてはいるが、富やステータスの基本はあくまでもエンコミエンダの相続であり、王からのその下賜が最大の関心事である。ポルトガル王室は海から上がる収入を慈善事業等への喜捨にあてると述べたが、この点でフィリピーナスにおけるスペイン王室の喜捨は、主として国王所有のエンコミエンダ収入や橋の通行料など「陸の資産」を指定して行われた。[140]これは、両王国のこの時期の海外活動の基本的意識構造の違いを象徴する現象として注目すべき点である。

ここでマニラの基本的状況をマカオとの比較において以下三点指摘できる。即ち、

① 対華人交易の元手は、基本的には定期的にヌエバ・エスパーニャから来航するガレオン船搬入の銀貨、もしくは諸島のスペイン人が華人からの購入品をメキシコで委託販売して得た銀貨である。

② フィリピーナス諸島はスペイン帝国の領土であり、多くはないものの陸（エンコミエンダ）からの収入が期待でき、意識の上ではそれが経営の基本である。

③ マニラ・ガレオンは王会計負担の運行であり、王権の代理者たる総督府とスペイン人住民とは、どちらかと言えば互助関係にあり、資金調達でも然りと言え、[141]王権の影響力は資金力の裏付けをもって、他国に比して強い。

東アジア海域に来航した他のヨーロッパ勢は、ポルトガルは上記のごとくであり、イギリス・オランダも成り立ちが株式出資による事業である点からも、特許状の付与といういくらか精神的なもので王権と繋がっていたとしても、その直接的支援には期待できない。だからこそ地域内交易に積極的かつ自由裁量で参入したのである。ただ、マニラのスペイン人がこの種の交易に関心がなかったわけではない。域内交易は王権の課税範疇外であるので魅力的であった。カンボジアとの個人的関わり、シャムとの交易も記録され、対日交易には非常に強い意欲を見せたが、基本的には諸島のスペイン人は地域内交易への参画を主務とはしていないし、むしろ勅書はこれを禁じている。結局、供給量に増減はあるとしても、新大陸から、王権の仕立てた船が定期的にペソ貨を搬入することが、この海域における行動

の他のヨーロッパ諸国と異なる最大の理由である。つまり、新大陸からの定期的な銀貨の送致が、マニラのスペイン人に地域内交易に参入する必要性を他国人に比して減じたと言える。スペイン帝国の植民地としてのマニラは、他のヨーロッパ諸国の場合に比して経済的に強く王権に結ばれ、現地で自立する必要が少なく、本稿が扱う時期ではカサードに匹敵するような集団が大規模・自律的に動く場面は少ない。これを俯瞰するならば、王権は、イベリア半島と新大陸の間を年間一〇〇隻前後の船で繋ぎ、次いでメキシコを拠点にアカプルコからマニラに向けて毎年船を運行する組織を作り上げ、旧大陸から新大陸、さらに東アジアに伸張した「ヒトとモノ」のネットワークに一元的管理を目指した実体であると言える。この点で、王権の理念がフィリピーナス諸島の経営に大きく関わってくるのであり、それが第I部で取り上げる議論が重要になる所以である。

## 2　イギリスの植民活動とスペインの植民活動――共通点と相違点[142]

イギリスの植民地運動も、新大陸における場合とインドにおける場合を分けて考えなければならない。新大陸におけるイギリスの運動は、スペイン人のそれから百年余り遅れて始まる。先住民の支配という面から見るならば、むしろインドが比較の対象となるが、インドの場合とは最大二百五十年余りの時間差があるので、時期的に近い新大陸での運動を、本稿に関するテーマに限って比較・整理する。

J・H・エリオットは、“Britain and Spain in America: Colonists and Colonaized”[143]と題した論文でこのテーマを扱い、それを改訂・発展させて、*Spain, Europe & the Wider World 1500–1800* に同題で収録した[144]。重要なテーマであると考えていたからであろう。本節ではこの二論文を基に、インディオ、あるいはインディアンと呼ばれた先住民に対する両植民者の姿勢における共通点と相違点を整理し、スペインの植民運動の背景を明確にする一助としたい。

エリオットは、アメリカ合衆国独立直後の合衆国国防長官、ジョン・ノックスが一七九四年にワシントン大統領に宛てた書簡中から「我々の国民のあり方の方が、メキシコやペルーの征服者たちの行動よりもインディアンに対して破壊的ではないか」[145]との言葉を選び出し、その真偽の検証を試みる。彼は、先住民に対する態度と理念において両植民者に共通する点、相違する点を挙げるが、それらは以下四点に纏めることができる。

①　両者とも本来他者の土地である新大陸に自己が存在し、所有する理由を「神の摂理」に求めた。

②　両者とも邂逅した先住民のキリスト教化を自己の使命と考えていた。

③　スペイン人が対峙したのはアステカ王国やインカ帝国を中心とした大規模社会であり、多数の住民と邂逅したが、イギリス人は意識的に人口稀薄、むしろ無人地帯に入植、処女地入植の主観の下、住民との遭遇を避けた。

④　スペイン人の場合、先住民との通婚は理念的に奨励され、社会層としてメスティーソが生まれた。他方、イギリス人の場合は、先住民との通婚を避けるべきことと考え、公式には結婚の記録がない[146]。文化的にもスペインは先住民と混交したが、イギリス人にはその傾向はなかった[147]。

それぞれの項目について、イギリス人とスペイン人の姿勢を対比させていくなら、以下に整理できる。

まず①は、③と深く関わる。本来の意味での征服者ではないイギリス人は自分たちの楽園を作るために、「無人地帯」を選び入植し、自己の信仰生活に理想の場を与えられたと理解、それを「神の摂理」と解したのである。これをエリオットは、「所有者のいない大自然」に入植したという感覚と呼び、本来の土地所有者インディアンを彼らの視界から消し去り、よしんば彼らが面前に現れた時でも、危険な存在と見て、彼らとの間に垣根を築き、決して交わり合おうとしなかったと指摘する[148]。その結果、上陸後半世紀余り悪くはなかったイギリス人の先住民に対する感情は、入植者の生活が軌道に乗る三世代目に入る頃では、先住民を完全に外の存在、むしろ外敵と見るようになったと言う。他方、スペイン人は新大陸のヒトと富を自分たちのために利用できること、先住民のカトリック化が自分たちに委ねられたことを摂理と考えた。

②の概念は、言葉では同じでも内容は全く異なる。エリオットに拠れば、イギリス人は、先住民をローマ人がブリテンに来る前のブリトン人に準え、今度はイギリス人がローマ人の役割を先住民に対して果たす時という意識を持っ

て臨んだ。先住民は「文明化」されれば、自ずとキリスト教化のメリットを感得して、改宗するものと考えていた(149)。この中で宣教の試みもあったが、それは成功しなかった(150)。他方、スペインに関して余りに自明であるゆえか、エリオットは今更スペイン帝国における宣教への使命感を語らないが、①との関係で、インディオのカトリック化が忘れられる時はなかった。

③はほぼ文字通りであり、エリオットは必ずしも明示しないが、②と④に深く関係する。

④の理由に関して、エリオットは、イングランド王国によるかつてのアイルランド征服の前例に戻る。そこでは通婚を禁じる法律があり、イングランド人が植民先の人間との通婚を否定的に捉えていた事実を思い出すべきだと言う。彼に拠れば、アイルランド人を非文明的と見、「彼らとの結婚は、イングランド人を非文明に逆戻りさせるもの」と考えたので、「避けるべき」とイングランド人は判断した。現実には法的規制が必要となるほど多くの人間がアイルランド人と結婚したのだが、人々はその結果を好意的に見なかった(151)。

そして、最後に植民者側の法律における先住民の位置づけに言及して、イギリス人は、インディアンを自己の法で守るべき対象にすることは一度もなかったと指摘し、これを②の観点からも言及して、含みを残している。

以上のエリオットの見解に対して、本稿の理解を加え、スペインの植民地への関わり方とイギリスのそれとの違い、引いては前者の植民運動の一特質を明確にしたい。

上述の比較は、見方を変えると以下三点に収斂すると言える。第一、国家あるいは王権の関与の有無、第二、先住民の労働力や財産の直接活用の有無、第三、カトリックとプロテスタント諸派における他者観の違いである。

第一は、イギリス人の新大陸での初期の活動の基本は株式会社であり、言わば私企業である。会社は王権が与えた特許に基づくので、国王の関与がないとは言えないが、現実には植民者は個人の集合体として、「無人地帯」で自治を行ったと換言できよう。イギリスは一五八〇年代にアジアの海に現れ、一六〇三年東インド会社を結成、インドと継続的に関わっていくが、現地に滞在するイギリス人の目的は商行為を基本にした利益追求で、正に商事会社である。

ところがベンガルで徴税権を得た時点、特に一七六九年以降彼らの意識は変化し、徴税者＝統治者として住民に関心を注ぐスタンスをとるようになる。(152) ここで明らかになるのは、その地の住民に対する徴税行為の有無が行動を分けている点だ。さらに、スペインの場合は発見・征服に王権が資金面で深く関与し、植民地は国王の個人資産である。征服者・植民者は国王の名の下に領有宣言、徴税行為に就いている。公権力の積極的な関与の有無が一層両国の行動に差異を生んだと言える。

第二、イギリス人の場合、バージニアとプリマスの入植者では背景が異なるが、特に前者において「神の摂理」意識が強い。つまり、先住民の存在は端から無視されている。他方スペイン人は、先住民の土地に入り、富を奪取し、その労働で生きる権原を住民のカトリック化に求め、異教徒のカトリック化を委ねられたこと自体を「神の摂理」と理解して自己正当化した。(153) 先住民を自らの生活や富の手段としたかどうかが、先住民への関心を左右していると言える。

第三は、宗教意識の違いが関与する。「救い」は神の選びによると考えるカルバン主義的傾向を持つ人々の間では、元来宣教活動は重きをなさない。さらに重要なことは、宣教活動は他者の福祉への配慮というのが当事者の理解である。自分とは全く無関係の存在、まして負うべき何かがあるとは思えない先住民に宣教意欲が湧かないのは当然であろう。これに対してカトリックでは、宣教は教義の重要な柱である上に、第一の問題、自らが彼らの労働で生きていることを正当化する権原であり、同時に彼らと混在して生活することから、宣教への関心は必然である。

植民者と被植民者の間の婚姻に関する意識をエリオットは、文明・非文明の切り口で分けているが、これはまず第二から派生する問題と捉えることができるのではないだろうか。エリオットが指摘する先住民との結婚観が存在したのは事実だとしても、新大陸の場合はもっと現実的ではないだろうか。イギリス人植民者の場合、他者インディアンとヒトとして交際する意志が全くないことだ。(154) それに対し、スペイン人は、他者インディオの労働力で生活したという意味で、両者は共に生活したのである。

婚姻に関する見解は、時期によって見解が異なった点も見逃せない。一般的に、征服者＝ヨーロッパ人の図式が定着するに従って、ヨーロッパ人と先住民との位置関係は上下関係に移行したと言える。理念として両者の通婚を奨励するスペイン王の勅書は存在するが、時期が下ればエリオットが言うほどスペイン人が好ましいことと考えていたかには疑問が残る(155)。ここでもスペインとイギリスの植民開始時期に百年の時差があることが関係しているのではないだろうか。十七世紀に植民活動に入ったイングランド人が先住民を「非文明」の民と評価していたなら、それはスペインの征服運動の百年がヨーロッパの対他者意識に影響を及ぼしていた面は否定できない。

他方、イングランド人のアイルランド植民経験がエリオットの語るとおり文明・非文明に軸があったとすると、スペイン人の新大陸以前の経験とは些か異なる。スペイン帝国形成の中核はカスティリア王国であり、その歴史的経験が海外運動に反映されているが、彼らにとって異文明との邂逅は、基本的には「文明と野蛮」の対立ではなかった。むしろ従来のカスティリアの経験は、他者がカトリックに改宗する限り、通婚が支配および他者の同化に有効な手段であることを実感させていたと言えよう。

植民者が現地で国家を展開する際の先住民の扱いに、自他の力関係が関与している点に対してエリオットの見解に異存はない。つまりスペイン人は、先住民に対して優位を保ち得たので、彼らを「内の人」と位置づけ得たのであり、イギリス人は、先住民に対して劣勢、もしくは拮抗する状況では、敵としか見ることができず、法律の保護外に置いた。この問題は第II部の華人との関係に関わる。

第一と第二の問題は、第I部で扱う問題の主題の根底にある。カトリック化に働く司祭・修道者の維持費用が国王の内帑金から出費されるのは、国王の良心のために働いているからであり、聖職者がスペインの行動の正当性を論じる時、それは国王の良心に寄与するゆえに、彼は耳を傾ける必要があるのである。

## 3　スペイン・カトリック帝国の自意識

最後に、スペイン帝国として世界に向かう際、王権が世界のカトリック化に関して有した意識を確認する必要がある。論点は以下二点である。

① スペインの海外発展における「理念」即ち「世界のカトリック化」の位置づけ

② スペイン帝国の自意識

①に関してまず確認すべきは、前項で言及したごとく、海外発展の中核はカスティリア王国だという点である。カスティリア王国は、イスラームからのいわゆる「国土回復運動《レコンキスタ》」に指導的役割を果たしたことは周知のとおりであるが、中世以来の同運動の過程で、「異文化」接触を「日常的光景」としてきた王国である。同時に「国土回復運動」を客観的表現にすれば、「支配領域の拡大」であり、領域拡大のたびに他者との対峙・征服・支配・同化政策のプロセスが繰り返された。その行程には定式化や技術の積み上げがあったと言える。それによってカスティリア王国は、レコンキスタと共にカタルニア、バスク、ナポリ、ユダヤ教からキリスト教への改宗者集団、イスラームからキリスト教への改宗者集団、他にカナリア諸島、時代が下ると新大陸の人々を「他者」から「自己」の構成員へ変えていったわけだ。言葉も歴史も全て異なる諸集団を「自己」として纏めるには、カトリシズムという柱しかあり得なかった。特に異文化・異文明集団に対しては、王権の代理人である官僚と改宗事業担当の教会組織の連携・相互補完的働きで初めて為し得る事業である(156)。両者の関係は概ね以下の構造と言える。改宗化が進み、改宗者によって新たな教区が組織されると、司牧者の扶養・維持は新しい教区民が担う。しかし宣教途上の他者の中では、宣教者は生活と宣教経費を賄う手段および身を守る手段を持たない。宣教者の派遣は教会の仕事なので、本来は教皇がこの費用を負担すべきだが、当時の教皇には双方を負担する力がなかった。そのために教皇は「教会保護権」の名で教皇の権利を一部代行する権利を王権に与える代わりに、必要な出費と宣教者保護を王権に肩代わりさせてきたのである。

他方、王権が用いる官僚は、下級貴族や有力市民出身者が大半を占めたが、彼らは大学で法学を修めた文官集団である。教会聖職者も同様の背景と教育を持つゆえに両者は意識において共通する。このことは、王権の意思と教会の意思を共に法律に体現し、それによって統治を行うという帰結をもたらすと共に、両者が協力することで、その実行は他の場合よりは遥かに容易となった。これはスペインの王権強化に寄与したが、特に新大陸では土地や利権で既得権を持つ勢力がいない分、本国におけるよりもうまく機能した。[157] 新大陸征服・植民、そしてフィリピーナス諸島の植民行動に両者（教会と王の官僚）が「車の両輪」となって作用する体制は、新大陸「発見」以前から既に整っていたと言え、この点は海外進出を行った他の国々との比較においてかなり特異な点である。[158]

また既述のごとく、この運動に王権が果たす役割は、論理上「インディアス」が王家の資産である点から強調されるべきである。一五三〇年代にビトリアらは、インディアスに関して国王の良心に関わる自己正当化の論理を打ち立てた。海外領土の保有と現地人労働力および富を帝国が活用できる根拠、即ち「なぜ他者のものに自己が権利を有するのか」を解くために、宣教事業を徴税権等の権原と理論づけた。[159] それによって理念と実利の結合は決定的となった。その結果スペイン帝国では、そのメンバーが海外領土で重金主義的要求を満たす時、王権という公的性質を持った者の関与が明確となり、それが教会によって保証されるゆえに、その義務としての布教保護権の理念実行が当然前面に出てくることになる。つまり、カスティリア王国ではカトリックは自己と他者の統合のシンボルとして有用だったが、それを土台にした海外発展運動では、もっと現実的に作用し、理念が常に帝国の関心事となったのだ。この状況では「チナ事業」がチナ宣教を目的とする限り、聖職者が主体となっていることは少しも不自然ではないのである。

②の帝国の意識については、覇権時期に関する後世の認識とは少しずれる。即ち、一五五六年、フェリーペ二世が、カルロス一世からハプスブルク家の領土の半分と新大陸における植民地を継承し、他方で一五八〇年ポルトガル王位を後継して、世に言われる「太陽が沈むことがない帝国」が出現した。オーストリアは父王弟フェルディナンドが統治していたが、ヨーロッパ内での力関係では、ハプスブルク家の本体部分の弱体化は、スペイン帝国に悪影響を及ぼすという戦略的な立場から、スペイン帝国はこれを支援する姿勢をとる。スペイン側はオランダの独立運動の他にも複数の紛争を絶えず抱えて、戦費は止めどなく、新大陸から潤沢な銀の供給を得たとしても、王財政は常に逼迫し、

フェリーペ王は一五七六年に一回目の破産、以後生涯二回支払い不能に陥った。しかし、このような国内外の問題を抱える点では他国もそれほど大差なく、結果的にヨーロッパ内のスペイン帝国の覇権は相対的に揺るがない。他方でプロテスタント勢力との対峙において、フェリーペ王自身カトリックの盟主という意識を非常に強く抱いていた。

スペイン帝国は、連合軍の盟主とし一五七二年にレパント沖でオスマン・トルコと対峙、この勝利以降、一五八八年イングランド沖で新興国イングランドに敗北するまでが絶頂期とされ、以後没落の坂を転げ落ちたと考えられるかも知れないが、当時のスペイン自身と周囲の国々の意識は少し異なる。即ち、一五八八年以降も新大陸に広大な領土と資金源を有する超大国であり、ヨーロッパ世界ひいては世界が従うべきルールの設定者として強い意志を持ち続けた。この意識は、父の意思を継ぐことが目的化していた子と孫にも継承され、いわゆる「長期の十六世紀」が終了する頃、即ち拙稿が扱う時期には十分保たれていた。(160) 従って、「チナ事業」を巡る議論が活発であった一五八〇年代は、正に名実共にスペイン帝国の絶頂期であり、世界のカトリック化という使命感、世界のルール設定者としての意識、そして新大陸の二つの文明を征服し、摂理に選ばれた者としての意識、更にこれらの相互作用で、他者に関与する意欲は天命的な意識に動かされた時代と言っても過言ではない。以上はチナに関与する意識の理解において極めて重要な点であると考えられる。

## 注

(1)「帝国」と呼ぶべきか、「王国」と呼ぶべきなのかには議論すべき点がある。一人の支配者の下に多くの王国が統べられたという意味では「帝国」であるが、植民地自体はカスティリア王の所有である。また、パグデンが言うように、カルロス一世の帝国は「多国籍企業に似る」部分 (Anthony Pagden, *Peoples and Empires*, Modern Library, New York, 2001, p. 44〔『民族と帝国』猪ノ原えり子・立石博高訳、講談社、二〇〇六年、七六頁〕) もある。しかし、フェリーペ王の時代ではカトリックという世界観・理念へ他者を誘う意識が強いので、これに焦点を当てて「帝国」と呼ぶことにしたい。

(2) 元来この名は、一五四二年に同海域に到達したヴィリャロボスがフェリーペ王子に因んで一つの島を Isla Filipina (フェリーペの島）と命名したことに始まる。この多島海に浮かぶ島々を一つの纏まりとして呼ぶために用いられたのは一五五九年、フェリーペ王がヌエバ・エスパーニャ副王に太平洋を横断するために二隻の船を送るように命じた時が最初である（Lourdes Díaz-Trechuelo, “Tratado de Tordesillas y su proyección en el Pacífico”, *Revista española del Pacífico, Asociación Española de Estudios del Pacífico*, Nº4, Año IV, Enero-Diciembre, 1994, p. 15)。

（3） 松井透「近代西欧のアジア観と植民地支配――イギリスのインド支配をめぐって」『思想』第五三〇号、岩波書店、一九六八年、三七頁。参照、松井透『イギリス支配とインド社会』、東京大学出版会、一九八七年、一六三頁。

（4） 経度測定の精度は時計の精度発達を必要とする。しかも、緯度が太陽という絶対的基準を基に計測できるのに対して、経度ゼロ地点の人為的合意が必要となる。因みにグリニッジ天文台エアリー子午環の中心を通る線を〇度と規定したのは一八八四年のワシントン会議である。

（5） フィリピーナス統治に至る主要な出来事を時系列化すると以下になる。

・太平洋発見（一五一三年）。
・マゼラン――ビサヤ、セブ島に上陸（一五二一年）→エル・カノ指揮下で帰国（一五二二年。香料諸島への関心惹起）。
・カルロス王――ヌエバ・エスパーニャを香料交易センターにする構想（一五二二年）。
・ロアイサ隊――一五二五年、ラ・コルーニャ解纜。モルッカ諸島海域で艦隊崩壊。ティドーレに要塞建設。アンドレス・デ・ウルダネタ（注(6)参照）らは以後十一年間同島に置き去りとなり、ポルトガル勢力と対峙。
・サアーベドラ隊――一五二七年、ナビダー（メキシコ）を解纜。目的は、マゼラン隊、ロアイサ隊、カボット隊の生存者救出と香料に関する実態調査。ミンダナオでロアイサ隊の生存者一名、他の島で二名を救助。一五二八年モルッカ諸島に至る。同地で数年前にラ・コルーニャを解纜し、この海域到達後、彷徨していたエルナンド・デ・ラ・トーレ隊の生存者らを発見。マリアナ群島、グアムなどを「発見」するも、メキシコへの帰路の探索失敗、艦隊崩壊。
・サラゴサ協定――一五二九年、注(8)参照。
・ヴィリャロボス隊――一五四二年、ナビダー解纜。ミンダナオ、レイテに行き当たり、帰路探索中、ニューギニアで艦隊崩壊（フランシスコ・ザビエルの日本への同行者コスメ・デ・トーレスは本艦隊に従軍司祭として乗り組み、モルッカで活動中のザビエルに邂逅した）。

（6） Andrés de Urdaneta（一五〇八年ギプスコア生まれ、一五六八年メキシコで没）。サラゴサ協定締結を知り、ポルトガル側に投降した。

| 朝貢国 | ジャワ | パサイ | シャム | チャンパ | カンボジア | パハン | マラッカ | ブルネイ | ルソン |
|---|---|---|---|---|---|---|---|---|---|
| 1400-1419年 | 14 | 10 | 17 | 14 | 7 | 3 | 11a | 7a | 4a |
| 1420-1439年 | 21 | 8 | 14 | 19 | | | 8a | 2 | 5a |
| 1440-1459年 | 10 | | 5 | 12 | | | 5 | | |
| 1460-1479年 | 3 | 1 | 5 | 7 | | | 3 | | |
| 1480-1499年 | | 3 | 6 | 6 | | | | | |
| 1500-1509年 | | | 1 | 2 | | | 2 | | |

A. Reid, *Southeast Asia in the Age of Commerce, Vol. II: Expansion and Crisis,* Yale University Press, 1993, pp. 18-19参照. aは10年間に朝貢した数. 琉球は, 1430-1442年に少なくともアユタヤへ17回, パレンバンへ8回使節を派遣, 他の地との交易も活発.

(7) レガスピと共にフィリピーナス諸島に入り、レガスピ死後、臨時総督を務めたグイド・デ・ラベサーリスも、ヴィリャロボス隊の生き残り。ポルトガル人に囚われたが、逃亡して、生き延びた。

(8) ポルトガルは三五万ドゥカードで所有権、航海権、通商権を買い取り、スペイン側の権利主張放棄を決めた条約。ただし、同額をポルトガルに返却すれば協定自体を無効にする権利をスペイン国王は留保した。協定締結のスペイン側の主たる背景には、①カルロス王とポルトガル皇女イサベルとの婚姻（一五二六年）、②スペイン側半球と香料諸島を繋ぐ手段は太平洋横断以外になく、その見通しが不明、③カルロス王がヨーロッパ内の戦争で多額の戦費を必要としていた、等がある。フィリピーナス諸島では、サマール、レイテ、セブ、マクタンおよびミンダナオを認識していたが、地理的位置関係は漠然としていた (Díaz-Trechuelo［1994］, pp. 13-16)。

(9) Miguel López de Legazpi（一五〇二年ギプスコア生まれ、一五七二年マニラで没）。一五二八年以来メキシコ市で公証人、市長などを歴任。

(10) 永楽帝の六回の遠征と、明朝の影響力がヴェトナムとビルマへ拡大したことで、東南アジア生産品への需要が高まった (A. Reid, "Flows and Seepages in the Long-term Chinese Interaction with Southeast Asia", *Sojourners and Settlers, Histories of Southeast Asia and the Chinese,* ed. by A. Reid, Allen & Unwin, 1996, p. 15)。また、東南アジア諸地域からの明朝向け朝貢使の実施回数は上の表のとおり。

(11) 岸本美緒「東アジア・東南アジア伝統社会の形成」『岩波講座　世界歴史一三』一九九八年、三〇頁。

(12) 許浮遠（福建巡撫〔万暦二十年〜二十二年〕）は、「海禁を通ずるの疏」で、「東西二洋において商人は風濤がよくないために、冬を通して帰国しないものがおり、それの呂宋にいるものが最も多い。漳人は彼の地で交易し、父兄が久しく居住するために子弟が往来している。現在、呂宋に滞在しているものは数千を下らない」と記す（松浦章「清代の海洋圏と海外移民」『アジアから考える三、周辺からの歴史』東京大学出版会、一九九四年、一七六―一八〇頁）。

(13) サンチェス神父が一五八二年廈門とおぼしき港で、また一五八四年五月広州で上陸を許された時、明国官吏は船の容量を計測し、関税額を割り出している（"Relación breve de la jornada que el P. Alonso Sánchez de la compañía de Jesús hizo por horden y parezer del Sr. D. Gonzalo Ronquillo de Peñalosa, governador de Philippinas, y del Sr. Obispo y oficiales de S. M. desde la Isla de Luzón y ciudad de Manila a los Reynos de China (1582)「フィリピーナス諸島総督ドン・ゴンサロ・ロンキーリョ・デ・ペニャロサ殿、ルソン島とマニラ市の司教、および陛下の役人と命令と意見によってイエズス会のアロンソ・サンチェス神父がチナの諸王国に赴いた出張についての簡潔なる報告」" [AGI, Filipinas 79, n. 2, r. 15, f. 2v]. 以下「第一報告書」（Relación I）と記す。参照、平山篤子「アロンソ・サンチェス神父とシナ遠征論」『帝塚山論集』第七一号、一九九一年。"Relación breve de la jornada que hizo el P. Alonso Sánchez de la 2ª vez que fue a la China, año 1584「アロンソ・サンチェス神父がチナに行った二度目の出張についての簡潔なる報告書（一五八四年）」" [AGI, Filipinas 79] 以下「第二報告書」（Relación II）と記す。参照、平山篤子「アロンソ・サンチェス神父と対明戦争」『帝塚山経済学』第五巻、一九九六年）。

(14) 華人居住者の多さは東南アジア諸地域の中で一、二を争う。福建省出身者がその六〇～七〇％を占め、中でも漳州、泉州出身者が大多数を占めた。福建は耕地が狭く、人口密度が高いので、諸島の生活条件は遥かに良好と考えられた。技術を持っていれば容易に職を得ることができたからだ。松浦氏は、この時期に南洋へ移民が活発化した理由の一つとして、ジャンクの出現を挙げている（参照、松浦［一九九四］、一八一―一八二頁）。

(15) Díaz-Trechuelo [1994], pp. 15-16; Díaz-Trechuelo, *Filipinas. La gran desconocida (1565-1898)*, EUNSA, Pamplona, 2001, p. 58.

(16) 第一回マニラ司教座会議（一五八一～一五八六）の喫緊の議題は、領有と徴税権の権原を確認することであった。因みにメキシコの場合、一五二一年征服、一五二八年アウディエンシアと司教区設立、一五三五年年副王着任である。既に手順が確立されている時期であることに鑑みれば遅々としている。全てを自ら決済する傾向のフェリーペ二世が、当時オランダの問題に忙殺されていたので、この問題を重要度が低いと見て、後回しにした可能性も否定できないとされる。

(17) この法律は、一五二六年の「発見およびインディオの正しい扱い方に関する法令」以降発出の個々の法を改訂、以降の植民活動のあり方を大きく規定した。ここでは「征服（conquista）」の文言は禁じられ、「平定（pacificación）」と言い換えられた。

(18) 正確な数字を挙げることは難しいが、エンコミエンダに組み入れられた推定人口に関しては以下の数値が残る。複数の文献に現れる数字を集めるとその推移は以下である（P. Chaunu, *Les Philippines et le Pacifique des Ibériques*, 1960, p. 74; Leslie E. Bauzon, "Deficit Goverment, Mexico and the Philippines Situado, 1606–1804", *East Asian Cultural Studies Series, No. 21*, The Centre for East Asian

Cultural Studies, Tokyo, 1981, p. 33、およびアントニオ・デ・モルガ『フィリピン諸島誌』（大航海時代叢書、第Ⅰ期第七巻）、岩波書店、一九六六年、四五〇頁から作成）。通常、課税一単位を四人と推定しているので、斜字体はそれによる推計数（上表参照）。

（19） J. L. Phelan, *The Hispanization of the Philippines, Spanish Aims and Filipino Responses, 1565–1700*, The University of Wisconsin Press, Madison, 1967, pp. 105–106.

（20） アウディエンシアは支出権を持たない。毎年、一～二月に会計帳簿に前年の金、銀、その他の収入を全て計算し、記帳することがアウディエンシアの聴訴官に義務づけられていた。その遅延は翌年の会計での給与支払いを不可にすることを意味した（Bauzon［1981］, p. 24）。

（21） 税関を持たないのは、他にハバナ、プエルト・リコ、フロリダがある。

（22） Bauzon［1981］, p. 34.

（23） 乗務員の人事権は副王が持ち、その結果乗員はメキシコ市の住民に偏る。特に会計業務三役は副王に近い者が任命された。士官級の乗組員は、船中の積載空間を無償提供される特典を持ち、品物を船載して、往復先々で売買して余得を得た。ここに二つの問題が生じる。第一は、諸島における品物の出入双方に課税されたが、メキシコ住民の個人貨物の査定もアカプルコの税関で行うので、査定の厳正さに疑念が生じる。この余得にマニラ側住民が与れる率が僅かなので、マニラ側の疑心は更に深まる。第二は、船の役職者にメキシコ側住民が任命され、彼らの船中空間占拠率が高くなり、マニラ側住民が利用可能な空間が減少する。その妥協策として、特にアカプルコに向かう船で過積載が生じた。

（24） アロンソ・サンチェス神父の上申に応えて、フェリーペ王が出した指令書では、この取引に「マニラ住民」として参加できるのは「十年以上諸島に居住したもの」としている（*La labor Evangélica... por el Padre Francisco Colín*, ed. por Pablo Pastells, Barcelona, 1904（以下 Colín-Pastells. と省略）, t. III, p. 744）。しかし住民の概念が曖昧で、メキシコ側との受益の不均衡は続き、諸島のスペイン人住民がガレオン貿易を活用できる率が低すぎるという不満は根強く残る。

（25） *Sinodo de Manila de 1582, Sinodos Americanos, 8*, Colección Tierra Nueva e Cielo Nuevo 27, C. S. I. C., 1988, pp. 117–121; Jesús Gayo, *Ideas Jurídico-Teológicas de los Religiosos de Filipinas en el siglo XVI sobre la conquista de las islas*, La Universidad de Santo Tomás, Manila, 1950.

〈徴税人口と推定人口〉

| 年 | 1586年 | 1591年 | 1606年 | 1616年 | 1621年 | 1635年 | 1655年 | 1686年 |
|---|---|---|---|---|---|---|---|---|
| 課税人口 | 146,700 | 166,903 | 145,205 | 160,000 | 130,000 | 114,217 | 126,312 | 121,000 |
| 推定人口 | *587,800* | *667,612* | 580,820 | *640,000* | *523,752* | *456,681* | *505,250* | *484,000* |

(26) *Recopilación de las leyes de los reinos de las Indias*, Madrid, 1973（以下 *Recopilación* と称す）, Libro IX, tit. XLV, ley 31, 32.

(27) 本稿が扱う時代は、セビーリャ―新大陸間の交通が最も規則的に運行されていた時期にあたる。カディスから新大陸に向かう船団は、年二回、春と夏に解纜する。春便をフロータス、夏便をガレオーネスと呼んだ。前者は四月〜五月に船団を組んでベラクルスに向かう。後者は、カディスを八月に解纜、最終目的地はペルーである。新大陸から本国へは、この二つの船団がハバナで翌年の二月頃合流して帰還した。

(28)「台風」のこと。huracan は「ハリケーン」の語源にもあたる。

(29) 返信が五年後到着などというのも珍しくない。たとえば一五九九年七月十二日付のアウディエンシア議長書簡へのフェリーペ三世の返信は一六〇三年十月十五日付であるから、マニラへの到着は最速で一六〇四年五月頃である。また、一六〇三年十月初めに起きた華人暴動に対応する勅令は、一六〇六年十一月に集中発信されている。

(30) マニラ発アカプルコ行きの航海は、マニラ行きに比して遭難率が高い。アカプルコ発便の積載貨が、主として銀貨であるのに対して、アカプルコ行きは六カ月の長期に亘る上、無寄港航海なので、薪炭・糧食が多く、積載荷はシルクが主で、嵩・重量とも大きい。常に過積載の危険を冒していたからである。更に、台風シーズンにかかること、かなり高緯度を冬季に航行することがその理由である。

(31) 十二月に解纜すると、カビーテ―マラッカ間の航海は約二〇日。セイロンを通ってマラバルからコチンへ。コチンからは沿岸航行して四月初めにゴア到着。ゴアからアチェンへ向かう。

(32) オランダがマカオとゴアの間の通信と物資輸送を遮断したことが主因である。

(33) Colin-Pastells., t. III, p. 749. ただし、具体的な指示が見えず、どの程度のことを指すのかは不明。

(34) パーカーはフェリーペ王の最大の敵はこの通信時間だと言う（Geoffrey Parker, *The Grand Strategy of Philip II*, Yale University Press, 1998, pp. 47–58）。

(35)『バタビア城日誌　二』（中村孝志編、村上直二郎訳、東洋文庫二〇五、平凡社、一九七二年）や『平戸オランダ商館の日記』（永積洋子編訳、岩波書店、一九六九年）などは、マニラ発本国宛の報告には一切語られない総督府の動きや日本側の対応を記す。

(36) ニーニョ・デ・タボラ総督の時期、シャムのメナム川でスペイン船が日本船ジャンクを焼き討ちにした事件が好例である。筆者は、この事後処理を知るため、タボラの国王宛書簡をインディアス総文書館で調査したが、同時期の平戸のオランダ商館日記と照合すると、事件の全容を王に報告する積極的な意志がタボラにあったとはとても考えられない（参照、平山篤子「シャムにおけるスペイン人による朱印船ジャンク焼き討ち事件（一六二八年）」『帝塚山経済・経営論集』第一〇巻、二〇〇〇年、一三―二八頁）。

（37）大西洋航路が定期航路化されたのが一五六〇年、護送船団化は一五六四年である。一〇隻以下での航海を禁じる法は、既に一五四三年に出ており、船団を組む例は一五二〇年代に見られる（J. H. Parry, *The Spanish Seaborn Empire*, University of California Press, Berkeley, 1990, pp. 132–133）。

（38）技術的に更なる大型化は可能で、安全性向上のためにも意味があった。しかし、グアダルキビル川を遡航する必要から、この程度に止められた（*op. cit.*, pp. 121–123）。

（39）船を諸島で建造する方が安いという提案は既にレガスピが行っているが、現実味のある提案はサンデに拠るものだ。彼は、「四〇〇トンの船を竣工、ヌエバ・エスパーニャであれば、一〇万ドゥカード掛かるものを、一万五〇〇〇ドゥカードで仕上げた」（国王宛書簡、一五七七年六月八日付［*The Philippine Islands*, ed. by Blair & Robertson, Cleaveland, 1903, vol. 4, p. 13］）と述べ、二年後には六〇〇トンの船を竣工したと報告している（国王宛書簡、一五七九年五月三十日付［*op. cit.*, p. 146］）。ただし、碇の鋳造は難しく、これはその後外部調達している。八〇年代中期には一般化し、カビーテ以外でも造船を始めている。

（40）参考、フアン・ヒル『イダルゴとサムライ』平山篤子訳（叢書・ウニベルシタス六九三）、法政大学出版局、二〇〇〇年、一〇七頁。

（41）Phelan［1967］, pp. 44–48.

（42）Fray Antonio de Remesal, O. P., *Historia General de Las Indias Occidentales y Particulares de la Gobernación de Chiapa y Guatemala*, tomo II, Biblioteca Porrúa, Mexico, 1988, pp. 558–569.

（43）「ダスマリーニャス新総督宛国王指令書、一五八九年八月九日付（Colín-Pastells., t. III, p. 747）」。指令書は、十五歳以下のインディオやメスティソ少年が召使いや兵士として多数送り込まれる現状を禁じる。これはサンチェスの報告を受けて作成されたものであるので、彼が諸島を出発した時期には既に珍しくなかったことを意味する。

（44）死亡者が削除されないまま、補充兵が記載され、実数より多くなっている可能性が非常に高い。

（45）Blair & Robertson., vol. 22,「エンコミエンダ調査」pp. 125–186.

（46）「国王宛ベルナルド・デ・サンタ・カタリナ書簡、一六〇三年十二月十五日付（AGI, Filipinas 84, n. 120）」。正規の料金よりも安く、しかも大量に売っていた実例を挙げている。この免許で滞留する華人の数は相当数に上ると考えられる（cf., Horacio de la Costa, *The Jesuits in the Philippines, 1581–1768*, Harverd University. Press, Massachusetts, 1967, pp. 205–206）。

（47）「第四代総督ダスマリーニャス宛指令勅書、一五八九年八月九日付（Colín-Pastells., t. III, pp. 745–746）」。

（48）トラルテロルコ（Tlaltelolco）学院は初代メキシコ司教スマラガらによって、現地人青少年の高等教育を目指して一五三〇年代から準備を始め、一五四〇年代に発足した。一五六〇年代には規模と教育内容が著しく縮小され、存続の可否さえ問題にされた (Marcel Bataillón, *Erasmo y España*, México, 1966, pp. 822–831; Robert Ricard, *The Spiritual Conquest of Mexico*, University of California, Berkley, 1966, p. 288)。

(49) 一五八六年本国を出たドミニコ会宣教団も四〇人で出発したのだが、太平洋を越えたのは一八人である。大量脱落の原因は、死亡・病気以外に、チナ宣教に活路がないと聞かされたからだと言われる。この事件については、第三章で言及する (cf., Colín-Pastells., t. I, pp. 388–409)。

(50) アウグスチノ会士ラーダの明国滞在記等を収録して、メンドーサが『シナ大王国誌』(一五八五年ローマで初版)［大航海時代叢書、第I期第六巻、岩波書店、一九六五年］を刊行した影響が最も大きいであろう。

(51) 一五七六〜一五八六年では宣教師数は一三名から九四名に、一五九四年までには二六七名を数えた。

(52) 洗礼数は一五八三年一〇万件、一五八六年一七万件、一五九四年二八万六〇〇〇件、一六一二年三二万二四〇〇件、一六二二年五〇万件という数字をフェランは挙げている (Phelan［1967］, p. 56)。

(53) 修道会が宣教に有利な地を得ようとして、メキシコでは争いが起きていたが、その経験に鑑み、諸島では紛争を未然に防ぐため、来島の四修道会に予め地域を割り当てるなどの処置が勅令 (一五九三年四月二十七日付) によってとられた (Phelan［1967］, p. 49, pp. 172–176)。また、諸島で実施された種々の方法はメキシコの方法をそのまま移入したものであったという (cf., Rafael Bernal, *México en Filipinas, estudio de una transculturación*, México, 1965)。

(54) Anthony Pagden, *La caída del hombre. El indio amaricano y los orígenes de etnología comparativa*, Alianza Editorial, Madrid, 1988, p. 243.

(55) Phelan［1967］, p. 13.

(56) A. Pagden, *Worlds at War*, Random House, New York, 2008, p. 174.

(57) 「国王宛タボラ書簡、一六三二年七月八日付マニラ発 (AGI, Filipinas 8, r. 1, n. 19, f. 15 r; Pablo Pastells, *Historia general de Filipinas / Pedro Torres y Lanzas, Catálogo de los documentos relativos a las islas Filipinas existentes en el Archivo de Indias de Sevilla*, t. V, 1927–1931, p. CLXXV)」。平山［二〇〇〇］、二四―二五頁。

(58) 「国王宛サラサール書簡、一五八三年六月十八日付 (W. E. Retana, *Archivo del Bibliofilo Filipino III*, Madrid, 1896, pp. 16–17)」。

(59) イゴレテ (Igolete) 金鉱が最も著名である。ルイス・ペレスが一五九五年頃にこの地域に初めて入った。一六〇九年、その後、一六二三年に総督や大司教がこの鉱床に関する報告を王に送っている (一六二三年八月十七日付、同年八月十三日付、以上マニラ発。一六〇九年七月三日付ポトシ発［Colín-Pastells., t. I, p. 228］)、これに対する勅書はAGI, Filipinas 332。

〈マニラに来航した船の出港地〉

| 年 | 1580–1589 | 1590–1599 | 1600–1609 | 1610–1619 | 1620–1629 | 1630–1639 | 1640–1649 |
|---|---|---|---|---|---|---|---|
| マカオ | 4 | — | 8 | — | 15 | 30 | 6 |
| 福建 | 98 | 94 | 266 | 108 | 55 | 287 | 153 |
| 日本 | — | 14 | 31 | — | 5 | 8 | — |
| シャム | — | — | — | — | — | — | — |
| コーチシナ | — | — | — | — | 2 | 5 | 1 |
| カンボジア | — | — | — | — | 2 | 10 | 12 |
| インド | — | — | — | — | 20 | 24 | 3 |
| その他 | — | — | — | 7 | 11 | 32 | 12 |

Chaunu［1960］, pp. 149–157より作成．関税を支払った船に関する統計であり，食糧・弾薬・政庁調達品など非課税品舶載の船や通信船は含まれない．マカオから明らかに来航しているにもかかわらず，記載がない場合もあるので，あくまでも目安である．

(60) 十八歳から六十歳の成人二名が一単位。厳密な意味での一家族ではない。ダト（族長）およびその男子長子は課税を免除された。

(61) この内一・五レアルは国防にあたる兵士に掛かる経費、軍需物資調達、教会教役者の維持にあてられた。「諸島をローマ教会の庭に変えるため」と理由を説明する。

(62) この税収は、一五九六年のモルガ書簡によれば、年間四〇〇〇ペソに上った。これは必ずしも店一軒を単位とするのではなく、何らかの単位に基づき、各六ペソを徴収したと考えられる（モルガ［一九六六］、三八〇頁）。

(63) 「国王宛ベルナルド・デ・サンタ・カタリナ書簡、一六〇三年十二月十五日付（AGI, Filipinas 84, n. 120)」。

(64) 一五八一年から。この税収は本来軍事費にあてるために制定された。

(65) 一五八四年の最大支出項目は官吏の給与であったが、一六〇八年では戦費が約二八・三％を占める。一六二〇年代は戦費が全収入を上回る年が多い。

(66) 記録に残る額としては、一五九八年三〇〇〇ペソ、一六〇三年四六〇〇ペソ、一六一〇年六〇〇〇ペソなどと漸増基調で推移する（ファン・ヒル［二〇〇〇］、一五六―一八五頁）。

(67) 「総督ファハルド宛リベイロ神父書簡、一六一八年八月十日付（Colín-Pastells., t. III, pp. 587–588)」。

(68) 平山篤子「マニラ会計文書の語ること」『帝塚山論集』一九九六年、三頁。

(69) ①現地人、②（居留）華人、③日本人、④モルッカやブルネイ人、⑤近辺に現れるイギリス人、ルター教徒（オランダ人）としている。この分類の基準の根拠を明らかにはしない（「国王会議提出覚書一五八六年六月二十九日付［Colín-Pastells., t. I, pp. 377–383］」）。

(70) 「国王宛サンチェス書簡、一五八三年付（AGI, Filipinas 79; Colín–Pastells., t. I, pp. 186–189)」。

(71) 高瀬弘一郎『キリシタン時代の貿易と外交』八木書店、二〇〇二年、八八―一二〇頁。

(72) マニラに来航した船の出港地、前頁の表参照。

(73) George Souza, *The survival of empire: Portuguese trade and society in China and the South China Sea, 1630–1745*, Cambridge University Press, Cambridge, 1987, p. 75.

(74) シャムでのスペイン人による日本船焼き討ち事件の後始末では、ポルトガル人が当事者並みの扱いを幕府から受け、報復処置として二〇〇人以上のポルトガル人とその関係者、四隻のポルトガル船が平戸で少なくとも三年抑留された。

(75) 平山［二〇〇〇］。ポルトガル人と華人船との競合、華人船へのポルトガル人の妨害行為については、第六章参照。

(76) 「国王宛サラサール司教書簡、一五八五年六月二十日付（Pastells［1927］, t. II, pp. CLXXXVI-CLXXXVII）」。

(77) José de Acosta, *De Procuranda Indorum Salute* (BAE, Nº 73), Espasa-Calpe, Madrid, 1954, p. 132.（ホセ・デ・アコスタ『世界布教をめざして』青木康征訳、アンソロジー新世界の挑戦11、岩波書店、一九九二年、八頁）

(78) 羽田［二〇〇七］、一〇八―一一〇頁。日本の為政者が当時のキリスト教を拒否したことは、ある種不可避な状況と言え、羽田氏はそのメカニズムについて的確な指摘をする（前掲書、一三六―一三八頁）。

(79) ファン・ヒル［二〇〇〇］、五七頁。秀吉はイベリア勢から暴君と呼ばれたが、彼の禁教令は、自他を相対化した論理に基づく（参照、『異国往復書簡集』、雄松堂書店、一九六六年、七九―八〇頁）。家康も同様の論理で、宣教中止を命じたが、宣教師らは全く理解できなかった（ファン・ヒル［二〇〇〇］、九七頁）。

(80) 殉教は強い感銘を本国に与え、一六四〇年頃になっても、日本宣教のための寄付金集めがスペインの小教区で行われたことを示す書簡が残っているほどである。

(81) ファン・ヒル［二〇〇〇］、五六八頁（AGI, Filipinas 19, n. 150）。

(82) 「国王宛タボラ書簡、一六二八年八月一日付マニラ発（AGI, Filipinas 8, r. 1, n. 6-3-1、平山［二〇〇〇］、一六―一七頁）」。

(83) 日本に限らず、東アジアでは、海岸に漂着した難破船の積荷の所有権は漂着地の領主のものとされ、サン・フェリーペ号などもこの論理で処理された。スペイン人はこれを恐れた。

(84) 参照、川島元次郎『朱印船貿易史』（内外書籍、一九二一年）六〇五―六〇六頁。辻善之助『増訂　海外交通史話』（内外書籍、一九三〇年）五四二―五四三頁。岩生成一「板倉重政の呂宋遠征計画」（『史学雑誌』第四五巻、一九三四年）、平山［二〇〇〇］。

(85) 生田滋『大航海時代とモルッカ諸島』（中公新書一四三三、一九九八年）が十六世紀前半までのモルッカ諸島におけるポルトガルとスペイン、現地勢力の抗争について纏められている。他に参照、A・リード『大航海時代の東南アジアI――貿易風の下で』

（平野秀秋・田中優子訳、法政大学出版局、叢書・ウニベルシタス五七〇、一九九七年）など。

（86）おそらく、“Información sobre Siam, 9 de junio de 1586”（AGI, Filipinas 34, n. 69, ff. 703r-713v）が、シャムに関して詳しく言及するスペイン側の最初の文書ではないかと考えられる。

（87）一六二七年、Junta de guerra（軍事部門会議）において、「懲罰」が決定された（Pastells［1933］, t. VII, p. CLVIII）。参照、平山［二〇〇〇］、一七—一八頁。

（88）第三章で取り上げる。注（13）で掲げた「第二報告書」。

（89）ルイス・ダス・マリーニャスが自己資産をもってカンボジアに関与し、個人的に親しいドミニコ会士を宣教に誘った。それ以前にもポルトガル経由でドミニコ会士が入っていたが、悲惨な状況にあった（前掲サンチェス報告書［平山［一九九六］八九—九〇頁］、Sánchez, Relación II, f. 7）。

（90）「フィリピーナスに入れば、新しい侵攻と平定が合法的に行える場を見つけよ。条件は必要人数が少数で、コストは少なく、非常に容易で、利益が上がる……」（テーリョ総督への指令書、一五九六年五月二十五日付［Blair & Robertson., vol. 9, pp. 245-247］）。

（91）主権国家、領域国家という境界を明確に設定して、自他を分ける国家観、主権相互の対等性に注目する国家意識、またそれを中心においた研究意識から見える違いと考えられる（参照　濱下武志・川北稔編『支配の地域史』、「序章」、山川出版社、二〇〇〇年、六—七頁）。

（92）「対チナ交易に関する法令」（一五八六年六月十九日付［Blair & Robertson., vol. 6, p. 282］）。

（93）*Globalization in world history*, ed. by A. G. Hopkins, London, 2002.

（94）何らかの理由で祖先の地から離散した人々。

（95）Hopkins［2002］, p. 4.

（96）“‘Archaic’ and ‘Modern’ Globalization in the Eurasian and African Arena”, Hopkins［2002］, pp. 47-98.

（97）ホプキンスはジャネット・アブー＝ルゴドが『ヨーロッパ覇権以前』（佐藤次高他訳、岩波書店、二〇〇一年）でアラブ世界の状況を詳細に述べながら、サハラ以南に全く言及しないことは片手落ちだとしていることから、彼がイベリア半島諸国のアメリカやアジアでの動きに全く言及しないのは何らかの理由があるのかとも考えられるが。

（98）Kevin O'Rourke and Jeffrey Williamson, “After Columbus: Explaining Europe's Overseas Trade Boom, 1550-1800”, *The Journal of Economic History*, vol. 62, no. 2, 2002, pp. 417-455; “When did globalization begin?”, *European Review of Economic History*, no. 6, 2002, pp.

23-50. 特に西欧とアジアのマーケット、ヨーロッパとアメリカの間で商品価格の平準化がなければ市場統合仮説は成立しないと主張する（p. 423, p. 428）。

(99) 馬や牛、小麦他を欠いたアメリカの風景など描けないほど、それらはアメリカ大陸に根付いている（参照、A. W. Crosby『ヨーロッパ帝国主義の謎』岩波書店、一九九八年、一七八―二三九頁）。また甘藷、馬鈴薯、玉蜀黍が中華大陸に及んだ最短距離はマニラ・ガレオンに帰すべきとする。確かにこれらの植物は十七・十八世紀の中華大陸での人口増加に確実に寄与している（cf., Hans van de Ven, "The Onrush of Modern Globalization in China", Hopkins [2002], pp. 173-174）。ヒトに関して、マニラ・ガレオンの船員や兵員の募集困難の穴埋めとして、メキシコから新大陸のインディオ、諸島から華人が太平洋を早い時期から往来し、双方の土地に一時代前には居なかった人々が普通に存在するようになっていることは、様々な書簡から知ることができる。アコスタは一五八六～一五八七年にメキシコで華人と話をしている（アコスタ『新大陸自然文化史（上）』増田義郎訳、大航海時代叢書、第I期第三巻、岩波書店、一九六五年、二六九頁）。

(100) デニス・フリン「グローバリゼーションは一五七一年に始まった」（"Globalization began in 1571"『グローバル化と銀』秋田・西村編、平山訳、山川レクチャーシリーズ7、二〇一〇年）。

(101) 前掲論文、二六―三〇頁。

(102) 当時の船種の詳細は、ローレンス・A・クレイトン「船と帝国――スペインの場合」合田昌史訳『大航海の時代――スペインと新大陸』関哲行・立石博高編訳、同文舘出版、一九九八年、一六八―一七〇頁参照。

(103) 黒田明伸「十六・十七世紀環シナ海経済と銭貨流通」『越境する通貨』青木書店、一九九九年、二二―二三頁。

(104) 「従来は地方ごとに施行されてきた一条鞭法の全国的施行が命じられ、様々な賦税・徭役負担が一本化・銀納化された」（岸本美緒「東アジア・東南アジア伝統社会の形成」『岩波講座　世界歴史一三』一九九八年、三〇頁）。

(105) 秤量で流通していた銀であったが、銀貨の枚数で計算されるに至った。十七世紀から十九世紀に中国で流通した銀の大部分が外国産、特にペソ貨である（百瀬弘「清代における西班牙弗の流通」『明清代社会経済研究』、研文出版、一九八〇年、八七―八八頁）。メキシコ産出銀は、貨幣に鋳造されない限り持ち出しを禁じられた。一ペソは八レアル、一枚二七・四六八グラムで、銀の純度は九三％強。一六八六年に国内向けでは二〇％小さくなり、二一・九一二グラムとなったものの、十八世紀中葉までは九三％の銀純度を確実に保ち、対外的には従来の重量を保持していたことが評価された結果である。

(106) かなりの地域でペソ貨のまま流通したとも言われ、銀貨の概念を広めた。また清代には広東交易の通貨として広く流通し、十八～十九世紀では、中国行商と西欧側商人との間でペソ貨と中国銀両の間に交換比率が定められた。その結果として、「圓」なる中国の貨幣単位が確立することになる（百瀬、前掲論文、七八―一〇〇頁、一二五頁、及び「明代の銀産と外国銀に就いて」、百瀬［一九八〇］、六二―六四頁。論文自体は各一九三六年、一九三三年の上梓）。

(107) アメリカ合衆国は、新たに支配下に入った地域の統治に、スペインの政庁開設以来同諸島に関わる膨大な史料の一部（全体から見れば一部だが、かなりの量）を英訳・出版した。本書でも多用している Blair & Robertson, *The Philippine Islands* である。この出版は一九〇三年から始まったが、東洋史研究で、特に一九二〇～三〇年代、盛んに用いられた。各国史では解決できない問題が、既存の歴史学の枠組みを越えたところで解明された例と言える。

(108) 矢野仁一『近代支那外国関係研究』弘文堂、一九二八年。

(109) 岩生成一『朱印船貿易史の研究』（弘文堂、一九五八年）、小葉田淳『金銀貿易史の研究』（法政大学出版局、一九七六年）『日本鉱山史の研究』（岩波書店、一九六八年）などが代表的著作である。後二点は専門書としての出版年であり、論文上梓自体は二十年ほど遡る。

(110) 岸本美緒『清代中国の物価と経済変動』研文出版、一九九七年、二〇―二一頁、および第七章。

(111) ボクサーでは、特に “Plata es Sangre: Sidelight on the Drain of Spanish American Silver in the Far East, 1530–1750”, *Philippine Studies*, xviii (1970), pp. 457–468; *The Great Ship from Amacan* (1959)、シュルツでは *The Manila Galleon* (New York, 1985) で言及される。後者は古典的存在だが、史料への言及がほとんどない。

(112) António Bocarro, *Década 13 da História da Índia*, 1876（高瀬弘一郎『モンスーン文書と日本』八木書店、二〇〇六年、二七九―二八三頁）。

(113) William S. Atwell, “International Bullion Flows and the Chinese Economy Circa 1530–1650”, *Past and Present*, no. 95, 1982. これは岩生成一、小葉田淳、加藤栄一、山村浩三、神木哲夫、佐久間重雄氏らの研究をしばしば参照している。彼は明朝崩壊と銀の流入量を結びつけた点で、一九九〇年代に強い反論を受けた。再反論して自説を再度確認する論文 “Another Look at Silver Imports into China, ca. 1635–1644” (*Journal of World History*, vol. 16, no. 4, 2005) がある。

(114) その点での錯誤、通貨単位の取り違い、数値の出所が不明のまま他の著作に引用されることで定着してしまうなどの問題点が先行研究には見られる。

(115) 国王宛ペルー副王書簡、一六一二年の報告（一六一二年四月十二日付［Blair & Robertson., vol. 17, p. 219］では、インディオが綿布を作るのを止めて、明国産シルクを着用すると言う。

(116) 「あらゆる階層の人、特に最も貧しい人々にもチナ産シルクは着用され、地方教会の祭壇にも使われる」などとする表現が一六〇二年の文書に見られる（AGI, Filipinas 34, s. n.）。

(117) Ｐ・ショーニュ『ラテン・アメリカ史』大島正訳、文庫クセジュ一六〇、白水社、一九五五年、五二―五三頁。しかし、明朝は生糸を貿易禁制品としている（『華僑・華人事典』弘文堂、二〇〇二年、三一頁）。

(118) 参照、羽田正［二〇〇七］、特に「おわりに」の章。

(119) 桃木至朗編『海域アジア史研究入門』岩波書店、二〇〇八年、四頁。

(120) パグデンは、教会がスペインの巨大な海外帝国のイデオロギー的後ろ盾となっていたと明言する（Pagden［2008］, p. 174）。

(121) 時代相として重金主義がいつ重商主義に移行したかについては、ヴァイナーが一六二〇年説と一五六〇年説を論じた上で、前者に軍配を上げている。彼の判断基準は、交易で得る貴金属に対する持ち出し規制法がどれだけ施行されたかにある（Jacob Viner, *Studies in the Theory of International Trade*, New York, 1937, pp. 3-5）。ただし、重金主義は重商主義の一部だという理解がある一方で、金・銀そのものの簒奪も、貴金属保有量を高めるという意味では重金主義だとの理解もある（Parry［1986］, p. 268, 羽田［二〇〇七］、三五二頁）。

(122) コロンブスは「金は力に満ち、それ自体に作用する力を持った物質で、あたかもパンが体にとり食物であるように、金は魂の食物である」と言い、金を特別視している（A. Pagden, *European Encounters with the New World*, Yale University Press, 1993, p. 19）。

(123) 生田滋「近世初頭の東南アジアにおける世界秩序」（『思想』第八〇一号、一九九一年三月、五九頁）、および『オランダ東インド会社と東南アジア』（大航海時代叢書、第II期第一一巻、岩波書店、一〇〇頁）。

(124) Pagden［2001］, pp. 85-93. 邦訳、一二二―一四〇頁。

(125) C. R. Boxer, *The Portuguese sea born empire 1415-1825*, London, 1977. 一方幼年王の摂政として、スペイン王家出身の母親がポルトガルの政治に関与し始めると、その影響で、ポルトガルも陸に関心を持ち始めた（Sanjay Subrahmanyam, *The Portuguese Empire in Asia 1500-1700: A Political and Economic History*, Longman, London, 1993, pp.107-143）。

(126) ブラジルは砂糖黍などのプランテーションに経済基盤を置き、その土地に課した税収に経営の軸がある点で陸の帝国である。

(127) 生田滋「インド洋貿易権におけるポルトガルの活動とその影響」『ヨーロッパ世界の拡張――東西貿易から植民地支配へ』世界思想社、二〇〇〇年、一五―二八頁。参照、羽田［二〇〇七］、六〇―六五頁。

(128) 高瀬［二〇〇六］、特に三九―二八六頁、注において詳しく解説される。

(129) 羽田［二〇〇七］、一一〇頁。

(130) 新大陸からスペインに搬入される銀貨の内、相当量がセビーリャでの陸揚げ以前に、スペインがポルトガル人から購入した「奴隷」の代金としてポルトガル人の手に渡り、それがアジアへの投資に回っている。

(131) 羽田［二〇〇七］五七―六〇頁。

(132) Subrahmanyam [1993], pp. 118-122.

(133) 高瀬［二〇〇六］、六六頁、二七六―二七七頁（ここではマニラに売られる奴隷は華人である）、特に二七九―二八五頁（アントニオ・ボカロの著を引いて、むしろ交易の主「商品」は奴隷であり、それによって莫大な利益を上げていることが、対マニラ交易の利点である旨明らかにされている）。メキシコがほしがった水銀も供給している（Souza [1987], p. 71）。

(134) 典型的なのは、「国王宛マティアス・デ・パネラ書簡、一五八三年二月十日付（Colín-Pastells., t. I, pp. 302-303)」。

(135) スペイン人が潤沢な銀貨で直接購入するなら、彼らの商売は半減する。スペイン人がこの海域での物価に無知で、しかも銀貨を潤沢に持つことが、ポルトガル人のマニラでの商売を非常に有利にしていた。

(136) ソウサはこの人物を、新キリスト教徒で、極めて複雑な家族の背景を持っていた人物だと言う（Souza [1987], p. 38）。パステルスに拠れば、彼は非常に裕福で、マカオの主たる住民であり、誰も阻止できないチャパ（取引許可書）を明国官憲から得ていた (Colín-Pastells., t. I, p. 300)。

(137) 「国王宛ロンキーリョ総督書簡、一五八三年四月二十日付（Colín-Pastells., t. I, p. 286)」。

(138) 血統に、主としてユダヤ人の血が混じらず、カトリックへの新改宗者ではないことへの証明。十六世紀後半から、カスティリアの社会で意識され始め、差別が一般化されていく。新大陸への渡航の資格としても問題にされた。しかし、十六世紀のスペインにおいて、改宗者の血が全く混じらない人間はごく稀であった。

(139) この指摘は既に四十年以上以前に行われている（"Judios y Portugueses. La Inquisición" *Historia General de España*, ed. por Menéndez Pidal, Espasa-Calpe, 1966, pp. 237-247)。スブラマニヤムは異端審問文書を使ってネットワークの存在を実証した（Subrahmanyam [1993] pp. 110-121)。

(140) 一六三〇年十月三十日付の国王宛ドミニコ会士の書簡は、このメカニズムを明らかにする。つまり、川の渡河税を華人病院の維持費として王から下賜されていたが、総督が川に橋を架けたので、この収入がなくなった。ついては一〇〇〇ペソ喜捨願いたいという嘆願である（AGI, Filipinas 80, n. 152)。

(141) この交易活動の担い手は、資金調達可能な者は全てと見て差し支えない。勅書は軍人や政庁役人の関与を禁じるが、投資は代理を立てれば誰もが参画可能であったからだ。彼らは資金を持つ限り、王金庫が枯渇した時も、貸し付けや醵金でアカプルコへ船を送った。

(142) 個々の事例で「イギリス」「イギリス人」という呼称を用いることが妥当でないことを承知しているが、煩雑を避けるために敢えて、この呼称を用いることを許されたい。

(143) John Elliott, "Britain and Spain in America: Colonists and Colonaized", The Stenton Lecture 1994, The University of Reading, 1994, pp. 3-23.

(144) John Elliott, *Spain, Europe & the Wider World 1500–1800*, Yale University Press, New Heaven and London, 2009, pp. 149–172. 前掲の論文との比較では、トーンがかなり穏やかになっている。

(145) *Ibidem*, p. 150.

(146) *Ibidem*, pp. 156–158.

(147) Elliot［1994］, p. 10. この概念は少し形を変えて、*Empires of the Atlantic World*（Yale University Press, New Haven and London, 2006, pp. 184-189）でも言及される。

(148) Elliot［2009］, p. 159, p. 162.

(149) Elliot［1994］, p. 6. この点への言及は改訂版では減少している（Elliot［2009］, p. 154）。

(150) Elliot［2009］, pp. 166-167. Elliot［1994］では、「失敗」よりも、アングリカンもピューリタンも「失望した」と語る（p. 18）。

(151) Elliot［1994］, p. 9.

(152) パグデンは、スペインが世界帝国としてのローマ帝国をモデルとしていたのに対し、イギリスの場合は、啓蒙主義的であると同時にナショナリズム的であると言う（A. Pagden, *Lords of all the World: Ideologies of empire in Spain, Britain and France c. 1500–c. 1800*, Yale University Press, 1995, pp. 5-9）。川北稔「帝国と植民地」、濱下・川北［二〇〇〇］、三五八―三五九頁。

(153) Elliot［2009］, pp. 161-162; Elliot［1994］, pp. 14-16.

(154) Elliot［1994］, pp. 10-12.

(155) サンチェス「フィリピーナス諸島の全情勢と諸島の事情について陛下に宛てた全般的覚書〈特にチナ入国について〉――一五八六年」（Colin-Pastells., t. I, p. 443）。以下「入国覚書」と略す。

(156) 参照、関哲行・立石博高編訳［一九九八］、四―三一頁。

(157) 前掲書、三〇頁。

(158) 宣教に対する使命感が新世界への進出で強く前面に出るに至る経緯には、カトリック女王イサベルの個人的傾向、およびフランシスコ会で特に意識されていた終末思想が関与すると言われる。イサベルはフランシスコ会第三会員である。終末が近いならば、人々への宣教を急ぐ必要があるからだ（cf., John Leddy Phelan, *The millennial kingdom of the Franciscans in the New World. a study of the works of Gerónimo de Mendieta*（*1525-1604*）, University of California Press, Berkeley, 1956）。

（159）スペインがヨーロッパ以外の世界に進出する権原は、一五三九年を境に変化している。それ以前はローマ教皇アレキサンデル六世の Inter Cœtera（贈与教書）に基づいていたが、それ以降はカトリック化がその権原となり、徴税の権原はこの点に求められた。一六二二年に教皇庁に布教聖省が創設されるまで、教皇庁に布教を担当する部署はない。

（160）イギリスとは、一六〇四年のロンドン協定で和議に至っている一方で、一六〇九年のアントワープの休戦協定で、オランダの実質的独立権を認めており、同年はオランダを名実共に失った年と言える。しかしながら、現代からこれらの過去を見て、同時期にスペインの没落が始まったと言えても、同時代人は、むしろこれによって平和が構築されたと見、ライバル諸国に対してより優位な力を得たと考えていた（Paul C. Allen, *Phelipe III, and the Pax Hispanica, 1598-1621*, Yale University Press, 2000, pp. 6-21）。

# 第I部　スペイン・カトリック帝国の対チナ観

## はじめに

チナが到達可能な世界になってきたとスペイン帝国に考えられた時期は、新大陸での宣教や植民のあり方に対する失望や反省が出てきていた時期にあたる。その反動として、チナは理想的なカトリック化が実現可能と期待された。チナはヨーロッパと同等の「高度文明」を持つと考えられたからである。

その他者像は当初の「物資豊かな高度文明」という、言わば「鏡の中の理想の自己像[1]」から、チナや華人との実際の邂逅を通して「実存」へ変化していく。「鏡の中の理想の自己像」から「実存のチナ・華人」への途上、スペイン人がこの「高度文明」との邂逅の衝撃をいかに受け止め、理解し、行動したかを、第I部では、一五八〇年代にフィリピーナス諸島で議論となった「チナ事業」を切り口として考察することとしたい。

「チナ事業」とは、明国のカトリック化を目的として、明入国と宣教を容易にするため、軍事侵攻・征服・統治・宣教を複合的に企図した事業計画である。この計画の議論に参与した人々自身が用いた言葉であり、スペイン語では Empresa de China という言葉が使われる。この事業はモルッカ諸島やミンダナオなど周辺の地域への軍事行動と連動して議論されたものなどでは断じてなく、むしろチナに関する宣教上の特別な関心が生み出したものである。

一五七三年、フェリーペ二世が発した「新しい領土の発見と植民・平定に関する法」では、「征服」という言葉の使用を禁じ、「平定」と置き換えられたが、「発見者（descubridores）」や「航海者（navegantes）」がおり、彼らの最終目標が通商ではなく、金・銀等富の獲得である限り、少なくとも本稿で扱う時期、「征服」の言葉が彼らの報告書から消えることはなかった。そして、この時期本格化したフィリピーナス諸島植民と諸島からチナへ向ける関心を語る時、「征服」という言葉は、以前より頻度が低いとしても、報告書類から消えることはない。

しかし、フィリピーナス諸島で語られる「チナ征服」は、その性格から二種に分けて考える必要がある。一つは広義の「征服」で、未知の他者との邂逅において常に選択肢の一つとして言及されるもので、時代背景の中で特別な意味を持たない。今一つは、その目的や手段について明確なイメージを形成しているもので、他者に対する行動として「征服」はいくつもの保留を要するとの認識がある中で、敢えてチナ宣教には不可欠な手段であると主張するものである。チナに関する当時としては詳細な情報を基に計画立案され、征服後の統治にも言及するもので、この計画は本国に持ち込まれ、本国でも他の問題と共に検討された。

大国相手のそのような計画は全く実現の可能性がない絵空事で検討に値しないとの見解があるかも知れない。本稿としては議論そのものに注目しているのであり、議論が現実の見聞との関わりで変化することに関心を注ぐゆえに、以下二つの意味で検討に値すると考えるものである。本稿のテーマに即して言えば、「チナ事業」を否定するにせよ肯定するにせよ、スペイン人がチナを具体的かつ正面から見据えた最初の機会であり、議論である。この議論に関わる者は、チナという他者が何者でそれをどのように考えるかを論じざるを得ず、本件を論じる論文は、チナの行政や宗教を見聞して得た情報を自己の経験を基に咀嚼した「チナ像」を必ず語るからである。第二は、チナに対して高度文明を持った他者という観念をスペイン人は抱いており、それゆえ新世界で邂逅した他者に対するより、より深い配慮が必要と考え、過去に新大陸で行ったやり方への反省を生かして接触を図るべきと考えていた点である。この事業を巡る議論は、スペイン人の中にある「観念のチナ」と現実を垣間見た「観察されたチナ」から織りなされる。以上二つの意味で、本稿が主題とする「ヒトの移動と邂逅」を考察可能にするテーマである。

第二章で「チナ事業」の梗概・経過を述べた後、第三章、第四章、第五章において当議論に積極的に関わり、事業に言及する論文を著した三人の議論を考察する。即ち事業の立案者にして具体的推進者であるイエズス会士アロンソ・サンチェス、彼の議論を反駁する論文を書いたイエズス会元ペルー管区長ホセ・デ・アコスタ、さらに「チナ事業」の推進から否定へ途中で一八〇度見解を変えた初代マニラ司教、ドミニコ会士ドミンゴ・デ・サラサールである。

この問題に関する代表的な先行研究としては以下を挙げたい。テーマの扱い方によって二種類に分けると、史料を広く提供する研究と、このテーマそのものを論考する研究である。前者の代表的著作としては *La Labor Evangélica* がある。これは、フランシスコ・コリンの手になるフィリピーナス諸島イエズス会の年代記に、パブロ・パステルスが詳細な脚注を付して刊行したものである。コリンの年代記がサンチェス神父の存在を非常に重視している上に、パステルスの注記自体が膨大な関係史料の翻刻であり、周辺事情の解説であるので、「チナ事業」に関する基本的な議論と背景を知ることができる。パステルスは、*Historia General de las Islas Filipinas* の中でも多くの史料を翻刻しており、「チナ事業」研究は彼の史料整理に負うところが極めて大きい。しかし、彼には一つの欠点がある。史料の翻刻において、中略部分がある場合も、それを読者に告げない場合があることだ。

同じくこの問題を巡る史料紹介という意味では、高瀬弘一郎氏の「大航海時代とキリシタン」「キリシタン宣教師の軍事計画」は非常に重要である。(2) サンチェス神父やこの計画に賛同した他の聖職者たちの書簡を翻刻・翻訳し、計画が広範囲な広がりを持ち、「チナ事業」を多くの宣教者が宣教手段の選択肢の一つとしていたことを史料自身に語らせている。従来のキリシタン史研究では触れられない宣教事業の重要な一局面を明確にし、ヨーロッパ世界における宗教の持つ意味を史料に語らせた功績は大きい。

他方、「チナ事業」そのものに焦点を当てて論じたものとして、二十世紀初頭の研究である *Alonso Sánchez, sus viajes y embajada*、(3) そして一九七〇年代末から八〇年代にかけて発表された論文 "Projecto de la Conquista de China"(4) を挙げ得る。前者は、二十世紀初頭、過去の栄光と当時の凋落を自問し苦悩していたスペインにおいて、チナを得る可能性を探った「先見性」をサンチェスの「チナ事業」に認め、同時に失ったフィリピーナス諸島が持ち得た価値が大なることを「発見」している。帝国主義が時代背景にあることが明らかな著作である。後者は、かつて存在したチナ征服論の流れを史料から丹念に拾い上げている点で評価できる。論文の焦点は、スペインから見て無価値と見られてきたマニラが持ち得た可能性の発見にある。以上に対して、マノエル・オジェが、二〇〇三年に上梓した *Empresa de China* は、先行研究の成果を踏まえ、セビーリャのインディアス総文書館所蔵の史料他を誠実に読み込んだ研究である。彼は、第三章で言及するサンチェスのチナ報告を非常に論理的で、事実と正面から向き合う客観性を持つものと評価し、サンチェスの引き出した「チナ事業」は当時生起した現実と連動するという視点に立つ。その点で、サンチェスの書簡論文をその執筆時点にチナ宣教を巡って生起した事柄と詳細に照会し、サンチェスの真意洞察を試みる。筆者はここ二十年以上サンチェスの主張の本意を追求してきたが、サンチェスのチナ関係の報告文書を当時としては他を大いに凌駕する客観性と、事実を指摘する勇気と熱意を持った史料であると評価し、彼の判断を根拠あるものと論じてきた。その点ではオジェは筆者と同じ観点に立つが、彼は報告史料を十六世紀後半という時代背景に落としきること、東アジア側の状況を理解する点で難点を有し、非常に重要な課題を残したままになっていると本稿は指摘したい。彼が重視しない史料二点に特に注目してサンチェスの計画がいかなるチナ観に基づくものか、彼の残した課題を解明していく。そして、この問題を論じた三論者の議論を比較・吟味し、対等の文明と考えたものに邂逅したスペイン人が「ヒトの移動と邂逅」において、どのような意識を持ったかを実証的に見ていく。

# 第二章　チナ宣教論としての「チナ事業」

## 一　「チナ征服論」の系統と「チナ事業」

フィリピーナス諸島在のスペイン人によるチナ報告は、一義的にはチナや「日本」に関して得られた情報は全て送致すべしとの国王の命令に従うものだが、植民者や修道者、特に後者は宣教への強い希望から、その端緒を摑もうとする積極的な意欲が報告の動機である。まず、彼らの報告の要点と、それに対する本国の反応から見える帝国の姿勢を時系列的に確認する。

チナの存在を確認した後の帝国の方針と理解できる初期の指令の一つは、ヌエバ・エスパーニャ副王マルティン・エンリケスが一五七二年にフィリピーナス総督に与えたものだ。調査項目を指定して、チナに関する正確な情報蒐集を求めている。調査項目は概ね以下に整理できる。①沿岸地方の住民の有無、②生活程度と様式、③習慣・宗教（宗派、儀式、礼拝様式）、④統治様式（王政か共和制か）、⑤富の種類、⑥税の賦課方式と課税対象、⑦土地の珍重品、輸入品の種類、⑧貴金属や真珠等の有無、産出金属の種類、⑨通商関係（物品、通商相手）、⑩日用物資と飲食料の価格、⑪家畜、野生の動植物の種類と用途、⑫スペイン人の有無、⑬武器の種類と入手先。(5) 土木構築物や裁判制度はなぜか言及されないが、一般的にヨーロッパが文明を測る尺度としていたものだ。他には、レガスピに志願して同行したアウグスチノ会士ラーダ(6)に求めた、「地域の人々の資質、通商があるならその内容、交易で双方が利益を上げるにはいかなるものを輸出入できるか」等の調査指示がある。他方で副王は「諸君が到達した地で上陸すると、陛下の名において領有宣言する。もし、諸君が到達した地に統治体系があり、豊かな人々、支配君主がいたなら、カスティリア王のごとき強大な君主の命令で彼らの地にやってきたと悟られないようにし、自分たちの旅程はその地を目的地としたものではなく、天候が偶然にその地へ自分たちを運んできたと思わせることが可能ならその方が適切だろう」と無用な摩擦を避ける、あるいは相手に警戒感を抱かせない現実的な指示も出している[7]。

これに並行した政庁側の動きとしては、レガスピが一五七二年に外交関係樹立を漳州の「総督」に求めたこと[8]、諸島在住者がチナ国王宛使節派遣を国王に要請するために、アウグスチノ会士ディエゴ・デ・エレラを本国へ派遣することを決議したことなどが総督の報告書から判明し[9]、実際にエレラは本国宮廷に向かい、交渉に入っている。しかし、一五七四年のエレラの国王宛書簡は、「［チナは］いかなる外国人も入国させない」と述べており、チナの入国管理が厳格であることを認識していた。ラーダはチナ宣教を目的に来島したので、チナ入国の契機を摑むことが最大の関心事であった。そこに起きたのが海賊林鳳を追跡する明国艦船の来航と、その指揮官とマニラ総督との交渉事である。ラーダらは、林鳳捕獲へのマニラ側の協力姿勢に対する指揮官の謝意[10]を活用して、福建帰還の艦船に同乗させるよう求め、泉州から上陸、福州へと至った[11]。一五七五年六月のことである。ラーダによれば、福州では「この国を来訪したのは、華人とカスティリア人の平和と友好を樹立する方法を交渉するためであること……自分たちはこの国に留まって福音を説く希望を持っている」と巡撫に対して申し入れた[12]。これに対し巡撫は、それは国王への報告案件で、宣教は内閣の許可を受けなければならないので、当分許可できない等々を回答する一方で、ラーダらの行動を監視、スパイ行為の有無を疑念していたという。彼はチナ研究のために一〇〇冊余りの書籍を持ち帰り、一部を翻訳させている[13]。彼の帰着後、マニラ市の市会が国王に宛てた書簡は「陛下は、チナというような大変大きく強大な王国の門前におられます。修道者たちが町々の大きさや人々の政府について語った話は全く驚きです[14]」と驚嘆を語る。これは西回りで東アジアに向かった者の実見聞に基づく最初の報告と言ってよいだろう。

ところで、報告書簡類はチナに関心を示すが、情報の入手先を明確にしない。おそらく多くの場合、マニラに来航した華人が情報源と考えられ、その多くが漳州海澄県月港近辺や廈門の出身であることから、マニラとチナの繋がりは福建、特に漳州海澄県月港を窓口とする方向性が自然に定まった[15]。月港自体、対呂宋方面の交易を視野に入れて明朝が整備した港である。また、福州の役人はラーダにその来訪を国王に報告すると述べたが、実際『明実録』は明国艦船へのラーダの乗船を中央政府が許可したと語るので、スペイン人の存在を中央政府は認識していたと言え、周辺諸地域と儀礼を尽くしながら共存する意志を持っていたと言える。ただし、彼らにとり極めて多くの現象の一つに過ぎないのは明らかだ。地方政府の役人とマニラのスペイン政庁の交渉事を華人商人が取り次いでいることがラーダの記録から窺える。これ自体、朝貢貿易の朝貢側の主体を華人商人が負う場合が珍しくないと指摘されていることの範疇で理解してよいであろう[16]。

一方、フィリピーナス諸島では、明らかにチナへの関心が宣教師主導で行動に移されている[17]。アウグスチノ会士オルテガの一五七三年の書簡が、「チナ発見行は実行されなかった。レガスピ総督は陛下と〔副王〕閣下の指令に非常に忠実で、その気を欠いていたからである。彼の死後も、すべきことを命じるべき人[18]にその気がなかった[19]」と言う。一五七〇年代の実情から見れば、諸島政庁の人的資源は、諸島内部、マニラ周辺の統治と諸島周辺地域の安全確保に手一杯で、他に割く余力がないことは明らかだ[20]。更に一五八〇年代以降、報告量が増すと、総督の本国へのチナ関連の報告は、主として「戦争」の項目で言及された。しかし、現状認識の陳述が主で、意見陳述は聖職者に一任された観がある。ポルトガル人の状況や彼らから漏れ伝わる情報によって、一般論としてチナが物質的に非常に豊かと想像され、人的資源が揃えば、何か行動を起こし、富を得たいとは思っていたが、実質的に何を得、何が可能かについては全く不明であった。目的として明確なのは唯一宣教であった。換言すれば、行動範囲にはデマルカシオンの問題も絡み、法的・神学的判断も必要と考えられ、対チナ戦略を考える具体的目標と知識を持っていたのは聖職者のみであったと言える。そして、船を雇い言葉も使えぬまま闇雲に広州市やマカオへ入ろうとする宣教師がいた。フランシスコ会士である。だが、彼らは明国官憲に拘束され、マカオのポルトガル人によって請け出された。この状況下、「チナ征服」に言及する宣教師の文書はそれほど珍しくない。背景には以下の二点が関係している。宣教事業が軌道に乗れば、受益者負担の原理で改宗者から維持費を徴収する予定でも、開始の初期費用は国王負担である。国王とその顧問官が出費に同意するには、初期費用を取り戻すほどの成果、事業維持経費現地調達の目処、および大量改宗の可能性について肯定的な見通しが必要であった。以上が第一点である。改宗すれば、いずれ教区民として司祭の指導下に入る。この集団は布教保護権を権原としてスペイン国王に保護されるので、改宗者は教化と保護の費用としてスペイン国王に税を支払う、と当時理解されていた。これは時代の「常識」である。徴税に応じることは、税を徴する者の権威を認めることと言え、今日の我々の目から見れば、改宗が支配権の受容を意味するのは不合理だが、スペイン人はこの成り行きを当然視している。ここに宣教師の書簡が「征服」に言及する第二の背景がある。住民のキリスト教化が、その土地におけるスペイン国王権の存在・支配を正当化するのであるから、宣教師の「征服」論議は場違いと言うより、システムの問題である。これは日本とスペイン人の関係断絶を考える上で重要なポイントである。

こうした環境下、国王の回答は現実的であった。チナ接近は時間を掛けて検討すべしと命じる。しかしアウグスチノ会と総督双方から出されていた宣教師増派の要請には、四〇名派遣の許可で応えた[21]。彼らの出発に際して一五七八年本国で国王が与えた指令は、「チナへの使節派遣の件はさして緊急を要する問題ではない。枢機会議がこの計画の利害得失について十分時間を掛け調査研究するために、もっと綿密な検討の要がある」ので「更に意見を具申すべし[22]」というものであった。この指令は一五七二年以来の諸島発の要求への回答と見てよいであろう。

ところが、このようなフェリーペ王の姿勢が一五八〇年代に入ると一転する。発端は一五七八年八月、ポルトガル、アビス朝最後の国王セバスティアンが独身のままアフリカで消息を断ったことだ。その後を継いだエンリケ枢機卿が死去、セバスティアン王の父親と従兄弟関係のスペイン国王フェリーペがポルトガル王位を請求、一五八一年四月正式に即位した。この王位継承協定には、二国は相互独立するものと確認項目があるのは周知に属する。しかし一五八〇年にチナ王への使節派遣計画にスペイン国王が取り掛かったことは、決して偶然ではない[23]。当時の知識では、スペインとポルトガルを分けるデマルカシオンでは、サラゴサ協定のこともあり、チナとの関係をポルトガルの先発権を無視して進めることには躊躇いがあった。その状況には何ら変化がないことを考えると、この動きはフェリーペ王のポルトガル王位継承に起因した、いわばスペイン側の心理的障壁の消滅にあると言えよう(24)。

使節派遣計画はアウグスチノ会士フアン・ゴンサーレス・デ・メンドーサに委任され、彼を正使として、礼物選択等の実行に向けて動き出した。準備された礼物の額は二万ドゥカードに上った。一五九一年、東インド副王が秀吉宛使節に携行させた礼物が、四〇〇〇ドゥカードと伝えられることに鑑みれば、明国皇帝がスペイン人にとってまだ想像の世界の存在である点を考慮すると、その意気込みは決して小さくなかったと考えてよかろう。フェリーペ王に使節派遣を決断させたのはラーダの報告書だと言われるが、自国聖職者の実見に基づく言葉が本国に「チナ」を実感させたインパクトは大きかったのだろう。ラーダはチナの途方もない豊かで壮麗な文明を語ると共に、生きた人間の文化、たとえば役人の「洗練された言葉遣い」や判断力などを自らの隣人として描写し、肯定的かつ現実味のあるチナ観を提供した。それが、チナを想像の世界から実存に大きく引き寄せたと言える。メンドーサと礼物は、一五八一年中にメキシコまで到達していた。

使節行は一五八五年頃まで続行中の形跡が残るが、実現しなかった。頓挫の理由は、メンドーサに拠れば、ヌエバ・エスパーニャ副王の顧問官に否定的な異論が出てきたこと、任期を終えてメキシコに帰還した前フィリピーナス総督フランシスコ・サンデ(25)がそれに追い打ちをかけ、使節や礼物は無意味だと強く主張したことだ。「異論」や「無意味」の理由を明確に史料づけることは現時点ではできないが、使節の受け入れや外交交渉に明国が応じないという見通し自体は、現実であった。ただサンデに関しては、その書簡から推測する限り、対外関係を築く上での外交手段には関心がなく(26)、チナに限らず周囲へ向ける対応は軍事に重心を置き、同胞以外の他者への共感がない点は明白である(27)。彼の在任中、チナに具体的かつ詳細に言及した報告は二点参照可能である。一五七六年の国王宛書簡が、チナ征服を具体的に論じた書簡と考えられる。チナ征服の手段・方法に言及した提案である。彼は海賊林鳳のマニラ襲撃の翌年に総督としてマニラに着任したので、襲撃の傷跡とその恐怖の記憶は生々しいものだったろう。彼の赴任の年に、マニラに来航した林鳳追撃艦隊の司令官王望高に対し、彼は非常に居丈高に接したと言われる。[28]彼が国王に送付した報告書では、華人とそれ以外の人々に区別を設けず、チナ遠征をボルネオやミンダナオ遠征と同列に扱う傾向が著しい。彼はチナ文明に関する言説に関心がなかったか、日常マニラで働く華人を全てに敷衍して「チナ」を判断していた可能性がある。

彼の書簡のチナ観をスペイン人全体に敷衍・一般化して、チナ遠征がミンダナオやボルネオの遠征計画と同一線上、もしくはその延長線上にあったと考えるのは誤りである。特にサンチェス神父らの計画をその線上に置くことは明らかに間違いである。その理由については、第三章で言及する。

世俗の人間のチナ論はほとんど知られていないが、知られる限りでは押し並べて負の評価が並ぶ。その一つがサンデのものだ。彼のチナ観の基本は上述のとおりだが、華人に向ける言葉はチナに臨む姿勢そのものと言えそうだ。即ち華人が馬に乗らない、乗っても拍車を使わないのは「臆病」、武器を携行しないのも「臆病」、人間に関しては「偶像崇拝、男色、盗癖、迷信的、怠惰、狡猾、強欲、無知」等で、欠点を表す語彙を思いつく限りを並べたと言えなくもない。物質面での評価はもう少し客観的で、土地は肥沃、チナにないものはベルベットのみであり、華人の膚を「白い」と報告する。デマルカシオンのことはこの頃も問題になっていたと見え、「何ら問題ない」と言い切る。[29]

もう一つはマニラ古参住民、在俗司祭フェルナンド・デ・ロス・リオスのものである。[30]ポルトガル人が居留するマカオのような港をスペイン人も漳州付近に得るべきとマニラ住民が合意し、一五九八年交渉に向かう途次、総督に宛てたものである。

「これらの異教徒は、世界中で最も自然の光に損なわれた人々である。彼らと付き合うには人間では不可能で、天使でなければならない。いかなる地に我々がいるのか分かって頂くためには、ここは真に悪魔の国で、全王国を悪魔が支配しているようだとのみ申し上げよう。華人一人一人がその内に悪魔を持っているようで、彼らはあらゆる悪やまやかしを試みる。治政は、外面的には全ての秩序と形式を整え、その維持の姿は秩序正しく見えるが、実際を経験すると、全ては悪魔のたくらみである。ここでは、外国人に公然と盗みを働いたり襲ったりはしないが、もっと酷いやり方でそうしたことをする」[31]。

この一文は彼自身の書簡として残るだけではなく、アルヘンソーラが『モルッカ諸島征服記』に引用したばかりか、モルガもその著で引用している[32]。ロス・リオスがマニラの古参住民で、知識人であることが引用の理由であろうが、彼らの思いを代表する表現なので引用した可能性は否定できない。この時期は華人との商取引が一六一〇年代のピークに向かう急増期である。彼らの供給なしにはマニラは立ち行かないという現実を前にして、おそらくは華人商人の巧みで逞しい商魂に自分たちは翻弄されている、とスペイン人たちが感じていたことから、ロス・リオスの言葉は吐き出されたものであったろう。一方、アルヘンソーラは、国王宛の諸報告書の閲覧を許され、それを基に上記の著を著したが、この著にも華人への好意や愛情は余り認められない。彼自身は終生ヨーロッパ世界から足を踏み出すことなく、華人と直接接触した経験はないと考えられるので、彼の華人観は、閲覧したマニラ発の報告書類に基づくものであろう。ここで考えなければならないのは、世俗の人間にとり、チナが高度文明を持つことにどれほどの意義があるかである。交易相手が情報量や組織力において上位にあり、自己の利益確保に敏感で、交渉事に長けた集団となると、交渉は難儀、かつ相手の不可解な慣習等に翻弄されていると、スペイン人が常に被害者意識を持ったとしても、至極当然である。従って、一般論として世俗人のチナ・華人批評に客観性のある文言を期待すること自体的外れと言えるかも知れない。

## 二　「チナ事業」の展開

さて、一五七八年発のマニラ司教区設立勅書は、一五八一年九月ドミニコ会士フライ・フランシスコ・ドミンゴ・デ・サラサールのマニラ着任によって満たされた。この時期は総督府の拡充期と言え、一五八三年に異端審問所とアウディエンシアの設立勅書が出され、アウディエンシア議長と聴訴官らは翌年に来島し、着任した。

司教着任は先住民に対するスペイン人の無法状態を僅かなりとも改善するものだった。彼がまず着手したのは司教座会議である。[33]開催にあたって会議全体の議題選定、また会期中の日々の討議課題選定の作業を、司教はイエズス会士アロンソ・サンチェス神父に委ねた。主催者は司教、議長は司教座聖堂の主任司祭だが、この委任によって会議運営の実務はサンチェスに委ねられた。

会議の重要課題の一つは、スペイン国王の徴税権の権原明確化である。これについては第五章で言及するので、ここでは住民のカトリック化の事業がフィリピーナス諸島におけるスペインの存在と徴税を正当化するとの結論のみに止める。全体として議論はサラマンカ学派の当時の理解よりも教皇権を拡大解釈しているが、この方向へ議論を誘導したのはサンチェス神父である。だがこの結論はマニラの聖俗界に安心をもたらし、神父は高い評価を受け、彼が「チナ事業」に中心的役割を果たす伏線になっている。その後、一五八六年諸島全体のプロクラドールとして本国に向けて送り出されるまで、司教の私設秘書、ブレーンとして司教に重用され、[34]マニラの聖・俗両界の重要問題には必ず中心的な役割を果たす人物となった。[35]同会議は、スペイン人がその職責に応じて果たすべき役割、保つべき姿勢、現地人保護の政策、そして来島する華人に対する姿勢等も規定する文書を作成し、現地人保護の精神を前面に押し出した。これは司教の功績に帰されるべきだろう。

この会議におけるもう一つの中心議題は、当然チナ宣教であった。チナ問題では、サンデのチナに関する意見陳述、アウグスチノ会士やフランシスコ会士の明国入国敢行と失敗の経験があり、他方でチナ国王宛使節はメキシコまで来ていた。そこへ到来したのがフェリーペ王のポルトガル王位継承の報である。主にフィリピーナス諸島の安全確保の面から、総督と司教が中心になって善後策が話し合われたが、同海域のポルトガル人に使者を派遣し、早急にフェリーペ王に対する彼らの忠誠を取り付けるのが良いと結論された。マカオとマラッカへの使者派遣を決め、前者へはサンチェス神父、後者へは士官フランシスコ・ドゥエニャス[36]が起用された。このような世俗事項への聖職者起用に総督は多少躊躇ったが、総督と司教が、修道会内の上長セデーニョ神父の許可を求め、サンチェスをマカオに派遣した、と国王に報告している(37)。しかし、サンチェスがマニラ帰投後国王宛に記した書簡は、彼自身がチナ宣教問題に関して、フェリーペ王のポルトガル王位継承を千載一遇のチャンスと見ており、しかも自身がマカオ向けの使者となることでチナの地を踏み、その実体を知る、また宣教問題に関してマカオ市のイエズス会と協議を行う好機と考えていたことを明らかにする(38)。従ってこの人事は受け身ではなく、むしろサンチェス自身が名乗り出た可能性も否定できない。ただしマカオに向けて出発する時点で、後ほど姿を現す「チナ事業」のグランド・デザインが既に胸中にあったかどうかは不明である。サンデが提案した「チナ遠征論」とかなり似通う部分がある点で、サンデ案が広く知られ、選択肢として既に神父の胸中にあった可能性は十分考えられる。他方、司教はこの出張の目的を、一五八三年の国王宛書簡で、「彼らが我が港に来港しているように、我が方の者が〔あちらへ〕赴き、通商できるように、カントン(39)の総督と交渉する」ためであった、とも言う(40)。この時点でマニラに来る華人が正確にはどこから来ているのか、少なくとも司教はこれを確実には把握していないことが明らかになり、それは当時の諸島在のスペイン人がチナに関して持つ知識の限界を示しているとも言える。

## 1　サンチェス神父の第一次チナ出張

サンチェスは、フィリピーナス諸島に滞在した一五八一年から一五八六年の間に、明国本土へ二度出張しているが、この経験はその「チナ事業」計画形成に極めて重要である。出張はマニラに詳細なチナ情報をもたらし、彼をチナ事情に通暁した第一人者としての位置に就けた。他方で彼の行動力はデマルカシオンを超えて、対チナ政策のためにイエズス会士が連携する契機と議論を興し、「チナ事業」を単なる論議とは別次元に導いたとも言える。彼の議論は第三章で詳述することになるが、原点は「チナを見た」という点にあり、チナ体験が彼に与えた衝撃である。

出張目的地はマカオだったが、ルソン島の北端から一五八二年四月二日に解纜、大陸へ船首を向けた(41)。同船は(42)、福建省の漳州、廈門と先行研究が同定する地に到達した。[43] そこでスピと呼ばれた将官[45]の尋問を受けた後、寧波を通って、もしくはそのまま福州へ送られたようで、[46] 同地で明国官憲の本格的取り調べを受けた。同地でフラガタ船とパイロット、その他の乗務員を残し、サンチェスを含めて四名[47]が広州へ向けて出発した。倭寇の危険を避けるために内陸部の川を明国側が用意した船で航行、広州へ向かった。行程は山間部の川を一五日前後遡航、平地に出るとそこまで同行した兵士は引き返し、その後馬で陸地を四日ほど行き、東江かと考えられる川へ出て、舟で町へ入り、[48] そこから広州へと向かうものだった。この旅はチナの豊穣さ、安定、また人的資源の無尽蔵さで彼に強烈な印象を与えた。爾後この点にしばしば言及する。広州の町には五月二日に入ったが、緊張と恐怖から疲労困憊の極みにあった模様を、報告書は語る。[49] しかし、ここでサンチェスは、全く予期しなかった喜びに巡り合う。広州で開かれる市のために上陸を許されたポルトガル人に付き添ったイエズス会士ミケーレ・ルッジェーリとの邂逅である。[50] この時既にルッジェーリは、広州の海道から個人的愛顧を得ていた。[51] また三年余りのマカオ在住、広州通いで、チナに関する様々な知識を仕入れていたが、その全てをサンチェスに惜しみなく伝えてくれた。またサンチェスの艱難解決にも奔走してくれ、広州で起きた多くの問題はルッジェーリが解決した。[52] ルッジェーリが漢語を使えること、彼がある程度マンダリンの知遇を得ていることは分かったが、それでも行動の自由はほとんどなく、マンダリンの感情的判断に全てが掛かっていることとは、サンチェスに取り分け強い印象を与えた。媽祖信仰に関し、かなりの紙面を割いてサンチェスは国王に報告するが、これもルッジェーリが与えた情報である。[53] ルッジェーリは、当人の意志や考え方は別にして、サンチェスの「チナ事業」ではなくてはならない人物となる。[54] 一方、ポルトガル人とカスティリア人の愛国心もしくは立場の違いが、不都合を招くと理解できる状況も実感した。最終的にサンチェスにはマカオ行きのチャパが発給され、[55] 所期の目的地マカオに六月十五日到着、出張の公式目的、すなわちフェリーペ王のポルトガル王位継承伝達に向けて行動を開始した。これが首尾よくいったのは、イエズス会幹部神父らの協力、特にヴァリニャーノの存在が大きかった。[56] だがこの件はサンチェス自身にとっては、言わば本来の目的をカモフラージュするためのもので、その心情に極めて率直と言うべきか、同件に関する記述は報告書全体の六分の一以下である。[57]

ヴァリニャーノは、この時ローマへ向かう天正少年使節を連れて第二次日本巡察からマカオに戻ってきたところであった。サンチェスが語り合ったイエズス会上長には、ヴァリニャーノの他に、前日本布教長で、当時はマカオの学院長カブラル、間もなく肇慶に入ることになるフランシスコ・パジオ、日本へ向かう準備中であったペロ・ゴメス[58]らがいたが、チナ宣教問題について具体的な議論ができるメンバーである。サンチェスと上記の神父らとの間で爾後交わされた書簡は、実際に突っ込んだ協議が行われたと推察するに十分である。[59]

サンチェスは所期の目的を果たせたゆえか帰島を急いだ。[60] 彼は日本経由での帰島を勧められた。明国の行政当局がポルトガルとカスティリアの王国連合を知ることは両国人に対する疑心を増幅するだけで何の利益もないと考えられたこと、通常にはないマニラ向けの船をマカオから出せばチナに疑惑を与えるので日本経由で同地へ戻る方がよいと、イエズス会やポルトガル人は考えた、とサンチェスは説明している。彼がこの勧めをどう解釈したかは明言しないが、おそらくは自己の目的に合致することとして積極的に受け入れたと推察できる。なぜなら、後述するように彼の「チナ事業」には五〇〇〇～六〇〇〇人の日本人が組み込まれていたのであり、彼らには在日イエズス会士が付き添うことになっているからだ。サンチェスは、この件について在日のイエズス会士と面談できれば、それは非常に有益だと考えたに違いない。一方、この時マカオのイエズス会やカピタン・モールからマニラに送られた書簡の内容に共通するのは、爾後スペイン人のマカオ来航は阻止するという決意で、理由はカントンの役人らがカスティリア人に対し非常に神経質になっているからだと説明する。[61] 既述のごとく、マカオのポルトガル人を一枚岩と見ると実情を見誤る。カサードと呼ばれたマカオに生活の根拠を持つポルトガル人はマニラに自らが赴いて交易することを熱望していた。従って、書簡の主旨は、マカオからはマニラに商売に赴くが、マニラのスペイン人はこの海域で活動するなと言いたいのである。それは、マカオの利益を損なうことだったからだ。

サンチェスは、二隻で日本に向かうポルトガル船団に乗船、七月上旬、マカオを出た。[62] しかし台湾沖で嵐に遭遇、一隻が台湾で座礁した。サンチェスの乗船である。同島に一同上陸、座礁船の廃材を集めた後、一カ月かけて乾燥させ、それで小船を仕立ててマカオに戻ろうとした。サンチェスに拠れば、二九〇余名が乗船、喫水極めて深くして出帆、航海は成功し、マカオに十月末戻った(63)。

この後、改めてポルトガル人らのフェリーペ王への忠誠宣誓書は作成された。史料として残る文書は十二月付である。今回は正攻法でマニラに戻ることとし、風の時期を求めて翌年二月まで待ち、マカオの明国側行政当局に正式に申し出た上で、古参のマカオ市民バエス・ランデイロの力でマニラ向けジャンクが仕立てられた。サンチェスは一五八三年三月二十七日にマニラ市に帰着した(64)。総督ロンキーリョの死去、その通夜の枕頭の蠟燭が火元になったとも言われるマニラの大火後僅か二〇日余り、彼の帰島は、フェリーペ王へのマカオ住民帰順の報とジャンクが舶載した品物によって、意気消沈した市中に歓喜をもたらしたと言う。「今後マカオから毎年来航する」と決めて、この船は一カ月後マカオへ向けて去った。事実彼らは爾後毎年来航することになる。ポルトガル人は華人より高価格で、しかも現金売りのうま味のある商売をした、と少なくともスペイン人は考えていた(65)。この意味については第一章で既に言及したが、第II部でも改めて言及する。

この三週間後、一五八三年六月十八日付の国王宛サラサール司教書簡は「チナ事業」を明確に記し、法律面、実行面共に可能であるが、書簡を通しての説明では本国はとても納得しないであろうから、自ら宮廷に参内して交渉したいと、焦燥感を露わにしている(66)。臨時総督の書簡、その他国王宛書簡は「チナ事業」一色となった。サンチェスもまた長い報告書を認め、広州で発行されたチャパ（通行証）を同封して国王に宛てた。「チナ事業」は明国への軍事侵攻を核とする。積極的「チナ遠征論」者には、既に言及したサンデ総督、教会関係者ではアウグスチノ会士フランシスコ・マンリケ、フランシスコ・オルテガなどがおり、サンチェスの「チナ事業」は決して孤立したものではない。ただ両者の違いは具体的行動計画の有無にあり、サンデはチナを風聞でしか知らず、加えてアウグスチノ会士らはそれを自ら手をつけるべき仕事とは考えていない点で大きく異なる。

サラサールの提案が、チナをいかなる実体と判断した結果であるかは当該章で論じたい。司教の書簡がどの程度国王周辺を驚擾させたかを史料をもって語ることはできないが、この提案に国王が興味を示さなかったことは明らかになっている。[67] フェリーペ王の無関心が事実であるならば、理念との整合性の問題よりも、チナに関する情報そのものが少ないことが現実的にこの問題を考えることを、国王とその周辺に妨げたとも考えられる。

サンチェスの帰還後、マニラの聖俗両界の話題は、専ら「チナ事業」に関わることだったと推測される。翌一五八四年六月に到着したアウディエンシアの議長サンティアゴ・デ・ベラや他のメンバーもこの審議に合流していったことが、後のサンチェスの報告書で語られる。この間も司教座会議は断続的に続けられた。サンチェスが病気に倒れていた時期は、自然休会の状態だったとデ・ラ・コスタは言うが、それはサンチェスがこれらの問題を主導していたことを示している。

## 2　サンチェス神父の第二次チナ出張

ここに一つ事件がもちあがった。一五八三年六月にマニラからアカプルコに向けて送り出されたガレオン船が方向違いの中華大陸へ向かい、途中南頭付近で明国地方政府の援護を受けて、[68] マカオに入港したのである。原因は嵐に起因する事故、航海命令違反の二説あるが、マニラ総督が事件処理に検察官を派遣し、その「首謀者」二名を処刑したこと、およびサンチエスの証言から事務長らの航海命令違反と判断できる。[69] この時、検察官ロマンと双頭の正使格で同行することになったのが、サンチェス神父である。神父同行の理由を、同時に明国地方行政当局との通商交渉をさせるつもりであったからだと、総督らの書簡は述べる。一方、サンチェス自身は、通商交渉やスペイン王のチナ王宛使節派遣交渉も任務として数えてはいるものの、その成就にはほとんど期待しておらず、マカオ出張の主目的を、ルッジェーリやマテオ・リッチと肇慶で「チナ事業」を協議することとし、チナ国内の偵察、在マカオのイエズス会と同問題を協議することであったと述べる。[70] 因みにこの事件がサラサール司教のチナ観に与えた影響は極めて大きい。

第五章で言及する。

彼らは一五八四年三月末か四月初めにマニラを解纜、今回はマカオに直行、五月一日にはマカオ市に入った。(71) ロマンがまず、サン・マルティン号の処理を行った。(72) これをポルトガル側は、自国の裁判権侵害とし、同船没取を主張したので、彼らへの説得はサンチェスがあたった。同件が落着すると、主副入れ替わり、ロマンがサンチェスの活動支援に回った。神父は明国地方行政当局に肇慶入市許可を求め、訪問の目的としてマニラ司教の喜捨を肇慶の神父に送致する、および北京の国王への使節と贈り物送致の件を挙げた。明国側は担当者を入れ替えて彼に何度も同じ尋問を行い、その結果入国を拒否した。尋問は紳士的だが的を外さないなど、役人の有能さについて神父は実に率直な表現で報告をしており、この経験が「チナ事業」に影響していると考えられることは次章で詳述する。

サンチェスは入国不可となったので、サラサール司教からの喜捨を受け取りにルッジェーリがマカオに出向く許可を明国側に求め、サンチェスは彼や他のイエズス会士と会談を持てた。(73) 会合の主題は当然「チナ事業」である。少なくともサンチェスの報告書、およびマカオのイエズス会士らが発信した書簡はそう示唆する。(74) 興味深いのは支援役に回っていたロマンが、チナ当局への接近手段として使節派遣も真剣に考えていたこと、(75) チナ国王宛の贈り物には六〜七万ドゥカードは用意すべきだと国王宛書簡で言っている点である。(76) ロマンとしては、実際のチナを垣間見て、礼物は奮発する必要があると思案した結果ではなかろうか。サンチェスとロマン、後述するサラサールの話を総合すると、計画は実に複雑である。つまり、一方で武力行使を視野に入れて偵察を行いつつ、他方でチナ国王宛スペイン国王使節派遣の算段も進める、後者の実現にほとんど期待せず、むしろこの交渉や人員の明国滞在中に、「チナ事業」を正当化する権原を得ることを算段していた。(77) 滞在中、マンダリンの反応が良い時があり、ロマンの方は使節実現の可能性に賭けるような文言を国王に送っている。(78) だが明国役人との交渉は不調に終わった。ポルトガル人の妨害があったからだと言う。そもそもルッジェーリとの面会を肇慶で行いたかった理由の一つは、マカオ側の妨害を避け、自国意識に囚われないイタリア人神父らの協力を得るためであった。これが単にサンチェスの思い込みではないと考えられるのは、マテオ・リッチもその辺りの状況を書き残しているからだ。しかも、それにはどうやらカブラル神父が関与していることを、リッチは仄めかす(79)。ただし、問題は二つに分けて考えなければならない。サンチェスが肇慶に入るのを明国が拒む背景には、ポルトガル人の妨害が有効に働いた可能性が十分ある。他方、北京に上る使節派遣交渉が成功しなかったのは、ポルトガル人の讒訴に大きな意味はない。オジェは双方を共にポルトガル人に帰しているが(80)、後者は明国が外国、つまり夷と外交交渉を行う意志を全く持たないことに起因するもので、スペイン人が朝貢でも認められない限り、使節行に成就の余地はなく、現実にはポルトガル人の行動と無関係である。

他方リッチは、サンチェスが軍事行動計画を扱い、しかも明国側の手に落ちる可能性のある書簡でそれを言及することにかなり強い嫌悪を抱くことをロマン宛の書簡で述べる(81)。ルッジェーリとリッチは一般的には同一視されがちで、オジェも一括して扱っている(82)。だが、この時期のルッジェーリの書簡を見る限りでは、必ずしもそうとは言い切れない面が窺える(83)。また法的な問題に疑義を呈した神父もいたが、多くのイエズス会士がいくらか逡巡しながらも、サンチェスの案を改宗が捗る道として賛意を表したものと推測できる(84)。一方、ヴァリニャーノは一五八五年末、極めて厳しいサンチェス批判を総会長に宛てた(85)。同書簡のみで判断すれば、彼が宣教における武力行使を一途に不当と見て、サンチェスとその「チナ事業」を批判したと考えられるかも知れないが、事実はそれほど単純ではない。既に言及した一五八二年末の書簡は、一五八二年にはヴァリニャーノもチナ宣教方針で迷いがあり、サンチェス案も一策として聞いていたと推測させるが(86)、翌一五八三年にルッジェーリらが肇慶入市に成功したのを知り、彼は適応政策一本でまずは宣教を進める方針を固めたと考えられる(87)。サンチェスの二度目のマカオ滞在は、新指針の開始時期に重なり、サンチェスの行動は自己の計画を妨害する可能性があると考え、一五八五年の総会長宛書簡でサンチェスを厳しく批判したのである。しかしサンチェスは巡察師の方針転換を知らされず、巡察師が一五八二年末に彼の案に反対しなかったという認識を一五八四年でも持ち続けていたと見るのが自然である。また、巡察師の激しいサンチェス批判にはもう一つ明らかな原因がある。サンチェスがマカオのイエズス会のあり方に関して巡察師批判の書簡を一五八四年に総会長に送っていたことだ。[88]

## 三　サンチェスの難破とマニラ帰還

今回もサンチェスは、用件が片付くと直ちにマニラ帰還に取り掛かった。十月初頭、マカオを解纜、一週間ほどでマニラに帰着するはずだった。しかし十月九日の逆風との遭遇が、九カ月に及ぶ長い漂流の始まりとなった。海南島と大陸の間の暗礁の多い海をすり抜けてマラッカ方面へ流され、時にカンボジア方面に向かうなどした挙げ句、シンガポール海峡で現地人を捕らえ、案内を請い、マラッカに到達。同地のイエズス会住院で救護を受け、三〜四カ月滞在。体力回復後、マニラに向けて出帆し、四〇数日の航海を経て、一五八五年六月マニラに帰着した。[89]結果的にマニラ出発後一年に及ぶ旅となった。しかしサンチェスはこの経験も無駄にしていない。この間に、明国当局から追放された他修道会の宣教師との合流があり、彼らから多様な経験談を聞くことができ、チナと東南アジアで宣教師がどれほど非力なものかを彼が徹底的に認識する機会となった。この地域で「キリスト教が広がっている」とか「日々多くの魂が招かれている」などという報告ほど大きな欺瞞はないと、彼は国王宛報告書で言い切る。一四九二年以来、新大陸のカトリック化に従事し、「成果」を納めたことで、キリスト教の普遍性をより強く信じるに至っていた本国で、こうした発言はどのように受け止められたであろうか。発言は我々の想像以上に勇気を要し、しかも理解され難い行為と考えられる。彼のこの認識と発言は、「チナ事業」理解に非常に重要であり、これについては次章で言及する。

ボクサーは、同時期にマラッカのイエズス会院長が、スペイン人と組んだチナ征服運動を提案する国王宛書簡を発信していたことを明らかにする。[90]この書簡の発信時期とサンチェスのマラッカ漂着では、書簡発信の方が時間的に早い。おそらくはドゥエニャスからフェリーペ王のポルトガル王位兼任の報を受けて出たアイデア、もしくはドゥエニャスとの話の中で出て来たものと考えられる。もし後者ならば、マニラはサンチェスの第一次マカオ出張時に「チナ事業」の原型を持っていた可能性が高くなる。

サンチェスのマニラ帰還後、マニラ政庁は司教座全体会議の総括に入る。政庁設立から十五年余り、既に様々な点で新たな体制の必要性が感じられたことから、全状況を本国で説明するプロクラドール派遣が必要という結論になり、それをサンチェスに委任することを決めた。総督ベラの書簡は、自らが開設にあたったアウディエンシアの廃止を訴える。政庁は収入に乏しく、その維持経費は王会計に負担が大き過ぎること、訴訟が無闇に利用され害の方が大きいというのがその理由である。他方サンチェスは、「入国覚書」で「チナ事業」の早期着手を訴えた。チナが「チナ事業」やスペイン人を知り、防備を施すようになれば戦は泥沼化すると予想し、手早く実行に移してこそ、双方に損害が少なく、有益であると主張する。(91)

一五八六年六月二十六日付の国王宛マニラ総督府の顕職者連署の書簡は、サンチェスを本国へ送る旨認め、その任務を「ここに列記されたこと、ならびにそのために必要なこと全て」の交渉と記しており、全権委任である。サンチェスが本国で提出した文書は、諸島滞在中に用意したものと、離島以降に執筆したものに分類できる。後者の分量は前者を凌駕する可能性があるが、後者には諸島の人間が直接関与しておらず、むしろサンチェスの主張を披瀝したものである。「入国覚書」は前者、「覚書」は後者にあたる。

## 四　「チナ事業」本国へ

以上の経緯を経て、「チナ事業」は本格的に本国に持ち込まれた。神父は一五八七年元旦、アカプルコに到着、その後メキシコ市に上がり、五月中旬ベラクルスで本国向けの便に乗船、九月にセビーリャに到着した。その後マドリードに向かい、十二月にはマドリードにいた。(92) しかし、メキシコ市ではヌエバ・エスパーニャ管区長、セビーリャではアンダルシア管区長と面談するまで、彼は修道会上長から厳しい詰問を受けている。彼の携えている「チナ事業」

がその主因である。[93]

イエズス会総会長アクアヴィーヴァは、ヴァリニャーノの一五八五年書簡でサンチェスの「チナ事業」へ注意を喚起され、いくつかの点で憂慮が彼の心中を占めた。総会長と下僚が交わした書簡から、彼の憂慮は主として以下三点であることが明らかになる。

①「チナ事業」に関して、ヴァリニャーノは「戦争」「征服」等の言葉を強調して、サンチェスを批判した。その結果、総会長は、サンチェス一人が突出して「チナ征服」計画を推進していると理解した。学界や宮廷で大きな議論を惹起しそうなこの種の議論にイエズス会員が積極的に関わること自体、それを王権とその周辺がどう考えるかとの点に憂慮の中心はあった。後述する理由で、フェリーペ王との関係は彼に最も憂鬱な問題であったからだ。

②デマルカシオンを超えてマニラからチナ征服に関与することはマカオのポルトガル人、引いてはポルトガル王室の権利侵害の可能性がある。[94]

③一五八四年頃には既にルッジェーリやリッチが肇慶で活動を始めており、「チナ事業」の噂がチナ当局を刺激すれば、萌芽期の小さな希望が潰される危険が考えられた。[95] 上述のヴァリニャーノの激しい怒りの原因の一つである。

総会長はサンチェスをフェリーペ王に接近させないよう、下僚に様々な指示を出し、彼の足止めを試みたが、彼のマドリード行きを阻止することは不可能であった。サンチェスがフィリピーナス諸島の王権代理者が送った正式な交渉人（プロクラドール）だったからである。サンチェスは国王との交渉事を上首尾にこなした。その後一五八九年ローマに上がり、総会長の引見に与った。彼の働きを国王が嘉納した時点で、総会長の彼に対する懸念は和らいでいたが、引見することで多くの憂鬱は一挙に溶解し、幹部にしか許されない盛式四誓願を認め、同年聖母被昇天の祝日に自らの前で誓立させている。当時修道会内部にあった危機の解決に、総会長が彼をフェリーペ王宛の使者として起用することになる。あくまでも推測だが、サンチェスの盛式誓願はこの起用を予定してのこととも考えられる。[96]

サンチェスのマドリードにおける行動として残るのは、国王の謁見を願い有力者の助力を求めて奔走し、一五八八年一月に二時間に亘る謁見が実現したことだ。彼は、フィリピーナス諸島の現状分析と善処案について自ら記した多くの書類を国王に手渡した、とコリンは記す。[97] 国王はこれらの提案検討をインディアス枢機会議に命じ、議長以下一〇余名が出席する会議が三月から七月の間に複数回開催された。そこでは「サンチェスの覚書は一字一句見逃すことなく検討された」とコリンは言うが、これは修辞の範囲内と考えるべきだろう。それよりもこの会議が覚書の提案審議には至らず、遥か彼方の「西の諸島 (Islas del Poniente)[98]」の状況理解に汲々とし、サンチェスに口頭や書面で説明を求めることに時間が費やされ、ついに説明のためサンチェスに会議陪席を国王が命じた、とコリンが言う点に注目したい。何が審議官らの頭を混乱させたのか、彼は明らかにしない。しかし、新大陸の脈絡で東アジアの海を考えようとすれば、混乱は当然起きる。それ以外にサンチェスの建白書類は、審議官のみならず、読む者を等しく混乱させる点をいくつか含んでいた。

「チナ事業」に関してだけでも、混乱の原因として以下の諸要因が考えられる。即ち、便宜上本稿で「第一報告書」、「第二報告書」と呼ぶことにしていた報告書で、サンチェスはチナが外国人に対し厳しい入国管理を行っているのは事実だが、入国を完全禁止しているわけではないこと、交易は管理貿易であり、関税は高いが、友好的に交易をする意志を見せていることを証言している。さらに、「第二報告書」では、極めて限られた地域でではあるが、宣教もまた許されていることを詳細に報告している。では宣教妨害や通商拒絶などが「チナ事業」の権原として挙がるのはなぜか、チナに対して戦端を開く理由は何か、とは誰もが感じる疑問である。次いで、チナの官僚や一般住民が理性的で、その政府が合理的に統治されていると賞賛するなら、理性的であることの根源だとヨーロッパ・キリスト教社会が考えている「キリスト教」を、なぜ人々が受け入れないのか。審議官らを混乱させた理由の核心は、この辺りにあったのではないだろうか。一五八三年のサラサール司教書簡が、「チナ事業」実施という結論に至る議論は、宮廷に直接参内して説明する以外、書簡などでは到底言い尽くせない、と述べたのも不明瞭であったが、ここにはサンチェスの言う「見たことがない者には想像できないチナの姿」が根底で関わる。ただし後述するように、司教とサンチェスでは、思い描く「チナの姿」の内容は著しく異なる。これらの事情をサンチェスが国王の顧問官らにどのように説明したかについては不明だが、ともかく八月に再びフェリーペ王の謁見を賜った。それは、パステルスに拠れば、無敵艦隊敗走の報を国王が受けて三日後のことであり、サンチェスは他事には言及せず、チナ入国に関する覚書のみを国王に手渡した。(99) これが何を意味し、国王がどう受け取ったかも不明である。パーカーは、フェリーペ王には戦の勝敗を神の摂理として受け入れる傾向があったと指摘するが、(100) その点から考えるならば「チナ事業」は神の意志ではないと受け取った可能性を否定できない。いずれにしても、その後本国から諸島に送られた指示の中に、「チナ事業」の準備を促した形跡は現在まで確認できない。一五八七年頃の総督ベラの書簡に、「チナ事業」が可能性として排除されていないことを示す文言を見ることができるが、同じ頃総督自身が、対華人交易のために漳州付近の小島への居留許可を漳州のマンダリンに求めたという報告も残している。(101) 主目的は交易であるが、大陸宣教の足場構築も当然計算に入れてのことと言える。交易の足場を明国から得る交渉事は他に一五九八年にも記録される。この方は借地料六〇〇〇ペソで交渉妥結に至りそうなところを、ポルトガル人の妨害で頓挫した。(102) 他にも何らかの交渉があった模様だが、そうした地をスペイン人が入手した事実がないことが、交渉の結果を物語る。明国地方行政府は自領内へ入港する船に、スペイン人の基準から見てかなり高い関税を従量制と従価制で課しており、(103) この関税に感情的な反発を表明するスペイン人の書簡もある。(104) これは、スペイン人が「どうありたいか」を率直に示したものと言えよう。

諸島での「チナ事業」の行方に立ち返ると、非常に焦燥感に満ちた論調で「チナ事業」を主張した司教サラサールは、その翌年一五八四年に、彼の論拠に疑義を差し挟み得る事件が起きたことに言及し、自らの確信が揺らぐのを国王に伝えるが、「チナ事業」自体は否定しない。ところが、一五九〇年、慚愧に堪えないという論調の書簡を国王に宛て、チナも新大陸と同様で、武装宣教の対象にはなり得ないと明言、「チナ事業」は誤りだと断言する。戦争という手段の選択は、極めて慎重を期すべき行為であり、神学者の議論は現場からの報告に基づくに過ぎず、報告の真偽の判断は別問題であると諄々と説く論文も含めて、一五九〇年以降の彼の書簡、報告書は、同問題がその胸中に惹起した苦悶の跡を示す。

一五九〇年、新総督が着任した。サンチェスが推薦したダスマリーニャスである。サンチェスは多くの善処案を宮廷に提出したが、彼の改革案の多数が立法化され、新総督はその多くを持参した。

他方、一五八〇年代中盤から対華人交易は特に活況を帯び始め、華人から上がる税収入も急勾配で増加している。こういう実利的・人的交流増加の状況に至ると、「チナ事業」の議論が消えていくのは当然の帰結であり、個人の書簡で言及されることはあっても、対チナ政策の流れとしては消滅していく。もっとも、宣教師が明国に自由に入国できない状況には変化がない。マカオから北京を目指すイエズス会士に対して、ドミニコ会は台湾を足場にして福建と台湾の間を行き来することで、実際的な宣教手段を見いだしていく。フランシスコ会も中心を避け、華南から内陸へと向かう方向をとる。この背景には十七世紀中葉までの明朝崩壊の過程があり、大陸沿岸部の支配者の変遷がある。これが少なくとも十七世紀中葉までの状況である。

## 五 「チナ事業」の性格

サンチェスが「チナ事業」の「主唱者」であることは、彼の書簡やインディアス枢機会議に提出した覚書等、様々な点から明らかである。計画の中心的な役割をイエズス会が担い、チナ入国が成就した暁には、イエズス会が受け取る果実は最大にして最良と言えそうだ。主にこの三点から、サンチェスの計画は言わばチナ宣教独占に向けた「イエズス会のためのイエズス会士による」策だと考えられるかも知れない。

場面は少し異なるが、諸島のプロクラドールとしてサンチェスがマドリードの宮廷で活動して得られた成果は、全てイエズス会の利益に向けられていると諸島在住の人々が判断して激怒したことを当時の複数の書簡が語る。近代のフィリピン人歴史家ワンセスラオ・レタナも、歴史家という立場を思わず超えそうになりつつ、サンチェスの所行を同じ観点から厳しく批判する。[105] サンチェスが宣教に関して、神、国王に次いでイエズス会のためにまず働いたのは事実であり、彼自身がそれを認めている。[106] サンチェスらイエズス会士のマニラ赴任は、当時となっては前任の総会長エベラルド・メルクリアンがフェリーペ王から要請され、目的を定めず行われたもので、教区司牧も戒められて派遣されており、赴任者にしてみれば、当初は捨て石同然であった。[107] 彼としては諸島のイエズス会が上記三者に対して貢献できる場を見つける必要を感じていたのは当然である。それゆえに、「チナ事業」は同会の内部計画であって、それを無闇に一般化してスペイン帝国の問題として論じることは誤りだと、ここでの議論に異議が入る可能性も考えられる。それに対しては以下の点を指摘したい。

まず、客観的事実として当時チナの周辺域にマカオ、マラッカ、日本という足場を持ち、デマルカシオンを超えて連携がとれる状態で展開していたのはイエズス会のみである点を忘れてはならない。[108] また一五八五年の教皇教書は、ヴァリニャーノのたび重なる要請を受け入れて、日本とチナの宣教地に他の修道会が参入することを禁じた。従って、このような計画を現実的に描き得る実体はイエズス会しかいないのは事実である。

次いで、彼の発した文書は決して修道会の内部文書ではなく、司教座会議で諮り、多くの人間が同調した結果として、国王に宛てた公文書である。サンチェスの真の意図が何であれ、チナに関して鋭い観察眼を発揮し、それに基づく計画である。それが諸島在のスペイン人はおろか、マカオのポルトガル人にまで望ましいと思えた、という事実がここでは重要であり、多くの人が考え、感じていたことを言葉として表現したと換言できる。従って、たとえイエズス会の利益を考慮してサンチェスが練った計画であろうとも、スペイン人サンチェスの提案にスペイン人が呼応したという点で、スペイン人がチナをいかに見て、何をなし得、どのような関係の築き方が正しいと考えていたかを観察しようという本論の行方を左右する事柄ではない。

一方、イエズス会の内部事情としては、ポルトガル側から見れば、フィリピーナス諸島のイエズス会の存在は、複雑である。ヴァリニャーノは支配的な姿勢をマニラの上長セデーニョに示しており、彼の東インド管区巡察師、管区長への就任がもう少し早ければ、その派遣に強い反対を唱えた可能性も十分考えられる(109)。だが総会長は、サンチェスの報告に基づき諸島における修道会の恒久化を決定、準管区に昇格させた(110)。修道院数・人員共に増強、マニラには学院を設立した。その判断の根拠は不明だが、サンチェスの打ち出した方向性が修道会の利益に適うと判断されたことは明らかである。また、政庁と深く連携したサンチェスの働きは、総督府とイエズス会の爾後の関係を決定づけたと言え、イエズス会士らは重要な場面で使者や交渉者となって政庁に貢献し、歴代総督から最も信頼された。サンチェスの後任チリノ神父が彼を極めて高く評価するのは当然と言える。

最後に、「チナ事業」は、スペイン人の内発的な要因よりも、東・東南アジアでマニラが存続するための安全保障としての要因があると考えるべきであろうか。一五九三年、秀吉はマニラ総督に朝貢勧告とでも言うべき書簡を宛てている。マニラでは、総督ダスマリーニャスがモルッカ遠征途上の船中で漕手華人により殺害されたばかりであり、彼の若年の息子を臨時総督に戴き、戦闘可能なスペイン人が七〇〇名に満たない状態で、軍事行動で受けて立てるような状況ではなかった。それゆえに政庁は慎重の上にも慎重を期した返書を秀吉に送り、朝貢を拒絶しつつも無用の刺激を彼に与えない策が練られた。だが、ここで問題となっている一五八〇年代前半期の諸島と日本の関係は、日本人商人が個人的にマニラに通う、あるいは九州のキリシタン諸侯との関わりが僅かに認められる程度の時期である。日本国内の状況は、一五八二年の信長横死を経て、秀吉に日本統一事業が受け継がれて行く途上にあった。秀吉が、自己の朝鮮半島への関心をイエズス会日本準管区長コエリョに示したのは一五八六年と言われるが、彼が国内で揺ぎない足場を固めるのは一五九〇年前夜であるとの日本史の通説に従えば、日本がマニラに脅威として感じられるには早過ぎる。またサンチェス自身は、「チナ事業」の効用として対日関係に言及することはない。「チナ事業」を聞いた人々の内に、東アジアにおけるマニラの安全保障や、日本全体の改宗に意義があると理解した人がいたかも知れないが、少なくとも主唱者らの議論の中心にはない。

## 六　小　結

一五三〇年代、新大陸の住民や自然に対するスペイン人の侵害が誰の目にも明らかとなり、その行跡の「自己正当化」の必要から、他者に対してあるべき行動についての規範をビトリアらが打ち立てていった。「チナ事業」が議論された時期は、それがスペイン世界に一つの理念として浸透した時期にあたると言えよう。理念は現実の中から出てくるものではあるが、その後、現実を規制する力を持つ。フェリーペ王もこの時代の理念を生き、他の目的もあるとは言え、それらを法律化して強制力のあるものとしようとした。第I部は、その理念、スペイン人が「チナ」＝「高度文明」＝「対等の他者」の観念を、現実に遭遇した明国がスペイン人に与えた衝撃、現実の状況といかにして折り合わせようとしたか、また「対等の他者」が何を意味するかを初めて発見した過程を分析するものである。それによって二つの世界の邂逅とは何かを描き出す。言説分析と実証分析を並行させていく。

注

（1）この言葉は、ジョゼップ・フォンタナ『鏡のなかのヨーロッパ――ゆがめられた過去』（立石博高・花方寿行訳、平凡社、二〇〇〇年）を参考にした。

（2）高瀬［一九七七］。

（3）Manuel Villanueva Pérez, Tesís doctoral para la Universidad de Sevilla, 1907.

（4）Carlos Luis de la Vega y de Luque, *Boletín de la Asociación Española de Orientaristas*, vols. 15–18, 1979–1982.

（5）“Instrucciones del Virrey de la Nueva España don Martín Enríquez a Juan de la Isla, 1 de febrero de 1572” (AGI, Patronato 24, r. 4, n. 9).

（6）一五三三年パンプローナ生まれ。パリに学び、数学、天文学、地理学、言語学などを修め、サラマンカ大学に学んだ後、一五五三年アウグスチノ会に入会。メキシコで宣教に従事した後、レガスピ隊に同行を志願。フィリピーナスではセブ、パナイ島を中心に二年間布教。一五七二年、マニラのアウグスチノ会管区長に就任。一五七五年、総督の使節として海賊林鳳追跡の明国艦隊に便乗、廈門へ向かった。泉州、興化を経て福州で巡撫に面会。六カ月滞在後帰国させられた。翌年五月、明国艦隊に再度強引に便乗したが、司令官は、カビーテ解纜後強制下船させた。その後マニラで著述に従事、一五七八年ブルネイ遠征に参加、同地で病没(参照、メンドーサ［一九六五］、第二部第一巻)。

(7) エンリケス前掲書簡(AGI, Patronato 24, r. 4, n. 9)。

(8) Chianchui、Chincheo、表記のバリエーションは他にもある。近くの泉州も似た音で綴られるので、どちらを指すのか不明な場合が多い。ただし、来島商人に漳州出身者が多いことから、漳州ではないかと推定される。その場合は「総督」は本来の意味ではなく、一番上席のマンダリン程度の意味になる。

(9) 要求内容の詳細は不明。当時在留華人の数も限られ、交易の規模も小さいので、どの程度の話を「交渉」と呼んでいるかは疑問である。海禁は既に止揚されており、漳州側に通商への意欲はあった。

(10) 『明実録』に拠れば、それなりの「褒美」を取らせることを福建巡撫が中央に提案し、朝廷は認めた(『明実録』万暦四年九月二十二日〔一五七六年十月十三日〕の項(巻九九、一二六七頁))。

(11) 福州に向かったのは、ラーダ以外にアウグスチノ会士ヘロニモ・マリン、大警吏ペドロ・サルミエントとミゲール・デ・ロアルカ、パンガシナンからニコラス・デ・クエンカ、兵士フアン・デ・トゥリアナが同行した。ロアルカは報告書を残している。

(12) メンドーサ［一九六五］、三五九—三六〇頁。

(13) 前掲書、三六〇頁、Isacio Rodríguez, OSA. y Jesús Álvarez Fernández OSA., *Historia de la Provincia Agustiniana del Smo. Nombre de Jesús de Filipinas VIII*, Valladolid, 1980, p. 324.

(14) 「国王宛市会書簡、一五七六年六月二日付(AGI, Filipinas 27, r. 1, n. 8)」。

(15) 上田信『海と帝国——明清時代』講談社、二〇〇五年、二〇〇頁。

(16) 浜下武志『朝貢システムと近代アジア』岩波書店、一九九七年、六九頁。ラーダの世話もシンサイなる商人が引き受けている。

(17) 宣教師はこの地域全体を視野に入れて諸島に赴いていたことから、宣教師の方が植民地政府に働きかけて、少しでも余力のある時に、両者が組んで出向くのが通常だったと言える。カンボジア、コーチシナ、台湾などはその典型である。

(18) レガスピの死後、臨時総督となったラベサリス。

(19) Pastells ［1929］, t. II, p. XI.

(20) 一五七三年頃のスペイン人人口は、マニラを中心として四〇〇人以下、宣教師に至っては二〇人未満である。
(21) この一団は諸島を目前にして、嵐で漂着した島で全員が殺害される悲劇に遭遇、再度派遣計画が立てられた。
(22) メンドーサ［一九六五］、二四五頁。
(23) メンドーサに拠れば、「対ポルトガル作戦に出発しようとしていた頃」、フェリーペ王がインディアス枢機会議議長に具体的指示を出していた。そしてメンドーサが贈り物選定に立ち働いていたのは、フェリーペ王がバダホスで同作戦中だった、と言う（メンドーサ［一九六五］、二四七頁）。
(24) 同様の問題は対日関係でも存在した。一六一五年に支倉常長に同行して宮廷に参内したルイス・ソテロは、イエズス会以外の者がスペイン王の支援で日本に司教区を設立し、着座するよう求めている。それに対して、インディアス枢機会議は、「陛下の内帑金で賄われるのであるから、他にも多くの出費があるので、しばらく様子を見てからにすべき」と述べ、現状維持でいくべしと国王に上奏している。その主因は財政難であることも明らかにしている（「インディアス枢機会議上奏文、一六一五年二月四日付」「同上奏文一六一五年四月二日付」［東京大學史料編纂所纂『大日本史料』第十二之十二、一九六五年、一四六頁、一五五頁］）。
(25) 第二代フィリピーナス総督（一五七五〜一五八〇年）、ラベサリスの臨時総督を入れると第三代総督。メキシコから赴任した。
(26) 「国王宛サンデ報告書簡、一五七六年七月七日付（W. E. Retana, *Archivo de Bibliofilo Filipino II*, Madrid, 1895, pp. 21-46）」。
(27) 彼の報告書にこの地域に住む人々を評価する言葉を見つけることは難しい。他方で、マルコ・ポーロの書を読んだことがあるようで、北京をポーロがキンサイと呼んだ都市だと同定している。しかし、華人とチナに関しては、非常に乏しい根拠を基に極めて低い評価を行う一方で、非現実的と言えるほど状況を自らに有利に解釈して、チナ遠征を提案する。たとえば「この遠征のために必要な装備は四〜六〇〇〇人で、槍と鉄砲で武装し、大砲を備えた艦船、および必要な弾薬である」。「その地方は二〜三〇〇〇人で奪取可能である。……これは大変容易であろうし、一つの地方を取れば、すべての征服完了である」とし、「当諸島には大きなガレラ船隊建造のために非常に大量の木材と十分な人材がある。〔かの地には〕海賊を生業とする人々が普く住んでおり、この遠征には彼らからの援軍も得られよう。また彼らの不倶戴天の敵である日本人の支援もあるだろう。さらに、生まれながらの海賊も我々に合流し、我々を上陸に導くだろう」と語るが、後半は一種妄想的でさえある。
　他方遠征の正当性については、「このチナの国との戦争は、猥雑なことのために他人の子供を殺したり、取ったりする哀れな人々を解放するためであるから、極めて正当である。この国の判官、為政者、国王はかつて聞いたことがないほど暴君である」。「この国にはないと思われる悪を私は知らないし、聞いたこともない。偶像崇拝者、ソドムの悪に染まり、人々は盗人、山賊、海賊である。海は人定法に従い自由であるべきなので、彼らのものではない」。「ある日私は王望高〔海賊林鳳を廈門から追跡してきた明国艦隊司令官」を呼んで、チナに通商の船を送りたいと言ったら、十分装備を調えたガレラ船を有するまで、その船を送らないようにと、友達としての信頼を示して言った。なぜならチナ人は非常に悪い人々なので、運んできた貨物を奪取し、人々を奴隷にする口実をそこに求めるであろう、と言う。そういうわけで、どんなによくしても、日々正当な戦争を仕掛ける幾千もの機会を呈してくる」。「我々は彼らの非常に近くに住んでおり、彼らの船で五日、我々の船で二日で到達できる距離にある。彼らは、既に我々がこの街〔マニラ〕で惹起され、目にしたように、常に強奪し、あわよくば私を殺そうと狙い、そのために機会を探っていることは容易に予測できる」。最後の証言に、彼の怒りの根拠があるようでもある。この情報源はおそらくは、漳州から来た、あるいはマニラに定住している華人であろう。また、一つの州（地方）を取れば、そこを足がかりにして、更に征服を進めるという発想は、サンチェスや他の建言にも見える考え方である（「国王宛サンデ書簡、一五七六年七月七日付［AGI, Filipinas 6, r. 2; Retana [1895], t. II, pp. 34–35］」）。

(28) コリンに拠れば、サンデは贈り物（絹布四〇反、馬、肩に担がれる金色の椅子一脚、絹の日傘二本、彼宛には絹布四〇反、兵士全体には黒いマント三〇〇着と日傘三〇〇本、修道者各人には絹布八反、旅行用の馬一頭と日傘一本など）を受け取ったが、これを珍重しなかった。王望高の方でも、総督の態度を不快としてその礼物を受け取らずに出帆していったという（Colín-Pastells., t. I, p. 161）。

(29) 「前掲サンデ書簡、一五七六年七月七日付（Retana［1895］, t. II, p. 46）」。

(30) 彼は司祭であるが、居住歴が長く、フィリピーナス諸島の利益を第一に考えているという意味で、言わば「カサード」、スペイン住民の利益代表であったと言える。勅令は、諸島がアジア内交易を行うのを禁じているので、記録として残る部分は非常に少ないが、実際にはシャムやカンボジアに交易に向かった船は事件等から明らかになっており、「カサード」的存在が既に形成されていた可能性は大である。

(31) Bartolomé Leonardo Argensola, *Conquista de las Islas Malucas: al Rey Felipe Tercero, nuestro señor*, Zaragoza, 1891, p. 318.

(32) モルガ［一九六六］、一六〇頁。

(33) 一五八一年末に開会、一五八二年三月までは定期的に開催。

(34) マニラのイエズス会創立者四名は司教と同じ船でマニラに向かい、両者の交流はこの航海に始まる。イエズス会年代史家チリノに拠れば、司教が食事を共にする他、宿泊することも多く、院長セデーニョ神父は住院に司教用の部屋を用意していた（Colín-Pastells., t. I, p. 361, p. 518）。

(35) ドミニコ会はマニラに修道院を開設するために会員を司教に同行させていたが、一八名中一二名が大西洋横断で死亡、マニラまで生き残ったのは唯一サルバティエラ神父のみであった（Diego Aduarte, *Historia de la Provincia del Santo Rosario de la Orden de Predicadores en Filipinas, Japón y China,* tomo I, C. S. I. C., Madrid, 1960, p. 12）。

(36) 軍士官。四名の同行者を付けて送られた。フランシスコ会の第三会員でペドロ・デ・アルファロに同行して広州にも行っている。

(37) 一応総督が、サンチェスの上長セデーニョに彼を政庁の使者とすることを許可するよう依頼したが、チリノはこの時の状況を、両者は改めて総督から依頼される必要もないほどだった、と言う（Pastells［1929］, t. II, p. CXLVIII）。

(38) 彼の胸中では、政庁が出張目的としたフェリーペ王のポルトガル王位継承の伝達よりも、チナに関する情報収集の方が重要であった。参照、「第一報告書（一五八三年）」（Relación I［AGI, Filipinas 79, n. 2, r. 15］）。書簡の約七〇％がColín-Pastells., t. I に翻刻されている。

(39) 史料でCantonと近代まで通称されるのはほぼ広州を指し、広東ではない。従って本稿では漢字を用いず、「カントン」と記した。

(40) Colín-Pastells., t. I, p. 311.

(41) カビーテ出航は一五八二年三月十四日、そのままルソン島を北上して、最北端のイロコス州ヴィガンのスペイン人居住地に至ると、新たに大きいフラガタ船を調達して、四月二日に同地を解纜している。三日に嵐と遭遇したが、五日には早や、華人船の航行を認め、六日に明国の港に進入している。この港は海澄県月港と同定するのが最も妥当だと考えられるが、オジェは拓林（潮州衛）だとする（Manel Ollé, *Empresa de China,* Barcelona, 2002, p. 98）。

(42) 「第一報告書」に拠れば、カビーテ出航の乗り組み人員はサンチェスの他にパイロット、船員、雑役が二二名。だが、パンガシナンに寄港した時に、総督や司教の許可なく同地から大陸に向かおうとしていたフランシスコ会士を拘束し、その内から二名を同行した。彼らの存在をマニラ総督は知っており、マニラ出港時に、その内の二〜三名の同行を予めサンチェスに認めていた（AGI, Filipinas 79, n. 2, r. 1r; Colín-Pastells., t. I, p. 266）。フランシスコ会の年代史家ペレスは、サンチェスが同行したのは二名と言うが名を明らかにしない（Lorenzo Pérez, O. F. M. *Origen de las misiones franciscanos en el Extremo Oriente,* Madrid, 1916. p. 50）。デ・ラ・コスタは上長のヘロニモ・デ・ブルゴス以外のフランシスコ会士をパブロ・デ・ヘススとしている（H. de la Costa, *The Jesuits in the Philippines, 1581–1768,* Harvard University Press, Cambridge, Mass., 1961, p. 39）。ただし、デ・ラ・コスタは同じ頁で錯誤を犯している模様で、フアン・ポブレとも言う。しかし文脈から、彼はヘススと同定していると考えられる。岡本氏はリバデネイラの記録からフアン・ポブレの可能性を指摘する（岡本良知『十六世紀日欧交渉史の研究』原書房、一九七四年復刻版）。

(43) この港を、デ・ラ・コスタは廈門だと明言している（De la Costa［1961］, p. 40）。「三〇〇〇隻以上の船と五〜六〇〇隻の大船を見た」とサンチェスは言う。

(44) コリンは、カントンへ向かうつもりが嵐で同地に漂着したとしているが、サンチェスの書簡から見る限り、必ずしも廈門入港を事故としておらず入港予定地自体が漳州の月港もしくは廈門であると考えられる。両広総督宛のマニラ総督書簡が漢語で書かれ、その書き手はマニラ来航の華人船長の一人と言う。「チナ官憲の手に落ちなければマカオには渡れない［Relación I, f. 1r.（Colín-Pastells., t. I, p. 266)］」などの情報源も華人商人と考えられ、その華人の多くが漳州出身者であれば、事前情報を得やすい漳州を選ぶのは当然であろう。更に地図から明らかなように、漳州はマニラからほぼ最短距離に位置し、中三日で到達できる距離にあり、途中航路についても華人から情報を得ることができる。安全を考えれば、漳州出身者から得られる情報を基に最短距離の航海を選択する妥当性が高い。

(45) 総兵を指すと考えられる。サンチェスは "Relación de la China/ a tocando en ella el derecho que Su Magestad tiene para mandar hazer Jornada a este Reyno y qualesquier otros de gentiles y otras muchas cosas importantes que se lean para el consejo de Su Majestad" (AGI, Filipinas 79, n. 2, r. 15, f. 26) の最後の頁で、スピは「海のカピタン・ヘネラルである」と記している。

(46) デ・ラ・コスタは、この港を外国人を扱う寧波と同定する（De la Costa［1961］, p. 41)。それはサンチェスが、「カピタンは船をランボ（Lambo）に導いた」と述べていることから、Lambo を Liampo と判断したことによると考えられる。もし、廈門から二日半を要したとするサンチェスの記述が正確なら、寧波―廈門間の航行は不可能でないにしても、難しい。しかも、寧波は浙江省で、途中にある福建の省都、福州を通り過ぎていく理由は不明。ただし、寧波には一世代前にポルトガル人が通商に現れていたこと（岡本［一九七四］、一三一―一四〇頁、上田［二〇〇五］、二〇三―二〇五頁）を思い出し、この地の巡撫がポルトガル語と漢語の通訳を用意していたというサンチェスの証言を考慮すると、Lambo を寧波とする説には妥当性がある。

(47) サンチェスの他に、フランシスコ会士二名、およびベンガル人と考えられる通訳が同行。

(48) 「ウチェオ」とこの町を呼んでおり、マテオ・リッチがそう呼ぶ時、『中国キリスト教史㈠』（大航海時代叢書、第II期第八巻、岩波書店、一九八二年）では恵州と同定している。地理的にも恵州ではないかと思われる。しかし、福州から広州へ至る通常ルートであるかどうかは不明。

(49) 「一歩一歩が一レグア以上にも感じられた」(Relación I, f. 7; Colín-Pastells., t. I, p. 280) と表現する。

(50) 一五八二年三月九日から翌年の八月までに三回広州市に来ていた。四～五カ月滞在することもあり、「このままずっと滞在できるのではないか」と思ったほどの時期もあったが、結局広州への滞在は認められなかった。肇慶に正式な滞在許可がでるのは一五八三年九月である（リッチ［一九八二］、一五九―一六四頁）。サンチェスは「海道のチャパを持ち、供を連れた神父がこんな町外れに住むなど、全く知らなかった」と言う（Relación I, f. 12v.; Colín-Pastells., t. I, p. 280)。

(51) 家への招待、跪礼をさせず横に立たせる、自分の子供を抱かせる、ミサの見学、『天主実録』への肯定的評価などを具体的に挙げている（Relación II, ff. 1-1v, f. 2v, f. 3v, f. 4)。

(52) 市中の噂でサンチェスの存在を知ったルッジェーリの方では、「華人が土牢と呼ぶ牢の中に、首には〔罪状を記した〕板、手には手枷をはめられて放り込まれているのではないかと〔思うと〕ほとんど泣き出したい気持ちで」気を揉んでいた。サンチェスの旅行目的を、ポルトガル人は疑い、華人も不安を抱いたが、彼は、「修道会仲間に面会し、彼ら〔華人〕にも見せた書物やロザリオ、御絵などを渡しに行く」と説明した（Relación I, ff. 12v-14r)。

(53) サンチェスの報告書には、後にリッチによって紹介される華人宗教に関する解説と酷似する文が見える。リッチが作品を残していることから、チナ宣教はリッチに帰せられる部分が大きいが、初期の情報収集はルッジェーリに負うところ大である。ヴァリニャーノがローマに送ったチナに関する情報（一五八四年）もルッジェーリに負うところ大で、サンチェスの報告と共通する部分が少なくない（Relación I, ff. 15r-15v)。

(54) ルッジェーリはイエズス会入会前ナポリでカルロス五世に仕えていた。その影響かサンチェスに対して非常に親切で協力的、しかも両者は互いに共感し得た部分もある模様が、彼らの往復書簡から感じ取れる。グスマンは、ルッジェーリはローマでもサンチェスを助け、両者がヨーロッパにおいても協力し合ったと言う（Luis de Guzman, *Historia de las misiones de la Compañia de Jesús, en la India oriental, en la China y Japón desde 1540 hasta 1600*, Tokyo, Yushodo Bookseller, 1976, tomo II, p. 359)。

(55) この間、サンチェスに拠れば、このスペイン人の存在を嗅ぎつけたポルトガル人が、広州当局に、スペイン人がどういう人物かよく調べるようにと教唆したので、再び知府に召還されたという。だが、知府とルッジェーリの個人的信頼関係はサンチェスに有利に働いた。問題とされたのは「余りに貧相な手紙を、許可もないのに海道殿に渡そうとしたこと、および自らの願いごとを己が上司にでも対するかのように請願し交渉しようとしたことで、いくらかの処罰に値するとの判決を下した。しかし、外国人のことでもあり、何も事情を知らなかったゆえに許されるべき」との判断に至った。その判決は承認を求めて肇慶の都堂に送られ、サンチェスのマカオ行きは許可されるかと思えた。ところがこの最後の時点で、ポルトガル人の讒訴が原因となり小さな宿に、見張りをつけて五〇日近く軟禁された、という（Relación I, f. 15r.; Colín-Pastells., t. I, p. 284)。

(56) 十二月にインド副王から説明文書が来て、彼らはフェリーペ王に忠誠を誓った。サンチェスのこの働きに対して、フェリーペ王は特別の寄付を行うことで報いている。即ちマニラ住院の教会の装飾や必要なもののために四〇〇ペソ、年四〇〇ファネガの米を四人のイエズス会士に下賜した。

(57) ポルトガル人がこの時点でサンチェスの説教や説明で自らの運命に納得したのかしなかったのか、サンチェスは報告書で語らない。だが帰国を急いでいることから何らかの同意、忠誠を得ていたと考えられる。

(58) 神学者。後日本管区長。『神学要綱』の著者。サンチェスと同じ船団で日本へ向かった。二人は別々の船に乗船、ゴメス乗船のジャンクは難破を免れ、八月十二日に口の津に入った。しかし嵐の中で船体を軽減するために海中に全てを投じたので、乗客、乗組員とも衣服を欠き、散々の体で上陸したという(岡本[一九七四]、四三一―四三四頁)。

(59) 一五八二年十二月三十一日にゴアに向けマカオを去ったヴァリニャーノも、この件でサンチェスと意見交換したことを思わせる総会長アクアヴィーヴァ宛書簡を十二月十四日付で残している。彼はこの時はサンチェスの計画を全面的に否定せず、「一案」として受け止める論調で語っている(Colin-Pastells., t. I, pp. 297-298、部分邦訳は高瀬[一九七七]、八一―八三頁)。

(60) この点に関しては些か疑問が残る。ポルトガル人の宣誓書が十二月付である。最初の宣誓書が台湾での難破で失われたので、再度作成したことによるとも考えられるが、最初のマカオ滞在時にポルトガル人がフェリーペ王に対する忠誠宣誓をしたと彼は明言していない。注(56)で言及したインド副王の文書到着によって、ポルトガル人が明確にフェリーペ王に忠誠を誓った可能性も考えられる。

(61) この辺りの事情は複雑である。スペイン人は多くの地を征服し、今回はチナ国内を偵察に来たと明国官憲に告げたのは、確かにポルトガル人であろう。しかし、スペイン人がチナの状況を偵察に来たこと自体は事実である。ここで我々から見て不思議に思えることは、これに関するスペイン人の報告書に共通するトーンが、ポルトガル人の言い立てる内容を何か理不尽な讒言であるかのように感じていることだ。「征服」という行為に対して後ろめたさがあるのか、「征服のために偵察、スパイに来ている」と言われると何らかの違和感があった可能性を否定できない。他方、マニラには多くの華人が通っている。マニラ政庁はチナ征服を話題にしていることをどれほど隠し果せていたのだろうか。イエズス会ヌエバ・エスパーニャ管区長もそれを指摘する(「総会長宛メンドーサ書簡、一五八五年十一月三十日付[*Monumenta Mexicana II*, p. 719]」)。

(62) 同じ船団で日本に向かったペロ・ゴメスの書簡は、出帆の日を七月六日とする。フロイスは十日としている(ルイス・フロイス『日本史』第一〇巻、中央公論社、一九七七年、二一六頁)。

(63) 「人間が余りに多く、それだけで喫水が一杯になり、ごく僅かな飲食料を持つのみで台湾海峡に乗り出し、八~一〇日でマカオに帰着した」(Relación I, f. 17r.; Colin-Pastells., t. I, p. 299)。

(64) この航海は船長(ランデイロの甥)とパイロット以外、船員は全て華人で固め、一五八三年二月十三日マカオを解纜、「通常なら六~七日で行けるところを、風がないので四三日かかり」カビーテに入った。マニラ湾進入後、サンチェスは小舟でマニラ市に急行した（Relación I, ff. 20r–20v）。

（65） Albert Chan, “Chinese-Philippine Relations in the Late Sixteenth Century and to 1603”, *Philippine Studies 26,* Tokyo, 1978, pp. 56–57.

（66） 「国王宛サラサール書簡、一五八三年六月十八日付（AGI, Patronato 25, r 8; Colín-Pastells., t. I, p. 310）」。

（67） サラサールに対し「貴殿が言及したこと〔チナ遠征を直訴に来ること〕の実行を取り止めたのは正しい。そのために来廷の要なし」と回答している（Jesús Gayo［1950］, p. 147）。

（68） リッチによれば、広東省のナンタオ（南頭）である（リッチ［一九八二］、一六七頁）。

（69） 同船の乗客にポルトガル人がおり、他方でマカオにはペルーへ渡りたいポルトガル人がいたので、事務長とパイロットはその意を受けて、航海命令を無視、マカオに立ち寄ってから新大陸へ向かおうとしたのだとサンチェスは説明する（Relación II, 2v）。彼の証言は、ポルトガル人がマカオ―ペルーにネットワークを張っていたとする説を裏書きする。

（70） 平山篤子「アロンソ・サンチェス神父と対明戦争――第二次マカオ出張（一五八四年）」『帝塚山経済学』第五巻、一九九六年、一三六―一四三頁。

（71） 通常マカオ―マニラ間の航海は七～一〇日である。ここでは約一カ月かかっているが、サンチェスは日数に全く言及しないので、異常事態は起きなかったと考えられる。

（72） 同船は六月末に天候待ちから解放されてマカオを解纜し、アカプルコに向かった。

（73） この時、サラサール司教が委ねた時計をルッジェーリに渡している。オジェはその時計を、メンドーサらが使節となって赴くことを計画していた時に用意されたものだと言うが、この辺りのことは不明であり、オジェ自身もこれを裏付ける史料を示していない（cf., Ollé［2002］, p. 144）。

（74） 「総会長宛カブラル書簡、一五八四年六月二十七日付（高瀬［一九七七］、九二―九九頁）」。

（75） チナ国王への使節派遣は、ヌエバ・エスパーニャ副王が開いた諮問会議で、否定的な意見が通り、一五八二年一月二十五日正式にこれを中止する旨、宮廷に対して申し送った。しかし、フィリピーナス諸島ではまだ知らなかった可能性がある。

（76） 「国王宛書簡一五八四年六月二十五日付」。礼物品の候補として、ヌエバ・エスパーニャの馬、ベルベット、錦織、フランドル産タピスリー、ベネチア硝子、大時計、金色の武器、その他にワインや羽根布団、刺繍などを挙げている（AGI, Patronato 25, r. 22; Ollé［2002］, p. 151）。

（77） 「アントニオ・セデーニョ宛サンチェス書簡一五八四年七月五日付」。「試み得るかも知れないこの機会を逸することなく〔尊師に書き送る〕、今与えられたその機会とは、我々全員〔マニラ司教、総督、イエズス会院長〕にルッジェーリ神父とその伴侶〔リッチ」が書簡を送ってきたことで、〔それに拠れば〕チナの総督や王と和平が結べるかも知れないと言うのだ。〔そんなことをしても〕何ら成果が上がらないと思うので、余りしたくないが、そのことから平和的な宣教が行える可能性も出ると〔彼らは〕言うのだが」(A. R. S. I. Jap. Sin. 9 II, f. 268)。

(78)「一五八四年六月二十五日付国王宛書簡（AGI, Patronato 25, r. 22）」。

(79) リッチ［一九八二］、一九五―一九六頁。

(80) Ollé [2002], p. 153.

(81)「バウティスタ・ロマン宛リッチ書簡、一五八四年九月十三日付肇慶発（Tacchi Venturi, *Opere Storiche del P. Matteo Ricci*, vol. I, Macerata, 1911, p. 37）」。

(82) Ollé [2002], pp. 150ss. 華人に対して低姿勢と同調の態度で宣教の道を開こうとしていた点では二人は同じに見えるが、ルッジエーリはサンチェスの「チナ事業」を、少なくとも一つの手段と考えており、宣教の困難さをヨーロッパで発言できるなら、それは有り難いと考えていた節がある。彼はカルロス王にナポリで法律家として仕えた経験を持つので、巡察師と考え方に違いがあったとしても自然で、巡察師が教皇使節派遣願いを持たせてルッジェーリを帰国させてしまったのも、そこに一因があるのかも知れない。それに対して都市国家のマチェラータに生まれ、巡察師を修練長として成長したリッチは巡察師と師弟関係の強い絆がある上に、王権と関わりがない点で共通する。

(83)「サンチェス宛ルッジェーリ書簡、一五八三年二月七日付（AGI, Filipinas 79; Colín-Pastells., t. I, p. 315）」。

(84) カブラルは一五八四年六月二十七日付の国王宛書簡で「良心に反しないようにその正当性を述べることは、今は行わない。もっとも、博士たちはあらゆる新たな征服事業を正当とする理由として、通常二つのことを挙げる。即ち一つは、貿易を拒絶するからというもので、これは人の権利を侵すことである。今一つは、聖福音の宣布を認めようとしないからというもので、これは自然法および神の掟に基づくものである。しかしながらこれら二つの権利がこのシナ征服の事業に関して、どれほどの効力を持つものか私は知らない。……この征服事業がどれほどの正当性を持つものか私は知らない」（高瀬［一九七三］、九七頁）。

(85)「総会長宛ヴァリニャーノ書簡、一五八五年十二月十七日付ゴア発（*Documenta Indiaca XIV*, ed. by Joseph Wicki S. J., Monumenta Historica Societatis Iesu, vol. 118, Roma, 1979, p. 101）」。

(86)「総会長宛ヴァリニャーノ書簡、一五八二年十二月十四日付マカオ発（高瀬［一九七七］、八一―八二頁）」。

(87) 武装宣教を選択肢から外していたわけではないことは、一五九八年に完成させた *Apologia*（ed. por J. L. Álvarez-Taladriz, Nara, 1998）から知ることができる。

(88) サンチェスは、主として二つの点でマカオのイエズス会を批判する書簡を第二次マカオ滞在中に総会長に宛てている。第一は、日本宣教の経費調達のため、マカオ―日本間の交易に投資していること、第二は、会員らの規律・風紀の弛緩、即ち一日に何度も水浴びすること等である。この批判はヴァリニャーノをいくつもの意味から怒らせた（cf., José Luis Álvarez-Taladriz, "Censura del Visitador Padre Alejandro Valignano, S. J. por el visitante Padre Alonso Sánchez, S. J. (1584)",『サピエンチア』第一三号、一九七九年、一四九―一六一頁、*Documenta Indica XIV*, Monumenta Historica Societa Iesu, Roma, 1979 p. 4*）。

(89) この部分の日本語訳は、平山［一九九六］、一五五―一五九頁参照。

(90) C. R. Boxer, "Portuguese and Spanish projects of the conquest of Southeast Asia, 1580–1600", *Portuguese Conquest and Commerce in Southern Asia, 1500–1750*, Variorum Collected Studies Series, Ashgate, 2002, pp. 118–136.

(91) 《De la entrada de la China en particular》(Colín-Pastells., t. I, pp. 438–445). 以下《De la entrada》もしくは「入国覚書」と称す。

(92) カビーテ解纜は六月二十八日。同行者は平修士一名と現地人一名である（Colín-Pastells., t. I, p. 375）。

(93) León Lopetegui, *El Padre José de Acosta y las misiones*, C. S. I. C., Madrid, 1942, pp. 475–476.「総会長宛メンドーサ書簡、一五八五年一月十七日付メキシコ発（*Monumenta Mexicana II*, pp. 437–439）」、「総会長宛メンドーサ書簡、一五八五年十二月五日付メキシコ発（*Ibidem*, pp. 731–733）」。サンチェスはメンドーサおよび巡察師プラサの注意を受けて、一旦自説を不都合だと認める書簡をプラサに送った模様である（*Ibidem*, p. 732）。

(94) 日本宣教などは、特にポルトガル商人の好意に依存する部分が大であり、彼らに不利益をもたらすと分かっていることにイエズス会の関与が明らかになることは、イエズス会にとり利益にならないと考えられた。

(95) 「総会長宛メンドーサ書簡、一五八五年十一月三十日付（*Monumenta Mexicana II*. pp. 719–720）」。

(96) 総会長は、サンチェスの説得術、話術に強い関心を持ったことを示す書簡を残している（「メンドーサ宛総会長書簡、一五八九年三月十五日付ローマ発［*Monumenta Mexicana III*, p. 367］」）。参照、次章注（3）。

(97) コリンは一月十九日の可能性を示唆し、パステルスはそれを裏付ける史料を挙げている（Colín-Pastells., t. I, p. 368）。パステルスに拠れば、砂時計で二時間に亘った（Pastells, t. III, p. XL）。

(98) フィリピーナス諸島の旧称。

(99) Colín-Pastells., t. I, p. 368, nota.

(100) Geoffrey Parker, *The Grand Strategy of Philippe II*, Yale University Press, 1988, p. 105.

(101) 「国王宛ベラ書簡、一五八八年六月二十一日付（Colín-Pastells., t. I, p. 405）」。この交渉の発端は、ベラに拠れば、一五八三年以降定期的に来航し始めたポルトガル船が漳州から来航する華人の商売を圧迫するようになったので、華人が、スペイン人も小島に居留し、積極的に利益を上げるよう提案したことだ（「国王宛ベラ書簡、一五八七年六月二十六日付［Colín-Pastells., t. I, pp. 354–355］」）。

(102) モルガ［一九六六］、一五〇頁。

(103) Relación II, f. 5; Chan [1978], p. 58.

(104) 「国王宛臨時総督ロンキーリョ書簡、一五八四年四月八日付（Colín-Pastells., t. I, p. 314）」や「第二報告書（Relación II, f. 5）」。他に「国王宛ロマン書簡、一五八四年六月二十五日付（AGI, Patronato 25, r. 22）」。

(105) モルガ［一九六六］、五九頁。Colín-Pastells., t. I, p. 389, p. 619; Morga, *Sucesos de las Islas Filipinas*, ed. por W. Retana, 1909, p. 410.

(106) 「ヴォランテ宛サンチェス書簡、一五八八年六月二十六日付（Colín-Pastells., t. I, p. 400）」。

(107) フロリダで辛酸をなめ、全てに従順であった盛式四誓願者セデーニョが、「猊下はインディオの司牧を望んでおられぬと推察致します。当地ではスペイン人は僅かでありますし、一体何をなすべきか分からないのです」（一五八三年九月十五日付［Antonio Astrain, S. J., *Historia de la Compañía de Jesús en la Asistencia de España*, t. III, Madrid, 1909, p. 490］）と言い、自分たちに何を求めるのかと申し立てている。サラサール司教も国王に彼らの中途半端な立場を訴えている（一五八三年七月十八日付［Pastells, t. II, p. CCCXXVII］）。他にも「ヌエバ・エスパーニャ管区長書簡、一五八五年一月十七日付（*Monumenta Mexicana II*, p. 439）」。パステルスは、セデーニョがマニラ市の基本設計を考え、現地住民に石造建築を手を取って教えたと記す（Pastells, t. II, pp. CXXXIV–CXXXV）。

(108) 一五八六年一月三十一日付のヌエバ・エスパーニャ管区長による年次報告は、マニラのイエズス会が在日会員や在華の会員から毎年書簡を受け取り、交信があることを明らかにしている。

(109) 「セデーニョ宛ヴァリニャーノ書簡、一五八四年三月四日付（*op. cit.*, p. CCXXIV）」。

(110) 総会長は、サンチェスが彼に対して行った諸島の宣教状況に関する報告と提案を全て了承、諸島のことはサンチェスと相談するとまで述べる（「メンドーサ宛総会長書簡、一五八九年十二月十五日付ローマ発［*Monumenta Mexicana III*, p. 404］」）。

# 第三章　アロンソ・サンチェス神父と「チナ事業」

## はじめに

「チナ事業」の解明において、サンチェスの議論を第一に取り上げる理由は主として以下四点である。

① サンチェスは「チナ事業」の主唱者、中核で行動した人物であり、常識的に言えば最も実体を知る人物である。いかなる場合も自己弁護や他の事情による故意の不実記載、あるいは故意の事実無視もあり得るが、それを差し引いたとしても、主唱者の記述は「チナ事業」の実体、何をもってチナ征服を可能と判断し、なぜ征服しなければならないと考えたかを語る中心史料である。

② 彼と交替する形でマニラに赴任し、イエズス会フィリピーナス管区の歴史を編んだチリノ神父は、「〔サンチェスの報告書を〕読むほどに、彼がいかに博識で、洞察力に優れていたか感心する」と評するが(1)、サンチェスの残した記録は、彼が受けたイエズス会人文主義教育の賜として、優れた観察眼・分析能力に基づくもので、基本的に自分の耳目で見聞したことをありのまま伝えるという意志を持って記された報告と言える。更に「事態をしっかり把握できる人間」「理解力がある」などの当時の評価がある一方で(2)、アコスタの研究者であるマテオスやロペテギなども、サンチェスをその能力においてアコスタに匹敵すると評価する(3)。「チナ事業」の権原として掲げる論拠と報告書の記述が齟齬を来す場合も多々あるが、それには後述する理由が存在すると考えられる。

③ 状況把握能力に非常に優れた人物の記録である。上述のごとく彼に対してイエズス会上長は一時期非常に厳しい対応をとったが、当の上長たちは、彼との面談後、信用に値する人物と評価を変えた。イエズス会総会長アク

アヴィーヴァ[4]、フェリーペ二世[5]、インディアス枢機会議等々、誰もが彼の説明に納得した。この間、文書で見る限り彼の主張に変化はない。結局これは、総会長が看取したように、相手の思考、感覚、状況を敏感に察知し、それに対応して物事を巧みに表現する能力を持つ人物であることを示し、報告書もその点を反映し、その時の事態の核心を衝く。

④　サンチェスの経歴と彼の議論の関係である。彼は、イエズス会学院で中等教育を受け、二年間の待機後、二十歳でイエズス会に受け入れられた。入念な司祭養成の教育を受け、叙階後学院でラテン語教師や管理職にも就いている。アカデミックな面では、半年、最大でも一年程度アルカラに滞在したのを除いて、神学・法学の学究に従事した記録はない。従って専門学派に縛られない実践家とも言える。宣教論は、自他の文化・文明と宗教本質の理解、世界観、他者理解の状況を複合的に示すものだが、それらの捉え方において学派的しがらみから自由であると言える。戦争権原の議論を、サンチェスが「サラマンカやアルカラで行われている暇つぶしのような議論」だと断じるのは、幾通りにも解釈可能ながら、それを示すものかも知れない[6]。当時の最先端の議論に対する責任を問われない立場にあり、目的（他者のカトリック化）に偏に突き進んでいける立場とも言える。これは、本稿で取り上げる他の二論者にはない特質である。

ところで、彼の名前は常に「チナ事業」と一体で言及され、正に毀誉褒貶に晒され続けてきた。背景には帝国主義を悪とし、近代のカトリック宣教の伸び悩みは、宣教が帝国主義と結びついた過去に起因するとの観点から、帝国主義運動と宣教活動の結びつきを想起させるものには厳しい目を向けた第二バチカン公会議[7]以降の流れがある。他方、特に帝国主義最盛期の十九世紀末から第二次世界大戦終了までの東西関係、あるいはその後も、わけてもヨーロッパ系の研究者には違和感はなく、フィリピーナス諸島がチナ宣教に対して有したかも知れぬ具体的価値を洞察した点でサンチェスは評価されてきた。

そして、本稿は、先行研究が残している以下の課題を指摘し、なぜサンチェスが「チナ事業」を明国宣教に不可欠と説いたのかに焦点を当てて、その解明を試みる。

第一、オジェ以前の研究では、全体として「チナ事業」の来し方と行方を追っていても、「チナ事業」の論理、チナ観察と「チナ事業」の論理的関係等を正面から検証してはいない。それらは、スペイン帝国の西漸の動きの延長線上に「チナ事業」を捉え、マニラへの到達を西漸の終点としか捉えていない。また、彼我の文明を上下関係で捉えることでチナ征服を自明と考える、言わばオリエンタリズムが底流にあり、「なぜチナを征服すべきだと宣教師が主張したのか」など、今更問う必要を感じていない。それゆえ、観念論としてのチナ征服論とサンチェスの「チナ事業」を同列において論じている。しかし後者は、観念のチナ世界から実存の明国認識へ一歩踏み出した上での計画である点で他から非常に異なる性質を持つ点に全く留意していない。

第二は、従来の研究は、支配者という意識を持ってフィリピーナス諸島に存在したスペイン側史料のみに依拠してきた。第一章でマニラの世界史上の意味を確認したように、そこは帝国が西に伸ばした先細りの終点ではなく、スペイン人の想像を絶した世界が広がっていたのだが、従来の研究では、明国の存在に対する関心は極めて希薄で、そこに存在した交易も含めて自他の関係を正当に評価してこなかった。それに対して二〇〇二年に上梓されたオジェの研究は、中国史に対する認識が従来に比して飛躍的に高い。他方、サンチェスの報告書を論理性・事実直視・客観性の点で評価して、当時周辺で生起したことを考慮に入れて批判的に再読した上で、「チナ事業」を実存的で合理的根拠のあるものと考えようとしている。この点に関し、筆者は既に一九九六年に発表した論文でオジェと基本的に同じ認識をしている。(8) だが、オジェには解決しきれていない問題が以下の点にあると考えられる。すなわち、「チナ事業」とサンチェスの諸報告の間には本章第二節で言及する一つの不整合がある。しかし、サンチェスの論文には論理性・客観性・現実直視、さらに洞察力が認められるとなると、その不整合に何らかの合理的説明ができてしかるべきである。筆者は従来からその点を重視してきたが、オジェはその点に説明をつけようとした最初のヨーロッパ人研究者であろう。彼は、サンチェスの「チナ事業」は当然「正当戦争論」に沿うはずだという前提に立ち、サンチェスの発言をルッジェーリやリッチの行動、明国側の反応と時系列で相互照会し、その関係を厳密に検証することで、サンチェスが整合性のある発信をしていることを証明しようとしている。しかし、彼の説明には残念ながら第二節で論じるような無理があると言わねばならない。同時に、現代に生きるオジェは、「チナ事業」に見えるむき出しの帝国主義に戸惑いを感じて、次章で検討するアコスタのサンチェス反駁論文を対立項にすることでバランスをとった。(9)

筆者はここに二つの陥穽があると考える。一つは、正当戦争論はそのための権原が揃ったところから構築されるのを自明のこととし、サンチェスも明国側の対応の中に当時の正当戦争論に沿った戦争権原を発見したために「チナ事業」を発想したとする点だ。サンチェスの残した文書から彼を理性的で真摯な人物だと判断する以上、かく考えるべきだと思われるが、果たしてそうであろうか。正にそれが陥穽である、と指摘したい。一五八〇年代ではこうした問題を取り上げる時には正当戦争論に言及することが既に習慣化していることが我々に引き起こす錯覚である。論者が「正当戦争論」という物差しを常に意識しながら発言しているのは事実であるとしても、アコスタがその主著『インディオ救霊論』で明確に指摘したように、戦争をするという意志が先にあり、それが正当な戦争であると主張するために権原を見つけ、提示するのが現実なのである。(10)オジェもこの錯覚に捉えられていると考えられる。

後一つは、アコスタの議論は「チナ事業」の不当性を主張すると一見したところ考えられるが、果たして両者は、その考え方において対極に位置するものであろうか。以上二点は第三節と次章で検証する。

オジェの論文が史料の丹念な読み込みに基づくものであることを考えれば、本稿が提起する問題意識が彼にはなかったのであろう。それはオジェ自身もヨーロッパ近代（十九世紀以降）の伝統に属する人間であることから生じているのかも知れない。即ち、十六世紀の東西関係は十九世紀以降のそれと非常に異なるという認識が明確に確立されていなければ、サンチェスの「チナ事業」の持つ意味は完全には理解され難い。第Ⅱ部のテーマがこの理解を助けると考えられるが、華人、その背後にいるとスペイン人が考えた「チナ帝国」に対する感情を、明国の実体について無知と言うべき一五八〇年代前半期の、スペイン人が本国に宛てた報告書という公的な性格の文書から汲み上げることは不可能だからである。当時の報告書類は新大陸支配で身につけた支配者意識が基調になっているので、第II部で明らかにされる明国への「畏れ・脅威」を感じながらも、それを表現することは困難であったのだろう。

この二点を意識し、「チナ事業」は個人ではなく、チナ一国の改宗を目的としている点の認識を強く持つならば、宣教のためにチナを征服する必要があると感じた根本に何があるかを問う道をとることに、彼の報告と「チナ事業」の権原の間にある不整合を解く鍵があると本稿では考える。それによって、オジェが正当戦争論に基づいて「チナ事業」の論理性を追求しようとした時に生じた無理は解決できることを示したい。

サンチェスは宣教師としては非常に多くの文書を書き残し、晩年、本国で著作リストを作成している。その中でチナと「チナ事業」を主題に論じた主な文書は以下四点で、いずれも長文である。即ち、すでに「第一報告書」として引用してきた「フィリピーナス諸島総督ドン・ゴンサロ・ロンキーリョ・デ・ペニャロサ殿、ルソン島とマニラの司教、および陛下の役人の命令と意見によってイエズス会のアロンソ・サンチェス神父がチナの諸王国に赴いた出張についての簡潔なる報告」と、「第二報告書」として引用してきた「アロンソ・サンチェス神父がチナに行った二度目の出張についての簡潔なる報告書（一五八四年）」、さらに「フィリピーナス諸島の全情勢と諸島の事情について陛下に宛てた全般的覚書〈特にチナ入国について〉——一五八六年〔以下「入国覚書」と称する〕[11]」、「スペイン宮廷で作成したチナに関するいくつかの事々についての短い覚書——一五八八年〔以下「覚書」と称する〕[12]」である。時間的に前後五年近くの時差があるが、チナと華人に関する記述や評価では基本的に変化はない。敢えて変化を指摘するならば、華人に対する評価が、時間と共に華人の人間的価値へ立ち入り、しかも評価は高くなる。また初期は実見聞の伝達が主であったが、自己の見聞と知識を統合させた記述に移る。この変化には、個人的体験の感情的な部分が時間の経過で昇華されたことや、帰朝後チナに対する関心を本国で喚起するという意図が強くなったことも関わっていると考えられる。

以上の文書を中心にして、「チナ事業」の実体、対チナ観、何が「チナ事業」という結論を生み出したかの三点の解明を本章の目的としたい。

彼が描く「チナ像」には、報告書に言説として表現されたものと、「チナ事業」の戦略・作戦や数値から見えてくる実証の部分がある。以下、項目に分けて考察していく。

## 一　サンチェスのチナ論

### 1　言説表現に見えるチナ

チナが持つモノに関する言及は、他の観察者の報告と大きな差異はない。チナが途方もない大国で、物質的に桁外れの豊かさを持つという点は、既に言説化されていた。それをサンチェスは、王の租税収入高[13]、人口稠密度、その人口を養う食糧の種類と潤沢さ[14]、さらに物価の安さ[15]によって特に強調する。彼の報告書は全体的にかなり抑制が効いたものだが、この豊かさの表現には、自己の語彙では表現しきれていないと感じているもどかしさが窺え、「実際に見た者にしか、造り主を知り、礼拝に来る〔ことになる〕魂の無数さ、多さを思い浮かべ、理解することはできない[16]」、シルクについては「口で言えないほど多品種、大量にあり、全部見た人などいないだろう[17]」などの表現が繰り返される。彼が通った華南沿岸部は人口が極めて稠密な地域であるが、緑と水豊かにして人口稠密、その中を運河が四方八達する様子は、殺風景なカスティリアに生まれ育った人間にはそれ自体が途方もない豊かさであり、生命力の強さに圧倒されたに違いない[18]。また人口減少の危機にある新大陸とチナを比較する[19]。特に活気と喧噪の組み合わせは、第二・第三世代の宣教師が新大陸の被征服民には絶対見なかったものだが、スペイン人が一四九二年以来、見たことがない光景だった可能性もある。廈門や福州で巨大な橋が大河に幾本も架かる様を見、全てに人の手が入る風景に強い戦慄を感じた[20]。ヨーロッパの文明基準では文明の高さそのものであるからだ。そしてチナの事物は「実際に見た者にしか」想像できないとの言葉は、明国の地を踏んだ彼自身の衝撃の強さを示すものである。

気候も他の観察者が扱う一般的テーマだが、サンチェスはチナを「どちらかというと寒い」と言う。サンチェスが実見したのは福建から広東にかけてであり、時期は四〜五月、マカオ滞在は五〜七月、十月末〜二月であるので、「寒い」と言う表現はおそらくマニラとの比較と考えられるが、他方で時代の表現として「寒い」の語彙には「膚が白い」と同様、文明の高さへの含みがある点を考慮すべきだろう。(21) 華人は「膚が白い」と述べ、サンチェスも肯定的な意味で使う。男性の身体的特徴を「頑強」、「優美で、均整がとれ」「肉質、見た目に美しい」などと形容する一方で、「目は小さく前に出、鼻は平べったい。……顔の前面に全ての表情が集まる」と、モンゴロイドの特徴を指摘する。女性を市中に認めないことは、慎みの美徳として紹介するが、ある種の論理的矛盾を犯しており、実際には見ていないものをヨーロッパ側の脈絡で表現しているのは明らかである。(22)

華南の人的、物的資源の豊かさを新大陸と比較して、新大陸の荒廃はスペイン人の飽くなき収奪が原因だと指摘する一方で、両者の比較で差が最も大きいのは「産業」という富の有無にあると言う。(23)「この地〔インディアス〕の富の様態は、富を〔生産的に〕生み出す基礎がない。……つまり富の大部分が鉱山、金属や動産の類から成っており、根というか再生産の手立てがない。耕作、土地の稔り、あるいは食料にも『富』はなく、産業技術から生み出される富でもない。また通常の用途に用いる蓄えでもない。かくして忽ち〔あるものを〕食い尽くし……スペイン人は〔得た物を〕売る以外に〔生活の〕基盤を持たずにやってきた」が、それが荒廃を惹起したとの見解を披露する。それに対し、チナの富は「大量、かつ生産による無限のもので……多くの、しかも才知に富み、欲に溢れた働き者の人間の手になる産業がある」と言う。(24) 産業の価値への着目は、当時のスペイン人の報告には滅多に見られないもので、彼の優れた洞察力を示す一例だと言える。(25) 一五六〇年代末から、新大陸宣教には失望感、失敗感が濃厚となっていたが、この感情は植民のあり方に関しても向けられていたこと、スペイン人が自ら招いた荒廃という見方もあったことを明らかにする。

以上がチナの「ハード」部分を述べたものだとすると、「ソフト」部分は、華人の人間性であり、その政治、文化である。他者批判が自己との利害関係を極めて率直に反映して主観的になりやすいのと同様、人間性への論評は、対象と批評者の関係を大いに反映したものになる。同時にこの時代のヨーロッパの一般的な他者認識として、何らかの意図がない限り、異教徒への高い評価は望めない。美徳は神の恩寵の働きという観念が根底にあるからだ。総督サンデの華人評は酷評に過ぎるとしても、彼が用いる「狡猾」「男色」「強欲」「偶像崇拝」などの語彙は、「異教徒」に自動的に付着する枕詞のようなもので、サンチェスにもその点は認められる。来島する華人に対する論評は、利害が絡み、スペイン人は地域に不案内という自己認識から、常に騙されるのではないかとの猜疑心に苛まれているので、厳しくなるのは当然だ。日常的に自己が劣勢にあると認識しているスペイン人の不安感は、第Ⅱ部で扱う諸島在の華人暴動に明らかな一因となっている。サンチェスの華人評はこの傾向を共有する部分もあるが、廈門か月港と考えられる港に入港して以来、生殺与奪権を握る明国官憲に取り巻かれた中での観察であり、彼に尋問をした人間に対する批評である点を考えれば、極めて冷静で、好意的な評価と言うべきだ。尋問を行う上級マンダリンが紳士的態度でサンチェスに対して臨み、尋問では趣向を変えて何度も同じ主旨の質問を繰り出して、彼の応答にある齟齬を巧みに突いてくるなど、老練な手法に驚いたと記す[26]。第一次マカオ出張時に、福州で彼に応対した上級マンダリンに人間としての魅力を認め[27]、明国官僚が見せた長所を例外視しない[28]。他方で、下級役人がさもしいことも十分に経験していたが、その欠点を華人全体に敷衍するわけでもない。欠点を列挙する場合も目に見える行動だけを捉えず、その人間が置かれた背景に留意している[29]。第三代マニラ大司教、ドミニコ会士ベナビーデスも、サンチェスに数年遅れて福州に出向き、軟禁された経験を持つ[30]。ラス・カサスに深く傾倒し、正義の番人としての行動を旨としながらも、華人の性向には極めて厳しい目を向け、それを公言して憚らなかった彼とは好対照である。

政治面では、笞一つでこれだけ巨大な大衆を支配する統治力に注目する。こうした記述は、報告書の客観性の誇示、あるいはチナへの好感を本国で喚起する等の意図から出ている可能性がなくもない。それはそれで国王宛報告書という性格上意義があるが[31]、例証の具体性から、単なる宣伝用とは言い切れない。ただし、筈一つで巨大な民衆を統治・支配するという点は、後ほど指摘するように、他方でチナにおける支配者と被支配者の関係、すなわち前者が後者を恐怖で抑圧する「圧政」の証左として取り上げている[32]。また、それは両者の乖離を意味し、外部からの侵攻に対して防衛力が弱いと判断する材料、必要兵力計算にも使っている。

一方、実際に見ていないものを想像力で語る場合と、自分の目で実見しても自己の文脈でしか理解できないので、事実から乖離した解釈を示す事柄がある。「女性」「歴史」「政治組織」は前者に属し、「宗教」への言及は後者にあたる。見ていないことは相対的に理想化される傾向にあり、後に実態を知ると、必要以上に評価を下げるものだが、その傾向はここでも現れる。

まず華人女性をヨーロッパ人女性と比較して、その徳について語る部分である。華人女性を貞淑な姿に描き、スペイン人男性と華人女性との結婚の可能性とその利点に言及する[33]。これは一種のユートピア論と言えるが、対象を肯定的に評価する場合のステレオタイプ的表現でもある。同時に「チナ事業」には民族融和の理念があることを示し、本国の関心をチナに惹きつけ、植民の促進を図ることで改宗事業の一助としたいとの意図が透けて見える。女性に関する情報は、ルッジェーリが得て、咀嚼してサンチェスに伝え、更にサンチェスが想像力を働かせて記述したものと考えられる。なぜなら、出張時の報告書は、労働する女性を男性と見間違えたという具体的な言及以外[34]、女性との遭遇を語らないからだ。情報源がルッジェーリであるという根拠は、一五八四年付でヴァリニャーノが長文のチナ報告書を残しているが、その情報源もルッジェーリであり、両者に酷似する箇所が多数見られることだ。

歴史に関して「戦争や飢饉がかつて発生した試しがない」と言う[35]。ルッジェーリの情報源が誰なのか不明だが、これは明らかに事実に反する。政治的完成度の高さを表現しようとしたものと理解すべきかも知れない。長所としては裁判制度、官吏の管理制度、短所としては官吏の収賄[36]、また政治政体の解説では科挙制度に言及するが[37]、政治実体の内部、官僚制の構造などは断片的で具体性がない[38]。情報提供者のルッジェーリ自身も、正確な知識を与え得る華人を得ていない、あるいは説明を受けても、ヨーロッパ人の概念では理解し尽くせないなどが、その原因として考えられる。

チナの対外政策は「チナ事業」の権原に直接関わる項目である。チナは、関税さえ払うならば、事前協定も選別もなく、誰とでも愛想よく喜んで取引すると、自ら目撃者として一五八四年に言明する(39)。ただし、居留地代を支払ってマカオに定住し、広州で関税を支払いつつ交易するポルトガルについては、総督は「卑しくも成り下がって華人に多額の税支払いをもって哀れな交易を行い」、「黒人のように隷従している」と評する(40)。西回りで東アジアに来たスペイン人は、東回りのポルトガル人とは異なり、ヨーロッパの外で他国の王に関税を支払うことや、その意を汲まねばならない経験がなかったが、それがこの言葉に凝縮されている。新大陸を通ってきたサンチェスやロマンには、他者の管理下で交易に従事するという状況への心理的反発・面子の問題が大きかったと言える。

この証言の重要性は、明国、具体的には地方行政府が誰とでも事前協定もなく交易するという点にあり、「チナ事業」権原とも関わる。この点については第二節で詳述したい。

他方、外国人に対する入国管理は厳しいながらも、入国拒否が絶対的規則でないことを「第二報告書」は詳しく述べる。この証言も「チナ事業」に関わる最重要点で、その根幹を揺るがす証言を自ら行ったことになる。この論考も第二節で行うこととしたい。他に外国人の居住、出版も認める社会であるとする点も同様であり、この点も次節に譲る。

「チナ事業」にとり最も重要なテーマの一つは軍事力の分析である。サンチェスは、総体として防衛能力は低いと判断していた。その根拠は以下である。

① 人々が臆病で戦闘意欲に乏しい

② 警備はマンダリンを警護する者を除いて市中に不在

③ 鉄砲は使うが、射撃は的にほとんど当たらず、槍が主力武器

④　沿岸警備の能力としての船の脆弱性、遠洋航海の不可

⑤　軍律の弛緩

⑥　軍人が尊敬されない

等々を指摘する。[41] これらの認識が正しいかどうかは、現象として捉えた事柄の具体性や根拠が不明なので判断の手立てがない。ただ、華人を「臆病」視するのはヨーロッパ人の記述に共通する。[42] 現象描写に対して以下のような背景の推測が可能ではないだろうか。明朝における武器携行の制度的禁止、および民に対する官憲の容赦ない笞である。特に後者は明代の小説や、ほぼ同時代のヨーロッパ人の実見録である、ガスパール・ダ・クルスの『華南旅行記』、ガレオテ・ペレイラの「中国幽閉記」などで裏付けられる。[43] また、多くの証言が日本人との対比で華人をこのように形容することを考えると、絶対的な現象を捉えたものではなく、あくまでも彼らが知っている日本人と華人の比較から出てきた結論の可能性がある。この時期のスペイン人が「日本人」として捉えているのは、マニラに来る人々であり、戦国の世から海外に飛翔した、もしくは流れて来た人で、平均的庶民とは言い難い。第Ⅱ部で言及するように、日本人はその勇猛さゆえに、華人の暴動時は政庁側から戦力として非常に期待されたのであり、彼らは、少なくともスペイン人には血気盛んと見えた。それに対して、華人は近距離から来た商人もしくは労働者である。富裕な大商人を除いて、個人としては常に受け身の姿勢を示したであろうから、これが「臆病」と評された可能性は高い。

しかし、もう少し踏み込んで、明国内部を垣間見たサンチェスがこれを指摘する時には、ヨーロッパの政治・社会的伝統とは大きく異なる伝統的政治思想が社会の雰囲気に現れたのを感覚的に「臆病」と理解した可能性はないであろうか。つまり、軍隊あるいは軍人の社会的地位の低さの指摘は、文人を上位に置く中国の伝統的政治思想との関連で考えてよいであろう。それを背景に、上位のマンダリンのような身分ある者が、身に寸鉄を帯びず公衆の場に現れる様子の雰囲気を、「軟弱・臆病」と理解した可能性である。[44] 日本人とスペイン人の交わりを描いたファン・ヒルは、この理解にヒントとなり得る一つのエピソードを伝える。スペイン人使節が秀吉にマニラ総督の肖像画を献上したが、

描かれた人物が一分の隙なく武装しているのを見て、自分に喧嘩を売る気かと秀吉は血相を変えた、というのだ。[45]その反対の現象がここで起きていると言えるのではないだろうか。理論上、武に重きを置かない文明を現象として感じたが、それをヨーロッパ人が軟弱としか表現できなかった可能性である。[46]第II部でも取り上げることになるが、何らかの現象の客観的な分析は、自己と他者双方の背景を理解し、現象をそれぞれの背景に照らして比較検討できなければ不可能であり、この比較ができない限り、他者の現象を自己の文脈で解こうとする。これはその一例ではないかとも考えられる。

宗教事情に関するサンチェスらの考察は、その最たるものと言えるかも知れない。サンチェスはルッジェーリの教示を受けて、「第一報告書」でチナの宗教事情を詳述する。その記述の中でこの現象が起きていることを指摘できる。第一は、おそらくは媽祖像を見てと考えられる報告である。彼らには媽祖像が聖母像に酷似していると見えた。それはキリスト教が過去にチナに伝えられた形跡と理解し、聖母像が経年の変化で媽祖になったとの見方を示す。[47]

第二は、更に重要な点だが、華人の宗教観に関する報告である。「支配者階級はチナの既存宗教に関心を示さず、それらを迷信だと考えている。他方、庶民は非常に迷信深く、神像をしばしば祀るが、祈念が叶えられなければ、祀っている神像に対して酷い侮辱を加える」と「第一報告書」や「覚書」で語る。つまり、読書人やマンダリンが既存宗教に関わらないのは「偽の神」に惑わされない「理性」があるゆえだと歓迎し、庶民が神像等を蔑む仕打ちは、彼らの崇める神が「偽の神」だからだと理解する。[48]明らかにキリスト教の価値判断が働いている。神を絶対的にして唯一だと信じるキリスト教を基準にした場合、「神」に対する華人庶民の行動は、あり得ない光景である。「あり得ない光景」は、信仰対象が「偽物」であると理解することで「合理化」されたのだ。

ところが、一五八五年作成の「第二報告書」では、一つの衝撃を綴る。上記の宗教行動がキリスト教宣教師にも向けられることをルッジェーリから教えられたのだ。ヴァリニャーノも、早い時期にはサンチェス同様、庶民の宗教行動を神の真贋に帰する観察を書き送っていたが、イエズス会士が宗教者として認識された時点で、大衆が同様の態度を示すことに気づいて、彼はひどく動揺した。(49)この衝撃は「チナ事業」の核心部分に関わる問題であるので、改めて第三節で取り上げる。

新大陸で、キリスト教は被宣教民の犠牲や宣教師らの努力にもかかわらず、「本来のキリスト教」のように受容されていないと宣教師らは嘆き、「真理」を理解しないのは、被宣教民が理性的でない、あるいは高度な文明を理解する能力がないことにあると結論づけてきた。その反動であるかのように、チナは理性的な社会、高度文明を持つゆえに、理想的なキリスト教受容体と想念してきたのだが、実は現実において華人宣教に根本的な障壁があることを実感していく。ルッジェーリやサンチェスの指摘は、チナにおける既存の「神」と人間の関係が、絶対神信仰者から見れば、対等・取引関係にある現象を指摘した点では正しかった。だが、その意味となると、信仰対象が「真の神」か「偽りの神」かの問題でも、華人が「理性的」か否かという問題でもなかった。これは、実は東アジア文明が持つ一つの根本的な世界観と関わる問題であり、この理解における齟齬は、その後何百年にも亘り論点を変えつつ続く東西の相違点である。(50)ただし、こうした理解不能な現象を彼我の優劣関係で捉え、その優劣を文明の優劣に転化する傾向はいずれの文明にも存在する回路であろう。

一方、言語に関して、漢語が特に煩雑で学習困難なものであることを、サンチェスの報告書は毎回のように説く。イエズス会はロヨラ以来、宣教地言語の習得は信仰の伝授に最重要と言明して、言語習得を非常に重視する伝統を持っている。しかし、サンチェスは、漢語学習を殊に困難と繰り返し説き、例外的な能力を持つ者以外には「学習不能な言語」と見ていた。表音文字を用いるヨーロッパ人にとって、表意文字は非合理的なものに見えた。この問題も「チナ事業」の背景として非常に重要な要素であるので、第三節で改めて言及することとしたい。

総括として、注目すべき提案は、「チナを征服したとしても、チナの政体を何らかの形で維持しない限り、統治できない」とする点だ。(51)それは、単に被統治民となるはずの華人の過多に対して、スペイン人の過小を認めたものとも考えられるが、各民族が独自の政治文化・伝統を持っているとの認識、特に華人の政治伝統には到底取って代われないという、漠とした認識に基づいた発言の可能性もある。[52]

以上が、サンチェスの描こうとしたチナの概略である。ルッジェーリの五年余りのマカオ滞在と肇慶での一年近くの情報収集、マカオのイエズス会士から得た情報を基に、サンチェスが自分の目で見た現象と体験をもって納得し、言説として表現し得た事柄である。

## 2　「チナ事業」の戦略と作戦論から見えるチナ

彼は「チナ事業」を提案する時、同様の主張を行った誰よりも詳細な遠征の戦略論を書いた。戦略は当然一五八六年の「入国覚書」に最も詳しく記される。そこでは数値や戦術が語られ、言説とは異なる角度から見たチナ論が現れる。戦略論は「兵力・装備」に関するものと、「作戦」に関するものに分けて考察すべきで、「兵力・装備」等に関する記述を整理、他の論者の提案と比較すると次頁の表になる。

以上の数値、また他の論者による提案との比較から指摘できる事項は、以下六点である。それぞれに考察を加えていくこととする。

① 他の提案に比べて、サンチェスが勘案する兵力は格段に大きい。中華大陸は、諸島から中二日〜三日程の航海距離にあるが、一五七〇年代後半のサンデの時代には漠とし、サンチェスの第一次マカオ出張出発時でも確信が持てたのは、マカオに行けばポルトガル人がいるという程度であった。ルッジェーリと逢えたことで、彼からマカオ―広州間の往復と定点観測から得た情報を提供され、限られた部分とは言え、何よりサンチェス自身が実見して見えてきた部分がある。彼は、福建省の廈門か海澄県月港辺りと考えられる港や、それより大きいと彼自身が言う、おそらくは福州の港に停泊する非常に多くの大型船を見、その規模の大きさに驚嘆している。[55] 広州にも滞在して、三つの港で外洋船も目撃しているはずである。月港と広州は明代、特に一五六〇年以降東南アジア諸地域との交易が公式に行われた港で、その取引額が非常に大きいことは第Ⅱ部で言及するが、サンチェスの驚きは極めて自然である。

| 人　員 | サンチェス（1586年） | カブラル[53]（1584年） | サンデ（1576年） | 装　備 | サンチェス（1586年） |
|---|---|---|---|---|---|
| スペイン人[54] | 10,000〜12,000 | 7,000〜10,000 | 5,000〜6,000 | 火縄銃 | |
| 日本人 | 5,000〜6,000 | 2,000〜3,000 | 出動 | 槍** | 3,000〜4,000 |
| ビサヤ人 | 5,000〜6,000 | | | 戦艦（ガレーラ船）* | 4隻 |
| ポルトガル人 | | 200〜300 | | モスケット銃 | 500 |
| 奴隷（インドから） | 500 | | | 鎖帷子 | 大量 |
| 大砲鋳造師* | 3〜4名 | | | 胴鎧 | 1,000 |
| フラガタ船建造親方* | 1名 | | | ブルゴーニュ型帽子兜 | 1,000 |
| 漕手監督* | 若干名 | | | 錨，小錨 | 4個 |
| 火器技術者・工人* | 若干名 | | | | |

* ヨーロッパから．** ヌエバ・エスパーニャから．

以上の事情を含んでサンチェスが挙げた出動兵員は、購入奴隷まで含めて最大二万五〇〇〇人程度、装備は上表で示したとおりである。兵力については「入国覚書」で、「チナ側が抵抗を諦めるほどの兵力」投入でなければ、双方の被害が大きくなり過ぎると述べているので、論理的に考えれば以上の「兵力・装備」はチナ側に戦意喪失させ得る大きさだと考えた、ということになる。

規模を考える上での参考として、歴史上の記録に目を移してみよう。明朝史約三百年の歴史から見れば既に衰退期にあるとは言え、まだ帝国は十分機能していた。数年後の慶長・文禄の役で朝鮮半島に秀吉が送り込んだ兵の数は一〇万、朝鮮帝室の要請を受けて出動した明国軍は総動員数三〇万程度、明国軍は李如松らが指揮して、小西行長軍を破り、同じような兵法の日本側から見てではあるが、火力等の使い方で威力を発揮したと言われる[56]。他方、ヨーロッパに目を転じると、十年遡る「レパント沖の海戦」では、カトリック側連合軍、オスマン帝国軍双方で八万余人と三〇〇隻前後の船を配して戦っている。一五八八年、スペイン海軍がイングランド海軍に対峙した通称「アルマダの戦い」では、イングランド側兵力一万五〇〇〇余と船舶数最大一八七隻に対して、スペイン側兵力三万、艦船数一三一隻である。サンチェスは兵力算出根拠の詳細を提示しないので、報告書の行間からしか記載数字の意味を読み解くことはできない。ただ、チナを知り得た範囲でしかないのは当然としても、彼が自分の目で見た海軍力を考慮に入れた、彼自身には十分合理性のある数値と考えなければならない。そうだとすると、この辺りの整合性がサンチェスの胸中でどのように解決されていたかを考察する必要がある。この点も、彼の「チナ事業」が少なくとも彼の中で合理的なものかどうかの判断に関係してくるので、第二節第4項で改めて考察することとしたい。

② 調達物資とその調達先の記述は具体的である。[57] ショーニュが関税徴収記録から作成したマニラ入港船調査には現れない地域も含まれているが[58]、現実主義的なサンチェスが現場で練った策であることを考えると、サンチェスの仮想に基づくというより、当時のマニラの交易先や調達物資が現在知られているより広範・多様であることを示している、と理解する方が妥当ではないか。更に、第Ⅱ部で言及するように、華人はガレーラ船漕手としての徴用を免れるために、政庁が奴隷を輸入できるよう醵金を行い、政庁に献上している。サンチェスの計画に奴隷が纏まった人数で掲載されるのは、一五八三年以降毎年マカオから公然と（依然インディアス法では禁じられていたのだが）来航することになった直後から、ポルトガル人がマニラに奴隷を纏まった人数で供給していたことを裏付けるものとなるであろう。

③ 兵員と物資の量は、戦略の要である。兵員については、「人事」[59]を別項目にして考察すべきほど、人間関係、国民感情と言い得る情緒問題に重点を置く。[60] 同時に、派遣される人間の資質への言及が多い。[61] この背景には、当時の植民地政府にいた人間の資質、人間関係の拙さ、好悪関係が実際の統治の拙さに響いていると、サンチェスが強く認識していたことがあると推察される。可能な限り人員はビスカヤ人であるよう彼が強調するのも[62]、ビスカヤ人が航海者として定評があるばかりではなく、諸島定住者には軍や政庁関係者も含めて、その苗字からバスク系と考えられる者が少なくないことと無関係ではないであろう。従って、これは本国派遣の兵員と諸島在の人員との円滑な連携を計算していると考えられる。ことの成否が多分に人間関係に関わるという現実に配慮していたと考えられ、そうだとすればサンチェスの現実感覚の一面として評価してよいかも知れない。

④　本国からフィリピーナス諸島への派遣ルート、大陸への侵攻ルートも示しているが、後者では人間関係を考慮して、スペイン人、ポルトガル人は別個に、また日本人は馴染みのあるポルトガル人指揮下で、各軍の知識がある明国の港、即ちカントンと廈門・漳州の二系統で侵攻するとしている。(63)このルートに関する記述が見えるのは一五八六年作成の「入国覚書」である。カントンをポルトガルの管轄、漳州を自国の管轄と想定するのは、一五八三年の「第一報告書」と比較すると、チナに関する認識の進捗を示すものだ。

⑤　軍備、補給、統制において「立派な軍隊」が派遣されることが肝要だとする。遠方への兵力派遣ゆえに、派遣軍の中で不和、規律弛緩が起きやすいが、サンチェスが問題にするのはそれ自体ではない。イベリア勢の統率が弱いと華人から良き評判を得られず、その結果、華人がイベリア軍を見くびり、勝算ありとして真っ向から抵抗する可能性を生じ、全面戦争に発展する可能性があるからだと言う。

⑥　兵站に関する言及が少ないのは、二つの理由が考えられる。第一に、兵站・輜重への配慮が重要になるのはナポレオン以降と言われるのに従えば、その重要性が当時重視されていなかったと言えるだろう。しかし、より重要なのは第二で、以上の兵員・装備で広州方面と福建方面から侵攻するとして、進撃用輜重は現地調達可能と想定していたからである。実際、諸島は毎年相当量の食糧輸入を行わなければ住民の糊口が凌げない地である。従って他から調達しない限り、諸島は補給基地とはならない。一方食料・生活必需品の調達を圧倒的に華人に頼っていた。侵攻先には食料が豊かに存在するのに、同地から一旦諸島に搬入して、それらを軍隊に携行させるなど、完全な非合理とサンチェスには思えたのだろう。また、第Ⅱ部で言及するが、当時ほとんど笊法になっていたとは言え、明国は鉄、硫黄、硝石等の物資の無許可移動・販売を死罪をもって規制しており、予めの大量購入は不可能である。(64)物資の現地調達案は、この二点以上に、派遣に伴うスペイン王の負担を少しでも軽くするという配慮に基づくのは言うまでもない。単なる辻褄合わせにも見えるが、現代の戦争にもこれらの発想が働いた例があることを考えれば、サンチェス案を荒唐無稽と呼ぶことはできない。

他方、戦術に関する要諦は以下である。

① 本格的戦闘突入の回避——兵力は、装備良く、統制のとれたもので、チナがその威力を恐れて戦意喪失する程度でなければならない。短期決戦は自軍の損害を最小限に抑えるために戦争の基本とも言えるが、サンチェスが挙げる理由は他にある。華人が侵攻軍に勝てるかも知れないと思い抵抗すれば、戦闘が激化、その状況ではスペイン軍が「本気になる」ので抑制が効かなくなり、無数の害悪や殺戮が生じるが、これを回避する、つまりチナ側に与える損害抑制が主眼だと言う[65]。戦争が生み出す惨禍を最小限にするという考慮は当然としても、この点への言及が繰り返されることから、このことに含まれる何らかの点に彼の注意が真剣に注がれているのは疑いようがなく、彼が明記しない懸念を推測すべきと考えられる。即ち、ⓐ法的に正当戦争であるのか否かという疑念を彼自身が持っており、全面戦争回避の意図、ⓑ長期戦ではイベリア側に消耗戦となり、目的が達成できないという懸念、の二点である。

② 戦端は限りなく奇襲で開くこと——当時も、奇襲は戦争を正当ならしめない件である。しかし、第五章で論じるサラサールも、神学および法学知識が豊かであるにもかかわらず、事実上「奇襲」を提案しているところから見て、作戦としては極めて重要と考えられていた。イベリア勢の劣勢を補完する意味合いは当然あるだろう。チナはすでにスペイン人が他所で何をしてきたのか知っている模様で警戒しており、この事業への着手が遅れるほどチナ側が防衛を固めるので遠征軍側の負担が増すとサンチェスは指摘する。これは、むしろ一刻も早く戦闘に持ち込み、終結させ、本格的戦争には持ち込まないという意志を示す言葉と見るのが最も順当で、戦争の正当性への疑義、チナに対する勝算の点で、全面戦争を回避したかったのではないだろうか。

## 二 「チナ事業」と権原

サンチェスが「チナ事業」を提案した文書が存在するであろうことは、それに対するアコスタ神父の二本の反駁論文から明らかになる。[66] しかし提案文書は、インディアス総文書館、イエズス会のローマ文書館、あるいはスペイン王立歴史アカデミアの文書館に、それとおぼしきものも含めて見あたらない。アコスタがペルーとヌエバ・エスパーニャのイエズス会管区内では削除、破棄されたと述べるので、イエズス会向けで、国王宛ではなかったのであろうか。[67] しかし、権原を記した文書のみが国王宛ではないというのも奇妙である。他でチナ事業に言及する場合、常に「多くの権原と明白極まりない権利がある」と述べるに止めるのみで、[68] 何を「チナ事業」の権原にしたかを彼自身の言葉で知ることができない。ただ、アコスタが件の論文でサンチェスの挙げる権原に概ね逐一反駁していると見えるところから、いわば鏡に映すような形での推定が可能となる。サンチェスの「第一報告書」や「第二報告書」を検討後、アコスタ論文を通読すると、二報告書の表現を直ちに想起できるほど忠実にサンチェスの文言を用いているのが分かる。従って本稿では、アコスタ論文からサンチェスが挙げる「チナ事業」の権原が何であるかを推測して議論を進めていくことにする。

## 1　「チナ事業」と対チナ戦争の権原

以上の手法で推定し、項目別に整理した「チナ事業」の権原は以下である。

① チナは外国人を入国させない法を布いており、使節の通行を許さず、個人の入国も困難である。
② 華人は過去から現在に至るまでスペイン人やポルトガル人に対して暴力を働いた。
③ チナの異教徒は悪習に染まり、福音に背く生活をしている。
④ キリスト教徒に対して敵愾心が明白である。
⑤ 宣教師に対する嘲笑・侮辱を止めない。
⑥ 改宗者を堕落させる、あるいは改宗者を捕らえて、隠匿した。

⑦　自由な通商を認めない。

他方、布教保護権を教皇から委ねられたスペイン国王の権利は以下である。

⑧　次の三条件を満たせない時、世俗政権を交替させることができる。三条件とは、ⓐ国家が善き法と善き世俗統治を備えている、ⓑ民が理解力を持ち、キリスト教的統治に十分な理性を備えている、ⓒ民が福音に留まることができる。

⑨　異教徒に福音を聞かせるよう強制できる。

⑩　洗礼を受けた者には（異教の）故国を捨てるように強制できる。

以上一〇項目の根本的論拠は、「教皇権は全人類に及ぶ」とする説である。アコスタに拠れば、サンチェスはこれを拡大解釈して、「教皇は人間の霊的統治に絶対的君主」であると明記しているという[69]。彼は、第一回マニラ司教座会議で緊急課題となった、フィリピーナス諸島におけるスペイン国王の徴税権を巡る問題でも「教皇権は全人類に及ぶ」との説を用いている[70]。

この主張を当時の先端的学説に照会するならば、教皇権はカトリックの洗礼を受けて教会の一員になった者に対してのみ有効で、非キリスト教徒には及ばないと、ビトリアらによって既に一五三〇年代末に否定されていた。だが、既述の徴税問題で、同様の議論を展開した修道士も多く[71]、他者のために人生を捧げて宣教に従事すると意識した宣教師の多くにとっては自然な感情であり、他方キリスト教圏内で終生過ごす一般信徒や聖職者には、教皇の権威は「全世界に広く遍く」という認識に疑問を抱く余地も機会もなく、むしろ敬虔なキリスト者としては教皇権の限界を疑うことなど畏れ多いと考えられたであろう。従って、サンチェスがことさら古びた学説を持ち出してきたとは言えない。だが、彼には宣教を受け入れないことが即戦争の権原にはなり得ないという認識もあった。結局、教皇絶対君主説を盲信して、同説に依拠して議論を展開したと言い切るにはかなり疑問の余地があり、むしろ後述するように、彼の議論を成立させるために使えるものは全て駆使したと言う方が、真実に近いのではないだろうか。

ところで、こうした権原や正当戦争が何たるかの議論に関して、一つ注意しなければならない点がある。最も代表的な論者としてビトリアを挙げるなら、彼は、①宗教の違い、②領土拡大の意図、③君主の名誉、等々は正当戦争の権原とはならないと論証した。他方、権利としては、居住者に危害を与えない限り、自由な通行、交易、カトリック宣教を妨げられない権利を万人が持つと述べる。[72] しかしながら、一般論から一歩踏み出して、どの場合は正当戦争で、どの場合は不当と定めているのかを求めて、ビトリアの議論を読めば読むほどに混乱に至る。判断には常に条件付けが行われ、結局一刀両断の判断基準が得られないのはおろか、ある箇所では否定されていることが、他の箇所では肯定されているかに見え、ビトリアの判断基準の具体例を捉えることからむしろ遠ざかる。

このことには多くの背景が考えられるが、少なくとも以下二点は指摘できる。第一は、「正当戦争論」に言及すること自体の問題である。ビトリアは過去のことではなく、言わば「現在進行中」の問題に対して、神学的見解を述べている点を忘れてはならない。次章で扱うアコスタがいみじくも言うように、具体的なケースにはそれぞれの状況が付帯するのであり、それを勘案すればいくつもの「場合」に分けて考察する必要が出てくる。そしてそれぞれの具体的状況に対して正・邪の判断が下し得るのである。実際「具体的状況」俯瞰などは、当事者には不可能である。当事者が状況をどう認識したかでしかない。さほど繊細な問題に、ある種の原則論を打ち立てようとしたところにこそ、ビトリアの偉大さがあるのだ。現代に生きる我々は物事を逆に理解しがちで、事例に対する具体的な判断を彼に求める。しかし、その要求は議論の意味を見誤らせる元になるものだ。

第二に、宣教と武力行使の関係において、この時代に原則論として確立されているのは「信仰を強制してはならない」、つまり強制改宗への戒めのみであり、これすらも、異教徒を堕地獄から救うという「善き」目的のためには、反故にされる場合は珍しくない。目的を重視する集団において特にこの傾向が強い。正当戦争論も、議論の存在を現場が意識すること自体に大きな意味があるのであり、いかなる行動を正当と認め得るかは膨大な「場合」分けを必要とし、現実の場面に即して論じるのでなければ無意味であることは上述のとおりである。従って、本稿に対して、サンチェス、アコスタ、サラサールの論点を正当戦争論に基づき整理するよう求められるかも知れないが、彼らの議論には各人の傾向があると論じることは可能でも、それ以上に明確な、いわば「善」と「悪」の区分けは不可能、もしくは無意味と言わねばならない。議論のみで見るならば、誰もが権原なき「戦争」を不当とし、宣教の拒絶が即権原とはならないことを認める。しかしその中で起きるあるケースには、他者に戦争を仕掛けることを「正当」と認めるのである。つまり現存する史料から各現場におけるケースや当事者の認識を今日再現することが不可能であることを考えれば、「正当戦争論」を定規として各人の議論を整理することの無意味さは自ずと明らかになる。むしろ現状をどのように「見た」かが重要なのである。

## 2　サンチェスの報告と「権原」の整合性

では、上掲項目が報告された「事実」とどの程度対応するのであろうか。順番に検討していく。

①と②に関して、全体像では整合性があると言える反面、彼自身の個別報告とは整合しない。整合的と言えるのは以下である。アコスタの反駁論文が、チナが「キリスト教徒を笞打ち、生き埋めに処した」[73]ことにサンチェスが言及すると述べることから、彼が対象としている範囲は、一五一七年にポルトガル勢力が中華大陸やその沿岸島嶼部に接近、これを攻撃して以来の全出来事を含めた場合である。

他方、彼のマカオへの二度の使節行では、明国役人から彼が尋問されても、彼が望む交渉事は一切行えなかった。また、明国の帝国理念が華夷秩序であることなど彼は知るよしもなかったであろうが、その論理ゆえに明朝には外交交渉はあり得ないのだ。この意味でチナ国王宛使節送致は実現不可能との彼の観察は正しい。

他方、彼自身の報告書が、厳密な意味でこの二点が権原として成立するのを妨げる事柄に言及する。一五八三年二月ルッジェーリらが肇慶に入ることを認められたこと、一旦退去の後、肇慶定住が認められ、一五八四年マカオ滞在中に神父住院の玄関に掲げる扁額にマンダリンが揮毫したことである。それ以上に重要なことは、チナがスペイン人を警戒する合理的な理由があると認めることである。ポルトガル人がスペイン人は危険な存在だとチナに教唆したゆえの警戒であり、ポルトガル人らに対する笞打ちは彼ら自身の乱暴狼藉が原因であると明記することだ。

③に関しては、男色等の習慣を指していることがアコスタの反駁論文から推定できるが、明代に男色が一般的であったか否かは別にして、他のヨーロッパ人もしばしば報告しているので、彼らには非常に気になる点であったのは確かだ。(74) また男色は「自然に反する罪」の象徴的な行為で、この言葉がヨーロッパ・キリスト教社会で持つ負のインパクトは非常に大きい。チナが自然道徳、自然法に反する社会であると印象づけるにはこの一事で十分だと言え、この項目に「自然に反する罪を犯し続ける人々」を象徴させたと考えられる。

④と⑤は、ルッジェーリ神父と彼自身が自由に行動できず、マンダリンの顔色を窺う日々であることを対象とするなら「事実」である。だが、「第二報告書」の個別報告とは齟齬を来す。ルッジェーリが嶺西道である王泮にカブラルの肇慶滞在許可を求めた際、王泮は神父らの本当の滞在目的を知った上でカブラルの肇慶行きを許可し、ルッジェーリの滞在を許し続けたと述べる点だ。また④に関して、外国人であるサンチェス、ルッジェーリやリッチらが自由に行動できなかったのは事実であるが、客観的に見れば、それらは外国人、もしくは外部の人間に対する不信感であることを理解している点である。宣教師の自意識は、自分たちに自由な行動が許されないことを、キリスト教の拒否と同一視し、それを「キリスト教に対する敵愾心」と表現する可能性は否定できない。しかしサンチェスの書いた文書の中には、キリスト教徒に対する「敵愾心」の実例を実は見つけることはできない。ただしこの項目は、言葉の表面の意味よりももっと深いところで、彼に「チナ事業」が必要だと考えさせた大きな要因だと本稿では考える。これについては次節で言及する。

⑥に関する個別例を彼の報告書に見いだせない。

⑦に関しては、具体的に何を指すかで、整合するともしないとも言える。既に「第一報告書」で、明国、その地方政府が内外人に交易を関税化し、外国船も歓迎すると証言する。また一五八三年夏にマニラを解纜したスペイン船の

南頭漂着時、その地方政府が同船に妥当な扱いをしたことを第二次マカオ出張時に確認したと「第二報告書」で述べる。従って、チナの指示に従う限り、交易船が歓迎されることを知った上で権原に挙げたと言わねばならない。もし関税を要求する点を問題としているとすれば、カビーテ港でも関税を華人から徴収し始めた時期にあたり、関税率に不均衡があったとしても、大局的には整合しない。

①④⑥は「改宗を認めない」との主張であり、布教保護権に基づくスペイン国王の権利の妨害として挙げられたものだ。だが「第二報告書」が、数人の改宗者が出ていること、ルッジェーリの手になる『天主実録』出版の動きが、少なくとも肇慶でマンダリンに黙許されていること、[75] マンダリンや住民が福を求めて神父らに子供を抱かせるなどの場面に言及する点を思い起こせば、自ら否定していると言える。[76] しかしながら、チナ一国の改宗という局面から見れば、それが極めてミクロ的な動きであることも確かであり、事実とひどく乖離するわけではない。

スペイン王の権利⑧aに関しては、明皇帝の能力自体を俎上に載せてはいないが、件の二報告書はチナ帝国の成熟した政治システムを体験したと言明し、第一節で言及したようなチナ官僚やシステムの長所を述べる。さらに「この国はかくも大きく無限で、人間がひしめきあっている。その上、人間の質は高く、政府がこのように〔整備され〕、自分たちの法に満足した誇り高い人々である」[77] と「第二報告書」で述べており、何をもって、統治能力を挙げたかは不明である。

## 3　戦争権原と現状報告の論理的矛盾

以上、「チナ事業」の段取り、権原、およびチナ事業の戦略・戦術を検討してきたが、非常に奇妙なことに、「チナ事業」正当化の権原として挙げる事項を自分自身の諸報告で否定し、言わば自己撞着を起こしている。アコスタは反駁論文でこの点を細かく指摘する。

オジェは、サンチェスの諸報告書の価値を信じるゆえに、彼の報告書と「チナ事業」の権原について正当戦争論に沿って整合性のある説明をする要を感じ、神父の二度にわたるマカオ出張の背景に注目して、この間の矛盾を解こうとしている。オジェの理解は以下である。

第一次チナ出張時に、サンチェスは自らが受けた拘束とチナ当局との交渉を阻まれたことに基づいて「チナ事業」を構想した。しかしその後、ルッジェーリらが肇慶に入市できたので、彼の構想は一旦根拠を失った。だが第二次マカオ出張時、チナ国王向け使節の派遣は拒否され、ルッジェーリらが肇慶を追われたことが、再び「チナ事業」に正当戦争論に則った根拠を得たと解説する。(78) だがこれは事実と合わない。まず、第一次チナ出張中の一五八三年二月、肇慶に入ったルッジェーリやパジオはサンチェスに書簡を宛てており、一五八三年「チナ事業」の最初の提案を行うまでに、チナ側が宣教師の入国を許したことをサンチェスは知っている。(79) また、二度目の肇慶入市を「第二報告書」に記録するにもかかわらず、特に冒頭部分は「チナ事業」の必要性を説き、その証拠固めと事業着手への一手段として彼はマカオに赴いたと明言する。後段については、もちろん報告書であるから、この間にサンチェスに「チナ事業」への逡巡があったとしても、明記しなかったに過ぎない可能性は残るが、特に前段においてオジェの議論には無理があると言わざるを得ない。

では、サンチェスは、自分の種々の自己撞着に留意していたのか、否か。もし留意していなかったのであればその理由は何か、の疑問が起きてくる。これに対しては、少なくとも二つの可能性が考えられる。第一、彼は多数の論文を書いたが、その間に整合性をとることには関心がなく、もしくは自己の主張を統一できず、その場その場で議論を展開した。第二、目で見た事実は事実として報告したが、チナ一国の効果的な宣教というマクロ面からは「チナ事業」のみがそれを可能にすると考えたので、「チナ事業」の権原を「適当に」準備した可能性である。

彼は精神的に異常を来していて、「チナ事業」はその結果だと主張する人がいるとすれば、第一の可能性を重視していると言えよう。本稿は以下に述べる理由に基づいて、こうした矛盾を超える論理が彼にはあったゆえに、これを矛盾とは考えていない、即ち第二の立場をとりたい。彼の中では整合性のとれた主張であり、自己の良心に照らして

「チナ事業」を提案しなければならないと結論づけたゆえの行動であると判断する。その判断の論拠を以下で論考していきたい。

つまり局地的に宣教可能な場面があったとしても、それは一国全体の改宗の可能性を意味するものではなく、局地的な宣教の可能性と「チナ事業」権原の間に論理的整合性をとる必要はないと判断していたと考えられる。諸報告はミクロな視点で行われたが、「チナ事業」はチナ一国の改宗というマクロ的な視点で計画されたもので別個の議論だと考えるものだ。

彼自身この点を十分に承知していたと考えられる理由は、ほとんどが状況証拠である点が難ではあるが、以下の四点である。

① チナから五〇〇〇レグア離れたヨーロッパの思考の枠内では、自己の「チナ事業」の背景はどんなに言葉を尽くそうが、「書面では」絶対に理解されないだろうと繰り返して述べる。また、顕職者ではない自分には権威がないので、自分の言葉を本国は信じないであろうから、交渉役として本国で証言しても説得力に欠けるとして、その役目を引き受けなかった。[80]「書面」の文言は、「論理的」と言い換えが可能かも知れない。論理は受け手の想像を超えることはできないからである。第二章第四節で言及したインディアス枢機会議のメンバーを混乱させた原因もそれである。チナがヨーロッパと全く異なる世界であり、宣教師が全く権威を持たない世界をどのように描けば理解してもらえるのか。当時の本国スペインは新大陸の大文明を征服し、宣教を実現してきたという自意識に満ちている。

② 正当戦争に関して、アルカラ大学やサラマンカ大学で行われている学術的議論を「暇つぶし」と断じる。「彼らは現実・現場を知らない」という主張である。

③ サンチェスは、アコスタが取り上げた文書以外に権原を明解に論述する文書を残していない、少なくとも現在までのところでは発見されておらず、それを書いた可能性は低い。①と関連して考えるべき点であろう。

④ 次節で言及することになるが、「第二報告書」で他の宣教師が全く行わないような衝撃的な報告をしていることである。宣教師が全く社会的に影響力も存在感も持たない社会が東アジアや東南アジアであることを語る。先行研究が全く言及しないところである。この点をヨーロッパ向けに報告したことは、サンチェスの報告書の評価を非常に高める点であり、この点にこそ、彼の「チナ事業」を解く重要な鍵であると考えられる。

「チナ事業」は戦争権原の積み上げから引き出された結論としてあるのではなく、武力行使が必要であるとの認識が先にあり、それを正当に行うための手続きとして、戦争権原を探し求めた可能性を指摘したわけだが、この指摘の妥当性については、今日に至るまで歴史上の戦争がどのようにして行われたかを考えることは意味がある。我々は、軍事行動を起こすべき権原が揃ったので戦争を始めると考えがちだが、当たり前のことながら事実は概ねその逆で、戦争への希求が先にあり、戦争正当化の根拠を後から探し求めると言い切っても問題はないのではないか。アコスタが『インディオ救霊論』の中でこの点を指摘していることは本章冒頭で述べた。サンチェスが実感したことから必要と考えたことが「チナ事業」であり、正確な情報を送る重要性とは全く別次元の問題と考えていた、と結論すれば、多くの矛盾やオジェの説明にある時間的矛盾が解決する。

他方、もう一点重要なことは、権原と「報告」との関係を検証した際、事態のどこに焦点を当てるかによって、権原として妥当・非妥当に分かれたことである。本節第1項で、ビトリアの例を引いて述べた、戦争の正・邪の判断の困難さは、正にこの点にある。

## 4　現状認識と戦略・戦術論の乖離

今一つは、彼の「現状認識」と戦争方法論の間にある乖離である。ただし、それは東アジアの歴史的状況を自らの歴史として生きる我々が見て特に感じる乖離であり、十九世紀以降の東西関係の構図でこの時代のことを考える人々には乖離・矛盾と感じられないのかも知れない。それはオジェ他の研究の弱点として指摘した点である。

チナの物資力、海軍力、人的資源共に非常に強大であることを認めながら、先の表に示した軍事力で、チナを征服可能と考え、あまつさえチナの戦闘意欲を挫くほどのものだと考えている点について、検討していきたい。現在まで、ヨーロッパ側の研究者がこの点を明確に議論した論文は、管見の及ぶ限りでは皆無に近いが、問題とした場合もサンチェス自身への拒否感、もしくは兵力数の問題として捉えられている形跡がある。[81] サンチェスは兵力算段の根拠や過程を明らかにしていないので、現実的で合理的な根拠があるか否かの正確な判断は非常に難しい。しかしサンチェスは「チナ事業」の必要性を説き続け、少なくとも一五八八年に至るまで以上の計画に変更を加えていないことから、彼の胸中では、完成度が高いものと考えていた可能性が極めて高い。

この点を問題にするのは、サンチェスの戦略・作戦と彼の諸報告の間、あるいは作戦と当時の実況との間には、以下二点において大きな乖離があるのではないかと我々には考えられるからである。即ち、

① 仮に火器、艦船建造力、艦隊運動においてイベリア勢に一日の長があるとしても、生活水準・人口力・物量では明らかにチナの方が遥かに勝り、そのことが実に強烈な印象をサンチェスに与えたことは既に見た。しかも相手の領域に乗り込んで戦うのである。

② 第一節で挙げたように、当時の戦闘と比較すれば、サンチェスが用意すべきとした軍事力は必ずしも大きなものではない。他方で、明国艦船に乗せられた経験を持ち、艦船内の整理・整頓の行き届く様を見て侮り難い相手であることを実感している。[82]

これらの点はサンチェスの中ではどのように解決されていたのであろうか。すなわち彼の兵力計算が合理性を持つには、以上二つのチナ側の力を減じる要因がなくてはならない。その実体として以下四点を計算に入れていたのではないかと推測できる。

① 官による民衆抑圧政治が原因で、官と民は乖離しており、官に戦争を受けて立つ意欲があっても、民がそれに呼応しないので、チナ為政者は対外戦争を維持できない。[83]

② サンチェスの提案は、イベリア勢を「偶像（悪魔）」と現世の支配者という二つの抑圧からチナの民衆を解放する者と規定している。カトリック王がチナの民をこの二つの抑圧から解放するためにこの戦を起こした点をチナの民に対して宣撫工作することが要諦で、この宣撫で民の抵抗意欲を殺ぎ、戦力としての民衆を無力化する、さらに民をイベリア勢に加勢させることも期待している。これはサンデ総督もカブラル神父も期待した点である。(84) このために活躍するのは、漢語が使え、チナの事情を知ると考えられた肇慶の神父たちである。

③ カトリック宣教のモデルは、アステカやインカの体験で、一国レベルの改宗である。極少人数のスペイン人が巨大な帝国を征服できたのは、神の摂理が働いたゆえだと考えられていた。アステカやインカの精神的征服は、成果に対して不満が出ていたとしても、揺らぐことがない成功体験であり、原体験である。チナ宣教がその文明度から更に期待されたとすれば、その「チナ事業」に同じ摂理が働かない理由は一層あり得ない。その点を考慮すると、アステカやインカ征服に従事した人数の百倍近い人間を動員するのは、むしろチナの強大さと文明力を十分計算した結果と言える。摂理の働きに対する期待は、オジェが指摘する。(85) サンチェスがしばしば新大陸の事情に言及し、常に比較の対象としている点からも、非常に蓋然性がある。またオジェは、ロマンが「勝利は軍隊の多さに基づくのではなく、天から我々に要塞が下されるであろう［ことに基づく］」と述べる書簡を紹介して、(86) 共有された認識だとの理解を示している。

④ 倭寇が二〇〇～三〇〇人の少人数で、沿岸地域に甚大な被害を与え、恐れられていることを「第一報告書」で報告している。このことは、明国艦隊の戦闘能力の推定に影響を与え、同時にスペイン側兵力と装備の算出を決定づけていた可能性が高い。

①および②は基本的には同じことで、チナの為政者と民を分離して考え、敵はチナの為政者と想定するものだ。敵の民は為政者に抑圧されているので、為政者に反逆の機会を求めており、イベリア勢が彼らを助ける。即ち、自己をその民の解放者と位置づければ、正義に適うばかりか、侵攻時に民の内応を期待できるわけだ。こうした論理は現代

に至るまで歴史上珍しいものでもない。この時期、少なくとも諸島のスペイン人が明国の官と民の関係構造や富裕商人の考え方などを理解する手立てはほぼ皆無であったことを考えれば、官の民に対する抑圧に関する話は、マカオやマニラの華人が官に対する反感を口にするのを聞き、即「チナ事業」を容易にする情報として心に留めていた、というのが事実に近いのではないだろうか。現代の我々の目からみれば、僅かこれだけの情報で「チナ事業」を計画すること自体無謀とは言えても、従来もこの方式で征服運動を成功させてきたのであり、③の「摂理」という思考土台があれば、彼の作戦は彼や彼の周囲の人々を十分納得させ得たであろう。

ところで、「解放者」というイメージは、布教保護権行使の中で頻々と用いられるが、少なくとも二つの概念が混同して用いられ、そのことが彼ら自身をも混乱させていたのではないだろうか。即ち、宗教的な意味での「解放」と、現世的・政治的な桎梏からの「解放」の混同、概念の混乱である。少なくとも当時の宣教師の概念では、キリスト教が絶対的一神教であるので、他宗教は全て誤り、偽の神、悪魔の欺きとなる。宣教は悪魔からの「解放」である。他者の地で宣教師の行動の自由が制限される時、制限するのは当然その地の官憲であるから、民は「解放」を求めて「真の教え」を聞きたがっているのに為政者が妨害・抑圧していると理解され、正にこの局面で精神的「解放」が、現世的抑圧からの政治的「解放」の意味に入れ替わる。教界人・世俗人を問わず、この混線が見られる。これは本章第二節第1項で挙げた布教保護権の⑧の範疇で言及される場合が多い。

③に関しては、複数の側面で捉え得るが、サンチェスのみならずヴァリニャーノ、またその指示を創意工夫で実現しようとしたリッチにおいても、改宗の目標は個々人ではなく、チナ一国である点が関わる。アステカやインカは、地域内の他部族を睥睨する強大な勢力を誇ったにもかかわらず、通常の戦術論では互角の戦いさえ不可能なほどの寡少兵力によって軍事征服され、新大陸の大きな部分のカトリック化の序章となった。それは、いくつかの心理的偶然と武器の著しい不均衡が重なって実現されたと言われるが、自己正当化の論理において被征服者のカトリック化を意識するスペイン人から見れば、アステカやインカの改宗を望む神の意志であったという解釈が成り立つ。アステカや

インカの「成功」から二世代以上の時が流れ、「征服」は最早伝説化の過程に入り、神の摂理に対する期待はむしろ高まっていたかも知れない。

④の倭寇の事例への言及は、着眼点としては、サンチェスの才気を十二分に示すものだ。サンチェス案の成功に現実味を与えるとも思える一点である。「第一報告書」で既に言及していることから見て、ポルトガル人がこの点に着目していた可能性も考えられる。また、第Ⅱ部で言及することになるが、実際一六〇〇年代初期の明朝は、対外戦争に非常に神経質になっている。マニラにおける第一次華人暴動時（一六〇三年）、漳州府がマニラのスペイン政庁に宛てたと見られる書簡や、明国中央政府の認識を記録した『明実録』には、少なくともスペイン勢と「もし戦に及べば、いずれが勝つか不明」などという文言まで見られ、自己の戦争能力に疑問を抱く表現を明国側は見せる。(87) これは顧慮に値する事実である。ただ一考を要するのは、倭寇は「真倭（日本人）が三割」と言われ、大多数は華人で構成され、華人にとり、ある意味外敵ではないという点だ。一庶民は単純な被害者であったとしても、官と土豪、土豪と倭寇の関係が明らかでない中、倭寇の猖獗がチナの海防力の弱さを示すかどうかは判断しかねる。だが、そこまでサンチェスに要求することは不可能である。

彼は他に、明国側海戦力について、「艦船は大きいが脆弱で、海岸より一レグア以上離れない、また海戦を不得手としている」と艦船運動の稚拙さや、(88) 警備が内向きであることに言及している。それらは倭寇問題と共にポルトガル人から得た情報と考えられるが、こうした点がチナを与しやすい国と彼に判断させたと言える。(89)

サンチェスの計画が現実的かどうかは別にして、ヨーロッパ側の研究者が「チナ事業」計画自体を根本的に問題視しないのは、十九世紀以降の東西関係に立って「チナ事業」を考察しているからであろう。明朝は確かに既に末期に入ろうとしていた。しかし『明実録』などから見る限りでは、地方政府と中央政府の情報交換は機能している。更に、マニラにシルクなどの製品を大量に搬入する産業力を持った地であることは第一章で言及したとおりである。ポメランツを初めとするカリフォルニア学派が実証をもって主張する説に拠れば、ヨーロッパがインドや中国の生活水準に追いついて来るのは十八世紀末である。この時点を境として、ヨーロッパが世界の他の中核地域を物量、技術その他で凌駕する時期に入るための「大分岐点」となるのである。十六世紀後半の時点で、スペインが地球を三分の二周して艦隊を派遣できたとして、チナ侵攻を維持し続けることが国力・技術力の点で可能かどうかは、少なくとも一考の要がある。次節で明らかにするように、何よりもサンチェスはチナの巨大さ、民の活力、文明の力に圧倒された。ポメランツらの研究成果を背景にすると、サンチェスが言葉を尽くして伝えようとし、それでも伝え切れないと感じていた衝撃はこの辺りにあると推定できる。第II部で扱う華人の暴動では、華人の活力はスペイン人を諸島から追い出し得ると、スペイン人は恐怖の目で見ている様子が窺えるが、これらの記録は、当時の東西の格差に基づくと見るべきであろう。[90] 十六世紀のスペイン人が感じたこれらの驚嘆と恐怖に、十九世紀以降のヨーロッパ人が文字どおり共感するのは、ポメランツの指摘を十分認識しない限り非常に困難であろう。

他方、交戦相手の国力推定は、現代史でも大きな誤認が繰り返されているのを考えれば、容易な作業でない。[91] 彼が行うチナ報告と事業計画の間には乖離というか矛盾点が点在する。サンチェスが明晰な分析力を持つと認める以上、彼の意識からこれらの矛盾を意識外に押し出す力の存在が必要になってくるが、それは目的に対する強い信念、それゆえに働くであろうと信じた摂理の力である。つまり、上記四点の内、サンチェスがこの計画の正否を勘案する上で最も影響が大きかったのは③であると考えるのがより妥当ではないだろうか。

## 三　サンチェスの真意——「チナ事業」提起の理由

前節では、①彼のチナ観察と「チナ事業」の権原の間にある種々の齟齬、②「権原」の積み重ねが「チナ事業」を生み出したものではないこと、③「第一・第二報告書」と「チナ事業」は別個の論理で書かれた、④戦術に関しては少なくとも彼自身の中で合理的説明がつけられる根拠を持って計画された、以上四点を論証してきた。

他方、チナの現実を直視するという点に関して、当時の状況ではサンチェスが優れた観察者であったことは否定できない。だとすれば、チナ一国のカトリック化には「チナ事業」が必要だと判断させたものは何であろうか。彼が「チナを実見」しない者には理解できない社会であると繰り返し述べた点の解明がそれを解く鍵になろう。

サンチェスは、チナは極めて特殊な状況にあると見ていた。「特殊」は、第五章で論じるサラサール司教の一五八三年の見解を纏めるキーワードでもある。二人は揃って、チナはヨーロッパでは全く理解されていない、される状況にはないほど「特殊」だと言う。サンチェスは「チナ宣教とチナ入国の特殊性が、この〔「第二報告書」〕ように詳述されることはほとんどない。第一には人々がそれを知らないからであり、ルッジェーリ神父が私に語ったことを彼が報告できるような場所も機会もないからである(92)。第二には、それが分かっていながら、神の栄光のため、また陛下をお喜ばせし、かくも大きな事業に便宜をお図り頂くべく励ますために、それを書簡に書き、証明すべき人々がそれをやらないからである。……彼らはそれを自分の任務ではないと考える。第三に、陛下のファクトール〔ロマン〕は私と同じことを確信するに至ったのだが、彼もそれをスペインで語る、あるいは書き送り、報告するようなことはやりたがらない」と、憤懣やる方ない論調で語る(93)。チナから五〇〇〇レグア離れたヨーロッパでは、チナの事情は理解の糸口がないほど特殊な状況にあるから、それを本国で直言するには余程勇気がいる、自己の属する世界に真実を報告する上で、道義的な制約があると考えざるを得ない、そう考えるほど衝撃的な世界を見たと理解できる行である。それを伝える「義務がある人々が〔現実を述べるのを恐れて?〕自己の義務を果たしていない」ので、ヨーロッパではチナや東南アジアでの宣教状況についてひどく誤解されたままになっているとも言う。従って、自分の見たチナの現実を伝えないことは、自己の良心に関わる問題として受け止め、敢えて真実の「チナ」を伝えない限り宣教は進まない、と考えていたと理解できる文言である。

サンチェスが「チナ事業」を宮廷に奏上するよう政庁や司教から推された時も、一介の宣教師の言葉には権威がないので、自分では宮廷の人々を納得させられないと述べて、派遣を断ったことは既に述べた。それゆえ、冒頭に挙げた彼の不満は、本国やヌエバ・エスパーニャで聞いてきたチナや東南アジアの宣教報告と、自分が見聞した実情との間に巨大な乖離があることを指摘し、既存の報告書が美辞麗句で事実を糊塗しているから、東アジアについて誤ったイメージがヨーロッパで出来上がってしまい、今自分たちが選択すべき方法に理解が得られない、と彼が認識していたことを示す。だとすれば、彼の見た「現実のチナ」はいかなるもので、どのような意味で「特殊」と主張しているのであろうか。

その前に再確認を要するのは、彼が企図したのは、単なる華人の改宗ではなく、「チナ一国の改宗」である。それは「神父たちが定住を認められ、教化が行われているというのは本当である。しかし、それは大海に一滴の油を落とすようなもの」という「第二報告書」の言葉に端的に示されている。(94) これは、托鉢系修道会が個人の改宗をもって進捗として認めていたのとは根本的に異なる。

また、サンチェスの課題は「効果的な改宗事業」であり、「キリスト教宣教に武力の随伴、または武力行使が許されるか否か」のラス・カサスが提起した問題意識、つまり対他者行動の基本原理の問題とは次元が異なる。まさに「事業（Empresa）」として改宗化を扱う事例なのである。それを行うには、チナはこれまで経験してきた地域とは全く異なるので、既定のルールに則って事業を行えないほど「特殊」な状況にある、というのがサンチェスの認識である。では何が、チナが征服されなければ、効果的に宣教を行い得ないほどの障碍と彼に認識されたのであろうか。それらは、彼の報告書から以下の三点に纏めることができる。即ち、①被宣教民の桁外れの多さと宣教師の少なさ、②言語的障壁、③社会的障壁、である。個々について考察していきたい。

### 1　被宣教民の多さと宣教者の僅少さ

サンチェスが第一次チナ出張時に廈門もしくは海澄県月港と思われる港に入港した後、広州、マカオに至るためチナの官憲に護送されて一カ月余り旅したのは、福建、広東両省沿岸部とその少し山側の地であった。つまり華南、その沿岸部である。この地方は現在も当時も、極めて人口稠密の地である。[95] そこで人の群れを見て、彼は心底驚いたようで、「人の群れの中で溺れそうだ」、「どこからこれだけの人間が湧き起こってくるのか」等々の表現を残している。[96] 人口減少に転じつつあったカスティリアに育ち、過疎化した新大陸を経て、マニラに至る経験の中では見たこともない人々の群れである。新大陸での宣教政策の一つの柱は、被宣教民の集約化、即ちレドゥクシオン制である。現地住民が疎らに広く拡散して住まうので、限られた人数の宣教師で、効果的な教化体制を敷くためには、被宣教民に移住を強いてでも一カ所に集める必要が感じられた。王権から見ても、カトリック宣教から見ても、エンコミエンダが弊害の多い制度であることが認知され、現地住民収奪の温床であること等々を知りつつも、教会が制度の温存を容認してきたのは、教会や修道院が同制度から利益を享受していた以外に、改宗化が捗る形で先住民を掌握する現実的な方法がそれ以外になかったという側面を否定できない。だがサンチェスがチナで見たのは、正反対の状況である。大群とも言うべき人々が密集して住まい、しかも征服や破壊を受けて精神的危機にある人々ではない。極めて自律的に生き、活気と労働意欲、生活力に満ち満ちた人々で、「自分たちの法に満足した誇り高い人々」である。[97]「産業」という無尽蔵の富で自らを養うばかりか、マニラにも大量に奢侈品や生活物資を運び込む人々である。人々の気質は、後述する第3項とも関連するが、サンチェスら外国人を何か特別な者として認めないばかりか、人々は大波、群れとなって彼に近づき、彼を無視して通り過ぎる。人の波に飲み込まれてしまいそうな衝撃、危険を感じたのが、第一次チナ出張時である。[98] 彼はこの出張の帰国直後からマニラで「チナ事業」を展開し始め、報告と提案を本国に宛てた。ヴァリニャーノは、カブラルやルッジェーリの報告からその富が尋常でないことは知っていたが、彼には巨大な人の群れの中に身を置いた経験がない。この両者の経験の違いは大きい。おそらくは、物量の豊かさよりも、人的資源の質・量の方が遥かに大きな衝撃を人に与えるであろう。

## 2　言語的障壁

新大陸への宣教開始以来、スペインがとった宣教政策のもう一つの柱は、スペイン語化ではなく、被宣教民の言語によってキリスト教を提示・宣教することである。そして、一言語が余りに少数の人のものであり、個々の言語に対応不可能と判断されると、一つの言語への集約化が行われた(99)。現地住民の指導者層の子弟に対してスペイン語教育を行ってきたのも事実であるが、アコスタも自著や彼が主導した第三回リマ司教区公会議で説くように、宣教師に現地語学習を強く勧めて、この政策の重要性を再確認している(100)。

サンチェスも、イエズス会士として、また既に述べたごとくアコスタのカテキズムを賞賛していることから、この重要性を認識していたはずである。それにもかかわらず、チナの場合は、宣教師が漢語を学ぶより、華人を「我々の言語」化する方が良いと彼は主張する。チナの言語は華人でさえ一生を学習に費やすほど難解であるから、それを廃することは華人のためにもなるとまで言う(101)。彼に拠れば、漢語の学習困難と学習の非効率は主として以下四点にある。①文字数が八万から九万にも上り、全て「印〔表意文字〕」である、②四声がある、③文章語は全国的に同じだが、口語は極めて多様で、地方ごとに異なる。マンダリンの使用言語と一般人のそれも異なり、言語的統一性が全くない、④外国人にとっての更なる困難は、漢語を流暢に、しかも相手の地位に相応しく操らなければ話を聞いて貰えない、外国人が生半可な漢語を操れば、軽蔑されるのみならず、話の主題であるキリスト自体まで侮られることになると言う。他地域であれば、宣教師が習いたての被宣教民の言語を懸命に話そうとするのを暖かく迎える雰囲気があるが、チナにはそれがない(102)。

サンチェス自身、他言語習得は不得手であったのか(103)、言語学習の困難に言及する頻度は高く、絶望的に大きな障壁だと考えていた節が窺える。巨大群衆の被宣教民を対象として、僅少の宣教師が宣教する、完璧な漢語を使うのは絶望的、更に地域ごとに話す言葉が異なるとなると、民衆の耳に訴える手段もない、まして貴人には貴人の使用言語があり、それを操ることが彼らに近づくための必須条件ならば、支配層に近づく手段は全くないことになる。以上が彼の「絶望」である。

この状況に対応する手段は言語の単一化であり、使用すべき言語は合理的かつ簡便な「我々の言語」と結論した。チナ征服が叶えば漢語は焚書をもって廃し、「我々の言語」化を徹底する。華人も漢語学習に一生を費やすよりは、遥かに学習簡便な「我々の言語」を用いれば、エネルギーが余り、それをキリスト教学習に回せるとも言う[104]。効率という面では、誠に合理的で説得力があると感じた宣教師はいたかも知れない。「我々の言語」が何かの問題が残るが、「カスティリア語」と考えて間違いない。

アコスタは『新大陸自然文化史』の中で漢語に言及しているが、明らかにサンチェスが情報源である[105]。因みにアコスタは、アルファベットは三十に満たない僅かな文字の組み合わせで多数の言語を表現できるが、漢字にはそうした汎用性がないと結論し、アルファベットの方が漢字より合理的だと判断したと理解できる記述を残している[106]。

以上の計画実現の可能性は別にして、言語は文化そのものであり、文化創出の根幹・文明の乗り物として文明・文化の連続性に関わるゆえに、その除去は軍事的征服以上に読む者に戦慄を与える。極端な言い方をすれば、他者の存在証明を消去する企てとも言い得る。この提案は漢語書物の焚書にまで言及している点で強硬だが、サンチェスがこの提案の持つ意義の重大さを認識していたとは、彼の書き残したものを見る限りでは言えない。彼にとっては、厄介な問題の解決法の一つとしてのみ認識されている可能性は高い。更にこれも新大陸での経験に基づく可能性がある。

だがこの提案には別の側面が窺える。彼は、自他の言語が異なる場合、両者の意思疎通を可能にする言語をより完全に使える方が何かにつけて優位に立つという点を、マンダリンの尋問などを通して実体験していただろう。その経験は、ルッジェーリのものでもあったであろうから、漢語をカスティリア語に置き換えるという政策が単に効率の問題ではなく、「教え」を聞かせるために権威が必要で、それには自己が優位に立つ必要があり、立場の逆転を計算に入れていた可能性は大いにあり得る。この点は、以下で言及する社会的障壁の面でヴァリニャーノも指摘している[107]。

## 3　社会的障壁

明国社会そのものを問題にしている。中華世界が、地縁・血縁・利害で複雑に階層化・組織化され、革命による王朝の交替が重ねられても、少なくとも建前としては常に中華的で、自己充足的な世界観を持ち、特に華夷秩序を対外政策の理念とした明朝にあっては自己中心意識が政治理論の核をなす。サンチェスはこの政治理論など知らなかったであろうが、自らの実感から「自分たちの習慣こそ世界中の人々に相応しい、他国の者は全て野蛮だと思っている」と表現している。(108) この世界に入り込んだ、貧しい言語表現力しか持たない外部の人間が、社会から全く無視される、もしくは蔑視に晒されたとしても不思議ではない。だが、これは新大陸やインド、特に前者を経てきた宣教師には極めて衝撃的で、かつて遭遇した世界とは全く異なる「特殊な世界」と受け止められたわけだ。サンチェスの述べるその衝撃は、以下四点に纏めることができる。即ち、①外国人に対する完全な無関心、②宗教者の社会的無価値感、③外国人に対する官民の警戒と侮蔑、④マンダリンが社会全体を掌握・睥睨し、彼ら自身が法、である。

①に関しては、外国人を無視する、関心を示す時は珍獣にでも対する目つきを向け、そういう扱いをすると言う。(109) 征服者と被征服者の関係であった新大陸での対他者行動に慣れていたスペイン人には、その印象は特に強いかも知れない。

②では、ヨーロッパの社会的通念では、宗教者は一応敬意を持って遇されたが、チナではそれが全くないばかりか、外国人の場合はその言語的障壁が彼らの教養を疑わせるゆえに、人間としての扱いさえ覚束ないという嘆きである。①と②は、日本の場合と大きく異なった。日本では、地方や中央の為政者が望むモノをもたらすポルトガル人の存在と宣教師が結びついたこと、日本人は宗教者として現れた宣教師を仏教者への敬意の延長線上で尊重した。

③と④が複合的に宣教を不可能にする経緯は以下である。マンダリンに関わることやマンダリンに都合の悪いことを宣教師が述べた場合、通訳はそれを漢語に訳そうとしない、人々は常にマンダリンの顔色を窺うので、宣教師もマ

ンダリンの顔色を窺うことになってしまうと言う。(110) それに外国人に対する警戒が加わると、上陸後直ちに明国の官に拘束され、ポルトガル人の醵金で購われるだけで、正に取り付く島がない。①②③④が揃えば、何事かを教えることなど全く不可能だと言う。彼より十五年ほど早い時期に広州に滞在したドミニコ会士ガスパール・ダ・クルスも、マンダリンは極めて尊大であると述べ、それは宣教を困難にする理由だと言う。それゆえ、チナ王に使節を送って宣教に公許を取り付けない限り、改宗化の着手は無理であると述べている。(111)

社会が宗教者に抱くイメージ、外国人に対する態度、この二点にはヴァリニャーノもひどく動揺した。彼が一五八八年総会長に宛てた報告書簡は、肇慶に入った神父たちが仏僧に類する者と自己表現し、そのように認識されると、当時仏教寺院がマンダリンの遊興場所になっていたことから、イエズス会住院も同様に遊興の場を提供せざるを得なくなったと忌々しげに伝えている。(112) リッチらに対する無関心、マンダリンの侮蔑を払拭し、しかるべき尊敬と注目を華人から受けるために、教皇から相当華麗かつ権威のある使節をチナ国王に派遣してもらい、イエズス会士がその使節を務めることで、彼らのチナにおける社会的身分、認知を完全に逆転させることが必要である、とヴァリニャーノは総会長に提案している。(113) ただ、ヴァリニャーノは、教皇使節なら受け入れられ、交渉可能と考えていた点で、現象を認識しても、明朝の世界観を知悉することからはまだまだ遠かったと言える。

他方で、何としてもこの社会的障壁を越え、社会的影響力ある人々との交際を得、華人の歓心を買い、尊敬を勝ち得ることで、キリスト教の教えに聞く耳を持たせるという努力を、リッチが機転に次ぐ機転で独自に繰り広げていたのは、彼自身の著が明らかにする。(114) 彼らは、社会的尊敬を受ける儒者・読書人として自らを社会で表現し直し、そのために絹の儒服を纏い、輿に乗って移動するなど、明国社会の価値観に対応しようとしたことはよく知られるエピソードである。そしてイエズス会士がチナで絹を纏うことがヨーロッパに伝わると、修道者としての分を弁えぬとして批判に晒された。これは「清貧」もしくは「自発的貧困」の概念の問題だが、ヨーロッパ側の想像力と理解の限界、正にサンチェスが恐れた、五〇〇〇レグア離れた世界を自己の基準で判断しようとするヨーロッパ世界が負い続ける課題の具体的な一例でもある。

ヴァリニャーノは明国社会が宣教師をしかるべく待遇しないことに苛立ち続けた。彼が教皇使節派遣への期待を一六〇三年になっても総会長に示し続けたことは、当時のリッチらが比較的自由を得た状態も彼にとっては大いに不満であったことを物語る(115)。

この他にも、サンチェス自身何度も明官憲から尋問を受けた経験から、生半可な説明で官憲を納得させる、あるいは欺くことはできないことを痛感していた。サンチェスは帰朝後、ドミニコ会士ヴォランテらから、同会士六〇人とフランシスコ会士一〇〇人の渡明許可を宮廷でフェリーペ王から得るよう依頼されたが、拒絶した。これが主因となって、サンチェスは彼らから手酷く批判され、彼はこのドミニコ会士に対し弁明書を認めている。そこで彼は、チナ入国には三つの口が考えられるが、いずれも実際には使えないと言い切っている(116)。これは、彼の基準で言えば決して言い逃れではなく、どうにも取り付く島がないというのが彼の実感であった(117)。

一方、彼の「第二報告書」は、東南アジアにいる宣教師の状況について、他の報告書がかつて書いた試しがない内容を語る(118)。宣教師がシャムやカンボジア、その他の東南アジア地域に散開しているけれども、現地為政者がポルトガル人の来航を促す人質として留め置いているのであり、宣教師は孤立と赤貧、屈辱の中に生きていると語る。また「熱意を持って〔宣教師は〕コーチシナに入り、定住を試みたが、屈辱的な捕囚や醜悪な囚人として酷い扱いを受けてきた。ミサの用具や聖なる道具、その他のものを奪い取られた後、その地から無一物で追い出された」者もいると述べ、それは意味のない苦労をしているだけだと言い、他の例も挙げつつ、かなりの文言を費やして陳述する。

パステルスはコリンの Labor Evangélica に脚注として当報告書を翻刻しているが、この部分を完全に割愛した。宣教師がそんな状況に置かれていたことなど信じられなかったか、教化的でないと判断したためであろう。筆者は、一九九四年、インディアス総文書館、およびアルカラ・デ・エナーレスにあるイエズス会トレド管区文書館を調査した際、双方の文書館で当報告書を読み、この部分の存在を知った。トレド管区所蔵の文書は明らかに複写であるが、インディアス総文書館所蔵の書簡についてはパステルスが、原本であると言明している。[119] ただトレド版が、インディアス文書館所蔵から筆写されたものとは言い切れない。トレド版にはインディアス版にない数ブロックが認められるからである。しかし今問題にしている部分は双方の版にあり、報告書全体の三〇％近くを占めている。サンチェスは、「チナや東南アジアでキリスト教が広まっているとか、改宗者が出始めているなどと言う人がいるが、それは嘘だ」と言い切る。[120] これらは、物事をありのままに報告すべき責任のある人々がその責任を果たしていないことに起因し、東・東南アジアでの宣教事情をヨーロッパで誤認する一因であるとも言う。サンチェスが極めて明快な論調で述べる東南アジア域にいる宣教師の惨状は、東アジアに視座を持つ筆者にさえ非常に衝撃的であるからには、キリスト教圏の研究者には信じられないのであろう。また同様の言及が他の史料に見られないことから、内容の真偽が疑問視されてきたのか、同部分に言及する研究者は、管見による限りでは皆無である。だが、東・東南アジアにおける今日までのキリスト教を取り巻く環境を考察する限りでは、サンチェスの言葉には極めて真実味があり、長年の疑問が氷解する思いさえ与える。

天正少年使節がヨーロッパで惹起した関心、宣教が国王の内帑金や献金で賄われていること、修道会間の競争、自修道会の後輩宣教師への教育、ヨーロッパ人が海外宣教に一般的に持つイメージの破壊（献金の集まりに影響するだろう）への影響を考えれば、自らの従事する宣教事業の円滑な推移を否定する報告を誰もしたがらないのは当然とも言えるが、サンチェスはそれを欺瞞と呼ぶ。他の報告者がこれを報告できないのは、報告の受け手に遠慮した面と共に、この現実に戦いても、その状況を彼らの価値観の中で言葉にして同胞に語る術を見いだせなかったと言えるかも知れない。その点でサンチェスは、この状況を明晰に理解したからこそ言葉にして報告できたのであり、現実をありのままに観察できた非常に限られた人間の一人と言える。ルッジェーリが、一五八三年二月、疲労困憊の中からサンチェスに、「我々に助言をくれる〔ヨーロッパの〕人〔が想像していること〕とはこれほどかけ離れたこれらの国で、我々が的を外すことがないように祈ってくれる人からのものとして、〔尊師の書簡の〕全てを受け取った。それゆえ尊師の助言を非常に喜んでいる。回りくどい、何の益もないような話し方をする他の人々に比べて、尊師は直截にものを言われる[121]」と書き送ったのは、こうした現実とそれを語れない苦しみから出てきた言葉であり、サンチェスがそれを明晰に代弁してくれたと感謝する意味に理解すると、納得できる。この認識こそが「チナ事業」の核心をなすものと言えよう。「第二報告書」が本国に向かう頃、当のイエズス会ヌエバ・エスパーニャ管区長は総会長宛書簡で、ルッジエーリの著書がチナ社会の上層部に受容され、北京に上がる許可も既に得た等々述べたが、まず事実無根である[122]。そしてサンチェスが東南アジアの状況を引き合いに出したのは、それは正にチナの状況でもあると彼は言いたかったのではないだろうか。

少なくとも以上の三つの状況を目の当たりにし、事柄の根の深さを理解したサンチェスが、「チナは征服することなくして、改宗に至らない」との認識を一層強めたとしても驚くべきことではない。彼は単なる観察者ではなく、チナ宣教に強い使命感を持つ者である。そしてこのような強い衝撃が、どうしても改宗化に成果を上げねばならないと考えるサンチェスをして、手段の持つ意味についての斟酌を疎んじさせた可能性は否定できない。

## 四　小　結

「使命感」という言葉を用いたが、サンチェスにとっての使命とは何であったか。ロヨラ以来のイエズス会の標語である「神のより大きな栄光のために」は、当然常に念頭にあったであろう。この標語実現への具体的な行動となると、第一にできるだけ多くの改宗者を作ること、第二にイエズス会の最大限の発展のために尽くすことである。この内容と順位はヴァリニャーノにおいても変わらず、全てのイエズス会士に共有されるものだろう。サンチェスはフィリピーナス諸島のプロクラドールとして一五八七年からマドリードで獅子奮迅の働きをしたが、彼がイエズス会の利益になるよう働いたと非難されたことは前章で述べた。上述の托鉢修道会、特にヴォランテとの係争で、彼に向けられた非難に対し、彼の回答は明快である。第一は神のため、第二は国王のため、第三は同じ宣教師仲間のために尽くすが、第三には優先順位がある。一番は当然イエズス会、その後に他修道会のために尽くすことになると[123]。他修道会に対するこの意識は、彼やイエズス会に限らない。我々にとってのこのエピソードの重要性は、彼の価値観の序列を如実に示す点だ。

彼が几帳面に「国王のため」を意識し、実行に移すべく努力していたと思える文言が書簡中に残る。「帝国」の大義はカトリック宣教である。国王は自身がカトリックとして宣教の義務を負い、宣教を権原として新大陸ほかの植民地で徴税とその富を収納する権利を有するのであるから、宣教費用は王家の個人資産から支出される。国王個人の費用で派遣されている点を認識するサンチェスとしては、自らの使命を果たすと同時に国王に報いる責任を感じている。上掲のヴァランテ宛の書簡ほか複数の書簡において、宣教師一名の派遣に二〇〇ペソ、滞在費として一〇〇ペソを国王の出費に負うこと、他方で同じく王が派遣する将官や兵が困窮していることを述べて、宣教師はその出費に見合う働きをすべきである、と言う。彼のこの論理は、以下の結論に至る。即ち入国が認められないチナへ何の方策もなく無闇に駆け込み、目的を果たさないばかりか、本来の派遣地（フィリピーナス諸島）に貢献しないのは無駄であり、馬鹿げたことだと糾弾した[124]。資本と人間を投入する以上効果を上げる必要があると指摘していると言え、効率を重視する。効率という意味では、チナ国内に居住を認められた数人のイエズス会士を指して「大海に落とした油一滴」に過ぎないと評していることも、この意識の反映と言えよう[125]。因みに、「油」と評されたリッチは、一五九九年肇慶を経て南昌へ移り、北京へ一歩近づいたに見えたが、「チナにいる今という時は、稔りの時どころか、まだ種まきの時にも至っていない」と、友人に書き送った[126]。これは焦りを感じるリッチが自分自身に言い聞かせていた言葉ではないかと推測するが、スパンがサンチェスと異なっている。リッチはポルトガル領化されたゴアでは僅かな時を過ごしただけで、故郷マチェラータには頼むべき力を有する王もいない。恩義に応えるべきは現世ではイエズス会のみであり、それを通して神と教皇に奉仕することであり、サンチェスと立場は異なっていたとも言える。

サンチェスの報告書を読む限りでは、現実を直視し、理解することにおいて彼の右に出る者はいない。そして目的は非常に明確である。目的を希求する気持ちが強い時、手段への配慮、手段自体が惹起し得る結末への配慮が希薄になるのは一般的傾向であるが、目的と効率、そして事業主を意識するあまり、事業対象が感情を持った同じ人間であることを忘れるという本末転倒が彼の中で起きた、とも言える。この点に関する彼の認識状況を示すもう一つの例を挙げるのは、「チナ事業」提案の理解に役立つであろう。すなわち、意識の上ではチナを文明高く、敬意を払うべき対象と捉えながらも、被宣教民も意志を持った人間集団であるという認識が希薄になっていたと思われる文言である。つまりキリスト教化を早急に進めねば、南から北上しつつあるイスラームにチナも併呑されてしまう、と彼は危惧する。(127) ミンダナオやマルーコがイスラーム化の波に洗われており、形だけでも同地点を領有化することに当時スペイン軍は難渋していた。この状況からイスラームの脅威は確かに切迫感のある問題と思えた。イベリア半島における八百年に亘るイスラームの存在に関する言説、キリスト教対イスラームのイメージが、意識の下から頭をもたげてきた発言である。軍事征服によってアイデンティティーを打ち砕いた新大陸の被宣教民を無意識にも「意志なき者」と見なし、現実にはあれほど恐れた華人を新大陸住民の延長線上に置く発言である。さすがにアコスタは、キリスト教を受け入れない者がなぜイスラームを受容するのか、とその矛盾を突いているが、(128) 新大陸での経験が常に比較の対象として使われていることは随所で言及してきたとおりである。新大陸の宣教は、反省すべき問題がいくつもあることが当時指摘されていたとしても、「成功体験」であることには間違いない。強い目的意識の中で、従前の問題点は、同じ轍を踏まない方策を立てさえすれば解決可能と考え、成功体験の再現を意識・無意識の中で目指すと同時に、チナが持つ活力に極めて強い衝撃を受けたところに、「チナ事業」が立案されたと言えるだろう。

注

(一) Colín-Pastells., t. I, pp. 520–522.

（2）「総会長宛ゴンサーレス書簡、一五八七年十月九日付（*Monumenta Mexicana III*, pp. 264-266）」。

（3）León Lopetegui [1942], p. 481; Francisco Mateos, ed. *Obras de José de Acosta*, BAE N° 73, Madrid, 1954, p. XIX. セデーニョとサンチェスをフィリピーナスに派遣するにあたり、総会長とヌエバ・エスパーニャ管区長が交わした書簡に残る。総会長は、サンチェスが性格上の偏りを自己矯正すれば、盛式四誓願を彼に認める方向で話をしており、それをサンチェス自身にも伝えていることが文面から明らかになる（メンドーサ宛総会長書簡、一五八三年十一月二十一日付［*Monumenta Mexicana II*, p. 191］）。

（4）「メンドーサ宛総会長書簡、一五八九年五月十五日付（*Monumenta Mexicana III*, p. 367）」。総会長はそれまでのサンチェス批判とは打って変わり、以下のように評価している。「サンチェス神父の到来がどれほど私を慰めたことか〔を貴殿に話すために当書簡を認めている〕。その熱意と信仰、このようなこと、すなわちマドリードでの交渉事には誠に才能がある人物だと思った。そこでは全てを誠に満足すべきように成し遂げた。当地でも上首尾に交渉してくれることであろう。彼の〔ヨーロッパへの〕到来は神に誠にご奉仕することであり、フィリピーナスのかの地域に多くの稔りをもたらすものである」。

（5）フェリーペ王はサンチェスを二度謁見し、彼の言葉に非常に満足したと伝えられる。それがあながち修辞上の表現でないことは、その後間もなくイエズス会の発展に関わる大きな問題となった内部紛争において、総会長が彼を国王に向けて使者として起用したことからも明らかにできる。

（6）AGI, Patronato 25, r. 20; Colín-Pastells., t. II, p. 523; 高瀬［一九七七］、九九頁。

（7）一九六二～一九六五年。教皇ヨハネ二十三世が招集し、教会の現代化を目指して審議された。彼の没後、後継のパウロ六世によって遂行された。『教会の宣教活動に関する教令』などで具体的にこの問題に触れている。

（8）平山［一九九六］、一三三―一五九頁。

（9）José de Acosta, “Parecer sobre la guerra de la China, Méjico, 15 de marzo de 1587”（*Mateos* [1954], pp. 331-334. 邦訳、金澤篤子「パードレ・ホセ・デ・アコスタと『対明征服戦争についての見解』」『サピエンチア』第一二号、一九七八年）、以後「第一論文」と称する。“Respuesta a los fundamentos que justifican la guerra contra la China”（*Ibidem*, pp. 334-345. 邦訳、平山篤子「パードレ・ホセ・デ・アコスタと『対明戦争を正当化する諸論拠に対する反論』」『サピエンチア』第一九号、一九八五年）、以後「第二論文」と称する。

（10）Acosta, *De Procuranda Indorum Salute*（Mateos [1954]）, p. 438. 邦訳、ホセ・デ・アコスタ『世界布教を目指して』青木康征訳、岩波書店、一九九二年、一一四頁。

（11）《De la entrada》「入国覚書」（Colín-Pastells., t. I, pp. 438-445）.

(12)《Apuntamientos breves de algunas cosas de la China hechos por el Padre Alonso Sanchez en la Corte de España》(Biblioteca Nacional de Madrid, MS. 286); Colín-Pastells.（t. I, pp. 529–535）に全体の五分の四程度が翻刻されている。以下《Apuntamientos》もしくは「覚書」と称する。

(13) ヴァリニャーノは、カブラルに資料を用意させて、長文のチナ報告を作成している。そこでは「それは莫大な量で、語るのも滑稽に見える。チナやその国王の年収、巨大な経費などは見たことがない者には信じるのが困難なほどだ。なぜならチナの国王は一人で、ヨーロッパ、ひょっとするとアフリカも併せた全ての王と領主に等しい年収を有している。……各人が払う年貢は半ドゥカード弱だが、人口が七〇〇〇万だからそれだけで三〇〇〇万金ドゥカードになる」と語る（Valignano, 'Relación del Gran Reyno de la China 1584', "Cortes, 562", Archivo Histórico de Real Academia, ff. 519–542）。この資料を実質的に集めたのはルッジェーリであろう。サンチェスは彼から同じ情報を得て Relación I と II に使ったと考えられる。

(14) ヴァリニャーノは「華人のように大食らいで、鯨飲する人々をこれほど多く食べさせるのに十分な量を他に見いだすのは不可能と思える」と表現している（Valignano［1584］）。Relación I, ff. 8r–8v.

(15) 価格入りで紹介される例が多いが、サンチェスも同じ手法を使っている。「一レアルで一ポンド以上の大きさのパンが一五個」「鉄一ピコ〔約六四キログラム〕七〜八レアル」、細工物では木製の机（祭壇用か）一台一九エスクードなど。

(16)《De la entrada》(Colín-Pastells., t. I, p. 440). 人の多さは特に Relación I で何度も強調される（ff. 4v, 5r, 10r, 18v）。

(17)《Apuntamientos》(*Ibidem*, p. 531).

(18)《Apuntamientos》(*Ibidem*, p. 530).

(19)「入国覚書」には「キューバや他の地で起きたように、初めは人口稠密であったものが、今では無人化している事態」「人間が一掃されて、過疎化した地のインディアス」などの文言が見える（*Ibidem*, p. 441）。

(20) これをラーダは「四分の一レグア歩いても町が見つからないことなどない」「道路はすっかり舗装されている」と表現した。いかにチナが豊かで大きいかを仔細に描き、ペルーとメキシコを合わせたよりも豊沃で世界一だとも言う（メンドーサ［一九六五］、七六―七九頁）。

(21) ヴァリニャーノにも「華人は力も人格もあるので、訓練すれば武器も使え、勇気が出るようになり、良い兵になると思う。なぜなら寒冷の地の人であり、膚の色は白く、十分に能力を備えている」という表現がある（Valignano［1584］）。「チナ人は一般のスペイン人よりも鋭い」とサンチェスは明言する（Relación I, f. 25）。

(22)「覚書」に「船の中で〔働いている〕女性を見たが、男みたいで日焼けしていた」との記述はある（Colín-Pastells., t. I, p. 532）。

(23)「インディアスでは彼らの法や調和が押しつぶされ」「彼らに〔スペイン人が〕したことは、突然取り上げ貧り尽くすことだけで、彼らが受け入れられる国もないまま、あるいは砂漠に何の報いも利益もなく取り残されている」「征服を行ってきた者は常に貧しい人で、判断力もキリスト教的証も持たなかった」(《De la entrada》[*Ibidem*, p. 444.])。

(24)《De la entrada》(*Ibidem*, p. 444).「信じられないくらい多数の人口を良く統治しており、職人技、技巧、発明、巧みさがあり……人間の使用が求める限りのいかなるものでも製造する」。

(25) 元資料はルッジェーリが用意したと考えられ、サンチェスとヴァリニャーノは同じ資料を用いている可能性が大であるにもかかわらず、ヴァリニャーノは、産業に言及しつつも特別な評価は与えていない(Valignano [1584])。

(26) Relación II, f. 3 (Colín-Pastells., t. I, p. 323).

(27) Relación I, f. 5v (*Ibidem*, p. 276).「子供かと思ったほど若くて小さかったが、後でその聡明さと温情においてどれほど老成した人物かが分かった」。

(28) 広州の知府について「彼は仕事から離れていたのを、非常に柔和で聡明なるゆえに無理矢理この官職を担わされた。お金や俸給は彼を官職へ誘うのに何も効を奏さなかった。遺産で大変裕福だったが、誠に慎ましく、我々が会った時も貧相な服装に古ぼけた皮の禿げた編み上げの靴を履いていた。彼に欠けているのは信仰のみであった」(Relación I, f. 7v [*Ibidem*, p. 282])。「彼は大変魅力ある人物だが、まだほんの若者だった。気の毒なことに我々を送り出して数日後、闇に求めていた光に達することなく死んでしまった」(Relación I, f. 6 [*Ibidem*, p. 280])。

(29)「〔華人は〕騒々しく、強欲、恥知らずで、不正直、泥棒で、物の売り買いでは極めて捷く、騙そうとする。外国人に対して好感も誠意も同情もない。彼ら同士でもそれらはほとんどないのだが。……何かを貰おうとする時には諂い、追従する。それでは得られないとなると、今度は脅し、怒り、逆らう……しかし、こういう多くの悪徳は、〔真理に〕盲であることから来るのであり、本性がそうなのではない」(《Apuntamientos》[*Ibidem*, p. 531])。

(30) 一五八七年来島。一五九一年にサラサールが本国に陳情のために帰国する時に付き添い、一時帰国。その後諸島へ帰還した。一五九〇年に上長カストロと共にチナ宣教を目指して福州に渡ったが、厳しい対応を受け、翌年帰島。一六〇三年の華人暴動以前のマニラの不穏な空気の中、華人は暴動をたくらんでいると公言して憚らなかった。漢語は使えたが、華人の行動には非常に厳しい目を向け続けた。

(31)「見たことがない者には〔以下のことは〕遥かにもっと信じられないだろう。〔華人は〕罪の腐敗、悪、かくも古ぼけた習慣への堕落から離脱させるると、彼らの本性は誠に良く、柔軟、高貴、陽気、優しく、統べやすい。笞一本あれば、かくも大にして人口稠密、また莫大な取引量があるチナ全土を新旧両世界にかつて見いだされたことがないほど、誠に平和、調和、平穏、公正、秩序の内に保てるほどで、他に超自然の光も賞罰も要らない。たった一つの力、即ち良き生来の政府の穏やかさがあればよい」。信仰に関しては「彼らの柔軟な本性について述べたこと、および彼らの偉大な理解力と才能のゆえに容易に〔改宗は〕為し得る（《De la entrada》[*Ibidem*, p. 442]）」という手放しの賞賛は、必ずしも他所での華人に関する描写と一致しない。

(32) 「統治システムは、大変厳しい部分があったとしても、世界に類を見ないほど秩序良好で、……何か非常に系統立った宗教のようでさえある」という全体評論の他に、帝室内の権力闘争防止の制度や察院制度、厳罰主義（刑が係累にまで及ぶ）、官僚制度、町の警備制度などは詳細に語る（Valignano［1584］; Relación II, f. 4r）。新旧の統治責任者の事務連絡の仕組みが優れている点も強調している。参照、平川祐弘『マテオ・リッチ伝　1』（平凡社、一九六九年、六四―六九頁）。ここではリッチの報告を基に同様の事情が説明されている。報告時期はサンチェスが先行する。

(33) 「女性は並外れて貞淑で、重厚、人目に触れず、極めて忠実、謙遜で夫に従順、あるいはスペイン人女性よりも愛嬌があり、美しく聡明、優美で上品なことから、既にマカオで行われているように、スペイン人のカピタン、兵や商人、あらゆる種類の人が〔彼女らと〕結婚するのは非常にたやすく、普通、儀礼に適ったことで、名誉あることだ。華人女性にとっては鼻が高いことで、〔これらのスペイン人は結婚して〕この地に定着し、根を下ろす。これによって混血し、〔スペイン人の血は？〕広まり、増加、一体化し、兄弟となり、全てが短期間にキリスト教化する。このことは今まで発見され、〔スペイン人が〕住み始めたインディアスではいかなる場所でもあり得ず、起こり得なかったことだ。それはその地の人々が野蛮で卑しく、貧弱かつ醜いので結婚という結縁はなく、あり得ても僅かで、不名誉なこと、その人物、子供、子孫を何か不名誉、恥辱として考えてきた」（《De la entrada》[Colin-Pastells, t. I, p. 443]）。「女性は本性的に怖がりで、慎み深く、謙遜、夫によく従う。働き者で家事によく気配りし、外出は滅多にしない。……マカオのポルトガル人は彼女らと結婚しているが、ポルトガル人女性よりも〔華人を〕好む者もいるほどで、彼女らの長所は多いと人は言う」（《Apuntamientos》[*Ibidem*, p. 532]）。ソウサは、多くのポルトガル人が華人女性と結婚していることを示唆しているが、王室は彼女らに関心を払わなかったと言う（Souza［1989］, pp. 33–34）。

(34) Relación I, f. 12r（*Ibidem*, p. 332）.

(35) Relación I, f. 12. 類似のことはラーダも言う（メンドーサ［一九六五］、六七頁）。

(36) 制度としては厳しく賄賂が禁じられているが、その裏では激しく横行していたと伝えられる。実際、最も初級の中国史書でも、明朝官吏は給与が低く、賄賂が横行したと語る。

(37) 「一つのポストに四〜五〇〇人の文人が集まり、競争試験で一人を選ぶ。身分が非常に低くても血統は考慮に入れず、学識と立派な風采が……重要である」(《Apuntamientos》[Colín-Pastells., t. I, p. 534])。

(38) 「覚書」はマンダリンに武官と文官があること、武官はそれほど権力がないことや世襲であること、文官は非常に権威があり、学識、外貌重厚、厳正、穏やかさなどを徳目とする、庶民は彼に跪礼をとり、目を直接向けることができない、など外面的なことが主である。ただし、表向きの厳正さとは裏腹に、賄賂の横行があることを語る(*Loc. cit.*)。

(39) 「彼らは習慣に従って船の積載量と積載能力を測りに来て、関税額を割り出した」「計測に来てもこの分かりやすさ、質問もなければ騒ぎも起こさず、我々には愛想の良い対応を見せた。そして関税の支払いも愛想良く求めたが、その額はポルトガル人に比べて高くも低くもなかった。その支払い証書としてチャパをくれ、この諸島のスペイン人もマカオのこの港に出入りする権利ができたことになる」「〔チナがこの港への〕入港や使用に満足し喜んでいるのは確かだ。なぜなら彼らは商人の大の友であるからだ。……マカオから日本に向かうポルトガル人も、ゴア、コチン、それにマラッカやインド全域から来るどんな船も、入出港に際して彼らが要求する関税さえ払えばそれ以外にいかなる担保も誓詞も取られることがない。そのために協定も許可も要らない」(Relación II, f. 5 r [Colín-Pastells., t. I, p. 325])。

(40) 「国王宛総督書簡、一五八四年四月八日付マニラ発(*Ibidem*, p. 314)」。

(41) 「市中や村落に警備隊がいるとしても、マンダリンの警護の者で、訓練も武器の使用もない。これは沿岸部のことと思われ、タルタルに対峙する方面には多くの兵がおり、軍隊も大きい。沿岸部には重厚で良好な城壁がある要塞を見た。鉄の門扉を持ち、反乱、暴動に備えている。……通常は沿岸部の港にあり、そこに武装した者を収容している。ここで私は槍や鉄砲を持った兵を見たが、大部分は船員だと私は思った。我らの諸島に向けて有している彼らの軍隊は、総数二〇〇から五〇〇艘の船、ジャンク、小ジャンクで成る艦隊で、〔対〕日本〔人〕から海南、コーチシナを守備している。船は非常に大型で、舷側はポルトガル船の二倍はあり、小ジャンクはフラガタ船様の比較的軽い船である。ジャンクは戦闘用というより商船で、どれも脆弱である。これらの船は海岸から一レグア以上離れることはない。海賊が襲ってくると、五〇隻、一〇〇隻が一隻にかかって行き、風上に立つべく急行し、空中に生石灰を撒き、それによって敵の目をくらましてから、狙い打ちする。また、鉄の撒き菱を敵の甲板に投げ込んで一杯にする、あるいは船の舷側から出ている太い梁の頭で敵船を破壊したり、沈めたりする。……兵隊は非常に卑しく、華人の中では最も軽蔑されていて、全て奴隷だという人もいる。武器も軍服も不名誉なものである」(《Apuntamientos》[*Ibidem*, p. 535])。

(42) ヴァリニャーノは「華人は全て臆病で意気地がないのは信じられないくらいだ」「武に訴えることが誠に少なく、笞打ちの恐怖のゆえに人々に元気がなく、男というよりも女である。東洋で最も弱々しい人々で、戦うための手段と勇気を持ち併せぬように見える」と言うが、「タルタルに対し備え、訓練しているので、条件が整えば良い戦士になる素質がある。……最初は倭寇に完全に負けていたが、近頃では追い払うことができる」「ポルトガル人に鉄砲を学び、使えるようになった」とも言う（Valignano [1584]）。「覚書」（Colín-Pastells., t. I, p. 534）でも強調される。

(43)　『金瓶梅』は小説の時代設定が異なるが、書かれたのは明代後半であり、その時代を描写していると言われる。同小説は、サンチェスらの指摘を物語る。ダ・クルス［一九八七］、二八五、四二三—四二四、四三〇—四四二頁を参照。

(44)　カブラルはこの点を挙げる。「第一に、国民は通常逸楽にふけり、柔弱であるが、殊に貴族はそうで、このような逸楽に溺れている。第二に、彼らは非武装の国民である。なぜなら、何人も武器を持つことができないからで、……。国民は余りにも軍事訓練が乏しく、また臆病で……」（高瀬［一九七七］、九四頁）。

(45)　ファン・ヒル［二〇〇〇］、五九頁。

(46)　リッチも、武に重きを置かない文明であることをその著で指摘している（リッチ［一九八二］、七一、七五頁）。

(47)　Relación I, ff. 14-15r（Colín-Pastells., t. I, pp. 282-283）.

(48)　*Loc. cit.*;《*Apuntamientos*》, ff. 210r-212r（*Ibidem*, p. 533）.

(49)　「総会長宛ヴァリニャーノ書簡　一五八八年十一月十日付マカオ発（Jap. Sin. 11 I, 1-8 v [José Luis Álvarez-Taladriz, "El Proyecto de embajada del Papa a la China y el Padre Alejandro Valignano, S. J. (1588)",『天理大学学報』第八九輯、一九七三年、邦訳、平山篤子「シナへの教皇使節派遣計画とアレハンドロ・ヴァリニャーノ神父(1)(2)」『帝塚山論集』、第七六号（一九九二年）、第八〇号（一九九四年）]、平山［一九九二］、三五—三七頁）。

(50)　川勝義雄氏は、中国人の歴史観から以下にその宗教観を論じる。「一般の知識人は、言うまでもなく彼らが築いてきた文明世界の維持、現実世界の秩序維持を、その使命とする。いわゆる『礼』論理の保持であり、『礼』の諸規定を日々実践すること、すなわち倫理即政治的秩序を守る行為の一つ一つが、無価値化する時の流れを、それぞれの時点で価値化することに他ならない」。ゆえに「徹底した『虚無』の時間軸は、キリスト教的発想の枠外にある。中国人にとって、キリスト教的な『歴史の撥無』、最後の審判と超歴史的な神の国の設定は、初めから愚民の笑止な迷信にすぎない」（『中国人の歴史意識』平凡社選書九一、七八—七九頁）。宣教師は読書人のこの態度を見ていたことになる。

(51)　《*De la entrada*》(Colín-Pastells., t. I, p. 440).

(52)　「陛下にはこの人々の政府がいかに驚嘆すべきものであるかを御理解頂きたい。その政府だけで、多くの術数、細心、法治（法的手続き）によって治めており、それらをもってかくも大量の人間に、信仰の光や助けもなく、平和、平穏、富、衛生、豊かさを大いに保っている。この国は建国以来、戦争・疫病・飢饉があったとは知られておらず、戦争があったとしてもタルタルとの国境調和が押しつぶされれば、我々の法も守られず、人々は破壊され、王国には人が住まなくなった〔ことからも分かるだろう〕」(《De la entrada》[*Ibidem*, p. 441])。

にあるいは類似の政府の中で彼らを維持していくことが必要になる。このことがどれほど重要かは、他のインディアスで彼らの法や

(53) 高瀬[一九七七]、九五頁。
(54)「スペイン人」と確かにサンチェスは記しているのだが、彼の「スペイン人」の概念は、フェリーペ王の支配下にある地の人間を含む。従って、イタリア、特にナポリの人々も彼にとっては「スペイン人」なのである。
(55) Relación I, f. 5 (Colín-Pastells., t. I, p. 276).
(56) 参照、劉編、王莉『明：在野の文明』児島弘一郎訳、創元社、二〇〇六年、七二―七四、八五、九七、一〇〇頁。ただし、ヨーロッパに関する記事では必ずしも正確でない部分も見られる。
(57) フィリピーナスで調達――銅、硫黄、糧食、戦艦建造(五～六〇〇トンの船を三～四〇〇〇ペソで建造可能)、大砲鋳造。チナで調達――糧食、銅、硝石、武器弾薬、火薬、労働力。シャムで調達――錫、硝石。ヌエバ・エスパーニャで調達――外套用布、毛布。インドで調達――策具(二〇〇〇キンタル＝二〇〇〇ペソ)、奴隷。スペインで調達――現金二〇万ペソ(陛下)、戦艦、天鵞絨、膃脂、鏡、珊瑚、羽根飾り、油絵、地球儀、赤・白ワイン(贈答用)(《De la entrada》[Colín-Pastells., t. I, p. 439])。
(58) Chaunu[1960], p. 149.
(59) ① 兵員はスペインやイタリア、その他のフェリーペ王治下の諸王国から。しかし、できるだけビスカヤ人を多用した艦隊を編成、ビスカヤからの解纜が望ましい。
② ポルトガル艦隊司令長官は東インド副王ではなく、彼より上位の人間を本国から派遣。しかし、彼はカスティリア艦隊司令長官に従属する。互いに面識があること。
③ 肇慶にいるイエズス会士を適切な時期に同地より引き揚げさせ、土地、軍事力、装備、その他諸々の危険に関して知悉していることを我々の軍に通報し、他方で華人に対し我々が平和裏に入国するので、宣教師の説く神の教えの傾聴、華人に対する陛下の保護を受け入れるように説得する通訳として働く。
④ イタリア人会員を総会長が一名任命して、日本人部隊に関する交渉を行い、必要な行動を妨げないようにする任務を負う。肇慶の神父への連絡も行う。
⑤ 派遣される人物、カピタン、統治者は、人物高潔にして適切な人格者であること。

⑥　日本人はイエズス会神父に案内され、ポルトガル人と行動する（《De la entrada》（Colin-Pastells., t. I, p. 439）。

(60)　ファン・ヒルに拠れば、物事の描写、表現において情緒面に重心があるのはスペイン人の特徴だという（ヒル［二〇〇〇］、一四七頁）。

(61)　《De la entrada》（Colín-Pastells., t. I, pp. 441-442）.

(62)　*Op. cit.*（*Ibidem,* p. 438）.

(63)　①　艦隊派遣は四ルート（ⓐセビーリャ→ヌエバ・エスパーニャ→メキシコ→アカプルコ→諸島、ⓑセビーリャ→ノンブレ・デ・ディオス→パナマ→アカプルコ→諸島、ⓒ喜望峰→マラッカ→マカオ→カガヤン、ⓓマゼラン海峡通過）。最良にして最短はⓓの海峡を通過するものであるが、要検討とする。

②　できるだけ早期に、かつ電撃的に攻撃を仕掛ける。

③　本国から派遣のカピタン、兵員が優秀で統制がとれていること。理由は、できるだけ示威運動で終わらせ、本格的な戦闘に入らないために、イベリア連合軍がチナに対して圧倒的な力を持つように見せる必要があるからだ。

④　艦隊はチナ、台湾島、日本に面するカガヤンに入る。バブヤン島で食料調達と備蓄を行う。

⑤　ポルトガル人は日本人と共にカントンから、スペイン人は漳州から入華（《De la entrada》［*Ibidem,* p. 440］）。

(64)　Chan［1978］, p. 62.「入国覚書」では、銅や硝石など、砲や火薬の製造に必要なものを前もって輸入備蓄すべしと主張する（*Op. cit.*［*Ibidem,* p. 439］）。

(65)　*Op. cit.*（*Ibidem,* p. 441）.

(66)　アコスタ「第一論文」（Mateos［1954］, pp. 331-334. 邦訳、平山［一九七八］）、「第二論文」（*Ibidem*, pp. 334-345. 邦訳、平山［一九八五］）。

(67)　アコスタ「第二論文」（*Ibidem,* p. 334. 邦訳、平山［一九八五］二〇八頁）。

(68)　Relación I, ff. 23r-23v; Relación II, f. 4r;《De la entrada》（*Ibidem,* p. 438）.

(69)　アコスタ「第二論文」（Mateos［1954］, p. 335. 邦訳、平山［一九八五］、二〇九頁）。サンチェスはメキシコで、特にこの点について厳しく尋問された模様で、上長の命令でこの点に関する論文を書かされたと自ら述べている（「執筆論文カタログ」［Colin-Pastells., p. 528］）。

(70)　“Razonamiento que el Padre Alonso Sánchez de la Compañía de I. H. S. Hizo en una Real Junta Sobre el derecho con que su Majestad esta y procede en las Filipinas”（Colín-Pastells., t. I, pp. 376-386）; Gayo［1950］, pp. 125-127.

(71) Gayo［1950］, pp. 130–145.

(72) Ollé［2002］（p. 130）が適切に纏めている。

(73) アコスタ「第二論文」（Mateos［1954］, p. 342. 邦訳、平山［一九八五］、二二〇頁）。

(74) 一五六〇年代に広州に一カ月ほど滞在したガスパール・ダ・クルスもこの点をまず指摘している（ダ・クルス［一九八七］、三六九頁）。

(75) 一五〇〇部印刷・出版した（Relación II, f. 4r）。

(76) 平山［一九九六］、一五〇—一五一頁。

(77) Relación II, ff. 4r-4v.

(78) Ollé［2003］, p. 157.

(79) Relación I, f. 18v.

(80) 「国王宛サラサール書簡、一五八三年六月十八日付（Colín-Pastells., t. I, p. 311）」、「国王宛総督ロンキーリョ書簡、一五八三年六月二十日付（Pastells, t. II, pp. CLXXXIII-IV）」。Relación I, 21v-22r.

(81) ウセレルは、彼の計画を荒唐無稽で考慮に値せずとするが、その論拠を明示しない（M. Antoni J. Üçerler, S. J., "Valignano's Mission Principles and East Asia", *Integration and Division between Universalism and Localism in Jesuit Mission Reports and Histories: Sophia University International Colloquium 2005 Report*, ed. by Shinzo Kawamura, S. J. & Cyril Veliath, S. J., The Sophia University Research Group for Jesuit Mission Reports and Histories, Tokyo, 2006, pp. 85–98）。

(82) Relación I, f. 2 r（Colín-Pastells., t. I, p. 269）。

(83) 「抑圧には特に笞打ちがあり、ごく些細なことでその目に遭わされる。一般庶民が全員で蜂起して、国王に忠誠を誓っている唯一の人間であるマンダリンを殺す、それによって国王からマンダリンに〔授けられている〕他の人間全体や神父たちの上に行使している強大な指揮権と権威を手に入れることができるだろう」（Relación II, ff. 4-4v）。

(84) 具体的には、①国民、特に貴族が逸楽に堕ち、柔弱である、②国民は非武装で、軍事訓練に乏しく、臆病、③青銅製の鉄砲は一基もなく、城壁も弱い、④無信仰で謀反を好み、民は武器所有を許されない、⑤政治が過酷で、マンダリンは暴政を揮うので我々がチナの為政者ほど虐待しないと分かれば簡単に謀反する（「国王宛カブラル書簡、一五八四年六月二十七日付マカオ発［AGI, Patronato 25, r. 21］」、高瀬［一九七七］、九二—九八頁）。「国王宛サンデ報告書、一五七六年七月七日付（Retana［1895］, p. 39, p. 41）」。

(85) Ollé [2002], p. 176.

(86) *Ibidem,* p. 158.

(87) 第II部、第七章参照。

(88) 《Apuntamientos》(Colín-Pastells., t. I, p. 535); Relación I, f. 10.

(89) 《Apuntamientos》(*Ibidem,* p. 534).

(90) Kenneth Pomeranz, *The Great Divergence: China, Europe, and the Making of Modern World Economy,* 2000, p. 70. 参考、グンダー・フランク『リオリエント――アジア時代のグローバル・エコノミー』山下範久訳、藤原書店、二〇〇〇年。

(91) 一八〇〇年代になってもヨーロッパ人の清中国に関する見聞が、「図版の風景画をたまたま文字に移した」(村尾進「珠江・廣州・マカオ」小野和子編『明末清初の社会と文化』京都大學人文科學研究所、一九九六年、六六四頁) ものでしかないことを見れば、この時期の宣教師が「チナ」を知るために重ねた努力の大きさは注目されるべきである。宣教がヒトと社会を対象とすることに起因する特徴と言える。

(92) ルッジェーリはサンチェスの観察とそこから引き出す結論に賛同していたと受け取れる書簡を残している(「サンチェス宛ルッジェーリ書簡、一五八三年二月七日付肇慶発」[AGI, Filipinas 79. オリジナルではなく、筆写。同文の筆写がArchivo de Real Academia にも存在する])。

(93) Relación II, f. 4.

(94) *Ibidem.* f. 4v.

(95) 「明末には人口が『南は全土の七割の人口を抱え込む』と言われており、『福建』のような在来の先進地は、手工業や商品作物や加工業への特化を進めて食料非自給地に変わり、その食料の補給と二次三次加工輸出との関わりで、周辺の開発の遅れた農業地帯と持ちつ持たれつの関係に入っていく」(斯波義信『華僑』岩波新書三六二、一九九五年、五六頁)。

(96) Relación I, f. 5v.

(97) Relación II, f. 4v; Relación I, f. 10, f. 25;《Apuntamientos》(Colín-Pastells., t. I, p. 530, p. 533).

(98) Relación I, f. 4, ff. 5–5v, f. 10, f. 11v, f. 18v;《Apuntamientos》(*Ibidem*, p. 532).

(99) Ricard [1960]; Akira Saito, "Creation of Indian Republics in the Spanish South America" (Kawamura ed. [2006]) pp. 128–129.

(100) 一五八七年、ドミニコ会がマニラで宣教を始めた際、主目的の一つを華人司牧に定めていたが、総督はドミニコ会士の漢語学習費用を政庁で負担した。

(101)《De la entrada》(Colín-Pastells., t. I, p. 442).

(102) Relación I, f. 6v.

(103) マニラに着任したイエズス会士が現地語を習得していないことを叱責する文言が、ヌエバ・エスパーニャ管区長や総会長の書簡に複数回見られる（*Monumenta Mexicana II*, pp. 717-718; *III*, p. 94, p. 248）。彼らの言語学習が進まない理由の一つは、マニラ地区の活動分野を本部が決定しない点にあると示唆するセデーニョとサンチェスの書簡があることをメンドーサが伝える（*Monumenta Mexicana II*, p. 438）が、準管区昇格後でも言語学習には苦労している。

(104) Relación I, f. 7r;《De la entrada》(Colín-Pastells., t. I, p. 442).

(105) アコスタは「かの地〔チナ〕にいたことのある、イエズス会の神父たちの言によれば」と言う（『新大陸自然文化史』、二七〇頁）が、彼がこれを書いた時点の最新情報源は目前のサンチェスである。

(106) 前掲書、二六七—二七一頁。

(107)「ヴァリニャーノ書簡（一五八八年）（邦訳、平山［一九九二］、四七頁）」。

(108) Relación II, ff. 4-4v.

(109) Relación I, f. 6v, ff. 7-7v. 参照、ヴァリニャーノ書簡（平山［一九九二］、五一頁、五五頁）。

(110) *Loc. cit.*

(111) ダ・クルス［一九八七］、二四—二五頁、三六九頁。

(112)「ヴァリニャーノ書簡（平山［一九九二］、三六—三八頁、五八頁）」。

(113) 前掲書簡（平山［一九九四］）。リッチもこの計画について語る（リッチ［一九八二］、二二五—二二六頁）。ヴァリニャーノは*Apologia*でも同様の点を強調する（*Apologia*, p. 89）。

(114) リッチ［一九八二］、三〇九—三一一頁。前掲ヴァリニャーノ書簡（平山［一九九二］［一九九四］）。

(115)「総会長宛ヴァリニャーノ書簡、一六〇三年十一月十日付」（“El Projecto de Embajada del Papa a la China y el Padre Alejandro Valignano, S. J. (1588-1603)”『天理大学報』第九一号（一九七四年））。一五九八年までに書き上がっていた*Apologia*では、チナ宣教に触れる場合、武力行使を必ずしも否定しない。ただ、難しい問題もあり、他の人が扱うべきだと述べている（p. 98）。

(116) この入口として具体的な名前を挙げないが、広州、マカオ、廈門または海澄県月港を想定していたと考えられる。

(117)「ヴォランテ宛サンチェス書簡、一五八八年七月二十七日付（Colín-Pastells., t. I, p. 405）」。「日本準管区長コエーリョ宛サンチェス書簡、一五八四年七月五日付マカオ発（Dellia, *Fonti Ricciane*, Roma, 1942, v. I, p. 426）では、説教による改宗は絶対無理と言い切っている。

(118) ガスパール・ダ・クルスが少し近いことを証言してはいる（ダ・クルス［一九八七］、三六九頁）。

(119) Colín-Pastells., t. I, p. 320.

(120) Relación II, ff. 4r-5. 平山［一九九六］、一五一—一五四頁参照。Relación I でも既に言及している（ff. 17v-18）。

(121) 「サンチェス宛ルッジェーリ書簡、一五八三年二月七日付肇慶発（AGI, Filipinas 79; Colín-Pastells., t. I, p. 315）」。

(122) *Monumenta Mexicana II*, pp. 718–719.

(123) 「ヴォランテ宛サンチェス書簡、一五八八年七月二十七日付（Colín-Pastells., t. I, p. 393, p. 395, p. 400）」。

(124) 前掲書簡（*Ibidem*, p. 395）。

(125) Relación II（AGI, Filipinas 79, f. 4v）。

(126) スペンサー『記憶の宮殿』古田島洋介訳、平凡社、一九九五年、二九〇頁。

(127) 《De la entrada》（Colín-Pastells., t. I, p. 441）.

(128) アコスタ「第二論文」（Mateos［1954］, p. 345; 平山［一九八五］、二二四頁）。

# 第四章　ホセ・デ・アコスタ神父と「チナ事業」
## ――サンチェス神父への「反駁論文」を通して

### はじめに

本章ではイエズス会士ホセ・デ・アコスタと彼が「チナ事業」を反駁したと考えられている論文を取り上げる。アコスタは日本でも比較的よく知られる。新世界に関する精緻な観察とそれに基づく洞察において優れた作品、『新大陸自然文化史』(1)の著者であるからだ。同著は新大陸初の歴史哲学書、著者は「新世界のプリニウス」と賞賛されると同時に、古くから多くの言語に翻訳・出版されてきた。(2)和辻哲郎氏なども同著に言及し、ルネッサンス人文主義の最高峰の一つとして賞賛している。(3)同著は、一五七二～一五八六年に滞在したペルーでの観察・経験、一五八六～一五八七年に滞在したメキシコでの観察と先達の著作に基づいて、一五八七年頃から上梓の一五九〇年の間に書き上げられた。しかし、著者自身によれば、それは、主著『インディオ救霊論』(4)の言わば序章、本論の理解を助けるものである。(5)

主著は、近代宣教学の主要作品の一つと数えられるもので、明確なビジョンに基づき、具体的な対象を念頭に置いて練り上げられた作品である。(6)宣教学という特殊な分野での論文であるにもかかわらず、現代の読者をも魅了するのは、時代の制約から完全に自由とは言えないものの、他者と自己の相対化、他者に対する信頼、冷静な人間観察があることに最大の理由があると考えられる。以上二点が一般によく知られている彼の著作であるが、他にもキリスト論に関する著作、カテキズム(7)など非常に多くの著述を残しており、思想的には、十六・十七世紀人文主義、特にその前期の系譜に繋がると言える(8)。

他方、新大陸のカトリック教会史は、彼を抜いて語ることはできない。その理由として特に二点挙げられる。第一には、アコスタのペルー滞在中に第三回リマ大司教区公会議が開かれ、彼は実質これを取り仕切り、総括書類の作成にあたったことだ(9)。この公会議は、インディオ司牧の総枠を決め、その体制は二十世紀初頭まで有効であった。第二に、インディオ司牧の指針となるカテキズムを作成、カトリック教義教育の枠組みを作ったことである。

主としてアメリカ大陸、特にペルーの宣教問題専門家と考えられているアコスタが、「チナ事業」に関わることになった経緯は既に言及した。

一方、アコスタに関する先行研究は多数ある。その中でアコスタ論として最も包括的かつ詳細な研究書は、現在でも一九四二年刊行のレオン・ロペテギの著を第一に挙げるべきであろう。同著を超える研究書は未だ世に出ていないと、少なくとも本稿では考えている。他にマテオスがアコスタの主著二点と論文類を刊行しているが、この二点が古典に属するとすれば、一九八〇年代以降の研究で信頼に値するのは *Corpus Hispanorum de Pace* のシリーズで刊行されたペレーニャ他編の *Catequismus Limense* および *De Procuranda Indorum Salute, Pacificación y Colonización* の二点、またブルガレタの *P. José de Acosta* を挙げることができる(10)。前者二点はそれぞれの表題が示す事柄、リマで執筆したカテキズムおよび主著に焦点が当てられているのに対して、後者一点はアコスタの人物像の再評価に焦点がある。アコスタの論文、著書は高く評価されながら、人物に関して具体的に言及されることは少なかったからである。

そして、ここで取り上げる二論文に直接言及するのは、管見の及ぶ限りではロペテギと、同論文を翻刻・出版したマテオス、およびオジェである。ロペテギは、アコスタの幅広い関心はチナにも向けられていること、単刀直入で鋭い切り込みを見せる議論の一例、また『インディオ救霊論』では曖昧にされていた宣教姿勢の一部が本文書では明確にされている点で評価し、特に言及する。また、第二章で言及したように、宣教を国家大義とした植民地機構の中で、副王が修道会の動向に目を光らせ、イエズス会上層部の動きが彼に感知されている実証としても使っている。オジェは、サンチェスの「チナ事業」提案に対するバランサーとしてのアコスタ、つまりサンチェスの議論が現代の目から見て帝国主義的であるのに対して、これを批判する精神が存在した証左として扱っている。

サンチェスが「優れた観察者」であり、「公平な表現者」であると我々が前章で評価してきたのが正しく、アコスタの研究者らが彼をサンチェスへの反論にある主張のゆえに評価するならば、「チナ事業」を巡る二人の議論はいずれに分があるのであろうか。また、一般に考えられるように、アコスタはサンチェスの議論を論破するために論文を展開しているのであろうか。本章ではアコスタの「チナ宣教」に関する議論に焦点を絞り、特に「チナ実見」の意味に注目して議論を進めたい。

## 一　イエズス会士ホセ・デ・アコスタ

彼の経歴は、既によく知られているので、彼のチナ問題での思考を考える上で重要と考えられる点についてのみ紹介し、注目すべき点の設定を行いたい。

彼はイベリア半島で当時の商業の中核都市の一つとして活気づいたメディナ・デル・カンポの豊かな商家に一五四〇年頃生まれ[11]、一五五一年イエズス会の学院に入学した。修道会入会は一五五二年である。同会が修道会としてローマ教皇の正式認可を受けて発足したのが一五四〇年、コレヒオ（中等教育施設）を修道会活動の中心に据え、活動地にこれを開設するようロヨラが推奨したのが一五五一年であるから、彼の成長はイエズス会誕生・発展と時を同じくする[12]。生え抜きのイエズス会一期生と言え、彼より年長の会員とは異なり、思想形成・活動全てがイエズス会の初期発展と同調的に進み、イエズス会発足時の精神性そのものが彼の著作と活動に表現されていると考えられる[13]。

一五五九年から一五六九年まで、人文主義とサラマンカ学派[14]の中心の一つであるアルカラ大学で、哲学および神学教育を受けた。ここで彼に強い影響を与えた人物として、ローマの修道会本部がアルカラへ巡察師として送ったヘロニモ・ナダルをブルガレタは挙げる。[15] 彼は、この地で学ぶ若いイエズス会士の教育に半年間従事し、イエズス会の中心は神学的観想にあるのではなく、神学の知識で宗教的思索を育み、その思索を世俗での活動に結実させることにあると強調した。ブルガレタに拠れば、アコスタはナダルの教えを最もよく理解し、実践した会員の一人である。[16]

アコスタは将来を嘱望され、一五七〇年九月、三十歳にして盛式四誓願をアルカラで立誓した。[17] 宣教志望を表明する上長宛書簡が残っており、[18] 誓願後間もなく、ペルー赴任を命じられた。[19]

イエズス会ペルー管区は一五六八年創設され、アコスタが参画した宣教団は第三次派遣である。[20] 一方、ペルー副王領は当時副王トレドの統治期にあたるが、インカ帝国征服後のコンキスタドールたちの内紛、インディアス新法施行に反対したエンコメンデロらの暴動、トレド自身の強権的な統治手法等も原因となって、騒動が絶えない環境にあった。[21] 副王と教会の関係は、特に副王がインディオの福音化に関心を持ったこと、フェリーペ二世の目指す中央集権化政策のペルーでの実現を目指して、リマ大司教区の問題に直接介入したことを主因として、鋭く対立していた。[22]

アコスタらのペルー派遣は、神学問題に解決力を持つ人材、およびリマ大司教区内のクリオーリョやメスティーソ、本国生まれの入会志願者養成にあたる人材を必要としていたからである。

アコスタがリマ大司教区で任じられた公務は、既述の第三回リマ公会議以外には、トレドの副王領内巡察への同行、チリグァノ族平定への従軍、サン・マルコス大学で「秘蹟論」「聖書論」「受肉論」等の講義、異端審問所顧問などがある。

一方、修道会上長命で、クスコ、アレキッパ、ラ・パス、ポトシ銀山等を約二カ年に亘って随時視察にも出ている。この時の見聞が『新大陸自然文化史』執筆の糧となった。被宣教民の言語を宣教者が知る必要性を『インディオ救霊論』で繰り返し説くが、彼自身、同時期ケチュア語を身に付けたと考えられている。[23] 著作については、議論の的になっている問題を積極的に論じること、非常に修辞に凝った文体を操ることが指摘される。異端審問を意識したものか、[24] あるいは様々なケースが想定されることを配慮したものか、真意は不明ながら、結論が議論のいずれに与するものか分かりにくい場合も少なくない。

異端審問では、当時リマで流行した光明主義への関与を疑われたドミニコ会士の査問・裁判に関わり、彼を有罪とする判決に与している。現在に伝わる事件の概要から見る限り、判決が特異というわけでもなく、この事件がアコスタの思想的傾向を物語るとも思えない。

一五七六年から一五八一年は、ペルー管区長に任じられている。任期満了後帰国を希望していたが、第三回リマ公会議の運営をリマ大司教から委ねられ、これを取り仕切ると共に、閉会後は、記録文書作成や国王への嘆願、上奏文の取り纏め・作成に従事、公会議が決議したインディオの教化教育用カテキズムを書き上げた(25)。

主著『インディオ救霊論』は、一五七六年頃には脱稿していた模様で、総会長メルクリアンに献呈されている。しかし、出版許可が出るのはその十余年後である。同会と異端審問の関係が関与する(26)。

リマ公会議の事後処理後、一五八六年五月末頃、約十五年滞在したペルーを離れ、帰国の途に就き、その途上メキシコを経由、同地に約一年間滞在した。この間にメキシコでアステカ文明について研究していたイエズス会士トバル神父から教示を受けて、同地の自然やアステカの風習などを知悉するに至る。これらが『新大陸自然文化史』の後半となって結実した。

この滞在中に、サンチェス神父との遭遇があり、チナが思考課題として彼の意識に上ることになる。サンチェスの「チナ情報」は『新大陸自然文化史』に少なくとも二章を加えた(27)。この時サンチェスにとってアコスタは、件の「カテキズム」の著者として、仰ぎ見るような存在であったかも知れない。

「チナ事業」が総会長を苛立たせた経緯は、第二章第四節で述べたが、彼はサンチェスと共に、一五八七年五月ベラクルス解纜の船で本国へ向かい、九月末セビーリャに入った。アコスタは十一月初旬にマドリードへ向かい、十二月と翌年一月に国王の謁見に与っている(28)。

その後ローマで総会長に引見され、教皇や国王との交渉にもあたっているが、本人の本当の意図は不明ながら、一五九〇年代初めに表面化するイエズス会内での内紛に、一方の側の中心人物として行動することになる。他方の主役は総会長アクアヴィーヴァである。この内紛にはイエズス会と托鉢系諸修道会の性質の違いが関わっており、更にそれが本章の主題であるアコスタの反駁論文の性格とも関わると考えられるので、概要と要点のみを確認しておきたい。

「内紛」の中心点は以下にあると言える。即ちイエズス会は、そのスペイン語名「コンパニーア」が軍団を意味するごとく、総会長を頂点に置く中央集権的統治で機能する修道会である。この時期、各管区には総会長が任命した巡察師が、同じく総会長任命になる管区長と併存、もしくは上位に位置して、極めて一元的に管理された。ザビエルがポルトガル国王の依頼を受けたことで始まる海外宣教であるが、彼がインドに赴いた時期は、イエズス会の海外活動はポルトガルの布教保護権内に限られていたので問題はなかったが、スペインの布教保護権内への展開が始まると、理論的にローマ本部が一元管理する体制には、ある種の違和感が生じたかも知れない。特にアクアヴィーヴァの時代になると宣教地が増加、他方でフェリーペ王が王権の中央集権化を強め、宣教にも王権が強い関心を示したことで、この違和感が意識され始めたと言えるであろう。(29) 元来インディアス法は、法制定時期以降、新たな修道会の活動参入を認可しないと定めていたが、フェリーペ王は超法規的にイエズス会をアメリカ大陸宣教に招いたのである。その意味で、同会は自己の保護下にあるとの意識を国王が持った可能性は否定できない。当時のスペイン系会員にはスペイン化という意識もないままに、ロヨラや創立の同志ザビエルらがナバラ王国の出身者である等から、スペインを意識する風潮があったとしても不思議ではない。他方、スペイン国王周辺の二派の主導権争いがこれに関与していたとする説を唱える者もいる。(30)

この時勢の中で、総会長アクアヴィーヴァは、教皇の保護下で中央統制をとるという方針を明確にしていた。(31) 同会は教皇に直属の修道会であると会憲に謳っているので、この論理は至極当然ではあるのだが、宣教資金は現実にはポルトガル王室とスペイン王室が布教保護権に基づき、それぞれ支弁していたので、この方針は、宣教資金の出資者に宣教の果実が必ずしも反映されない可能性も含んでおり、出資者の方に高度な宗教性を要求する論理でもあった。この問題での当事者は、アクアヴィーヴァと当然フェリーペ王である。修道会が発展したこの時期、教皇を頼る総会長は、国王にとっては目障りであったかも知れないが、両者の直接対峙は回避されている。

また、教皇は、一五八五年、同会のポルトガル布教保護権下の宣教地の内、チナ・日本宣教独占を同会に認める教書を同会の求めに応じて出している。このこともスペイン側の諸修道会に不満を生じさせていた。これらを主たる背景として、国王の意志を体現していると自ら任じる一部のスペイン系会員に、臨時総会を開き、そこでアクアヴィーヴァ解任に動こうとする総会開催派が生まれ、現実にはこの一派と総会長の対決の形になった。アコスタは総会開催派の幹部であり、国王から信頼を得ていたので、ことは総会開催派に有利に運ぶかに見えた。アクアヴィーヴァはアコスタに対する国王の信頼を切り崩すことこそ肝要と見て、フィリピーナス問題で国王の信頼を得ていたサンチェスを使者としてフェリーペ王の許に送り込み、国王における彼の信用失墜を成功させた(32)。総会開催派は崩壊、爾後アコスタは、修道会の表舞台からは消え、バリャドリに逼塞、一六〇〇年その生涯を終える(33)。

このような複雑にして、危うい緊張関係は一五八〇年代前半には既に萌芽が見える。同時に当時急成長を遂げているイエズス会に対して、それを快く思わない勢力も当然あっただろうし、上記の問題をフェリーペ王がどう判断しようと、王権拡張期にあって修道会も王権に奉仕すべきと考えるカスティリア宮廷人はいたであろうから、アクアヴィーヴァの直面した問題はある種不可避な要素を持っていたと言える。

## 二　「チナ事業」に対するアコスタの「反駁論文」

サンチェスの「チナ事業」に対するアコスタの「反駁論文」は、各々「対チナ戦争についての見解」(「第一論文」)、「対チナ戦争を正当化する諸論拠に対する反論」(「第二論文」)と題され、サンチェスが挙げる「チナ事業」の諸権原を逐一否定・却下したものと見え、かく理解されてきた。その点に着目して、今日では不明のサンチェスの「チナ事業」権原を推測するために第三章で用いた。

従来から、サンチェスを帝国主義的な武闘派と位置づけ、アコスタをそれに「反駁」する良識派として対置するのが一般的である。オジェの理解もこの線上にある。だが、アコスタの件の二論文を注意深く、分析的に読むならば、彼特有のレトリックが作用して、必ずしも主旨の在処は明確ではなく、いくつかの矛盾を含む文書と言わねばならない。そもそもサンチェス個人への反駁ならば、特にイエズス会という組織ではこのような論文は不要である。サンチェスが自由に発言できたのは、直属の上長、セデーニョ神父が彼に心服していたからであり、その許可の下でマニラのスペイン政庁と協労しているからである(34)。アコスタは修道会組織の中ではサンチェスの上位にある。さらに件の論文はローマに向けて発信され、同論文を落掌した総会長はアコスタを賞賛、サンチェスに彼の指導下に入るよう命じた(35)。以上から、明らかに論文の宛先はサンチェスではない。

## 1　二論文執筆の動機

宛先がサンチェスではないとなると、誰に宛てたものであるのか。それを解明するにはこの二論文が何のために執筆されたのかを考察する必要がある。

二論文は、サンチェスの「チナ事業」を「イエズス会が大切と考えていることを蹂躙し、蔑ろにするもの」、そればかりか「教皇も……大赦まで出して願っていること(36)」を踏みにじるものだと断じる。特に「第二論文」は、表題そのものが「反論」となっているので、額面どおり読めば、サンチェスへの反駁と考えられる。しかし、既述のごとく、論文の受信地がローマであることは執筆動機がサンチェス個人の論破ではなく公的性格を想起させ、そう考えるとアコスタが展開する議論の広がりや用いる文言の意味が理解しやすくなる。

イエズス会内の通信書簡から確認できることは、整理すると以下である。

① 当論文二本は、各一五八七年三月十五日付、同二十三日付で、メキシコ市発信である。

② サンチェスは、同年正月元旦にアカプルコに到着しており、二論文が最新のチナ情報をも扱っていることから、両者は面識を得てから書かれた。
③ 同論文を嘉納したと告げるアコスタ宛総会長書簡の発信は八月十一日付であり、しかもその内容は、二人がメキシコをまだ出発していないことに望みをかけている。サンチェスを国王の宮廷に近づけたくないという意志が明白である。(37)
④ 二人は五月に同じ船でベラ・クルスを出て本国へ向かい、サン・ルーカル・デ・バラメダに九月末上陸後、アンダルシア管区長ヒル・ゴンサーレスが二人と面談し、「チナ事業」について協議した。論文に公的性格が認められると指摘したが、以上から見る限り総会長の下命で執筆された可能性は小さい。

総会長の苛立ちは、サンチェスの第一次マカオ出張の報告書がメキシコで落掌され、第二次マカオ出張時の行動がヴァリニャーノから彼に伝わった一五八五年に始まる。(38) だが、サンチェスは本国を目指し続けた。彼はイエズス会員ではあるが、同時にフィリピーナス諸島のプロクラドールであり、国王宛の使者である。それゆえ総会長は、国王のサンチェス引見阻止のため、一五八七年七月ヌエバ・エスパーニャ管区長に彼のメキシコでの足止めさえ命じても、大西洋を渡らぬことに一縷の望みを掛ける以上の強い処置は不可能だった。(39) 他方でこの足止めが無理ならば、国王より先に彼を引見し、国王への上奏内容を点検できる方法はないかと探ってもいる。(40) この動きに、ヌエバ・エスパーニャ副王が気づいている。総会長は、セビーリャを最後の関門と考えていたようで、アンダルシア管区長に彼を絶対「取り逃すこと」がないよう相当圧力をかけていたのではないだろうか。管区長は毎日、大風の日も欠かすことなく浜まで出向いてサンチェスらの搭乗船到着を待ち続けた、と管区長秘書が報告しているからだ。(41) イエズス会上層部の危機感がどれほど強いものであったかを推察できる。

そして、サンチェスとの面談結果を書き送ったアンダルシア管区長の一五八七年十月九日付の総会長宛書簡は、総会長の危惧が何であると彼が理解していたかを概ね明らかにする。(42)

総会長の「チナ事業」に対する理解の核は以下と言える。サンチェスの「チナ事業」との違いに気づかれるであろう。

① 修道士が「チナ征服」を説いて回っている。
② 彼の宮廷への参内は、現地のスペイン人やポルトガル人が与り知らぬ、突出した行為である。
③ 「チナ事業」は、ポルトガル王室の権利を侵害する可能性がある提案である。
④ ヴァリニャーノがリッチ神父を中心にして始めさせている事業を破壊する可能性がある。

以上の理解は、メンドーサ管区長とヴァリニャーノのサンチェス批判の件の書簡に発していないながら、我々が検討したものとどこかニュアンスが異なる。巡察師の書簡は、既に第二章で述べたように、自己弁明が主旨の半分を占め、サンチェスが信頼に値しない人物であるとの印象を植え付ける必要から書かれている。またチナに関するサンチェスの行動は彼の統括権を侵犯する上、リッチの事業に負に影響する可能性の点で、総会長ができるだけ強い抑制をサンチェスに掛けることを意図して、物事を単純化、一部肥大させて報告しており、総会長の危惧はそれに対する反応であると考えると、両者の細部の齟齬が理解しやすくなる。

以上の危惧を前提に、アンダルシア管区長はサンチェスを尋問したが、それは杞憂であると判断した。ただし、サンチェスは「チナ事業」にヴァリニャーノの承認を得ていると証言し、身の「潔白」を証した模様だが、これには微妙な誤差がある。ヴァリニャーノが彼と会談したのは一五八二年末のことである。他にも、ゴンサーレス書簡が明らかにする内容とサンチェスの弁明や他の手段から明らかになる事柄の間にも多少の齟齬があるが、ここではとりあえずおいておく。

管区長は、宮廷への参内理由とフィリピーナスから持参した上申書を子細に点検したが、その内容には何ら問題がなくむしろ名誉ある政庁の使者であり、アコスタも同様に判断したので[43]、サンチェスに宮廷参内を許可した旨の書簡を総会長に認めた[44]。因みにゴンサーレスとアコスタは師弟関係で、いわば肝胆相照らす関係である[45]。

ここで、アコスタがサンチェス持参の交渉内容を「問題なし」とした、とゴンサーレスが述べる点に我々は注目せざるを得ない。遡ってヌエバ・エスパーニャ管区長も彼の本国行きを承認したが、副王の手前止むを得ず許可したというよりは、もっと肯定的な意思を示している。(46) この時もアコスタが関わっている可能性が高いことを思い返せば、彼の件の二論文が、「チナ事業」を下策として退けることを目的としていたと従来のように文字どおり理解すると、そこには大きな矛盾が生じる。この矛盾を問題にした先行研究は、管見の及ぶ限りではないが、この点の解明は論文の性質、従って主張を知る上で非常に重要な問題であると本稿では考える。すなわち、本節ではアコスタの二論文に方向性の異なる議論と主張が混在すると指摘することになるが、この意味は論文執筆主旨の考察なしには理解不可能なものである。そのために論文の執筆動機を周囲の状況と照会して点検していきたい。

即ち、サンチェスの行動が上述の総会長の理解どおりにヨーロッパで喧伝されたならば、修道会がいくつかの不都合に直面させられることは容易に想像がつく。不都合とは、上記のアンダルシア管区長が総会長宛書簡で言及する点そのものである。総会長のサンチェス理解はある意味ヨーロッパでの理解を代表していると言え、そのような風評が立てば修道会そのものに厳しい批判が向かうことになるだろう。そうでなくともイエズス会はある種存亡の危機にあった。その回避に有効な方法は、サンチェスの「チナ事業」の内容以前に、それに関わる一切を彼の個人的提案とし、修道会と分離することである。その一つの方法として、サンチェスの議論をイエズス会指導部が否定し、その行方を危惧していることを世間に示す論文を発表することだ。惹起するかも知れない批判を、修道会がかわす最も簡便な方法である。サンチェスが惹起する可能性が高い厄介に対する、言わば「保険」としてアコスタの論文は執筆されたのであり、そう考えれば、宛先がまず総会長であり、彼が大いに嘉納したことは非常に納得がいく。さらに、ゴンサーレスが率直に述べたように、ヨーロッパは東アジアの海に関する正確な情報をほとんど得ていないので、サンチェスの情報が最初の報告となり、驚くべきチナ世界をおそらく理解しないであろうから、そうした無理解への対応としてもこの際とり得る唯一の方法であったかも知れない。サンチェスを直接尋問したアコスタは、問題の所在を理解し、ヨーロッパの反応を考慮しながら、修道会のために「保険」となる論文を自発的に執筆したと考えると、彼が「反駁論文」を執筆しながら、サンチェスの提案内容自体を問題なしとしたことが無理なく理解できる。従って、論文執筆の第一動機は、イエズス会上層部が修道会に厄災を招来する可能性があると考えたサンチェスの「チナ事業」を完全に反駁することで、修道会を守るためであった、と結論されてよいのではないだろうか。「反駁論文」を宣教における武力行使の是非の切り口から考える場合、従来のアコスタに関する評価と矛盾して見えるが、果たしてアコスタに関する従来の言説が正しいのか否かも、本章末で考察したい。

## 2　二論文の宛先

アコスタの論文執筆の動機が、単なる「チナ事業」否定ではないことは以下の点からも明らかである。即ち、サンチェスの「チナ事業」は、彼が列挙する権原の積み上げに基づくものではなく、「チナ事業」以外に効果的なチナ一国の改宗は不可能だと考えたところに起因していると第三章で結論づけたが、アコスタの査問に際してサンチェスはこの事情を説明したであろうし、何よりアコスタ自身が即刻この点を理解したであろう。

以上から、件の反駁論文の宛先は自ずと明らかになるのではないだろうか。総会長に宛てたとしても、彼が最終の宛先ではない。サンチェスの主張を援護するためなら総会長宛論文も必要だろうが、サンチェスの排除を望む総会長に、今更学術的に議論を尽くした論文で彼を反駁し去る必要は全くない。上段で二論文はサンチェスの持参する諸提案に対する「保険」であると推定してきたが、ここでは更に踏み込んで、サンチェスの交渉事が問題視される、あるいは国王が取り上げるようなことになれば、他修道会から修道会として説明責任を問われることもあり得る。従って、その時にフェリーペ王と世間に宛ててイエズス会の公式見解として総会長が使うためのものだったと推定する。従って、本当の宛名はフェリーペ王と世間であり、この場合の発信人はイエズス会総会長アクアヴィーヴァとなるであろう。

総会長の憂鬱は、サンチェスが一五八八年に王の謁見を上首尾に済ませると、一転して晴れた。自ら引見した後、

「彼の到来によってどれほど慰められたか」「その熱意と信仰は、特にこのようなこと、すなわちマドリードでの交渉事のために神に愛でられた人物だと思った。そこでは誠に満足いくように全てを彼は成し遂げた。当地〔ローマ〕でも上首尾に交渉してくれることだろう。彼の到来は神に誠に役立つことであり、かのフィリピーナス地域に多くの稔りをもたらすもの」とまで言い、信頼に足る人物として遇した(47)。つまり、この一連の騒動は、彼の「チナ事業」が宣教論として是か非か、議論の正邪（このこと自体は既述のごとく、現場を見ずしては非常に判断が難しい問題である）に主軸があるのではなく、イエズス会と王権、またイエズス会に反感を抱く人々との問題、二つの王国の布教保護権と教皇権に守られた中央集権的国際修道会が整理して扱わねばならない極めてデリケートな問題であることに起因すると改めて言える。従って、同じイエズス会士が、常に正論と時節柄に適した論理でサンチェスを完膚なきまで論破する論文を用意したことは、総会長がイエズス会の公式見解をいつでも世間に説明し得る武器を得たことになり、この論文を彼が嘉納するのは当然ということになる。彼はフェリーペ王の動向に鋭敏に反応していることから(48)、論文執筆者の意図以上に満足した可能性もある(49)。

以上に理解すれば、特に「第二論文」にある不思議な一文の存在にも合理的な説明がつく。すなわち、宣教のためにチナに戦争をもって開国を迫ること、チナ征服はあらゆる道理に反すると言いながら、最後の最後にあたる部分で、それまでの議論を覆す、あるいは自身が展開した議論を「否定する議論」もあり得ると述べることだ。即ち、①チナを畏怖させ、牽制を加えるためにはスペイン国王がチナの近辺に武力を置くのは合法かつ極めて高い効用がある、②平和的手段によっても、改宗化に希望が全く失われても仕方がない方法によっても宣教活動が進まない場合、まず宣教者受け入れを勧告する、この受容を華人が渋るならば、しかるべく抑制を効かせて戦争を決行するのは正当である、③チナが全面敵対の構えを見せ、穏当な処罰では屈服しないようなら当方も全力を挙げ、チナを征服するまで正当に戦争を続行できる、という部分である。論文の九割九分まで「戦争がいかに憎悪を喚起」し、特に文明度の高いチナ等では然りであり、必然的に社会を破壊する、何より「神が定め給うた道を繰り上げ早めたいと願うのは途轍もなく大それたこと」と断じて来たこととは明らかに矛盾する。従って、王権がどのような判断を下しても妥当するように、言わば全方位に向けて安全な言葉を配置したと考えられるべきである。彼が結語として述べる最後の言葉、「逆の論拠に回答する時も、聖にして母なるローマ教会の導きと良い見解を持つ者に従うものである」とする点はこの印象を強める。行の後段は論文の結語として当時の常套句の類と言えるが、「逆の論拠」という言葉はその範疇を超える。少なくとも他では見られない表現である。

ただし、それ以外に以下二点を考慮に入れなければならない。第一はビトリアやラス・カサスらが議論の最後に置く保留事項である。宣教や通商を目的として他国に入国することは万民に保証されている一方で、信仰は他者に強制されないと彼らは主張するが、万民の権利を当該地域の為政者が不当に拒否し、しかもその民が宣教を聞きたがっている場合には、武力行使もその目的を逸脱しない限りにおいて可であるとの「保留」事項を置く。その点での常套句とも考えられる。

第二は、アコスタの非常に現実的な面が現れている可能性である。それは次節で論じたい。

以上を総括して、二論文は、読者として諸権力者を意識し、総会長が修道会を守る際に使うことを意図して執筆されたのであり、当時の環境がこれを非常にそつのない、メッセージ性の高いものとしたと結論づけたい。幸いにしてサンチェスは非常に首尾良く交渉事を成し遂げたので、総会長はこの「手駒」を繰り出す必要がなく、タッキ・ベントゥーリやマテオスが翻刻・出版するまで出番がなかったと考えて良いであろう。

誤解を避けるために言い添えなければならないのは、以上の考察が、「反駁論文」は「事情」に合わせて書かれた一種の傾向論文であると主張する印象を与えたかも知れないが、考察の意図は逆である。上のような事情下で執筆された論文であるので、その状況に合わせた文言を排除しなければ、アコスタのチナ観、他者観における本来の思想、その真価を問うことが可能にならないからである。特に第四節で行う、彼の主著『インディオ救霊論』との照会においてこの論文の価値は明らかになり、議論の基調は優れて現代的なセンスを備えることが明らかになろう。

## 3　二論文の論点

以上のように複雑な的の当て方を企図した論文と考えられるので、そこに含まれる言葉の宛先を勘案して、外交辞令的文言に翻弄されることがないようにする必要があることを指摘してきた。更には人文主義の泰斗としては誠に歯がゆいことであっただろうが、彼は自分が見たことのない世界に関して論じなければならなかった。この二点を考慮して、各論文を論考していきたい。

**〈第一論文「対チナ戦争についての見解」一五八七年三月十五日付〉**

「第一論文」は、サンチェスの「チナ事業」に関する書簡がイエズス会の複数の管区で読まれ、一様に困惑、怒りを誘ったと冒頭で述べ、イエズス会はサンチェスの提案に反対の立場であることをまず明確にする。会員の報告書が通常、いかなる形で修道会内に回覧されたか不明であるので、この文言に疑問が残るが、確かに管区長メンドーサの書簡はサンチェスの報告書の部分が削除されたと述べる(50)。

「第一論文」の特徴は、サンチェスが挙げるチナの個別状況には入らず、一般論として宣教に武力を用いること自体の是非論も巧みに避けることである。戦争を仕掛けることの重大性に焦点を据え、議論は基本的にはビトリアに従う形で進められる。基調は反遠征論と受け取れる。一般論で進めるのは、『インディオ救霊論』で「事情に通じない人々の空論を重んじ、確かなこと、確証された事実や経験の教えるところを疎んじてはならない」と述べ(51)、人文主義の手法で物事の本質を鋭く衝くのを彼が得意としていただけに、自分が実見したことがない世界を論じる点にこだわる心情の現れと見るべきかも知れない。このこだわりは最後に明確に示され、「スペイン国王にその企てが可能で適当なものかどうかという点については、実情をもっとよく知る人の見解に譲ることとする。……更に優れた見解があれば私は心からそれに拠り、従うものだ」との文言で、論文を締め括る。

一方、議論はバランス良く展開され、要点は二点である。第一は、戦争自体が非常に大きな惨禍や混乱を不可避に惹起するものなので、戦争を仕掛けるに足る権原がよしんばスペイン側にあったとしても、戦争が招来する重大な惨禍に留意すべきと指摘する。特にそれによって華人がキリストを憎悪することになるならば、それは取り返しのつかない結果であり、チナ事業はその結果を引き起こす可能性が極めて高いと言う。また、「戦争が法的観点」から正当と認められること、および「戦争決行を決心するに際しての原因」は当然クリアーしなければならないとしても、総合判断には「真の賢明さ」が最も重要だという。最後の部分がアコスタの真骨頂で、「事例全体の状況をよく勘案して、……決定するのが望ましい」というわけだ。戦争の惨禍自体は、ペルーでアコスタ自身が経験しているので、誠に説得力に富む議論になっている。

第二は、神学者の見解・判断を盲信してはいけないと言う。彼らは与えられた報告に基づいて、条件分け等を行いながら結論を出すことができたとしても、その報告内容の妥当性、報告者のスタンス等を的確に捉えていない。彼らはそれらの真偽調査まで責任が問われるわけではなく、ある報告が述べる状況に対して戦争は正当か不当かを判断するに過ぎない。報告自体が公平無私な観察ではない、また物事の断片を述べたものでしかないという場合もある。つまり、報告者が何らかの利益をその戦争から得る人間であるならば、報告には正当戦争を立証できるような証拠を述べ立て、自己の正当性を立証することに神経を傾注しがちであり、他方で神学者は現場を知らず、報告の真偽を判断する力がない場合があることを指摘している。時代を超えて妥当する指摘である。

以上の一般論を述べた後に、サンチェスの挙げる権原とチナの状況双方を勘案しても、重大な結果を招来するような戦争に持ち込むほどの事情があるとは思われないとする。その理由は、①チナには外国人を恐れる理由がある、②サンチェスが挙げるイベリア側の被害というのは、言わば「お互い様」の部分が少なくない、③チナ側に落ち度があったとしても、国王が命じたものではなく個人間のケースであること、暴力自体がキリスト教徒たることに向けられたものではないことなので、それに報復するとしてもチナ側がその下手人に対する処罰を拒んだ時に考えるべきことである、④チナの行動に問題があったとしても、正当と自然権に抵触することとの境界線上にある、と判断している。つまり、チナとスペインを並列に置き、自他の相対化、自己の客観視が明確に行われている。

アコスタが示す判断の更なる重要点は、以下二点にある。即ち、第一、力の使用を否定しない。この点は『インディオ救霊論』以来不変のスタンスである。しかし力の行使が認められる条件が揃った場合でも、それが行えるのは、キリストに対する憎悪を掻き立てないことが条件になるとして、この要件を三回繰り返す。第二は、アステカやインカも武力によって征服されなければ、キリスト教化されなかったかも知れない。チナについても同様だという人がいるが、その可能性を否定しない。しかし、戦争に持ち込むかどうかを決める立場になぞ立たない方が良い、と言う。福音書の「罪の躓きは必ずある。しかしそれを来たらせる者は禍である」[52]なる言葉を引いて、自分がその「躓き」にならないようにと戒める。最後の言葉は意味深長である。「チナ事業」の原理的正・不正はさておき、もしその日が来れば、所与の条件の中で最良の方法を選び取り、チナをキリスト教化する、しかし「その日」を導き出すのは自分たちではないというのがアコスタの主旨と考えられる。「第二論文」の末尾で「チナ事業」を容認するともとれる一文があり、それは公開を意識して全方位に目配りした結果だと既に指摘してきたが、そこで保留してきたもう一つの解釈の可能性とは、この点である。即ちキリスト教化という目的から見れば、神は「悪から善を取り出す」方だと述べていることから、全てが手段となり得、征服自体が排除されていないのは明らかである[53]。彼の関心は、他者の改宗であり、対他者関係正当論ではない。後述するように、『インディオ救霊論』にも同様の立場を示唆する文言がある。

〈第二論文「対チナ戦争を正当化する諸論拠に対する反論」一五八七年三月二十二日付〉

「第一論文」を序論・総論とすれば、「第二論文」は各論にあたり、分量的にも三倍近い。冒頭では、サンチェスの提案を他のイエズス会士がいかに「暴論」と受け取ったかを論じる一方で、人間心理の分析を行う。即ち「自らが何らかの危害を被れば酷く誇張し」……「チナからうまいものをせしめたいという思いは遠隔地の者よりも近隣の者たちに一層起こり得るものだ」。「我々は……第三者で部外者」であるから公正な判断を下しやすい立場にいると主張する。この背景には、「第一論文」でも表明した、自分がチナの実見聞者ではないという危惧が当然あるだろうから、人文主義の人間としては「実見聞していない」という、言わば「弱み」を「強み」に変えるレトリックとも言える。さらにサンチェスがイエズス会と国王に対して非常に真剣に自己の義務を果たそうとしている面を見て取って、「これほど重大な事柄で何らかの見解を示そうとする者は、いかなる人間的感情からも解き放たれ、……並外れた熱意さえも持たぬように」と言い、実見聞者のサンチェスに最も必要な冷静さを指摘することで、サンチェスの実見聞者としての優位を切り崩す。このようにして、サンチェスやマニラ側が挙げる権原を疑問に付す下地を調えて、個々の権原に切り込んでいく。

サンチェスが挙げる権原を順次反駁・却下する形で論が進められるが、その中で際立つ主張を三点に纏めることができる。即ち、①教皇権はキリスト教徒にのみ有効であり、しかも教皇は信徒に対して「絶対君主」として君臨する者ではない、②互いの国家を対等に位置づけ、イベリア側がチナに与えた損害も、チナ側がイベリア人に与えた損害も同じ視点から判断すべきである。つまり自他を相対化した論理展開で具体例に踏み込んでいる。③何らかの手段を講じる際、それを実施することによって更なる害悪や、それを行わなかった時以上に躓きが生じることがないように。

①については、サラマンカ学派の基本的スタンスの一つである。ただ、ビトリアは、教皇権とキリスト教王権の他世界に対する支配力の限界に基本線を示してはいるが、様々な条件を付帯することで否定とも肯定ともとれる議論展開をとることがしばしばあることを思い起こすと、[54] 教皇権の限界を歯切れよく論じるアコスタの思い切りの良さには刮目させられる。『インディオ救霊論』でも同様の議論を展開しているが、こちらは多くの他の議論に紛れ込んだ観があり、当議論ほどには目立たない。[55] 時代背景として王権強化の時勢があり、主張しやすい、もしくは主張すべき環境にあったかも知れない。これ自体も根本的には②の自他の相対化に関わる思考である。スコラ学の結論の引き出し方は功利的な面を持つので、いずれの方向にも向かい得る可能性があり、常に一つの確定的な結論に行き着くわけで

はないが、ビトリアらが万民法を前面に出して道を付け、自他の客観視という人文主義の時流が後押しして一つの学説としてここまで発展してきたことを思うと、思想というものが持つ偉大さを感じさせる行である。アコスタがこの問題で議論の根拠とするのはパウロである。カトリック教会は福音書や使徒書簡以外に、教父の言葉も「伝統・習慣」として重視しているが、教父たちは各人が生きた時代を背景に見解を残しているわけで、それらは当然その時代背景と相関する。すなわち教会が社会的地位を確立する以前と以降とでは、教会が非キリスト教世界に対して持つと考えた権限の範囲や議論はかなり異なる。アコスタはパウロに基づいて教皇権が及ぶ範囲を狭く、厳密に定義したわけだが、それには二つの可能性が考えられる。第一は、アコスタが人文主義者の常としてより源流に近い見解に優先権を与えた結果の判断、第二は、チナの文明を高く評価することが先にあり、自他の客観視を強く意識したゆえに、その議論に最も相応しいパウロの言葉を引いた可能性だ。いずれがこの場合に妥当するのかは判断できないが、第四節で言及するように、『インディオ救霊論』で最も引用頻度の高いのがパウロであることは、この問題を考える上で一つのヒントとなるかも知れない。

②に関しては、アコスタのチナ観が関わっているのは明白である。彼は、「野蛮人」の三段階分けを『インディオ救霊論』の中で行い、その第一カテゴリーに置かれるのが、華人と日本人である。第二カテゴリーにはアステカやインカの人々、第三カテゴリーではカリブ海の食人習慣を持つ人々や衣服を身に纏わない人々を挙げている。第三のカテゴリーの人々には道理が通じないので物理的力の行使も止むを得ないとする。他方、第一のカテゴリーに属する人々は、キリスト教を知らないという意味では「野蛮人」であるが、文字を持ち、政治・政府の統治が堅牢という点でヨーロッパ社会に比肩し得ると評する。[56] ただキリスト教徒でない者を一括「野蛮人」だとする議論は、パグデンの理解に従うなら極めてキリスト教中心の論理ではある。[57] だが、第一カテゴリーに分類される国々が持つ、整備された社会的制度は評価に値するゆえに、何らかの暴力行為の応酬があれば、双方が自己の行為に対して同等の責任を負うべきとする結論をアコスタは引き出している。中でも刮目すべき表現の一例を引くと、ⓐ「華人は外国人よりも同じ

華人の統治や判断に従うのは確実である」、ⓑ「許可なく滞在する者をチナ官憲は捕らえると言うが、スペイン王はイギリス人や他の外国人に同様のことをしているではないか」、ⓒ「華人が、もっともな理由ゆえに我々に抱いている懸念を、もし我が国でいずれかの外国人に対して抱いたなら、チナが行う程度の処置で済ませるだろうか」、ⓓ「スペイン人は祖国の簒奪者らしいと思われる者に対してどのように対処してきたか、聞かせて貰いたいものだ」、ⓔ「自分が同様の事態に対してどう対処し、同胞に何と助言するか。最小限確実なことだけでも、侵入者を捕まえ、重税を課す、糧食の供給を絶つ、友好的に宿と居留地を与えているのに、相手がこれほど危険極まりない相手なら、武力での追放は正当と必ずや言い立てたであろう」、等々である。ⓐの指摘は、第三章で述べたように、敵の民衆は自分たちを解放者として歓迎するだろうという錯覚に今日も陥る現実から考えると卓見である。インカの旧支配層がかつて酷い抑圧者であったと言うスペイン人の証言が事実なら、それでも現地人がスペイン人に対してよりも彼らに親しみ、その処刑を悼むという現実を身にしみて感得した体験から出てきた言葉の可能性がある。(58)

③はサラマンカ学派の重要な特質が現れる点である。具体的には何らかのスペイン側の処置が「不名誉な噂や更なる混乱を惹起しないか」という行が九回繰り返されるが、いかなる処置もこの一点に抵触するなら採用すべき手段ではない、と言うのだ。結果が手段を正当化すると主張するわけではないが、「結果」を非常に重視している。この点にはサンチェスに通じるものがあるが、そこでアコスタの聡明さ、バランス感覚が働き、判断が極端に振れるのを抑止する。

結果として武力行使を絶対的に否定することもなく、場合に応じた判断を求める。条件が「異なれば二〇もの異なる仮説が導かれる」、つまり状況をどう見て、どのように条件分けするかで、とるべき手段は正反対になる旨を述べ、「普遍的な法則に一本化するのは危険だと畏怖すべき」と主張する。すべては臨機に判断して、最良の結果を得られるように、場合に応じて手段を選択していくべきというのが思考・判断の中心だと言える。

この判断を支えるのが観察・洞察である。彼が洞察に秀でていたことは、アメリカ大陸の住民は、遠い昔に北の地続きの部分を渡ってアジアから移動して来たものであろうという推測一つをとっても明らかだが[59]、彼の長所は観察の結果を基礎に思考することであり、彼の議論の魅力は事実観察に裏付けられていることだ。その意味で、チナは論じるに難しい世界と言える。それゆえ事実関係が絡む個別論に入ることを「第一論文」では注意深く避けているように見えた。しかし、サンチェスの報告が極めて正確だと判断したゆえか、「第二論文」では注意深くだが、個別論に踏み込んでいる。

しかしながら、彼は非常に警戒していたにもかかわらず、自身で実見聞していないところから犯す過ちに結局は二カ所で陥った。第一は、サンチェスの「第一四章」とアコスタが言うところの議論に対する反論である。肇慶の神父たち、即ちルッジェーリやリッチの方法が成果を上げるに違いないと希望が持てる理由として六点挙げる内、三点は正確な事実に基づいてはいない。具体的には、①ルッジェーリの出版した『天主実録』を華人たちが「賞賛し敬意を払っている」、②明国皇帝の兄弟がルッジェーリ神父に会いたいと召しにやらせた[60]、③「至る所で聖パウロの神父たち[61]、特にあのイタリア人神父たちが人柄ゆえに善良との評判を得、敬愛されている」、の点だ。これらはマカオのイエズス会士やサンチェスらの正に希望的観測であり得ても、言葉の正確な意味において事実ではない。リッチもその辺りを記録する。このような受容環境がなかったからこそ、「チナ事業」やヴァリニャーノの「教皇使節」案が出てきたのである[62]。サンチェスは、全体として状況が厳しいと報告しながら、局所的成功例も報告しているので[63]、この二論文が「チナ事業」反駁を印象づける必要があったことから、その部分を用いたか、もしくは実見していないアコスタが全体的状況を理解しかねていた可能性もなくはない。

第二は、サンチェス論文の「第二、第三および第四の仮定、あるいは論拠」だとアコスタが言うところの部分に反駁するために、教会史に論拠を求めた行である。この行は文章としては実に美しいが、彼の出色の長所である現実との対話ではなく、自分自身の持つイメージとの対話になっている。美化された教会史、即ちヨーロッパ中心主義の核たるキリスト教中心の立場で、教会の歴史を再構成したストーリーとの対話である[64]。それらが当時どの程度周到に構築され、アコスタほどの知者にも「確信」されていたかを示すもので、生活水準や物量で遥かに豊かな世界が他に存するることを知らぬことも理由となって、ヨーロッパを世界の中心として定義する思考の核を自己に内在させていることを示す論議と言える。

今日のアコスタ研究者たちは、彼の議論の美しさに常に魅了されているように見える。当時のイベリア世界がアメリカ大陸の二大文明を征服してきたという自信、自己が他者より優位に立つ確信には抗い難いものを持っていたにもかかわらず、被宣教民の文明度を忖度しつつではあるが、アコスタは自己を相対化し、自他を並列して見る姿勢をとろうとする。確かにこれらの二論文は、今指摘した二点と各論文の最後の部分を除けば、極めて現代的な新鮮さを放っており、現代の我々が抱える問題に言及した論文であると見紛えるばかりか、今日の我々に多くの示唆を与える洞察に富む行が数多くある。自他関係の本質を衝く言及があるからであろう。

## 三　二論文に見えるアコスタのチナ観

重複を恐れず確認すると、チナとチナ宣教に関するアコスタの認識は以下である。

① 宣教活動は成果を上げている（言語を習得、神父三人と供六〜七人のチナ国内定着を成功と認識）。
② チナは神父らの執筆物の出版やミサ聖祭の行使を認め、書物の内容を賞賛する。神父らは家を与えられ、人々に敬愛されている。
③ 皇帝の兄弟がルッジェーリを引見しようとした。
④ 世俗統治は良好で、富と人材に恵まれている。法的にも道徳的にも良好な統治が行われている。
⑤ 外国人に対して警戒を抱いている。しかしそれは外国人の国家簒奪への恐れであり、経験により外国人を国内に入れる危険を知っているので、外国人を入国させない。

⑥ キリスト教徒への姿勢は、騒乱要因たる外国人に対する嫌悪であり、自己の国家・政府の安寧を望むことから生じるのであり、キリストに対する憎悪、キリスト教徒に対する敵愾心からではない。修道者に対する侮辱も、修道者の本質を知った上での侮辱ではない。

⑦ 外国人に対して好感を持っていないとしても、この時点では和平を保っている。

⑤⑥⑦の指摘は、サンチェス情報に対するアコスタの洞察力が遺憾なく発揮されている。他方①②③の指摘は、既に言及したが、情報への希望的観測に原因がある上に、高い文明、理性を持った人々ならば自分たちを正当に、つまり自分たちが期待するように評価するはずだという彼の期待が、原情報を更に希望的に解釈させた可能性がある。また、受け取った情報の内、ミクロな情報とマクロな情報の区別を敢えて曖昧にして、議論に合うように使っている可能性も否定できない。ただし、それを意識的と言い切ることはできない。一般論として本人が想像、もしくは理解できない事柄を他人に正確に伝達することは不可能であるし、人は聞き手にマイナスの感情を惹起する事柄の伝達を控えるという二つの現実にも理由があろう。

「これほど統治が行き渡り、才知を備え、産業と富を有し、人材が豊富、しかも都市が隣接しあう」[65] 文明と評し、「高い文明」への敬意が見える。救霊に対してまやかしや幻想を持つなと彼自身戒めるが[66]、文明即ち理性的、理性的即ちキリスト教の理解・受容という図式を自明のこととして、チナに期待しているのは明らかだ。この判断と表裏するのが『インディオ救霊論』で繰り返される新大陸の現地住民に対する評価であろう。彼らが、キリスト教に対してヨーロッパ人と同様の理解と反応を示さないのは、その理性がヨーロッパ人より劣ることに理由があるとアコスタは考えていた[67]。「理性的でない」人々には教える内容を極力減らすべしとした点はそれを示す。つまり、その本性が邪悪であるゆえにキリスト教を受容しないことはあり得ても、人が十分な理性を持つ限り、誰でもヨーロッパ人と等しい理解を示すはずという認識にアコスタが固く結ばれていることを明らかにする。この点では自己の観念世界のチナ像との対話でしかない。サンチェスは華人を「理性的」だと評し、その政治構造と統治の揺るぎないことを語った。

しかし、彼は、文明度が高く、闊達な大群衆が宗教者である彼に全く無関心であることと対峙した時、自信が根底から揺らぐのを感じ、「チナ事業」へと振れたことは既に論証してきた。サンチェスは矛盾していると、アコスタは考えたのであろうか。

ここで「理性的」とは何かを確認すべきかもしれない。「理性」とは「理《ことわり》」に従い物事を思考する知性のことと一般的には解される。その「知性」を働かせて物事を考える習慣のある者を「理性的」と呼ぶ。そうなると「理」が問題になってくるわけだが、アコスタでは「理」が単数として理解されているように見える。チナを垣間見たサンチェスが受けた衝撃は、ヨーロッパ人の「理」とは異なるが、立派に自己完結する他の「理」の世界があることを見、その「理」にヨーロッパの「理」が割り込めないということではなかったか。他の「理」で動いている世界をアコスタはペルーで見ているが、そこに「征服」という事態が入り込んだために、並列関係にあるもう一つの「理」としてではなく、上下・優劣の関係に位置づけて見ており、「理」が複数であることを見る機会を逸したと言えるかも知れない[68]。アコスタは「チナ」を実見しなかったゆえにこの確信が揺らぐことはなかった、つまり実見しないことの限界が示されたとも言えそうだ。この意味で、サンチェスが現実のチナを見た者でなければチナ問題は理解できない、と言ったのは正しい。見たことのない世界の理解には、洞察力のみでは越えられない大きな断裂が存在することを、彼は自分の衝撃体験を通して指摘していたのだ。

⑥に関して、『インディオ救霊論』では「国王の許可なく入国する異邦人には極刑をもって臨むというチナの法律は全くもって不法であり、人間の常道に真っ向から反するものである」と述べていた[69]。ところが「第二論文」では、チナは「怪しむに足るだけの正当な理由がない限り、国境を閉じてはいない」と保留を加えており、サンチェスの報告を適用して、見方を転換したのかも知れない。あるいは、そう考える方が、彼の「反駁論文」では都合が良いことも確かだ。

他の一点は、日本とチナを同類として見なしていることだ。経験に頼る者の常として、知らない世界を自分の知る世界に引き寄せて考える傾向があるが、そのことがサンチェスの話を聞いたままに受け入れること、およびチナを日本とは別物として認識することを妨げていたと言える。日本では同年、すなわち一五八七年、秀吉が最初のキリシタン禁教令を出している。それはキリシタンが無視できないほど大きな集団になり、何らかの影響力を持ち、宣教師が目立つ存在になっていることを物語るわけで、宣教側から言えば明らかに成功例である。チナと日本が同じ区分に属し、日本での教化活動が成功を収め、チナ文明がその日本より優るなら、チナがキリスト教を受容しない理由があるだろうか。チナ宣教の様々の困難をサンチェスから具体的に説明されれば、彼の洞察力は大いに働いたであろうが、今一つ腑に落ちない点があったかも知れない。そこには宣教経験や修道会内での序列において、アコスタのサンチェスに対する優越感があり、それがサンチェスの体験した衝撃に虚心坦懐に耳を傾けるのを妨げたかも知れない。サンチェスのチナ報告は信頼に足るものであり、アコスタもそれを認めている。彼がサンチェスの本国への報告を問題なしとした、というアンダルシア管区長の言葉は、チナ宣教の難しさを納得したとも読めるからである。しかしながら、アコスタが自己の観念的チナ像から離れてチナを想定できるところまで、無条件にサンチェスの「衝撃」を自分のものとしたかには疑問が残る。これが五〇〇〇レグア離れたヨーロッパでは、一宣教者たる自分の提案は絶対理解されないとサンチェスに繰り返し言わせた実体でもある。

それを示唆する一例がある。アコスタはサンチェスの文言を引いて「たとえ肇慶の神父たちのやり方が確実でも、それは大海に一滴の水を落とすに等しい」と「第二論文」では述べているが、実はサンチェスは「大海に一滴の油」と表現しており、サンチェスが「油」にどのような意味を込めたかにもよるが、この取り違えの意味は小さくない(70)。「油」には、「大海の水」たるチナの大群衆と溶け合いようがないという意味が込められていたなら、アコスタは「水」と記した時点でサンチェスのメッセージの半分以上を読み落としていることになる。ただし、この論文の本当の宛名は王権や教皇なので、チナには平和な宣教が可能であるとの議論組み立てをアコスタが企図していたのであれば、故意に「水」とした可能性なしとはしない。

二論文は議論としては実に美しく、自他の相対化への意識が明白であることから、当時も今日もヨーロッパ人には心地がよく、完璧と見えるかも知れない。チナの実情に不案内であるために、観念論の中を巡る部分があり、それが今日なおヨーロッパ人に共有されるなら、アコスタの議論に現代ヨーロッパ人が何ら違和感を持たないとしても当然である。この問題は小結で言及する。

## 四　主著『インディオ救霊論』[71]との比較

以上二論文は、王権とその周辺・教会指導層を読者に想定して、イエズス会の立場の弁明として書かれたと第二節で結論した。もしこの推測が正しければ、これらの二論文が弁明という場面に合わせて構築されたもので、アコスタに本来の思想とは別物の主張が「便宜的に」行われていたとしても不思議ではない。他方、宣教に相応しい方法は刻一刻変化するもので、「一日経てば前日とは異なる新たな様相」が呈されるとも彼は言う。[72]この二点から、『インディオ救霊論』を彼の宣教論の基準にとれば、チナ宣教論とも言うべき「反駁論文」がどのような位置関係になるのかを検証して、根本的思考とのずれ、チナへの特別視の有無、あればその内容と理由を確認することにしたい。

### 1　『インディオ救霊論』の基本的テーマ

詳細な神学的分析は筆者の能力を超えるので立ち入らないことを断った上で、全貌と主要なテーマに分けてその基調を以下七点に整理してみたい。

第一に、全編を貫くテーマは「キリスト教的に正しい自他の関係」、および「キリストを他者にどのように提示すべきか」である。それらに関して、実際の観察を中心に据え、福音書を根拠とする以外、先達・権威者の権威に頼むことはあまりなく、スコラ的基準で、状況に合った判断を下しながら非常にバランス感覚に優れた議論を進めている。[73]

また、他者に対する眼差しには、今日から見れば不当な偏見としか言いようのない件が認められるものの、「教育への信頼」という形で示される人間そのものへの信頼、言葉の力への信頼、コミュニケーションが必ず実を結ぶという自信等々が認められ、将来に対する明るい見通しがある。特に新大陸宣教に関して期待外れ、しかも責任はインディオの能力にあるとする時代の非常に重苦しい雰囲気に対しては、[74]宣教者の心に澱む絶望感を繰り返し戒め、方法を選べば成功は可能だと説き続ける。この姿勢は当時のイエズス会教育に特有の部分とアコスタの個性両方に由来していると考えられる。前者について言えば、人文主義と教会刷新の意気に基づいたイエズス会教育、それゆえに人気を博したことによる修道会自身の自信と未来への希望、現実肯定と前向きな修道会の特性——Positive Theology とブルガレタが呼ぶところの修道会の特性だが[75]——に負う部分は小さくない。彼がイエズス会の言わば生え抜き一期生であることは本章冒頭で述べたが、この意味で、彼はイエズス会教育が目指したところを体現した大成功例と言っても良いだろう。[76]他方アコスタの物事への姿勢には現実的、希望的楽観というルネッサンス期の良質な部分が天真なまでに発揮されている。両者が非常にうまく適合しあった結果だと言えそうだが、これは全編を貫く基調である。同著が人々を魅了するとすれば、この点が大きく寄与していると考えられる。

第二の顕著な特徴は、サラマンカ学派に特有の回路をとることで、これには議論の余地がない。この点に留意しておかないと、諸問題に対して彼が導く結論を学説的原則論で纏めようとする試みは失敗に終わり、見方によっては単なるご都合主義に見えることもある。この点は彼自身も自覚していたようで、パウロが「同じことが起きても、絶賛したかと思うと、他所で非難している」と諸処で述べて、正当化している。[77]

ところで、サラマンカ学派とはここでは何を指すかを明確にしておく必要があるかも知れない。物事を非常に単純化することから生じる弊害を恐れずに言うならば、以下の思考回路を持つと言えるのではないか。中世スコラ学はトマス・アクィナスによって集大成され、『神学大全』はその代表的著作として知られる。トマスの考え方で、本稿に関係する部分の単純化が許されるなら、以下二点に集約できるかも知れない。人間が生きる中で、何らかの罪、躓きとなる行為が不可避な場合がある。罪を犯すことが避けられないとなると、罪の総和が少ない方がよいが、そうなるようにするにはどうすべきか。選択である。その際勘案すべきことは、選択の結果生じる悪が「より小」であるよう意識し、常に「より小」を選べば、人が背負う罪の量は結果として少なくなるとトマスは言う[78]。その選択基準をトマスは示した。だから全ては状況の中で比較によって選び取られるのであり、選択すべきことは状況で異なり、各事例で選択の理由は異なる。

一方、自然法を人間全てに共通する法と見なすことだ。異教徒も含めた人間社会全体に普遍の原則を見いだそうとしている。ヨーロッパは従来トルコ人やサラセン人などを「キリスト教徒をキリストに従う者であるがゆえに憎悪する者」と規定したが、敵対する他者しか知らなかったからである[79]。しかし、新世界の住民との邂逅において、キリスト教徒ではないが、キリストに敵愾心を抱かない人間集団がいることを日常的に認識し、そこから「敵ではない非キリスト者」の概念が生じた。敵ならば殲滅するのが唯一の選択肢であるが、敵意を持たない他者には従来とは異なる、神学的に正しい対応を模索する必要が出てき、その基準をトマスに求めた。アメリカ大陸へのスペインによる進出と破壊が日々進む中で、その神学的・法的正当性を確立するよう社会的に迫られたフランシスコ・デ・ビトリアら神学者は、このスコラ的思考方法と自然法に依拠して、現実を怠りなく観察、処置と効果・結果のバランスを勘案する手法、更に拡大解釈を加えつつ、「敵ではない非キリスト者」に対する自己の権利と義務の規矩を明確にしていった。手短に言えば、これが本題に対するサラマンカ学派の基本的思考であり、観察とバランス、実利を重視する、極めて実用的な判断が優勢な学派である。「神学的に正しい対応」など、キリスト教とは縁遠い世界から見れば笑止千万と思えても、特にカトリックにとっては単に学術的議論のための材料ではなく、告解の秘蹟に必要不可欠な基準なのである。告解とは、人は生きる中でほぼ必然的に罪を犯すが、その罪を司祭に告白し、課せられた償いを果たすことで、死後天国へ入るための罪障を取り除く秘蹟である。罪とは反秩序的な行為を意志的に為すことであるが、それにはまず秩序が明らかにされる必要がある[80]。従って旧知ではない新世界の人々との関係において、「秩序」の明確化が緊急課題であった。スペイン人はいかなる権利の下、他人の土地である「インディアス」に存在し、なぜ住民から徴税可能かの権原を明確にすることだ。その秩序に基づき、逸脱行為を罪として認識させ、償いの量を決めるのが司祭であり、他方秩序が明確にされねば、我が身の安泰な来世を確信できない一般信徒がいた。しかも為政者が何らかの行動を臣下に許可する、あるいは命じる場合、その責任は命令者に懸かると考えられた。スペインの海外発展の主体は王権であるので、国王もこの問題に無関心ではいられず、かくしてこの議論は避けて通れぬ課題として王権の周囲で開花した。以上の必要性と緊急性が、ビトリアの後もメルチョール・カノ、[81] ドミンゴ・デ・ソト[82]などの優れた論者を輩出し続けたと言える。つまり、スペイン人は他者のためにこれらの規矩作りに勤しんだのではなく、パグデンの言葉に従えば、既に行ってしまったことを神の前でどこまで「自己正当化」できるかの問題、[83] 自己の霊魂の生死に関わる問題として議論したのである。以上は、本題を考察するに際しての基本である。第一章で言及した新大陸におけるイングランド人や、十八世紀中葉までのインドにおけるイギリス人の姿勢とスペイン人の意識が異なる原点の一つである。

初期はスコラ学に馴染みが深いドミニコ会士が、神学大系に沿って議論を実際の行動に適用させ始めたが、十六世紀後半には修道会の本質としてプラグマティックな傾向の強いイエズス会士らにも中心的人物が輩出される。このサラマンカ学派の流れは、その特徴で前期と後期に分けられるが、前期の論者は百花繚乱的で、個人的な事実認識を基礎に判断していく、言わば各学者の裁量判断の部分が大きかった。しかし、後期では権威的見解が確立される。アコスタは、議論展開の仕方では、明らかに前期に属し、自己の観察によって確認した「事実」に重心を置き、実践方法を臨機に選択する姿勢が極めて優勢である。判断基準はトマスのそれに従いつつ、自己の知見に基づく判断をトマスに優先させることもあり、[84] 時にトマスとアウグスチヌスをケースに応じて使い分ける場合さえあると言われる。[85] 彼の主著には、自身の知見を基にアリストテレスの自然哲学などを参照しながら導き出す独特な判断が見られ、見たものでなければ下し得ない判断もある。人文主義者としての面目躍如である。この点は我々の議論にとって重要である。

第三に、現実的との特徴が認められる。つまり、彼は全てを現状承認から始める。つまり既成事実（Fait accompli）を重視する。たとえば、エンコミエンダの現状に彼が満足していないことは、主著から明らかである。主たる不満は具体的には以下二点にある。即ち、①エンコメンデロは、「インディオ」にキリスト教教育を施す対価として、その労働提供や貢納を受け取るのである。しかし彼らは自己の利権にのみ留意し、キリスト教化の義務を十分果たしていない。②彼らが欲に駆られてインディオに苛斂誅求を行うことで、スペイン人、ひいてはキリストへの憎悪をインディオに掻き立て、キリスト教化に負に作用している。以上を初めとして、エンコメンデロの欠点は瞬く間に十指に余る。しかし一人でも多くの人間のキリスト教化という面から現実を直視するなら、広大な新大陸に散開する現地住民をエンコミエンダなくして集合させることは不可能で、この制度なしには事実上キリスト教化は不可能であると判断し、エンコミエンダの存在が現地住民教化に一定の役割を果たしていることを現実として認める。[86] また、エンコミエンダ廃止に言及したインディアス新法は、スペイン人同士に内戦を惹起し、内戦は現地住民に甚大な被害を与えた。従って、エンコミエンダに多くの弊害があろうとも、この廃止は再び新世界を混乱に陥れるだけで、論外だと結論する。同じことはスペインの新世界統治にも言え、新世界におけるスペイン帝国の権利の有無そのものを疑問に付す議論の存在も承知している。スペイン人の現地住民虐待は日常茶飯事、キリスト教徒の模範たるべきスペイン人が、改宗に悪例となっている場合が多いのは事実である。しかし、数少ない宣教師が行える教化事業は極めて限定的で、この点でも一般のスペイン人の存在が教化事業に裨益していることは事実だと認める。[87] 従って、新大陸におけるスペイン人の存在、エンコミエンダの存在の正当性に疑問を付して、議論や混乱を惹起するよりは、全てを現実として受容した上で、より良い方向へ進めるための行動を始めよう、というスタンスである。[88] 一人でも多くの人間のキリスト教化こそ目的であり、所与の現実の中で目的に到達できる策を臨機応変に探究するという主義である。彼は、「私はインディオの大袈裟な賞賛者たるよりも、穏当に彼らの益を護り、今までのやり方を選ぶ」と言う。[89] この際、「大袈裟な賞賛者」とはラス・カサスを指すという。[90] 以上二点の基本は観察に基づく、目的に対する功利的選択である。[91]

相対的に言えば、托鉢修道会系の修道士が植民地政府の不正を理論的原則に基づいて糾弾し、世俗権力と厳しい対立関係に入る場合が少なくないのに対し、イエズス会士はむしろ政庁側トップと協調路線をとり、その有能な補佐として世俗事項にも積極的に関わる場合が多い。現状に不正があることを認識していても、政庁側と非難の応酬で対立していては実質的善を成就できないという認識の下、権力者の庇護を受けて、政庁の内側で実を上げる方を選ぶというのが彼らの立場である。フランシスコ・ザビエルは、新参のイエズス会が成果を上げるには、聖俗のトップと友好関係を保つように繰り返し書簡で説くが[92]、それが一つの伝統となったと言えるのかも知れない[93]。サンチェスはマニラのスペイン政庁のプロクラドールとして宮廷に上り、多くの「成果」を収めたが、その後のイエズス会士に生き方を示したとも言える[94]。

第四に指摘すべきは、言葉の重要性と翻訳への信頼である[95]。トレント公会議は「キリストへの信仰なしには誰も救われない」と宣言したが[96]、アコスタも「人は言葉で聞かないものをどうして信じることができるのか」と問いかける[97]。現場でこれを展開する具体的方法は宣教者の現地語学習であり、複数の章を割いてそれを力説・督励する[98]。大変な努力の必要を認めた上で、困難克服の手段としてメスティーソら、若いバイリンガル世代の活用など具体的方法を提示する[99]。カテキズムを現地語で現地住民の状況に合わせて作成もしている。第三カテゴリーに分類したカリブ地域の人々には、力を用いた宣教を許容するものの、基本的にはキリストのメッセージの翻訳を積極的に勧め、相手の言葉を使い、心にしみ通る表現でキリストへの愛を喚起するよう説く。他者を自己に引き寄せることを当然視していると否定的に評価することも可能だが、人間が普遍的に持つ自己中心観を考慮に入れれば、他者の中に自分と同じ人間性・価値を認める姿勢と解すべきで、教育に全てが懸かるとする彼の主張と通底する。時代背景は、現地言語がキリスト教の思想表現を担い得るかどうかが問題にされ始める時にあったことを考えれば、その楽観性が際立つ[100]。ただ、その理解度は被宣教民の「理性」の程度に懸かっていると理解している点では、ヨーロッパの「理」を唯一の標準としており、それにはキリスト教がドグマを持つ一神教である点が深く関わっていることから、彼の判断と経験ではいかんともしがたい面でもある。

第五は、キリスト中心主義である。人文主義者としては当然の姿勢だが、後述するごとくチナ宣教では特に重要なテーマである。

第六は、本稿と最も関わりが深い部分であるが、基本的には「暴力は信仰に害となる」と繰り返し主張、「神の教えのみならず、国王の法がインディオに向けた戦争に反対して述べることがこれを裏付けている」と宣言する。(101)「異教徒インディオに対する戦争はいかなる時に正当か」を論じ、宣教を目的とする戦争は多くの場合不可だとする。出版許可取得のために、この議論とエンコメンデロへの厳しい批判では文言を和らげるよう総会長が命じたとロペテギは言う。(102)ここで言う「暴力」には二種類ある。即ち異教徒集団を改宗させる手段としての武力行使と、改宗者にキリスト教の規律遵守を徹底するための体罰である。第二巻全編を後者に割き、それはキリストへの信仰が真性となるのを妨げると主張する。また非キリスト教徒の「自然に悖る罪」を罰する権利や異教徒の地にキリスト教徒が立ち入る権利等では、教会は「内の人」しか裁く権利を有さないと主張して、武力行使否定の立場をとる。ただし、新大陸の人々が平和的だと盲信すると代償は高くつくと警告、彼らを理想化して無防備に近づいた結果、命を落とした宣教師たちを評価しない。(103)しっかり実情に目を向け、賢く判断せよというわけだ。

第七として、「人は明確な信仰宣言なしに救霊に与り得るか」が扱われる。これは昔から重要なテーマであり、宣教方法を決める上での要、従ってチナ宣教の手段を決定する要になるので、次項で取り上げる。他にも論点はあるが、本稿に関わるテーマとしては以上と考えられる。

## 2　二論文と『インディオ救霊論』との整合性

二論文を構成する論点は三点、即ち①教皇権の限界、②国家間の対等な関係、相手に与えた損害を同じ事柄では等価とする、③言葉以外の宣教手段を用いる際、それによって更なる害悪、それを行わなかった時以上の躓きが生じないこと、である。他方、主著の二大テーマは上述のごとく「キリスト教的に正しい自他の関係」、および「キリストをどのように提示するか」であるが、二論文のほぼ全編が主著の前者に大いに関わり、③が後者に僅かに関わるものである。それぞれを『インディオ救霊論』と対比して、論点に矛盾がないか検討していきたい。

「自他の関係」について、主著が対象とするのは、非キリスト教世界を三種類に分けた内の第二カテゴリーに分類されるインカの民であり、二論文の対象とは基準が多少異なる。しかし基調は明らかに「自他の相対化」である。以下二点は、二論文の議論が主著の主張を更に一歩前進させ、極めて近代的な議論を展開する例である。第一点は、ロペテギの指摘を紹介して既に論及したごとく、異教徒に対する教皇権の限界を示したことであり、主著では今一つ歯切れが悪いのに対して、二論文では教皇の支配権は洗礼を受けて教会の一員になった者に対してであると、その限界を極めて明快に記す。他方、「自他の位置関係」は既に第二節で詳述したが、主著の要約を超え、互角の他者としてチナを自己に対置する。この二点はチナに対する観念的評価の高さに起因する部分が大きいであろう。そして、③は前節でも述べたが、力の行使の問題として主著では重要なテーマとなっている。二論文では、宣教を自由意志で受け入れない人々を対象として議論を進めているが、キリストを宣教する上で暴力がマイナスとなる点に特別に留意し、人がキリストを受け入れる「時」は神が定めておられる、それを人間の力で早めるなど大それたことだと突き放す。主著では改宗者の信仰の質を最優先課題とする態度が主流でありながら、それに常に拘泥するわけでもなく、量と質、現実に合わせて可能な箇所から着手すべきという姿勢も見える点で若干異なる。しかし二論文の最後部分にある、全ての手段を視野に収めていると読める文言に注目するなら、両者は同質の議論であると見る方が妥当かも知れない。

他方、二論文は「キリストをどのように提示するか」をほとんど論じない。既述のごとく、この点がチナ宣教では非常に重要な鍵である。従って、本項では『インディオ救霊論』の議論を敷衍すれば、二論文と異なった結論になりそうな議論を二点指摘し、現実にチナ宣教にアコスタが取り組めば、とるかも知れぬ姿勢の範囲を推定してみたい。

第一は、ペルーの現地住民を対象にして以下述べる点である。「キリストの秘蹟の理解は全員に課されるわけではない。それが可能な者は僅かである。しかしそれを信じる必要は全員にある。神が人になり、それがキリストであると教えることはできる。またその理由は我々人間を我々の罪から解放するためであると教えることも可能だ」と述べ、以下信じるべき信仰箇条を個々列挙する。そして要諦は、「理解不能なこと」は「繰り返し聞かせる」ことにあると言う(104)。

この原則はチナにも適用すべき、あるいは適用可能だと考えたであろうか。彼は華人を少し知っており、会話を交わしたことがあると言う(105)。一五八七年には、少なくともヌエバ・エスパーニャに華人はいた。常に人手不足のマニラでガレオン船の下級船員として雇われた者たちだ(106)。しかし、彼らと明国本土の華人は立場が異なる。前者は雇い主のスペイン人に多少とでも同調する必要があったであろうが、後者にはスペイン人を気に懸ける理由など全くない。征服された民しか見たことのないアコスタには、両者の区別は困難であったかも知れない。サンチェスやヴァリニャーノを最も動揺させたチナ社会の特徴は、宗教者に敬意を払う社会習慣が全くないことと、自己に絶対的な自信を持った民である点だ。この二点はサンチェスが武装宣教に着手すべきだと主張した理由の重要部分である。その点をサンチェスはアコスタに特に強調したに違いない。これはチナ宣教に最も大きな問題であるはずだが、アコスタはこうした事態を「いろいろ困難があるようだ」と言うに止めており(107)、華人への宣教方法に具体的な言及を行わない。論文で必ずしも言及すべき主題ではないからか、実見したことがないチナ社会に関することなので言及を避けたのか、あるいは言葉さえ自由に使えるようになれば、華人には「理性」があるから自ずと理解するという楽観があったのだろうか。

第二、彼はキリスト教人文主義者として、当然キリストを全ての中心に置く。彼が「理性少なき者」のために必要最低限の信じるべき事柄として強調するのは、キリスト降臨、十字架上の贖罪死、それによって示されたキリストの人類への愛である。ルッジェーリから得た情報としてサンチェスが伝える明国華人の一般的価値観では、「天国はマンダリンの生活であり、獄に繋がれた状態こそ地獄である」(108)。広州の獄に実際に繋がれた経験を持つガレオテ・デ・

ペレイラが、更に早い時期に同様の現世観を伝えており、おそらく民衆の意識はそれに近いものだったのだろう。[109]その世界観に対して、「人類の罪」「我々の罪」「贖罪としての刑死」などは全く異なった理に基づく世界観である。この状況を不完全ながらも察知したリッチは専ら道徳論から華人に近づき、「原罪」「贖罪死」への言及を回避し、キリスト者の理想的生活態度が既存のチナの道徳の理想に近似する点、キリスト教の原理で動くヨーロッパの社会と政治が秀逸なることを示して、華人の注意をキリスト教に向けようと努めた。その著『天主実義』は、アコスタが要点とした点に全く言及しない。祖先崇拝をどう位置づけるかが争点となった典礼問題が、中国のキリスト教化における最大の問題と日本では認識されている。絶対的一神教であるキリスト教にとって、他に礼拝する対象があることはもちろん問題だが、キリストの「贖罪死・救世の歴史」こそ、キリスト教のキリスト教たる所以であり、中心課題であるからには、アコスタが「文明化途上」の人々の教化プログラムにおいて、必須項目として冒頭に挙げたのもそれゆえである。従ってこれに沈黙するリッチの宣教方法は賭とも言うべき、相当思い切った方法なのである。[110]托鉢修道会は、十七世紀に華南奥地方面へ入り込んだ時も、この信仰箇条に沈黙することなど思いもよらなかった。

では、彼本来の持論をチナにも適用するとなれば、チナ宣教自体は望み薄ということになるのであろうか。推測ではあるが、以下二点は、彼がチナを実見すれば、もっと大きな視点から実情に合わせていく可能性のあることを示唆する。

第一はごく初期の新世界宣教者、特にフランシスコ会士らは新世界の住民を *Tabula rasa* として捉え、キリスト者にするには最も適した状態だと賞賛した。[111]それに対し、宣教者の期待するように改宗者が振る舞わず、彼らはキリスト教を正しく理解できないという絶望感に宣教者が苛まれていたのが十六世紀後半である。この時期に活動したアコスタは、被宣教民を「白紙」と見るのではなく、「偶像崇拝的にして悪魔的な習慣を、説得によってキリスト教的なものに入れ替えること」だとし、[112]説教や教育を通して「キリストの良きイメージを示し、心からインディオがそれらの入れ替えを行うように」することだと言う。[113]リッチの方法は広い意味ではこれにあたるのではないだろうか。

第二は、『インディオ救霊論』の主柱の一本、救霊に与り得る人の範囲限定である。それを特に第五巻、第三章、第四章で論じる。命題はキリストへの明確な信仰なしに人は救われるか否かで、当時までの学説を披露する。[114]キリストを知らず、彼に対する明確な信仰がない場合も救済されるが、それは原罪に関してのみであり、当人が犯した私罪までは浄化されない等々、極めてスコラ的な細分化した議論の存在を紹介しつつも、アコスタは議論に加わらない。そして最後にパウロの言葉をもって、キリストへの明確な信仰がなくとも人は救霊に与り得ると結論したかに見える。議論としては、合理性とパウロに拠ったと言える。即ち、キリストを実際に知ることができない者が全て滅びに定められているとなると、多くの人々がまだキリストの福音を聞く機会に恵まれず、更に時間軸を加味すれば過去から現在、また未来に至るまで極めて多くの人が滅びることになる。神の本性は善であり、憐れみにあるとするならば、かくも多くの人間が滅びるのを神が許すはずはない、というものだ。他方パウロに従えば、自然的知恵で認知し得た信仰だけで人は救済に与り、救いの門はその者にも開かれているとも述べる。ただ結論部分では、いつもの傾向が出てと言うべきか、前半の明解な論理展開に比して是非が非常に不明確になる。さらに別の章では「キリストについて知ることなく、人は救われると考えている人々の意見への反論」と題して以下を主張する。「キリストの秘蹟は我々が教えるべき最初にして中心である」と言う。[115]これをカトリックの名の下に、聖母や聖人への崇敬に親しみ、土俗的な信仰へ流れて行くことへの戒めととると、上記の主張との整合性が出てくるが、今となっては不明の背景がある可能性も否定できない。

アコスタのこの結論は、宣教活動をどの程度強行すべきか、何をどのように説くのかを勘案する土台となる。即ち、キリストに対する明確な信仰なしに救済が不可能なれば、被宣教民が宣教者を拒絶しても、宣教を強行することが被宣教民への善となるので、福音を聞かせる必要は高まる。この場合はかなり強硬な宣教手段も許されることになり、武装宣教なども選択肢として上位に上がってくる。しかし、彼は、キリストへの明確な信仰を持たない、即ちキリストを明確に知らない者にも救霊の道が開かれているとの議論に、時と場合によっては与すると判断でき、そうならば宣教活動の緊急性は低くなり、一般論として武装宣教などを排除する議論展開に導かれる。更に『インディオ救霊論』では「キリストの名を汚すよりは、キリストの名が伝えられないままの方が良い」と得失の面から言い切る場面もある。[116] この言葉は、対華人宣教では俄然現実味を帯びる。すなわち、チナ宣教に関して、華人の「理」性に訴え、「キリストの良きイメージを示して、心からインディオがそれらの入れ替えを行うように」するが、それでも華人が耳を貸さなければ「キリストの名を汚すよりは、キリストの名が伝えられないままの方が良い」ということになる。かく断じる背景として、この事態に遭遇すればその場に最も適した方法をとる、つまり「得失」を即断して、その場に最適な方法を選択する可能性を信じる彼の自信が浮かび上がる。

もう一つの重要な主張は、信仰の本質は言語化された知識を通して思い抱かれると指摘する点である。既述のように、彼にとって「言葉」は重要で、信仰の根幹を築く道具である。チナ宣教では征服を手段として選択すべき理由をサンチェスから説明されていたはずだが、彼はチナの言語問題にはほとんど言及しない。常に周到なアコスタにしては少し不思議でもある。それは、既にリッチらの漢語学習が進みつつあると理解していたからか、反対にその学習困難をサンチェスからとくと示され、安易に触れることができなくなったからか、後者の可能性は否定できない。同時期、漢字よりアルファベットに合理性があるとの見解を示した。後者であれば、アコスタが自己の持つ観念としてのチナ像から初めて離れた場面であるのかも知れない。[117]

## 五　小　結

既に何度も言及したように、彼の議論は誠に美しい。議論構成も見事であるし、言葉が持つ力を最大限引き出し、文学的にも美しい文体で、読者にすばらしい余韻を残す。また、論文著述の目的に沿うように完璧に近い形で論理は流れる。オジェがサンチェスの「チナ事業」の経過を辿った後、最後に良心のバランスをとるかのようにアコスタのこの二論文を紹介しているのはむしろ自然とさえ言える[118]。だが、サンチェスとアコスタは本当に対極にいるのであろうか。アコスタにおいては均衡のとれた判断も、同じ手法でありながら他の人の手に掛かれば、全く異なる結果になるであろうことは既に指摘した。アコスタが絶妙のバランスを保ち得るのは、その観察力と、「得失」の判断に神経を集中させていることに基づくと言える。また、全体として秀でて自他を相対化する力が働いているが、「効率」や「結果」の優先、「理」を単数と考えるヨーロッパ近代の思考回路が認められる。

アコスタの議論が時を超える真理を言い当て、洞察において誠に優れていることを認めた上で、彼にとって言わば他者の側にある者から、敢えて以下の危惧を呈することは、彼に支配的なサラマンカ学派のあり方を考える上でも意味があるのではないだろうか。

第一は、彼の最も得意な手法は現実観察であり、洞察である。そこから最適と考えられる手段を適用するものだ。彼の観察眼の鋭さとバランス感覚は見事だが、言わば名人芸であり、誰にでも可能な方法とは言えない。

第二は、理性的かどうかの点を重視する。これはヨーロッパの価値観を継承したものだ。既に言及したように、「理」はアコスタには単数と考えられても、言葉の本来の意味では「世界」の数だけ存在するはずであり、全く異なる原理で動く世界を現実に我々は知っている。自己が要求するような評価を他者が自己に与えない場合、あるいは全く価値観が異なる世界の存在をアコスタにして想定できないのである。非ヨーロッパ側から見れば、キリスト教ヨーロッパの対他者観の一つの限界を示すと言える。チナの学問の性格を形而下学的、もしくは訓詁学のようなものと理解した一文を『新大陸自然文化史』に記しており、一面の真理を衝いているとしても、既に「理」の序列化が彼の中で出来上がり、それが文明の序列化に繋がる道筋にあることは否定できない[119]。

第三は「平和的な手段で改宗するのではないかと希望が持てる間」は武力手段を用いるべきではない、という限定である。彼はラス・カサスを原理主義者・事大主義だとして嫌う[120]。目的に対して最も害が少なく、かつ効果を上げる手段を緻密な現実観察から実現可能だと主張し、現実にその非常に鋭い洞察力でそれを実現していたという自信も見える。そして、『インディオ救霊論』で「強制（Violencia）と自由というような大変相反するものを適切に組み合わせ、それらを結合させるような方法を知性が見つけ、機敏で行動的な愛徳がそれを一元化するようにさせるのは私の力量を超えている」と述べることから、それが彼の理想だと窺える。[121] 第一の点と併せて考えると、他者を武力で自己の原則に従わせる可能性を明確に残していると言え、宗教・イデオロギーを宣撫する手段として武力を下策と位置づけることはあっても、決して否定せず、常に選択肢として残し、正当化する論理を用意しているのは明らかである。従って、サンチェスの「チナ事業」に対して反駁するのが基調と見えるが、場合によっては武力行使ないしは武力誇示が宣教に有益である旨論じるのは、二論文が全方位を意識していたために便宜的に付け加えたとばかりは決して言えないことを意味し、サンチェスの方法論を全面的に否定するものではなく、むしろ方法と結果の均衡を促すものであると言えよう。

注

（1） *Historia natural y moral de las Indias.* アコスタ『新大陸自然文化史（上・下）』。
（2） Lopetegui ［1942］, p. 449; Pagden ［1993］, p. 54.
（3） 「大航海時代通信　二」（一九八一年一月、『イエズス会と日本　一』［大航海時代叢書、第II期第六巻］の付録）。和辻哲郎『鎖国——日本の悲劇』（筑摩書房、一九五〇年）ではインカ帝国とアコスタに言及している（一一九頁）。
（4） Mateos ［1954］, pp. 387–631. 他にも *Corpus Hispaniorum de Pace* （C. S. I. C.） シリーズの第二三巻では、同じ題名の下、ラテン語との対訳で出版されている（*De Procuranda Indorum Salute, Pacificación y Colonización*, ed. por Pereña y otros, 1984）。本稿では Mateos 版を優先して用いた。
（5） Mateos ［1954］, Introducción–Personalidad y Escritos del P. José de Acosta, p. XXXVIII.
（6） ヴァリニャーノも *Apologia* で賞賛している（pp. 79–81）。
（7） アコスタの主導で一五八五年にリマで出版。スペイン語、ケチュア語、アイマラー語版がある（Lucio Pereña, "Introducción: Clave de la Evangelización, de América" *Doctrina Christiana y Catecismo para introducción de los indios.* C.S.I.C., Madrid, 1986, pp. 11–16）。
（8） Cf., *Carta Magna de los indios, Escuela de Salamanca.* Corpus Hispanorum de Pace 27, C. S. I. C., 1988, pp. 58–61; *De Procuranda*

[1984], pp. 635–640.

（9）一五八二年八月十五日、リマ大司教トリビオ・デ・モグロビエッホが開催し、教皇と国王への決議事項の報告・交渉はアコスタが一五八八年に行った。

（10）Burgaleta [1999].

（11）ロペテギは彼の生年について詳細な検討を加えている（Lopetegui [1942], p. 58）が、誤差は前後一年程度である。思想形成に影響するほどのものとは考えられない。

（12）ロヨラの回状は、十二月一日付。神学生養成学校を、一五四六年一般学生に開放した。これが爾後活動の中心となるコレヒオの起源である（ウィリアム・バンガード『イエズス会の歴史』岡安喜代・村井則夫訳、原書房、二〇〇四年、三〇頁、二八―二九頁）。

（13）アコスタはメディナに開校したばかりのイエズス会学院の最初の生徒である。生家に隣接する修練院で、一五五四年、二年の初誓願を立て、一五五七年まではカスティリアの中で移動した（Lopetegui [1942], p. 24）。この養成課程は、サンチェスも受けたものであり、イエズス会司祭としての基礎教育である。一五五七年から翌五八年にかけてリスボア、コインブラに三カ月、半年と滞在した。リスボアはインド、その他の宣教地に派遣される宣教者の通過点であり、ここで宣教熱に触れたと考えられる。

（14）サラマンカ学派は経済学の分野でも近代的な思考を打ち立てるのに貢献している。アコスタも主著で、子供騙しのガラス玉やタンバリン、鏡などを法外な量の銀やエメラルドと交換する事例を挙げ、価格自体は法外だとしても、需要がある限り、法律で取り締まるべき問題ではないと述べ、価格を需要と供給関係に立って論じている（Mateos [1954], *De Procuranda* Lib. II, Cap. 14, p. 452）。

（15）イエズス会創設期の重要メンバーである。一五六一年、総会長はナダルをスペイン全管区の巡察に送った。彼は同管区に強い指導力を発揮した（Lopetegui [1942], p. 29）。青少年の学校教育とその理念確立に多大な貢献をした人物として語られる（バンガード［二〇〇四］、二一九―二二一頁）。

（16）Burgaleta [1999], pp. 21–22.

（17）アルカラでの神学教育修了後、オカーニャやプラセンシアのコレヒオでの神学教育に起用された。一五六〇年代はイエズス会の急発展期で、会員数はロヨラ死去時（一五五六年）の三倍（七〇年代初頭）、コレヒオ数も三〇〇を超えた。ローマ学院は一五五一年に開設され、間もなく大学に昇格（一五六六年）、優秀な人材が育ち上がってきていた時期であると共に、一層人材を必要とした時期であった。総会長や管区長が彼らの適切な配置に相当なエネルギーを使っていた状況をロペテギは詳述する（Lopetegui

［1942］, pp. 45-52)。

(18)「フランシスコ・デ・ボルジア宛書簡、一五六九年四月二十三日付オカーニャ発 (Mateos, pp. 251-252)」。Cf., Lopetegui［1942］, pp. 41-43.

(19) 翌年一五七一年四月にセビーリャに移動、サン・ルーカル・デ・バラメダから六月末出発した。サント・ドミンゴに寄港後、翌七二年四月にリマに到着している。アコスタは兄弟姉妹を九人持ち、兄弟六人の内五人がイエズス会に、姉妹三人の内二人が修道会に入会している (Lopetegui［1942］, p. 52)。

(20) 一五六七年、最初の会員八人をペルーに派遣すると、急速に増員され、アコスタの赴任時は四〇人を超えていた。

(21) トレドの副王任期は一五六九年から一五八一年まで。

(22) *Ibidem*, p. 72, p. 86. トレドは、インディオのレドゥクシオン化にも関与を試み、司祭一人当たりのインディオ割り当てを四〇〇人以下とするよう指示を出すなど、教会の専権事項と考えられていたことにも介入している。王権が新世界の教会を主導することを布教保護権は想定しているが、特にこの時期、フェリーペ王はその点を意識している。

(23) Burgaleta［1999］, p. 37.

(24) 異端審問がどの程度状況を規制していたかには諸説ある。参照、ヘンリー・ケイメン『スペインの黄金時代』立石博高訳、岩波書店、二〇〇九年、八八—一一四頁。

(25) このカテキズムは、スペイン語、ケチュア語、アイマラー語版の三種類が一五九四年リマで出版された (*An exposition of José de Acosta's Historia Natural y Moral de las Indias*, 1590, Wales, 2002, p. 29)。

(26) Luciano Pereña, "Proyecto de Sociedad Colonial, Pacificación y Colonización" (*De Procuranda*.［1984］, pp. 24-25).

(27) 第六巻、第五章と第六章。

(28) Lopetegui［1942］, p. XLVI. 十一月六日までにはマドリードに向けて出発している (*Monumenta Mexicana III*, p. 272)。

(29) Lopetegui［1942］, p. 72. 既にこの時期、スペインのイエズス会士の中には、王権と修道会の間を揺れ動く会員がいたとの見解をとり、もっと早い時期に表面化していたと主張するのはロサノ (Julian J. Lozano Navarro, *La Compañía de Jesús, y el poder en la España de los Austrias*, Cátedra, 2005, pp. 98-102)。

(30) José Martínez Millán, "La crisis del《partido catellano》y la transformacón de la Monarquía Hispana en el cambio de reinado de Felipe II a Felipe III", *Cuadernos de Historia Moderna*, 2003, Anejo II, pp. 11-38.

(31) ナポリ貴族出身にして、イエズス会入会以前、教皇の侍者であった (Antonio Astrain, *Historia de la Compañía de Jesús en la asisten-*

*cia de España*, Madrid, 1913, tomo 4, p. 212）アクアヴィーヴァのキャリアがこの問題に関係していないとは言い切れない。

(32) アコスタは母方が新キリスト教徒の家系に属す可能性が大である。アクアヴィーヴァはサンチェスを通して国王にこの点を伝えさせた。企図は成功、フェリーペ王はアコスタを遠ざけた（Lopetegui［1942］, pp. 11-12）。一方、同時期のスペイン史上活躍した人々の多くは、何らかの形で改宗ユダヤ人の家系と繋がっていたとも言われ、彼の事例が特殊なのではない。

(33) その意味から、ブルガレタは、彼の名誉回復を同著で図っているとも言える（Burgaleta［1999］, pp. 58-69）。

(34) 「総会長宛メンドーサ書簡、一五八五年十一月付（*Monumenta Mexicana II*, p. 718）」。「総会長宛ヴァリニャーノ書簡（*Documenta Indica XIV*, p. 102)」。

(35) 「アコスタ宛総会長書簡、一五八七年七月二日付（Lopetegui［1942］, pp. 475-476)」。オジェは根拠を明らかにしないが、「第一論文」を国王宛であると言う（Ollé［2002］, p. 187）。

(36) 「第一論文」。参照、リッチ［一九八五］、二〇七頁。

(37) いち早く諸島から彼を転出させよと命じた後に、諸島から出すなと命じるなど、背後にいかなる事情の変化があったのかは不明だが、総会長の書簡はその強い苛立ちを伝える（一五八六年二月二十四日付、六月十六日付、一五八七年八月十一日付［*Monumenta Mexicana III*, p. 151, pp. 173-174, pp. 248-250］）。

(38) 「総会長宛メンドーサ書簡、一五八五年一月十七日付（*Monumenta Mexicana II*, pp. 437-438）」、「総会長宛ヴァリニャーノ書簡、一五八五年四月一日付および十二月十七日付（*Documenta Indica XIV*, p. 9, pp. 101-102）」。

(39) 一五八七年十月九日付の総会長宛アンダルシア管区長ヒル・ゴンサーレスの書簡は以下に述べる。「国王も枢機会議も彼の到来を知っているので、この時期彼が姿を消すのは適切ではないし、良くは思われないであろう」（*Monumenta Maxicana III*, pp. 263-265）。この文言から総会長があちこちに彼の宮廷参内阻止を持ちかけていたことが明らかになる。マドリードに向かわせない手段まで考えていたと推測すべきだろう。

(40) Lopetegui［1942］, p. 476.

(41) 「総会長宛オルドニェス神父書簡、一五八七年十月九日付セビーリャ発（*Ibidem*, p. 268）」。

(42) 「総会長宛ヒル・ゴンサーレス前掲書簡（*Ibidem*, pp. 263-265）」。書簡の主旨は以下である。①彼の到来は、ヌエバ・エスパーニャから知らせてきていたよりももっと正当であり、何ら奇妙な点はない。持参している交渉事の中には若干当会に無関係のこともあるが、すべてあるいは主要な点は信仰と教会に非常に関係のあることで、当会があちら（フィリピーナス）で行うべきことに関係している。到来の動機は言わば非常に名誉なことで、かの諸島の高位教会関係者全員と彼の上長の意志によるものである。②

チナ、あるいはその征服についての覚書は、彼自身のものでも、彼を送った人々のものでもない。この問題を非常に思慮深く扱っている。ポルトガル人とスペイン人の間の交易についても非常に前者に有利になるよう提案している。一番私が恐れていた点を貴師はご存じだと思うが、彼が使者に立つことをポルトガル人らが怒る可能性はない。ヴァリニャーノが彼に与えたいくつかの構想も持ってきている。③かの新たな世界、チナとその周辺地域の状況について多くの情報を持ってきている。今初めて明らかになることがかなり多く、メキシコでも理解されていないことだ。彼はかの地の全域を回り、多くの出来事に遭遇し、多様な国と関わりを持ってきたので、各地を比較することができるので（彼の見解は妥当である）。

（43）ヒル・ゴンサーレス前掲書簡（*Ibidem*, p. 266）。

（44）前掲書簡（*Ibidem*, p. 265）。

（45）ヒル・ゴンサーレスはアコスタの修練長であった。ヴァリニャーノはマテオ・リッチの修練長だったが、創設期のイエズス会においては、修練長と修練者の関係は深く、格別の印象を受ける。ただし、アコスタが血の純潔を問題にされた時、弁護に回ることはなかった（Lopetegui［1942］, p. 452）。

（46）*Monumenta Mexicana III*. p. 248. 総会長書簡は、メンドーサの報告によって安堵したことを告げる。

（47）「メンドーサ宛総会長書簡、一五八九年五月十五日付ローマ発（*Monumenta Mexicana III*, p. 367, p. 371）」。

（48）この問題を特に扱ったものとしては、Miguel de la Pinta Llorente, *Actividad Diplomática del P. José de Acosta*, Madrid, 1952 がある。

（49）アコスタはイエズス会がスペイン的であることを当然のことと考える傾きを示しており、総会長の憂鬱を全面的には理解していなかったのではないかと考えられる。

（50）その場合でも原文は本部に送られるはずであり、現存しない理由にはならず、疑問が残る。

（51）Mateos［1954］, p. 394. 邦訳、アコスタ［一九九二］、一二二頁。

（52）「マテオによる福音」一八・七。

（53）Mateos［1954］, p. 334. 邦訳、平山［一九七七］、一七二頁。

（54）Francisco de Vitoria, “De iure belli”, “De Indis” (*Relecciones del estado, de los Indios, y del Derecho de la Guerra*, por Antonio Gómez Robledo, “Sepan Cuántos, n. 261”, Porrua, 1974). 伊藤不二男『ビトリアの国際法理論』（有斐閣、一九六五年）、ビトリア『人類共通の法を求めて』（佐々木孝訳、岩波書店、一九九三年）。参考、松森奈津子『野蛮から秩序へ』（名古屋大学出版会、二〇〇九年）。

（55）Mateos［1954］, *De Procuranda.*, Lib. II, Cap. III, p. 443, および Cap. IV.

（56）*Ibidem*, Proemio, pp. 392–393.

(57) Pagden［1988］, pp. 231-235. 自己の文明の外の人を野蛮人と呼ぶのはヨーロッパ人のみではない。ヒルは、日本人もイベリア人を「南蛮人」と呼んだと指摘する（ヒル「日本におけるスペイン」平山篤子訳、国際日本研究センターブックレット、東京外国語大学国際日本研究センター、二〇一〇年、三四頁）。

(58) 『新大陸自然文化史』第六巻、第二三章、三三〇頁。

(59) 前掲書、第一巻、五〇—五五頁、第一六章—第二〇章、一二九—一四五頁。

(60) これは、一五八六年七月頃、桂林に向かったルッジェーリ神父が、支援を期待して、訪問を希望したが、歓迎されなかったとリッチが述べる事柄に対応すると考えられる。サンチェスは、この件に関し途中経過しか知らなかったのだろう。参照、リッチ［一九八二］、二一〇頁）。

(61) イエズス会士のこと。

(62) ヴァリニャーノ書簡（一五八八）、邦訳、平山［一九九二］［一九九四］。

(63) Sánchez, Relación II, ff. 3-3v.

(64) 「第二論文（Mateos［1954］, p. 337. 邦訳、平山［一九八五］、二二三頁）」。「初代教父たちは力を欠いたゆえに権力や華美に頼らなかったのではない。それがキリストの福音、キリスト教的正義に最も相応しいことだからだ」。「彼らの多勢と勇気に頼めば武器の力で自らを守り、実にローマ帝国の征服さえも可能であった」。

(65) 「第一論文（Mateos［1954］, p. 333. 邦訳、平山［一九七八］、一七一頁）」。

(66) Mateos［1954］, *De Procuranda.*, Proemio, p. 391. 邦訳、アコスタ［一九九二］、六頁。

(67) *Ibidem,* Lib. IV. 特に Caps. VIII, XIV.

(68) 昔、キリスト教の宣教者はユダヤ人やギリシア人に子供扱いされたけれども、新世界ではキリスト教徒が最高権力を掌握している、と言明する（*Ibidem,* Lib. I, Cap. IV, p. 402）。

(69) *Ibidem,* pp. 450-451.

(70) 「第二論文（Mateos［1954］, p. 344. 邦訳、平山［一九八五］、二二三頁）」。Relación II, f. 4v.

(71) 脱稿は一五七六年前後ではあるが、最終的に出版許可を求めたのが一五八六年なので、二反駁論文との間に必ずしも一〇年の隔たりがあるわけではない。

(72) Mateos［1954］, *De Procuranda.*, Proemio, p. 390. 邦訳、アコスタ［一九九二］、三頁。

(73) Burgaleta［1999］, p. 73. 新大陸に関する著述では、「実見した」ということが唯一の権威であったとパグデンは指摘している

(Pagden［1993］, p. 55)。
(74) サアグン (Bernardino de Sahagún, O.F.M. ―― 一四九九年生まれ、一五九〇年没。フランシスコ会士。一五二九年、メキシコ赴任。主著 *Historia general de las cosas de Nueva España*) や、メンディエタ (Jerónimo de Mendieta, O.F.M. ―― 一五二五年生まれ、一六〇四年没、フランシスコ会士。一五五四年メキシコ赴任、主著 *Monarquía Indiana*) がこの世代に当たる。
(75) Burgaleta［1999］, p. 19.
(76) 当時活躍したイエズス会士の内、高等教育を他の機関で受けてから入会した者では、学問的議論から出てきた基準点が明らかにならなければ安心して行動できない人々もいた、とブルガレタが指摘し、ペルー管区の巡察師プラサ (P. Plaza) などがそれにあたると言う。彼はアコスタが管区長であった時期に、総会長から任命されて同管区を巡察しているが、意思決定の方法がアコスタとは全く異なり、双方の折り合いは良くなかったと言われる (*Ibidem*, p. 52)。
(77) *De Procuranda*., p. 391.
(78) トマス・アクィナス『神学大全I〜XXII』(高田三郎他訳、創文社、一九六三年)、第五巻。
(79) 「第一論文 (Mateos, p. 333. 邦訳、平山［一九七八］、一七一頁)」。「第二論文 (*Ibidem*, pp. 341-342. 邦訳、平山［一九八五］、二一九―二二〇頁)」。Cf., Antonio-Enrique Pérez Luño, *La Polémica sobre el Nuevo Mundo*, 1992, pp. 18-22.
(80) 『神学大全』第七二問第一項 (稲垣、二七頁)。
(81) Melchor Cano (一五〇九年クエンカ生まれ、一五六〇年トレドで没)。ドミニコ会士。サラマンカ大学に学び、ビトリアの弟子。ビトリアの死後 (一五四六年)、その講座を継いだ。バリャドリ論争の前半では裁定役を務めていたが、トレント公会議に王命で出席のため、中座している。同論争では、セプルベダに反対の立場を示した。神学の体系化に貢献したとされる。
(82) Domingo de Soto (一四九四年セゴビア生まれ、一五七〇年サマランカで没)。ドミニコ会士。ビトリアの第一後継者と考えられ、トマスの思想に忠実であったと言われる。アリストテレスの著作の注解も多数行った。カルロス王の任命で一五四五年トレント公会議に参画、帰国後カルロス王の聴罪師に任命された。神学以外にも、重力の発見に先駆的な研究を行っており、ガリレオやニュートンが重力の法則を導き出す前提を見つけたと言われる。経済学面の思考でも近代経済学の基本的考え方を示したが、これらの全ては人文主義的洞察から得られた成果と言える。
(83) Anthony Pagden, *La caída del hombre: El indio americano y los orígenes de la etnología comparativa*, Madrid, 1988, p. 18.
(84) Burgaleta［1999］, pp. 87-97.
(85) Mateos［1954］, *De Procuranda*., Lib. V, Cap. III, p. 547.

(86) *Ibidem,* Lib. III, Caps. XI–XVII, pp. 475–486.

(87) 「スペイン人に余りに厳しく正義を言い立てて、その故郷へ戻るように命じることは、この地における信仰の光と宗教を消すことを意味する」(*Ibidem,* Lib. III, Cap. XVII, p. 488. 邦訳、アコスタ［一九九二］、二五三頁)。

(88) Cf., *Ibidem,* Lib. III, Cap. XI, pp. 475–482. 即ち「正当な権原に基づいて獲得されたか、……そのいかんにかかわらず、キリスト教君主としてインディアスの統治権を断じて手放してはならない。なぜなら、この統治権は何よりも永遠の救済のためにこの上なく有用だからである」と言う。ビトリアにも近い発言がある。

(89) *Ibidem,* Lib. I, Cap. XVIII, p. 427.

(90) Cf., Lopetegui［1942］, pp. 348–349.

(91) こうした特徴を、ブルガレタは人文主義の中でも "Jesuit theological humanism" と呼び、イエズス会に特有なものだとする（Burgaleta［1999］, p. XIX)。

(92) 『ザビエル書簡集』(河野純徳訳、平凡社、一九八五年)。たとえば、書簡第七〇（コチン発ロヨラ宛、一五四九年一月十二日付)。他に、ザビエルは国王宛書簡の中で現地の副王、総督、役人らの長所をしばしば具体的に伝えるが、これがイエズス会と現地政庁との良好な関係に裨益することを計算に入れている。

(93) Lozano［2005］, pp. 83–118.

(94) タボラ総督の側で働いたボバディーリャ、ペドロ・モレホン両神父やコルクエラ総督とイエズス会の関係などは、最も明瞭な例である。

(95) 『インディオ救霊論』の第四巻が主としてこの問題を論じる。

(96) Mateos［1954］, *De Procuranda.*, Lib. V, Cap. III, p. 549.

(97) *Ibidem,* Lib. V, Cap. III, p. 547.

(98) ペルーでは第一回教会会議（一五五一年）からこの件の重要性が決議として採択されたが、第二回会議（一五六七〜八年）は、宣教者が言語を学ばない場合、それが明らかになった初年度は給与の三分の一、二年目には更に三分の一減額と決めた（Johan Leuridan Huys, *José de Acosta y el origen de la idea de misión Perú, siglo XVI,* Perú, 1997, pp. 44–45)。

(99) Mateos［1954］, *De Procuranda.,* Lib. IV, Cap. XIII, pp. 517–518.

(100) Pagden［1988］, pp. 240–241.

(101) Mateos［1954］, *De Procuranda.*, Lib. II, Cap. VII, p. 441. 邦訳、アコスタ［一九九二］、一二一頁。

(102) Lopetegui [1942], p. 238.

(103) 次章で言及するドミニコ会士ルイス・カンセルらの事件を明らかに示唆している（Mateos [1954], *De Procuranda.*, p. 412)。

(104) キリストの奥義に関して教えるべき点では、クリソストモを引いて「神の子が人間になり、我々のために十字架に付けられ、蘇った」を福音の要約であると言う。他所でアコスタは福音の骨子としてここで述べる点を挙げている（*Ibidem*, p. 552)。

(105)『新大陸自然文化史（下）』、二六九頁。

(106) "Resumen de la gente de la China, Xapón e India Portugal, 1613" はリマに多数の華人がいることを示している（フアン・ヒル氏、東京外国語大学講演、二〇〇九年）。

(107)「第二論文（平山［一九八五］、二一五頁、二一八頁）」。

(108) Sánchez, Relación I, ff. 15-15v.

(109)「ガレオテ・デ・ペレイラ記」、ガスパール・ダ・クルス［一九八七］、二九四―三〇一頁、四三七―四四二頁。

(110) リッチがこのような方法をとれたのは、ヴァリニャーノの全面的な承認を得ていたからであり、ヴァリニャーノがそれを敢えて許したのは、最後にチナ皇帝が改宗した時点で、全てを正すことが可能だと考えていたからではないかと考えられる（平山［一九九四］、四〇―四五頁）。しかしこの方法が危険を伴うことは、カミンズが既に指摘している（J. S. Cummins, *A Question of Rites, Friar Domingo Navarrete and the Jesuits*, London, 1993, p. 111)。

(111) 人間の思考や習性は全て教育によるもので、後天的、従って矯正不可能なものはないとする考え方。

(112) Mateos [1954], *De Procuranda.*, Lib. IV, Cap. XII, p. 525.

(113) Burgaleta [1999], p. 112.

(114) キリスト降臨前と降臨後に分けて論じ、降臨前に生きた人は救霊の対象だったが、降臨後はキリストを知ることなく救済されない等の説も紹介しながら、「キリストが公現してから既にこれほどの年月がたった我々の時代にあっては、最早キリストを知ることなく永遠の救いを誰も得ることはできない」とも言う（Mateos [1954], *De Procuranda.*, Lib. IV, Cap. VII, p. 525. 邦訳なし）。

(115) *Ibidem*, Lib. V, Cap. III, pp. 545-550.

(116) *Ibidem*, Lib. III, Cap. V, p. 467. 邦訳、アコスタ［一九九二］、一九五頁。

(117)『新大陸自然文化誌（下）』、二六七―二七七頁。しかし、アコスタはチナの学問は読み書きに尽き、高度な学問には到達せず、学問の実質を欠いていると断じている。華人読書階級に対する評価は、『インディオ救霊論』執筆当時より低下しており、読み書きを習ったインディオの方がマンダリンよりも知識があると判断していたことを同箇所で示す。その根拠については詳述しない。

(118) Ollé [2002], pp. 188ss.

(119) 『新大陸自然文化史（下）』、二七〇—二七二頁。「シナの筆記文字が一種の絵、ないしは符牒」と断じる。

(120) Mateos [1954], *De Procuranda*, Lib. I, Cap. XVIII, p. 427. 邦訳、アコスタ［一九九二］、四八頁。

(121) *Ibidem*, Lib. II, Cap. XIX, p. 459. 邦訳、前掲書、九二頁。

# 第五章　初代マニラ司教ドミンゴ・デ・サラサールの対チナ観
## ――チナ事業推進から否定へ

### はじめに

マニラ初代司教フランシスコ・ドミンゴ・デ・サラサールは「フィリピーナスのラス・カサス」と呼ばれることを自他共に許した人物である。彼自身の書簡や、他の史料がその言動を伝える限り、一時期の一つの問題への対応を除けば、一般的な意味で彼をそのように呼ぶことに何ら違和感はない。彼は、現地住民に対するスペイン人の権利侵害を激しく糾弾し、彼らが与えた被害を住民に補償する基金の設立を働きかけた(1)。それはラス・カサスがかつて提唱した制度でもある。また、現地住人に対する徴税問題では、彼らの権利擁護に立ち、時の総督と激しく対立、総督の不正を国王に直訴するため、八十歳になろうとする体躯で、二大洋を渡り、本国宮廷に向かう行動派であった。

十六世紀のドミニコ会は、スペインの海外発展の中心課題、他者との正当な関係を秩序立てる役割を担う意志を示し、ラス・カサスやビトリア、ドミンゴ・デ・ソト他を輩出した。各人の思想は必ずしも同じ構造や根拠に基づくわけではないが、方向性は同じと言え、そうしたドミニコ会宣教師の人物典型の一つに彼も属すると言える。

「チナ事業」を考察対象とし、それに関与したスペイン人の対華人意識と行動を考察する本稿で、サラサール司教の行動と議論に注目する理由は主として以下二点にある。第一は、彼が自己を「チアパの司教の教えに育まれた」と言明する点である(2)。これは少なくとも彼自身が、ラス・カサスの行動・思想を理想とし、ラス・カサス的でありたいと希求していたことを示し、その思想的立場が概ね明らかであることだ。このような思想的立場を自認する人間が、チナという、特に自足的、自己が世界の中心であると理念的に標榜する存在に、他者に積極的に関わるイデオロギーを持つスペイン帝国の指導的立場から、どのように対応したかを明らかにする一例である。

「チナ事業」に関するサラサールの提言主旨は時期によって大きく変化する。彼は、一五八三年、サンチェスの「チナ事業」に極めて能動的に与し、その年の国王宛複数書簡では、チナの宣教開始には軍隊派遣が論理的に可能、かつ必要、スペイン国王はこの遠征に十分な権原を有すると断言した。この時期も、現地住民とスペイン人の関係では、前者の「保護者」の立場に自らを置き、諸島在の華人に関しては、スペイン人による彼らの権利蹂躙に強い警告を発するなどの行動に出ている。従って、チナ宣教にのみ武力の使用を積極的に呼びかけたのであり、この判断の根拠を、チナは「一般論では論じ得ない国」という点に置いた。「チナ事業」という、一見したところラス・カサス的思想、特にその後期の主張とは全く異なるベクトルを持つ事業を提言し、なぜそれを正当な事業と主張したのか。チナを「一般論では論じ得ない国」とする具体的理由は何なのか。これらの解明はスペイン人のチナ理解の重要な一局面を明らかにすると考えられる。

第二は、サンチェスの「チナ事業」に同調、積極的に推進した後、いくらかの沈黙を経て、一五九〇年、国王に非常に興味深い書簡を送った。「チナ事業」を是としたことは誠に大きな誤りであり、「これは〔自分の〕良心に懸かる極めて重い荷である。それを下ろし、憂苦のまま死ぬことがないように」、深い悔悟の念を込めて「チナ事業」を誤りと弁じ、爾後のチナ宣教の方向性を提言する。統治や征服という公の事柄と個人の良心の問題が密接に関連して思考され、個人の「告白・回心」が外部に向かって表明されるのはカトリック・スペインに非常に特徴的な事柄だが、彼の例はスペインの海外発展の一つの特性を示す典型的な例である。彼の書簡論文の陳述にあるチナ宣教を巡る見解の変転を時系列で整理していくと、僅かな情報でさえ、学術的理論と自己の良心に照らして他者に対する秩序ある行動探索の手がかりと考える人間の姿が見え、スペイン帝国において理念がどのように機能していたかが見える部分でもある。

以上二つの観点から、本章では司教の文書数点を特に取り上げ、大枠では二つの世界システムの邂逅の始まり、「対等の他者」とスペイン人が観念したチナ観、しかし従来経験したことのない、敵意はないが自己に同調しない強大な他者への対応をスペイン帝国の理念の中でどう処理していこうとしたのかを考察したい。

サラサールとその思想に関する先行研究では、特に専門研究として以下四点を挙げるべきであろう。

第一は、ヘスス・ガヨの研究である。(3) 彼は、マニラ赴任後のサラサールの主張と行動に焦点を当て、ドミニコ会の精神を受け継ぐ者とも位置づける。従って、ビトリアやラス・カサスに関する一般的なイメージとは異質な議論と「他者の権利擁護意識」の伝統との関係で捉え、ビトリア思想の忠実な弟子としての面を強調し、またラス・カサスの精神が眠りこけていた」時期とし、例外視する。(4) 他方、「チナ事業」否定の司教告白書簡を、「ラス・カサス精神」の覚醒と位置づけ、それは一五八七年来島のドミニコ会宣教団の力に負うと主張する。

第二に、ルイス・ハンケは史料翻刻で重要な研究を残す。彼がラス・カサス研究の代表的人物であることは論をまたないが、ラス・カサス研究者の立場から、サラサールが一五九三年頃認めたと考えられるフィリピーナス諸島の非改宗住民に対するスペイン国王の徴税権を論じる論文を評価している。(5) 同論文によってサラサールをラス・カサスの思想系譜上に位置づけ、ラス・カサスの思想が彼によってフィリピーナス諸島に持ち込まれたと主張するものである。

第三のものは比較的最近の研究で、ルシオ・グティエレスによるものだ。(6) 彼の研究は、マニラ司教としての行動を解く鍵として、マニラ赴任以前、言わば前半生に焦点を当てる点で注目に値する。司教の前半生はほぼ不明に近いが、在籍したと見られる大学の受講者名簿や、通商院の新大陸渡航者名簿を手がかりに、マニラ着任以前に経たであろう一種の原体験とも言うべきものを浮かび上がらせる。すなわち、非武装宣教の試みが、現実には無惨な結果に終わるケースを見聞・体験したであろう点に注目し、彼がラス・カサスの主張する宣教方法を理想としたのは事実であるとしても、ラス・カサスよりは現実的な方法をとる必要性を認識していたとする。それゆえに「チナ事業」を一旦正当と認めたのであり、一五八三年のチナ宣教論は他の時期の言動から決して孤立しておらず、マニラ着任以前の体験や行動と連続性があるとする。しかし、サラサールの「チナ事業」正当化の具体的な根拠そのものに彼は関心を払わない。

第四、「チナ事業」を主題にする研究でサラサールに言及するのはオジェである。オジェは、一五八三年に司教が作成した、チナ滞在経験者へのチナ事情聞き取り「調査報告書」に注目し、特に司教による回答者の選択規準の意味を読み取ろうとする。回答者はポルトガル人四名、スペイン人四名、全員が世俗人であるのは、[7]「チナ事業」はお国意識や修道会の利害を超えた、極めて客観的正当性があることを示そうとしたものだと主張する。[8]しかし、彼はそれ以上には踏み込まず、サラサールの一五八三年と一五九〇年の報告書簡の間にある見解の相違がいかなる点に起因し、サラサールの中でどのように解決されたかに関しては言及しない。

本稿では、主として以上の先行研究の成果を批判的に取り入れつつ、司教が一五八三年の見解を引き出した理由を改めて考察し、一五九〇年の見解転回表明に至る過程と理由に注目する。オジェが注目する一五八三年「調査報告書」と従来は等閑に付されてきた一五八四年発信の「国王宛サラサール書簡[9]」を特に重視する。更に、時代背景を注視しながら議論を進めたい。「チナ事業」の消長は、論者の理念だけではなく、論者のチナ観がマニラを取り巻く環境の変化と深く関連すると考えられ、その点を最も端的に表すのが彼の事例であると考えられるからである。

## 一　ドミンゴ・デ・サラサールの経歴・行動と基本的思想

彼は一五一二年、リオハの一村、ラ・バスティダの貴族、もしくは裕福な家庭に生まれた。[10]生年を一五一三年とする説もあるが、[11]いずれにしてもマニラ司教に着任したのは齢七十前後である。司教着任以前の前半生を語る史料はほぼ皆無である。その中で、グティエレスはサラマンカ大学の履修登録者名簿に着目して、一五二七年の教会法の複数の講座に彼の名を見いだし、遅くとも前年には大学教育に就いていたと推測した。[12]その後消息は一旦途絶えるが、一五三二年に教会法で学士を取得、一五三七〜九年には世俗法の講座に登録、一五三九年世俗法で学士を取得したことを確認している。従って一五二六年から一五三九年までの期間、幾度かの中断を挟みつつ、サラマンカ大学に在籍したと推定した。この時期、ビトリアは神学第一講座教授職にあった。[13]この点に注目するハンケは、彼がビトリアの講義を聴講したと推定する。[14]

他方、史料の裏付けが明確なのは、一五四五年のサン・エステバン修道院でのドミニコ会入会と、翌年十一月二十六日の初誓願である。同修道院がスペインのドミニコ会を代表し、スコラ学を、その倫理神学面に重点を置いて言わば再生させたビトリアと彼の後継者らがその思想を発展させていった場であることは今更多言を要しないが、ここでサラサールはドミンゴ・デ・ソトやメルチョール・カノから直接教えを受け、他方で後に同学派最大の神学者と言われ、トマスの注解者であるドミンゴ・デ・バニェス[15]と養成期を共にしたとグティエレスは判断している。[16]初誓願後、司祭叙階までの養成期に再びサラマンカ大学で哲学と神学に受講登録をしたと見られる。[17]

一五五三年司祭叙階、その直後に新大陸へと送られた。オアハカにしばらく身を置いた後、サンティアゴ管区の中心、メキシコ市の修道院内で神学を講じた。[18]一五五八年から一五六一年は宣教に従事した。同管区がフロリダ遠征に三名の会員を随行させた際の一名である。この宣教活動は終始困難を極めた。生命の危険と筆舌に尽くしがたい苦労の末疲労困憊の極みでメキシコ市に帰投し、一年の静養を要したほどと言う。[19]フロリダには大量の貴金属と桃源郷があるとの風説が一五二〇年代初頭からあり、一五五〇年代までに少なくとも三回遠征が試みられたが、悉く失敗に帰し、スペイン側には死者と借財・徒労感のみが残った。サラサールが参画した第四次遠征隊もほとんど成果がないまま打ち切られている。[20]

帰還後は、管区の行政職、大学での講義、異端審問の査定官などに就いている。その後、サンティアゴ管区の総プロクラドールとして帰国、被宣教民の権利擁護を国王に訴えて、一五七六年宮廷で活発な活動を展開した。この時、レパルティミエント制[21]や現地住民からの租税徴収に対して批判を繰り広げた模様で、それが原因、もしくは宮廷での活動が過激に過ぎたゆえにインディアス枢機会議のメンバーに忌諱され、アトーチャの修道院に一時期監禁されたか、もしくは宮廷退去を余儀なくされた。[22]その後、フェリーペ王が彼の説教を聞く機会があり、それが王に好感し、サラサールがマニラ司教に任命される契機となったとハンケは言う。一五七九年フェリーペ王の司教推挙を受けて、直ちに赴任の用意に入った。[23]マニラにドミニコ会開設を期して、同行する宣教師をサラマンカで募り、一八名を同行した。しかしその大半が大西洋横断中に死去、計画は頓挫する。

一方、サラサールの思想形成過程の考察にも、同様の手法が必要になる。作業は、彼の周辺で起きた事件を彼の年譜に配置していくもので、これもほぼ全面的にグティエレスに負う。ただし、彼は歴史家であると同時に、サラサールをフィリピーナス諸島に生きたドミニコ会の大先輩として崇敬する傾向にあり、ともすれば人物像を自らの理想像へ近づける嫌いがある。それゆえ、他の史料と照会可能で、蓋然性が高いと考えられる事柄に限定すると、以下三点となる。すなわち、ラス・カサスの盟友ルイス・カンセルのフロリダ宣教と虐殺事件、および彼自身のフロリダ宣教体験である。

第一、レメサルが伝えるカンセル殺害事件の経緯は以下である。ラス・カサスと行動を共にし、完全非武装、宣教者単独の宣教のみを正当と説いていたカンセルが、ラス・カサスの賛同を受けて実行したフロリダでの宣教活動中に起きた。[24]宣教対象の住民が非常に戦闘的、あるいは非社交的であることが知られ、無防備で接近すれば生命に危険があると誰もが認める宣教地であった。[25]その一つの部族へカンセルは同僚三名と共に接近を試みた。現場でも状況は極めて悪いと判断されたが、彼らは敢えて住民に接触、宣教開始以前に住民の奸計に陥り、殺され、食べられてしまった。[26]一五五二年のことである。この事件は本国、新大陸双方のスペイン人社会を改めて非武装宣教の是非を巡る論争へと導き、常日頃非武装宣教を主張する人々にも再考を促す契機となった。[27]これに対しラス・カサスは、住民がカンセルらの来訪の意図を知らなかったこと、またスペイン人が以前住民に対して働いた暴挙を忘れていなかったことに事件は起因するもので、カンセル殺害をもって軍隊同行を正当化することはできないと主張した[28]。この事件とサラサールを直接結びつけるのは、事件の生き残りにして目撃証人、グレゴリオ・デ・ベテタ神父である。グティエレスは通商院の新大陸渡航者名簿を辿り、神父は事件後一旦帰国していたが、サラサールの新大陸赴任時の宣教団に同行したと推定する[29]。カンセルと共に行動し、その殺害現場を目撃したベテタが、事件から引き出したかも知れぬ教訓は不明である。しかし、サラサールは同事件をドミニコ会士として経験し、内部での議論も側聞していたと考えられ、初めて宣教地に赴く際の上長がベテタであったことは、事実とすれば看過できない出来事である。理想を実現する順序と手段等の点で、彼がベテタから現実的な対処の重要性を学び、何らかの原体験的影響を受けた可能性は十分考えられる[30]。

ところで、彼が自らを「チアパスの司教の教えに育まれた」と述べたが、両者が直接顔を合わせた可能性はかなり低い。ラス・カサスの没年は一五六六年なので、両者はほぼ二十年をドミニコ会で共に生きたことになる。接点があるとすれば、ラス・カサスの本国帰還の一五四七年から、サラサールの司祭養成期、新大陸に向かう一五五三年までの間だが、同時期ラス・カサスは、いわゆる「バリャドリ論争」に主として従事し、バリャドリ[31]と宮廷近くに滞在していた[32]。従って、既に「大物」にして「時の人」であるラス・カサスをサラマンカからサラサールが尊敬の念をもって眺め、誇りとし、その謦咳に接することを喜びとするという、一方的なものと考えるのが妥当であろう。

第二は、一五五八年のフロリダ遠征への彼自身の従軍である。当時サンティアゴ管区は、ドミンゴ・デ・サンタ・クルスが管区長であった。彼は、ラス・カサスらとは一線を画す現実重視派であったとグティエレスは述べ、その証拠として彼の国王宛書簡を引く。フロリダ宣教は「宣教者のみで赴くのは決して適切ではない。規律正しい、キリスト教徒たる兵を同行するのが適切で、それは〔現地の人々に対して〕悪事を為さないのみならず、彼ら〔被宣教民〕が〔スペイン人に〕刃を向けることがないようにするためである」と説いた人である。その管区長がサラサールを選び、彼を「フロリダの現地住人の善にとり最適で、当管区で最良の修道者」であると述べる。この点から、サラサールがその判断や価値観においてバランスがとれ、安定した人物と評価されていたというのが、グティエレスの判断である。[33]サラサールの「三年間の授洗者は瀕死の老婆一人のみであった」との言葉[34]は、徒労感を表現して余りあるが、宣教の費用対効果を嫌でも考えさせる契機になった可能性は確かにある。

第三に、ハンケはサラサールが著作を上梓したと言う。現物が現存するわけではなく、著作を贈られたアロンソ・デ・スリタの書評が残ることをその証拠とする。[35]即ち、「この著作によってサラサールが大変な才能と学識に恵まれていることが分かる。彼の的確な判断、優れた記憶力、鋭敏な能力を明らかにする。彼は実見者、あるいは特別な関心を持つ者として、物事の極めて深い根本から説き起こす。そして、彼の師〔ビトリア〕や司教〔ラス・カサス〕の説を発展させ明快にしているところもあれば、毅然とその両者に反論する箇所もある」というものだ。[36]おそらくフロリダ宣教から帰還後に上梓したと考えられるが、次節以下で検討する彼の書簡には、以上の書評を想起させる箇所は確かに認められる。それを偉大な先達の学説からの逸脱と見るか、現実注視によって自律的に諸事判断していた証拠と見るかは判断が分かれるところであろう。

この他に、メキシコのチチメカ族に対する平定作戦終了後の処理を巡る議論をグティエレスは挙げる。ヌエバ・エスパーニャ副王がチチメカ族全員を奴隷とする裁定を下し、メキシコ大司教モヤ・イ・コントレラス、諸修道会上長は賛同したが、ドミニコ会士のみが反対、その中心にサラサールがいたと彼は主張する。根拠は大司教書簡であるが、同書簡は必ずしもサラサールを名指ししておらず、こちらは参考に止めざるを得ない。[37]

サラサールがマニラへ赴任した時期は、同地がスペイン帝国の海外領土の拠点として立ち上がり、都市化に向かう初期である。彼は、司教座会議の招集と維持、結論作成、プロクラドール派遣と進め、本国で交渉させ、諸島行政改善を求めた。その成果はダスマリーニャス総督が本国から持参した多くの指示書に見ることができるが、サンチェスの観察眼と説明力に負いつつ、フィリピーナス諸島の独自性を本国に初めて知らしめ、スペイン的制度確立に重要な役割を果たした。

他方、彼が東アジア世界のカトリック化の中でマニラをどう位置づけていたかを具体的に語る史料は現在のところない。日本宣教やチナ宣教に向かう発進地[38]として認識し、住民宣教地としては新大陸と大差ないと考えられた諸島に宣教者を誘ったが、チナや東アジア宣教への橋頭堡と位置づけたと言える。日本人キリシタンがマニラのフランシスコ会士に日本渡来を要請したことを取り次ぐ国王宛書簡[39]を一五八七年付で残していることは、この認識を示すものと言えるかも知れない。

## 二 「フィリピーナスのラス・カサス」サラサールと「チナ事業」（一五八一〜一五九〇年）

「司教座会議」は、スペイン帝国の海外領土統治の意味を如実に示すもので、あらゆる問題を俎上に載せている。諸島におけるスペイン人の行動の全ては、領有権原との関係で正当性の有無が判定されるものであるからだ。既に言及した諸島領有の正当性、徴税権原の証明や確認などは最も喫緊の問題であるのは当然として、華人問題も議題に掲載される。[40]会議報告書は全体の総括に過ぎず、討議に付された議題の順序や時期を示すものではない。足かけ六年に亘るマラソン会議であったことから、諸島が直面する問題の刻々の変化を反映して、時期によって扱う問題や方向性が異なっていた可能性が大である。ただ司教の一五八二年の国王宛年次書簡はチナ宣教に言及する以外に、議題の整理や会議進行にあたったサンチェス神父が、同年のマカオ出張目的を、通商と宣教に関するチナとの交渉、それに対するチナの対応とチナの防衛態勢等の偵察であると言明しているので、チナ問題はかなり早期に俎上に上っていたと考えられる。[41]フェリーペ王のポルトガル王位継承の報が一五八二年に到来したことがポルトガル人との問題を優先課題に押し上げ、チナ宣教が俄然現実味を帯びたと考えられる。ただ、司教が一五八二年国王宛報告書簡でチナ問題を語る部分は小さく、彼の中で、ポルトガル人慰撫、対チナ交渉、あるいはチナ事情偵察のいずれが優先課題であったかは明確ではない。チナについて理解がまだ及ばず、彼には語れるほどのイメージがなかった可能性が高い[42]。

ところが一五八三年三月、状況は一変する。サンチェスが一年ぶりに、具体的情報を携えてマカオから帰島したからである。同年三月末から、六月に定期便ガレオン船がカビーテ港を解纜するまでに、スペイン政庁の構成員はほぼ全員が「チナ事業」を国王に慫慂する書簡を何らかの形で認めたことが、今日に伝わる史料から窺える。サラサールはテーマ別に五通以上の長文の書簡を認め、少なくともその内三通で特にチナ問題に言及し、内二通は「チナ事業」推進とその権原を専ら論じ、件の「調査報告書」を作成、書簡に添付した。

チナ事業に言及する一五八三年発信のスペイン政庁関係者の書簡は、その効用と実現の可能性を奏上する文書、および法的権原に言及する文書の二種類に分類でき、大半は前者である。それについては既に第二章、第三章で言及したが、後者に類すべきは、管見の及ぶ限りでは、サラサールの書簡とアコスタが反駁したサンチェスの「文書」のみである[43]。政庁関係者が、権原の議論は専門家に譲るという姿勢をとり、神学・法律の専門家であるサラサールがその神学的・法的説明を一手に引き受ける形になるのは自然の成り行きとして納得できる。

## 1 サラサール司教の「チナ事業」とその権原

彼が「チナ事業」を正面から論じた書簡は、一五八三年六月十八日付で少なくとも二本ある。同書簡は既に二十世紀前夜から初頭にかけて、レタナやパステルスが部分や全文を翻刻し、一九七三年に高瀬弘一郎氏が重要な部分を翻訳、紹介している[44]。それらを本稿では便宜上「第一書簡」、「第二書簡」と呼ぶこととしたい[45]。ここではまず、同書簡が陳述する「チナ事業」の権原と状況説明を整理して、以降の議論の土台としたい。

第一、司教が両書簡で明記した「チナ事業」の権原とスペイン国王の権利は以下に纏め得る。

① 司教と総督が派遣した使者をチナは相手にしない。またチナは、スペイン人と通商も交際も望まず、スペイン人のチナ入国を拒否する。それについてはサンチェス神父が確認した。

②　フェリーペ王が、全インディアスに有する称号と権利、およびポルトガル国王を兼任するゆえに、チナとその隣接国、東インド全土に及ぶ称号と権利を勘案すると、チナが全力を挙げて立ち向かってきても打ち勝てるような規模の軍隊派遣は可能である。

③　スペイン国王の軍隊は、妨害者がいてもチナ諸地域入国を可能にし、諸国で福音宣教を認めるようチナ国王や為政者らに強要する、また宣教者が危害を受けないよう護衛する権利を有する。

④　以上に要した費用全額をチナ住民が負担するよう求めるのは可能で、それに応じない場合は強制徴収も可能。

⑤　入国後、チナ王国全土から租税を徴収、その平定・保全に努めるべく王国の一部を兵士に与えることも可能。

⑥　チナ国王が余りに邪悪で福音宣教を頑として認めず、十分手を尽くしてもその改善が不可能ならば、チナ国王から同王国を陛下は奪取可能である。⑤と⑥とは疑う余地なく可能だが、実行に移す段階で困難がある。

以上の行為に対する権原として「第二書簡」は以下を挙げる。

①　チナの為政者が国の門戸を固く閉ざしているので、宣教者は入国できず、入国を意図しても、彼らが認めないことは明白である。

②　福音宣教は明らかに死の危険があっても中断すべきではないが、①の理由から、宣教者の殺害や捕囚、虐待等を惹起する結果になるのは人間的に見て明白である。その場合、陛下は宣教者を護衛なしに赴かせてはならないし、宣教者自身も赴くべきではない。何ら成果がないと分かっていながら、使徒や殉教者のごとく生命や危険を顧みず入国したとしても、それは徳ではなく、無謀な振る舞いに過ぎない。

③　カトリック王はインド全土に宣教者派遣の義務を負う。しかし宣教者の単独派遣が無謀で、何ら効果がない場合、宣教妨害に対応し、宣教者保護を十分可能にする兵力派遣は可能、否、義務でさえある。

④　宣教者が軍隊と共に入国した後、住民が軍隊を恐れて、あるいは自発的に改宗したとしても、改宗の自発性は、以上に要した全経費、兵の給与、船舶用船料その他一切の費用負担を彼らに要求、強制する権利をカトリック王

に失わせるものではない。華人が抵抗しない場合、派兵費用負担を彼らに負わせ得るかどうかには一般論として疑問の余地があるが、宣教者を単独派遣すれば、華人が彼らを殺害あるいは虐待する蓋然性が高いという証言がある。

⑤ チナの為政者が、陛下のかの国への入国権を知り、抵抗はせず、軍隊撤去を申し入れる、更に宣教者保護、ここまでの経費負担を申し出る場合でも、それゆえに派兵権が消え、撤兵義務が生じるわけではなく、上記の効果を期待して駐留続行は可能である。またチナは陛下の至上権を認め、納税義務を負う。

ただし、以上の処置の「目的は、かの民の殲滅ではなく、改宗なので、その目的の求める公正さと節度を保つ必要」がある点を繰り返し、「節度」の遵守を求める。難問は実行において生じるが、その解決方法を論じるには長文の論文が必要になる、と言う(46)。

これらの議論展開にあたって、サラサールが以下二点にこだわっていたことが、同じ書簡から明らかになる。すでに第二章、第三章で言及した時代背景、およびサラサール自身が矜持とする信念との折り合い、即ち良心の問題である。

まず時代背景だが、識者の間では既に「征服」という文言が一種の拒絶反応を引き起こす状況にあると推定できる点を第三章で指摘したが、司教の文言もそれを裏付ける。学識者の意識世界は「征服」を負のイメージで捉え、宣教を権原とした軍事行動には批判的な視線を向けた。ドミニコ会士ヴォランテは、他の問題を絡めてとはいえ、「チナ事業」を異端審問送付に値すると批判している(47)。

第二点はサラサールの「チナ事業」への関わり方である。総督にその立場、即ち軍事面からの「チナ事業」の可能性を国王に奏上するように勧めたのは、自分であると司教は国王に言明する一方で(48)、日曜日の説教台から総督と住民の全てに向けて「〔チナ〕入国と平定に関することでは、常々非難されてきたこと〔軍事行動を伴う宣教〕は不当でないばかりか、それを行う義務さえある」と言明した(49)。後半は帰国後のサンチェス神父の証言である。両者は、この問題も含めて一五九〇年以降非難の応酬に陥っていたので多少の保留は必要だが、これらは司教のチナ事業への関わり方を端的に示す。

「チナ事業」へのこの積極的関与は、実は司教の内面に激しい葛藤を惹起していたのである。「フィリピーナスやチナの事情を知らない者から見れば、これほど熱心にチナ派兵を説くのは狂気の沙汰と思われるかも知れない」。「この問題につき大勢の人々が何を考えているかも知っている。御地〔本国〕の方々が全て、こういう福音宣教の仕方は不当と考えていることも知っている」。それでも、「チナ事業」を提言すべき理由があると主張、「私どもがこの件を当地で取り上げねばならなくなった原因や理由をご存じないと、今私がしているように陛下に奏上するのは大変大胆で、狂気の沙汰とお考えになるかも知れない」と繰り返す。[50] 法は「インディオに対して為された征服を弾劾し、そこで引き起こした損害、殺戮、略奪の悉くに関してこれを命じた者にも加わった者にもその償いを命じている」とし、「自分もこれが正義だと考えてきた」。しかし「チナに対してはそうした考え方が成立しない」、チナは「一般的に論じる埒外にあり」、チナ遠征の正当性は「疑念の片鱗も生じないほど確実で真実」なので、これに反対する人は、「この問題を非常に誤解している」。「彼ら〔ヨーロッパ人〕は事実を知らされていないので法を適用させることができず、チナやこれより小さい近隣の国々への福音導入という極めて重大な事業に扉を閉ざしている」と主張して、自己の思想的矜持と「チナ事業」正当化との間の矛盾解決を図っている。[51] これらの言葉が思い出させるのは、サンチェスが一五八五年発信の報告書で指摘する点である。即ち、チナの扉が開かれつつあるとか、多くの地域でキリスト教が受容されつつあるというのは虚偽情報で、ヨーロッパの人々は騙されていると言明したことだ。[52] サンチェス同様、サラサールもチナの状況を「一般論では論じ得ない」、「特殊な国」と捉えたことが、「チナ事業」の出発点になっていることが明らかになる。

## 2　一五八三年のチナ認識

二人はチナの「特殊」性を共に強調した。その特殊事情を本国が書面から理解するのは到底困難であろうから、本国に人を遣わして、直接説得にあたるしか方法はないと司教は考えた。しかし厳しい批判を受ける覚悟で本国に向かい、「チナ事業」の正当性を顕職者に説き得る人物となると、人選は難航し[53]、結局書簡論文の送付のみに終わったことを彼の書簡は示す[54]。

では一体チナの具体的状況の何が、「一般論で論じる」埒外に置くべき国だと司教に判断させたのであろうか。本国が信じる「言説のチナ」とサラサールが当時知り得たとする「現実のチナ」では何がそれほど異なるのであろうか。まず、当時のスペイン人が一般的に思い描いていた「言説のチナ」論をサラサールの言葉から拾っていくと主として以下二点に纏め得る。共に「第一書簡」が述べるものだ。

①「チナに教えが入りさえすれば、他のあらゆる国に教えは流布する」。チナの改宗は、「フランドルで何千人を倒し、教会が勝利する、またカエサルやアレキサンダー大王が勝利するなど〔歴史的な偉業は〕あったが、霊的なことでは使徒以来この世にこれほど重大な事業はない」、つまり教会史上最大級の事業であると言う。

② 華人に関しては、「我々と同様に理性があり、清浄の人、あるいは多くのことで我々に利益のある人々で、世俗統治や刑法に関することではヌエバ・エスパーニャやペルー、また当〔フィリピーナス〕諸島で行っているよう〔な統治を〕行うことは不可との点に留意すべきだ」として、新大陸の住民統治と同じには扱えないほど文明レベルは高いとする。

他方、サラサールが「現実のチナ」だと語る部分は以下である。

即ち、「陛下のために作成された『調査報告書』は、かの国への入国は〔チナ〕国王への礼物によって行うのが良いとした判断が誤りであると示すのに役立つだろう。私がまだ陛下の宮廷にいた時、陛下はそれを命じておられた。

私も同じように騙されていたので、効果がなくとも〔礼物を〕送致するようにと急がせたものだ。今回のこの『調査報告書』から、あんな野蛮で傲慢な国王に贈り物をすることが陛下の偉大さにどれほど相応しくないことか、チナ国王の方ではそれを受け取らないばかりか、礼物を過小評価するだろうし、それを持参した者を引見さえしないだろう〔ということが分かった〕。〔チナ〕国王の〔代理〕、総督たちも同じように傲慢なので、彼らは自分たちの国王と同等の君主がこの世の中にいるなど思いもしない。従って、礼物という手段によってチナ入国を企図すべきではない[55]」。こういう国であるから「チナ事業」によって租税徴収、スペイン国王の至上権を認めさせることは法的に可能だと言う。場合によっては、「野蛮人（barbaros）」と本土華人を呼ぶ[56]。

確かに、明国は特に華夷秩序を帝国理念として、対等な国の存在を理論上認めず、理念上「外交交渉」などあり得ない。従って国家間の交渉事が不可能という司教の主張は誤りではない。

一方、書簡にある「調査報告書」の重要性に関し既に言及したが、それが具体的に何物なのか、少し長いが質問の要点を列挙してみたい。質問事項自体が、サラサールがチナをどのような国と理解していたかを明らかにする第一級の史料であるからだ。同時に、「チナ事業」推進を慫慂する書簡に添付されたことから、真偽をただす事項を「事業」の権原として考えていることは明らかだ。

① 証人の氏名、出身、年齢、職業。

② チナ滞在期間。

③ チナが海岸に多くの船舶を並べて、〔外国人の〕入国を悉く拒否しているか。入国を敢行した者を捕縛、殺害あるいは虐待しているかどうか。また、外国人の捕縛を奨励するために、兵に賞金を出しているか否かを知っているか。

④ マカオにいるポルトガル人にはイエズス会士が付き添うのを許すが、それはポルトガル人が悶着を起こすのを防止する力があるからだ。それ以外の入国、家屋や教会の建設を許可しない。福音宣教を許可しない。敢えて宣

教すれば笞打ちにすることはあり得ると知っているかどうか。

⑤　マンダリンは、宣教師らを跪かせた上でなければ、会話を許さない。拝跪を笞で強制する次第であるので福音宣教は不可能と知っているか。

⑥　信仰を憎悪しているので、信仰について最後まで話させないし、通訳も内容を変えてしか伝えず、通訳がそのまま訳そうものなら笞で打ち殺す。従って救霊に関して話す場がないと知っているか。

⑦　神父に同行する通訳が、キリスト教の表象物を身に付けていれば残酷に笞打ち、殺すので、改宗者通訳は神父に同行を拒否することを知っているか。

⑧　宣教を許せば、人々がそれを喜んで聞くことを為政者は知っているので、許可しない。人々は我々の信仰と彼らの邪教の違いに気づいていないので、信仰を受けない。つまり人々が信仰を耳にするのを為政者が妨げていると知っているかどうか。

⑨　マンダリンの許可なく入国すれば、処刑か永久牢、少なくとも大量の笞打ちに遭わせる。宣教許可を与えるよう依願しても何の効果もないと知っているか。

⑩　丸腰で入国したフランシスコ会士は捕縛され、酷い虐待の上、死の危険に晒された。もしポルトガル人が購わなければ、殺害されるか奴隷にされていたと思うか。

⑪　サンチェス神父は使節として赴いたのに、カントン市到着以前に捕らえられた。マカオのイエズス会士とポルトガル人の尽力がなければ、危険な目に遭っていた。しかも使節として赴いたのに何ら回答を得なかったのを知っているか。

⑫　チナはサンチェスらを最終的に放免したが、二度とマニラからチナに来るなかれ、来航すれば沿岸警備の者が全員を殺害すると言ったのを知っているか。

⑬　教会がかの地の者を助け、彼らに善行を施すのを見れば、その多くは、自分たちの為政者から受けている多く

の被害や虐待のゆえに、為政者に反旗を翻すと思うか。

⑭　改宗者をマンダリンから保護するため、マカオ市が受け入れると知れば、受洗者は多くなると思うか。もっとも今はそのようなことを実行しないが。もしそのようなことをすれば、何らかの機会を見つけて、チナが追放とか財産没収の処置をとるかどうか知っているか。

⑮　華人が改宗すれば、マカオ市が改宗者を受け入れることにしても、華人はチナ為政者の臣下なのでマンダリンはその者らを即刻罰すると思うか。

⑯　マカオに修道者らが駆け込むので、為政者は沿岸を警護する船を増加、警備を強化し、以前も現在も、マカオのキリスト教徒をマンダリンは苦しめてきた。またチナに潜入した修道者らを間諜として弾圧してきた。これらを理由として、〔チナ事業は〕今なら容易かつ経費も掛けず可能なのだが、短期間に何らかの手を打たなければ、一層困難、あるいは不可能になりゆくのを知っているかどうか。

⑰　昨年スペイン国王がチナ国王に送るように命じた礼物は役に立たないばかりか、害になる、スペイン国王のごとき偉大な君主の威厳を踏みにじることになる。なぜならば、かの傲慢な野蛮人は陛下が遣わす〔友好の〕意を受け取らぬばかりか、朝貢と考えるであろうし、それを届ける者がチナ国王と言葉を交わすことを許さないであろうが、以上を認識しているかどうか。随分前にポルトガル国王がチナ国王に贈った礼物に関して起きたことについて知っていることを述べるように。

⑱　これら全てのことが、当諸島やポルトガル人が交易に赴くインド、特にマカオ市では公然のことであるのを知っているかどうか。当問題について他に知っていること全てを告げ、明白にするように。

以上の設問に対して、各人は見聞を披露し、チナのマンダリンが、神父らが拝跪礼をとらない限りその話を聞かないことや、通訳がマンダリン等に都合が悪い話を訳さないことについて全員が肯定している。ただし、司教の公正を期す意志にもかかわらず、ポルトガル人の証言とスペイン人の証言を分けて考える必要があるのではないだろうか。

前者は、この海域の交易独占を守るために、スペイン人と華人を離間させる意志を持っていたので、チナ人をできるだけ理不尽な存在として描きたかったであろう。それに対して、後者はサンチェスやペドロ・デ・アルファロの随員である。彼らはチナに関する知識がほぼ皆無のまま、無知もしくは伝聞に基づき証言しているとも言えるからだ。

翻って、サラサールが直接目にした華人に対する認識は以下に纏められる。時はロンキーリョ総督が華人に居住区を指定、彼らの搬入物品に三％の関税をかけ始めた時期である。華人居住区の指定[57]と関税課税は彼らの恒常的来島を妨げる行為と断じて、司教は双方に反対したことから、華人の来航と居住はマニラにとり重要で、彼らの来航を促す政策が必要との認識があったと理解できる[58]。ただ、華人を一つの集団としては認識しているが、意志を持ち、喜怒哀楽の内に日常を生きる人格を持った個人としての認識を彼の報告書に見つけることは難しい。個人的接触の機会を得ていないからであろうが、彼の書簡から見る限りでは、個人的交際への強い意志も認められない。そして、集団としての華人に対して、道徳面では低い評価しか与えない。華人改宗者への断髪強制なども、改宗の真性を問い、棄教防止を意図しており、そういう措置が必要な人々だと評価していたことになる[59]。

一方、チナの物質的豊かさの強調は、他の報告書と共通し、それに言及する動機も他の論者と同じである。チナが真実豊かな地であるという事実の他に、何らかの事業を本国に提案する際、事業費の現地調達の可能性が、インディアス枢機会議や国王がことを許諾するか否かに影響したからだ。

## 三　チナ問題におけるサラサールの「見解」（一五九〇年）

一五九〇年六月二十三日付国王宛の書簡は一万語を超える長文で、前半部でチナに対する見解の転回、その過程と見解転回の理由、後半部は爾後のチナ宣教見通しを国王に陳述するものである[60]。

一五九〇年書簡の「チナ事業」に関わる要諦は以下にある。

書簡作成の主目的は、自分の良心に重くのしかかる重荷を下ろし、「憂苦のまま死ぬことがないように」することであり、「全ての人に対し、特に陛下に対し、常に、またあらゆる事件において真理を覆い隠すものの混在を許さず、完全に純粋なる真理を報告」することである。

「重荷」の主体は、一五八三年以来国王に慫慂してきた「チナ事業」である。即ち、「チナ事業」は、宣教の成就という目的、および正義の観点、いずれから見ても誤りであると断言する。この過誤を犯した原因はチナの現状認識の誤りにあり、その認識は誤った情報に基づいていた。そしてこの偽情報を意図的に彼に流した者がいるという。偽情報とは、

① チナの為政者は、自国発行の許可証（チャパ）を持たない外国人には入国を許さず、敢えて入国した者を死罪に処す危険がある、即ちチャパを得ない者は処刑か捕囚以外望めない。

② 外部者を許可なく入国させることは華人に禁じられ、この禁を犯した者は処刑、手引きを受けた外国人は永久牢に処せられる。

③ マンダリンは以上の政策貫徹のためにチナ沿岸を厳しく固めている。

以上が真実ならば、チナは宣教者受け入れを拒否すると判断され、「一般の民は福音を歓迎するが、為政者がこれを妨害している」と理解すべきで、スペイン国王は「チナ事業」遂行のための正当な権原を有すると判断した、と述べる。しかし、この情報は事実ではなく、ポルトガル人が彼に流した偽情報であると言う。偽情報を司教が信じたのは、来島以前から同様の情報を聞かされていたことや、マカオやインドから来たポルトガル人が同様の話をマニラで彼に聞かさせたからだと言う(61)。

一方、「偽情報」を「偽」と認識した経緯の説明は以下である。チナが対外姿勢、少なくともスペイン人に対して敵対的ではないことは、彼の知人が明国地方政府当局と実際に接触した体験から知悉した、またチナ官憲がスペイン

人に警戒感を持っているのは事実であるとしても、それはスペイン人について彼らが得ている情報に問題があるからである。「正しい」知見に基づくと、一五八三年来主張した「チナ事業」の権原は崩れると判断し、それゆえ「チナ事業」を撤回すると司教は説明する。チナが敵対的ではないことを彼に認識させた事件と出来事として、以下四件を挙げる。

第一、一五八三年夏、アカプルコに向けマニラを解纜したサン・マルティン号が、チナ沿岸を漂流した際、明国地方官憲から保護されたことである[62]。明国官憲は同船を抑留し、乗組員を尋問にかけたが、「呂宋」発の商船であることが明らかになると厚遇し、没収した品物を全て返却、没収処置を執った者の処罰を指示した上で、船がマカオへの回航を希望すると、明国側は快諾した。当初の容疑はスパイである。この経緯の証言者は、同船の船長および乗客のアウグスチノ会士[64]である[63]。

第二、チナに入国しようとしたフランシスコ会士である[65]。明国官憲は彼らを一旦捕縛したが、その素性が判明すると、明国地方政府当局の負担で帰路の支度を整え、マニラまで送還した。報告書でこの事例を二番目に挙げるが、これに該当する事件は第一事例よりも時間的に早い。

第三は、アカプルコからマカオへ向かった船が途中漳州近辺で難破、漳州のマンダリンから手厚い保護を受け、マカオに安着したことだ[66]。漳州の官憲は、同船とその乗客・乗員を極めて親切に接遇し、同船の意向を尊重した。このことは、司教のみならず、ベラやアウディエンシアもフェリーペ王に報告し、手放しで華人を賞賛している。すなわち「華人は大変親切である。サン・マルティン号がマカオに向かった際、まず漳州か廈門に着いた。スペイン人に非常に良好な扱いをした」と[67]。同船には三人のドミニコ会士が乗船していた。彼らは、チナ宣教を目指したサン・エステバン修道院出身の宣教団の一部で、一五八七年、アカプルコからマカオを目指して太平洋を横断したものだが、マカオ上陸後、ポルトガル当局者は彼らを即時追放、ゴアに送り出した[68]。マカオのポルトガル人は一五八三年以来マニラに公式に来航して、有利な商売をしているとスペイン人は考えていたので、マカオ側の行為は許せないものであり[69]、その分、明国役人の親切がスペイン人に一層好感したとも言え、この事件はマニラ在のスペイン人にチナ観を変革する力があった[70]。

第四、スペイン人の漳州沖小島への居留を華人商人の仲介で漳州側と交渉を持った経緯を司教は挿入し、チナはポルトガル人が言うほど門戸を閉ざしておらず、チナとスペイン人の関係を妨害するのはポルトガル人だと直接・間接に申し立てている[71]。

以上に対して、書簡後半部分は新たなスタンスからチナ宣教を考え、実行に移している様子を語る。苦悩の末引き出したチナ宣教方法は正しく、未来への展望があると立証する意図が読める。論点は二つある。第一は、一五九〇年五月ドミニコ会士カストロ神父とベナビーデス神父[72]を福州に送り出したこと、つまりチナ宣教に実際に着手したという報告である。第二は、華人がいかに優れた生活人であり、彼らとの交流は円滑で、先行きに期待できるとの観測である。

第一は、教皇、スペイン国王、総督、聴訴官全員の許可と、諸修道会、住民、華人全員の賛成の下で実行した計画だと論じる[73]。従来フランシスコ会がチナ本土に宣教に向かうのを司教座会議は禁じ、国王にも無駄なことだと報じていたのである[74]から、明らかな方向転換である。

レメサルが、コーボとその同僚モンティーリャの報告に基づき述べるのに拠れば、ドミニコ会士の本土上陸計画は、①総督と司教が提案し、政庁で話し合われた、②フランシスコ会はこのやり方を不確実だとして反対した、③計画は国王と教皇の許可を得て行われたものである。他方、コーボは、一五八九年に「船が来なかったので……計画実行は取り消された」と言い、実行が一年遅れて一五九〇年になったことを明らかにしている。以上の経緯と、ドミニコ会士が主体である点から、彼らのマニラ到着後直ちに話し合われ、同年マニラ解纜のガレオン船に託して、本国に許可を求めたと推測できる。ドミニコ会士が計画を持ち込み、司教に斡旋を依頼した可能性もある。そして、国王の許可到着までに漢語の学習が急がれ、ベナビーデスがまず着手し、一年遅れて到来したコーボがそれに追い付き、追い越す勢いで学習を進めた。[75] 漢籍が意味不明な紙束から、意味のある書物となる喜びと誇らしさが、コーボの報告書簡には滲み出る。この希望に満ちた雰囲気は彼一人のものではなく、サラサールを含めたドミニコ会に共有されたものであったことは疑いの余地がない。[76]

他方、司教の書簡に拠れば、宣教者の派遣方法は聖俗両界と華人を交えて検討され、非改宗者も含めた華人の意見を採用して、修道者のみの派遣と結論された。華人古参住民が修道者の本土搬送を引き受け、総督はこれを承認、神父らを大陸に運ぶ二名の改宗華人には、各人所有の船一隻を向こう六年間非課税扱いの特権授与で報いようとした。司教は、この報酬を国王が承認し、更に特典の及ぶ期間を「六年」ではなく「永世」であるよう国王に求めた。アドゥアルテは船長らの決断をキリスト教精神に富む英雄的行為として描いている。

また司教は、宣教師派遣を諸島在の華人が慶賀したこと、これらの神父が華人に親切に接していることを漳州では知っていたので、華人は彼らに非常に良い印象を持っていること、漳州の婦人が、彼女の夫がコーボ神父に世話になったことへの礼状を神父に送ったこと等を国王に陳述する。個々の事柄の虚実は不明だが、そう言えるほど、漳州・廈門の地元とマニラの関係、少なくともマニラに来航する華人との関係が良好だったことは事実であろう。

ここで非常に重要な点が語られていないことに気づく。即ち、搬送を引き受けた華人は、それを自ら申し出、司教と総督が彼らに報酬をもって報いようとしたのか、それとも司教と総督が報酬を提示して、志願者を募った結果なのかである。司教の書簡に拠る限りでは、明国内への宣教者送り込みの方法では、華人にも名案が浮かばなかった。[77] 月港には市泊司があり、関税徴収に待ち構えている。漳州・廈門の交易従事者がマニラという得意先の意を迎えることを望んだとしても、神父たちを成功裏に本土上陸させるためには、神父たちを正式に入国させる手続き、もしくは入国を看過する約束のいずれかが明国地方政府官憲と賄賂等で成立するか、あるいは関税検査の前に、どこかで上陸させる等の手はずが整えられている必要が出てくる。よしんば、後者で上陸が成功しても、容貌から新参の外部者であることは一目瞭然であろう。司教の書簡は、その辺りの詰めがないまま出発したことを物語る。

事実、計画は失敗した。手引きをした華人船長は無期兵役に処せられた。ドミニコ会士は拘束され、厳しい尋問の上、翌年送り返されるまで一家屋に軟禁され、強い恐怖体験をしている。(78)引き受けた船長は、総督や司教が提供すると約束した「報酬」の方に気を取られ、多少の成算があったにしても、運任せで神父らを運んだ結果なのであろうか。ただし、当書簡執筆時点では、この結果はまだ未来に属することである。

第二、華人の逞しい生活人ぶりの描写に、司教はかなりの紙幅を割く。まず、華人描写に関する「一五八三年書簡」と「一五九〇年書簡」の著しい違いは、後者には、チナと華人の姿に具体性があり、そこに感情と顔を持った華人が現れることである。更に宣教の進捗について司教らと意見交換をするほど、人格を持つ人々として描かれることだ。また彼らが実に闊達な頭脳と行動力の持ち主である点を語ることでは、その語り口に「愉快さ」さえ漂う。(79)

他方、宣教対象たる華人研究への着手を語る。華人の道徳書を入手し、それをスペイン語に翻訳、書物にする体裁まで既に決めたと語るが、それは現在マドリード国立図書館が所蔵する書物を指すと考えられる。本文一五〇余枚、前文はベナビーデス神父が書き、一五九五年付で国王に献呈された。(80)

サラサールは以上の事例を挙げて、華人やチナが宣教者の入国を拒否するという情報は誤りであり、チナは「一般論では論じ得ない国」ではなく、従って武力行使の対象ではないと結論づける。

ところで、本国向けの東・東南アジアの宣教報告にはありもしない幻想が混じっているとサンチェスは批判したが、この報告にもその傾向、つまりかなり希望的観測が認められる。ドミニコ会士の本土宣教計画は未完の計画への言及ではあり、不実ではないが、結末は悲惨である。彼が語る華人の長所も、他の人物が口を極めて批判する短所でもある。だが、彼の見通しの明るさに全く根拠がないわけではない。フィリピーナス政庁創設以来、この時期のスペイン人―華人関係が、最良にして最も希望に満ちた時期であったことは既に述べた。それが一五九〇年の司教の楽観的見通しを支える揺るぎない背骨になっていた点は強調されなければならない。それについては後述する。

## 四　「一五八三年見解」から「一五九〇年見解」へ――チナ観転回の時期

### 1　見解転回の論理的理由

「見解」が完全に転回し、決定的に「チナ事業」提唱の誤りを認識したと司教が言う時期は、上記の文言から見る限りでは、一五八七年、サン・マルティン号の経緯がマカオからマニラへの到着以降、一五九〇年書簡執筆の間である。一五八六年六月、サンチェス神父をプロクラドールとして送り出した時点では、サンチェスの主張を認めていたとしか言えない。神父が「チナ事業」の上奏を主目的に宮廷に上ることは明白だったが、司教はそれを阻止せず、むしろ「チナに通暁した人物」として彼を宮廷に推薦しているからである(81)。しかしながら一五八六年六月のサンチェス送り出しの時点までに、司教の中で「チナ事業」の正当性に疑念を抱いていた可能性を示唆する証拠は少なくとも二点ある。第一は、サンチェスをプロクラドールとして送り出すに際して、政庁の顕職者らは覚書を認めているが、司教のそれは長文で様々な事柄に言及しつつも、「チナ事業」に一言半句も費やしないことだ。他に書簡が存在する可能性は否定できないものの、一五八三年の雄弁とは対照的である。

第二は、冒頭で注目すべき文書とした一五八四年書簡である。先の一五九〇年書簡は、見解転回の動機の一つとして一五八三年七月にマニラを解纜したサン・マルティン号を明国地方政府が接遇した状況を知ったことを挙げるが、実は当書簡で、同事件を「神は世俗的には災難であることから、かくも大いなる善をお引き出しになった」と述べ、航海命令に違背してマカオに向かい、遭難したこと自体は災難であるとしても、「同船がチナ官憲から受けた待遇はチナが何であるかを我々に知らしめた意味において、非常に重要な意味を持った」とまで述べている(82)。同船が一五八三年四月から六月に書かれた国王やインディアス枢機会議宛文書を船載していたことに思い至ると、当書簡の文言は当時の司教が大きな迷いの中にいたことを示す。書簡の一文を引いてみたい。

「〔当書簡を乗せた船が〕まずチナへ向かわなければならないことや、そこ〔チナ〕からの航海が首尾良く行くように神がお望みかどうか分からないので、陛下のお手元に参るかどうか誠に心許ないが、昨年当地を解纜した二隻の船が航海しなかったので留め置かれた文書箱に添付して本書簡をお送り申し上げたい。……我々は陛下からかくも遠隔の地にいるので、一通の書簡を書いてから次の書簡を書くまでの間に、物事が大きく変化してしまい、何度も〔書き換え〕、かつ前便とは反対のことを書く必要があるほどである。それは前便で真実でないことを書いたからではなく、物事が変化するので、前言とは異なることを必然的に申し上げねばならなくなるからだ」。

と断って、チナが前年に認めたとおりの状況ならば「チナ事業」は正当に行い得ると再確認しながらも、前年に伝えた状況認識には誤りがあるかも知れない、ならば提言を撤回すべきかも知れないと言う。

「彼ら〔華人〕と我々の間にはいつも僅かしか交流がないので、かの国のことは我々には全くよく分からない。彼らの中で起きることについて正確に知ることができなかったので、今まで手探りでやってきた。しかし、かの盲の国が福音の光を知るようになる時期は、主が我々には隠されたご判断に従って決めておられるが、どうやらそうなる道を開けて行きつつあるように思われる」。

と、前年とはかなり異なる論調で始める。ポルトガル人は、対華人交易をスペイン人に奪われるのを恐れて、スペイン人がチナへ行くのは泥棒を働き、海賊行為を行うためだと華人に思わせた。翻ってスペイン人には、チナはその地の総督の許可なくかの国に入り込んだ外国人をことごとく処刑するか、チナ国王の奴隷にすると思わせ、スペイン人がチナへ行くのを妨げた、と述べる。だから、チナにはこうした障碍があると思い込んでいた。もしその蓋然性がそれほど高くなければ、前年のような書簡を認めるはずがない、と前年と同年の書簡内容が著しく異なる理由を弁明する。

「我らが主は、同船が嵐でチナに行き着くようにと配されたことで、華人と我々の間に置かれたこの欺瞞を打ち壊して下さった。チナでは当初我々を海賊だと考えていたので、手酷く扱ったが、船が非武装で、品物を満載していると分かると、それ〔乗員・乗客〕らは商人で、海賊ではないと理解した。直ちに船を修繕するために積荷（シルク）を荷下ろしし、〔修理後の〕積み直しを手助けしてくれた。そして難なくマカオへ行くのを許してくれたのである。陸路を行った者をマカオ到着まで非常に手厚くもてなし、敬意を払い、ポルトガル人よりもよくしてくれた。そして〔彼らの〕国王に関税さえ払えば、同地に好きなだけ当諸島から来ればよい、彼らはそれを歓迎すると言ったのである。これはかの船の漂着から我々に明らかになったことであり、チナでは彼らの許可なく行き着いた者を悉く殺害するというのは虚偽であり、チナ入国を妨げる法など存在しないことが、これによって明らかになった。我々について彼らが持っていた酷い噂も消えたので、我々との交易を彼らが歓迎することも分かった」。

「チナの問題では、その為政者たちがかくも厳重に、いかなる外国人も入国させないように命じ、福音がかの王国に入ることがないよう扉をこちらに向けてしっかりと閉じているので、このことに基づいて陛下は彼らに対して戦争を起こし得る旨書き送った。陛下にそのようにお知らせするのが自分の義務だと思ったからだ。その後、このことについて知ったことから、私が沈黙していることで、そのような害悪に値しない人に害悪を来たらせることがないように〔と思う〕。また何らかのことを書き送り、その後別のことを知るに至ることがあれば、間違いを正すことを私は疎かにするものではないと陛下に知っていただくために、今〔このように〕書き送るものでもある。しかしそれ以上に、この問題は、陛下もお気づきのように、極めて重要なものであるからだ」。

そして、サンチェスとロマンをマカオに送ること、後者は総督の代理として船の回収にあたり、前者は司教の代理としてチナの対外姿勢の事実関係確認を主務とすると述べる。また司教は、同号の事件から、チナの対外姿勢の本当のところは何かと疑念し、前年の提案内容の重大さを勘案すると、チナの状況を再確認する必要があると考えたことも明らかにする。(84) この部分はサンチェスの一五八四年書簡の冒頭部分とも符合する。しかし、最後部で再び気を取り直すかのように、かの国の為政者が福音宣教を妨げているならば、「陛下は武力によりチナに入国できるのみならず、武力をもって福音が入る扉を開けることがおできになる」と繰り返し、そうする義務さえあると言い切るが、明らかに前年書簡のような勢いはない。「チナ事業」自体は正当だと言いつつも、何か新たな事実が分かり次第報告すると述べ、「チナ事業」はあくまでもチナが交易や交際を行う意志を有するか否かに懸かっていると考えることを示す。

ところで、司教のサンチェス派遣の意図がこのようなものだったとなると、既に言及したサンチェスが件の報告書で述べるマカオ出張の理由、および検察官ロマンがリッチ神父に明かした心情を考え併せれば、非常に興味深いことが明らかになる。即ち、既述のごとく、サンチェスの出張目的は「チナ事業」の実行に必要な情報蒐集と手段構築であるのに対し、総督を代理するロマンは、サン・マルティン号の処理が主務であったにもかかわらず、チナと交渉の余地があることを信じ、サンチェスの仕事を熱心に支援し、すでに解散していたチナ国王向けのメンドーサ使節続行も思案している。チナを実見した彼は、チナ国王宛礼物の金額上乗せの必要性があると胸算用して、肇慶にいるリッチに書簡を送りもした(85)。三者三様の対チナ観とその対応策が明らかになるわけだが、この状況は交易成立のみを目的とした場合には現れない現象であり、スペイン帝国の理念は人々を実際に動かしていることを明確に浮き彫りにする場面でもある。

さて、この事件の顚末から「チナ事業」の正当性を疑念し始め、報告はしたものの、「事実誤認」を完全に認識していなかったので「しかるべき実効はなかった」と、件の一五九〇年書簡では、回顧している。「実効」の意味を文面から押し測ることはできないが、チナ認識においてサンチェスと何らかのずれがあることを司教が自覚し、「チナ事業」の正当性の再検討、サンチェスの既定方針に誤りがないか再考を促したが、それには至らなかった、という意味にも理解できる。ここで上述の「調査報告書」を思い起こすと、サラサールの「チナ事業」提案と撤回の筋道が浮かび上がってくる。つまり、チナは「調査報告書」のような国であるから「一般論では論じ得ない国」であると判断され、最早戦争を仕掛ける以外に方法はないと考えた、だがサン・マルティン号に対する明国官憲の対応は、チナがけだ。

「調査報告書」のような国ではなく、普通の人々であると想起させ、それならば「チナ事業」は不当だと判断したわけだ。

「チナ事業」提案という点では、サンチェスとサラサールの間に表面上差異はないが、「事業」は全く異なる論理構造に基づいて提案されていることが明らかになる。サラサールは目的を重視しつつも、そこに至る手段の正当性、しかもその根拠を絶対視するのに対して、サンチェスは「チナ一国の改宗」という目的を極めて重視し、帰結的で、過程への留意度は非常に低いと言える。

ただしこの場合、思考法の相違と同じくらい大きな力を持ったのは、チナを実見したかどうかである点を見逃すべきではない。チナ実見の衝撃が後者に極めて強く働くのに対し、前者はチナの実態に関心を示しながらも、観念で処理している点である。両者は「チナ事業」という結論に至る過程の相違点を互いに了解していたのであろうか。サンチェスがそれを承知していた可能性は高い。彼の当面の目的は「チナ事業」の実行であり、司教が彼に賛同する限り、その論理には無関心であった。それは「チナ事業」の必要性を説いたと全く同じ論理である。司教については、順次考察を進めたい。

## 2　見解転回の外部的要因

見解の転回に対して、外部的・環境的要因として以下を指摘できる。マニラのスペイン人社会と関係を築いた華人は、主として漳州・廈門から来ていた。第Ⅱ部で言及するように、漳州、大きくは福建省にとって対呂宋交易は時間と共に重要度を著しく増す。華人船の来航と諸島での居留者数も同様に急増している。それに応じて呂宋は華人にとっても親しみのある地に急成長したはずである(86)。この交易を渇望したのはスペイン側のみならず漳州側でもあることを第Ⅱ部で改めて言及するが、一五八七年頃には、呂宋は漳州・廈門の「得意先」と言えるほど交易と華人の往来来航に活況を呈し始めており、その数年後には、諸島在の華人数は漳州から華人回収に船を回すほどに増加するのである。巻末の表からもそれは明らかである。前述の漳州の一婦人からドミニコ会士への挨拶というエピソード自体は、モノの交流を通して両地域が人格的に繋がれる局面の発生を示す証左と考えられる。また、一五八七年漂着の船を漳州のマンダリンが手厚く扱うのは、こうしたヒトとモノの得意先への「心尽くし」と理解すれば、極めて自然である。漳州の商人が仲介を申し出て、漳州近辺の小島に居留地を得る交渉に乗り出しているのも、この状況の一現象であろう。対呂宋交易で華人はポルトガル人とライバル関係にあり、それを有利に導こうとした華人の動きだとベラは国王に語っている。ただし、華人がスペイン人をポルトガル人並に扱いたい下心も見える。

他方マニラ側からチナを眺める場合、地理的認識が形成される時期はいつ頃であろうか。たとえば一五八三年の司教のチナ議論は著しく観念的で、そこにチナという実体は見えない。またサンチェスの第一次チナ出張では、福建の地名さえ極めて曖昧であり、一五八〇年代前半、マニラに来航する華人の出身地等をスペイン人が正確に認識していたとは確言しがたい。当時、チナに向かうスペイン人は常にマカオを目指していることから、チナと言えばポルトガル人との関係で耳にしてきたマカオしか具体的に思い至らなかったのだろう。サンチェスのチナ出張と華人の渡来数、滞留人口の増加によって、彼らの出身地についての知識がスペイン人の中で蓄積されたわけで、従って、ここまで「対チナ」という言葉を用いてきたが、八〇年代中期からは、「チナ」と言えば、漳州を想定した話になっていく。

交易の拡大、それによるスペイン人の生活の質向上は、スペイン人社会の華人観を好転させた。彼らが搬入する品物のお陰で、スペイン人は収入を得る道を得たのである。華人搬入品の急増は、第一章で述べたごとく、メキシコからマニラへの搬出銀貨の推定量の増大によっても裏付けられ、一六一〇年代〜二〇年代のピークへ向けて急激に上昇する。ここで言及する一五八五年から九〇年代前半の交易量は、ピーク時には遥かに及ばないが、物流量だけでは測れないもう一つの側面がある。既に第一章で言及したが、フィリピーナス諸島の歴史で、華人とスペイン人が最良の関係を築いていた時期というトレチュエロの指摘である。華人のマニラを主とした地域での流通業や家内労働従事等の生活関連のサービスは、スペイン人の日常を随分と安楽にした。小さな事件はあったにせよ、華人・スペイン人双方とも揺籃期の危うい関係が壊れないように気遣う時期であった。この均衡は華人による総督ダスマリーニャス殺害（一五九三年）を一つの転機として破られるのだが、それまでこの環境はスペイン人の対チナ戦略から武力行動を様々な意味で消去する大きな力になっているのは明らかである。

司教もこの環境に生きている限り、この社会的雰囲気から隔絶して華人宣教を思考することは不可能と言える。これを具体的に示すのが司教書簡における華人の扱いである。彼の書簡における具体的華人情報の初出は、一五八二年書簡ではないかと現時点では考えられるが、一五九〇年までの華人評を時系列で比較すると以下の傾向が見られる。一五八五年書簡[87]までの三年間で華人への具体的関心、人間的関わりが進んだと言えるほどの変化は見られない。変化した点があるとすれば、

① 対チナ交易の重要性、また来航華人・滞留華人の重要性認識が増大。交易が経済的に諸島を潤し、生活を快適にする点と、チナ宣教の呼び水として彼らが役立つのではないかという点への期待。

② 具体的な描写が加わり、評価自体は辛辣になる。これは、一五八三年では改宗者も少なく、彼らの性向を知る機会が少ないのに対して、二年後では、便宜的改宗も含めて、改宗者数が増加、華人についての情報が増加した結果であると考えられる。

ところが、一五九〇年の書簡は、注（79）に詳細を記したごとく、行間には彼らに対する深い好感が滲み出る。この劇的な変化の背景として、既述の対華人交易の絶好調に加え、ドミニコ会士の来島、彼らを通した華人との具体的交流を指摘すべきであろう。後者は二点に分けて考えるべき点を持つ。

ⓐ 新来のドミニコ会士による「言説的華人観」のサラサールへの再注入。華人文化の学習を決意したドミニコ会士、特に日本語や漢語に力を発揮するファン・コーボの存在は大きい。一五九〇年書簡は、華人とその生活文化が司教の中で具体的な像を結び始めたことを物語る。司教は、コーボ神父らの解説によって知り得た明国の書物[88]を「考えるに値する内容であり、そこに人間の理性の力を見る」と評し、「信仰の光なくして、キリスト教が

我々に教えることにかくも合致したことに到達している。ここから、チナのような国で宣教するために、戦争と武器の力を借りて入国を望む者がどれほど道に外れているかを陛下はお知りになることでしょう」と結ぶ[89]。

ⓑ　華人との個人的交流。一五九〇年書簡には、名前を持つ華人が現れる点で、従来と大きく異なる。おそらく華人司牧を焦点に定めたドミニコ会士を通して個人的に華人を知ったか、彼らから顔を持った華人に関する情報を得たことから、言わば人間的感情を共有できる「隣人」として見直したのだろう。この生活者・隣人としての華人「発見」は、すでに第三章で指摘したように、サンチェス神父にはなかったものだ。他者を自己と同じ血が通う生身の人間として見る視点の欠如は、来島直後のサラサールにも該当する。この認識の獲得は、言語を習得し、個人的に会話を交わし得たドミニコ会士の働きによるのは明らかである。司教が一五九〇年の書簡に記す華人の活発な商活動は、規模の拡大に目覚ましい点があったとしても、この時期急に始まったものではない。司教着任直後から華人居住区を何度か視察しており、従来からそれを彼は目にしていたはずである[90]。従って、華人が変化したのではなく、華人を見る彼の眼が同僚の紹介によって変化したと言うべきである。

## 五　「チナ事業」提言と撤回の理由

以上、状況を整理したところで、最初の問題に戻ろう。一五八三年のサラサールの「チナ事業」提唱は彼の信条とした「ラス・カサスの教え」と断絶するのか、あるいは繋がるのか。そして彼が、一五九〇年国王宛書簡へ辿り着いた理由は何であったかの問題である。

第一の問題、「チナ事業」提起は、一時的にラス・カサスの精神が司教の中で眠りこけ、サラサールの精神的柱が「断絶」した結果だとガヨは言う。他方、グティエレスは、彼の前半生の経験に理由を求め、宣教者が武力で守られない限り、宣教行為の開始さえ叶わない地域が現実にはあるという認識から出た決断だと判断した。つまり司教の

「第一書簡」が、「何ら成果がないと分かっていながら、使徒や殉教者のごとく生命や危険を顧みず入国したとしても、それは徳ではなく、無謀な振る舞いに過ぎない」と言い切り、「宣教者の単独派遣が無謀で、何ら効果がない場合、宣教妨害に対応し、宣教者保護を十分可能にする兵力派遣は可能、否、義務でさえある」と主張する点についての解釈である。カンセルの例、フロリダ体験の殺伐とした過去が「調査報告書」作成を促し、その過程で彼の記憶に蘇っていた可能性は否定できない。いずれの判断がより事実に近いのか、あるいは第三の説を唱えることができるのか、新たな史料をもってではなく、既知史料の再読によって以下論じていきたい。

司教の一五八三年の主張も一五九〇年の主張も、チナ観や華人観から導き出された結論であると言えることは既に述べた。彼の思想的立場は、ラス・カサス的、あるいはビトリアの思想系列に繋がるとされてきたことも第二節で言及したが、その意味するところを少し確認する必要があるだろう。

ルイス・ハンケがラス・カサスの後継者としてサラサールを考える時、紹介するのは一五九三年頃執筆のフィリピーナス諸島住民に対するスペイン国王の徴税権に関する論文である(91)。同論文に拠れば、キリストは現世的な権力を持たなかったので、その代理である教皇は、洗礼によって教会の一員とはなっていない異教徒に対して課税する、彼らの罪を処罰するなどの権能を持たない。つまり、教皇は世界に対していかなる君主よりも大きな権能と権威を持つが、その権能と権威は政治的・現世的なものではなく、霊的な分野に限られる。カトリック王はそれらを教皇から委譲されて行使するのであるから、王は教皇以上の力を持たない。被贈与者は贈与者以上のものを得ないからである。カトリック王のスペイン本土以外の地での権利は教皇の贈与によって生じるとすると、カトリック王は以下の場合を除いて異教徒に対して課税権や強制力を持たない。課税権や強制力が生じるのは、カトリック王が住民の王からその支配権を委譲された場合とカトリック化のために働く場合である。そして、フィリピーナスでは現地王から統治権を譲られたのでも、住民から統治委託されたのでもないので、カトリック化の義務が果たされている現地住民以外からの徴税は不可であると結論づける。ビトリアの論理に近い。ただしその最後に一つの保留が置かれる。つまり、「異教徒の王がキリスト教徒に危害を加える、あるいは民が教えの傾聴を望むのに、王がそれを妨害した場合」という文言で、異教徒の王がそのような行為に及ぶ限りでは、その排除に武力行使も可能というものだ。ビトリアにも見られる保留である。民は宣教を望むのに、為政者がそれを妨げていると理解されるからだ。

一方、「ラス・カサス的精神」と言う場合、この時期では何を指すのだろうか。ラス・カサスが、宣教に際して正当と認めた行動律は、全体的には晩年ほど原理的になる傾向が認められるので、様々な保留が必要になるが、以下の点を骨子として指摘できる。異教徒の改宗と文明化を実現するために、教皇はキリスト教君主に異教徒の土地を分割・譲渡することができる。[92] しかし、「信仰を説く以前に行われる戦争は、悉く邪悪不正で、福音宣教の妨げになる」。「異教徒インディオには説教を聞く義務はないので、説教を阻止しても、彼らに対して戦争を仕掛けることはできない」[93]等である。ただし、以上を規定する際、教会が懲罰行動としての軍事行動を支持できるケースを挙げており、それは以下である。即ち、①異教徒がキリスト教徒から奪った土地を占有する場合、②かつてキリスト教徒の管轄下にあった土地で、異教徒が偶像崇拝や、忌まわしい悪習にふけるなどして、その土地を汚す場合、③異教徒がキリスト教徒の土地に侵入、教会を苦しめる、キリストや聖人を冒瀆する場合、④異教徒が故意に信仰の弘布を妨げる、改宗希望者や、改宗者を攻撃・圧迫する場合、⑤トルコ人、サラセン人のごとく武力でキリスト教徒の領土に侵入し、戦争を仕掛ける場合、⑥異教徒が無実の者を不当に圧迫する、また神々に生け贄として捧げる、その死体を食する場合、等である。

もう一点、ラス・カサスの主張の最大の特色は、エンコミエンダ等の存在は無論のこと、インディオの改宗が先に行われ、インディオによる委託がない限りスペイン人と被支配・支配の関係になることを容認しない、即ちスペイン帝国の新大陸支配を疑問に付す点等がある。そう考えるとサラサールを正確にはラス・カサス主義者と呼べないのではないかとの疑問が出てくる。司教は、エンコメンデロの霊的義務の不履行を厳しく非難しても、エンコミエンダの存在自体に異議を唱えていない。これには二つの理解が可能であろう。第一はエンコミエンダ自体や植民地支配自体が定着し、誰もその存在・支配手段に疑問を抱かなくなっている、第二は宣教者のみで住民を教化することは事実上不可能であることを認め、スペイン人による現地住人の支配を教化の必要悪として容認する、つまりアコスタ同様、現実主義的な立場をサラサールがとる場合である。上掲の被宣教民からの徴税権原とその方法を論じた論文では、諸島現地住人とスペイン人の「正しい」関係を論じて、エンコメンデロが現地住人を正しく指導し、教化に尽くす義務を強調するが、エンコメンデロと現地住人という社会的な枠組みを改めて俎上に載せることはない。従ってサラサールの姿勢は「ラス・カサス的」とは言えても、ラス・カサスその人の説とは異なる。

司教がどの程度「ラス・カサス的」であるかの考察は、時代背景の中で行う必要性がある。即ち、言説的には、たとえば強制改宗や征服行動への拒否感は識者の中にかなり形成されており、それを反映するように「新しい領土の発見と植民・平定に関する法」では「征服」は「平定」に置き換えられた。

他方、新大陸での征服、教化の歴史は既に三世代に至ろうとし、二つの集団が上下に位置して、自己が他者を抑圧的に支配する姿しか目にしたことがないスペイン人には、教化を拒否する人々の「自由」を理論的に想像できたとしても、現実に容認できたであろうか。ビトリアにして、既に現実に自己を主張するインディオの姿を想定していない。[94]スペイン人に対する無関心・無視を現実に目にした場合、十六世紀前半よりも強い拒否感や苛立ちを感じたのではないだろうか。この時期、新大陸では、スペイン人に征服されていない人々も「外の人」ではなく「内の人」と捉え、新たな征服ではなく、「内の人」の「反乱」「不服従」と理解され、「平定」の対象になったと見える。「征服」を「平定」と言い換えた時、「平定」の定義にもよるが、それは「征服」よりもむしろ二者間を最初から非対称に規定しているとも言える。正にラス・カサスがその長い人生の晩年に、被征服民が抑圧される状況に自分の後継者たちでさえ動じない有様を見て、危機的だと感じたもの、晩年のラス・カサスが主張を過激化させて、警告を発する要を感じたとされる時代環境はこれだったのではないだろうか。[95]サラサール自身、フロリダでの活動を除くと、教化された住民とスペイン人聖職者の関係以外を目にしたことがない。既に支配下にある現地住人の保護・権利擁護のために戦う姿勢はラス・カサス的であっても、「保護」という発想自体が既に対等の関係ではない。ラス・カサスの求めた自他関係への根元的問いかけとサラサールの思考の起点は質を異にしているのではないかと問うのは、時代背景の違いに起因する差異に目を向ける必要を感じるからである。言葉としての「征服」を退けながら、現実には他者を内部の者として捉え、自己の原理に従うことを当然視して、他者侵害を正当化していくことが看過される時代背景への変転を指摘したい。

以上の点を踏まえた上で、一五八三年の「第一書簡」、「第二書簡」、「調査報告書」および「一五八四年書簡」を再読すると、一五八三年に「チナ事業」を積極的に容認する姿勢は、ビトリアやラス・カサスが最後につけた「保留」部分が発動されるべき状況にチナはあるとサラサールが判断したと言える。これを決定づけるのは、「調査報告書」の質問事項である。そこでは大陸もしくはマカオで華人や地方政府のマンダリンから受けた被害やその地でマンダリンが行っているとサラサールが考えた外国人に対する暴力を証明するよう促す一八カ条に及ぶ質問を展開していたが、その設問はいずれもが、「為政者が、キリスト教徒に危害を加えた、民は教えを聞きたがっているのに宣教を邪魔だてする場合」であること、またラス・カサスが挙げる④や⑥の場合に該当することを示そうとしている。従って、この調査は「保留」事項を発動可能とする根拠を示すことを目的としているとの判断を可能にする。そして「一五八四年書簡」が、彼は権原の積み上げから「チナ事業」の正当性を導き出したことを証拠づけると言える。換言すれば、一五八三年の「チナ事業」提唱は、「ラス・カサスの精神が眠りこけていた」のではなく、ビトリアやラス・カサスらの正当戦争論に従ってチナを考察する過程で、チナのあり方が武力行使に値するものと判断され、武力行使が可能な場合として保留されている条件に合致すると判断したからであるというのが、本稿としての結論である。結論のみを問題にすれば、ルイス・カンセルのフロリダ宣教での死亡事故、またサラサール自身のフロリダでの宣教経験を、チナ事業に武力随伴を主張する原点としているグティエレスの判断に類似しているが、彼は「調査報告書」や「一五八四年書簡」に全く言及せず、この思考過程に注意を払わない。それに対して本稿は、それらの経験と上述した時代背景が「保留」事項を解除する基準を、少なくともラス・カサスが想定していたものより遥かに低めた可能性が大であると言えるとしても、司教としては得た情報を基にビトリアの学説に従い思考したその過程に注目する。つまり正当戦争論の枠内で戦争に及ぶ条件がチナでは満たされた、と司教は一五八三年の時点で判断したのであり、その思考の軌跡は、主として「調査報告書」と「一五八四年書簡」で証拠づけられていると結論づけたい。

第二の問題、一五九〇年の見解に至る過程は以下に整理できる。端的に言えば保留を発動すべきとしていた状況に変化が生じた、もしくは一五八三年の判断材料が事実ではないと明らかになったので、保留事項が再び封印されたということだ。一五九〇年の国王宛書簡で、自己のチナ観の転回を説明しているが、従来自分が事実と信じていたことが虚偽であり、事実はその反対であるので、チナは「保留」を発動させるべき「例外」の国ではない、従って「チナ事業」を実行するのは明らかな違法だと結論した、と考えられる。いかなる弁明にも自己弁護が混在する可能性はあるが、一応彼の弁明に論理的破綻を来す部分はなく、彼にとっての客観的事実に基づくと結論づけたい。一五八三年の件の二書簡報告が、戦争を決行することは刑を執行するようなもので、十分な証拠がなければならないと言いつつ、「チナ事業」は正当と断定した以上、それを否定する要因を含む「一五八四年書簡」を国王に送ることは、彼にとり相当の勇気を必要としたに違いないが、避けようとはしていない。

これほど真摯に事態と向き合うにもかかわらず、「チナ事業」を決定的に否定するのが、現存する彼の書簡を辿る限りでは、一五九〇年になる理由は何であろうか。ガヨは、それまで「ラス・カサスの精神が眠りこけていた」のであり、同年に覚醒したと理解している。

「チナ事業」を構成する権原が決定的に崩れたのは、司教自身の言葉によれば、一五八七年にドミニコ会士を乗せてマカオに行き着いた船が良好な扱いを漳州で受けた報告を得た時点である。一五八四年に、チナがいかなる国であるかを、自分の知った限りを全て知らせると国王に約束している以上、その時点で「チナ事業」は不可であることを国王に知らせる必要があったはずである。ところが、その時点が一五九〇年になったことは、彼がそれを告白するのを逡巡していた期間があったことを物語るものではないか。従って、ガヨが言う「覚醒」ではなく、正確には彼が国王に対して「チナ事業」提案は誤りだと告白する「契機」となったものの存在を問わなければならない。ガヨが「覚醒」の要因とするのは以下四点だが、内容によって二つに大別できる。

①　サンチェスが一五八六年に諸島を離れ、サラサールは彼の強い影響力の圏外に出た。つまり、サンチェスがサラサールを「チナ事業」に引き込んでいたと示唆する。

②　ドミニコ会士が一五八七年に到来したこと。これは、以下の三点で影響があった。即ち、

Ⓐ　ドミニコ会士、特に若年のディエゴ・デ・ソリアと翌年に渡来したファン・コーボは、ドミニコ会の伝統に忠実であり、伝統に則って直言・行動する人である。[96]つまり武装宣教を否とする観点から司教に諫言し、彼の「チナ事業」撤回に力があったとする。

Ⓑ　ⓐサンチェスがフィリピーナス諸島へ赴任途上のドミニコ会士とメキシコで行き合った際、チナ宣教の不可能なることを彼らに説いて、赴任を止めさせたこと、[97]およびⓑチナ宣教を目的としてドミニコ会士を同諸島に送る許可を求めて宮廷で働いていたドミニコ会士ヴォランテの支援要請をサンチェスは断ったばかりか、チナ宣教を目的として諸島へ宣教者を多数派遣するのは無意味だと枢機会議に論じた、以上のサンチェスの行状を司教が知り、彼に対する信頼が決定的に崩壊した。

Ⓒ　サンチェスが「チナ事業」提唱のゆえにメキシコで非常に厳しい対応を受けたことを知った。

最も蓋然性が小さいと考えられる点から指摘を始めたい。それは②Ⓒである。司教も神父も、「チナ事業」は、その背景や事情を知らない本国では激しい批判を受けるであろうことを一五八三年に十分予測していた。サラサールは同年「第一書簡」で、本国は自分の主張を狂気の沙汰だと思うだろうと記している。ダスマリーニャス総督との激しい対立からも明らかなように、彼は自分が正しいと信じることで他人と争うことを全く意に介さない人物であり、「チナ事業」が厳しい反応を惹起することは言わば既定のこととなると、メキシコにおけるサンチェスの窮状が持論

変更を惹起したというのは最もあり得ないことであろう。

同様に位置づけられるのは、Ⓑⓐ・ⓑである。確かにヴォランテが両件を伝える書簡を一五九〇年六月にサラサールは落掌しており、同年発信の別の司教書簡はサンチェスを厳しく批判する。[98] 同僚の告発文がサンチェスに対する怒りを司教に爆発せしめたのは間違いない。しかし、その怒りが司教に「チナ事業」を完全否定させた要因であるとするのは、彼の議論を個人的感情にのみ帰するものだ。ガヨは、この見方をとる裏付けとして、司教がインディアス枢機会議に送りつけたサンチェス批判に対する神父の反論に見える言葉を引く。そこでサンチェスは、司教の「チナ事業」に関する見解の変化を指摘し、変化の理由を、司教は新たに来た人の助言に耳を貸す癖がある、つまり彼の後釜として司教の側近となったドミニコ会士の主張に耳を傾けた結果だと言う。[99] ガヨは、宣教手段として武力行使を容認しない伝統がドミニコ会にはあり、例外はごく稀だと主張、大先輩のサラサールが一時的とは言え「チナ事業」を容認したことを極めて遺憾と考えていた。[100] その余り、彼は「チナ事業」に関わる全責任をサンチェスに帰そうとしている。しかし、この擁護論は、サラサールが学識と良心に基づき物事を論理的に考察する人ではなく、個人的理由、人間関係で立場を選ぶ人間であると主張するものでもあり、司教の人物像を逆に貶めるものでもある。サラサールがサンチェスの見解に引きずられた部分は十分あるが、一五八四年上掲書簡は司教が独自に判断していることを示す。もしドミニコ会士の諸島赴任取り止めをサンチェスによる彼に対する「裏切り行為」と捉え、その怒りが「チナ事業」の結論までも動かす主因であるなら、直情径行型の彼が訴える機会は一五九〇年以前にあったはずである。以上の点からガヨのⒷⓐ・ⓑ説は支持できない。

次いで、②Ⓐのコーボとソリアの存在である。コーボは漢語を間もなく習得することから、チナ問題では積極的に発言しており、そのチナ観が明らかになっている。彼は、当時までチナ入国も、華人の出国も不可能と言われてきたことは真実か否かを一五八九年の母修道院宛書簡で問題にしている。第一に、かくも多くの華人が毎年漳州他からマニラに来るというのに、華人が出国できないとは言えないであろう、と問いかける。「カントンで入国を拒否されて戻ってきた修道者をして、華人が彼らを受け入れないと言うならば、それは宣教者が言葉を習得していなかったからである。華人に向けて自己の信仰を語ることはおろか、華人の言葉も知らぬ者を、華人の改宗を目指しているから受け入れよ、などと言うのは馬鹿げている。華人言葉の読み書きを知る者を連れているイエズス会士は、結果のいかんは不明で、首尾良くいっているとも聞いていないが、〔少なくとも〕受け入れられはした。神がその理由をご存じだ。そして、華人の言語は決して克服不可能なものではなく、漢字も整理して」、使用頻度の高いものから学習するなどすれば学習可能だと、具体的な方法を示して語る。(101) これは司教に語った言葉でもあろう。彼の実践は、司教が自らに掛けていた「呪縛」から解き放ったと考えて良いのではないか。サンチェスが学習不可能だと繰り返し述べた漢語をコーボは解し、漢字で書かれた書物によって華人の文化をサラサールに解説したとしたら、コーボの説くところを司教は信じないわけにはいかなかったであろう。不可能に見えたチナ宣教に可能性が見えてきたのである。

ドミニコ会士のチナ本土上陸計画に対して、既に四回以上入国を試み、失敗したという意味で現実を知るフランシスコ会士は計画に反対の立場をとった。(102) ドミニコ会史は、「〔本土宣教に〕抜擢されたカストロとベナビーデスは、たとえ命を取られることになっても〔チナ〕に行くことを切望し、特にカストロがそれを望んだ」(103) と伝えるが、本国やメキシコで抱かれている正に観念上のチナに挑んでいるに過ぎず、基本的にはかつて突撃的な本土上陸を試みていた頃のフランシスコ会士の心情そのものでしかない。大きく異なるのはドミニコ会士が言語学習に重点を置いたことで、それがこの時点までは成功の兆しを見せていた点である。司教は、フランシスコ会士のチナ潜入行動を浅慮として批判してきているので、ドミニコ会士の大陸宣教を支持するには、従来とは異なる「状況」が必要になるが、それが言語習得であり、計画への華人の参画である。つまり、「言説のチナ観」がドミニコ会士によってサラサールに再注入され、言語習得と華人との親交をその裏付けとして彼がチナ宣教に明るい展望を取り戻したと言え、その結果として、一五九〇年の見解転回表明があったと言えるのではないだろうか。

他方、論理面で言うならば、大陸宣教をドミニコ会士に敢行させるには一五八三年の主張を明確に否定する必要が出てくる。つまり、チナが理不尽な国ではないということは分かったとしても、現実には宣教は不可能に近いというのであるならば、ドミニコ会士の行動は単なる愚行に過ぎない。一五九〇年は言語習得した宣教師が、華人船で漳州に赴くことが可能と示された年である。チナ宣教に着手可能な具体的手段が見えたという意味で、「過去を清算する」絶好のチャンスであったと言えるだろう。一五九〇年の書簡執筆時は、半月前に二人の神父を送り出したばかりで、希望が最大値にあった時と言える。不可能と思えていた大陸に渡るという行為を、華人を巻き込み実現させた時は、「効果的な宣教が可能か否か」ではなく、宣教が「可能か不可能か」を起点にしていたサラサールにとり、「可能」という明白な証拠が持てた時である。以上の意味で、論理のみならず、言語学習という行為でコーボが果たした役割は特筆すべきだと拙論では結論づけたい。従って、①は上記の意味において妥当すると結論したい。

しかし、この大陸宣教は失敗に帰した。レメサルはベナビーデスから直接聞いた話として、一五九一年三月、二人は非常に幻滅して帰国したと記す。レメサルは「チナ宣教と入国は人間の構想で行うべきではない。神の御手のみがそれを開け得ると言うほど、かの国の扉は固く閉じられている」とコメントする(104)。

議論や実情観察の結果として他者への介入に武力行使を認めるか認めないかは、結果に極めて大きな差を生じるが、それは議論を支える論理や思想自体の差異よりも、実情をどのように見、何を希求するかの方が議論を動かす力は大きい、と改めて感じさせる経過である。サラサールが一五九三年頃徴税問題を論じた論文で、「報告に言及される事柄の真偽の詮議がいかに重要」であるかをしみじみと説くのは、この経験に翻弄されたと考えられる人間の言葉としては意味深長である(105)。

一方、華人とスペイン人の関係や通商の隆盛など環境要因は、両者の関係を繋ぐ重要な要因ではあるけれども、恒常的な他者理解を支えるには脆いものであることも事実である。ベナビーデスの華人観はその好例だろう。彼は一五八七年に来島、その後一五九五年頃国王に論文を送付しているが、その対被征服民姿勢はサラサールに似通うものがある(106)。彼は来島時から漢語を学習し、華人宣教には並々ならぬ情熱があったと見える。上述のごとくカストロ神父と共に一五九〇年福州に渡ったのも漢語学習等を評価された結果であろう。だが第II部で扱う一六〇三年の華人大暴動発生時にはマニラ大司教として正義と公平を保たねばならないという意識と華人への不信感が混合する行動に出ている。華人の悪意を自明とする、極めて否定的な対華人発言を行い、華人暴動発生に責任の一端があるとも言える行動をとった。国王宛書簡でも華人評価は低い[107]。一五九〇年の漳州滞在経験をアドゥアルテが「酷い」と記録するのは彼の証言によるものだろうから、それが彼の原華人観を彼に形成したとしても、不思議ではない。加えて徴用された華人による一五九三年の総督ダスマリーニャス殺害事件以降急速に悪化したスペイン人社会全体の対華人観が彼に影響している面も否定できない。

## 六　小　結

サラサールのチナ宣教を巡る見解の変遷は、ガヨが言うように一時的に「ラス・カサスの精神が眠りこけていた」から生じたものではない、と結論づけた。一五八三年も同じ「精神」に基づいて物事を考察していたのであり、チナの状況はラス・カサスやビトリアらの主張に元から存在する、正当戦争を行えるとする保留事項に該当すると判断して、「チナ事業」の正当性を確信したのである。そして、「チナ事業」の権原としたチナ情報が事実ではないと彼が認識した時、「チナ事業」を再び封印したのである。しかしながら、この認識の転回には外部状況の変化も少なからぬ力があったと結論づけた。「あの王国の為政者たちが福音宣教者の入国を許さず、福音宣教を妨害しているとの偽りの報告を受けていた」と一五九〇年に陳述するのは、必ずしも自らの判断の誤りを糊塗する口実ではない[108]。その根拠として一五八四年国王宛書簡に特に注目した。同時に一五九三年の件の徴税権に関する論文が、情報と情報源について慎重な吟味の必要性を強調するのにはこの背景があると言えよう。

この章を締め括るにあたり、結語として以下四点を記したい。

第一、サラサールの「チナ事業」の主張は、「権原」の積み上げに基づき、それらはラス・カサスやビトリアが武力行使を正当と認める保留条項を満たすと判断した結果である。彼においては、目的は手段を正当化するものではない。ただし、イエズス会が社会全体の改宗を当初から目的としていたのとは異なり、ドミニコ会は個人改宗の積み上げをもって改宗事業と認識している[109]。

第二、対他者行動を決定づけるのは、一般に何が正当かではなく、その他者に対して為したい行為が先にあり、それが合法か否かを検討するのである。しかしながらサラサールの例には、判断に学説が規矩として働き、個人の良心が「学説」と常に対話を交わし、目的と効果を優先する議論に近づきつつも、自らも全体の一部として、全体の秩序を優先する意志の力が見える。

以上が、この個別例の中に読み取れる結論であるのに対して、以下は概観としての結論である。

第三、国家の行動が個人の良心の問題と非常に深く繫がっており、モノのみを介した関係では出てき得ない議論である。キリスト教世界自らの論理性の中で、俗界と聖界の分離に一歩踏み出す姿勢が現実に認められ、その意味においてアコスタとは異なる意味で現代性を持つ。同じサラマンカ学派を奉じつつも、何が優先されるべきかの判断を分岐点として、異なる結論に至っていると見るべき箇所も多く、サラマンカ学派の本質がアコスタの議論との比較の中で見えてくる事例である。

第四、個人的・人間的な感情を交えた接点を対象の他者と持っているかどうか、同時に時代の環境がチナ観の一分岐点を形成している。しかし、それが全てに優先するわけでもないという点を改めて認識させる事例である。

注

(1) "Tratado del título que los reyes de España tienen para ser señores de las Indias", *Cuerpo de Documentos del siglo XVI, sobre los derechos de España en las Indias y las Filipinas*, ed. Lewis Hanke, México, 1943, p. 188. 一五八六年に総括されたマニラ全体会議で、補償問題が採択され、国王もこれを認めた (Pastells, t. III, p. XLVII)。

（2）「チアパの司教」とはラス・カサスを指す「国王宛サラサール一五八三年書簡（AGI, Filipinas 74, r. 1, n. 28［Colín-Pastells., t. I, pp. 311-313］; 高瀬［一九七七］、八九頁、平山篤子「フライ・ドミンゴ・デ・サラサールと支那問題への意見⑴」『サピエンチア』第二〇号、一九八六年、二二九頁)」。原史料の表記に従ったもので、通常は「チアパス」と呼ばれる。なお、一五八三年同日付の書簡は複数あるので、以下この書簡を「第一書簡」と称す。

（3）Gayo［1950］.

（4）*Ibidem,* p. 150.

（5）Hanke［1943］, pp. XXXV-L, pp. 113-189.

（6）Lucio Gutiérrez, “Domingo de Salazar O. P., Primer obispo de Filipinas（1512-1594）. Estudio crítico-histórico sobre su vida y su obra”, *Filipiniana Sacra* 11, Manila, 1976; “Domingo de Salazar O. P., Primer obispo de Filipinas（1512-1594）. Trabajo misional y civilización en México y Florida（1553-1576）”, *Filipiniana Sacra* 12, Manila, 1977; “Labor Evangelizadora y Misional de Domingo de Salazar en Filipinas（1581-1591）”, *Filipiniana Sacra* 13, 1978; “Domingo de Salazar’s Struggle for Justice and Humanization in the Conquest of the Philippines（1579-1594）”, *Filipiniana Sacra* 14, 1979.

（7）調査報告書の題名は“Ynformación sobre los impedimentos a la predicación e China realizado por el obispo Salazar para el Papa Gregorio XIII y el rey Felipe II”, Manila 19 de Abril de 1583（AGI, Patronato 25, 8, および Filipinas 74, 22′ 同じもの）一部 Colín-Pastells., t. I, pp. 309-310）。回答者八人は、Pedro Sibal（ポルトガル人、五十六歳）、Sebastian Jorge（ポルトガル人、三十八歳）、Gaspar Fernández de Madeyros（ポルトガル人、四十六歳）、Cristoval Cardoso（ポルトガル人、二十五歳）、Francisco Dueñas（マラガ出身、スペイン人、四十歳、フランシスコ会士ペドロ・デ・アルファロの同行者）、Juan de la Feria（カルタヤ〔ウエルバ近く〕出身、スペイン人、四十五歳、フランシスコ会士ヘロニモ・デ・ブルゴスの同行者）、Alonso Gómez（テネリフェ出身、スペイン人、サンチェスのマカオ出張時用船のパイロット、二十八歳）、Juan Bautista Barragán（セビーリャ出身、スペイン人、サンチェスの同行者、二十六歳）。ポルトガル人は、サンチェスをマカオからマニラに送り届けた船のパイロットとマニラ在住の者であろう。

（8）Ollé［2003］, p. 186.

（9）AGI, Filipinas 74, 25.

（10）Gutiérrez［1976］, p. 452.

（11）Osio-Neira（*Misioneros Dominicos en el Extremo Oriente, I. 1587-1835,* Hong Kong, 1990, p. 55）は、アビラの Bastida 生まれとしている。

(12) Gutiérrez [1976], p. 460.

(13) ビトリアがサラマンカ大学の神学第一教授であったのは一五二七年以降である。一五四七年同地で没。

(14) Hanke [1943], p. XXXV.

(15) Domingo de Báñez（一五二八年バリャドリ生〜一六〇四年メディナ・デル・カンポで没）。彼の誓願はサラサールの翌年、一五四七年であり、かなり親しい関係も想定できる。自由意志論等でイエズス会士モリナと激しい論争を展開した。

(16) Gutiérrez [1976], p. 466, pp. 492-496; Cf., Aduarte [1862], t. I.

(17) Hanke [1943], pp. XXXV-XXXVI; Gutiérrez [1979], p. 229.

(18) メキシコのドミニコ会管区本部。インディオに十分の一税を支払わせることに彼が反対したことを示す文書を、ハンケはAGI, Indiferente General に見つけた（Hanke [1943], p. XXXVI）。

(19) *Sínodo* [1988], p. 50.

(20) 一五二一年、ポンセ・デ・レオンが企画。途中飢餓や病気が頻発、彼自身の病没で一五二一年中に終了。一五二七年、六〇〇人を伴ったパンフィーロ・デ・ナルバエスの第二次遠征隊も同様の運命を辿り、生還者は四人と言われる。第三次遠征は、エルナンド・デ・ソトが一五三九年に行い、修道者と在俗司祭が一二名従軍した。彼自身の病没で一五四二年消滅。一時的に数部族を征服することはあっても、植民化できた地域はなかった。第四次遠征隊は、王命で、副王コルーニャ伯が計画した。

(21) フィリピーナス諸島のレパルティミエント制は、新大陸の同名の制度と異なる。現地の人々に食料等の供出を課した制度で、名目上は買い上げだが、価格が極めて安く、ほとんど物納税に等しい。

(22) ただしハンケは、軟禁に関する史料を明らかにしていない（Hanke [1943], p. XXXVII, p. XLIV）。レメサルは、一旦サラマンカに引き揚げて、国王の善処を待ったという（Remesal II [1988], p. 545）。

(23) フェリーペ王は、マニラ司教区設立を教皇グレゴリオ十三世に求め、一五七九年初頭、サラサールをマニラ初代司教に推挙、教皇は司教座設置教書を二月八日付で発出した。

(24) 一五三〇年代中頃には行動を共にしている。キチュー語ができたカンセルは、単独でインディオ村落に入り、それなりの成果を上げたとラス・カサスは報告する（Remesal [1988], t. I, p. 208; 染田秀藤『ラス・カサス伝』岩波書店、一九九〇年、一五七頁）。

(25) レメサルに拠れば、その後もフロリダでは命を落とす宣教者が多かった（Remesal [1988], t. II, pp. 260-261）。

(26) *Ibidem*, t. I, pp. 256-258.

(27) 染田 [一九九〇]、二四〇―二四一頁、二八二頁。

（28）カンセルが殉教者か否かについて、ドミニコ会の中でも議論があった（Remesal［1988］, t. II, pp. 257–258）。ラス・カサスは彼を弁護する（*Ibidem*, pp. 259–261）。

（29）Gutiérrez［1977］, p. 495. ベテタはサン・エステバン修道院の出身（Remesal［1988］, t. II, p. 255）。

（30）*Sínodo*［1988］, p. 44.

（31）バリャドリとサラマンカは一〇〇キロ余り離れている。

（32）参照、ルイス・ハンケ『アリストテレスとアメリカインディアン』染田秀藤訳、岩波新書、一九七四年。

（33）「国王宛ドミンゴ・デ・サンタ・クルス書簡、一五五八年六月十五日付メキシコ発（*Cartas de Indias I*, edición faccimile, Madrid, 1970, p. 137）」。Gutiérrez［1977］, pp. 518–522.

（34）Aduarte［1962］, t. I, pp. 284–285.

（35）この著作は"De modo quem Rex Hispaniorum et ejus locumtenentes habere tene antur in regimine Indiarum"であろうと、ルイス・ハンケは推測している。スリタの書評が「一五七六年にマドリードに来た時贈られた」、また「メキシコ大学で講義していた時に書いた」と述べていることから、一五六二年から一五七六年の間の著作と推測される。他にも"Milagros y indulgencies del Rosario"を彼の作品としてハンケは挙げる（Hanke［1942］, pp. XXXVI–XXXVII, p. 143）。

（36）*Loc. cit.*

（37）Gutiérrez［1977］, p. 544.

（38）東アジア宣教拠点としての諸島の重要性についての指摘は、アントニオ・デ・セデーニョがヌエバ・エスパーニャ管区の巡察師宛に行っている（「フアン・デ・プラサ宛セデーニョ書簡、一五八四年六月二十五日付マニラ発［Real Academia, Lib. 9/2663, Documentos sobre Japón, conservados en la Colección "Cortes de la Real Academia de la Historia", ff. 380–380 v］」）。

（39）岡本良知『キリシタンの時代——その文化と貿易』八木書店、一九八七年、一一八—一三二頁、José Luis Alvarez-Taladriz, "En el IV Centenario del Breve EX PASTORALI OFFICIO (1585–1985)"『サピエンチア』第二〇号、一九八六年、一〇七—一一一頁。

（40）カテキズム作成や現地住人の言語習得なども当然テーマになっている。必要な時には六人のカピタンが出席している（*Sínodo*［1988］p. 10）。

（41）「国王宛サラサール一五八三年報告書簡（Retana［1896］, t. III, p. 40）」。

（42）Retana［1896］, t. II, p. 35.

（43）第三章第二節で言及した文書。オジェは、これはアコスタがメキシコで彼に書かせたとしているが、根拠は示さない（Ollé

[2003], p. 187)。

(44) 高瀬［一九七七］、八五―九〇頁。

(45) 本書では便宜上、AGI, Filipinas 74, r. 1, n. 23（もしくは Patronato 25, r. 8）としてインディアス文書館に所蔵される文書を「第二書簡」と称す。

(46) 「国王宛サラサール一五八三年第二書簡（Pastells, t. II, pp. CLXXXV-CLXXXVII; 高瀬［一九七七］、八五―八七頁）」。

(47) 「国王宛サラサール一五九〇年書簡（Colín-Pastells., t. I, p. 389）」。Cf., *De Procuranda*. [1989], p. 25. 現実がこの意識に平行していたかと言えば、ペルー副王領の内外で、反乱鎮圧という権原下、征服地域の拡大が行われ、「征服」を「平定」と置き換えることで、むしろ他者侵害への意識が以前より後退したのではないかと考えられる場合もある。

(48) 「国王宛サラサール一五八三年第一書簡（Colín-Pstells., t. I, p. 312）」。

(49) 「ヴォランテ宛サンチェス一五八九年書簡（Gayo［1951］, p. 86）」。

(50) 「国王宛サラサール一五八三年第一書簡（Colín-Pastells., t. I, p. 313. 邦訳、平山［一九八六］、一四三頁）」。

(51) 「前掲書簡（*Ibidem*, p. 312. 平山前掲論文、一四一頁）」。

(52) サンチェス「第二報告書」（AGI, Filipinas 79, n. f. 4-4 v）。

(53) 「スペイン、それ以外の地にも、この真実に大変熱心に反対する人がいることを存じており、この事態をサンチェス神父は恐れ、一人で〔御地に〕赴くのを渋り」と言う（「サラサール第一書簡［Colín-Pastells., t. I, p. 312. 平山前掲論文、一四〇頁］）。

(54) 一五八五年六月八日付勅書は、「チナに関する三通の書簡の一つで陳述し、考えている事柄は良いと思われた。しかし、かの国に赴くためにも当地に来るためにも、朕の許可なくして、貴殿は自らの司教区を離れるべきではない。かの地の遠征問題を交渉するために当地に赴くと貴殿が言ったことを実行に移さなかったのは、適切である」とサラサールに回答した（AGI, Filipinas 1505-2-11）。

(55) 「国王宛サラサール書簡、一五八四年四月八日付（AGI, Filipinas 74, 25）」。

(56) 非キリスト教徒を押し並べてこう呼ぶ場合もあるので、その意味で使っている可能性は否定できないが、筆者の確認した限りでは、彼がこの時期以降、華人を barbaros と呼ぶことはない。

(57) サラサールは強制居住区を概念しているが、華人の方では特定の地が指定されれば、売れ残り商品の保管場所を得たと歓迎し、それが交易と定住化を促したと考えるべきである（箭内健次「マニラの所謂パリアンに就いて」『台北帝国大学文政学部史学科研究年報』第五輯、一九三八年、一三二―一三三頁）。

(58)「国王宛サラサール一五八三年報告書簡（Retana［1897］, t. III, p. 27）」。

(59)「信仰を危険に晒すので、その地に帰らせてはならない。あちらでは全員が異教徒であり、我々の教えに非常に厳しく臨むという。彼らの父母や妻子との関係を断ち切らなければならない。だから帰国させるのはよくない」と述べ、意図は棄教防止である（「国王宛サラサール一五八五年書簡［Pastells［1923］, t. III, p. XCVIII］」）。断髪はスペイン人の髪型に倣うものだが、この髪型は明代社会では正に罪人に強制されたもので、断髪姿で親族・知人の前に現れるなど論外、断髪は帰国の断念を意味した。

(60) Retana［1897］, t. III, pp. 42–80. 平山篤子「フライ・ドミンゴ・デ・サラサールと支那問題への意見⑵」『サピエンチア』第二一号、一九八七年。

(61) 件の書簡で司教が「あんな話を聞かされてから来島した」と述べる、マニラ赴任前の司教に、チナに関して否定的な情報を伝え、発言者として相応の重みを持つ者には、総督サンデが考えられる。彼は、一五八〇年に離島し、同年末にはアカプルコに到着しているので、メキシコでサラサールと意見交換した可能性は大である。

(62) 司教は、これを嵐による事故とするが、船内反乱である（第二章注（69）参照）。

(63) フランシスコ・デ・メルカードである。彼と彼に従った者を、当時マカオにいたランデイロがマニラに送り届けた。サラサールがこの書簡を書いた一五九〇年六月、メルカードは市会の文書に署名しており、確かにマニラにいた。

(64) サン・マルティン号に乗船していたのはアンドレス・デ・アギーレ（一五九三年マニラで没）とファン・ピメンタル。

(65) フランシスコ会士は、一五七七年の来島以来、繰り返しチナ入国、宣教を試みている。サラサールの一五八三年の国王宛書簡は、既に四回試行したと伝える（Colín-Pastells, t. I, p. 307）。本書簡で司教が言及する二名は、アグスティン・デ・トルデシーリャスとエステバン・オルティスの可能性が高い。『シナ大王国記』（第二部、第二巻、三九二―四八二頁）が伝える状況と司教の陳述には共通点が多い。両名はペドロ・デ・アルファロ神父他二名に随行していた。アルファロとファン・バウティスタはマカオへ、一人は死亡、そしてこの二名はマニラに来た。彼らは、司教が当書簡を書いた時点にマニラにおり、司教の陳述と一致する。

(66) ヌエバ・エスパーニャ副王〔第七代副王ビリャ・マンリケ公爵〕がローペ・デ・パラシオスを船長としてマカオに送ったナオ（大船）サン・マルティン号である。同年のマニラ・ガレオンより三日早くアカプルコを解纜、太平洋横断の後、漳州近辺で座礁。漳州のマンダリンは同港での荷揚げを友好的に強く勧めたが、航海命令の目的地はマカオであると主張すると、マカオまでの航海に必要な薪炭、水を補給して送り出したという。最初は漳州市内へ連行されたが、事情が判明するとドミニコ会神父はミサを執り行うことを許され、八日間市中に滞在した後船に戻された（「国王宛サラサール一五九〇年報告書簡［Retana［1896］, t. III, 48］; Aduarte［1962］, t. I, pp. 50–55）」。マカオ到着は一五八七年九月一日（Remesal［1988］, t. II, pp. 555–556）。

(67)「彼らはスペイン人を見ると非常に喜んだ。華人は、スペイン人が望むもの全てを与えて、その船を満たそうとした」（「国王宛ベラ書簡、一五八八年六月二十五日付マニラ発［Blair & Robertson., vol. 6, pp. 313–318］」）。

(68) アドゥアルテは事件を記録しているが、「それほど詳細な情報を得ていない」と断っている。彼に拠れば、この三人はアントニオ・デ・アルセディアーノ、アロンソ・デルガド、バルトロメ・ロペスである（Aduarte［1962］, t. I, p. 39）。アルセディアーノはゴアに六年間足止めされた後、スペインに帰国。サン・エステバンやアビラの同会修道院で神学を講じた。デルガドはゴアからローマに向かうが、成果なくスペインに戻り、フィリピーナス向け宣教師募集活動に従事、司教とは、マドリードで再会した（Aduarte［1962］, t. I, pp. 51–52）。

(69) この問題は、ヨーロッパでポルトガル系ドミニコ会士との間に係争を惹起、総本部が裁定を下した。ポルトガル系ドミニコ会はこの裁定を拒絶した（Aduarte［1962］, t. I, p. 54, n. 10）。ポルトガル人との関係は、報告書から見る限りでは非常に複雑でアンビバレントなものである。しかし、ポルトガル人も、既述のごとく、カサードと王室派遣の官吏に分けて考える必要があるが、修道会は心情的には官吏に近いと言えそうだ。

(70) インディアス法は、ペルーからチナに向かうことを繰り返し禁じていることから、密貿易はかなり行われたと見るべきであろう。ペルーにはアマゾン側から入って来たポルトガル人が相当数いたことから、彼らのカジャオ―マカオルートが想定可能である。マニラのスペイン人と個人的関係を築いた者もいたかも知れない。これらは今後の研究成果を待たねばならない。

(71)「国王宛ベラ書簡、一五八七年六月二十七日付（Colín-Pastells., t. I, p. 335）」。

(72) 第三代マニラ大司教。一五八七年の宣教団で来島。漢語学習に最初に着手した人物。カストロ神父に同行して福州に赴いたが、マンダリンとの会話に苦労したことを、アドゥアルテが仄めかす（Aduarte［1962］, t. I, pp. 190–194）。第一次華人暴動時に、彼らに暴動の意図ありと公に発言するなど、華人観は必ずしも良くない。

(73)「国王宛サラサール一五九〇年報告書簡（Retana［1897］, t. III, p. 76）」。

(74)「国王宛サラサール書簡、一五八二年六月十八日付（Colín-Pastells., t. I, p. 306）」、「国王宛サラサール一五八三年報告書簡（Retana［1897］, t. III, pp. 41–44）」。

(75) 老齢のカストロ神父とベナビーデスが実行者である。コーボではなく、カストロが赴いたのは、華人が年長者を敬うと教えられたからである（Remesal［1988］, t. II, p. 571）。

(76) *Ibidem*, p. 569.

(77)「アウディエンシア議長は、スペイン人が護衛してフラガタ船で行く方がよいと考えた。スペイン人は同行せず、修道者のみで行くのが良いと華人が言った。このことで多くの議論が行われ、二度、三度と話が流れたのを知っている。今、既にフラガタ船を買い込み、船長も任命、修道者と一緒に行く人間も決まり、用意万端が整っている。しかし、どこから、どのように行くべきかが分からず、意見が集約できない。華人の改宗者がこの相談に与った」(Retana [1897], t. III, p. 74)。これが五月時点の状況であった。アドゥアルテに拠れば、船長は、ベラ夫妻が代父母となり、司教が洗礼を授けたトマス・セグゥアン、別の改宗華人が彼に協力した(Aduarte [1962], t. I, p. 189)。無理に乗船しても、途中で海上に投棄されるだけとの議論も出ていた。

(78) 海澄県月港(アドゥアルテは Hayten〔海澄〕と呼ぶ)で、二人は官憲に拘束された(*Ibidem*, pp. 191-194; Remesal [1988], t. II, p. 572)。

(79) 司教の報告を整理すると、華人の特性として以下が強調されている。

▼非常に好奇心が強く、教会行事の行列などを、美しく着飾って見に来る。彼らの居住区はドミニコ会修道院に隣接するので、朝課などに耳を傾ける。彼らにも宗教があり、宗教者もいる。宗教者は厳律を守り、非常に瞑想的である。神が彼らの心を照らせば、キリスト教に大いに裨益することは疑いの余地なし(後半部分は多くの報告と相反する)。

▼非常に強い欲を持ち、同時に世界中で最も才知に溢れる人間だ。従って大変な働き者で、お金に強く執着する。だから多くの華人がこの町に飛び込んでくるのだ。人間の住居をこんなところに造るのは馬鹿げていると思われた場所を総督は彼らに指定したが、彼らはそこを居住可能にし、パリアンに変えてしまった。それは町の北東に位置する(一五九〇年時点)。家は藁葺きだったが、大火後瓦葺きになった。

▼小麦や粉類はチナから搬入する。非常に面白い品物をチナから搬入し、スペイン人相手の商売では、通常はチナでは作らないものまで顧客の要望に応じて作って売りに来る。その品物はチナにおいてより完成度が高い。パリアンにはあらゆる業種のあらゆる職人がいて、一国全体を網羅できるほどあらゆる技術がある。スペインより面白いものが作られ、しかも時には口にするのも憚るほど安価である。もし、スペイン人がポルトガル人ほど吝嗇で、財布の紐が固ければ、さらに値下がりしよう。チナでは物価が非常に安いので、諸島で利幅がどれほど薄くとも、彼らには十分な儲けになる。カスティリア人は自己制御できず、秩序もないので、〔気前良く〕買い過ぎる。

▼華人は聡明なので、スペイン人の気質を素早く見抜き、余り気が利かないのを利用して、瞬く間に裕福になる。

▼現在、スペイン人は技術仕事を何もしない。華人は職人として質が高いので、スペイン人の使い勝手に合わせて全てを差配し、服も靴も供給する。銀細工師の場合も、チナには七宝がない〔おそらく、その内の一手法〕ので、その手法を知らなかったが、今では金であれ、銀であれすばらしいものを作る、誠に器用な人々である。

▼スペイン人職人が作った一片を見て、全くそっくりの物を作り出す。私の来島時には、絵が描ける人間など当地にはいなかったが、〔九年後の〕今では華人は完全にこの技術に通暁している。私が見た象牙製の幼きイエズスの像は、これ以上完璧に作れないほど見事で、誰もがそう断言する。

▼スペインから持ち込まれた御絵〔カード型宗教画〕の複製を作る折りに見せた才能から推定すれば、フランドル製など全く必要ない。刺繍も、非常に完璧な作品を作り上げ、しかも日々更に完成度が高くなる。

▼当地の我々全員が非常に可笑しがったのは、メキシコから製本屋が来た時のことだ。本を扱い、製本の店を開いた。華人が働きたいと言うので、彼を雇った。主人は製本技術を隠したが、華人は製品を見ると、短期間で店を辞め、同じ製本屋を開いた。彼は実にすばらしい職人になっていたので、非常に良い仕事をした。皆が彼の店に行き、親方の方が店をたたまねばならなくなった。彼の仕事を私は手元に持っているが、セビーリャでもこれ以上の仕事は無理だろう。スペイン人職人を必要としない。

▼全く不毛だと思われたような土地に、良質の野菜を見事に作る。他に、椅子、はみ、鐙などを作るが、すこぶる良質なのに、安価である。メキシコ向けにそれらを望む者もいる。

▼パン屋は大勢おり、広場や道端で売っている。この地には米がたくさんあり、パンなど以前は作らなかったのに、今では主食である。非常に多くのボデガ〔食べ物屋〕があり、華人や現地人が利用する。スペイン人たちも通っていると私は聞いた。兵士らは食事を年中ここで済ます。

▼パリアンには、医者や薬草師がいて、販売品を彼らの言葉で表示している。

(80) マドリード国立図書館 Mss. 6040。見開き、左側頁に中国語、右側頁にスペイン語訳を配した対訳形式で、一五三枚綴り。出版されたものは、*Beng sim po cam o Espejo rico del claro Corazon: primer libro China traducido en lengua Castellana;* editado por Fidel Villarroel = Testimony of the true religion/ by Juan Cobo; with introductions by Alberto Santamaria, Antonio Domínguez, Fidel Villarroel; edited by Fidel Villarroel, University of Santo Tomas Press, Manila, 1986.

(81)「国王宛サラサール覚書、一五八六年六月二十四日付マニラ発（Colín-Pastells., t. I, p. 344)」。

(82)「国王宛サラサール一五八四年書簡（AGI, Filipinas 74, 25, f. 1)」。

(83) この書簡は、サン・ファン号（サン・マルティン号が改名された）を回収に向かうロマンとサンチェスに託された。従って、サン・ファン号回収が成功すれば、同号はアカプルコに直行、司教の書簡と前年の通信文を運ぶことになる。前年の通信文は、第二経路のインド経由で発送されてはいたが、双方とも同年に宛名人に到着した。

(84)「二人を送った目的は、陛下の偉大さと、陛下の臣下と通商・友好を結ぶのがどれほど重要かを〔チナに〕理解させること、チナの為政者たちが持つ〔悪い〕意図を遮り、それを見抜く、もし彼らが陛下の仲介を受けて、神と教会が華人たちに贈る善を良い方法で受け取るように望むなら、神がこれほどの優しさをもって行われるように望んでおられることを、血を流すことなく行われるように、どのような意思を持っているかを見るためである。もし、為政者たちが福音宣教に対して行う妨害や邪魔立てが酷いようなら、今日まで考えられてきたのに従ってことは運ばれる。その場合は、神と教会がこれらの諸国にいる、かくも大勢の異教徒の改宗を陛下に委ねているので、その義務ゆえに為すべきことを考えることになる。陛下に私がお送りする情報では、もう一度証拠立てられることに従って物事が起きるようなら、陛下はチナに兵力をもって入国し、福音が入る扉を武力で開けることができると再度具申するものだ。しかし、その交渉をもし彼らが妨害しないようなら、陛下は交渉を〔通して〕行われるべきである。これに関して、どのようになっているかについて、確実で明快な事実を陛下にお送り申し上げるために、この二人はチナへ行っている」と言う（サラサール一五八四年前掲書簡）。

(85)「国王宛ロマン書簡、一五八四年六月二十五日付マカオ発（AGI, Patronato 25, 22; Colín-Pastells., t. II, p. 520)」。

(86)『東西洋考』（呂宋編、二一―三頁）、『明史』（巻三二四（第二八冊）、八三七三頁）で、諸島は多くの華人が住む地として言及される。

(87) この書簡の主題は、華人の洗礼条件を巡るアウディエンシアやサンティアゴ・デ・ベラと彼の対立である（AGI, Patronato 25, n. 41)。

(88) 参照、注（80）。

(89) 他にも以下の文言がある。「このような人々に対して、武器よりも理性の力の方が効力があるのは明らかである」「陛下の御代に、この国々が信仰に従い、この地で信仰が公にされ、次いで天国でそれが公になるのを陛下が御享受になることが御心でありますように」「一五九〇年書簡（Retana［1897］, t. III, p. 80)」。

(90)「多くの華人が住んでいたが、大部分が異教徒である。売れ残りの商品を売りさばくために翌年までこの町に残る者がいて、彼らはスペイン人の間に交じって住んでいた。ロンキーリョが彼らの居留地をアルカイセリアの形式に定めて、パリアンと呼ばれる場所に住まわせるまでこの状況は続いた」「一五八三年報告書簡（［Retana［1896］, t. III, p. 72］)」。

(91) Salazar, “Tratado en que se determina lo que se ha de tener acerca de llevar tributos de las Islas Filipinas, c. 1593”, Hanke［1942］, pp. 187–191, pp. 124–129.

(92) 染田［一九九五］、二五二頁。

(93) バリャドリ論争での主張（前掲書、二六六頁）。インディオに対して真摯な態度を貫いたバスコ・デ・キロガやモトリニアなどは、宣教のための戦争を正当化している。これには終末論的な思想が関係してくる。

(94) 参照、松森［二〇〇九］、二四一頁。

(95) 参照、染田［一九九五］、三二七―三五四頁。

(96) 司教が総督ダスマリーニャスの不正を国王に訴えるために本国宮廷に向かうことを決意した際、ソリアの同行を総督は認めなかった。ガヨは、その発言の過激性、考え方の原理性ゆえだと言う（Gayo［1950］, p. 155）。

(97) サンチェスが、フィリピーナスへ赴任途上のドミニコ会士にチナ宣教を幻滅させたので、その多くがメキシコに留まったとされる事件については、時代的に近い記録であるドミニコ会士レメサル（Remesal［1988］, t. II, p. 554）の表現は興味深い。サンチェスが、諸島での生活が快適ではないこと、航海が厳しいこと等を示したと言う。また彼が説得上手である点に言及する一方で、二〇〇人以上の渡航を副王が許さなかったことは、サンチェスが副王を説得した結果であるとする。ただし、渡航人数の問題は既に本国で行き違いがあったと思わせる項目も挙げており、今一つ説得力を欠く。サンチェスがチナ宣教の困難を徹底して説いたことは彼の書簡やアドゥアルテの記述（Aduarte［1962］, t. I, pp. 23–59）から事実と言え、それが主因なら、ドミニコ会士の赴任取り止めは覚悟の問題であり、原因をサンチェスに完全に帰すのはおかしい。因みに、スペインを出発した時は四〇人。一五八七年にマニラに到着した者一五人、マカオに到着した者三人。翌年一五八八年にマニラに到着した者五人。計画・交渉人のクリソストモが一五八九年に到着した。メキシコまでで三人死亡したと言われるので（Ocio-Neira［2000］, p. 41）、赴任を取り止めた者は最大一三人と考えられる。

(98) 「国王宛サラサール書簡、一五九〇年六月二十四日付（Colín-Pastells., t. I, pp. 389–390）」。サンチェスが武装宣教を主張する点で異端審問にかけるべきだとサラサールは主張するが、文書翻刻者のパステルスは、サラサールは同じことを主張していたのであり、同点で神父を批判するのは奇妙だとコメントしている。同感である。しかし、サラサール書簡には、チナという文言は一切使われていない。

(99) Gayo［1950］, p. 152.

(100) 征服容認論を唱えたドミニコ会士は今までに一名しかいないと言い切る（Gayo［1950］, p. 154）。

(101) Remesal［1988］, t. II, pp. 569–570.

(102) *Ibidem*, p. 571.

(103) *Loc. cit.*

(104) *Ibidem*, p. 572.

(105) Salazar, "Tratado en que se determina..., c. 1593" (Hanke [1943], p. 128).

(106) Miguel de Benavides, "Ynstrucción para el Govierno de Las Filipinas y de como los an de regir y governar aquella gente" (c. 1595), Biblioteca Nacional de Madrid, ms. 3204 (Hanke [1943], pp. 193–269).

(107) 第II部、第七章参照。

(108) Retana [1897], t. III, p. 51.

(109) 一六三〇年代に台湾に入り、福建へと入るルートをドミニコ会は作る。その後も台湾を足場に、トンキン・清国内に迫害をかわしながら足跡を残していく（Cf., Pablo Fernández, *Dominicos donde nace el sol*, Barcelona, 1958, pp. 99–116, pp. 151–168）。

# 第Ⅱ部　スペイン政庁の対華人観、対明観

## ――マニラにおける華人暴動を通して

# はじめに

第Ⅰ部では「チナ事業」をめぐる議論を基に、スペイン人の対「チナ」観を観察してきた。目前に「チナ」の一端を見ながらも、スペイン人が認識したその姿は、むしろ自己像の投影と新大陸での経験、そして「チナ」の地方政府が見せる現実の断片をもって彼らが作り上げたもので、それに基づいての議論展開と言うべきであろう。「チナ」は従前に邂逅してきたいかなる国とも異なり、高度な文明を持つ国だという意識が非常に強かったにもかかわらず、本当の意味で自己と異なる部分は、むしろ明らかにはならず、議論は自己との対話になっている部分が多い。言うなれば「チナ」と自己が考えた想念との対決と言うべき面が少なくない。また新大陸での征服・植民行動では「敵意を示さない他者」の規定に議論の焦点があったが、ここではその点に関しては了解済みという認識の中で、宣教と通商の開始において、自己が主導権を持つ形で展開する「手段」の方に関心の核があった。論者によっては、その効果的な方法の主張に論点がすり替わり、議論は一種の同床異夢的な局面を有しつつ、「チナ事業」がマニラから活発に発信されたことを確認した。

しかしながら、明国は、スペイン人の観念とは別個に、泰然と存在する。スペイン人は、明国の一部分との接触で、他者が他者である所以をどちらかと言えば、畏れと痛みの入り交じる体験を通して知ることになる。社会構造のハード部分は時間と共に認識が進んだ。それに対し、「チナ」という他者のシステムにあるソフト部分、即ち国家観や宗教観、人生観についての認識、あるいは理解は遅々とし、今日なお途上と言える部分もある。

第一章で言及したごとく、フィリピーナス諸島と中華大陸を繋いだのは華人自身である。華人、特に同諸島に近い福建の人々は、諸島に非常に深い関心を寄せ、スペイン人はそれを歓迎し、自然発生的な二者間の交流は持続されるに至った。歴史家デ・ラ・コスタがいみじくも言ったように「俊敏で聡く、働き者の華人はマニラに快適な生活を見いだした。ここでは怠惰な――むしろ労働を厭う――スペイン人が彼らの仕事に対して銀で気前良く支払った」ので、非常に多くの華人が来航・居留することになり、その利便性ゆえにスペイン政庁は彼らを内包した社会を経営することになったのだ。スペイン人は「遠く」にある「チナ」に対してとは異なる形で、日常的に華人と直接関わることになった。それは、言説における世界とは異なり、生身の人間が即座に反応を返してくる世界であり、判断の誤りや逡巡は不利益となって現実に反映された。スペイン人、華人双方が互いに自己の欲するものを得る交易が成立することを知って以来、良好な関係の維持を求めたであろうが、両者の相手に対する期待は、双方共に矛盾に満ちたものであった。そもそもスペイン帝国内にも既に矛盾があり、フィリピーナス諸島のスペイン人住民、その上部構造のヌエバ・エスパーニャ副王と副王領のスペイン人住民、本国の利害関係者、王権、この五者の利害のベクトルは、全く異なる方向に向かっていた。王権が勅書で自己の構想を主張することがあっても、五者間で調整が図られることもなく、短期的・個人的利害の奔流によって既成事実が積み上げられ、現実が全てに先行したと言うべきである。スペイン人の西漸への予備知識としては、マルコ・ポーロの『東方見聞録』程度のもので、諸島を領有化してみれば、帝国が目指す「重金主義」とはどこか異なる事態が諸島の存在を通して進行している、とフェリーペ王が述べたことは、この現象そのものである。ただし、モルッカ諸島やチナへの道、また諸島自体と東・東南アジアのカトリック化がもう一つの諸島領有の目的であったが、この点においては理念的一致があったと言える。

一方、諸島に渡来するスペイン人は、新大陸同様エンコミエンダに生活の基礎を置きながら、他方で従来とは異なる状況に困惑しつつも、自然展開されていく華人との交易関係が自己に利益となることを発見し、関心はそちらに傾いていく。

もう一方の当事者である華人、および彼らが呂宋から持ち帰る銀貨に注目した大陸の地方政庁は、課税項目を新設して、この交易を事実上重視した。地域の有力者もこの交易に何らかの形で関わり、この利益を様々な形で吸い上げたが、公的には黙許である。

従って事態を直接動かす動力は、個々が得る利益と言ってもよい。ただし双方とも背後に巨大な需要と供給能力を持つことが必須である。両者は、他者の存在によって利を得る、つまり他者の利益を無視したところに自己の利益は生じないとの認識を早期に持つに至り、その認識が両者の場当たり的な邂逅を持続可能な関係にしたと言える。しかし、両者は互いに全く未知の他者であり、そこには様々な軋轢、思惑の齟齬があった。

スペイン帝国支配前半期（一七六八年頃まで）には、華人の暴動と呼ぶべきものは一四回起きたが、特に大規模なものは五回である。更に、その内二回は特に規模が大きいが、本稿の対象とする時期に起きたものだ。この二回は、暴動誘発の外部要因がなく、暴動の主因はスペイン人と華人の関係に起因すると考えられる。その点に注目すると、スペイン人と華人、この二者間の問題を、双方のサイドから最も観察しやすい場面の一つであると言える。なぜなら、それは異文明邂逅の過程で様々な問題が惹起されても、建前に基づき何とか繕い、糊塗して維持された関係から、建前という表皮が無理矢理剝ぎ取られ、本音の一部が露呈した部分と換言できるからである。

以上の観点から、第Ⅱ部では、一六〇三年と一六三九〜四〇年の二次にわたり、マニラを主たる舞台として惹起された華人の暴動事件を、主として状況、主因と背景に焦点を当て、異文明の邂逅というテーマで考察していきたい。

スペイン側の文書は、支配者という意識で書かれており、二事件を「華人が起こした“levantamiento”（蜂起）、“sublevación”（反乱・暴動）、“rebelión”（反乱）」と呼ぶ。「反乱」なのか「蜂起」なのか「暴動」なのかは立場によって当然異なる。本稿では「暴動」と呼ぶことにする。華人とスペイン社会が対峙した暴力的行動であるのは明らかであるとしても、華人にスペイン政庁に取って代わる意志があったかと問えば、今から検証していくことではあるが、本稿はそれを否定する。従って、政治的意図が希薄であるという意味で「暴動」と呼ぶのが適切ではないかと考えたからである。

# 第六章　フィリピーナス諸島における華人

本章では、具体的な暴動の経過や原因の考察に入る前に、その舞台であるフィリピーナス諸島における華人の状況とスペイン側の対華人姿勢、華人―スペイン人間交易の意味等を概観して、暴動の背景理解に土台を築きたい。ここでは新たな知見を加えて既知の史料を再読、先行研究を整理していく。

## 一　フィリピーナス諸島における華人人口

フィリピーナス諸島で華人の存在が目立つ、特にマニラでその多さが視覚的に認識されるのは、一五八〇年代後半からで、書簡史料がそれを物語る。では、実際の華人人口数はどの程度だったのだろうか。本国宛報告書で言及された華人人口数、その他非改宗華人に課された滞留許可税収入総額から割り出し、そこに改宗華人数を加えるなどが基本的算出方法となる。しかし、計算は可能でも、主として以下の理由から、その数値が現実を反映しているとは言い難い。まず同諸島は開放空間である。マニラ以外パンガシナンやカガヤンに入港する船が公式記録にさえ見える。地形が示すごとく、同諸島へ接近可能なポイントは無数にある。大型華人船で来航し、マニラ入港前に密かに上陸する一団もいたと言われる(1)。

他方で、この業務を管理するスペイン当局者は人数も限られており、政庁が直轄するマニラ以外、言わば出入国管理は非常に困難と考えねばならない。同諸島における華人の無制限な増加は、スペイン人と植民地政庁に対する重大な脅威だという認識がスペイン人の中で一般化していた。その危惧が実像の反映か、あるいは虚像かは検討を要する事項であるが、急速かつ膨大な増加が、スペイン人に恐怖感を与えたのは事実である。[2] 本稿で扱う時期に一貫しているのは、滞留華人適正総数を六〇〇〇人（初期は四〇〇〇人）と考えていたことだ。[3] 数値の根拠はマニラ市の日常生活維持に最低必要な労働力と考えられた人数で、勅令はこの値を繰り返す。[4] だが、同じ勅令の頻出は、明らかにこの規定が遵守されないことを物語る。[5] そればかりか、規定の四倍以上の人数を本国に悠然と報告する政庁関係者の文書は珍しいものではなく、むしろ居留華人が「適正数」を大きく上回る状況が常態化していたと考えるべきである。それは人数制限が、スペイン人、華人の双方に当面の利益とならなかった点に最大の理由がある。スペイン側の事情としては、まず以下を指摘できる。

①　マニラの都市化が惹起するあらゆる種類の労働需要は、高止まりの傾向にあった。労賃の上昇圧力を下げるには、華人流入の看過が最も手っ取り早い方法である。[6]

②　正規の手続きを経ない滞留華人に対しては、その不法性を基にスペイン政庁役人が私的に課金する機会とし、それは関係役人の大きな収入源になっていた。[7] この際、役人が私的に発行する許可書は正規の滞留税より低く抑えられるなど、明らかな王権侵害もあった。

③　新大陸貿易への投資が法的に認められない者も含めて、多くのスペイン人がマニラ・ガレオンに投資をしていた。[8] それは華人からモノを得て、ガレオン船に積載空間を買い、モノをメキシコへ送り、同地で委託販売し、利潤を得るものである。[9] 仕入れ値の安値安定には、華人の舶載貨物が多いことが必須であり、来航商人の増加を歓迎した。

④　政庁自体、つまり王会計にとっても、後ほど言及する滞留華人への滞留免許税と華人搬入貨物に対する課税収入は重要で、間もなく最も多額で安定した収入の位置を占めるに至る。[10] 管理者が、収入確保を優先する以上、人数制限に強い処置をとることは滅多にない。

他方、華人側の来航・滞留意欲は以下に起因する。

① 華人の提供する多種多様な労働やモノには、スペイン人の間に高い需要があり、しかも対価を潤沢な銀貨で受け取ることができた。
② 元手僅少、あるいは全くなしでも参入可能な多種多様な労働需要がある。しかも明国におけるよりも労働賃金を得やすい。
③ シルク等では六〇〜一〇〇、時に二〇〇％の収益が見込め、他所より収益率が高い。
④ 元来、耕地が少なく、人口の多い福建地方は生活が厳しく、海外交易や出稼ぎは生活のために必須であったが、渡海が不可避であれば、当然至近距離を選び、諸島はそれにあたる。
⑤ 漳州、海澄県月港の対東南アジア交易の中で、取引額規模で対呂宋交易は最大である。明末社会における銀需要は極めて高く、帰船の荷が主として銀貨である呂宋帰りの商人には銀を対象とする加増餉を新設した(11)。海澄県月港の市舶司は彼らから非常に効率の良い徴税が可能であった。

華人の諸島における増加は、第四節で言及する危惧以外、双方不都合はなかったことになる。

他方で、逆に報告書簡等が概数として挙げる数字は実数より多いのではないかと判断させる要因もある。第一に、彼らの姿が街頭で非常に目立つ、あるいは彼らによるスペイン人殺害事件が起きる、元より華人に正当な扱いをしているという自信がないので華人の恨みを買っているという恐れ、もし華人が騒動を起こした場合、マニラ市防衛に立てるスペイン人人口の僅少さなどをスペイン人が意識した時、それが華人に対する恐れを増幅し、華人を実数以上に推定する心理が働く(12)。

第二は、報告書簡の書き手の立場と作成の意図である。植民地統治に関わる者の大多数が何らかの意味で不正に関わり、互いに告発しあう場合も少なくない(13)。華人の活気と数がスペイン人との比較において余りにも大きいと誰もが感じると、役得を得ていそうな人間に不安の矛先が向けられ、国王への告発では当該役人の悪辣さを際立たせるために華人数を誇張する傾向がある。これらがトレチュエロの挙げる数字（滞留免許税徴収の記録から作成されており、この数値は最低値と言える）と書簡に現れる数字との間に見られる大き過ぎる乖離の原因と考えられる。[14] 従って、実数はおそらく両者の数値の間のどこかにあるということになる。来航華人、居留華人、その他この問題に関係すると考えられる数値を史料中から可能な限り拾い、無調整のまま投入した表を巻末に掲げたが、それは以上の状況を反映している。一六三〇年代後半に、急に非常に高い数値が現れるが、現実の人口増加にも増して、総督の課税網強化に起因する要因が大きいと考えられる。これについては第八章で論じる。

サラサール司教は一五九〇年の書簡で、来航者二〇〇〇人程度を含まず、居留者だけで三～四〇〇〇人、マニラ近郊の漁師、農業従事者をいれて七〇〇〇人程度と言う。[15] この頃から居留華人の人数制限が常に話題に上るが、一五八六年頃までの公文書が示す華人数は、実数との乖離度が比較的低いと言われる。[16] 一五八〇年代後半から華人数は上昇の一途を辿り、一六〇三年の第一次暴動直前が一つのピークと考えられ、事件後の報告書は暴動直前の人口として二万を超える数字を挙げる。[17] 他方一六三九年の暴動後の報告には直前期の人数を三万三〇〇〇、あるいは六万[18]という数もあるが、それらの根拠、地理的にどの程度の範囲を政庁が把握した上での数値であるかは明らかではない。

巻末表には、来航者数や滞留者数が大きく増減する時期が見えるが、それらは概ね一過性である。マニラに関与する華人人口の増減を左右する要因は何か。総督らは、華人政策がこれを左右すると考え、来航を促す努力の跡を本国に報告してはいる。しかし、実際は、華人船を標的にする海賊の増加、オランダの動き、明朝末期の漳州近辺の事情等、むしろ海域の政治環境の方が大きいのではないだろうか。たとえば、オランダ船がこの海域でポルトガル船を標的にしたことで、[19] マカオのポルトガル人は、特に西行き航路を遮断され、対シャム、対インドの交易量が激減した。その結果ポルトガル人は、対マニラ交易参入強化に活路を見いだそうとし、競合する華人船の排除を目論み、華人船襲撃や交易妨害を行い、またマニラに品物を大量搬入して、華人の商売を阻止した。当時の調査史料がこれを指摘する。[20] 華人人口増減と当該時期の地域環境の擦り合わせから見えることは、これらの外的要因の方が、政庁の対華人政策よりも華人来港数や来航船数を左右した可能性が大きいということだ。華人は彼ら自身の都合で動いていたと言い換えても良かろう。

来航船数について、ショーニュがマニラの王会計文書を基に、年度・出港地別に統計化している。つまり関税の記録でマニラ―漳州間の動向を追ったものだ。食料、日用品を主たる積載品とするサンパン（平底川舟）[21]は、華人にとっては薄利であり、スペイン人にとっては必需品であることから、一五九〇年代に非課税とされた。軍需物資、政庁調達品も非課税になり、それらを専ら舶載する船は会計帳簿には現れない。従って、ショーニュの挙げる数値は主にシルク搬入船数と言える。

## 二　交　易

### 1　交易の時期

上記のショーニュの研究は、一六〇〇年以降のマニラ入港船数を半月刻みで記録する。[22]それから概ね以下の指摘が可能になる。即ち、初期は五・六月に来航のピークがあるが、時代が下がると共に、一月下旬からの来航も見られ、三月の来航は例外的ではない。[23]来港のピークは三月から六月まで、それは書簡史料によっても確認可能である。これには二つの理由が考えられる。第一は言うまでもなく風向きで、海上気象がルソン向け航海に適していることだ。第二は、アカプルコからのガレオン船が到着する時期に合わせたものであり、対日交易の時期にもあたる。つまり、同時期が両者の取引最盛期である。会計文書に基づく研究である点で以下を留意する必要がある。①非課税のサンパンは、需要と気象が許す限り来航していた可能性がかなり高いことだ。[24]②ショーニュは来航船の入港地が必ずしもマニラだけではないことを明記しているが、漳州により近いルソン島北端イロコスやカガヤン辺りでは、来航時期は更に長期に亘る可能性である。その他、課税を免れようという船舶、即ち密輸船では、更に多くの危険を冒す可能性があるので、渡航時期と船舶数の幅は大きいと考えるべきであろう。しかし、来航終了時期は時代を通して、常に八月が下限である。圧冬〔渡航地で越冬〕する場合は滞留税の対象とされたので、政庁が圧冬者と判断する時期をどのように定めたかに関して知る必要がある。これは今後の課題である。

## 2　交易品

交易は、華人が持ち帰った八レアル銀貨を文字どおり貨幣という概念で見るならば、概ね華人は売り手で、スペイン人は買い手である。即ち、華人が諸島に搬入する品物があらゆる分野に及ぶのに対して、華人が諸島から搬出したのはその大半が銀貨である。華人の舶載物は、最も基本的な食料、生活用品、繊維製品、装飾品（陶磁器を含む）、軍需物資と、日常から非日常の用に備える全てを含んでいる。本稿が扱う時期、華人搬入品への依存度は、軍事行動の増加で軍需物資の需要拡大、更に新大陸や対日交易の昂進、非生産者スペイン人と現地住民の都市生活化によって、全面的に増大基調である。主要交易品は、アカプルコ向けガレオン船艤装用必需品も含めて諸島用と、新大陸等への再輸出用に分けられる。モルガや他の資料が列挙する物品を整理すると、前者では生鮮食料品[25]、保存食料品[26]、綿布および綿製品、牛馬および他の家畜、軍需物資として火薬、鉄、銅、鉛、錫、真鍮、樹脂精油、硫黄、硝石、他に種々顔料、鉱物、鉄板、釘類等がある。これらは対日交易が維持された期間は日本からも買い付けられた[27]。他方、後者では、様々な種類のシルク品を筆頭に、陶磁器、木工芸品、真珠、水銀等が上位にくる[28][29]。シルクはマニラ・ガレオンの舶載物として余りにも有名だが[30]、それらは最も収益率が高く、増産可能で、大陸側から見て非常に優れた輸出品であった。第Ⅰ部で言及した福建海岸でのスペイン船漂着の折り、漳州のマンダリンが遭難船と乗組員に非常に好意的な対応を見せたのは、既に当時スペイン人が彼らの上得意になっていたことを示すものだろう[31]。マニラ側は品質に関して購買力を上げ、その量も少なくとも本稿の扱う時期ではかなり急勾配の増加基調である[32]。マニラでの取引はアカプルコ発のガレオン船が華人船より早く入港すると当然価格は高騰し、通常の二倍となるという。華人の儲けは、シルクに関しては約一〇〇%、高騰時には四〇〇~五〇〇%にも上った。[33]

これに対して明国側が移動統制を施いた物資もある。たとえば一五九八年、硝石と硫黄をその対象とし、厳格に施行した。[34]その結果、マニラの王立倉庫では火薬も硝石も硫黄も底をつくという事態が起きた。スペイン側の対日交易での買い付け品目に常に鉄、硝石、釘、火薬、鉄製弾丸等が入るのはこうした規制と関連する可能性が高い。もっとも対日交易量は対華人交易量から見れば非常に少ない。

シルクの場合は、マニラを銀との交換場として太平洋を跨いで主としてアカプルコと繋がり、アカプルコは更に新大陸全域と何らかの経路で繋がっていることが、その流通を禁じる勅書から明らかになる。これら品物の流れを追えば、地球の三分の二を覆う規模になることは、既に第一章で言及した。この交易量が下がる時期は、明清交替期の混乱や清朝の遷海令発令期であることから、この点でも交易の増減は華人側の事情に負う部分が大きいと考えるのが妥当であろう。

スペイン人から華人の手に銀貨が渡ることを、スペイン帝国からの銀流出と捉え、また本国のシルク産業保護、そして王権が負担する諸島維持費用の増大を問題視して、太平洋交易の廃止や制限論、諸島放棄論が出るが、少なくとも前半の議論の高まりは交易量が一層増加していることを逆に傍証しており、史料に見える交易量数値の上昇とも一致する。

また、銀流出抑制を指示する勅書は何通か認められる。具体的な指示は、①シルクその他の買い付け量自体の削減・抑制、②購入対価を銀貨ではなく、他の品物、物資等で充当せよ等である。[35]前者は、諸島現地住民のシルク着用禁止[36]や食料増産で対応しようとした。しかし②に対して、スペイン政庁は、「華人側とは金や銀貨のみで通商せざるを得ない、彼らは必要なものは全て十分に持っている」と回答する。[37]「銀貨流出」に対する王権の危機感とシルク産業保護、他方、フィリピーナス諸島維持資金捻出の間に折り合いを図るため、マニラ―アカプルコ間の交易のみを許可し、その交易額の上限を、マニラからアカプルコ向け二五万ペソ、アカプルコからマニラ向け五〇万ペソとすることで解決を図ろうとした[38]。しかし、国王宛書簡文書や決算報告類は、明らかにこの値を遥かに上回る数値を弁解もなく明示しており、少なくともこの交易に直接携わる者には勅令を遵守する意志はほとんどなかった[39]。主要交易品であるシルクと銀は、需要・供給圧力共に高く、華人と諸島在のスペイン人の利害は交易拡大で一致した。ガレオン船が舶載するシルクをヌエバ・エスパーニャが歓迎する限り、交易量制限の法は常に無視された。インディアス法を時系列で見ると、「交易上限額内に兵士の給与は含まれない」、あるいは「航海中の食料その他の用品の価格は含まない」等、制限額に含まれる中味を漸次減少させ、規制緩和に動いているのが看取できる[40]。既に第一章で言及したが、スペイン帝国内の循環から外へ向かう銀を少しでも少なくするという意味で、対日交易は非常に重要であった。

一方、対華人交易はスペイン帝国の利益にならず、停止すべきというマニラ発の上申書が何通かある。ヒルは、華人船のマニラ来航を禁じ、必要物資のマニラ搬入をマカオのポルトガル住民に代替させよという無署名の書簡を考証している[41]。書簡は、マニラの対華人交易が、本来スペインへ向かうべき新大陸の銀を「チナ」へ向かわせ、本国に損失を与えていると主張する。この交易をポルトガル人が担えば、「チナ」へ流れる銀貨の一部でもイベリア帝国に還流させることが可能になるというものだ。ヒルはこの無署名の書簡に使われるスペイン語を分析し、そこに認められるポルトガル語の特徴を指摘、マカオの利益を守ろうとするポルトガル人、もしくはポルトガル系の人間の仕業であると指摘している。新大陸からマニラに来る銀貨の独占、潤沢な銀貨を背景に高値でシルクを買い上げるスペイン人をこの交易から排除する、の二点から、ポルトガル人は漳州の対呂宋貿易を華人から奪取したいと望んだのだ。書簡の発信時期は、オランダ勢がポルトガル人の航路を寸断した時期にあたり、窮していたとは言え、マニラを舞台とする交易の全体像を摑んでいる点で興味深い建言である。

ポルトガル人の搬入商品価格が華人のそれより遥かに高額だとする報告書は少なくない。広州での買い入れ価格に二倍の値をつけ、それに六〇%前後の儲けを更に上乗せ、しかも掛け売りはしないとする記述もある[42]。マニラのスペイン住民が、華人よりも割高のポルトガル人から品物を購入する理由を史料から解くことは難しい。その中で、以下の点は推測可能である。①常に戦線を抱えるマニラは、軍需物資を絶えず必要とした。しかし明国やその地方政府が禁輸品目にしていたので、華人の搬入量では不足である、②マニラのポルトガル系住民がこの交易を動かしている可能性、③他では調達不可能な「商品」、具体的には奴隷を供給したこと、更に言えば、他の商品と奴隷がセット販売になっていた可能性である。[43] マカオ―マニラ間は一五九三年以降公式には交易が禁じられていることもあり、史料で裏付けるのは難しい課題だが、③の点が鍵になる可能性が高い。

### 3　交易者

これらの交易を担った華人側の主体、交易に地方政府がどの程度関与していたかについての研究は、管見の及ぶ限りではほとんど未踏である。明朝は、主として華夷秩序の観点から対外交易を朝貢制度に限り、他方で沿岸部における倭寇被害防止の観点から、海禁政策を祖法としていた。だが、福建の富裕な家族が船と資本をその親戚や使用人に提供し、近隣諸国と取り引きさせるのは、海禁時代からよく見られた、とチャンは言う。[44] この交易形態は、当時期では資本家の華人が軍需転用可能物資取り引きの制限等をくぐり抜け、禁断の交易から高収入をあげながら、摘発された際の危険を回避するための安全弁である。スペイン側書簡文書や会計文書がマニラに来航する華人を「船長」と呼ぶ例には、この一種の貨物上乗り人の場合が少なくなく、「船主」と安易に同一視するのは危険である。ただ、第一次暴動時に、政庁が強い意志をもって守った「アナイ」、もしくは「アンハイ」と呼ばれる五〇〇人ほどの商人集団がいた。[45] 彼らは、廈門方面からの大規模商人ではないかと推定されており、それが事実ならば相当の財力を持った一大集団がマニラにいたのも、一つの事実となる。

では、この交易は、明国、特に漳州・廈門においてどのような位置を占めていたのであろうか。いつからとは言えないが、「互市」という認識が明国側にはあり、官・民共に多大な期待を持っていたということだ。

実際に交易に従事する民にとっての魅力は、第一節で言及したように近距離、銀貨取得である。漳州府もしくは福建省の官の観点からは、通常の水餉[46]、陸餉[47]に加えて、加増餉を徴収できる点である。福建では、対呂宋交易は他所との交易が上首尾にいかなかった時の収入減を補う調整弁のような役割を持ち、十六世紀末から明末にかけて漳州府の海防関係、特に軍餉を支える大きな収入源であった[48]。既にこの傾向は万暦初期からあったが[49]、『明実録』万暦四十年八月六日（一六一二年）の項は、呂宋行きに文引を四〇通出すことで、四万両の軍餉が賄えるので[50]、外地と交易をするといろいろ不都合なことがあるが、対日交易ほど問題が多くはないので、東洋貿易の中でもこの二つを同じに考えるべきではないと言う[52]。因みに、四〇通は当時の全発行文引数の約三〇％にあたる[53]。また他にも「近年は日本との交易が呂宋とのそれを上回るので、地方官吏がその資格もないのに奸民に票引を発行することがある」、あるいは文引記載の目的地が呂宋ではないのに呂宋と交易する船を目こぼししている、と述べる項もあり[54]、呂宋は福建に特別な意味を持ったと言える[55]。年を追って取引額が増加し、それを福建が追認する方向に向かうのは、もはや省財政に不可欠になっていたことを示すと言え、『明実録』の天啓六年九月七日（一六二六年）の一節は、その一例である。交易からの税徴収を帝は中止せよと命じるが、福建、海澄の場合はそこから上がる税で海防を賄っているゆえに、徴収停止は海防軍隊の引き揚げを惹起し、それによって再びこの地域が海賊に荒らされるままになるとの理由から、命令の無視の方向を語る[56]。対呂宋交易から上がる税収をあてにして地方政府が動いている様を明確に示している。

他方、これらの交易はあくまでも民間の資本と危険で行われているが、交易者は地方官憲・士商・富農地主層と、資金供与や贈収賄の関係で繋がり、漳州府全体、広くは福建全体がこの交易の利害に何らかの意味で与っていたと考えるべきである。対呂宋を主とする交易利潤で潤う商人が多かったことは、社会的現象にも跡を残したと言われる。富によって余暇を得、着衣も自由に整えるようになる、それによって社会的身分の区別が不明になるなどの現象が惹起されたと言われる[57]。対呂宋交易の少なくとも漳州、福建における影響は、ペソ銀貨の流通も含めて、従来考えられてきたより遥かに大きいと判断すべきであろう。

## 三　華人の諸島における役割

ここまで、定義を明確にしないまま「華人」、「滞留税」などの言葉を用いてきたが、フィリピーナス諸島に関与した華人は概ね三種類に分類できる。①交易の時期のみマニラに滞在し、交易終了と共に帰国する華人、②交易時期以外に短期・長期に諸島に在留する華人、③カトリックに改宗して、生涯諸島に留まる、あるいは現地婦人と結婚して現地化した華人である。①の華人に議論の余地はない。②は、翌年まで、あるいは数年間、また生涯諸島に留まるが、カトリックに改宗せず、スペイン政庁に「滞留税」を支払う華人で、本稿では「滞留者」と呼んでいる。③は、税制上現地住民とほぼ同じ扱いで、本稿では便宜上「居住者」と呼ぶ。②と③の両者を併せて指す時は「居留者」という言葉を用いたい。①②を、スペイン政庁は概ね外国人と認識していたが、必ずしも両者を明確に区別しない。②の華人はスペイン政庁に徴用される場合が少なくない。

法的には、非改宗の華人は、行動範囲を大マニラ圏（マニラ市中心から半径五レグア圏内）に限るとされ、行商・小売りを禁じられた。それと連動して定められたのが、政庁によるシルク一括購入、パンカダ制で[58]、一五九三年に設定された。シルク販売では、品物の売り主たる非改宗の華人は、公式にはパリアンで商いの成り行きを見守ることしか許されない。しかしながら、華人の行商等のたび重なる禁令や幾多の報告書は、彼らがむしろ諸島各所を往来していたことを示す。それらを可能にしたのはスペイン人への賄賂である。しかし総督コルクエラは、華人の多くの行動を課税対象とし、彼らの行動の自由を承認する代わりに課金して、王会計の収入増に結びつけようとした。彼のやり方は、短期的にはスペイン人に収賄の道を断ち、長期的には華人に贈賄用の出費と税金の和を増やしたこと、華人がそれらを販売価格に転嫁し、物価が上昇したことで、多方面から恨みを買った。これについては第八章で考察する。

一方、居留者は無一物で来島する者と、交易従事者としてある程度の資産を持つ者の二種類に分け得る。前者は、最下層に位置づけられた苦力仕事や農作業、漁労に雇用された。人によっては社会的上昇の機会を窺い、才覚一つで苦力から小商い、順次規模を拡大し、成功する道もあった。改宗して現地民女性と結婚、現地民社会に同化し、その中で保護を得るのも一つの生き方である。一方、諸島に永住した交易従事者には、かなり大きな財力を持つ場合も少なくない。その場合は華人女性と結婚、華人の習慣や言語を堅持して華人社会の核を形成した。滞留華人をスペイン側が外国人と見るか自国民と見るかは、同一人物、同一時期でも見方が揺れる。本稿が扱う時期、カトリック化した華人に対して内側の人間と見る傾向が強い以外、華人を分別する基準はない。これは、華人の行動と関係した重大な問題であるので、当該の項で詳述する。(59)

ここで、第Ⅱ部「はじめに」で挙げたデ・ラ・コスタの言葉(本書二七三―二七四頁)が再び思い出される。スペイン人は様々な身分、任務で来島しているが、全員に共通するのは諸島上陸後、額に汗して働くことを可能な限り避けることだ。食料を自給体制にすべく、本国はヨーロッパ式の農業振興と現地住民指導を兼ねて農業移民を送り込みもしたが、誰もが「イダルゴ」(60)になろうとする社会的傾向の中で、この試みは成功せず、政庁官吏、兵士等以外の非生産者の数が更に増えたに過ぎなかった。他方、現地住民は遠征や華人の暴動鎮圧等に動員され、少ないスペイン人を補う戦力とされたが、特に農業・製鉄・ガレーラ船漕手などの重労働や技術力のいる仕事には期待されていない。また外来繊維製品が安価で流通すれば、現地住民は部族長やその家族のために糸を紡いで衣服を調達する習慣を止め、それらをマニラで買い求めたと宣教師が記録しているように、(61)彼らも消費者となったのである。従って、この社会は、物資調達とインフラを支える労働力を必要とし、逆に言えばこの必要を満たせる限り、商機は社会のあらゆる所にあったわけだ。現実にも、華人は嗅覚を働かせて、あらゆる場面に仕事を創出し、利益を手にした。政庁が、非改宗華人に小売・行商従事を再三禁じたにもかかわらず、(62)実際には多数の者が、島々に散開して、自由に商行為を行っていたことが、禁令の再三の発出から明らかになる。(63)内容から一七一〇年頃書かれたと考えられる「マニラに来航するチノ・サングレイに関するスペイン人とアルメニア人の対話と会話」と題する長文の文書は、華人が禁令の網をかいくぐり、諸島で現地住民を使いこなして、巧みに商売に勤しむ様子を描き、商売の巧者たるアルメニア人に舌を巻かせる設定になっている。その様は、十六紀以来続いてきた風景と言えそうだ[64]。

他方、非改宗華人が居住したパリアンは、小売りと卸の双方で非常に賑わい、ありとあらゆる業種の店舗があった。既に一五八〇年代末には、いわゆるファストフード的な食物販売があり、華人は言うに及ばずスペイン人も食事に出入りしていたと、サラサールは報告する[65]。これはマニラが、華人・スペイン人共に独身男性が不自然に多い社会である事情と、既に華人が小中華世界を作り上げている様子を示すものだろう。華人店舗が三〇〇〜五〇〇、最盛期には一〇〇〇を超したと記録され、マニラで最も賑わう区画であったことは間違いない[66]。

以上の状況で、華人強制退去、居留者数制限が議論に上った。その場合も、技能者、生活必需品製造に携わる者は対象から除外された[67]。サラサールが彼らの諸物製造能力について言及した書簡以外にも[68]、モルガに拠れば、一六〇三年の暴動直後、華人のいないマニラは、「金があってもモノが入手できず」、極端に困窮した。それによって、都市化された生活を彼らが細部に至るまで支えている点をモルガは指摘する[69]。また十七世紀に入ると対オランダ戦が焦眉の課題になるが、艦船建造、特に鉄精錬を支えたのは華人の労働力と技術力である[70][71]。

スペイン人は本国を遠く離れて、当初、靴や衣服の調達にも難儀したが、マニラの都市生活に、華人が余人をもって替え難い役割を完全に果たし始めたのがこの時期だと言える[72]。視点を変えれば、一五八〇年代末には現地調達でことが足りるようになったと総督ベラが述べる。また、「彼らは、非常な働き者であると共に報酬が比較的安い」とのモルガの指摘に対し、安価な労働力という概念は大陸本土とスペイン人の間にある銀価格の差に起因するとベルナールは言う[73]。その面も否定できないが、大陸社会では豊富な人口を背景に、ヨーロッパとの比較で相対的に労働力が安価と言え、「労賃」を含んでいないと思えるほど華人の造るモノは安いとの報告も多く[74]、「チナでは人間が余っており、給金も儲けも低い」と指摘するモルガの指摘は誤りとは言えない。

そして、このような状況が、正に華人を諸島に誘う要因である。「生活の糧を求めて来る者」には「諸島で見いだし得る仕事は、いかなるものでも彼らにとっては非常に有り難いもの」であり、対価は彼らに高く評価される銀である。[75] それゆえ、求職や商売では華人同士の競合となったが、スペイン人は彼らが言わばカルテルを結び、価格を意のままに操作していると見ていた。スペイン人が言うほどに「天国」であったかどうかは疑問だが、来航者数が一貫して増大基調にある点から見る限り、華人にとって魅力ある地だったとは言えよう。[76] 結局スペイン人、華人双方の利害が一致し、華人居留者は増加した。

やがて、食糧増産が華人に期待された。糧食の諸島内生産で、銀貨流出を多少とも緩和するのが目的である。それゆえ、華人の増加に警戒の目を向けつつも、到来船数の増加と定住者の増加を歓迎した。スペイン政庁が華人に期待したのは、カトリックに改宗し、現地住民女性と結婚、マニラ近郊の一定の村に定住、耕作に従事することである。それは「この地（Republica）」にとって有益であるので、根付かせるように見守るべきだと勅書は言う。[77] 一六〇〇年代になると、イエズス会がカトリック華人を主体としたエンコミエンダを持つようになっているが、その「年貢」は二〇ペソであった。生産性がそれだけ高いと評価されていたと理解可能である。政庁はこの点に目をつけ、彼らの開拓地投入を一六二〇年代に計画し始めている。

その他、スペイン人が、鶏などの食料を期日ごと・継続的に華人から納入させていたことが、それを禁じる法令の頻出から明らかになる。[78]

## 四　華人関係の法律と対華人政策

### 1　華人関係法

植民地に向け発出された法を集めた *Recopilación de las leyes de los reinos de las Indias* には、当該時期に出された華人関係の法律が一〇数種類ある。インディアス法が広大な海外領土全域を対象としていること、政庁の華人人口数の把握認識が、最大値を取ったとしても公式には三万人程度であること、その一方で諸島宛法律の内半分近くを占めること等を考え合わせると、明らかに華人問題はスペイン政庁の最重要項目の一つであったと言える。

インディアス法の条項は、その成り立ちから二種類に分類できる。一つは王室が帝国統治の方針として発出する勅書で、件数は少ないが、国王の良心の発露であり、王権が個々の海外領土をいかに統治すべきと考え、どう把握しているかを示し、帝国の理念が成文化されたものだ。華人の場合、帝国の基本方針は、彼らの背後にあるとスペイン人が考えていた「チナ帝国」と友好関係を保ち、最終目的は「チナ」全体のキリスト教化という点で一貫している。対華人交易が銀のスペイン帝国内循環の破綻口となり、銀貨を大量吸引することに王室は苦慮していたが、基本的には彼らが「通商に来るのは正当である」と宣言し、「通商に来航するのであるから、大切にされなければならない。〔それによって〕他の者が更に喜んで来航する気になり、彼らの地に『良き知らせ』[79]を持って帰国させるべきである」と規定する。「劣悪な扱い、権利の侵害、〔通商〕妨害、いじめ」を彼らが受けないように、それを行った者を総督は処罰すべしと命じる。[80]

あと一つは、具体的な事態への対処を指示したもので、諸島から本国に向けて行われた現状報告や嘆願に対する王室側の回答としての勅書である。これは現地が対応策を提案し、それに承認を与えるものがほとんどであり、現地主導型の法律と言えよう。こちらは非常に具体的な状況に言及する。華人の取り扱いを詳細に規定した法は一五九三〜四年に集中して発出されている。これは一五八六年にプロクラドールとして本国に帰国したアロンソ・サンチェス神父が、一五八八年から宮廷で本格的に活動を始め、実情を陳情したこと、および一五九二年に宮廷に参内したマニラ司教の請願への王室側の具体的な反応と配慮が形になったものである。その主旨は二点にわたる。スペイン人の虐待から華人保護を謳う一方で、[81]非改宗華人の諸島における行動を規制することである。注（81）は、保護を命じる法文の一部を纏めたものだが、そこから政庁の役人が華人を餌食にする具体的な手口が明らかになる。

他方、非改宗華人の規制における基本は、①隔離、②居留者数の制御、③キリスト教への改宗促進、である。最も早期に着手したのが隔離政策であり、パリアン建設はそのための第一策である。日本人にも居住区を指定しており、「危険」な集団への一般的な対処法と言える。[82]第二の策はカトリック信徒と非改宗者に峻別し、後者には大マニラ圏外への立ち入りと現地民への接近を禁じたものだ。[83]彼らは大陸と諸島を往来するので、諸島の防衛機密漏洩を防ぐ狙いがあった。更に、彼らが現地住民を扇動して、スペイン政庁に反抗させる危険を回避するため、現地住民と離間させる意図があった。

また、非改宗華人には、ⓐ現地住民との通婚、ⓑ酒の製造、ⓒ指定場所以外での労働、以上三点の禁止があり、理由は①、②の策と同じである。しかし、以上はあくまでも政策であり、華人に不可能なことはなかったと言われ、実効のほどは不明である。

華人を危険視する基本的理由は、スペイン人に対する人口的アンバランスとその活力である。華人人口はスペイン人の少なくとも二十倍以上、時期によっては優に百倍を超す。単純な人口比率では、現地住民の方が華人より遥かに多い。しかし、華人が文明と競争の社会を生き抜いている人で、現に物流を握っている点で、現地住民とは全く異なることを、スペイン人は強く体感していた。アウグスチノ会歴史家ディアスは、人里離れた地で少数のスペイン人が華人を使役する状況で起きたスペイン人殺害事件を多数列挙しつつも、それよりも経済面で諸島社会に極めて深く浸透している点こそ危険だと指摘する。[84]自らを守る必要をスペイン社会は感じていたわけだが、それが②であり、華人の夜間城壁内宿泊の禁令である。だが、華人人口は一時期を除いて増加の一途を辿り、一六二〇年代の書簡は、城壁内の家内労働に住み込み使用されていた華人数は二〇〇〇に上る、と述べる。[85]華人の適正人数を何度も指令し、城内宿泊の禁令を繰り返し発出したことは、実効がなかったことを示唆する。[86]

華人に対する警戒の次なる理由は、彼らの多くが本国とマニラを毎年往復することにある。華人が本土の行政当局と密接に繋がっているという想念がスペイン人の心を捉え、スペイン側が自らの貧弱な防衛を認識すればするほど、華人に対する恐怖心は増大した。明国に諸島奪取の意志があったかどうかは不明だが、自己の行動を基準に思考すれば当然あり得ると考えられた。諸島の防衛は脆いという自意識から、来航者による諜報・手引きを恐れたのである。明朝は、後述するように、この時期、対外紛争の回避を願っている。しかしスペイン人がこれを知るよしもない。[87]

因みに、インディアス法は、対日交易はスペイン人が日本へ出向く形と定めている。[88] 主たる意図は、「好戦的」で、マニラの安全保障上危険と考えられた日本人を諸島から遠ざけ、他方で価格決定権を握ることにあった。同時に、対日交易が行われた時期、秀吉や徳川幕府は関税を徴収していない。これはスペイン人に日本行きを促したもう一つの決定的要因である。

華人船の扱いを外国船取り扱い役人の任務とし、非改宗華人には「賦役（servicio personal）」を課さないと規定、[89] また滞留税を課す、更に①華人間の訴訟は華人ゴベルナドールに排他的に属し、[90] ②華人間の係争には、少なくとも第一審では、スペイン政庁アウディエンシアは介入すべきではないと規定した。[91] 以上の点から、非改宗華人を帝国は一応「外国人」と判断していたと言える。ただ、以下の二例は、この概念が非常に曖昧であったと考えさせる。即ち、モルッカ遠征や戦争に滞留者・居住者の別なく徴用し、[92] また開墾地等への投入を行ったことである。さらには男色の嫌疑をかけられた非改宗華人の処刑がある。[93]

一方、改宗華人は現地住民と同じ基準で課税し、棄教の恐れを理由として帰国を法によって禁じ、[94] 他方で諸島内の移動の自由、エンコミエンダの組み込み等から、スペイン国王の臣下として取り扱っていると考えて大きな問題はなさそうだ。従って、改宗華人は臣民として扱うとの意志を帝国は有したとは言えそうだ。そして改宗者にⓐ・ⓑ・ⓒを認めて、改宗の促進に努めた。この問題は重要な意味を持つので、第八章で改めて言及する。

### 2 諸税

他の植民地の例に倣って最初から施行されたものと、漸次状況を見ながら施行されていったものに分けられる。後者には、滞留税、パリアンの店舗賃借料、関税の差別的徴収等々と華人向けの特別税があり、華人を他地域出身者と明らかに区別して扱った。

滞留税は非改宗の華人が、交易期間を過ぎて諸島で越冬する場合に課せられたもので、一五九〇年代には確実に実施されていた。一六一二年正式に制度化され、年間八ペソが基本額である。ただし改宗すれば課税対象から外れる。総督コルクエラは、着任（一六三五年）後間もなく、防衛費の名目で四レアルを上乗せし、更に大マニラ圏から他地域へ移動する非改宗華人に「移動税」を課した。[95] 彼は一六三九〜四〇年の暴動後、課税総額を一一ペソにまで引き上げ、値上げ分を広義での諸島防衛費として徴収しようとしたが、アウディエンシアやマニラ市当局はこれに反対した。諸島防衛はマニラ市民の義務であり、それを華人に転嫁するのは不当というのがその理由である。しかし、本音は他所にある。これは第八章で言及する。滞留税収入のマニラの王会計に占める重要性は年々増大する。

パリアンの店舗賃借料は、不動産の所有者たる国王もしくはスペイン人に支払われる。当初、パリアン内不動産の所有者は華人だったが、一五八三年の三度目の建設時に国王およびスペイン人住民個人の所有となり、華人への賃貸形式をとった。不動産が植民者や国王個人に帰属した経緯は、建設に資金提供したことに加え、マカオの明国地方政庁当局が外国人を遇した方法を真似た可能性が指摘される。[96]

一方、関税はサンデ総督時代に、船の大きさに応じて係留税として、二五、三〇、あるいは、五〇ペソと徴収したのに始まり、ロンキーリョ総督が搬入品の評価額に三％課税、係留税をトン当たり一二ペソに変更した。課税率三％の根拠は現在のところ明確ではないが、他地域でも二〜三％、スペイン人が諸島からモノを出入りさせる際にも二％課税している。課税基準の引き上げは、大陸側地方行政府がスペイン船から停泊税として単位当たり三ドゥカード、時に五ドゥカード（一隻当たり五〇〇ペソ程度）を徴収するのを知り、総督が三％の妥当性を判断したと言われる。[97] 一五七〇年代では華人船来航を促す意図から、低廉な課税さえ恐れた。一五七七年には、向こう三十年間関税徴収から華人を除外するように国王に嘆願していた状況を考えれば、ロンキーリョの統治期に、スペイン人の華人観に転回があったと考えてよい。つまり華人は「多少高くついても必ず交易に来る」とマニラ側が確信し始めたと言える。この課税率は、一六〇六年再び変更され、六％になる(98)。この問題には次章で具体的に言及するが、この時期に対華人観が決定的に転回したと考えられる。

他に、アカプルコに送られたシルクは、揚陸時、評価額の一〇％が再度課税された。これはフィリピーナス諸島の王会計に還流された。

対華人交易は利潤が高いとの認識はすでに一五八〇年代前半に新大陸で認められ、ペルーから中華大陸に向けて船を送ろうとする強い意欲はそれを証明すると考えられる。本国は、一方で銀貨流出に不満を述べつつも、華人が翌年も交易に立ち戻るよう配慮すべしと総督に指令し、歴代総督は華人が翌年も交易品を満載してマニラに立ち戻ること に関心を注ぎ、かく配慮したと国王に報告している。それは帝国の理念拡大と諸島の維持収入確保という二つの短期的目的に理由がある(99)。マニラ・ガレオンの運行は、大陸からの搬入物資に全面的に依存するという現実と共に、諸島在の華人の位置づけが時代と共に変化しようとも、彼らがもたらす物資と税収は一貫して諸島を支える主柱である。

総督の政治手腕発揮の要諦は、華人の活用にあったと言える。「活用」は華人の能力を生かし、スペイン人と華人双方の利益になるやり方から、一方的に課税対象とし苛斂誅求することまで方法は多様である。後者の代表はコルクエラ総督である。彼は華人の行動の全てを税源とする施政方針を正面に掲げ、インディアス法の規定を無視して、様々な徴税網を彼らに掛けることで、王会計改善を宣言した。これは華人観の問題でもある。その華人観は第八章で論じる暴動の原因と深く関わると考えられるので、当該箇所で詳述することとする。これは極端な例としても、既に一五九四年の勅書が改宗後に断髪の必要なしと決済していたが、一六二〇年代になっても民族的な髪型を守ることを理由に華人から罰金徴収を禁じる法が出ている(100)。これは現実にそれらの課税が続いていたことを物語る。華人の生活の細部にわたる禁止令は、それを特別許可することで税源とする実態を浮かび上がらせる。アウグスチノ会士メディナが自分の来島時（一六一〇年）より禁令が増加していると述べたが、確かに一六二〇年代から華人に対する課「税」

名目は増加している。[101] 華人は全てを金で解決する名手であったとする宣教師の報告は、この実態を別の角度から裏書きする。[102]

以上が一般的な華人からの「公式収入」である。その金額は恒常的収入源に乏しい諸島の王会計[103]に収入の三〇%以上を占めるようになる。[104] スペイン人が漳州港外の小島に居留地を得て交易すべきか、従来どおり華人船のマニラ誘致かに長い議論があり、結局華人のマニラ来航が交易形式として定着したことは既に述べたが、以上の税収入額はその決断に一つの現実的な理由となった。[105]

以上が第一の方法だとすると、第二の方法は、「醵金」という名目で行われる華人に要求された負担金である。[106] オランダの襲撃が激しくなると、総督が華人の有力者と交渉して、マニラの防衛機能強化への資金拠出等の名目で出資させている実態がある。[107] 最初は政庁の緊急・臨時出費に協力するために、華人有力者が文字どおり醵金したのだが、一六二〇年代中期には恒常化・制度化していた。零細な華人住民には共同基金を作らせ、そこに年間二レアル内外を納めさせて、醵出要請に応じさせている。次章以下で扱う二度の暴動では、暴動直前に多額の醵金を行わせていたと推測できる状況がある。[108] 醵金の名目は諸島防衛であると勅書や書簡からは推定できるが、実際の使途は不明である。

しかし、華人もこれを常に「必要経費」と考えていたが、全て自己負担していたわけではない。彼らの最大の強みは流通網を握っていることである。スペイン人が税金や賄賂の形で要求する金をスペイン人に販売する品物の価格や労賃に転嫁した。それによって、スペイン人は彼らに課した賄賂や課税分を自ら負担することになる。スペイン人住民が総督の課税強化に異議を唱えるのは、この点を背景とする場合が多い。ただし、華人間でも競合があり、この税や賄賂を品物の価格に転嫁するシステムが常に機能していたと見るのも正しくない。従って、華人を全体として見た場合、彼らが常に被害者であったわけでも、スペイン人が常に支配者であったわけでもない。

## 五　華人への宣教

華人向けカトリックの教義展開や、改宗者に生じた聖職志願者の受容の有無などの事実検証は、スペイン人がどのように華人を評価し、他の非ヨーロッパ地域の人間と区別したのか否か、華人の文化伝統をどこまで文化的特徴と認識し、逆に何をキリスト教の譲ることができない本質として考えていたか等を最も端的に示すテーマであるので、本来ならば一章を立てて論じるべきで項目である。しかし、論点の増加が問題の焦点を散漫にするのを避けるために、本稿では宣教活動がスペイン人の対華人政策の中で持った意味の考察に止める。これは次章以下の議論に深く関係するからである。

政庁は華人のカトリック化事業を資金面も含めて支援し、他方で改宗華人からは滞留税を徴収せず、現地住民並みの課税、さらに改宗後十年はそれも免除等の特典を国王から得て、改宗促進を図っている。第四節で指摘したように、改宗促進は華人政策の一つの柱であったからだ。

華人宣教には二つの動機が考えられる。第一はスペインの国是としての異教徒のカトリック化である。「チナ」宣教は一四九二年以来の海外発展の目的である。従って、アウグスチノ会が諸島住民への宣教活動よりも「チナ」宣教を重視した点、フランシスコ会が諸島内での宣教活動よりも明国に会員を送り込むことに熱中し、ドミニコ会士が実質第一次宣教団をマニラに向かわせると同時にマカオにも会員三名を送り込んだことや、諸島での活動開始直後の一五九〇年に、福州に二人の司祭を送り込んだこと、即ち第五章で言及したサラサールの宣教構想もこの歴史的背景の中で理解されなければならない。そして諸島の華人宣教はその一環として行われたもので、正に可能なところから手を付けようとする動きの一つと理解されるべきである。そして華人に改宗者が出れば、本土のカトリック化の呼び水となると考えられた。[109] しかし現実の華人との交際の中で、観念の「チナ人」像が当然時間経過の中で変化し、華人像と評価が変化するのも事実である。

第二は、スペイン人の来島時、あるいは華人が諸島に少数しか居留しない時期には、明確でなかった動機である。これについては、スペイン人自身が明確な認識を有したか否かに関して疑問の余地がある。つまり、華人激増の環境に置かれたスペイン人が、彼らと安心して共存できる環境作りの一手段が、華人のカトリック化ではなかったかと考えるものである。状況証拠として以下三点を挙げたい。

① 諸島住民のカトリック化は徴税や徴用などの権原であるが、華人の場合はそれに該当しない。エンコミエンダ等の収入権原とも関わらない。従って華人のカトリック化は理念的目標であっても、必然的義務ではない。

② スペイン人は、カトリック化した現地住民、キリシタン日本人を信頼し、華人暴動時には彼らを「味方」として遇し、華人と対峙している。また、華人には通常疑惑の目を向けたが、カトリックへの改宗者を「敵視」の対象外とした。以上のことは何を意味するのであろうか。まず、明らかなことはカトリック教会の保護者であることである。布教保護権の下では、スペイン政庁は現地カトリック教会の保護者である。理論上は、信徒は教会の保護と指導下に置かれると考えられ、改宗者はスペイン帝国の道義的一員となるからである。

③ キリスト教徒になることは、当時のスペイン人の思考では理性的な人間になることを意味する。これは第Ⅰ部、第四章で取り上げたアコスタの論理に見られた。スペイン人にとって帝国は常に理性的であり、改宗して理性的になったものは帝国の理性に自ずと従うという論理である。

意識的か否かは別として、以上の認識がスペイン人には自然に存在したのではないだろうか。改宗を幾多の優遇政策で誘うことは、危険な華人を道義的に支配下に置く、あるいは彼らを「理性化」することでスペイン側の論理に同調させ得ると理解した政策と言えそうだ。つまり、古くはカスティリア王国が「他者」を「自己」に変換する装置として改宗化を重視した原理が、大勢の異教徒華人を前にして再び蘇った、即ち華人の改宗には、安全保障取り付けの意味があったと考えられる。被征服民ではない他者には、イデオロギー面での自己への同化で相互安全保障するという考え方である。もしそうした意識が実際にスペイン人にあったとするならば、一四九二年以降では、征服—被征服関係にない他者との関係を華人と持つことになって初めて出てきた意識と言うべきであろう。ただスペイン人が綴った当時の文書に、華人のカトリック化の事業にこの意義を直接認める行を現在まで発見し得ていないので、行動と文書の行間からの推測でしかない。他方、彼ら自身がそれを明確に意識することはむしろ不可能であるかも知れない。なぜなら、スペイン人にとっては他者をカトリックに誘うことは、他者の福祉に奉仕することであり、カトリック教徒としての本分を果たすというのが公式見解、教え込まれた強い意識であるからだ。意識下の希求を証明するのは困難なことである。

## 1　教化事業の始まりと方法

スペインの諸島領有の大前提の一つが「チナ」のカトリック化であり、領有当初から実行すべき重要課題の中に組み込まれていたことは序章や他の章でも論じた。また国王勅書、インディアス法は対「チナ」、対華人関係を全てカトリック化の契機とすると規定していることも上述したが、本節冒頭で述べたように、諸島在の華人宣教は着手予定の「チナ」本土教化への「小手試し」あるいは「予行演習」、また改宗華人が本土の華人を改宗へ導く、言わば呼び水効果を期待されていた。しかし現実には言葉の問題があり、更にエンコミエンダのように囲い込んで教化活動を行うことは当然不可能で、特に初期は定着性が低いなどの問題があった。華人に特化した宣教活動と言えるのはアウグスチノ会が着手した一五七〇年代末である。しかしこれはタガログ語を通してであり、現地住民宣教の延長線上にある。本格的と言えるのは、同会士で、海賊林鳳を追跡してきた明国艦隊に同乗して福州まで渡ったことがあるマルティン・デ・ラ・ラーダによるもので、彼は漢語学習、中華文明研究を目指して書物蒐集に努めており、(110)無からの出発である点を考えれば非常に大きな一歩である。(111)ただ、少なくとも本稿が扱う時間内に限れば、彼の研究の本格的後継者は同修道会には輩出されなかった。その意味で、漢語学習、華人の道徳性の研究、改宗事業に印刷物を用いること等、華人の特性を意識した宣教に着手しようとしたのはドミニコ会であり、ファン・コーボはその代表である。[112] 司教と総督ベラは、これに積極的に便宜供与している。[113] 一五八七年以降のことで、華人居留者の急増期にあたる。教会が華人と接点を結ぶ方法として最も成功したのは、ドミニコ会が経営した病院（サン・ガブリエル教会に付設）である。病院自体はスペイン人向け、現地住民向け共に一五八〇年代には設けられているので、華人病院はその一つと言える。しかし滞留華人には単身者が多いことに着目して、病院を宣教手段としたのは的確であった。居留華人は帰国する意志の有無で身の振り方が異なる。諸島に定住し、家庭を築くことを望んでも、華人婦人を娶るには財力がいる。現地婦人との結婚は改宗が前提となる。財力がなく、帰国を望み改宗を避ければ、通常は単身者とならざるを得ない。過酷な労働は病を誘発、病になれば寄る辺がない。病院はそうした行き場のない病気単身者の救済所となった。ドミニコ会史家が、初期改宗者の多くは臨終洗礼であると語るのは、この辺りの事情を如実に語るものだ。かくしてドミニコ会の華人授洗者数は、少なくとも十七世紀初頭までは他修道会を凌駕した。

病院の運営経費は当初寄付で賄われたが、後は国王の資金援助を得て維持された。有効性が認められたと考えるべきだろうが、同会の会史以外では具体的な様子が伝わらず、むしろ華人病院は、司教巡察を拒否するなどの否定的な事柄で記録に残る。

一方、教義教育には、ドミニコ会が漢語とスペイン語対訳カテキズムを一五九三年に出版しており、コーボが作者と言われる。[114] 内容は二部に分かれ、前半は「主禱文」「天使祝詞」「使徒信経」「サルベ・レジナ」等の基本的祈禱文、信仰箇条書、神の掟とキリストについて、十戒・教会の掟・七つの秘蹟・七つの大罪・赦しの秘蹟・四〇項目にわたる簡潔な教理問答からなる。後半分は、「ロザリオの祈り」と「信徒の勤め」で構成される。ロザリオは、基本的には現在使われるものと等しく三部構成で、世界救済の歴史、キリストの生涯と受難、聖母の生涯を併せて観想させる内容だが、各玄義の後に聖母の保護を祈る形式のみ異なる。これを書誌的に分析した小島氏の研究は、次の点を指摘する。[115]

①同時期出版のタガログ語カテキズムの価格は二レアル、漢語版は四レアルである。
②タガログ語版と漢語版では、翻訳に起因すると見える微妙なニュアンスの差異がある。
③日本語版（ヴァリニャーノ著）[116]との比較では、イエズス会版が師弟の問答様式に基づくのに対して、ドミニコ会版では問答様式は一部にしか用いられない。

以上の先行研究に加えて、本稿では「華人向け」ゆえの配慮と思われる特徴を、以下指摘したい。

①教義解説は、日本語版と比べて格段に簡素であり、ヴァリニャーノが行ったような神の存在証明などは全く行わない。
②「使徒信経」やロザリオの祈りがカトリックの基本的教義や歴史を網羅する点を利用して、まず祈禱文をそのまま覚えさせ、後で解説を加える形で展開されている。
③教理問答四〇項の中で、三項において「天と地は神であるか」、あるいは「天と地は人を守るか」等の質疑応答が行われる。これは華人の伝統を意識した可能性がある。
④「ロザリオの祈り」重視。その結果でもあるが、全体としても聖母マリアが前面に押し出されている。聖母崇敬はカトリックの特徴でもあるが、それを差し引いてもこのカテキズムでは同点が非常に目立つことから、華人の何らかの傾向を忖度したものである可能性は否定できない[117]。他方、「ロザリオの祈り」の積極的採用は、教義理解よりも、日々の習慣によってカトリック教会に結びつけることを意図し、教会から物理的に離れている時に信仰生活を実践させる中心的手段とする意図があった可能性が窺える。
⑤通常のカテキズムにはないような詳細な指示が認められる。それは、移動する華人が掌握しづらい人々であることから、司祭が信徒を常に把握するための作戦とも考えられる[118]。
⑥一方、漢字の当て方には研究の余地があるが、小島氏が指摘されるように、ラテン語やスペイン語の原音の音訳と意訳の二種類が見られる。音訳には現在では笑いを誘う漢字の用い方が見られる。当然華人が協労したであ

ろうが、その人々が必ずしも教養高い人ではなかった可能性が高い。

新大陸のインディオ教化に関しては種々記録が残るが、ある意味改宗事業に経験が蓄積されたと考えられていることの時期、教義展開の方法に余り関心を示さない時代背景がある。マテオ・リッチ等の対華人「適応」政策は有名だが、リッチが適応を重んじて、『天主実義』でカトリック教義自体にほとんど言及しないことは、非常に重要な点でありながら、実は余り知られていない。キリストの受難と刑死はキリスト教の核心であるが、それは華人の世界観と最も相容れない部分とも考えられる。カトリック教義が、華人に対して本当の意味で「適応」可能かどうかは、我々に最も関心があるところだが、諸島における対華人宣教ではそういう意味での適応政策や議論は見られない。カテキズムを見る限りでは、教義の簡素化・簡略化を旨としつつ、教義自体を過不足なく提示することを重視したと考えられる。これには、ドミニコ会士が対象とした華人とリッチが相手にした華人の社会的背景の違いも関係していよう。

フアン・コーボは明代に編集された道徳書を入手し、それをスペイン語に翻訳、前書きで華人の道徳観の優れていることを述べている(119)。同書は、後のマニラ大司教ベナビーデスがサラサールに扈従して本国に帰国した際、一五九五年にフェリーペ王に献呈された。これらはドミニコ会が華人の伝統に関心を払っていた証拠となるだろう。コーボは、ルッジェーリの『天主実録』の出版、リッチの方向性を知っており、その大胆な方針を一応認めている(120)。従って中華社会・華人の世界観への考慮を必要だと考える宣教師はイエズス会以外にもいたことになる。だが、彼のアイデアは海難による突然の死によって具体化されず、少なくとも本稿が扱う時期には後継者がいなかった。幸先は良かったが、腰を据えてこれらを研究する人物がその後輩出されない間に、日常的華人との交流は、中華文明に対する初期のような敬意を抱き続けられない時代に至ったと言うべきであろう。

各修道会の記録は華人への関心を常に記し、模範的な改宗華人や、宣教師と個人的交流を持ち得た華人を紹介し、彼らの内にキリスト教に関心を示した者がいた「実績」を示そうとするが、具体的な話になると多くない。改宗者の一例が思わぬところで明らかになる。パリアンの華人社会で「ゴベルナドール」を何度も務めたことがある華人、エンカン、洗礼名ファン・バウティスタ・デ・ベラなる男である。彼は漳州の出身で一五七〇年代中頃、諸島を恐怖に陥れた海賊、林鳳の手下として来島した後、マニラに永住した人である。洗礼名から総督ベラの時代に総督の名前を貰って受洗したと推定される。従って、洗礼までに少なくとも十年前後が経過している。彼が歴史に名を留めたのは、一六〇三年第一次華人暴動当時、華人の「ゴベルナドール」であり、アクーニャ総督らとも交渉を持っているからだ。この男から言えることは、財力のある華人の場合、改宗まで長い期間を要し、諸島で生涯を終える覚悟がついた時に改宗することだ。その理由の一つは、髪型の問題である。明代では華人男性にとって長い髪は重要な意味を持つからだ。(121)

諸島で生きて行く上で、改宗者か否かには日常に大きな差がある。酒作り、指定された場所以外での労働、城壁内宿泊の禁止などで、多くのことが法律上非改宗者には許されていない。彼らはそれを賄賂で可能にしていた部分は確かに大きいのだが、生活上の便宜を金で買うと割り切っていたのであろうか。と言うのは、以下に述べるごとく、臨終の洗礼を除くと改宗者の数は、特に一六一〇年頃まで極めて少ない。

## 2　改宗者数

華人改宗者数を明らかにするのは大変難しく、確かな数字は捉え難い。ドミニコ会が主としてパリアン担当と公認されていたことから、少なくとも十七世紀初頭までの改宗者は彼らの下で最も多かったと考えられるので、その数値を参考にしてみよう。一五八八年来島のコーボは、ドミニコ会渡来以前の改宗者数を二〇家族程度、一五八九年の授洗者数は一二〇人、その大部分は臨終時だと言う。(122)アドゥアルテは、一五九五年七月から翌年七月の一年間に一五五人に洗礼を施し、一名を除き全て臨終の洗礼だと証言する。(123)また、一六一八年にパリアン内に教会が設けられて以来一六三三年までに、四七五二名が受洗したと記し、その内二〇五五人が健康体で受洗、二六九七人は病者で、受洗後故国へ引き揚げた者がいるとも言う。(124)そしてオシオは、ドミニコ会の宣教開始後三十年間で三万人に授洗したとする。(125)

他方、一五八五年イエズス会のヌエバ・エスパーニャ管区長が総会長に宛てた書簡では、「パリアンには常時二〇〇〇人以上がおり、商売に携わり、判断力があり愛想の良い連中」だと述べ、その内スペイン語を知っている者は少ないが、その多くが改宗者だと言う[126]。フランシスコ会士マルセロ・デ・リバデネイラが一五九〇年代のドミニコ会の活動に言及して、二つの修道院で約六〇〇〇人の華人改宗者を司牧し、日本人か現地住民と結婚していると言う[127]。少し誇張があるかも知れない。方向性を見いだすには難しい数値の羅列であるが、セラノ大司教が一六二一年の華人カトリックの数を一五〇〇人と述べるところも考え併せると、十七世紀初頭までは信徒数は非常に少なく、十七世紀二〇年代に入ってからかなり急速に増大したと推定できそうだ。しかし、マニラを中心とした華人人口との比率では、改宗者の増大期と考えられる一六二〇〜三〇年代でも、多めに見積もってもカトリック信徒は華人人口の一〇％以下と見て間違いなかろう。これらについては、今後教会の洗礼簿を基に積み上げていく必要がある分野である。

一方、ウォルフガング・フランクはチナ国内の受洗者数を一五八五年二〇人、一五九六年一〇〇人以上、一六〇五年一〇〇〇人以上、一六一五年五〇〇〇人以上、一六一七年一万三〇〇〇人、一六三六年三万八〇〇〇人余りという数字を挙げている[128]。しかし根拠の史料を明記しておらず、累積洗礼数の可能性もあり、参考に留めるべきかも知れない。

改宗者は多いと見るべきか否か。改宗によって得るものと失うものの内、各々最も一般的な事柄を天秤にかけると以下になる。得るものとしては、①諸島内での自由な往来、②行商、③年間八ペソ以上の税金免除、④現地女性との結婚、⑤酒造り他の非改宗者に禁じられたものの製造許可である。それに対して失うものは、①チナへの帰還、②祖先や家族との紐帯（祖先祭祀の不可）の断絶、③精神的自由の喪失（宣教師の支配下に入る）である。華人の生の声が記録されているわけではないので、あくまでも推測に過ぎないが、ある程度以上の資産を持ち、華人社会を動かす者に、スペイン人社会との「友好」関係は必要としても、改宗と引き換えに得られるこれらの自由が価値を持ったとは思われない。フィリピーナス諸島社会への同化という観点からこの状況を考えると、華人、少なくとも財力を持った華人に、「同化」は思考の埒外と言うべきであろう。一六五〇年代にも、諸島在住の華人のことを外国人と記述する書簡があるが、スペイン人の意識以前の問題として、華人自身はパリアンに集団居住する限り、自己の習慣や風習を家族内で再現することに何ら問題はなく、他人の土地にいるとの認識自体が希薄だったかも知れない。ミラグロス・ゲレロは華人自身が自己の生活の変化を好まず、漢語で生活する日常を貫いてもそれほど問題はなく、同化の努力をしなかったと指摘するが、(129)それはスペイン人側から見た光景でしかない。同じ意味から、彼らにとりカトリックへの改宗は選択の埒外ということになる。資産を持たない華人は、現地住民女性との結婚を通して現地社会へ同化することが彼らの安全を守る道である点で、それほど無関心ではいられなかったであろうが。

以上が社会的な要因であるとすると、他方、カトリック教義が彼らの関心を惹起するかどうかでは、以下の考察が可能ではないだろうか。明朝爛熟期の華南都市文明、消費社会を体得している華人は、その生活・社会階層がどこに位置しようと、発達した物質文明の現世観、世界観を共有していたであろう。リッチは「ヨーロッパ文明」がいかにすばらしいかを説いたが、高度な物質文明に生きる華人には意味のないことであり、いくら愛想良く神父らに接したとしても、彼らの目に見えるのは諸島に移植されたスペイン世界でしかなく、それが華人の精神を揺さぶるほどの力を持ったとはとても考えられない。スペイン人の生活に裕福な華人の目を惹くものはほぼ皆無で、教化されない理由は、教義の内容以前に再び社会的なものと言えるのではないだろうか。更に、世界観では、一般的に死後世界に関する認識が現世観を決定する部分が少なくないが、それは経済活動や金銭観を左右する。儒教的世界観はカトリックに比べて、現世、確実可視的なものに重点を置く面が強い。カトリックの世界観は死後の世界を起点としており、その結果、どちらかと言えば現世を否定する生き方を善しとする。こうした点を勘案すれば、カトリック教義が、一般論として特に裕福な華人の関心を惹くとは言い難い。そして、何より来世に軸足を置くはずのスペイン人が、現世的利益に極めて貪欲に生きるお陰で、出費さえ厭わなければ、諸島の生活には不可能はなく、横柄な明国官吏とも無縁の社会であった。

「征服」やエンコミエンダという力関係で華人との関係を規定できないことも指摘すべきかも知れない。強制力が働かない場は真に望ましい宣教活動地として宣教師が希求したものであったが、皮肉なことに華人に対しては彼我の壁を突破し、彼らを教会に留める力として頼ることができず、宣教師を苛立たせた。以上三点は、第Ⅰ部で論じたサンチェスの主張論点でもある。

ただ、もし改宗者が生活の様々な分野で「改宗」の事実を社会的に表明するよう強制されず、改宗以前の社会生活と縁を切るよう強いられなければ、改宗する華人の数は増加したかも知れない。幸運をもたらしてくれる可能性のあるものなら何でも受け入れる気持ちは十分あり得たし、スペイン人とも上手く交際する意欲も十分あったからだ。だがカトリックの方が両方の世界に同時に属すのを許さず、原理的に二者択一を改宗者に迫るところが、受容を困難にしていたと言える。

## 六　対華人観

以上の諸条件の中で生きている人々に対して形成されたのが「対華人観」である。一言で言うならスペイン人にとって「恐るべき人々」であり、フィリピーナス諸島の現地住民とは比較にならないほど警戒を要する人々であった。他方、追放しても、どれほど酷い仕打ちをしても立ち戻る華人に、スペイン人は諸島の生活安定と新大陸とのガレオン交易維持のために安心すると共に、他方で理解しがたい他者を見たであろう。スペイン人自身が彼らを必要としながら、他方でその商売の巧みさや資産への嫉妬、そして彼らに文明化された人の鋭敏さを見るゆえに、自らの支配者としての意識の根底を揺るがす存在と感じ、恐れの感情が、華人への一貫性を欠いた政策となって現れたと言える。

最も好意的な評価を残す人々には、第四代総督ベラ、初代マニラ司教サラサール、ドミニコ会士ファン・コーボおよびイエズス会士ボバディーリャの名を挙げ得る。ベラは華人の知性と理解力の優れることを指摘し、賭事となり得る賽子、花火や爆竹を使った祭りの騒ぎも、彼らの風習として容認し、華人の生活を多様性として認める意志を示している(130)。サラサール司教の華人描写は既に第I部で紹介した。コーボは、文明に生きる華人の利発さ、識字率の高さなどを書簡に述べる(131)。他方商機を窺うに常に機敏なる姿勢は、イエズス会士ボバディーリャの書簡が軽妙に語る(132)。

ここで注目すべき点は、ボバディーリャの証言だけが一六三〇年代後半のもので、前三者の証言はすべて一五八〇年代後半のものであることだ。つまり、この時期は、フィリピーナス諸島と華人の関わりの長い歴史を見渡して、唯一華人に好意を持ち得た時期である。三人が記録した華人の有様は基本的には華人の本質を指摘していると考えられるが、やがて環境の変化が両者の関係を変え、スペイン人の対華人観を変化させることになる。

他方、華人に対する否定的な評価は枚挙に暇がないが、それは上記の華人の特徴を、異なる角度から見た時のスペイン人の感情であると言える部分も大である。見方の変化は背景の変化に負う部分が大きい。トレチュエロに拠れば、スペイン人の華人に対する警戒感が非常に目立つようになるのは、その数が一万人を超えた一五九〇年代初め、更に大きく変化したのは一五九三年に起きた華人による総督ダスマリーニャス殺害事件だと言う(133)(134)。つまり、華人に対する見方に変化を生じさせたものは、皮肉にもこの時期急増した華人との取引であり、それに伴うマニラにおける華人居留民の急増、労働者としてスペイン人との接触増加にあるとも言える。

マニラ大司教サンティバネス(135)が否定的に指摘するのは、華人は必需品を作り出し、売り、買い、供給に応えることを生業としているが、①特に食料品の小売りを独占していること(136)、②更に悪いのは男色などの習慣を現地住民に教えることである(137)。前者の問題は既に一五九一年の市会で議論されていた。つまり、漳州からマニラへの物品搬入、マニラでの分配、諸島内での小売り等全てが華人に握られていることが、以下二点において重大な結果を惹起しているという。即ち、現地住民が全てを外来の産品に依存するようになり、労働を忘れたこと。そのことから食料生産が途切れ、外来の産品に需要が高まり、それらの価格が著しく高騰している点である(138)。このことはメキシコから来る銀貨を大量に華人の手に向かわせ、スペイン側の大きな損失になると説く。同時期、既に現地住民も大陸産シルクを着用するほど一般化していたことが、それを禁じ、木綿服の着用を促す一六〇六年の勅書から傍証できる[139]。これらは、どちらかと言えば華人搬入のモノが惹起した影響であり、現実の華人は彼らの仕事をしたに過ぎないのだが、現代まで続いた華僑問題の一端が既に認められる。

一方、人間としての華人の性向に言及する批評にも否定的評価の文言が多い。「強欲」「厚顔」「残忍」「小心」等々がその代表であるが、第一章で言及したごとく、利害対立のある他者に投げかける一般的な語彙であり、特に留意する必要はないものと言える。

少数ながら、現実の華人を認識した上で発せられたと考えるべき言葉を宣教師の証言に見ることができる。華人の中で八年間働いたドミニコ会士フアン・デ・サン・ペドロ・マルティルの一五九七年付国王宛の書簡である。「華人は、名誉か儲けが絡むと、特にお金の使い方は非常に気前が良くなる。感情に動かされやすく、弱気になった時、毒を呷る、刃物で〔自刃する〕、あるいは首を括る、また川に投身するなど非常に激しいやり方での自殺を躊躇わない。非改宗者に指定された地区から離れることを禁じる法があるにもかかわらず、それらの命令を無視し、あらゆるところを歩き回る。それによって彼らはスペイン人より遥かによく諸島を知っている。彼らの上述の気前の良さのゆえに、スペイン人の役人からあらゆる種類の許可証を入手するからだ。以前、非改宗の華人はマニラ城壁内に宿泊することを禁じられていた。しかし、〔この禁令があっても、誰にも〕捕まえられることなく、約二〇〇〇人が何事もなく寝起きしている」。更に「華人はスペイン人による侮辱〔虐待〕を許すことができないので、それがいくつもの悲劇的な事件を導き出した」と指摘する。悲劇的な事件とは、ダスマリーニャスの殺害、カガヤンへ向かっていた七人のスペイン人殺害、ミンダナオ救援に向かった二二人のスペイン人殺害等である。これらの事件を評した改宗華人の話を彼は伝えて、「華人を認め、破局に終わらぬようにするのはスペイン人には無理だ。なぜならスペイン人は華人を手酷く扱い、華人の方では末永く殉教者でいるためにさっさと死んでしまう方を好む」。「華人は、スペイン人の残酷な仕打ちから自分を解放するためにスペイン人を殺そうとするのだ」と説明する[140]。こうした一般華人の心情をスペイン人に伝えようとする努力は時代が下る中で減少する。暴動を経験したアウグスチノ会士カシミロ・ディアスは、華人は、暴動のような形ではなく、諸島の社会全体が彼らに依存するように作り変えていくことで、静かにこの国を侵食していると警戒を発する一方で、常にスペイン人の支配を覆す機会を狙っていると主張する。[141]彼の見解は既に一七〇〇年代初めのものであるが、「この毒蛇〔華人〕なしには生きられないと我々が思うことは、誤った考えである」とも言う。

これらの個人が表現する感情面とは別に、制度上からも華人をどう見るかの揺れが、数々の悲劇を惹起したとも言える。即ち第二節で言及したごとく華人を自国民と見るのか、外国人と見るのか、一定の方向性が見えない。その状況を反映した結果と考えられるのが、インディアス法の中で華人を呼ぶ呼称が不統一であることだ。「サングレイ」「華人」「サングレイ・インディオ」などが見られ、確実に臣民と捉えていると言えるのは「サングレイ・インディオ」のみであろう。[142]現地住民を一貫してスペイン王の臣下〔内の人〕と捉えているのに対して、十七世紀後半になっても非改宗華人居住者を外国人として認識する傾向があり、他方で彼らを徴用する。カトリック華人、改宗して現地住民と結婚、現地住民化している華人は概ね自国民と見なしていると考えられるが、この二者の共通点は中華大陸本土と縁が切れている、つまりは本土との間を往来しないという点とカトリック信徒として司祭の支配下にあるという点だ。換言すれば、スペイン人が華人を警戒した理由は彼らが本土と繋がると考えたこと、および改宗は同化と同一視され、非改宗は非同化と考えられたことだ。ただ後者は単純なものではないことを後に知ることになる。

暴動は、政策の矛盾、これら思い込み、両者の生きる社会通念や制度の違い、自己を基準に他者の行動を予測する誤り、時代の社会状況が複雑に負に作用し、発火点に達したと言える面が大きい。

注

（1） Díaz-Trechuelo, "The Role of the Chinese in the Philippine Domesitic Economy"［1966］in Felix［1966］, p. 185.

(2) マニラに来航する船に種々の規制を設け、全体数制御を試みることもあった。一船当たりの乗客・乗務員数の上限を一〇〇人、船の積載量を一〇〇トン、あるいは一隻の乗客数を二〇〇人とし、帰船にも「二〇〇人を乗せて帰国すべし」などを指示している。この指令には来航者数の制限以外に、華人が「鰯の缶詰」のごとき状態で運ばれて来る状況への善処を意図していると述べる研究もある（Díaz-Trechuelo［1966］, p. 184）。当の華人の目的は稼ぐことであり、これを彼らが歓迎したとも思えないし、規制自体を知る者も少なかったであろう。ただ、政庁の考え方の一端であるとすれば、興味深い事柄である。

(3) 初出は一五九三年。正式な発令だけでも、一六〇二年、一六〇六年、一六二〇年、一六二二年、一六三二年に及ぶ（*Recopilación*, Lib. VI, tit. XVIII, ley 1. 関連法 Lib. II, tit. XV, ley 55）。

(4) *Ibidem*, Lib. VI, tit. XVIII, ley 1（一六〇六年十一月四日付）、「全島で六〇〇〇人を超えない……それを超えると過年に経験したような不都合が起きる」としている。

(5) 諸島から華人の強制送還を実際に実行したと言えそうなのは、一五九六年、一六〇三年、一六二一年、一六四〇年であり、その内二回は大暴動の事後処理としての処分である。

(6) 華人には城壁内宿泊禁止令が出ていたが、その禁令の繰り返しは、かえってスペイン人の家庭や修道院で家内労働に重宝されたことを明らかにする。

(7) 勅書は、来航華人船の検査係の役人が不正を働き、そこから大きな収入を上げ、王会計へ損害を与えている点を指摘する。それ以外にも、様々な立場の役人が賄賂を得て、制限数以上の華人の不法滞在を黙認すると語る。華人を相手に私腹を肥やした役人の代表的な例には、モルガが任命した華人関係の下級役人二名（ホセ・デ・ナベダとファン・ペレス）がいる。彼らは来島時にはほぼ無産であったが、僅か数年で邸宅を構えるに至った（「国王宛マニラ市会書簡、一六〇三年十二月六日付［Colín-Pastells., t. II, p. 423］」）。私的課金には二通りある。制限されている人数以上になった華人に私設許可証を出す場合と、正式な滞留税より低い金額で滞留を黙許する場合である。

(8) サラサール司教らも投資していることを総督ダスマリーニャスの書簡（一五九一年六月二十日付、および一五九二年六月六日付）は述べている（Ch'en［1968］, pp. 116–117）。

(9) 役職者、また功績のあった軍籍者遺族などに年金代わりに、ガレオン船積載空間が与えられた。その空間に自身の買い付けた品物を積載してメキシコに送り、利益を上げる他に、積載空間を転売して、収入とする場合もある。

(10) 政庁が彼らから徴収できる税収に非常に関心を持つがゆえに、来航者数を抑制できないと報告を受けた王室は、「華人が支払う八ペソに貪欲になるからである。（収入）金ゆえに彼らに滞留許可を与えないように」と一六〇六年釘をさした（*Recopilación*, Lib.

VI, tit. XVIII, ley 1）。

（11）加増餉は、対呂宋交易が従来の関税表にない物品、すなわち銀貨を大量に持ち帰ることから新設された。各船単位当たり一五〇両とされたが、これは重税に過ぎ、商人が困るという理由で、万暦十八年（一五九〇年）から一二〇両に減額された（張維華『明史歐州四國傳注釋』上海古籍出版社、一九八二年、八二頁）。呂宋行きの船舶数が増加しているので、税収全体から見るとそれでも増加基調である。

（12）ディアスは、いくつもの華人によるスペイン人殺害事件を語る（Casimiro Díaz, *Conquistas de las Islas Filipinas*, Valladolid, 1890, pp. 435-436）。スペイン人が少数の場合、非改宗の華人を伴って海上に出ることは禁じられていた。

（13）総督ベラや収税官ロマンなどは清廉の士として一般的に評価が高いが、それでも「華人からの収奪」やガレオン船への投資に「不正」に関わっていた模様で、前者については彼のアウディエンシアの聴訴官による告発が、後者についてはアントニオ・セデーニョによる言及がある。ベナビーデスは、イエズス会が華人から収奪していると告発する（Pastells, t. IV, p. CCIV）。

（14）Díaz-Trechuelo［1966］, p. 181.

（15）「国王宛サラサール一五九〇年報告書簡（Retana［1897］, t. III, p. 79）」。

（16）Colín-Pastells., t. I, p. 218; Díaz-Trechuelo［1966］, p. 182.

（17）増加が著しいのは、一五九〇年代から一六〇三年、一六二〇年代後半から三〇年代である。トレチュエロは、前者について正に滞留許可証発行の放縦さがその原因であると言う。本章注（7）で挙げた件である。一方、一六二〇年代以降は、華人の滞留税が唯一安定した収入源として期待されていたので、来航制限は有名無実化している。スペイン人と華人の関係が比較的安定している時期であること、明末期の漳州周辺部の混乱という華人側の事情から居留者は増加したと考えられる。統計上の増加に関する他の主たる理由は、第八章で言及する。

（18）Díaz［1890］, p. 426.

（19）オランダ人はポルトガル人とスペイン人に打撃を与えるため、マカオやマニラ向け物資運搬に従事する華人船を襲い、拘留・船載荷没収に勤しんだ。明国が彼らの入港を認めないことへの意趣返しの可能性もあるが、オランダ人には、対華人政策は「力」と見えており、華人船を拿捕する以外にも、沿岸部の地方政府が入国を拒否した場合には武力を行使している。ボクサーに拠れば、オランダ人は後年「中国人は理屈に訴えては何もしない。力に訴えなければ」と述べたという（C. R. Boxer, *The Great Ship from Amacan, annals of Macao and the old Japan trade, 1555-1640*, Lisboa, Centro de Estudos Históricos Ultramarinos, 1959, pp. 3-4）。

（20）「一六一九〜一六三一年のアウディエンシア官吏による調査書（Blair & Robertson., vol. 25, pp. 121-126）」。マニラとマカオの関係は、ポルトガル人のカントリー・トレダーとしてのネットワーク、総督を中心とした個人的な関係、オランダ人やその他の共通の敵を相手に、この海域で両者が生き延びる上で生じる貸借関係を考慮に入れていく必要がある。ポルトガル人は、その居留地マカオが明国の制御下にあるので、基本的には華人に対して危害を加えることができないとしても、その姿勢を固定化して考えることは危険である。広州華人には手を下さなくとも、漳州他の華人船に対しても自己抑制していたとは必ずしも言えない。それについては後述する。

(21) 平底の規模の小さな船。一隻当たりの大きさは一〇〇～三〇〇トンと小さいが、来航数が多いので、この種の船による品物の搬入量は決して小さくない（Serafin D. Quiason, "The Sampan Trade, 1570–1770", in Felix［1966］, pp. 160–174）。

(22) Chaunu［1960］, pp. 222–225.

(23) チャンは、華人来航の始まりの時期をクリスマスの時期とするが、これが来航時期に関する最も早い説と考えられる（Chan［1978］, p. 55）。しかし、ショーニュの研究が、一月の来航を記録するのは、一六六〇年代であり、それ以前は三月頃から来航が始まっている。

(24) 「サンパンの数を加えて」と特記される場合があるので、記録の有無は舶載荷の内容によると推定される（Chaunu［1960］, pp. 157–158）。

(25) 米、小麦粉類、豚肉、塩、野菜、生姜、果物（蜜柑、パイナップル、無花果、プラム、ザクロ、桃）、バター、生きた家畜（鶏、アヒル、猪、豚、牛馬等）がある。

(26) 胡椒、上質の肉桂（肉桂は諸島でも栽培）、クローブ、砂糖、ビスケット（乾パン?）、ナッツ類、ナツメグ、塩豚肉、塩漬け肉、など。

(27) 参照、フアン・ヒル［二〇〇〇］、五一―一三九頁。

(28) 水銀は、銀精錬に使いたいヌエバ・エスパーニャ副王からの強い依頼に応えたものだ。総督ベラはその依頼に対して、「日本で強い需要がある上、日本人は代価を銀で支払うので、華人はそちらへ品物を回し、マニラ側は購入に失敗した」（「副王宛ベラ書簡、一五八五年六月二十日付［Blair & Robertson., vol. 6, pp. 68-69］」）等を報告している。水銀は樽詰めで運搬された。価格は一キンタル（約四六キログラム）四五ペソ、メキシコの半値だという（「国王宛モンテクロラス伯書簡［Souza［1986］, p. 71］」）。量に関しては、シルバ総督の時代の記録に「二〇〇キンタル（約九・二トン）」等が見られる（「シルバ総督宛国王勅書、一六一三年十二月二日付［Blair & Robertson., vol. 17, p. 237］」）。華人による水銀のマニラ搬入は、一五七三年の記録（マニラから解纜したのは一五七三年）に既に見える（「エルナンド・リケルおよびその他による西の島からの報告、一五七四年一月十一日付メキシコ発

[Blair & Robertson., vol. 3, p. 245]」)。

(29) 何でも購入可能というこの利便性が、諸島自体の開発意欲や現地住民の労働意欲を殺いだことも確かで、報告書簡を見る限り、総督以下の主たる関心は華人との通商、メキシコとの繋がりにある。その中で、第十代総督タボラが諸島の近隣地域に目を向け、諸島内食料自給や地域内交易を重視する姿勢を見せたが、特例と言うべきである。但し、この頃スペイン人も域内交易に利があることを認識したのか、資金を持つ者が育ってきたのか、交易に精を出し始めた模様である。これを禁じる法(一六二一年)がそれを物語る(*Recopilación*, Lib. IX, tit. XLV, ley 38)。

(30) 既に、第一章で言及したが、参考文献として以下がある。Souza [1986]; Min-hsiung Shih, *The Silk Industry in Ch'ĭng China*, Ann Arbor, Center of Chinese Studies, University of Michigan, 1976.

(31) 「国王宛ベラ書簡、一五八七年六月二十六日付(Blair & Robertson., vol. 6, p. 303)」は、スペイン人が支払うことになる関税他に大きな関心があったのだと言う。サラサールの一五九〇年の報告は、漳州がスペイン人の来航を歓迎していると述べる(「国王宛サラサール一五九〇年報告書簡[Retana [1896], t. III, pp. 4-80]」)。

(32) 一五八八年のアウディエンシア報告書は、一五八三年以来続けて来航しているポルトガル船が、同年大きな船でかなりの品物を搬入した、と述べ、ポルトガル人の品物は華人のものより劣ると評価している。華人との交易量が多いことを歓迎している(「国王宛同年六月二十五日付[Blair & Robertson., vol. 6, p. 316]」)。

(33) *Loc. cit.* 生糸一ピコ(六三・二六二キログラム)は福州では一〇〇タエル(テール)だが、マニラでは買い手が多いと五〇〇タエルまで値上がりした。

(34) 『明実録』万暦三十年七月二十七日の項[一六〇二年九月二日、巻一一二、七〇三六頁]は禁令に言及する。また武器が省内で製造される場合、硝石と硫黄を供給する業者は、取り扱い許可量を明記した許可証が交付され、それらの横流しは極刑をもって禁じられた。しかし、密売は当然莫大な利益をもたらすので、業者にはこの禁令を無視して、外国人にこれを供給する者も珍しくなく、チャンは同時代の史料が「密輸を防ぐのは非常に難しい」と述べる点を紹介している。元来、明の太祖が一三八一年に対外貿易を禁止、馬、牛、鉄製品、銅製品、シルク全種、あるいは棉の輸出も禁じた(Chan [1978], pp. 61-62)。

(35) 「できる限りレアルが流出せぬように、バーター交易を心がけること」(「一五八九年勅書[Blair & Robertson., vol. 7, pp. 85-86]」)。「二五万ペソの銀貨に対する交易品中、三分の一を金にして帰航すべし」(一五九三年、*Recopilación*, Lib. IX, tit. XLV, ley 44)。

(36) 一五九〇年頃の調査書に拠れば、現地住民は「自分たちで繊維製品を作るのを止め、上は部族長から下は奴隷までチナから来た繊維を用いている。皆同じものを着ており、着衣で身分の差を知り得なくなった。数年前最も安価な品物は三〜四レアルだったのに、今では一ペソ以下の品物はなくなった」(「ファン・デ・アルセガ証言、一五九一年四月九日付［Blair & Robertson., vol. 8, pp. 85-86］」)。この証言は、現地住民に絹の着用を禁じる命令書に含められる。

(37) 「一五八六年六月付のインディアス枢機会議メンバー宛の書簡（Pastells, t. III, p. CXV）」。華人が諸島から購入するものが全くなかったわけではなく、砂金、生綿、鹿皮などを買い付けている。しかし何と言っても銀の収益率が最も高かったと言うことだろう。

(38) 勅書は一五九一年、一五九三年、一六〇四年、一六一九年付。

(39) 交易額に関する数値では、「一五八六年五〇万ペソ。それ以前三〇万ペソ（「国王宛ロハス書簡、一五八六年六月三十日付［Blair & Robertson., vol. 6, p. 269］」）とある。一五九〇年代末の関税額から割り出すと、一五九八年は八〇万ペソという額になる。また時に一〇〇万ペソという値も出る。一方、「一六〇二年は二〇〇万ペソがチナへ、一六〇〇年は一五〇万ペソがメキシコより来た」などの数値を書簡から拾えるが、そのまま信頼すべきかどうかは不明である（Cf., Ch'en［1968］, pp. 78-79）。

(40) *Recopilación*, Lib. VI, tit. XVIII, ley 6（一五九三年初発、一六〇四年、一六一九年）, Lib. VI, tit. XVIII, ley 9（一六〇六年八月十九日付。水兵らの給与は含まないと指示）, ley 11は、諸島在住八年以上の者に、財産持ち出し許可を与え、制限額に含まないとする。*Recopilación*, Lib. VI, tit. XVIII, ley 49（一六二〇年五月二十九日付）は、航海用の食料・必需品の除外を指示。

(41) ヒル［二〇〇〇］、一八九頁。士官セビーコスが書き手であるとヒルは推定する。他方、ポルトガル人は、スペイン船がマニラ住民の資金を持ち、マカオに買い付けに来た際、船と資産を没収した（「マカオ―マニラ間交易調査（一五九一年）［Blair & Robertson., vol. 8, pp. 175-182］」）。

(42) *Loc. cit.* この調査に拠れば、ポルトガル人が対マニラ交易に意欲を見せる理由は、インド他の地域に向かうより、投資利潤が二倍、航海期日が短い、対価を銀貨で受納の三点にある。スペイン人はガレオン船が到着する限り、銀貨の供給を受けるので、他のヨーロッパ人より支出に無頓着、大陸での実勢価格に無知、新大陸に旺盛な需要があること等が購買意欲の強い理由と考えられる。

(43) 奴隷取引は、第一章第四節および同章注(133)で触れた。一六二〇年のロス・リオス・コロネルの報告には、ポルトガル人が飲酒癖等のある「粗悪」な奴隷をマニラに売りつけている等の文言が見える（Blair & Robertson., vol. 18, pp. 318-319）。

(44) Chan［1978］, pp. 61-62.

(45) 海澄県月港とは近距離にある廈門から来ていた人々であり、その資金力ゆえに別格だという（James Chin, "Bridging East Ocean and West Ocean: Hokkien Merchants in Maritime Asia Prior to 1683, with a Special Reference to the Ports of East Asia" (Paper Prepared for the Workshop, "Northeast Asia in Maritime Perspective" 29-30 October 2004, Okinawa, p. 31)。

(46) 船の容量に応じて掛ける税金。『華夷變態』の伝えるところによれば、清朝は一船に五〇〇両、一〇〇〇両の単位で課税していた（林春勝、林信篤編、東洋文庫叢刊、東方書店、一九八一年、上巻、六頁）。この種の税金は明朝も当然外国船に課したが、それは、スペイン船が廈門や漳州他に出向くことを止め、華人船を来航させることに決した理由の一つでもある。
(47) 物品に掛ける税金。物品ごとに決められている（参照、佐久間［一九九二］、三三一―三三三頁）。
(48) 万暦四十四年（一六一六年）漳州府知府代行簫基「恤商釐弊十三事」「六〇隻の運行があれば、経費は満たせることになっているので、収入が多い年は漳州府に蓄えて公用に備え、乏しい年の収入を補うのに使えば良い。毎年の出船が六〇以下ならば少ないが、給引を行う時に、その量が少ないようであれば、西洋、ルソン、この二カ所の船隻より少々増補して、失額がないようにすれば良い」（前掲書、三三六頁）。
(49) 「福建の常賦は貧弱であり、海上の兵事の徴発には敢えて中央からの内帑を索めず、本省の起（運）存（留）の料課および散開・船商等の税をもって軍餉にあてることを論じ、その筆頭に漳州府海澄県等の船貨商税を挙げて掲げている」（前掲書、三二五頁）。
(50) 一ペソは〇・七四両に相当（百瀬［一九八〇］、八八頁）。この場合、約五万ペソと考えられる。
(51) 明朝では、対外交易を東西洋に分けたが、日本や呂宋は大陸より東に位置するので東洋と呼ばれる。
(52) 『明実録』万暦四十年八月六日（一六一二年八月三十一日）［巻一一八、九三八五頁］の項。
(53) 海澄県月港で海外渡航船に出される文引数は決まっており、この時期は一二〇である。一五八九年当時の総数は八八であるが、他地域向けが、各地二～三であるのに対して、呂宋向けは一六である。両年を比較すると、総文引数は約一倍半に増加したのに対して、呂宋向け文引の増加は二倍半である（参照、『明実録』万暦四十年八月六日（一六一二年）の項［巻一一八、九三八七頁］）。
(54) 「偽文引の禁」は、『明実録』万暦三十八年（一六一〇年）十月十五日の項［巻一一七、八九八七頁］に見える。
(55) 佐久間［一九九二］、三三二―三四五頁。
(56) 『明実録』巻一三二、三頁。
(57) Timothy Brook, *The Confusions of Pleasure, Commerce and Culture in Ming China*, University of California, 1999, pp. 210–224.
(58) 品物を一括して価格設定するものである。日本が当時外国勢との取引に用いた形式が基にあると言われる。制定の意図は、華人を来航させても価格設定の主導権をスペイン側が握ること、華人が諸島内深くに立ち入るのを防ぐことである。この制度下で、港の役人は、上質シルクを廉価に設定、しかも最上品を自分のために取り置くなどの不正を行った。それに対抗して、華人は上質シルクを役人の検査から隠匿、密輸入によって自らの利益を守ろうとした。その結果、関税収入の減少を来した。制度の正式な廃止は一六九六年であるが、遥かそれ以前に制度は完全に崩壊していた。

(59) 現代的な意味での「国民」ではなく、スペイン政庁の法統治下にあると考えられる者の意味で用いている。

(60) "hijo de algo"を語源とする。労働に手を染めず、「何らかの資産」によって生計を営む者との意味を持つ。

(61) 本章注(36)参照。Cf., Pastells, t. III, p. CLII.

(62) その理由は①現地住民が華人の「悪習」に染まる、あるいは彼らの商才の餌食になる、②非改宗華人が本国の諜報者であれば、諸島の情報が漏れる、③スペイン支配に対する反感を現地住民に扇動する、以上の危険排除である。

(63) 「華人は本当の意味での行商人ではない。彼らは商人、大工、庭師、農夫、その他の食料生産の仕事に従事している」(「ダスマリーニャス宛国王勅書［Blair & Robertson., vol. 7, p. 139］」)と指摘して、王権も上述の華人の本質を知らされていた。ダスマリーニャスの総督着任にあたって国王が出した指示書には華人関係の指示が多い。しかも現実を直視し、当を得たものが多い。この指示書が、一五八七年に本国にサンチェスが持ち込んだ全体会議の報告や、彼自身の建言に基づき発出されたものである点を考えると、サンチェスは事態を極めて正確に把握していたと言える。

(64) "Dialogo y conversación entre un español y un armenio contra los chinos Sangleyes que vienen a Manila"(マドリード国立図書館蔵手稿文書、BNM. Mss. 11014). 同文書に拠れば、果物など食料品なども、小口にして地方の村に運び、現地住民に小売りをさせていた。

(65) 「国王宛サラサール一五九〇年報告書簡(Retana［1897］, t. III, pp. 62-65)」。

(66) Cf., Alberto Santamaría, O.P., "The Chinese Parian" in Felix［1966］. 特に七七—七八頁。

(67) モルガは、「漁夫、石工、石炭夫、運搬人、煉瓦職人、日雇い労働者」を挙げる(モルガ［一九六六］、二五九頁)。パン職人は非常に多く、他に仕立て職人、印刷製本工、靴職人、大工、左官およびあらゆる種類の行商人がいる。

(68) 第五章注(79)参照(Retana［1897］, t. III, p. 66)。

(69) ほとんどの華人が、死亡するか逃亡し、華人店舗が密集するパリアンも焼失、モルガは「戦いが終わるとマニラ市の困窮が始まった。というのはいろいろな仕事をやり、あらゆる食料を運んできていた華人がいなくなったので、どんな高い金を払っても、食べるものもなければ、履く靴も手に入らなかったからである」と言う(モルガ［一九六六］、二六九頁)。

(70) 造船作業で、特に鉄の精錬に華人が投入され、「夜中から〔翌日の〕日没まで働」かせたという。それでも一日の労賃は一レアルにも満たなかった(「セバスティアン・デ・ピネダ報告書簡一六一九年付［Blair & Robertson., vol. 18, pp. 175-176］」)。

(71) 前掲報告書に拠れば、輸入鉄材の全てが造船用に回された。帯鉄、パイプ類は諸島では製造不能、釘は諸島内で製造可能だが、この技術は華人が支えた（*Loc. cit.*）。

(72) 総督ベラは「持ち込まれたものには、あらゆる種類の品物や変わった品物が見いだされる。人々はちょうどモノを作り始めており、チナにおけるよりもっと完璧に作り上げる。彼らはスペイン人と相談すると、チナでは行われないような方法でも完璧に品物を作り上げる」と述べており、華人は大陸の産品を搬入するのみならず、スペイン人の仕様に合わせて生産に励んだ（「国王宛ベラ書簡、マニラ発一五八七年六月二十六日付［Blair & Robertson., vol. 7, p. 19］」）。

(73) Rafael Bernal, "The Chinese Colony in Manila" [1966] in Felix [1966], p. 65.

(74) たとえば、「国王宛ベラ前掲書簡」や「サラサール一五九〇年報告書簡（Retana［1897］）」でも繰り返し強調している。

(75) ほとんどの労働を厭わない華人だが、忌避した数少ない仕事の一つは、ガレーラ船漕手である。ダスマリーニャス総督が遠征途上の船舶で華人に殺害されたのも、彼らを漕手に強制徴用したことが主因にあった。対オランダ戦では、この徴用を免れるために、漕手となる奴隷をインドから政庁が調達できるように、一人一ペソ、合計五〇〇〇ペソを華人は醵金した（「国王宛アルカラス書簡、一六一七年八月十日付［Blair & Robertson., vol. 18, p. 34］」）。

(76) モルガ［一九六六］、四〇一頁。

(77) *Recopilación*, Lib. VI, tit. XVIII, ley 8. この制度化を、コロネルはプロクラドールとして提案し、大司教ガルシア・セラノが一六二三年に国王に提案している。小規模ながら、実際に着手したのはタボラ総督の時代（一六二六〜一六三二年）である。国王宛書簡で「一〇〇ブラサ（一六七平方メートル）で賃借料一五〜二〇ペソ、一五〜二〇ファネガ（八五〇〜一〇〇〇リットル）の米収穫が期待でき、収支は合うとしている（一六二九年八月一日付［Blair & Robertson., vol. 23, pp. 36-37］）。コルクエラが、強制徴用をもって大々的に着手した。

(78) *Recopilación*, Lib. VI, tit. XVIII, ley 11.

(79) 福音のこと。

(80) *Ibidem*, Lib. VI, tit. XVIII, ley 10, 11.

(81) インディアス法は以下のスペイン人の行為を禁じている。初出は一五九四年、その後繰り返し発令されている（*Ibidem*, Lib. VI, tit. XVIII, ley 2, 10, 11）ので、恒常的な犯罪であることがかえって明らかになる。

① マストと帆布を外して、それをスペイン船に付ける。華人船のマスト・帆布は軽量で扱いやすい。

② 華人船の登録を行う役人が、その船載物から最良の品を抜き取り、法外な安価で取得する。華人は、これに抗して上質品を隠匿、または密輸する。結果、王会計が受ける損害は甚大である。

③　華人船警備に就く者が、華人に賄賂や金品を要求する。
④　来航華人が大マニラ圏を離れることは通常禁止だが、正当に許可される時も「許可料」を徴収する。
⑤　華人の係争は、華人の統治官と総督とで解決されるべきにもかかわらず、アウディエンシアの聴訴官が口出しし、また居留許可の件でも介入する。
⑥　総督やアウディエンシアの役人に、毎年、または毎週低価格で鶏類を華人が供出する習慣ができている。
⑦　来航華人に労働供出（Servicio Personal）させている。

(82)　日本人指定居住区はディラオ（Dilao）である。インディアス法は、日本人居住区を特段規定しないが、一応三〇〇〇人を限度と定めていた（一六〇六年）。参照、ヒル［二〇〇〇］、九四―九五頁、五三八頁。

(83)　一六二〇年代に華人人口が急増すると、パリアン以外にも華人が集団で居住した。一六二八年の勅書は「パリアン以外のところで生活する集団がいるが、それが悪を助長することは何度も経験された。信仰生活に妨げとなり、ギャンブルの巣窟、反乱計画などの温床となる。いかなる華人もパリアン以外に住むことは禁じられる」と規定する（*Blair & Robertson.*, vol. 22, p. 289）。

(84)　Díaz［1890］, pp. 433-436.

(85)　*Recopilación.*, Lib. VI, tit. XVIII, ley 13.

(86)　城壁内のスペイン人家庭や修道院の中で、家内労働に雇用された華人数は、少なくとも城壁内スペイン人人口の十数倍に上ったと考えられる。華人が何らかの計画をもって連携し、スペイン人を襲う事態が城壁内から起きなかったことは、華人がスペイン住民を富の源泉として共存する意志の証拠とも言える。

(87)　Colín-Pastells., t. II, p. 437. 第一次暴動後のマニラ総督と漳州府のマンダリンとの往復書簡や、『明実録』の複数の項（万暦三十年七月二十七日の項［一六〇二年九月二日、巻一一二、七〇三六頁］、万暦三十五年十一月二十九日の項［一六〇八年一月十六日、巻一一六、八三六二頁］から、明朝側の対呂宋観を垣間見ることができる。『明実録』は、呂宋式の銅製の大砲やオランダ式の大砲を、その製造方法を知る者を首都に招いて二八基鋳造させ、その一つは三〇〇〇斤に達すること等を述べる。その使用に一〇〇人訓練すれば、一万か二万の兵に匹敵する等を述べている。また、雷州の海康県にオランダ式の大砲、その他肇慶にも二〇基大砲を据え、それらは使用にあてる準備は既に済んでいると告げる（天啓元年四月と十一月の項）。ヨーロッパ勢の武器や機動力について恐れていたとも言える。

(88)　*Recopilación.*, Lib. IX, tit. ILV, ley 2（一六〇九年六月二十五日発出）.

(89)　*Ibidem*, Lib. VI, tit. XVIII, ley 4. この点で、スペイン王の臣下とは考えていないと言える。

(90) *Ibidem*, ley 5. Cf., Santamaría [1966], pp. 82-83.

(91) 華人の居留者が一般的になり、その数が非常に多くなりつつある一六一〇年代末から一六二〇年代にかけて、同点は総督によって確認されている（*Recopilación*, Lib. VI, tit. XVIII, ley 6（一六〇六年、一六二〇年、一六二一年発出）; Lib. V, tit. III, ley 24（一六〇三年、一六一四年発出））。

(92) 次章で詳述する。事例は、一五九三年モルッカ遠征にあたって、ガレーラ船漕手の不足を補う手段として、華人に籤を引かせて、二〇〇人につき一〇人の割合で徴用したことである。航海中の取り扱いが、事前の約束と異なり、鎖で彼らを繋いだことや、過酷な労働を強いたことが契機となって、華人はダスマリーニャス総督を船中で殺害した。

(93) 一五八八年、華人に男色者が発見され、調査の後、一四〜五人が捕縛された。審議の後、二人が焚刑に、残りの者は笞打ち後、徒漕刑に処せられた。同様の事件は一六〇一年にも報告されている。彼らが改宗者であればカトリック教会の裁治権下の裁判と判断されるが、被告の華人は、男色を母国ではかなり一般的な風習だと反論したと記録される。男色をいかなる法で裁いているのかが問題になるが、政庁が非改宗の人間も含めた華人に対して持っていた概念の一端を示す例となるであろう。今後さらに解明すべき重要な課題である（Chan [1978], p. 71）。

(94) *Recopilación*, Lib. VII, tit. XVIII ley 7, ley 3（一五九四年、一六〇六年、一六二〇年、一六二二年発出）.

(95) この税によって華人に移動の自由を与えた、とコルクエラは国王宛の報告で言うが、非改宗華人は、随分以前から賄賂を役人に掴ませることで、諸島内を自由に往来していた。従って、実情を追認して、個人に支払われていた賄賂を王会計に取り戻したと見ることも可能である。

(96) パリアンは焼失のたびに再建され、そのたびに拡張された。二度目の焼失の後、店舗自体は国王と植民者の所有となり、賃貸料を店子から徴収する方式になった。これはマカオのポルトガル人が明国から受けている扱いを転用したものだとも言う（cf., Santamaría [1966], p. 80）。

(97) Chan [1978], p. 58; AGI, Filipinas 6, r. 2, n. 31. 食料品など単価が低い品物では薄利になることを華人は嫌い、搬入品の重心を食料品から高価な物品に移した。食料を欠くことになるスペイン側は、牛馬や食料品への課税率を半分に下げるか、無関税化するよう、国王に嘆願している。他方、食料は主としてサンパンで搬入されたので、一五九三年、サンパン搬入貨物を非課税にしている。その後、一六〇六年には食料と軍需物資を非課税とする勅令が出た（*Recopilación*, Lib. IX, tit. XV, ley 24）。

(98) *Ibidem*, ley 23.

(99) レガスピは、「通商に来る者はモーロ人であれ異教徒であれ、海、陸どこから来る者も歓迎せよ」と、マニラ市に指示している

(Rodriguez［1966］vol. II, p. 178)。総督の最大の憂慮は来航者が途絶えることであり、十七世紀を通してこの認識に基本的変化はない。

(100) 一六二七年九月十日付勅書（Blair & Robertson., vol. 22, p. 164)。アウグスチノ会士メディナは、一六三〇年頃に著した著書で、華人は改宗者、異教徒を問わず髪型を保持する限り税を取られていると語る（Medina, *Historia*［Blair & Robertson., vol. 23, p. 231］)。

(101) *Loc. cit.*

(102) *Díaz*［1890］, p. 404.

(103) アカプルコからのガレオン船が来航しない年では、華人からの税収のみが、王会計の収入だったと報告された（「国王宛アルカラス書簡、一六一七年八月十日付［Blair & Robertson., vol. 18, p. 31］」)。

(104) 諸島の支出額中、最大のものは戦費である。テルナテやティドーレの維持、ホロ・ミンダナオの守備、対オランダ戦である。報告書に見える限りの支出と収入は巻末の表に投入した。一方、同表では、収入項目として一六〇六年から一六三一年の間に華人が納めた関税額を投入した。これはポルトガル人の対マニラ交易が関税収入に悪影響を与えているとする国王宛の報告書簡に挙げられたデータの数字である。その額は、輸入と輸出の双方に課した関税の合計であると考えられるが、華人搬入物に対して評価額の六％を関税として徴収していたこと以外、金額の内訳は不明である。単純に考えると、記載の数を〇・〇六で除すれば取引総額になる。一六〇六年を例に考えると、取引総量の評価額は約五三万五二一六ペソである。この内、日本向けの荷の課税総額は三三三九ペソで、日本向けの関税は三％であるから、輸出品の総評価額は一一万一三〇〇ペソとなる。単純計算では、日本向けを差し引いた四二万三九一六ペソが他方面向けと自家使用分となる。

(105) スペイン人が交易のために漳州近辺に居留地を得る交渉は、何度か行われた模様だが、一度も実現していない。スペイン人の証言によれば、主たる原因はポルトガル人の妨害である。しかし、書簡に見える言葉の端から、不定期に漳州、その他の港にスペイン船が出入りしていた可能性を推測できる。最終的に華人のマニラ来航を通商の主形態とすると決着した理由は、主として以下七点にある。①スペイン人の中華大陸への通行は、ポルトガルの交易権侵害となるとのポルトガル人の訴えがあり、ポルトガル王を兼任するフェリーペ王としてはそれを尊重しなければならない、②華人商人はあらゆる種類の品物を継続的に低コストでマニラに供給するが、同じことをスペイン自身で実行可能かは疑問、③②がもし可能な場合、やがて新大陸の人間が漳州と直接交易するに至り、諸島のスペイン人住民はこの交易を失うことになる、④華人から入港税や滞留税を徴収できる、⑤漳州等からマニラまでを華人に任せた方が、航海上のリスクを負わない（オランダ・イギリスによる襲撃、台風など)、⑥漳州等での入港・係留税が高い、

⑦明国地方行政府の支配を受け、抑留などの危険がある、等である。そして、スペイン船が多数漳州等に向かえば、華人による価格の吊り上げなどの弊害が出ると考えられ、現実にその兆しが認められた。しかしマニラでの取引に限れば、華人商人主導で価格が決定される懸念があった。これらの条件から、華人商人をマニラに来させるが、彼らの搬入するシルクはパンカダに掛けると結論された。この決定勅書の初出は一五九三年であるが、爾後も議論は何度か蒸し返された（cf., Chan［1978］, p. 58）。

(106) メディナによれば、「共同基金」として年間二万ペソを貯めていた（*Historia*［Blair & Robertson., vol. 23, p. 230］）。

(107) オランダ側の攻撃が激化し、それに対抗することを迫られたスペイン政庁の財政は、逼迫の度を超え、ほとんど破産状態にあった。時の総督タボラは、その解決のために華人指導者と交渉、マニラ防衛の費用として四〇〇〇ドゥカードを華人に醵出させた。他にも彼らの費用負担でマニラ市外に砦二カ所を建設したと国王に報告している（「国王宛タボラ書簡、マニラ発一六三〇年七月三十日付［AGI, Filipinas 8, r. 1, n. 9-10］」）。

(108) 勅書「戦艦、ガレオン船、メキシコ向け商船の出航準備金、火薬庫、大砲、造船のために支援金を各人年間一二レアルずつ醵出しているが、その金庫の管理をアウディエンシアの検察官がしてはならない」（一六二〇年）。「華人は三個の鍵を付けた金庫を持ち、そこに年間一人当たり一二レアルを貯える。それはこの基金をもって国王への奉仕に関する義務を果たすためである。もし、年によって残金が出た場合は、引き出さずに翌年の華人からの徴収金が少なく設定されるように命じる」（一六二七年）（*Recopilación*, Lib. VI, tit. XVIII, ley 12）。

(109) ドミニコ会史家アドゥアルテは、本土での改宗事業に繋げる目的で、諸島の華人宣教を本国は支援したと言う（Aduarte［1962］, t. I, p. 199）。

(110) ラーダは漢語の初歩は学んでいたが、初期の宣教師の中では例外的な存在である。

(111) メンドーサ［一九六六］の第二部、第一巻がラーダの報告に基づく。

(112) ドミニコ会士が一五八九年頃、華人宣教を担当すると公言した時、アウグスチノ会は既得権の侵害として抗議した。しかし、同会が当時までタガログ語で宣教していたのに対して、ドミニコ会ではコーボやベナビーデスらが漢語学習に着手、特にコーボがかなり上達。一五八九年、コーボが漢語で最初の説教を行い、総督以下がこのミサに与った（Aduarte［1962］, t. I, p. 158）。これが決定的理由となり、華人宣教はドミニコ会に委ねられた。パリアンの中、正面門前等に修道院や教会、病院を設けて、本格的な宣教に乗り出している。しかし、コーボは、総督使節として秀吉の許に送られた帰途、一五九二年海難事故で死亡し、同会の華人文化研究は初期の勢いをなくす。

(113) 精神的支援はもちろん、財政的には漢語学習の費用負担、病院事業への物的支援など具体的な支援を行っている（AGI, Filipinas

18 A, r. 4, n. 58. Cf., Chan［1978］, p. 66; Aduarte［1962］, t. I, pp. 170–171; Remesal［1988］, p. 561)。

(114) *Doctrina Christiana en letra China,* compuesta por los padres ministros de los Sangleyes, de la Orden de Sancto Domingo, por Keng Yong, China, en el Parian de Manila. Edición faccimile publicada por la Orden de Santo Domingo en 1972. このカテキズム発見から公刊に至る歴史については、小島幸枝「新出資料マニラ版ドチリナキリシタン二種（一五九三年刊）について」『東洋文庫書報』一九七九年［一一一一頁］に詳しい。他方、一五四八年にメキシコで出版された現地住民向けのカテキズムとの類似性を指摘して、コーボは作者ではないとする説もある（Miguel Angel Medina, “Paralelismo entre La《Doctrina Christiana en lengua española y la Mexicana》y la《Doctrina en la lengua china》”, Servicio de Publicaciones de la Universidad de Navarra, 1990)。

(115) 小島［一九七九］、二一―七頁。

(116) A・ヴァリニャーノ『日本のカテキズモ』家入敏光訳、天理図書館参考資料七、天理図書館、一九六九年。

(117) 福建出身者、しかも生活手段が海にある人々が対象であるので、媽祖信仰に馴染んでいた可能性があるが、この点をドミニコ会士が意識していたかどうかは興味深い点である。そうした配慮に言及する史料は、管見の及ぶ限りではない。ドミニコ会が新大陸で用いていたカテキズムとの比較が今後の課題である。

(118) 具体的には、ミサに与っても、「司祭の祝福を待たずに退出すれば罪になる」等の規定がある。（ファクシミリ版のカテキズムには頁やフォリオの番号がない。）

(119) 第五章注(80)参照（原本はマドリード国立図書館所蔵)。

(120) Remesal［1988］, t. II, pp. 562–563.

(121) 明代男性の長い髪は、太祖洪武帝が漢代の風習を復活させたもので、これを切ることは明朝への忠誠否定を意味した。他方当時のスペイン人男性の髪型は、明代では罪人に強制された髪型であるという。この二点から断髪は帰国の不可、親族・地縁との決別を意味した。総督ベラは、「華人は断髪を重大な犯罪と考えている」ので、改宗者に断髪を強制すると、仕入れのための帰国も困難になり、商売に支障を来すと国王宛の書簡では述べ、単なる風習の問題が改宗を妨げるのは由々しき事態だと説いた（「国王宛ベラ書簡、一五八七年六月二十六日付［Blair & Robertson., vol. 6, pp. 306–307］」)。

(122) Remesal［1988］, t. II, p. 561.

(123) Aduarte［1962］, t. I, pp. 170–175.

(124) *Ibidem*［1963］, t. II, pp. 113–118.

(125) Ocio［1988］, p. 29.

(126) *Monumenta Mexicana II*, p. 412.
(127) パリアン前のキアポの修道院とトンドの修道院を指すのではないかと考えられる。日本人の独身女性がそれほど多いとは考えられないので、大方は現地婦人と結婚しているものだろう。
(128) Wolfgang Franke, *China and the West* (trans. by R. A. Wilson), University of South Carolina Press, 1967, p. 56.
(129) Milagros Guerrero, "The Chinese in the Philippines" [1966] in Felix [1966], pp. 27–28.
(130) 「国王宛ベラ書簡、一五八九年七月十三日付書簡（Colin-Pastells., t. I, pp. 506–507）」。
(131) 「サラサール一五九〇年報告書簡（AGI, Filipinas 74; Retana [1896], pp. 41–80）」。「コーボ一五八九年報告書簡（Remesal [1988], t. II, pp. 557–570）」。
(132) あるスペイン人が病気で鼻を失い、もし鼻を作ってくれれば良い報酬を与えると約束した。華人は翌年彼の鼻を作って持参したが、件のスペイン人はそれに心から満足し、華人に二〇ドゥカード支払った。これに喜んだ華人は、翌年多くの「鼻」を船載したが、今度はほとんど売れなかった。ボバディーリャは、マニラにいるスペイン人全員の鼻を切り落としても余るほどの「鼻」を華人は持ってきた、と落ちをつける（「一八年間住んだ一修道者のフィリピーナス諸島についての報告 [Blair & Robertson., vol. 29, pp. 307–308]」）。
(133) スペイン側の記録では、ガレーラ船漕手を募集したが、華人はこれを嫌って全く応募者がなかった。そこで総督は、華人二〇〇人を一組とし、各組から一〇人ずつ漕手を必ず出すように命じたという。『東西洋考』や『明史』も同事件に言及し、後者は、漕手として徴用された時、彼らが置かれた過酷な状況を以下に述べる。「万暦帝の二十一年目八月に、総督ゴメス・ペレス・ダスマリーニャスが彼の行うモルッカ遠征に二五〇人の華人を徴用し、その哨官として潘和五を据えた。スペイン人が熟睡している時でも、華人は漕船を強いられた。そして、非常に僅かな怠慢にも笞を当てられ、時には殺されることもあった」。「そこで、和五は言った。『我々は謀反を起こして死ぬのか、笞打たれて死ぬのか、あるいは来たるべき戦闘で死ぬのか。総督を殺そうではないか、うまくいけば、それによって死から逃れられるかも知れない。成功したら、船で家に帰ろう。もし失敗して捕まっても、どう転んでも死ぬのだ』。全員承知して、その夜総督を殺害した。そして戦闘旗のようにその首を高く上げて、鬨の声を上げた。争いで目を覚ましたスペイン人は殺されるか、海に転落した。和五とその仲間は航路を変更し、家路へと向かった。金、武器、その他値打ちのあるものを持ち去った。だが、方向を見失い、安南に漂着、そこで現地住民から持ち物を盗まれた。郭惟太とその仲間二～三人のみ別の船で故郷に帰り着いた」（『明史』列伝第二一一、外国四、中華書局、一九九二年、八六七〇頁）。従って、華人の徴用は最初から彼らの意志に反して行われ、しかも過酷な扱いが総督殺害の主因であると言える。他に逃げ道がないと絶望した時、死以外に期待できないと考えられた時点で、行動を起こすというパターンである。「このことを、総督の息ルイス・ゴメス〔ペレスの間違い〕・ダスマリーニャスはセブにいる時に知り、その場へ急行した。彼は父親の死に抗議を申し込むために修道者らを広州に派遣し、同時に戦艦と高価な品物の返還、および父親の殺害者に極刑を求めた。巡撫許孚遠は朝廷にこの事件を報告し、両広総督には修道者らを礼遇するよう命じた。また惟太は仕置きされたが、和五は安南に留まり、敢えて戻らなかった」（『明史』、八三七一頁）。

(134) 総督殺害事件に続く年、大陸からマンダリンを乗せた船が入港した。次章で言及するごとく、漳州府から華人の帰国を促しに来たと言われているが、スペイン側にはその目的が納得できなかった。これらがマニラの緊張を非常に高めさせ、対華人観が悪化したと指摘される（Díaz-Trechualo-Trechuelo［1966］, p. 178）。逆に言えば、それまでは良好であったと言え、一五九〇年代初頭までの報告書の対華人観が好意的なのは、それを反映していると言えよう。

(135) フランシスコ会士。一五九八年五月に着任、八月に死去した（Colín-Pastells., t. I, p. 159）。

(136) 本章注(64)で挙げた「スペイン人とアルメニア人のサングレイに関する会話」が、極めて具体的にこの点を物語る。華人が流通網を手中に収め、独占に近い状態であったのは確かなようで、日用の糧や品物の価格を恣意的に上昇させた、とスペイン人は考えていた。

(137) Cf., Chan［1978］, pp. 70-71.

(138) 物価上昇の一例として、鶏一羽――半レアルから一レアル、米一ガンタ〔三・一七リットル〕――四分の一レアルから半レアルへと二倍になる例を挙げる（Ch'en［1968］, pp. 112-113）。

(139) 同勅書はダスマリーニャスの一五九一年の報告に拠る（Blair & Robertson., vol. 8, pp. 78, 279）。

(140) 「国王宛サン・ペドロ・マルティル書簡（AGI, Filipinas 79, n. 47; Chan［1978］, pp. 72-73）」。

(141) Díaz［1890］, p. 431.

(142) インディアス法は、海外領土の現地住民を押し並べて「インディオ」と呼ぶ。

# 第七章　マニラにおける第一次華人暴動（一六〇三年）

## はじめに

前章では、諸島社会で華人が置かれた社会的位置に関して一般的な状況を論述し、スペイン人の華人に対する基本的姿勢および華人自身の姿勢を、スペイン側史料に明清側史料を加えて確認した。しかし、法律や本国への書簡文書は、当然スペイン人を支配者、華人を被支配者と規定して事物を描いており、建前論、および建前に照らして整理された政庁の公式見解である。そこではフィリピーナス社会における華人の実際の勢力や影響力、華人や「チナ」に対するスペイン人の感情、もしくは本音は語られない。それに対して、華人の暴動等、非常時に行われたスペイン人自身の原因分析や事後処理、またとられた処理の背景・動機の陳述には、公式見解では語られない「チナ」や華人についての評価・イメージが本音に近い証言となって現れるのではないだろうか。第Ⅱ部は、暴動事件に関する当事者等の諸書簡からそうした証言を拾い上げて、対華人・対「チナ」感情を実証的に明らかにするのが目的である。本稿が取り扱う時期に華人による大暴動が二度発生したが、本章では第一次、次章では第二次を取り上げ、以上の観点から特徴的な現象を描き出し、両事件から両者の関係を考察していきたい。

## 一　漳州府マンダリンとスペイン政庁

第一次暴動は一六〇三年十月三日深夜、四日未明に始まり、十一月末頃までには終息していたと考えられる。この暴動が政庁とスペイン人に与えた打撃は物心共に大きかった。事件後のアカプルコ行きガレオン船、即ち一六〇四年夏マニラを解纜した船は、この諸島に見切りをつけたスペイン人、あるいは取り敢えず避難させることにした財産を満載していた。同船は嵐に遭遇、沈没したが、過積載が主因である。政庁設立から一世代が経過したこの時期、マニラは一つの都市を形成しつつあり、対華人交易が正に急激な右肩上がりで上昇中だったにもかかわらず、諸島に見切りをつける住民が少なくなかったことは衝撃の大きさを物語る。爾後四回にわたって大規模暴動が起きるが、今次はスペイン側死亡者数が特に多く、戦力となる稼働人口の約一五％前後に達した。他方で華人側の人的損害は二万を超えるとされる。

この事件には、スペイン政庁の責任者各位の国王宛報告書簡、モルガ著『フィリピン諸島誌』[1]、アルヘンソーラ著『モルッカ征服史』[2]、および諸島宣教に携わっていた修道会の年代記等の多くが言及する。それらをスペイン側の主たる史料として検討していく。他方、明国では対外交易は基本的には朝貢貿易であり、渡海は明朝の祖法に反し、道義の点では皇帝の恩より遠ざかる不忠なる行為とされている。従って明国は国外に居留する「自国民」に対し、ヨーロッパとは異なる視線を持ち、国外居留の民が遭遇する不幸には一般的に無関心と言われる。だが、交易に関税制と朝貢制を併存させていたこの時期、海澄県月港から上がる関税収入は福建の重要な財源となり、特に対呂宋交易が重要であることについては前章で言及したとおりである。他方で、暴動事件の発端は、万暦帝と宦官が起こした一連の徴税騒動と常に関連づけて語られるゆえに、この事件については華人側にも僅かながら史料が残る。本稿が扱えるものはその中でも限られ、『明実録』、張燮著『東西洋考』（一六一七年脱稿）、清代に編纂された『明史』を参照した。当然のことながら「呂宋」など「蕃族」の地に言及する分量は極めて少ないが、『東西洋考』と『明史』は、一五九三年に起きた華人によるゴメス・ダスマリーニャス総督殺害事件とこの事件を、華人と呂宋間に惹起された代表的事件として扱う。二書が同事件に言及する文言には非常に似通うところがあり、事件の因果関係のとり方も大筋において差異はない[3]。ただ詳細なニュアンスは異なり、時間的に事件に近い『東西洋考』の方が、どちらかと言えばスペイン人に対する見方は厳しい。この二史料の関連性を考察する必要があるだろうが、それは筆者の能力を超えるので、同点に留意した上で史料として用いる。一方、『明実録』は日記形式をとるので、事件に関する記事は時事進行的で、捉え方に変化がある。『明実録』と『明史』の関係は既に指摘されており(4)、呂宋関係の記事では、上記二書と酷似する表現も見られる。

一方、この事件に言及する著作・論文は少なくない。暴動中の両者の動きや原因等にかなり詳しく言及する先行研究としては、史料紹介としてのパステルス、事件を史料で再構成、見解を加えるものとしてデ・ラ・コスタ、陳荊和、アルベルト・チャン、そして最近の研究としては台湾大学のボラオによるものがある。前二者は基本的にはスペイン政庁と華人の関係を支配・被支配の関係で捉えており、スペイン側の抑圧とそれに対する華人の不満の爆発という図式で描く。陳とチャンは、華人の意志を前二者より重視している。ボラオは、万暦帝の度を超した金銭欲と宦官の動きが暴動を誘発したと結論づけている点に特徴がある。近年南アジアから東南アジア、そこへ来航したヨーロッパ勢を一元的に扱う研究が増え、しばしばこの暴動も言及されるが、大枠ではスペイン人と華人を支配・被支配で捉え、従来の研究成果を無批判に用いる傾向が否めない。

本章は、以上の先行研究に負いつつも、新たな史料を加え、それに基づいた既知史料の読み直しで、マニラにおける両者の関係は必ずしも支配・被支配の関係ではなく、むしろ相互依存の関係に立ち入っていた点に着目したい。つまり両者は日常的には戦略的共存を望みつつ、暴動で破局に至るが、暴動は非日常面に過ぎず、日常の両者の関係維持と修復への意欲がある点に焦点を当てて、考察する。第I部で論じてきた理念の働き、華人側の意志の二面に目を向けて暴動から見える両者の関係を問い直したい。

## 1　マンダリン、マニラ来航

明白な暴力行為が始まる時期は十月だが、諸史料が一様に暴動と関連づけて語る事件が五月に起きていた。平素なら三月末から四月初頭、遅くとも五月初旬には海澄県や廈門方面から到来する華人船が、漸く五月二十三日にカビーテに入港した。[5] さらにその一隻にはマンダンリンが搭乗していた。また、来航船舶数も例年なら三〇隻程度のところ、「一四隻でしかなかった」という。[6] スペイン政庁は、この時点で何らかの異変の兆候ではないかと考えた。到来時期の遅れについて、様々な憶測があったが、スペイン側の書簡が具体的に語るのは次の二点である。一年の周期の中でアカプルコ向けガレオン船解纜以後、翌年に船が到着するまでの時期はスペイン人の数が少なく、特に到着直前期は全てにおいて疲弊が極みに達する時期で、従って防衛能力が最低位にあった。[7] そこで、華人船到来の遅れはチナが軍事侵攻を企図するゆえに疲弊が最高に達する時期を狙っているのではないかというものだ。同年、アカプルコ発のガレオン船はまだ到着していなかったからである。もう一つの憶測は到来するガレオン船を待ち伏せ、積荷を奪取する意図があるというものだ。結果から見れば、マンダリン側に軍事的企図はなかった。

一方、マンダリンの来島に関して、一般論として「マンダリン」と呼ばれるチナの政府官吏が本土から「蕃族」の地に赴く行為自体は、特に華人商人が朝貢慫慂を行うために便宜的に官位を与えられてマンダリンとして現れる以外は例外的なことに属するのではないだろうか。だが、この時は確かに三名ほどが約五〇人の随員を連れマニラに来航、[8]『明実録』や『東西洋考』はその官職を海澄県月港の「丞」と「百戸」と伝える。同港は呂宋を最大の取引先とする港である。丞は海澄県月港のナンバーツーであり、『明実録』から見る限り、派遣者は最終的には万暦帝である。[9] 来航の理由は、スペイン側と華人側の記述を総合すれば以下になる。即ち「カビーテ」付近に金を産出する山ないしは地方があり、それには所有者がない。万暦帝が所有すれば、臣下に課税する必要がなくなるほどの収入を帝は得るといった類の話を華人ティオゲン、明・清史料に拠れば張嶷、[10] その一味閻應龍が明宮廷に持ち込んだ。[11] 万暦帝がその話を採用し、漳州府に探索執行を命じたと言う。[12] 明・清史料はその背景として万暦帝の浪費癖、その癖ゆえに彼に取り入って全国で苛斂誅求を行い、私腹を肥やしていた宦官高寀とその一味の横行と事件を関連づけて記す。[13] これについては、マニラ大司教ベナビーデスも来航華人から聞いていたとみえ、この誅求ゆえに二年以内に反乱が起きると華人が言っている、と語る。[14] 明・清史料とスペイン側史料では、マンダリン来航の意図やその発端となった人物に関する理解は大筋で一致する。『明実録』では、マンダリン派遣計画の段階と派遣終了後に陳述される派遣目的では、かなり食い違う。前者では機易山の探索であり、[15] 後者ではそれを提言した張らを現場に連行して、妄言を暴く、[16] となっている。

マンダリンはマニラ入港時、海上から書面で来航の意図を総督に告げた。それらしき文書は少なくとも二通存在し、スペイン語版とマニラ側によるスペイン語への翻訳物である。[17] その内容は『明実録』の一六〇二年九月の項と一六〇三年十二月の項、[18] 事件後に総督が漳州側に送った華人多数の死亡に関する弁明書簡への漳州側返書中の一文と大筋で一致する。[19] 事件後、時を経て書かれた『明史』もその一部を採録しており、[20] これも『明実録』と概ね一致する。金銀に関して「金の豆が成る木がある山」[21] か「金銀を産する山」[22] の相違もあるが、問題にすべきほどの差異ではない。他方、金の在処はスペイン語文で“Cavite”“Cavit”“keit”、[23] 明・清史料で「機易山」と記される。『東西洋考』は、海澄県の丞が蕃族の地へ赴く経緯、呂宋滞在中の出来事、この任務に対する丞の大きな困惑、帰国後間もない彼の死去を記す。『明史』の論旨も概ね同じである。一方、呂宋島奪取の許可を張嶷が万暦帝に求めたとする点は、スペイン側諸史料内では概ね一致するが、[24] 明・清史料にはその言及はない。マンダリンの来航をその情報収集、また改宗華人を祖国チナへの裏切り者として懲罰するために張が派兵許可を求めたとする点も明・清史料には全く見えない。[25]

来航のマンダリンは総督の許可を得て上陸し、官爵を示す着衣と職階を示す旗持ちを帯同、行列を組み、人夫が肩に担ぐ輿に乗ってマニラ市内を移動、総督が用意した城壁内の宿舎に入った。総督は非常に警戒していたが、「友好国の使節として歓待し」、帰国前には宴席も設けた。丞王時和について、[26] 総督は「理解力に優れた人物」と評しており、両者の間に肯定的感情交流もあったと推察可能である。[27] だが友好を装いながらも、威嚇の棘も垣間見える。王らのカビーテ到着時、政庁側は歓迎儀仗にかこつけて調達可能な限りの兵を居並ばせ、礼砲と称して手持ちの大砲や鉄砲をできる限り派手に放ち、精一杯の威嚇を行ったのだ。[28] これを『東西洋考』はスペイン人修道僧らが道に花弁を撒いて歓迎[29]、『明史』は呂宋側が「朝使に敬を表」したと評価、宴席に招待されたことも伝える[30]。兵を盛大に並べたことにも言及しており、何らかの意図を感じ取っていた可能性はあるが、礼砲に関しては記述しない。

## 2　マンダリン来航の問題点

スペイン政庁側はこのマンダリンの一団を最初は「使節」とは呼びかねている[31]。そして来航を二点で咎めた。第一は、他国の領土中に金山等を探索すること、第二は、華人が対象とは言え、マンダリンがマニラで司法行為を行ったことである。官爵を誇示する姿勢・行列、路上での華人への跪礼強要は、「かの国」の統治習慣をそのまま持ち込んだとして第二の観点から問題視している[32]。アクーニャが明確な対応をとったのは第二に対してである。宿舎の前庭で華人に裁判を行い、「指（または手）に拷問」を加え、笞杖刑等に処したことに対して、諸島の自然法上の主人はスペイン国王であるから、それらの行為はスペイン国王の司法・統治権侵害にあたるとして、マンダリンに五月二十七日付でその中止を申し入れた。他方、華人にはマンダリンの裁判に服さぬよう、彼らの居住地域に漢語の高札を立て、同時に漢語で触れ回らせ、徹底を期した。明・清史料には、司法行動や行政官としての行列、またスペイン側からの中止申し入れも記述されない。こうした行動は彼らには当然の行為であり、咎めに値するという意識も全くなかったと考えられるが、行為自体は直ちに中止している。摩擦を起こしたくなかったのだろう。政庁側は、マンダリンの司法行動が華人の何を問題にしているのかに関心を持ち、華人の証言を取った。追求されたのは改宗者であり、当人不在の際にはその兄弟、親戚が連行され、咎めの理由は改宗の事実と断髪にあると当該の華人は証言した[33]。改宗を咎めた点は、帝国の大義を意識するスペイン側を強く刺激したことだろう。

翻って第一点に関する記録状況は第二点と対照的である。明・清史料にはマンダリンが「他国」の地に踏み入り、金の在処探索行を行うことに対する危惧の文言が並ぶ[34]。『明実録』には、雲南の国境地域での紛争、広東の事件を並列させ、かくなる行為は紛争を惹起し得るもので、公的出費増加に繋がり、「寝食が安らかにならない」ほど心配だとの上奏文が転載されている。[35] 明側がこれを特記するのは、現実には地理的境界を意識していたことを示し、マンダリンが諸島へ踏み入る行動は、彼らの方でも常識の範囲にはなく、重大な反発を招き得る行為と認識していたからだと考えられる。

総督は問題の核心を漳州側に質した。即ち「金の豆を生じる木の山がある」と言ってマンダリンらは来航したが、「もし中華にそうした山があれば、我々がその山を開くことを貴殿らは認めるのか」と。漳州側はこれに大笑いしたと記す。[36] モルガもこの応答を記録する。[37]「華人はもっと鋭敏かつ用心深い人であり、そんなことでチナ国王が人を派遣する、またスペイン人を納得させられると考えるような人でない」から、当然漳州側に別の意図があると政庁側は考えたと、国王宛の諸報告を基に著作したアルヘンソーラは言う。[38] 総督は、マンダリン来航を諸島侵攻の下見、情報収集の可能性があると国王宛報告書簡で述べている。彼らの退去後、総督はその理解を行為によって示している。

一方、漳州側が実地検証を求めた地を、『明実録』や『明史』は「機易山」と記す。翻訳された総督宛書簡の音は確かに「k」音で始まっているが、これを「カビーテ」と断定した理由は誰も述べない。方言も考慮すれば、語頭の子音が何であったは今日では知るよしもないが、常に「侵攻」の脈絡で全てを解釈する傾向の政庁には、カビーテが要塞、軍港にしてマニラの外港、諸島と外界を結ぶ生命線の中心であるだけに、語頭音が「k」、もしくはそれに類似すれば、即同地と合点した可能性が考えられる。換言すれば、疑心暗鬼でマンダリンを迎える政庁側にとっては、マンダリンが口にし、通訳が伝えた音が、「カビーテ」とはかなり開きがあったとしても、カビーテ港に結びつける心理的要因は非常に強いものがあったと言えよう。なぜなら、音の相違以外にも、マンダリンが入港前に総督に送った書簡が描く目的地の様子は、かなり未開で、遠方の地を想起させるものであり、現実のカビーテとはかなり異なる。

総督はマンダリンに上陸を許可し、実地検証を望むマンダリンのカビーテ行きも許可、案内兼見張りを付けて送った。その後土産さえ持たせて帰国させた。歯に衣着せぬベナビーデスは、総督はこの難儀をそつなくこなした、いや丁重に過ぎたほどだとも評する。[39] 一六〇三年当時、マニラのスペイン政庁、特にアクーニャを悩ませていたのは対華問題だけではない。モルッカ諸島維持は常に課題となっていたし、イギリスの到来は一時的だったが、一六〇〇年の年末以来、オランダが諸島自体と諸島へ来航する華人船を狙って来た。諸島の利益という点から失敗が許されないと感じていたのは対日問題である。オランダが強力な対抗者として出て来るのはもう少し後だが、当時は異なった意味で気が抜けなかった。強圧的で朝貢まで求めた秀吉の治世は終わったが、次の家康は交渉上手であり、マニラ側が彼を相手に自らの安全と交易の主導権を確保しつつ立ち回るのは相当知恵が要ると感じられていた。また現地住民をことあるごとに徴用していたが、彼らの反乱も珍しいことではない。外敵オランダに備えて造船に彼らを督励するのはもう少し後だが、そうした現地住民への負荷は特にモルッカ問題で増大し、またミンダナオなど南から来寇があり、誘拐や殺害の犠牲者は増加した。この中で対中華大陸、対華人関係をいかに捌くか。距離にして最短三日、居留華人人口は自己の二十倍以上にまで増加、誠に利発、隙を見せられない相手であった。宛名人の神経に障るような文言は極力避けつつ、しかし朝貢要求や隷属的な立場の受容は拒否、ともかくも決定と破局を先送りする内、事態が自然好転することを期待した外交作戦は、特に対日問題で前任者らが使った手だが、敢えて方向転換する理由も手段もアクーニャにはなかった[40]。因みに当時、諸島の管轄内で従軍可能なスペイン人は最大で七〇〇人程度である。何らかの行動が漳州側に軍事行動を起こす口実を与えぬように、その要求を受け入れ、住民には使節に対する言葉と行為、いずれによる乱暴狼籍も笞打ち二〇〇回とガレーラ船徒漕刑四年に処すと布告して、招かれざる客人のできるだけ早い出国を図った。総督とマンダリンの会談では、かくも貧相な呂宋など明国王は必要としておらず、奪取する気などないと漳州側が言えば[41]、総督は世界地図を持ち出してスペイン国王が統べる広大な領土を示し、諸島領有の目的はキリスト教宣教以外にはないとやり返した、とフェリーペ王に報告している[42]。ただし、これらの言葉が総督の意図するとおりに漳州側に受け取られたであろうか、よしんば言語的に理解し得ても、相手の真意を解する回路が双方にあり得たであろうか。

## 3　来航の意味を巡って

マンダリン到来の時点で書かれた報告書と、暴動後に来航事件を暴動に結びつけて論じる文書を分けて扱う必要があるが、マンダリン来航時点から、その意図をマニラ侵攻に備えた偵察行動と主張したのは大司教で、来航直後の国王宛書簡でこの主張を展開する。マンダリンは港やマニラ等の防衛水準、兵力等を偵察して回り、翌年には兵を送り込むつもりで、諸島奪取以外に目的はない、居留華人にはスペイン政庁に対して反乱の意志があり、あるいは彼らの故国と連携して「諸島の主人になる」つもりだと最も強く主張した。(43) 第五章で言及したごとく、大司教は一五九〇年に福州（もしくは漳州）に一年近く滞在したが、軟禁状態で厳しい尋問に遭ったと彼は感じ、あまり達者とは言えない漢語をもってカストロ神父と「生き延びた」経験の持ち主である。(44) この経験が「チナ」のマンダリンに対する嫌悪、不信の根底にあったとしても不思議ではない。彼はマンダリンの言を「嘘八百」、万暦帝を「あの強欲な王」、その臣下を「あの大変悪辣な者ども」と呼ぶ。(45) 彼と他のドミニコ会士は総督やアウディエンシアのメンバーに警戒を発するのみならず、説教台という極めて公の場で華人反乱の可能性を強く示唆し、警告した。(46) ドミニコ会は華人教化を主たる使命とすることを強調し、来島直後から華人司牧にあたる意志を強く示したことは既に述べたが、それゆえに彼らの言葉には説得力があったことだろう。更にベナビーデス自身が自己を「不穏な空気に気づいた最初の人物」と言い、その根拠としたのは「リャン・ヤメンが王に対して行った請願……」(47) なるものである。マンダリンの書簡二通を彼自身によると考えられる翻訳を添えてフェリーペ王に転送した。その一つは「ホンコンの最高官」(48) の書簡と称するもので、「今年一六〇三年フィリピーナスにある呂宋の地に戦争を仕掛け、同地の奪取にチナから向かうことを願い出た華人らに王が耳を傾けないように、ホンコン県の最高官が説得するための請願」(49) と題される。万暦帝が、氏素性不明で身分卑しき者の口車に乗せられて、金鉱山開発に乗り出そうとするのを、古今の逸話を引いて諌止する内容の書簡で、一六〇二年九月付の福建巡撫の奏上文主旨に酷似する。(50) そのような文書をベナビーデスがいかなるルートで入手したかは、現在のところ謎である。

マンダリンの方でもスペイン側の疑念を明らかに看取しており、「何も心配はない、枕を高くして眠られよ」とアクーニャ宛マンダリン書簡は言う。[51]「張らの嘘を暴くために来ただけで、天朝に他意はない」と居留華人もスペイン側の不安を和らげようとしたが、[52]「それでも不安は払拭できず、翌年我々が攻めてくると考えていた」と『東西洋考』、『明史』共に記す。[53]これは暴動という結果を見てからの記述であるので、留意が必要だ。

マンダリン来航の真意を巡る政庁側の猜疑は、マニラとその周辺に居住する華人へ向けられた。[54]第六章で述べたごとく、本稿が扱う期間もその後も、彼らの諸島社会における位置づけは非常に不安定であったが、僅かな改宗華人に対しては、司祭の指導下にあること、中華大陸との往来が断髪によって困難なことから信用を置いた。大陸と諸島を往来する華人については、一方で彼らが資産を非常に大切にするので、それを危険に晒しはしないだろうという読みと、他方で漳州他との往来、また平素の生活で中華様式を墨守することから大陸政権の第五列という認識を払拭できず、[55]彼らに対するスペイン人の評価はこの二点間で揺れた。しかも、スペイン政庁は知らなかっただろうが、福建では「一五九三年に海禁を緩和し、海外に越販する中国商船は文引の有無並びに越販期日の長短を問わず、全て帰国して官府に税餉を納める者には、私通および圧冬の罪状は一切宥免する措置を講じ」ていた。[56]当然福建とマニラを往来する者の数は激増した。華人人口増に加えて、モルッカ遠征に徴用された居留華人による十年前の総督ダスマリーニャス殺害事件がマニラ側の記憶には鮮明に残り、華人に対する警戒感は非常に強まっていた。

総督は、マンダリン帰国直後には大陸側による呂宋侵攻説の真偽詮索を保留する姿勢も見せてはいるが、「自分たちが不注意でいるならチナはその意図を遂げてしまう可能性があるので、以下の点を調査しておくべき」と考え、「来るべき時」に備えて手を打ったと国王に報告する。

総督の報告に拠れば、主要処置は以下である。政庁側が警戒体制にあるとは一般人が気づかないように、通商慣行等では何も変更なく、船やガレーラ船の修繕・艤装、城壁や要塞の修繕を密かに行った。[57]またチナの侵攻が事実なら、季節風の関係から翌年三月末から四月初めとなると想定して、ヌエバ・エスパーニャ副王に、「現金、兵、大砲、軍事物資を積んだ船一隻を、到着時期が上記時期になるように、〔対チナ警戒とは〕無関係を装って送ってくれるように求めた。そういう事態になれば、義務を尽くし、陛下にあらゆる手段を講じてお知らせする。もし何事もなければ、送られて来たものは、ミンダナオ向けに活用する」というものだ。[58]「無関係を装う」というのは、居留華人がそれに気づいて対応策をとることがないようにというのが主旨だろうが、ガレオン船派遣に関して現実的にどのような違いがあり得るのか不明である。暴動終了後の報告は、時と共に更に具体的な処置を講じた、と述べる。即ち、

① 城壁のパリアン側の家屋破砕、城壁のパリアン側に空き地の設置、濠の掘削。
② 食料、武器の王立倉庫での最大限の備蓄。
③ 居留華人の石工、煉瓦工、農業従事者などの所有物で、武器に転用可能な用具の調査。
④ 在島日本人に、暴動発生の際、政庁側を支援する意志の確認。[59]
⑤ 現地住民の人数、信頼度、武器についての調査を、各地区の長（Alcalde Mayor）に依頼。現地住民武装部隊の創設。部隊名簿の作成、武装品装備（現地住民式）、食料一カ月分の備蓄。[60]

①の作業に労働提供したのは居留華人である。彼らは、社会の緊張とこの作業で、「スペイン人は我々を殺そうとしている」と当然動揺した。ドミニコ会士らが、居留華人の「悪巧み」決行近し、と説教台から呼ばわる中、言葉や行為による居留華人への迫害が実際に始まり、「彼らが、自分たちが考えてもいなかったこと〔暴動〕を起こさねばならないと考えるに至る十分な動機」となったと、この辺りの事情についてモルガは語る。[61] 更に、暴動発生は近い、あるいはその計画があるとスペイン人に注進する居留華人もいたようだが、この種の事件にはつきものの話である。[62]アルヘンソーラは、暴動発生に備えて行動しているのを居留華人に漏らしたのは、上記④から政庁の警戒を知った日本人で、その理由の一つを、日本人と華人は憎しみ合っており、政庁から応援を依頼されて得意になったからだとする。[63] 一六三九年の第二次暴動時の報告にも、日本人が華人虐殺に最も張り切ったとする報告もあることから、一面の

事実である可能性と共に、殺戮で流された血に対する責任をどこかに転嫁したい心理の表れとも考えられる。『東西洋考』は、騒動近しとの噂から、居留華人が商機を逃すまいと鉄器を全て売り尽くし、家には寸鉄もなくなったと記す。その多くが死亡することになる当事件の悲劇性に対比させ、無思慮な商売気はどうしようもないといったニュアンスがある。[64]

## 二　暴動

### 1　経過

経過については、先行研究が個々に語るので、骨子および見解の相違点について考察するに止める。

暴動行為に先立つ一週間の動きは慌ただしく、騒動回避に向けて総督は努力したと報告する。総督はパリアンへ出かけ、政庁は彼らに危害を加える意志を全く持たないと伝えた。その後アウディエンシアの聴訴官を派遣して説得を続行したとしているが、居留華人の大きな不安を沈静できなかった。この時点でパリアン住民のほぼ四分の一、主として商人と職人、約一八〇〇～二五〇〇人が区域内に残っていたという。守るべき資産を持つ者は、スペイン人の友人を頼って資産保全に動く、あるいは総督の勧めに従い、城壁内へとその資産を避難させた。総督は彼らに証明書を発行し、爾後それを保持しない者は暴動地域から来た者として扱うと述べた。この処置が有効かどうか疑問ながら、暴徒と暴徒化する意志のない者を弁別しようという意思の表れと理解できる。大司教は、暴動に加わる意志がない者を城壁内に入れて、保護するよう総督に要請している。[65]スペイン人にも居留華人にも共存の意志、その意志を伝えあう行動があったということだ。この点は、在島華人全員の殺害を総督が命じた第二次暴動と基本的に異なる。

総督がいかに説得しようと、居留華人は追い立てられるような不安から逃れられなかったが、スペイン人社会も同じ思いを味わっていた[66]。それを背景に、総督、大司教、そして居留華人指導者らは、直前まで平静を保たせる努力を続けた、と言う。この年の居留華人ゴベルナドールはエンカン、洗礼名をファン・バウティスタ・デ・ベラといい、第六章で言及したように、一五七五年マニラを襲った海賊林鳳一団の生き残りである。

スペイン人と華人の神経戦の様相下、動きがあった。エンカンの城壁内住宅で、黒人使用人がかなりな量の火薬を隠していたのを、踏み込んだ兵士が発見したというのだ。エンカンは逮捕・連行された[67]。他方、十月三日深夜、華人の一団がマニラ郊外でついに歴然とした暴力行為に及んだ。キアポのアルカルデ・マヨールの家族を、女児とその乳母を除いて全員惨殺、館に火を掛けたのである[68]。デ・ラ・コスタはこれをもって華人が最初の一撃を打ったと言う[69]。この一団はトンド地区へ回ったので、そこへは父総督の死後臨時総督を務めたことがあるルイス・ダスマリーニャスが急行。だが作戦を誤り、随行のスペイン人士官と共に戦死。四日のことだ[70]。同地の教会に華人一〇〇〇人ほどが立て籠もる一方で、キアポの村に火を掛けた暴徒が他の地域から来た者と合流してパリアンへと向かい、十月六日、パリアンに火を掛けた[71]。暴徒数は増加、集団が離合集散を繰り返しつつ移動した。最初に暴徒化した者の数に関しては複数の情報があり、その数は一〇〇〇から六〇〇〇と開きがある。逃げまどう者と暴徒の識別は、同じく混乱に陥っていた政庁側には不可能で、実数は不明と言わねばなるまい。一方政庁側の損害は暴動の初期、特に初日に大きかった。初日に斃れた者には、上記のダスマリーニャス、歴戦の士にして一六〇〇年対オランダ艦隊戦を勝利に導いたファン・デ・アルセガ、総督の甥、大司教の甥、総督の使用人全員（一人を除く）等の名が見える。デ・ラ・コスタに拠れば、華人はダスマリーニャスとアルセガの首を死体から刎ね、士気高揚に用いた[72]。

華人側の装備は粗末で、火器はほとんどなく、発砲した場合の火器も大抵がスペイン人から奪ったものであり、竹や棒杭などの先を鋭利にし、焼きを入れて堅くしたもの、放火と集団の大きいことが主たる「武器」であった。常々マニラでは「火事」が最も恐れられたが、アルヘンソーラの記述に従えば、政庁側は彼らの放火を恐れ、また火器取り扱い技術の高さを恐れた[73]。また彼らが「多勢」であることは政庁側を大いに威圧したが、これは当人たちにとっては両刃の刃でもあった。即ち多勢であることが食料調達を困難にし、飢餓を生み、そのために移動と現地住民から食糧掠奪を余儀なくさせ、これが現地住民の恨みを買い、攻撃され、さらに逃走を要する状況に陥らせているからだ。

他方、イエズス会士のローマ本部宛書簡に拠れば、スペイン側は男子総動員態勢を施き、教区司祭は言うに及ばず、修道士らも「修道服を端折り戦闘に加わって」、「肩に火縄銃を担ぎ、導火線をぶら下げている者、刃を身体にくくりつけ、手には槍を持つ者、他の姿をとる者、皆指示された持ち場を守るか、あちこちを走り回っていた」[74]。修道士の前身は多様だが、砲手や、戦歴豊かな者がおり、その前職を活かして貢献した様を報告する。特にアウグスチノ会士の一人は元フランドルの歴戦の士で、城壁の上に大砲を引き上げ、塊状になって行動する華人に砲弾を打ち込むことで相当の「戦果」を上げた[75]。政庁側に付くことを暴動に先立ち確認されていた日本人部隊約五〇〇人は、日本人司牧担当のフランシスコ会、特にフアン・ポブレに率いられて随分と活躍した模様である。また、五〜六〇〇〇の現地住民部隊はその重要性を見せつけた[76]。

以上は当時の政庁関係者、教会関係者の書簡文書や二次史料によって再構成を試みたものだが、不思議なことに、どの史資料も暴動が終息した正確な日を語らない。現在のところ十二月七日付の国王宛アウディエンシア報告書が、暴動を伝える最も早い書簡と考えられるが、総督が最初の報告書を十一月に書いたと述べること[77]、また十月二十日に有効な作戦に着手、その後二〇日ほどで終息したとモルガが述べているので[78]、十一月中旬には終結していたと考えてよいのではないだろうか。

以上に関して、総督以下が本国への迅速な報告と救援要請を行ったのは当然である。ところが実際にメキシコにこの報が到着したのは一六〇五年十二月五日、本国へは一六〇六年五月一日である[79]。一六〇四年七月、アカプルコ向けガレオン船は、諸島からの避難者と避難財産を満載してマニラを解纜したが、台風に遭遇、難破、消失したからである。難破の真因は過積載にあると従来から常々指摘されていたが、この難破は正にその典型例であった。

一方、ガレオン船の遭難を知ったゆえか、事柄の緊急性から二経路の通信を必要と考えたゆえか、総督は、十二月に懇意のアウグスチノ会士[80]を航海可能なインド経由で、特使として本国に送り出した。しかし、彼は通過地点で次々と紛争に巻き込まれ、宮廷に報告を上げ得たのは一六〇六年である。

## 2　暴動による損失

暴動に関する華人側の死者数は二万を超えたとの説が一般的である。アルヘンソーラは二万三〇〇〇[81]、総督アクーニャは一万五〇〇〇という数字を挙げ、コリンはそれを採用する。ベナビーデスは「マニラ近郊で一万五〇〇〇人が死亡した」と報告する[82]。漳州発、一六〇五年付のマンダリン書簡には三万という数字が挙がる[83]。『明実録』では、三万、二万、後に一万[84]と、経年の中で数値が縮小する。数値が風聞に拠ることを示すものだろう。数値の多様性はその勘定が憶測、推測に基づく以外に、死者の死因と関連する可能性がある。アクーニャら政庁責任者が挙げる数値は、手を下したと自覚する死亡者数に限っている可能性があることだ。と言うのは、暴動渦中での自己の立場や暴動後の身の置き所に絶望して自死した者、逃避行中の事故死、衰弱死、同士討ち、スペイン側の明確な指示に基づかない現地住民の攻撃の犠牲者、島外への避難者が無視できない数に上る可能性があるからだ[85]。華人には、積極的に暴動に加わった者と、仲間に迫られて暴徒に付いた者、どちらに付いても展望が開けないと絶望する者がいたことを史料は語るが、最後の者に自死者が少なくない事態は、一六三九年の暴動時にも惹起された。スペイン政庁は当然この死に対して責任を感じなかったであろう。

一方、暴動収束後、ベナビーデスは「神が華人を盲目にして下さったから、スペイン人は皆殺しを免れたのであり、さもなくば彼らがこの島の主人になったであろう」と言い放った[86]。スペイン側の死者は概ね名前が特定される。居住者が名簿化されていた上に、政庁の重要人物であったことがその理由である。レタナが纏めた死亡者数では、カピタン一二名[87]、退役カピタン・ヘネラル二名。ルイス・ダスマリーニャスも加えなければならない。同時期、この地で何人がカピタンに任じられていたかは不明であるが、三〇名前後と考えると、その半数が斃れたことになる[88]。兵士や一般人を加えた死亡者総数は一〇〇名を超える。[89] 政庁創設以来、一事件でこれほどの死者がスペイン人に出たことはなく、ベナビーデスの言葉はスペイン人の実感であったであろう。翌年のアカプルコ行きガレオン船が人・貨物で過積載になったのも当然と言える。

物的損害については、具体的な質・量を史料に基づき描き出すことは難しい。断片を積み重ねていくと、以下推測される。城壁内部は暴徒侵入から免れたが、大マニラ圏で見渡すと荒廃は酷かったと見え、翌年六年ぶりに帰島した新司教ソリアは「酷い爪痕が残っていた」と記す。[90] 他方パリアンは灰燼に帰し、再建は一六〇五年まで掛かった。パリアンの店舗や家屋の所有者はスペイン王や住民で、華人がそれを賃借する形式であったから、不動産はスペイン側の損害である。また、一般的に教会や修道院は放火対象、立て籠もりの現場になった関係で被害を受けた割合が大きい。後述するように、政庁は、この事件に関して明国地方政府宛釈明使を十二月に送り出したが、その資金に事欠き、城壁内に預託された華人資産を売却して資金を作ったほどだった。[91] もっともそれを購入したのはスペイン人居住者であるから、正確には王室金庫が払底したのである。

### 3　終戦処理

アクーニャが中心となってとった暴動後の処置は主として以下七点である。

① スペイン人に預託されて城壁内にある華人の資産の内、暴動に荷担していないことが明らかな者の資産七万ペソ超を本人ないしは遺族に返還する用意の表明。

② 暴動加担者の資産三万六〇〇〇ペソは、鎮圧に働いた者の救済や、防衛強化の費用とする。

③ 漳州府およびマカオへ使者を派遣。[92] 明国の地方行政当局への事件に関する釈明書簡の手交、華人帰国者の有無、および大陸側における諸島向け軍事行動準備の動きの有無偵察。マカオでの軍需物資調達。

④ 帰国華人が、事件の責任をスペイン人に帰す動きがないか探らせる一方で、マニラ側の釈明補強のために、事

件についての明国地方行政当局宛報告を生き残った華人に書かせる。

⑤　捕虜五〇〇余名はガレーラ船漕刑に就かせる。

⑥　主としてタガログ人で構成された現地住民防衛隊編成。市の要塞、城壁の補修工事、戦艦ガレーラ船建造、一カ月分の食糧備蓄に着手。[93]

⑦　滞留許可人数を六〇〇〇人と定めたインディアス法の再確認と厳守、華人の登録強化、鑑札発行。技能、職能者のみを残し、それ以外は強制退去。

以上の措置には大きく分けて三つの明確な意図が見え、総督もそれを言明する。[94] 即ち、第一、この事件の責任はスペイン側にはなく、まして華人殺害およびその資産没収の意図から始めたものではないことを大陸側関係当局へ明示する。[95] それに該当するのは①③④である。第二、暴動の再発防止で、⑤と⑦がこれを目的にしているのは説明不要である。[96] 第三、諸島の防衛強化であり、②と⑥がこれにあたる。

ここで重要なのは①③④である。これは具体的には以下二点の回避を目的とした。即ちⓐ漳州との交易途絶、ⓑ大陸の政権がこの暴動鎮圧を「自国民」虐殺と考えて、諸島に対して報復措置に出る事態である。ⓐが諸島に以下の点で壊滅的な打撃を与えるのは明らかである。即ち、アカプルコ向けガレオン貿易に供すべき品のほとんどは華人が搬入するので、その交易資源入荷途絶である。それによって、王会計収入は、①華人船の舶載荷への三％課税による関税収入、②華人船係留税収入、③アカプルコ向け搬出荷への二％関税収入、④華人が搬入するシルクへの一〇％関税収入（アカプルコで収税）、⑤滞留華人の滞留税等各種課金収入、[97] の五点を失う。また、聖職者、教会、修道会も含め、少しでも資産を有する者は何らかの形でマニラ・ガレオンに投資していたが、投資に必要な財を華人から入手不能となれば、その欠乏は物資の高騰を招き、個人投資を不可能にする。また、対日交易も、売るべき物資の不足から不成立となる可能性である。

他方、諸島の日常生活との関係では、①生鮮食料も含めた生活物資の欠乏。②対日交易の途絶からは、銀、軍需物資（特に鉄、硫黄、硝石[98]、策具用麻）、食料品を含む生活必需品の入手の不可能等がある。

以上から華人船来航停止がいかに回避すべき事態であるかは一目瞭然である。そしてアクーニャは一年でも欠航すれば損害を取り戻すのに長年掛かると実際に述べた[99]。

ⓑすなわちチナの諸島に対する報復行動、あるいは報復を権原として軍事行動を諸島に仕掛ける可能性は、大司教が声を大にして主張しており、一〇〇〇もの船が攻めて来るかも知れぬと言う[100]。地方行政当局への弁明使派遣を暴動終息間もない十二月に実行させたのは、大司教らの声を受けて非常に緊急を要すると考えていた表れであろう。弁明書簡は漳州と広州の二方面に宛てられていたが、直接海澄県月港に行く勇気がなかったのか、季節風のゆえか、カピタン一名とドミニコ会士ガンドゥージョが赴いたのはマカオであり、同地のポルトガル人に仲介を依頼した[101]。しかしポルトガル人は書簡を取り次がなかった模様で[102]、アクーニャはその点を後日発信の漳州マンダリン宛書簡で言及している[103]。他方、漳州府宛の書簡は、彼らのマカオ訪問を漳州の大海商が知り、府当局への取り次ぎに一役買ってくれることになった[104]。

一方、使者はマカオの偵察も兼ねていたが、少なくともマカオは全く平静である様子を見て拍子抜けした[105]。スペイン政庁の危機感と大陸側状況の落差の理由として以下三点が指摘できるのではないだろうか。①マテオ・リッチはこの事件が北京で評判になるのを一六〇五年一月頃に聞いているが[106]、『明実録』の記載時期と概ね一致し、この頃北京に同事件が伝わった可能性がある。マカオと漳州は相当距離がある上、別の地方組織であり、この程度の事件は、大陸側にスペイン人が考えるほどのインパクトを持つものかどうか。②『明実録』がこの事件に言及するのは一六〇五年一月である。情報伝達の時期には距離という自然要因のみならず、何らかの恣意的な要因が働いていた可能性がある。漳州府が一六〇四年の後半末までこの問題を全く取り上げなかった可能性が少なくない。これについては後述する。③明国、少なくとも漳州地方政府と華人の関係を、スペイン側が自己の場合に準え、互恵・保護関係で捉えて、親族・親戚を殺害された人々は政府に報復措置を執るよう求めるはずだと考えたことは明らかだが、『明実録』等の記述から窺える明国の為政者の観点は少し異なる。この点も改めて論じる。これらがスペイン人の恐れに反して、大陸側がさしたる反応を示さなかった主因ではないかと考えられる。

以上の処置について、総督は自分の想像する危険に物事を都合良く繋げて理解しているのではないかと国王に書き送っている者もおり、かく言う者は「明国王が『当市に対して大きな艦隊を送るはず』と言われてはいるけれども、それは個人の話で、明国王が送るのではないと考えられる」との見解を示す。(107) 僅かに残った華人から何らかの情報を得ていたのであろうか。

対策⑥では、現地住民部隊に武器を渡しているが、これは危険だとする具申もあり、数的劣勢にあるスペイン人の精神状態と苦悩を示す件と言える。

## 三　事件後

### 1　大陸側の事件理解

では明国や漳州府側、および歴史的にはこの事件をどのように受け止めていたのであろうか。本稿で使えた史料は四種であり、その内三種は既に言及したものである。利用史料を時系列で列挙すると⑴暴動収束直後にアクーニャが送った書簡への漳州からの返書、(108) (2)『明実録』、(3)『東西洋考』、(4)『明史』の同事件に言及する記事である。ただし⑴と⑵とは時系列的に前後するものもある。史料の性格として、⑴は事件での対峙当事者向けであるのに対して、⑵⑶⑷は内部向け、⑵が時事的な性格を持つのに対して、⑶⑷は後日の記述、編纂である。さらに⑷は明朝を倒した清朝の歴史認識から編纂された史書である。

⑴のスペイン政庁責任者宛マンダリン書簡は原文が不明であるので、モルガやアルヘンソーラがその著に引用して

いるものを一応原文に忠実であるとして主旨をとると、以下七点である。即ち、ⓐ今年（一六〇四年）、呂宋へ行った者から、同地へ商売に赴いていた三万人以上の華人がスペイン人の手で殺害されたと聞き、その原因に関心を持っている。ⓑ正義が行われ、商人が平和に暮らせるよう王に嘆願した。ⓒ〔張嶷の〕申し立てはすべて虚偽で、この者に対しては王に求めて正義を全うした。だが、我々が戦をしたがっているとカスティリア人は疑い、それが原因となって多くの者が死んだが、呂宋で死んだ者には罪はない。呂宋島は悪魔と蛇しか住まぬような荒地であったが、華人が懸命に働き、繁栄に貢献した。それに感謝せず、かくも多くの人間をなぜ殺戮したのか、それに対して報復を行うよう帝に上奏するのが適切かどうか協議し、報復措置の採用を何度も覆奏した。ⓓ上奏に対して王は以下三つの理由から報復すべきでないと裁定した。即ち、㋐華人とカスティリア人は友人である、㋑華人、カスティリア人いずれが勝利するか不明である、㋒呂宋島で殺害された華人は、故国、親を捨てた者で、好ましくない者である。よって報復しないことにした。ⓔカスティリア人はこの行為を悔い、華人の資産返却など順当に行うように。さもなくば死者の家族を、朝貢国からの兵と共に一千の軍艦に兵を乗せて呂宋島に向かわせ、奪取することにする。ⓕ戦を命じなかった明王の偉大な心、忍耐と哀れみ、この正しさをよく理解するように。ⓖ「チナ」から書簡を与えるのは、王の偉大さ、長年に亘り誰も敢えて逆らうことがない偉大な心、忍耐、憐れみを知らしむるためである。(109)

当書簡宛名は総督、大司教、検察官、発信者は「巡撫」、一六〇五年三月十二日付であるが、海道、宦官も各々十三日、十五日付書簡を発信している。総督の一六〇三年末発信の往信内容、形式が不明なので、この復信が総督らの事情陳述にどう対応しているのかは正確に知ることはできない。

他方で、この書簡には、①往信に対する過度とも言える遅延、②翻訳精度、③書簡の正真性において問題がある。まず、①だが、総督の件の往信を携えてマカオに向かった使者は、十二月の航海では悪天候に阻まれて目的を達成できず、翌年二月にマカオに入った。しかし当返信はその一年以上後の日付であり、一六〇四年の交易が先に終わっている。しかも漳州側は、一六〇四年に「マニラへ向かった海商から事件を知った」と明言する。これに関連して想起すべきは『明実録』に見える暴動事件の初出日で、これも暴動終焉から一年以上を経た一六〇五年一月十二日（万暦三十三年十二月十三日）である。機易山へのマンダリン派遣報告が時間的に四カ月ほどのタイムラグで『明実録』に現れるのとは異なる。では、アクーニャの第一信を海商は伝達しなかったのか。『東西洋考』は伝達時期には言及しないが、「蕃酋は書簡を寄越した」と記す。アクーニャは当巡撫書簡に更に返書しているので、『東西洋考』は後者の書簡を念頭に置いている可能性は否定できないが。この錯綜の背景には何があるのだろうか。一つは海澄県の内部事情で、暴動事件が王時和ら呂宋来航と関連づけて語られる限り、件の宦官高寀には都合の悪い話である。事件は公然の秘密であっても、公に報告されず、アクーニャの書簡もしばし握りつぶされていた可能性である。[110] 対呂宋交易の漳州における重要性は既述のとおりだが、一六〇四年の交易が無事完了したのを見届けてから公にしたと考えることは可能であろう。

一方、当マンダリン書簡に対する総督の返書は、上記各点に逐一反論する。[111] 強調した主旨は、①暴動の責任は華人側にある、②華人から預託された資産は必ず返却する、③生き残った者への処罰は適正である、との点だ。しかし、②と③に関して、総督の歯切れは悪い。②は返済未完である。③は必ずしも戦闘中の捕虜ではなく、暴動の間隠れていた者がかなり含まれているからだ。漳州宛第二信発信を国王に報告する中で、彼は「明国王は非常に強大であるから」と言い、心底恐れているとも、だから譲歩せざるを得ないともとれる。また、同書簡では「通訳がスペイン語も漢語もよく分かっていないので、余り外交的な文書とするのは適切ではない、それは前例が示している」としており、自らの書簡が漳州側に正確に理解されていない、との思いを漳州府からの返信に対して総督が持った可能性を指摘できる。[112] もっとも漳州府からの返信三通はスペイン語で書かれて来たとモルガは言う。[113] ただし、モルガは暴動が始まる前に離島している。

先行研究の一つは、ドミニコ会士が既に漢語に通じており、カテキズムも漢語で出版されていたから、翻訳の精度には問題がないであろうとの楽観的見方をするが、[114] ことはそれほど簡単ではない。この検討には総督の明国地方行政当局者宛の第一信が不可欠であるので、今後の課題としておく。

さて漳州側書簡内容に関して、先行研究の一つは、明国が自己の非を多少とでも認め、死亡した華人に哀悼の意を表するごとき表現をとる点を、一五九四年に福建巡撫の命でマニラに華人回収に来た事実と共に明国側の行動として非常に珍奇だと言う。(116) 伝統的に中華帝国は国を出た者を忘恩の徒として顧慮しないし、後述するように、少なくとも建前では民の希求を仕方なく黙認して、海外との通商を許可するというのが官の立場である。この点で、漳州府三マンダリンの書簡は伝統的流れとは異なる内容であり、正真性に疑問符が付くと陳氏は言う。(115) この書簡の信憑性に関する考察は、(2)(3)(4)文書の基本的スタンスとの関連で考察する必要があると考えるので、話をひとまずそちらへ移そう。

『明実録』は事件をほぼ同時進行で捉え、結果を見て編纂したものでないという意味で、福建の官、その報告を受けた明国中央政府が、この事件をその時点でどう捉えていたかを示す史料と言える。この件に関する記述は数カ所ある。事件自体の第一報告は既述のごとく一六〇五年一月であり、張嶷一味が税収増を図ると見せかけて、軍人と宦官を結託させ、無頼の徒と共に騒動を起こし、それが蕃酋を怒らせ、結果商民二万人以上を殺害する事態に立ち至らせたという解釈を示し、責任はマンダリンの呂宋行きを画策した連中にあるとしている。ただし、「呂宋の蕃酋はその権限がないにもかかわらず、商民を殺害した。福建巡撫と地方検部は適切な処置を熟考し、決定できれば奏上すべし」と万暦帝からの指示があったと言う。(117) その後高宋の犯罪告発との関連で、事件ならびに死者数に言及する記事が一六〇八年と翌年に現れるが、(118)「これらの西洋蕃は朝貢の夷ではなく、反抗的な族」だとするものの、責任は高宋にあるとし、呂宋側の責任を追及するような文言は特に見あたらない。これには高宋排除の目的があるので、敢えて高宋に批判を集中させている観は否めない。

時系列で言えば、『東西洋考』がその後にくる。著者は漳州に繋がりのある文人とされる。事件の発端は万暦帝と宦官が金銀を求めたことにあり、それが原因で惹起された事件と解釈している。従って、この点の手短な説明、戦闘の過酷さ、華人多数の流浪と死亡、飢餓の苦しみと餓死者に言及し、過酷な状況に陥った華人を悼む気持ちを表す文言もあるものの、呂宋を敵とは必ずしも位置づけない。責任は張嶷一味にありとする上、諸島に関係する華人を正業に就く者と流寓者に分け、更に後者の中に無頼の徒がいて暴動へ煽り立てたとの見解を記し、死者の中にも責任を負うべき者もいるという解釈だ[119]。読書階級以上の者の一般的な見方を表したものだろう。

他方、この二書を参考にした上で編纂されたであろう『明史』では、『東西洋考』とほぼ同様の立場で語り、海澄県の丞らのマニラ入り、張嶷の虚偽申し立てに言及し、その結果として事件が惹起されたという理解をとる。漳州三官宛のアクーニャ書簡に言及し、それをもって事件が皇帝に奏上されたという順でことの次第を記しており、張嶷の処刑はその後の処置とされている点で他とは異なる[120]。暴動発生までの華人の追い立てられるような状況、事件渦中の彼らの心理と行動を簡潔に描写し、死者二万五〇〇〇人、その死因は全てが戦闘に拠らないことを認める。宦官の横暴を止めるように奏上した都御史の『明実録』の行を事件描写の直前に置き、宦官の私欲、臣下の諫止を聞き入れない万暦帝に責任があるという主張が読める文脈である。『明史』自体は清代に編纂されたものであり、革命思想から前王朝への批判があるのは当然であるから、この立場自体は極めて理解しやすい。

スペイン側史料と明・清史料を比較検討すると、以下になる。『明実録』や『東西洋考』では、王時和らが実際に呂宋に赴いた時期への言及はなく、暴動発生日を陰暦八月一日としており、この日付はスペイン側史料と一致する。一方、『明史』は、王らの呂宋訪問時期を暴動発生の前年としている。それは『東西洋考』も同様で、『明史』の錯誤は『東西洋考』を史料としたことから生じた可能性を否めない。スペイン側史料が、王らの来航と暴動を、一六〇三年の五月と十月とする点には疑念すべき点はなく、『東西洋考』『明史』側の錯誤と言える。この辺りの事情を『明実録』に従い、再構成すると以下が見えてくる。『明実録』にマンダリンの呂宋派遣の記事が初出するのは、万暦三十年七月二十七日(一六〇二年九月十二日)の項である[121]。ここで計画に関する危惧が、呂宋のことにしては常以上に紙幅を使って語られる。派遣はまだ未来の話である。派遣完遂と王らの帰国を記すのは、万暦三十一年十一月十二日(一六〇三年十二月十四日)の項である[122]。『東西洋考』執筆の時期に記憶されていたのは、王時和が実際に呂宋に赴いたことより、呂宋派遣を帝が命じた時の衝撃と暴動事件そのものであり、そこから呂宋行きの時期に錯誤が生じたものと考えられる。

他方、『明実録』のこの記録は、スペイン側が知らなかった一つの事実を示している。つまり、マンダリンの呂宋派遣計画は、来航の少なくとも一〇カ月以上前に中央政府に報告されていたことで、それは提案自体が前年の交易時期には行われていたことを示唆する。それにもかかわらず王らが呂宋に向かったのは五月中旬であり、渡航時期としてはむしろ遅い目である。冒頭で言及したスペイン側の来航時期や来航船数に関する不審感は当たっていたと言える。この年の華人船は、王らの呂宋行きに同行して来たと言われるが、月港の市舶司が規制したのか、漳州の海商らが、王らの呂宋行きを知っていて、何らかの悶着が起き、被害に遭うかも知れぬと自己規制して、マニラ行きを諦めるか、様子を見ていた可能性が十分窺える。実際、上記万暦三十年の項では、左都御史の温純が、戦事になることを深く危惧し、勝利に確証はないと述べており、この危惧は漳州付近のマニラに関係する華人たちの思いと通じるものであったかも知れない。

さて、以上を確認した上で(1)の文書に話を戻す。(2)(3)(4)に共通するのは張嶷一味を事件の原因とする認識で、それは(1)にも共通する。(1)書簡の正真性の肯否判断を保留してきたが、以下の四点から正真との判断に本稿は荷担したい。

① 上述の漳州側史料の記述は、その視座が呂宋も含めた地域全体を上から見る位置にあり、「裁判官」的である。張嶷と宦官一派を裁き、他方で呂宋の蕃酋は明国の許可なく商民を殺害したと断罪しており、この論理でいけば明国と漳州府自体は全く無傷である。理念的に処理され、懲罰を実行する意欲は全くなく、懲罰実行意志がうやむやにされたと『明史』が指摘するとおりである。「どちらが勝つか不明」という文言がその全てを語る。

② 漳州府にとり銀貨を大量に持つ呂宋は、官民共に失うべからざる魅力を有する、格別の交易相手である。同点は既に第六章で言及した。他方、漳州府からの返書に鑑みて、我々が今日手にできない総督の第一信が、華人の重要性を認め、預託された華人財産の返却を正義の点から約束している可能性は大である。漳州側は、暴動が呂

宋に漳州の官吏が赴いたことが引き金になっていると理解している限り、呂宋側が下手に出てくるのに驚いたかも知れず、呂宋総督を今更非難して、刺激する必要はない。

③　明国の思考の一端を垣間見せる論理が『明実録』には見える。万暦三十八年十月十五日（一六一〇年）の項で、福建巡撫が提出した海防に関する提案を兵部が覆議した中に、以下の文言があることだ。即ち「福建の民による海上貿易は生活のためであり、過去彼らは全て海澄から海に乗り出し、東西洋にある様々な島と取引をしてきた。偽文引の禁、圧冬の禁、不適切な交易に携わるがゆえに越境の禁がかつてあった。しかし、我々は民の交易収入を断ち切ることはできなかった。彼らが貧窮ゆえに争乱に立ち入るのを望まなかったからである(123)」。

祖法に従って海外への越境を不正として一律に禁じるよりは、事実を追認し、自然資源に欠ける福建の民生安定を選んだ、即ち為政者は民の海外通商を望まないが、福建の民の生活は交易なしには成り立たない。それなくしては、生活に困窮した民は暴動を惹起する可能性があり、それは為政者の失点となる。従って為政者は止むを得ず民に海外との交易を許すとの論理だ(124)。交易から上がる税収が、中央に頼らずに福建の海防を賄うことを可能にするほど大きな収入源である事実を認めながらも、海外交易を認める官の公式見解では、税収の話は後にくる。この立場は『東西洋考』や『明史』にも窺え、事件における同胞の死亡多数を記す傍ら、彼らは懲りもせずうやむやの内に呂宋へ立ち戻り、蛮の交易に利すると、極めて客観的に記述する傾向の根本にあるものだ。

④　もう一歩踏み込んでこの問題を考える上で一つのヒントとなるのは佐久間博士の以下の指摘ではないだろうか。海禁が止揚される以前の密貿易を牛耳った人々を官豪、士商として、「同一階層の士太夫階級であり、地方の富農地主層でもあり、朝にあっては官僚となり、野にあっては郷紳士豪と言われる地方の素封勢力家である。沿海地方出身の官豪が、海外貿易の厚利あることを見逃すはずがなく、自己の政治的、経済的地位を利用して、巧みに其の画策を図ったのである。士商が、その庇護を受けたのはその他面であり、士商もその勢力を背景にしてこそ密貿易に奔走したのである(125)」。拙稿が論じている時代はこれより少し後だが、漳州府の官には、呂宋交易で民

間と利害が共通する者が少なくない可能性から、当書簡発信には多少の当事者意識があったと見て良いかも知れない[126]。

以上四点から、実は漳州側にはマニラ総督の書簡に対して反論どころか、言うべきことは最初から何もなかったことになる。アクーニャの漳州や広州の地方行政府宛第一信が明らかにならないので確実なことは言えないが、ベナビーデスが、正義の観点から預託・没収資産の返還保証、捕虜の処遇改善などを強く主張したのであろう。漳州宛総督第二信でも同点へ強い配慮を示していることから、おそらく第一信にはこの点の記載があったと考えられる。漳州側に敢えて資産返還を断る理由はないわけで、総督の弱気に乗じるのはことの流れとして当然である。その論理に乗るには、資産の保有者、その遺族を支持する必要性が出てくるわけで、その点が中華帝国の伝統に照らして奇妙だと陳氏が指摘する文言を書簡に入れ込む契機となっている可能性が大きい。つまり、政庁に対してこれ以上強く出て警戒を抱かせ、順調に拡大している通商関係に楔をさすことになっては元も子もなく、懲罰に軍事行動を起こす気など毛頭ない。それゆえに総督が譲歩している部分にしっかりと乗じれば、それは利害で繋がる漳州商人の実利になり、面子も立つので、この書簡文面は漳州側の利害に完全に一致すると言え、正真と判断した。

更に深読みすれば、漳州府側では、総督の文書の意味を理解できなかった可能性も考えられる。意味とは逐語訳での意味ではなく、華人の死への責任や彼らの貢献に対する文言に流れる統治や政府と臣民の関係を論じる政庁側の論理そのものである。しかしながら、政庁側の第一信は、漳州府にとって何ら都合の悪いことは含まれていないので、そこで用いられる文言を鸚鵡返しに用いて返信した可能性である。アクーニャが「通訳がスペイン語も漢語もよく分かっていないので、余り外交的な文書とするのは適切ではない、それは前例が示している」と国王に報告した一文を先に引いたが、この辺りのことに言及していると理解できる可能性があることを指摘しておきたい。実際、一五九四年にマンダリンが呂宋に来航した折り、彼らは来航の理由を告げていたようだが、この事件をアルヘンソーラやモルガが述べる場合、スペイン人側はその意図を全く理解していない[127]。

暴動の翌年、漳州方面からの来航者に関する政庁側の報告には、彼らが暴動発生を知らずに来たと述べる国王宛書簡もある。[128] 上掲マンダリンの書簡で「今年、呂宋に行った者から事件を聞いた」としていることと表裏する。漳州側としては、暴動にけじめを付けないまま交易を行うことの引け目、高寀が未だ権力の座にあること、[129] 対呂宋交易の高利潤、スペイン側の態度等々を勘案すると、この際「知らなかった」として、交易継続に集中するのは、最も適切な方便だったかも知れない。

ところで、アクーニャは、正義感の強い大司教に容赦なく追及されていた可能性は大だが、彼の書面は几帳面で細心な法律家の性向を示す。この性格が当事件への対応に見える「弱気」の根底にあるとも考えられるが、明国と華人へのマニラ側の一般的な感情と恐怖心を反映している可能性が強い。

## 2　事件後の対居留華人政策

多くの命が失われたにもかかわらず、アクーニャの心配をよそに華人商船と華人は翌年も来航した。さすがに数は例年より少なかった。総督は一六〇四年には「例年より少し少ない」と報告していたが、翌一六〇五年、一八隻来航したのに安心したのか、「昨年は非常に少なかった」との文言を残す。[130] しかし、ベナビーデスの目には「船がいつも運んでくるのと同様、大量の人間を乗せて来航した」と見え、報告書簡には来航船舶数一三、来航者は四〇〇〇人以上と記す。[131] 漳州の大海商がマカオにいた総督の明国地方行政府向け弁明使を積極的に助け、当局へ取り次ぎを約束、一六〇四年も呂宋に赴くように同胞を励ましたからだとモルガは言う。[132] 来航の動機がモルガの言葉どおりかどうか不明である。これについては後ほど取り上げたい。

アクーニャは彼らを大歓迎した。パリアンは灰燼に帰しており、宿泊場所の問題があった。海商らを市中のスペイン人住民の家に宿泊させ、昼夜出入りを許可、警備関係本部の建物に極めて近い家屋にも招じ入れた。[133] 文面の後半は、総督に批判的な書簡の一節なので多少の割引が必要かも知れず、程度については不明である。漳州側から返書がないことは気がかりだったろうが、ともかく戦艦ではなく商船が来航、海商、労働者双方が乗船していた。[134]

第二次暴動が終息した時、時の総督は凱旋式を行ったが、アクーニャは終息をそれほど晴れやかな気持ちでは迎えていない。季節風がマニラに向けて吹き始める特に三月以降、大陸から戦艦の侵攻、華人商船の来航中止の可能性が彼の心を締め付けていた。従って総督が華人を市中深く招じ入れ、大歓迎したことは、彼がどれほど安心し、彼らの意を迎えようとしたかを如実に示す事柄と言える。だが警戒を解いたわけではない。一六〇五年に来航船数が一八隻になっても、彼は「チナ国王は非常に強大で、当地の我々はその意に懸かっているのだから、王と友好を保つように努める」と国王に述べ、他方で諸島へ侵攻するなかれと漳州府に向け第二信を送っている。そして一六〇六年の来航船数は二五隻、来航者数は六五三三人と記録される。[135]

先行研究は、この事件は華人の暴動なのか、政庁の華人滅却行動かと問い、華人が先に暴力行為に及んだゆえに暴動だと判断する。[136] しかし、先に手を出したのは誰かという実証は非常に困難であり、この点によって殲滅作戦を明確に否定可能かは議論の余地がある。むしろ総督の講じた事後処理と憂慮という状況証拠の方が殲滅作戦説を明確に否定し得るのではないだろうか。

一六〇六年、対華人交易に一つの変化があった。華人船が舶載する貨物への課税率三%を六%に引き上げたことだ。この増率は、既に前任総督テーリョが一五九八年に提案して、三%課税に三%上乗せしても華人に痛痒を与えないであろうとの見通しを語っている。[137] しかし増率が実施されれば、物価に転嫁され、住民を逼迫させるので反対との陳情もある(一六〇一年)。[138] 一六〇六年の変更決定理由は、報告文書によれば来航者数抑制だと言う。来航者制限は華人からの税収を明らかに低下させるが、それを補う方策が政庁にあるわけでも、他に収入のあてが新たに生じたわけでもない。そう考えると、税率引き上げが来航者抑制を標榜していても、多少の抑圧政策に転じても彼らは来航するという読みと、それによる収入増の目論見が見える。一六〇七年は来航数が確かに減少したが、長期的には確実に増加基調である。[139] この判断の背景に政庁側の対華人認識の変化を読み取るべきではなかろうか。暴動後の来航船数や来航者数から華人側の強い交易意欲を政庁側が学習したと同時に、漳州府の脅迫的書簡は一度限りで、良くも悪くも反応しない明国について何かを学習した可能性がある。暴動後の事態展開と華人船と華人の来航は、来航が彼らの意思に基づくことを政庁に理解させ、言わば政庁が自己に掛けた呪縛から少し解放された時と言え、対「チナ」観が転回した時であると考えられる。

## 四　暴動の原因

暴動はなぜ起きたのか。扇動者はどこにでもいる。失うものが何もない連中である。明・清史料もモルガも同点を指摘する[140]。政庁側も同点を看取しながら、しかし暴動中とその後を通して疑問であり続けたのは、①暴動の計画性・組織性、②大陸帝国との連携の有無[141]である。国王宛の諸書簡を史料にしてこの暴動を語るアルヘンソーラや報告書簡は、華人がスペイン人に対して怨恨を持ち、チナには諸島征服の意志がある、と異口同音に語る。①については、事件当時から判断が分かれ、時に同じ人間が計画性と刹那性を言い立てる証拠を挙げるが、この点は爾後、暴動のたびに問題になる。いずれにも確証が摑めないという現実を反映しているのだろう。他方②は前後二百年に亘り、政庁が常に問題にした点である。これら二点は、アクーニャの恐怖に具体例を見たごとく、澱のように沈殿して常にわだかまりとなり、政庁の政策を論理の外で左右し続ける問題、華人問題の核にあったと言える。

### 1　暴動の組織性

エンカンなる改宗華人が首謀者として捕らえられ、後処刑されたことは述べた。アルヘンソーラやモルガは彼を首謀者として事件を描く。処刑を決定したのはアウディエンシアであるから、その関係報告書簡類が彼を首謀者とするのは当然である。また事件の首謀者が実際には不明でも、事件を分かりやすく描くためには首謀者の存在は重要だろう。他方、モルガは一六〇三年七月に諸島を去っているので、ある程度の状況判断を加え得る立場にはあったと考えられる。彼の場合はエンカンを一応首謀者としてはいるが、他方で彼らが望んでもいない暴動を起こさざるを得ない状況に彼らを追いつめた「社会」に多くの責任を帰す表現をとる。マンダリンの来島の真意に最初に気づいた人間は自分だと言い切るベナビーデスは、具体的証拠を示すわけではないが、華人が常に諸島の主人になろうと機会を窺っていたという意味での計画性を主張する。先行研究の内、暴動に明確な計画性を認めるのはベルナールだが根拠とする史料を挙げない。筋書きとしてはアルヘンソーラに同じだが、首謀者の扱いは異なる。居留華人の中で先鋭化した者が十一月三十日聖アンデレの祝日、全面的暴動を起こす手はずをつけていた。それに備えエンカンは、居留華人を集めてトンド地区の近くに武器や食料を備えた要塞を設けていたが、ある集団が決行日を待てずに先走り、十月三日深夜暴力行為になだれ込んだという。エンカンは自己の無実を証拠立てるためか、同胞の行為の結末を恐れてか、十月二十一日にアクーニャに会い陰謀を暴露、即逮捕されたとする。(142)

以上に対して計画性を否定するのは、デ・ラ・コスタである。彼はイエズス会士の本部向け報告書を基に、エンカンが暴動の首謀者ではなく、むしろ彼の養子がこの追いつめられた状況の中で、暴動への準備を整えていたとする。(143)これは注(68)で触れた。

そして本稿は以下の状況証拠から、華人の間に当然いくつかの集団で連帯感はあっただろうが、政庁側が言うような目的で暴動を計画、組織していた可能性は低いという見解をとりたい。

血縁関係、経済的状況の同類性、あるいは利害関係がある者同士には、自衛のための互助関係は当然存在し、特に血縁、擬似血縁、地縁関係の紐帯は伝統的に非常に強い。また政庁側の抑圧強化の噂が流れる中で、その当面の厄災に対応する小規模な自衛や連絡は当然あり得る。しかし、諸島在の華人を横断するような組織化となると、存在し得ない状況証拠を以下四点指摘したい。

① 一回当たりの武力衝突で惹起されたと伝えられる華人側死者の多さである。一部を除き、かくなる状況でいか

に身を処すべきか、経験はおろか、考えたこともない正に烏合の衆を、場当たり的な判断で動かす際に生じる損失の生じ方ではないか。モルガを始めとして、諸史料は華人集団が無計画に移動する様を語る。もし、何らかの目的のために「反乱」として成功させるつもりならば、零細民を排除して怜悧なものだけで行動を起こした方が、成功度は遥かに高かったであろう。

② こうした事件に関する報告は、アウディエンシア内の人間関係、特に総督と聴訴官の関係などが絡むので、全ての証言が証言者の知り得た事実を無私に語っているとは言えない点を常に考慮する必要があるが、誰もが証言するのは、華人の武器が概ね棍棒か竹槍のようなもので、(144) 火器は暴動中にスペイン人から奪ったものがほとんどだという点である。(145) 当時、日本刀（日本製・東南アジア製）が非常に多く流通していた。スペイン人より遥かに土地感がある華人、潤沢な資金を持つ一部の華人には、それらの入手は十分可能なはずだ。しかし調達、使用された痕跡はない。

以下二点は反乱を起こす意志に合理的説明がつくか否かという観点からの考察である。

③ スペイン人は様々な行為で華人を抑圧、苛斂誅求していることに一定の認識を持ち、法律でこれを抑制すべきだと考え、現実に立法化している。それは良心と正義の問題であると同時に、華人船来航が途絶えないために役立つと考えていた。他方、漳州府で官が大小海商や船主らに対して行う搾取、後者が零細商人に対して行う搾取。これらは、その状況改善を上奏した改革案で見る限りでは、見事に大が小を食い物にする構造であり、(146) マニラのそれと正に甲乙付け難い。そして、この交易や労働提供が他所に比していかに収益率が高いかは既に述べた。この点を考えるならば、少なくとも正業に就いている華人には、スペイン人に反乱を起こす理由は特になかったと言えるのではないだろうか。更に、財力を持った居留華人はスペイン人と相互依存の利害関係を築いており、それを危険に晒す暴動を何のために起こさなければならないかの合理的な説明がつかない。

④ 華人が同諸島に来航するのは、通商、またスペイン人に需要がある家内労働、社会インフラへの労働提供であ

る。この三つは、スペイン人の存在なくしてあり得ないものである。華人が呂宋交易独占支配を求めたとしても、銀貨をスペイン人が提供することが海澄県の対呂宋交易を突出させたのであれば、呂宋島に銀を持ち込むスペイン人の追い出しは自己の利益に反する。[147] スペイン人はフィリピーナス諸島へ多大な経費を掛けて銀貨を運び込む一方で、シルクを大量に買い上げ、太平洋を越えるリスクを全て自己負担する交易相手である。従って、「追い出される」との恐怖は、自らの領土獲得欲の裏返しとしてスペイン人が感じた可能性はあっても、華人が彼らを追い出すメリットは皆無である。

## 2　大陸側政権と連携関係の有無

第二は明国との連携の可能性である。①明国に諸島奪取の意図があるか、②外地で難渋する同胞の状況に明国が関心を持つか否かの問題である。スペイン人にはこの二点が常に気がかりで、華人が大陸と往来するのを嫌ったのも、連携の可能性を疑念したからである。

①から検証してみよう。たとえばモルガの暴動に関する記述は原文で四頁、一五〇〇語ほどの長さだが、その中で四回にわたり華人と「チナ」帝国を関係づけ、大陸から今に援軍が送り込まれると想定し、両者の連携を強く意識している。大司教も同様である。アルヘンソーラは現場を知らないが、「チナ」の諸島征服意欲、来航者と居留華人はその先兵であるとの立場をとる。彼が史料とした本国宛の報告書にそうした考察が相当あったからだと常識的には考えられ、スペイン政庁が華人に抱いた概念では常に背後に「チナ」があり、「チナ」と華人の互恵関係を想定した。だが、果たしてそうであろうか。

『明実録』の見解は明国の考え方を反映していると考えられるが、同史料から、以下三点を明国の基本的認識として挙げることができよう。すなわち、①フィリピーナス諸島が福建から近距離にあるということ、②明国で極めて需要の高い銀が入手できること、③自国産品に大量の需要がある点である。[148] 他方で、既に挙げた『明実録』の項が示したように、この時期の明国の官僚は対外的に摩擦を起こすことを非常に嫌い、自分たちに勝算があると確信が持てない姿を見せる。一方、以下の観点から見ると、福建の地方政府も呂宋の消滅を望まなかったと言える。

① 既に第三節で『明実録』の数項を挙げて論証したことであるが、対呂宋交易からの税収は福建海防を支える太い支柱であった。

② 交易は、帝国の倫理的規範に背いて民が生活のために勝手に行うものであり、それを守護すべき責任は地方行政府にも中央にも全くないというのが公の論理である。

③ 他方、上記のごとく、少なくとも地方では官と民の間の個人的互恵関係があり、民が呂宋との交易で利益を上げることは、官にある人間にも多大な恩恵をもたらしている。

④ 福建の人口圧力の高さという歴史的事実である。圧冬が移住まで意味するかどうかは不明だが、その可能性は大である。諸島が商品と共に福建の流出人口の最大の受け皿である点は既に第六章で述べたが、民の安定、ひいては統治の安定を考えれば、福建当局がこの時期それを破壊する理由は全くない。まして、面倒で、勝利に確信が持てない戦を文官が望むであろうか[149]。

以上の諸点から、明国、福建地方政府共、交易と出稼ぎ先の消滅を望んでいないとなると、スペイン政庁とことを構える必要は全くないことになる。同時期、沿岸部の地方政府と中央政府はオランダが本土に近寄るのを殊更警戒している[150]。交易相手としてこの海域に来る夷らを比較した場合、スペイン人がシルクの取引に潤沢な銀貨を自家調達できる点で、支払いは他国に比べて鷹揚、価格等で華人主導の展開がしやすく、対呂宋交易は大きな魅力を持ったのではないだろうか。

他方、よしんばスペイン政庁が考えたごとく、華人や明国が呂宋の主人となり得ても、スペイン人が続けて銀貨をもたらす確証はなく、更に海防責任まで負う政治的主人になることはむしろ負担増である。敢えて言うならば、理念的には明国は既に諸島の蕃の主人[151]であり、経済的には、その流通を実質的に握っているという意味で、これまた既に交易の主人である。

こうした発想と事実は、スペイン政庁責任者たちには残念ながら全く想像不可能であった。説明されたとしても、マンダリンの二度にわたる来航時、その理由について説明を受けた時のように、スペイン人の文脈ではあり得ない言い逃れとしか考えなかったであろう。

聴訴官テージェス・デ・アルマサンは、一六〇三年五月のマンダリン来航は、大司教が解釈したように戦をするつもりではなく、華人商人と居留華人が本国の役人に渡す「賄賂三万ペソ」を受け取りに来たものという意味の報告を翌年に行っている(152)。いかなるチャンネルからこの情報を仕入れたのかは不明だが、この情報は意外と事実を指摘している可能性もあるのではないか。賄賂の請求者は高寀、そう考えると『東西洋考』が描く王時和の憂鬱や、華人をその宿泊施設に呼び出し、法廷のごときものを開廷したのも構図として理解しやすくなる。

## 3　スペイン政庁側の要因

三百五十年に亘るスペイン政庁の歴史に平穏な年などほとんど皆無であったが、特に十六世紀から十七世紀に変わる頃、マニラは連続して厄災に見舞われている。一五九九年六月二十一日、大地震が壊滅的な被害をマニラに与えた。翌一六〇〇年は、一年間その余震が続き、大晦日には仕上げのごとく再び大きな地震が来た。おそらくは地震が招来したと考えられる疫病が流行、疲弊度を上げている。同年はオランダ艦隊がこの海域に初めて現れ、爾後四十年に及ぶ抗争の始まりとなる年であることは述べた。初回戦闘はスペイン人がオンダ海岸で辛勝したが、これに要した戦費、次に備えた防衛費は非常に増大し、以前からのモルッカ・ミンダナオ方面守備と合わせて二戦線を抱えることになり、王会計に占める戦費割合を急増させていた。

一六〇〇年のヌエバ・エスパーニャ向けガレオンは散々であった。竣工直後のガレオン船サント・トマス号が台風で大破。同年アカプルコへ向かったエスピリトゥ・サント号は日本で、もう一隻はラドロネス諸島で座礁、二隻とも五カ月後にマニラに戻ってきたが、積荷も人もほとんど帰らなかった。一六〇二年はアカプルコからの到着船が旗艦、長官座乗船共にカビーテで座礁した。他方でカビーテ発アカプルコ行きのガレオン船は七月十日に二隻揃って解纜していたが、三カ月間台風に翻弄されて漂流し、積荷を失うか、水漬かりとなり売り物にならない状態で十月十四日にカビーテに舞い戻っている。ここで起きたのが一六〇三年四月三十日の大火である。[153] 出火場所には諸説あるが、漆喰と石で出来た建物を含む一五〇の建物が灰燼に帰し、死亡者もかなり出ている。引き返し船の積み荷を入れた倉庫の焼失が損害を大きくした。一六〇三年はアカプルコからのガレオン船は非常に遅れて到着したが、そのために倉庫には大船に積載予定のシルクが保管されていて、その大部分が焼失したとベナビーデスが言う。[154] この火事による全損害は一五〇万ペソに上ると言われる。ガレオン船運行の不調と外敵に対する戦費は王会計と個人資産を確実に蝕むもので、まずは現金の欠乏を招いていた。華人商人はポルトガル商人と異なり、掛け売りをした。従って現金の欠乏は、掛け売りをした華人商人が翌年にも集金できない事態を惹起、最悪の場合はスペイン人の対華人借金踏み倒しである。総督が暴動後華人の資産返還にあれほどこだわり、資産没収のために虐殺したのではないとまで言った裏には、こうした踏み倒しが、この困窮の中で常態化し、返却の目処も立ち難い状況があったのではないだろうか。それゆえに華人の恨みを買っているという意識が暴動直前のスペイン人にあったのではないかと推察される。通常の公的文書でこれらの「貸借関係」を証拠づけることは難しい事柄であるので、現段階ではあくまでも状況証拠である。

他方で戦費支出に対する王金庫の払底は、居留華人から醵金を募ることでしばしば解決が企図された。醵金と言えば聞こえは良いが、事実上は居留華人のゴベルナドールとの話し合いで決められる臨時課税のようなもので、既に述べたように、後には一律に二レアル、あるいは四レアルといった基準で、なかば制度化されている。これも、居留華人が政庁に対し恨みを募らせていると、政庁が自覚せざるを得ない状況であったと推測できる。[155]

## 五　小結

明・清史料とスペイン側の史料を付き合わせて来たが、ことの当事者、華人・スペイン人とスペイン政庁・明国もしくは漳州府の三者の誰も暴力沙汰を望んでいなかったのに、結局暴動は起きた。むしろ双方の官は、回避の努力をそれぞれの枠内で行っているとも言える。

既に指摘した諸点、明確な領土・境界外の地に金山の探査に向かうこと、同じく領土外の地で居留する華人に司法行為を行うこと、官爵の誇示（とスペイン人には見えた）、これらすべてがスペイン側から見ればスペイン王の自然法上の権利侵害にあたるが、明側の文書は金山探索に関しては騒動惹起に対する大きな危惧はあるものの、それらを法的越権行為、もしくは何か非常識な行動とは考えていないと言える。他方、暴動下での居留華人死亡を「呂宋酋は、何の権限もないのにこの者たちを殺害した」と記すことも述べたとおりである。以上の諸点が「『中華』の体制の下では、国家としての中国は存在せず、中華そのものが世界を表していたために、中国の内と外を分けることはなかった[156]」ということにあたるかどうか、更なる検討を要するが、無関係ではないだろう。

他方、政庁側が、チナと居留華人が起こし得ると考えた行動の論述に「征服」「諸島の主人となる」という言葉が出る頻度は尋常ではない。穿った見方をするならば、その描写は自らが過去百年間に行ってきたことを他者に投影したに過ぎないのであり、目の前に華人を見ていながらも、観念に支配された部分とも言えそうだ。

この状況では、ボラオが言うようにこの事件の発生はある意味避けられないことではあった。しかし、彼の言うように万暦帝個人の性格に帰せられるべきものではない[157]。境界線を明確にして、境界守備を自己の安全に不可欠と考えるヨーロッパ・システムに属するスペイン側。それに対してどこまでも中華世界の広がりを建前とする明国。実際の境界に留意しているものの、理念では境界線が不明確な華夷秩序という図式。その現実を互いに知らないという点が、今回の悲劇の原点にあると言えるのではないか。一五九四年のマンダリン来航は華人の回収であったと明国側史料は語り、フィリピーナス諸島からの国王宛報告書に基づいて書を著したアルヘンソーラも華人の帰国勧告のために来航したと語る。しかし、後者は全くその話を信じていない。政庁は来航理由についてマンダリン側から説明を受けても何らかの意図を包み隠す口実としか考えられないのである。他方で、スペイン人と華人海商らとの商いは確かに存在し、友人としての交際もあったと考えられる。しかし互いの国政に関する情報交換のようなことは行われなかったであろう。双方を往来するとはいえ、海商側も自文明のシステムとヨーロッパのシステムの何が異なるのかについて説明可能になるには、ヨーロッパ側のシステムを知らねばならない。「掛け売り」等は、商売の継続、交流の継続を明らかに意図しており、醵金も含めてそのための努力であるが、システム研究の必要性に思い至らないのは当然であろう。結局はチナに関する情報不足、スペイン政庁と漳州府の官に直接的な交流がない、直接交流するという思想自体が明国側にはない、海商が漳州府の督餉局や官との個人的関係はあったにしても、それはあくまでも個人的で、金銭もしくはモノの授受に過ぎなかったであろう辺りに根本的原因があると言えるのではないか。

そして、当面の原因を考えるなら、長崎氏がインド大反乱に関して考察された一節が思い出される。「理解不能の現象に対しては自分に弱みが有るとき、必ず負の信号として読み解く」(158)。スペイン人の弱みは、①人口比での明らかな劣勢、②華人を日常的に抑圧しているという自覚から、華人は自分たちに怨嗟を持つに違いないと考えていたことであり、③文明の力を示す華人自体に対して、自己の優位性が確立できない、④彼らの背後にいると想定したチナの姿を具体的に把握できないこと等である。華人側の弱みは、個々の人間の社会的位置に従って多様だと考えられるが、確実に言えることは、未知の相手、スペイン人とその政庁の行動基準が予測できない恐怖である。

事件自体は非常に悲劇的ではあるが、この情報不足の中で起きている興味深い点を一点だけ指摘できそうだ。この事件は冷静かつ厳密に見るならば、マンダリン来航は暴動事件惹起の一要因であったとしても、暴動事件とは別個の出来事である。しかし、大陸側の当局者たちは必ずこの事件と暴動を結びつけて考え、中国史の史料からこの事件を描く研究も原因としてマンダリン来航事件を挙げる。一方、暴動が原因となった死者に責任を感じるスペイン政庁の姿も見てきた。当事者をスペインと明国とした場合、実に双方が自らの方に咎があるのではないかと内心では考えていたことになる。また相手に対して自己の勝ち目に疑問を付して、控えめに行動した。国際紛争にしては珍しいケースではなかっただろうか。

注

(1) モルガ［一九六六］。モルガは一六〇三年七月まで諸島に聴訴官として滞在しており、当事件前半に関して目撃者である。
(2) Argensola［1891］.
(3) 両者の事件に対する認識や事実関係のとり方は酷似しており、一見する限りでは後者が前者を参考にしている可能性が大と考えられる。
(4) 細野浩二「明史校正零余――明実録と明史稿列伝の間」早稲田大学文学部東洋史研究室編『中国正史の基礎的研究』、三八五―三八九頁。
(5) モルガ［一九六六］（二四三頁）とアルヘンソーラ（Argensola［1891］p. 315）はマンダリン来航を三月とし、一隻に大マンダリンが乗っていたと言う。『明実録』『東西洋考』『明史』は、「翌年」と記すが渡航日時には言及しない。ここでは当事者であり、華人船到来の延着自体に意味があると考えていた総督とアウディエンシアの検察官サラサール陳述を重視し、彼らの書簡に従い、五月二十三日を王時和らの上陸日とする（「国王宛総督アクーニャ書簡、一六〇三年七月三日付［Colin-Pastells., t. II, p. 413］」、「国王宛サラサール書簡、一六〇三年六月五日付［*Ibidem*, p. 417］」）。
(6) 前掲「国王宛アクーニャ書簡、一六〇三年七月三日付」。ショーニュの作成した統計では一六〇三年来航の華人船は一六隻である。七月以降来航した船があったか、サンパン等を算入するからであろう。
(7) 兵の死亡率は高く、平時でも年間一〇〇人前後に上る。それゆえ、兵力補給は死亡率を読み込んで数を決めていたと見られる。たとえば、テルナテ攻略に八〇〇人必要な場合、本国から五〇〇、残り五〇〇人はメキシコで調達するように命じている。また、冬季遠征の場合、死者数はしばしば倍増した。
(8) スペイン側の史料では三名であるが『東西洋考』『明実録』等では二名である。

(9)『明実録』万暦三十一年十一月十二日[一六〇三年十二月十四日、巻一一三、七三三八頁]。後述する機易山に関する張嶷の妄言を暴き、彼を逮捕するためであったと記される。この点はスペイン側史料と一致する。

(10)閻の申し立てに拠れば、張は家具職人、大工で一五八五年以来五回マニラに来たことがある(マニラ来航のマンダリンがスペイン政庁に送ったという「カビーテ訪問趣旨書」の一部[Colín-Pastells., t. II, pp. 415-416])。

(11)『東西洋考』は彼を兵長と記し、前掲文書は良家の出身と言う。

(12)『明史』はマンダリン派遣の顚末を概ね以下に記す。「その頃、礦山税徴収人と無法人が至るところで跋扈していた。二人の輩、閻應龍と張嶷が、呂宋の一地方である機易山が金銀鉱石を産し、年間金一〇万タエ、銀三〇万タエを採掘可能と提案した。万暦三十年七月(一六〇二年九月)、両人は皇帝に奏聞に詣で、帝はこれを直ちに納めた。それには朝を挙げて大いに驚いた。都御史温純は疏言を帝に宛てた。『最近内外の諸臣は、鉱山に掛けられた税を適当でないと熱心に論じて参った。それにつき陛下は既にお聞き及びのことと存ずる。(中略)福建中央部から来た奸徒が機易山を見て告げに参った。それは妄言、誠に戯れ言である。だが皇上はご聡明なるにもかかわらず、思いがけずこの話に耳を貸された。その臣ども大いに驚愕し、寝食も安らかにならない。蛮人は時を移さず災いを起こすかもしれず、何百万という天下の金が消耗されるのではないかと予測する。適当な時に抑制しなければ、単に金銭的損失に終わらず壊滅的な損害を引き起こすのではないか、と思われる』」[八三七一―八三七二頁]。

(13)『明実録』万暦三十年七月二十七日の項[巻一一二、七〇三六頁]。万暦二十七年(一五九九年三月)、市舶司が設けられ、高寀が任命され、同時に礦務に任じられた[巻一一〇、六一二五頁]。

(14)「国王宛ベナビーデス書簡、一六〇三年七月五日付(Pastells, t. V, p. LXV)」。

(15)『明実録』万暦三十年七月二十七日の項(注(13)に同じ)。

(16)『明実録』万暦三十一年十一月十二日[一六〇三年十二月十四日、巻一一三、七三三八頁]。

(17)一六〇三年五月十日付(AGI, Filipinas, 7 r. 1, n. 6 [Pastells, t. V, pp. LXIII-IV])。

(18)『明実録』万暦三十年七月二十七日の項および万暦三十一年十一月十二日の項。

(19)「総督宛巡撫、海道(音からは都堂に近いが)、宦官書簡、一六〇五年三月十二日付(Pastells, t. V, pp. XCIV-XCVI)」。

(20)「年間金一〇万両、銀三〇万両を採取できる」との件は、『明実録』万暦三十年九月二日の項(一六〇二年)にそのまま見える。閻應龍と張嶷がいかに馬鹿げた話を宮廷に持ち込み、それらがどれほど無用な争乱の原因になり得るかを力説している。

(21)『東西洋考』、九一頁。

(22)『明史』、八三七一頁。

(23) ベナビーデスが国王に転送した文書は金山の場所を以下に語る。「ケイットという名で、海中にあり、土地は大変広いが、そこを統べる主はいない。誰にも服従せず、朝貢もしていない。そこに住む者は豆のごとく金を費やしているが、そこにはダマスコ織りもなければ、帆布も茶もコカもない。海澄の住民は、それを取りに行き、商いをし、大量に儲ける許可を求めている。九月、十月に北風に乗ってそこへ赴き、三月と四月に東風に乗って戻ってくる。七日で着き、そこから帰還した者は、住民たちが土地を掘り起こして金を採取しているのを自分の目で見てきた。家では金を隠匿したりしない。所持量は、少ない者でも一〇ガンタ〔約三リットル〕、多い者なら一〇〇ガンタに達する。それで彼らは帆布を買う。……人も金も何ら援助は要らない。……初年度の今年は陛下に金一〇万タエと銀三〇万タエを、今から二年で二倍にして奉る。かくして陛下は豊かになられる。海澄の者は呂宋へ行き豊かになるのに、なぜ陛下はこの話を採用されないのか。この国に金を探索するよう、宦官に役人をつけて送られよ」。「今までに五回同所へ行ったことがある。かの国を注意深く眺めてみると、全てが金で出来ているのを見た。……寒くも暑くもなく、土地は非常に豊饒であるが、人は無知で、余り賢くない。一年に三度種をまき、収穫がある。現地住民は各人六金マルク課税されている。彼らは〔税を〕支払うものの、怒っている。だが口にはしない。服従しているが、心では従っていない（Colín-Pastells, t. II, p. 416）」。住民が首狩りの習慣を持つと示唆する部分もある。この描写は、十余年後に、マニラとメキシコを跨いで話題に上る金銀諸島探索行を想起させるが、この話がスペイン人の間に噂の一つとして広がったのであろうか。

(24) モルガ［一九六六］、二四六頁。Argensola［1891］, p. 316.

(25) 改宗した華人がスペイン人に協力しているのを誅するためだと証言した（「閣申し立て書［Colín-Pastells., t. II, p. 416］」、「国王宛アクーニャ、ベナビーデス、サラサール書簡、一六〇三年七月三日付［Pastells, t. V, p. LXIII］」）。

(26) 張維華［一九八二］は『漳州府誌』に基づいて、王時和が丞の職に就いたのは前年とする（七五頁）。

(27) 「国王宛アクーニャ書簡、一六〇三年七月三日付（Pastells, t. V, p. LXII）」。「王時和と大いに友人となった」とも言う。

(28) モルガ［一九六六］、二四六頁。こうした威嚇行動は、秀吉の使者来航時（一五九六年）や、板倉重政の船を迎えた時（一六三一年）にもとっている。参照、平山［二〇〇〇］）。礼砲と称して、手持ちの全ての大砲、鉄砲の同時、連続発射による威嚇をしたのだ（ラファエル・デ・ペレイラ神父宛ディエゴ・デ・カルタヘナ神父書簡、マニラ発一六三一年八月二日付［Colín-Pastells., t. I, p. 243］）。

(29) スペイン側の史料は、道の両側に人が大勢並んだと伝えるが、修道者に関する記述はない。修道者が花びらを撒くことがあれば、聖母マリアに対する祝祭くらいで、管見の及ぶ限りでは、スペイン文化では修道者が俗人をこの仕方で歓迎することはない。著者に何らかの錯誤があり、シャムやその近隣での行事と混同した可能性が考えられる。著者の錯誤自体は、社会における宗教の位置の違いを示しているとも考えられる。

(30)『明史』、八三七二頁。

(31)「一六〇三年五月二十七日アウディエンシア会議決議 (Colin-Pastells, t. II, p. 420)」でようやく「使節として宿泊させた」と記す。

(32)「国王宛サラサール書簡、一六〇三年六月五日付 (Pastells, t. V, pp. LXXII-LXXIII)」。「華人を呼び戻す命令と笞打つ命令を受けて来た」と説明を受けたと語る。

(33)「国王宛サラサール書簡、一六〇三年五月二十七日付 (Colin-Pastells., t. II, pp. 419-420)」。

(34)「臣は、海澄市舶高寀が年三万金を徴収しているという事実を聞いた。この男は当然自分の利益をこの金から得ているであろう。この機易山のごとき外地でのかくなる行いを放置し、誰でもが金や銀を掘り出すことが可能というのは、いかなる理にも反する。この男が望んでいることは、禁じられた品物を手にするための口実として帝国の命令を利用することであり、蛮人を誘惑することである。この男は自分の扇動的な企てに蛮人どもの助けを借りることを望んでいる。惹起され得る損害は、海澄一地方を遥かに超えて広がるのではないだろうか」。また「ここ何年か、奸民の輩が海に下り、有力な家族がいくつか連絡をとり合い、強奪を働いている。これは倭賊を怒らせ、実際に日本人による侵略を惹起した。陛下のこの御命令の実施〔機易山に金銀を探索すること〕はかなり大きな損害、おそらくは終焉の見えぬ戦と騒動を惹起するであろう。これらの詐欺師どもは、王直や曾一本らの例に倣い、これらの沿海地方を支配し、既に兵を集め、要塞を設けている。彼らは近いうちに賭に出るかも知れない。それが長く続けば、漢時代の尉陀のような軍閥になるかも知れない。この詐欺師どもがその道を行くのをもし我々が許せば、国家全体の大難を予防できなくなるであろう」。「それゆえ、臣は、陛下がこの輩を裁きの場へ引き出し、この問題を抜本的に処理されるよう嘆願するものである」。「他の、金忠士、曹于汁、朱吾弼のような官も皇帝に覚書を送っている。しかし効果はなかった。勅書が出て、福建省は不承不承ながら、帝の下命として、海澄の丞、王時和と百戸、于一成が、嶷に付き添い、事態の調査に向かった。これは呂宋の民に大きな不安の原因となった。そこで、華人居留者は彼ら〔スペイン人〕に以下説明した。『何人かの悪意のある者が偽の噂を広めた。そこで帝廷は役人を送るが、真実を報告する以外何ら他意はない、そうして悪意のある者は処罰されるであろう』と」(『明史』、八三七一頁。参照、『東西洋考』、九一—九二頁)。

(35)併記される憂患は以下。都御史温純の疏言「『今、広東の李鳳は六六人の女を辱め、巨船三〇杯分、三〇〇個の積荷を密輸した。かくなる人物は必ずや民の鬱積した怒りに倒されるであろう。事態に制御が効かなくなる前に、この男を適当な時に除去してしまうのが適当かと思われる。……ビルマの太守が一〇万の兵を動かし、帝国内を侵食するために既に用意を調えた。これは我が帝国の西南の蛮族域を危険に晒すものである』」（『明実録』万暦三十年七月二十七日［一六〇二年九月、巻一一二、七〇三七頁］）。

（36）「時和到着後、総督は彼らに敬意を表するために宴を張った。会食時、総督は尋ねた。『天朝は山を開くために人を遣すつもりか。どの山にも所有者がいる。山を開くことなどうまくし得るのか。中華にもし山があるなら、我々がそれを開くのを許すか。更にここに金豆を生じる木があると言うが、いずれの木に生じるのであろうか』。時和は応え得ず、ただ嶷を見つめた。嶷は『金はこの国のどこにでもある。なぜ場所など問うや』と言った。皆が笑った。この言葉によって、嶷を捕まえ、これを死刑に処すべきと彼らは思った。華人は皆これを解し、それらは華人によって議論され、この男は送り返された。時和は帰国し、間もなく病死した。守臣はこれを聞き、嶷の妄言は処罰されるよう求めた」（『明史』、八三七二頁）。『東西洋考』（九三頁）では「安得開也」が置かれる。また笑ったのは、『東西洋考』ではスペイン人となっているが、これでは意味が通りにくいのではないか。

（37）モルガ［一九六六］、二四六頁。

（38）Argensola［1891］, p. 316.

（39）「国王宛ベナビーデス書簡、一六〇三年七月五日付（Pastells, t. V, p. LXV）」。

（40）参照、ヒル［二〇〇〇］、一七―一八頁。

（41）「アクーニャ宛マンダリン書簡、万暦三十一年四月十日付（AGI, Filipinas 7, r. l, n 6; Pastells, t. V, p. LXIII）」。差し出し人は福建の戦を統べる官と高家の宦官（高寀?）である。

（42）「国王宛アクーニャ書簡、一六〇三年七月三日付（*Ibidem*, p. LXII）」。

（43）前掲ベナビーデス書簡。「諸島の主人になる」という表現は別人の多くの報告書にも見える。

（44）Aduarte［1962］, t. I, pp. 189–192.

（45）「国王宛ベナビーデス書簡、一六〇三年七月五日付（Pastells, t. V, pp. LXIV–LXV）」。

（46）「国王宛アクーニャ書簡、一六〇三年十二月十八日付（Colín-Pastells., t. II, p. 422）」。

（47）前掲「国王宛ベナビーデス書簡（Pastells, t. V, p. LXVI）」、「閣の書簡（Colín-Pastells., t. II, p. 415）」。

（48）「ホンコン」は万暦帝の時代に水軍を設置した南頭と呼ばれた地の可能性もある。

（49）Pastells, t. V, pp. LXIX–LXX.

（50）『明実録』万暦三十年七月二十七日（一六〇二年九月）の項。

（51）マンダリン前掲書簡（注(41)）。

（52）『明史』、八三七二頁。

(53)『東西洋考』、九三頁および『明史』八三七三頁。

(54) モルガ［一九六六］、二五九頁。

(55) Alfonso Felix, Jr., "How we stand," Felix［1966］, p. 6; José Eugenio Borao, "Persepciones chinas sobre los españoles de Filipinas: La masacre de 1603, *Revista Española del Pacífico*（Edición digital), n. 8, 1998, p. 254, n. 167.

(56) 佐久間［一九九二］、三三四頁。

(57)「国王宛アクーニャ書簡、一六〇三年七月三日付（Pastells, t. II, p. LXII）」。

(58) 前掲書簡（*Ibidem*, p. LXIII）。

(59)「国王宛アルマサン報告書簡、一六〇五年十二月十八日付（*Ibidem*, pp. LXXX-LXXXI）」。アルヘンソーラは日本人との交渉、彼らの活躍・過失にかなりの関心を寄せている（Argensola［1891］, pp. 320-336）。

(60) パンパンガ、ブラカン、ラ・ラグナ・デ・バイ、トンド、ボンボン、カリカヤ等の人々で、武装部隊が結成された。選出の理由は、①マニラの近くに居住、②スペイン人との関係が良好、③他の現地住民よりも文明化され、人数も多い（スペイン語では、"gente de más razón, más caudal, y más política"）が主たる理由である（「国王宛アクーニャ書簡、一六〇三年十二月十八日付［*Ibidem*, p. LXXVII］」）。

(61) モルガ［一九六六］、二六二頁。

(62) Schurz［1985］, pp. 86-87.

(63) 華人に逃げるように勧めて、政庁の準備を漏らしたとも言う（Argensola［1891］, p. 320）。

(64) 九四頁。『明史』にもこの部分は引用されている。アルヘンソーラは靴まで売り払い借金を清算しようとしたと言う（*Ibidem*, p. 321）。

(65)「イエズス会総プロクラドール宛グレゴリオ・ロペス書簡、一六〇四年四月付（Pastells, t. V, p. CIV）」。アンハイ商人四〇〇〜五〇〇人程の保護に特に心を砕いている。

(66)「居留華人は多勢、スペイン人は非常に少数なので、スペイン人を殺し、土地を取り上げることは容易だ、聖フランシスコの祝日〔十月四日〕の頃にはお互いもう死んでいないかも知れないと囁きあっていた」とモルガは伝える。アルヘンソーラは複数の噂を伝える。一例は現地住民女性と恋愛関係にあった居留華人が、その女性にこの日を暴動決行日と話したので、彼女はそれをキアポの司祭に告げ、司祭が大司教に通報したというものだ（Argensola［1891］, p. 321）。これらは、暴動が計画的との説を擁護する人々の国王宛書簡から採取したのであろう。

(67) De la Costa ［1967］, p. 209.

(68) デ・ラ・コスタは、キアポのスペイン人家族の襲撃事件を、エンカンの養子、スンタイの計画的行動だとする（*Ibidem*, p. 210）。

(69) *Loc. cit.* イエズス会内部の報告書から、前夜の様子を描き出している。

(70) 享年三十二歳。彼が残した覚書は、地域のカトリック化、フィリピーナスの発展に多くの夢を描いていた青年だったことが知られるとパステルスは言う（Colín-Pastells., t. II, p. 428）。彼は、父親ゴメス・ダスマリーニャスの死後、その下手人を追ってマカオ方面に赴き、難渋した時、ドミニコ会士アドゥアルテに助けられた。それが機縁となったと思われるが、彼は同会と深い交友関係を結び、自己資金で始めたカンボジア遠征にもアドゥアルテらを誘った。三日夜も、華人の居留地であるビノンドのドミニコ会修道院の隣にいた（Aduarte ［1962］, t. I, p. 430）。何ごとにも辛辣なベナビーデス大司教が彼の死を非常に悼んだ（「国王宛アウディエンシア書簡、一六〇三年十二月十三日付［Pastells, t. V, p. LXXXVI］」）。

(71) ベルナールの記述は少し異なる。相違点のみ記すと、十月三日から翌日未明、六〇〇〇人を超える華人が川からビノンドに向かい、ドミニコ会修道院を攻撃、そこで異端審問の長ベルナルド・デ・サンタ・カタリナ修道士と二〇余名を殺害した（Bernal ［1966］, p. 52. パステルスはこれを偽情報だという［Colín-Pastells., t. II, p. 445］）。その後、近隣のタガログ人の町を焼き、遭遇した現地住民を悉く殺害、再渡河してマニラ中心部へ攻撃を仕掛けてきた。スペイン人はダスマリーニャスの指揮下で追進撃したが、戦闘の展開場所を誤り、包囲されて、多くのスペイン人士官と兵が殺害された。華人は通る道すがら、見つけ次第建物に火を放ち、捕らえた人間を全員殺害するのがマニラの城壁の稜堡の上から見え、城壁内は恐怖に震えた。正午前にはパリアンに面した壁に華人は攻撃を仕掛けたが、撃退された（Argensola ［1891］, pp. 325-330）。

(72) De la Costa ［1967］, p. 211. アルヘンソーラに同様の記述がある（Argensola ［1891］, p. 326）。

(73) *Ibidem*, p. 332.「国王宛アウディエンシア報告、一六〇三年十二月十二日付［Colín-Pastells., t. II, pp. 424-428］」。

(74) 前掲「イエズス会総プロクラドール宛グレゴリオ・ロペス書簡（Pastells, t. V, p. CV）」。

(75) アウグスチノ会士アントニオ・フローレスはフランドルで戦った経験を持ち、その後トルコで二十年以上捕囚を経験した元鉄砲手である。彼はその技能を生かし、十月四日だけで、六〇〇人の華人を撃ち殺したという（Argensola ［1891］, p. 328）。セブの司教座聖堂の司祭指導長のロドリゴ・デ・フィゲロアはナポリとロンバルディアで豊富な戦闘経験を持ち、戦略立案で貢献している（「国王宛アルマサン書簡、一六〇三年［Pastells, t. V, p. LXXXIII］」）。

(76) フランシスコ会士ホアン・ポブレ修道士も軍歴を持つ。オランダも、バタビアにおける華人の暴動時、現地住民を自己の側に動員して、危機を凌いでいる。華人が現地住民と常に対立する状況に立ち入るのは、西欧勢が両者の離間を図り、分割統治することに原因があると言われるが、実際は何であろうか。

(77) 「国王宛アクーニャ書簡、一六〇四年七月十五日付(Colín-Pastells., t. II, p. 433)」。

(78) モルガ[一九六六]、二六九頁。

(79) *Aparato bibliográfico de la historia general de Filipinas, deducido de la colección que posee en Barcelona la Compañía General de Tabacos de dichas islas*, por W. E. Retana, pp. 55-56.

(80) ディエゴ・デ・ゲバラ。同会士ディエゴ・オリベを伴って、マラッカ、インド経由で本国に向かった。途上のインド、ペルシアはアルメニア人に扮装して通行、イタリアからフランス経由でスペインに到着した。各地で様々な事件で足止めされ、到着に三年を要した。インディアス枢機会議が、一六〇九年、彼をアウグスチノ会巡察使に任命、一六一〇年マニラ到着、その報告に再度帰国した。一六一七年、ヌエバ・カセレス司教に着任、一六二一年死去(*Catálogo de Religiosos de N.S.P. Agustín*, pp. 30-31)。アルヘンソーラは彼から情報を仕入れた可能性があると、ボラオは推測している(Borao[1998], p. 236)。ゲバラは、一五九六年日本で遭難したサン・フェリーペ号の乗客で、しばらく日本に滞在したことがある。

(81) Argensola[1891], p. 337. リオス・コロネルは、華人数を二万二〇〇〇人とする(Colín-Pastells., t. II, p. 430)。

(82) 「国王宛ベナビーデス書簡、一六〇三年十二月二十三日付(Colín-Pastells., t. II, p. 433)」。

(83) 万暦三十三年三月十二日付(*Ibidem*, p. 437)。

(84) 万暦三十二年十二月十三日(一六〇五年一月)、万暦三十六年十一月二十九日、万暦三十七年五月二十四日の各項。

(85) 「国王宛アウディエンシア書簡、一六〇三年十二月十二日付(Colín-Pastells., t. II, p. 427)」、「アクーニャ書簡、一六〇四年七月十五日付(*Ibidem*, p. 434)」。

(86) 「国王宛ベナビーデス書簡、一六〇三年十二月付[Pastells, t. V, p. LXXXVII]」。

(87) W. Retana, *Estadismo de las Islas Filipinas*, por el Padre Joaquín Martínez de Zúñiga, publicada por W. E. Retana, Madrid, 1893, p.169. カピタン・ヘネラルの死者はファン・デ・アルセガ、カピタンではペドロ・ブラボ・デ・アクーニャ(総督の縁者)、ファン・デ・イスラ(最初期からの住民)、ペドロ・デ・ベナビーデス(大司教の甥)などがいる。この時期、諸島にいたスペイン人は八〇〇人余りと言われる(張維華[一九八二]、七七頁)。

(88) 一六二〇年には、カピタン三四名、アルフェレス(少尉ないしは中尉)一〇六名、サルヘント(軍曹)八〇名が諸島にいたことがコロネルの書簡から知られる(「一六二〇年国王宛コロネル報告書[*Estadismo*, p. 244]」)。

(89) 「国王宛アウディエンシア報告書、一六〇三年十二月十二日付(Colín-Pastells., t. II, p. 427)」。

(90)「国王宛ソリア書簡、一六〇四年七月八日付（Pastells, t. V, p. LXXIX)」。
(91)「国王宛アクーニャ書簡、一六〇四年七月十三日付（Colín-Pastells., t. II, p. 426)」。
(92) カントン（実際は広州にいる都堂）、漳州（実際は海澄県の漳南道か）宛以外に、マンダリン（役職や具体的氏名は不明）、および廈門の大商人向けにアンハイ商人の手紙を添えて書簡を送り、マカオに向けては、ポルトガル人のカピタン・モール、司教、イエズス会士宛に書簡を認めた（「国王宛アクーニャ書簡、一六〇三年十二月十八日付［*Ibidem*, p. 422］」）。
(93)「国王宛アクーニャ書簡、一六〇三年十二月十八日付（Pastells, t. V, p. XCIII)」。
(94)「アクーニャ書簡（Colín-Pastells., t. II, p. 422)」。
(95)「我々がそれらを没収したいがために、彼らの生命を奪ったと公に言われたことに信憑性を与えないためである」（「国王宛アクーニャ書簡、一六〇五年十二月二十三日付［Colín-Pastells., t. II, p. 434］」）。更に、暴動に無関係の華人に借財があったスペイン人にも借金返済をさせている（*Ibidem*, p. 422）。一六〇四年には、ガレオン船の難破などがあったので非常に困難だったが、可能な限り返還させた、と述べる（*Ibidem*, p. 434）。そして、総督の政策を批判的に報告していた聴訴官リベラ・デ・マルドナドも、総督が以上の点を非常に重視し、努力していることを国王に報告する（*Ibidem*, p. 435)。
(96) 第六章でも言及したように、滞留人数がインディアス法の定める上限を遥かに超えていることは常に指摘され、しかも滞留華人担当の聴訴官の私利私欲に起因する部分が少なくないことも常に話題に上っている。そして、これを証明するように、暴動時の華人数推定値は聴訴官が示したものが最も低く、八〇〇〇人程度と言うが、これは明らかに過小値である。彼らが華人に求める免許料金は正規料金より低い場合が指摘され、一人当たり二・五ペソ（五トストン）と言われ、これによって聴訴官は合計三万ペソを得ていたとする証言もある（前掲「司教ソリア書簡、一六〇四年七月八日付［Pastells, t. V, p. LXXX］」）。これが単年度数値だとすると、聴訴官への賄賂で滞在した人数は、既に一万二〇〇〇人に上る。もっとも不法滞留容認の責任を聴訴官のみに帰すことはできない。何よりもスペイン人社会が、多くの華人労働力をできるだけ安く調達しようとしたのが根本原因であり、そこから闇相場が生じたことは明らかである。一方、聴訴官アルマサンは三年前から減少させる大きな努力をしていたが、いくら送還しても来航者数が多く、追いつかなかったとも述べる（「国王宛書簡、一六〇三年十二月十二日付［Colín-Pastells., t. II, p. 427］」）。
(97) アクーニャは暴動終息直後の国王宛の書簡で、メキシコで徴収する一〇％関税を入れずに、その損失は五万二〇〇〇ペソに上ると試算している（*Ibidem*, p. 422）。
(98) 日本に産しない硝石が、日本からの買い付け品目に常に含まれるが、日本船は他所で調達して搬入したと考えられる。
(99)「国王宛アクーニャ書簡、一六〇四年七月十五日付（Pastells, t. V, p. XCI; Argensola［1891］, p. 338)」。

(100)「国王宛ベナビーデス書簡、一六〇五年六月付（Colín-Pastells., t. II, p. 439)」。

(101) 前掲「アクーニャ書簡（Pastells, t. V, p. XCIII)」。大陸の行政機関との関係では、当然ポルトガル人に一日の長があるので、交渉などで助言を貰いたい気持ちが、アクーニャにはあったであろう。

(102) ポルトガル人がマニラ側の書簡取り次ぎ要請を無視したのは事実であろう。蓋然性がありそうな理由は以下である。

① 東・東南アジア世界でポルトガル人とスペイン人に対する区別認識が明確であったとは言えない。従ってスペイン人と華人の間で起こった問題の責任までポルトガル人が「一味」として負わされる可能性があり、その愚を犯す謂われはない。実際、一六二八年、スペイン人はシャムで朱印船を焼き討ちにしたが、日本側は交渉のないスペイン人を追求できないことから、当時平戸にいたポルトガル人と船を長期に亘って抑留、ポルトガル人に賠償等を求めている。『東西洋考』は呂宋の連中は実は仏郎機《フランキ》だと呼んでおり、それに対しポルトガル人は常々別個の国であると宣伝に努めている。

② この暴動で得をした者がいるとすれば、ポルトガル人である。翌年マカオの対マニラ交易量の計量が課題となるが、既述のごとく対マニラ交易はマカオには利潤が大きく、銀貨が入手できるので、彼らは常にスペイン人と華人の離間策、マニラからの華人排除を目論んでいたからである。

(103)「巡撫、海道、宦官宛アクーニャ書簡、一六〇五年七月付（Colín-Pastells., t. II, p. 438)」。

(104) モルガ［一九六六］、二七〇頁、Argensola［1891］, p. 338。最も裕福で常連の海商三名が、書簡を漳州のマンダリンに取り次ぎ、通商継続を他の海商らに促したという。アルヘンソーラはモルガを参考にしている模様で、この件に関する両者の描写は酷似するが、モルガは彼らがマニラに最も不足する火薬、硝石、鉛をマカオで積み込み、この使者と共にマニラに送り届けたとする。しかし、書簡を官に手交したかどうかには確証がない。一方、硝石、火薬は明らかに輸出禁制品であるから、これらの調達に彼らが奔走したとなると、彼らの交易続行意欲が非常に大きいことを示す傍証と言えるのではないか。

(105) モルガ［一九六六］、前掲頁。

(106) リッチ書簡、一六〇五年二月付（Venturi［1913］, vol. II, p. 258)。

(107)「国王宛聴訴官リベラ・デ・マルドナド書簡、一六〇四年七月十五日付（Pastells, t. V, p. XCII)」。

(108) モルガに拠れば漳州の巡撫、海道、漳南道の各人から合計三通来たと言う。

(109)「一六〇五年三月十二日付（AGI, Filipinas 7, r. 1, n. 21, 1-4; Colín-Pastells., t. II, p. 437; モルガ［一九六六］、二六九頁)」。

(110) 以下の可能性を含めるべきかも知れない。①華夷秩序の観点から、書式が守られていない等、一定の条件を満たさない書簡を受け取らない、あるいは返書する習慣がない。②『明実録』での記載時期の遅さと関連があるのかも知れないが、漳州の判断のみで返書し得る事柄ではないが、宮廷への報告には逡巡があった。良好な予後を確認したので報告を上げた可能性である。ボラオはこの点を「福建もカントンも役人はこの事件報告を好まず、一部だけを皇帝に告げた。そこで皇帝は、これ以上問題を起こすなと呂宋の者に命じただけだった」と考えている（Borao［1998］, p. 254）。

(111) カピタン、フアン・ハウが手交（Colín-Pastells., t. II, pp. 438–439）。マンダリンからの返書に対する反論は、

ⓐに対して、事件後すぐにポルトガル人を通して書簡を送った。だがポルトガル人は、カスティリア人が華人と大量の交易を行い、友好を保つことを快く思っていないので、取り次がなかった。華人側に理解不足があるのを危惧し、その点はいくら強調しても過ぎることはない。また、死者は三万ではなく、その半分にも満たない。

ⓑとⓔに対して、彼らに与えた処罰、ガレーラ船漕刑の処置はその科よりも小さいと確信するが、見解があるなら述べられよ。

ⓒに対して、華人がマニラの建設に貢献したことはよく認識している。我々はこの地に居る華人を兄弟や子とも思い、いつ、どこへ赴くのも許し、家中へ入れるのすら何ら警戒しない。今回、神がこの裏切りに気づかせて下さらなければ、裏切りが成功するほどの信頼である。

ⓕとⓖに対して、スペイン人は、世界中の王が所有する地に赴いて現実を知っているが、華人は世界を相手に交易をしないので、自分たち以外の地にもっと偉大な王がいることを知らない。我が主人スペイン王が絶えず戦争をしている王たちの何人かの力を知れば、チナ全土もそれほど大きなものではないことを知るだろう。当地〔マニラ〕からスペイン宮廷まで五〇〇〇レグアあり、その途中にはチナにほぼ匹敵する二王国〔ヌエバ・エスパーニャ王国とヌエバ・カスティリア王国（ペルー）〕がある。チナが非常に理に適った統治を行い、全ての人は理性を有することを知っているし、朝鮮の戦争〔文禄、慶長の役〕のことも知っている。だが、この事件の責任が誰にあるのかよく調べてから判断を下さないようなら、チナが理性的に運営されているとは言えない。資産返却に関しては前年来の交易船の難破で順調には行われていない。しかし、必ず返却は行われる、それはそうすべき理由に基づくもので、返却せねばチナから兵を送ると巡撫が言うからではない（以上、Colín-Pastells., t. II, pp. 438–439）。

(112) 「国王宛一六〇五年七月八日付アクーニャ書簡（*Ibidem*, p. 441）」。

(113) モルガ［一九六六］、二七二頁。

(114) Bernal［1966］, p. 55.

(115) 『東西洋考』、九一頁。ダスマリーニャスが殺害された翌年、七人のマンダリンが通常の商船で来航した。政庁は警戒度を上げて緊張していたが、結局何のために来航したのか政庁側には不明のまま、彼らがマニラを離れるのを見送った。それに対して『東西洋考』は、諸島に渡航している華人の回収に行ったこと、マニラ政庁側がこの華人船に糧食等物資補給を行い、土産を持たせたと

記す（九八頁）。これは明国の海禁緩和政策、「文引の有無ならびに越販期日の長短を問わず、全て帰国して官府に税を納める者には、私通および圧冬の罪状は一切宥免する措置」が前年に出されたのを受けた行動で、漳州側の説明は真摯だと言える。

(116) Ch'en [1968], p. 155.

(117) 万暦三十二年十二月十三日の項［一六〇五年一月三十一日、巻一一四、七五四七頁］。

(118) 万暦三十五年十一月二十日、および十二月十七日［一六〇八年、巻一一六、八三四六頁、八三六五頁］。

(119) 『東西洋考』、九四頁。

(120) 「帝は驚き、法司奸徒を罪に議すべしと下す。三十二年十二月議を上げる。帝曰く『嶷ら朝廷を欺く。……二万の商民を……死に至らしめ、威を損ね、国を辱めた。……即首を晒す……呂宋の酋は商民の殺害を恣にした。撫按官は罪を議して上奏すること』。学聚らは直ちに檄を呂宋に回し、殺戮を恣にした罪をもって責め立て、死者の妻子を帰国させる命を送ったが、〔罪ある者を〕討つことができずに終わった」（『明史』、八三七三頁）。

(121) 『明実録』巻一一二、七〇三六頁。

(122) 前掲書、巻一一三、七三三八頁。

(123) 前掲書、万暦三十八年の項［一六一〇年十一月二十九日、巻一一七、八九八五―八九八八頁］。

(124) 前掲書、万暦十七年四月二十日、万暦三十八年十月十五日、万暦四十年八月六日、天啓三年四月三日、天啓五年四月一日、天啓六年九月七日、崇禎三年十二月一日の各項。

(125) 佐久間［一九九二］、二四四頁。

(126) 林鳳来襲時、明国艦隊の司令官王望高にシンサイなる華人商人が同伴しており、艦隊に便乗を許されたアウグスチノ会士らが福州に向かった際にも、シンサイが世話を焼いている。官民の私的互助関係が具体的に示される例ではないかと考えられる（メンドーサ［一九六五］、二七五頁以降）。

(127) Argensola [1891], v. 6, p. 263, モルガ［一九六六］、六九頁。本章注(115)参照。

(128) 「ここに来るまで何も知らず、子や兄弟親戚が死亡し、〔マニラに〕置いておいた資産が失われているのを知って慨嘆していた」（「国王宛ベルナルディーノ・デ・マルドナド書簡、一六〇四年七月十五日付［Colin-Pastells., t. II, p. 434］」）。

(129) 彼が完全に失脚するのは、一六一四年である。

(130) 「国王宛アクーニャ書簡、一六〇五年七月八日付（*Ibidem*, pp. 440–441）」。

(131) 「国王宛ベナビーデス書簡、一六〇五年七月七日付（Pastells, t. V, p. XCI; Colin-Pastells., t. II, p. 434）」。

(132) モルガ［一九六六］、二七〇頁。

(133) 前掲「ベナビーデス書簡」。

(134) 「〔捕虜華人の〕処罰を終えてからは、この地の奪取を目途に、チナから大艦隊が数日でやってくるに違いないと恐れていた」等々、一六〇四年七月十五日付の書簡はアクーニャの憂慮と安堵が語られる（Pastells, t. V, pp. XC–XCI）。

(135) 「一六〇六年来航者簿（*Ibidem*, p. CII）」。

(136) Borao［1998］, p. 244.

(137) 「国王宛総督テーリョ書簡、一五九八年六月十九日付マニラ発（Blair & Robertson., vol. 10, p. 179）」。

(138) Chan［1978］, p. 59［AGI, Filipinas 19, r. z, n. 59］.

(139) Chin［2004］, p. 34, Table 4.

(140) 「島の他の場所には、堕落した者、遊び人、不穏な連中で故国へ帰国できない者がいる。その数が多いので、流れた噂に乗って騒動を起こす。全員が無法者ではないけれども、こうした連中がことを起こした」（『東西洋考』、九六頁）。アクーニャも同点を指摘する（「国王宛書簡、一六〇三年十二月十八日付［Colín-Pastells., t. II, p. 421］」）。

(141) アルヘンソーラは、張嶷の白状した内容として以下の件を挿入している。「その地に金が産すると王に思わせたのは、大きな艦隊を自分に与えるよう動かすためである。自分に様々な侮辱を与えてきた改宗華人をその艦隊によって復讐するのが目的であった。しかし復讐はほとんど叶わなかった。マンダリンの権威が間に入ったが、何も結果を生まなかった。なぜならチナが国外で戦を起こすとは誰も信じなかったからである。マンダリンは、信じられているのによれば、マニラ在の華人と話をでっち上げてチナへ帰って行った」。「華人はマニラと他の島にいる者を合わせると三万を超えた。同じやり方で、明国王は非常に豊かな地、チナの隣の島、海南島を求めた。華人はマニラで行ったように通商を口実に同島に入り込み、今日までに手中に収めている。海南では真珠漁が大変盛んで、明国王は一六〇〇年に真珠一五〇〇アロバの漁獲を求めて〔人を〕送った。少し前、漁労のために漕艇一七〇〇を集め、各船に一ピコ、即ち五アロバの漁獲量を課し、王宮の倒壊した家屋再建に必要とした真珠量を集めるまでこれをやらせたことがあった。これを知る者には信じられない話ではないだろう」（Argensola［1891］, pp. 318–319）。

(142) Bernal［1966］, p. 52. Cf., Argensola［1891］, p. 337. エンカンは翌二十二日に絞首刑になった。

(143) De la Costa［1967］, p. 208. エンカンの処刑直前の告解を聞いたグレゴリオ・ロペスの書簡に基づいてこの説をとる。

(144) 「もし、〔暴動を〕計画的に仕組んだことであれば、もっと武器を持っていたはずなのに、ごく少数の者がカタナや小槍（刺叉？）を持ったのみで、大部分は棒と石しか持っていなかった」（「国王宛アウディエンシア書簡、一六〇三年十二月十二日付

〔Colín-Pastells, t. II, p. 427〕」）。

（145）「国王宛テージェス・デ・アルマサン書簡、一六〇三年十二月六日付（*Loc. cit.*）」。

（146）佐久間〔一九九二〕、三三五―三三六頁。

（147）『明実録』天啓三年四月三日の項〔一六二三年五月一日、巻一二八、一六八一―一六八二頁〕。

（148）前掲書、天啓三年四月三日の項〔一六二三年五月、巻一二八、一六八二頁〕。

（149）前掲書、万暦三十年七月二十七日の項〔一六〇二年九月、巻一一二、七〇三六頁〕、「アクーニャ宛マンダリン返書、一六〇五年三月十二日付」（本章注（109）参照）。

（150）参照、前掲書、万暦三十二年十一月十一日付の項〔一六〇四年十二月、巻一一四、七五三四頁〕、万暦三十五年十一月二十九日付の項〔一六〇八年一月、巻一一六、八三六二頁〕。

（151）前掲書、天啓五年四月一日〔一六二五年五月、巻一三〇、二六六二頁〕の項では「呂宋は我が国に服従する国の一つ」と言う

Cf, Takeshi Hamashita, *China, East Asia and the Global Economy*, Routledge, 2008, pp. 13–21.

（152）「国王宛テージェス・デ・アルマサン一六〇四年報告書簡（Pastells, t. V, p. LXXXV）」。

（153）この火災に対してアクーニャの責任を問う報告書を、パステルスは複数紹介している。その一つは、自分も家を失った検察官サラサールのものだが、火災発生に対してアクーニャが、城門を開けば華人や現地住民が立ち入る可能性があるとして開放を認めなかったために、消火活動が遅れたと批判する。アクーニャが来島当初から華人の多さに警戒していたのは、他の書簡からも窺える。

（154）*Ibidem*, p. XXXI. しかし、華人船が到着したのは五月二十三日であるから、これは前年の残余に言及しているのであろうか。サンパンが到来していたかも知れないが、一般的に食料品など、利幅の小さいものしか搬入しない。この矛盾を埋め合わせるためか、一六〇三年のガレオン船は火事以前に到着していたとアルヘンソーラは語る（Argensola〔1891〕, p. 315）。

（155）*Ibidem*, pp. 317–319.

（156）濱下武志「『華僑』史に見る社会倫理」『思想』第八〇一号、岩波書店、一九九一年。

（157）Borao〔1998〕, p. 254.

（158）長崎暢子「インド大反乱と情報伝達」『移動と交流』岩波書店、一九九〇年、八五―九四頁。

# 第八章　マニラにおける第二次華人暴動（一六三九〜一六四〇年）

## はじめに

第七章で論じた第一次暴動後、約一世代を隔てて再び暴動が起きた。暴動期間は長く、華人死亡者数は前回より多いと考えられている。諸島在住の華人は確実に増加し、居留・展開地域は諸島全体に広がり、諸島への浸透度も増大していたゆえに、暴動状態にある華人集団が移動した地域は前回よりも遥かに広い。

本章では、暴動の実態、スペイン政庁の対応、暴動の原因を一六〇三年の暴動との比較の視点で検証し、前回と共通する部分と異なる部分の抽出に重点を置いて論じたい。それによって華人とスペイン人という二つの異なるシステムの世界が、一世代に亘る接触を重ねることで、相互関係にどのような変化を来すものか、また異質な文明の対峙において常に緊張を惹起する部分に注目し、言わば第六章で素描した両者の「共存」がどのような形をとりつつ進んだのか等を考察したい。

## 一　史料と先行研究

今次の暴動に関する史料は、前次と比較すると格段に少ない。セビーリャのインディアス総文書館を調査した限りでは、本件に関する報告文書は極めて限られる。そもそもこの時期、諸島からアウディエンシアや個人、修道会がインディアス枢機会議や国王に宛てた文書の絶対量自体が他の時期、少なくとも一六〇三年の暴動時に比べて極端に少ない。しかも保存される文書は個人間、あるいは修道会と誰かの係争に関することが主であり、統治状況を語るものは、当時諸島に滞在したかつての国王の巡察官、諸島の総プロクラドール、モンファルコンと総督コルクエラの書簡以外ほぼ皆無である。アウディエンシアに聴訴官が一名しかいない状況も影響しているであろうが、どうやら通信統制が何らかの形で施かれていたようで、総督以外の者が統治状況に関する報告書を本国に送った形跡はほとんどない。(1)(2)このことは当時の総督の統治手法、暴動の行方にも関係すると考えられるので、後ほど言及する。これが結果的に暴動に直接言及する同時代史料が非常に限られることになる第一原因である。

この状況で、事件を報告する文書としては、無署名だが、おそらく総督自身か、彼の側近が総督の意を汲んで書いたと考えられる一六四〇年付の報告書〔以下 Relación verdadera. と略称〕、(3)同じく無署名だが、総督の側近として仕えていたらしいイエズス会士の手になると推定される報告書〔以下 Relación anónima. と略称〕、(4)内田氏が一九七〇年代に存在を発見したと報告されている報告書〔以下 Robledo 版と略称〕、(5)およびモンファルコンの短い報告書数点が、少なくとも現在参照可能な一次史料である。Relación anónima と Robledo 版は事件経過等、多くの部分で概ね一致するが、Relación verdadera は異なる観点からの執筆で、中心論旨は総督、ないしは政庁軍の武功伝達にある。(6)

一方、Robledo 版報告書の特徴は、内田氏が論文中に引用される限りでは、暴動中の現地住民の様子を他のものより詳細に言及している点にあり、その点で他の史料の不足を補うものである。内田氏は筆者について推測の手がかりがないとしているが、(7)暴動における現地住民の立ち位置や状況に詳しいことから、現地住民のドクトリーナ等で働いたことがある修道士の可能性がある。

一六〇三年の暴動では、アウディエンシアのメンバーは気兼ねなく総督の政策を批判していたので、暴動についてある程度立体的な像を浮かび上がらせることができたが、今回は情報量が限られる上、一サイドのものしかない点で、多角的に論じることが困難であることをまず断らねばならない。(8)情報が乏しいことには、本国宮廷ももどかしさを覚えたようで、詳報送付を求めた勅書が一六四二年に出ているほどである。(9)

他方、二次史料は、修道会の年代記がその中心をなす。中でも特に重要と考えられるのは、十八世紀初めに執筆されたアウグスチノ会士カシミロ・ディアスのものだ[10]。おそらくアウグスチノ会内の記録に基づいて著したのであろうが、イエズス会士の執筆と推測される上記報告書との比較では、経過や原因論で大筋において一致する。件の文書そのものを利用した可能性も否定できない。アウグスチノ会と総督の関係が険悪だった事実が知られるにもかかわらず、著作は全体的に歴史家としての矜持を明確に示しており、公平な目で描こうという意志が窺える。他の特徴としては、事件は同会士が同著を執筆する二世代ほど前の出来事であるが、この時間的立場が功罪を持っていることだ。功としては、渦中の人間には見えにくかった事件の俯瞰的記述を行い得ている点で貴重であり、罪としては、二世代後の視点で、暴動が及ぼした影響を踏まえた上での判断を加えていると考えられる点だ。また、以下二点でこの史料には重要性が認められる。①大・小の暴動を自ら体験したとみえる記述を残していることから、それらとの比較の視点を有する、②居留華人問題を植民地社会に非常に重要な要因と見て、常に関心を払っている。華人との暴力的な対峙を自身で経験したとおぼしいにもかかわらず、暴動自体よりも諸島経済、特に流通等が完全に華人の支配下にあることに危惧を示し、優れて問題の核心を突く観察をしている人物である。

ところで、今回は華人側の記録を用いることができない。在島華人の一大出身地である漳州の地方史誌等に記録が全くないとは思えないが、少なくとも現在のところ見あたらず、史料がないことは内田氏、および張維華氏も指摘している[11]。その理由として以下二点がまず挙げられる。①一六〇三年の暴動は、明国行政府が国内問題と関係づけて理解したのに対して、今回の事件はフィリピーナス諸島の内政問題に端を発していること、②一六〇三年は明朝末期といえども帝国とその地方政府は機能していたが、今回は明朝滅亡、清朝勃興期の王朝交替期にあたる。大陸の王朝は元来華人庶民の受難に無関心と言われるが、特に同時期、漳州や廈門自体が明清交替期の攻防戦の舞台となっていることが背景にある。さらに事情を複雑にしているのが、この地域を当時支配していたと考えられる実体は心情的に明朝に荷担する集団で、交易自体を支配することで清朝に抵抗していた点だ。清朝は勢力確立後、遷海令によって沿岸から住民を強制的に立ち退かせるなどの動乱の影響が長く続き、海に関与して生きた人々の社会について史料を残せるような状態ではなかったと考えられる[12]。以上の結果として、本稿の考察は今後の研究成果で再考を余儀なくされる部分も出てくることは十分あり得る。

他方、この暴動を専ら扱った先行研究は、管見に拠る限りでは、内外を見渡しても、内田氏の研究がほぼ唯一のものである。同氏は、新たな史料（Robledo 版）を用いて、経過の概要を述べられると共に、スペイン人の他者観にある一つの固定観念、つまりヨーロッパ・キリスト教的視点から華人の本性を悪しきものと規定したところに、この事件が発生したとの点を指摘される[13]。本稿は、史料として Robledo 版を参照することで、他の史料を従来とは異なる角度で再読できたことにおいて内田氏の先行研究に負うものだが、第一次暴動との比較の視点で今次暴動を見た結果、スペイン人の他者観に事件が起因するとの内田氏の結論を否定する立場に立つものである。

## 二　経　過

ここでは、暴動中あるいは爾後の政庁側、華人側の行動で、前回の暴動とは異なる点の指摘に重点を置いて、事件経過の要点および事件の特徴を浮かび上がらせるよう試みたい。

一六三九年十一月十九日深夜、マニラから六〇キロ余り南東に位置し、二〇〇〇人前後が開墾に従事する新入植地カランバで[14]、同地の管理を全面的に総督から委任されていた華人保護官にしてアルカルデ・マヨール、アリアス・デ・モラの館を華人集団が襲撃、無防備の当人と教区司祭を惨殺した[15]。襲撃側の華人の内、現地婦人と結婚していた者は、この行動に先んじて妻子を山へ逃し、隠れさせていたという。この時点で行動にどの程度統制がとれていたのか諸史料は語らないが、その後華人「暴徒」はマニラへと向かい、通過の村々に放火していった。彼らは総督に嘆願すべき事柄を持ち、首尾良く行けば帰村するつもりであり、嘆願に失敗すれば家族が山に隠れて生き延びるはずだったと言う。嘆願内容については、暴動発生の原因を考察する節で言及することになるが、概要は以下である。強制入植させられた地は沼沢地で、マラリア等での死者、病者が多数出る一方で、最初の収穫が不調に終わった。そこで年貢等諸税の緩和を管理官モラに掛け合ったが、一切の妥協を拒絶されたので絶望、総督の仲介を期待して、マニラに行進を始めたとされる[16]。

翌二十日朝、コルクエラは華人がマニラに上る動きについて報告を受けた。まず斥候として同夜、アドゥナ大尉を三〇騎の騎兵と共に陸路、暴動発生地域に向けて派遣、他方、マニラでは城門を開放して、城壁外に住むスペイン人が家財を持って避難できるように配慮した。次いでカビーテ港へも警戒指令を出す。カビーテの華人はこの時点では政庁のために働いている。利用可能な史料が、いずれも総督寄りの立場から書かれたと考えられる点を差し引かねばならないが、第一次暴動時のアクーニャ総督とは対照的である。法律にこだわり、調整型のアクーニャが手続きや法的根拠、過程に常に配慮したと力説する報告を行うのは見てきた通りである。少年時代から戦場で場数を踏んできた根からの軍人であるコルクエラは、結果重視の行動家で、何よりも鎮圧を優先し、報告書簡に見える限りでは、そのために緩急を弁えた兵の投入を行った。華人を迎え撃つために最も効果的な布陣となる運動を政庁軍にさせ、時期を選び、戦闘での勝利という一点に目標を向けている点で戦略が明解である[17]。この違いには個人的傾向はもちろん、時代的な背景に理由が考えられるが、それについては第六節で考察する。

次いで二十一日朝、偵察のアドゥナ大尉が見たのは槍、先を鋭くして焼きを入れた竹槍、米を刈る鎌に長い棒を結わえ付けた武器で武装した約三〇〇〇人の華人であり[18]、「猛犬のように」攻撃してくる集団であった[19]。大尉には土地勘がなかったか、華人に対する侮りから慎重さを欠いたゆえか、泥沼に踏み込み、馬の制御を失い、彼に続いた三人と共に華人に殺害された[20]。この緒戦で華人側も二〇〇人以上が死亡したとされる。今回もスペイン人だけでは防戦不可能と判断された時点で現地住民、特にパンパンガ、タガログ、サンバル、ブラカン他の各部族を数百人単位で総督側に招き、戦闘に投入する用意を調えた[21]。戦闘に駆りだされない地域の現地住民も、遭遇した華人を冷たい仕打ちで迎え、彼らが殺害した華人も少なくない。この対応について政庁の指示があった可能性もあるが、華人とは小売り・行商等において接触する現地住民は、彼らから搾取される場合も少なくなかったと考えられ、両者の関係は必ずしも良好とは言えなかった。今回も日本人が政庁側の戦列に加わった。(22) ただし、前回におけるような横断的な参画ではない。既に幕府は一六二三年以来スペイン船来航を拒絶、日本人の出国、帰国共に一六三〇年代初頭に禁じているので、絶対的人数自体が減少していた。

緒戦後最初の本格的衝突は、カランバからマニラへ向かう途中、サン・ペドロ・マカティにある石造のイエズス会修練院を舞台にした攻防戦であった。二十二日のことだ。この時点までに華人側集団は約四〇〇〇人に膨れ上がっていた。(23) 修練院には神父一名と平修士二名、召使い一名が住んでいたが、神父は地域住民を修道院内に収容して、華人と対峙した。同地へスペイン人騎兵八〇と歩兵団二〇〇が現地住民部隊と大砲二基を帯同して現れた。政庁側の稼働人口は多目に見ても一三〇〇人程度と言われるが、その内、多くをテルナテやミンダナオなどへ守備隊として送っているので、マニラ近辺で動けたのは三〇〇人程度と複数の史料が述べる。おそらく政庁正規部隊と装備の大部分が急行したのではないだろうか。(24) 華人側もマニラから大集団が合流して、力関係が均衡する状況が生まれた。しかし両者に暴動を早期終結させる意志があった模様で、華人側は、終息の条件交渉にイエズス会神父を代理として総督のところに送ってきた。ところが、故意か事故か不明ながら、遅参した政庁軍団が川側から華人に攻撃を仕掛けたことで、この休戦は瞬く間に崩壊した。ここで華人はイエズス会神父には丁重な扱い、捕虜の平修士には多少の暴行、現地住民殺害は随意と扱い分けをした、あるいは見る側にはそう思われた。彼らの本来の敵はスペイン人のはずだが、その力を恐れてか、和平交渉への下心からか、あるいは意識構造が権力者を無意識的に恐れさせるのか、その原理は明らかではない。

スペイン側の観察では、華人集団は三〇〇〇~四〇〇〇人単位、もしくはそれ以上の集団となりながら、政庁側との積極的な対峙を避けるかのようにあちこちに移動している。マニラに向かいつつも、中心部を迂回して土地勘のある山間部へ向かい、急ごしらえの川船で渡河、あるいは川を下って河口側からマニラに迫るなど、行動の意図が読めないものだった。暴動が膨れ上がる原因は、抑圧者への抵抗よりも、仲間を盾にして政庁側の追求から身を守ると同時に、裏切り・戦線離脱を相互監視する仲間からも身を守ることで、行動の原動力は恐怖以外のものではなかったと見ることもできる。この点は第一次暴動時と変わらない。政庁側が絶対的少数であることは誰の目にも明らかで、力の分散は不可能であるのだから、戦略面から考えるなら、華人は多方面に分散、同時多発的に攻撃を仕掛ける方が遥かに効果的である。だがそのような行動に出なかった。これは計画性の有無を考える上で重要である。

当時諸島にいた華人は三万五〇〇〇人以上と考えられる。しかし、全員が隊列に加わったとも思えないが、報告書に上がる死亡者数、華人側二万人以上が事実に近いとすれば、大多数が動いたことになる。死亡者数に関しては、後述するように様々な仮説を立てる余地がある。コルクエラは、むしろ一度に対峙する敵の集団ができるだけ大きくなるまで時期を待ち、密集団に狙い定めて、一撃当たりの打撃が最大になる運動を政庁軍にさせていたと Relación verdadera は語る。確かにそれ以外にこれほど少数の人間が百倍以上の集団を圧倒する方法はないであろう。

十二月初旬、総督は二つの命令を出した。一つはマニラ市内へ、もう一つはカビーテ港の守備隊長宛である。(25)双方とも華人全員の無差別殺戮を命じるものだ。Relación anónima は、華人殲滅令の発令者を不明とするが、この時期のアウディエンシアには聴訴官が一名しかおらず、コルクエラの統治スタイルから考えて、総督以外の命令者は考えられない。(26)十二月二日、聴訴官ディエゴ・デ・リベラが、完全武装の黒人二〇〇人と共に華人をマニラ市中各戸を捜索、一六〇〇人を殺害したという。無差別殺戮命令は、華人は華人である限り暴徒の一味と見なされ、暴徒と呼応する可能性があるというのが理由、言わば予防的殺戮である。(27)華人を見逃した者は反逆罪にあたるとして徹底が図られた。(28)

この命令で殺害された人数の議論は別として、前回の暴動における政庁側の意識と大きく異なる点がここにある。前回の暴動では結果的に多くの華人が殺戮されたとしても、政庁には、華人を少なくとも改宗者か否かで区別し、暴動に参画する者とそうではない者を分けて扱う意志があった。だがコルクエラは華人全員を一括りにしたのである。

他方、カビーテ港には常時一〇〇〇人以上の華人がいた。対外戦争には造船が不可欠であり、造船の主要部分、製鉄では華人が大きな技術力を発揮していたことは第六章で言及したが、カビーテでは造船が行われていたからである。総督の命令を受けたカビーテ要塞の責任者は、少数のスペイン人でこれを実行に移すべく一計を案じた。「華人を群衆から守るため避難させる」という名目で、指定した政庁の建物へ三〇分以内に一〇〇〇人以上を収容、そこから「総督が彼らをマニラに召喚している」という口実の下、一〇人ずつ引き出し、順次首を刎ねた。三〇〇人ほどを殺害したところで、スペイン人が犯した些細な行為から華人が虐殺に気づき、直ちに逃亡を図り、大混乱となった。スペイン側は火器を用いた殺戮に転じた。当然スペイン側も、華人が投げた石やタイルで負傷者を出している。逃亡し得た華人もいたが、当日生き延びた者の多くも翌日には捕縛され、逃げ果せた者でも、行く先を悲観して、縊死や入水自殺を遂げた者が少なくないという。カビーテ港付近の華人死亡者数は一三〇〇人に上り、他に五〇〇人が現地住民や黒人に殺されたと Relación anónima は伝える。十二月五日のことである。

この背景には、一旦沈静するかに見えた暴動が再燃する気配があったことを報告書類は示唆する。複数の報告を照合して、整合性があるように整理すれば、状況は以下になる。即ち十一月末の戦況は明らかに政庁側に不利に展開しており、ディアスに拠れば、総督はそれを看取して、マニラ市城壁を砦に、華人を呼び寄せてから合戦に持ち込む戦略をとった。他方十一月二十九日木曜日の夜明け、大勢の華人がメイハリゲに至り、そこに火を掛けた。その報でスペイン軍は隣接するサンタ・クルス地区へ出動した。いかなる状況にも対処できるようにと、総督と総司令官ロレンソ・デ・エラソが暴動勢力を視察、華人が入市を試みる可能性を二人は危惧した。だが華人のスペイン軍に対する偵察能力が低く、政庁側の動きをよく知らずに人を動かしていたと Relación anónima は言う。この頃、スペイン人と友好関係にあるサンタ・クルス地区の華人が、数としては多くはないが、スペイン政庁に忠誠を誓い、同胞を政庁側に帰順させるために同胞と戦う許可を求めた。つまり、彼らは「改宗者」もしくはカトリックであり、それが「友好的」とか「忠実」と呼ばれる所以である。スペイン人の意識では、改宗者は従来からスペイン王の臣下に等しく、言わば「身内」と理解されていた。

総督らは「彼らの意図に強い疑念を抱いたものの、結局許可を与えた。……だが総督の目前で彼らは暴徒と合流し、スペイン人と敵対することになった」(39)。これらの文言には、誰を「自己」の範疇に含めるかの定義が互いに揺れているることが背景にある。カトリック華人にとって同胞とは、血縁による華人か、カトリックによるスペイン人かの問題である。華人には二者択一ではなかったはずだが、スペイン人の意識は、カトリックであることの方が血縁よりも根源的問題だと理解していた。この点はコルクエラの政策自体と関わることであるので第五節で論じる。

以上の展開に対して、「住民が暴徒と合流したことで空になったサンタ・クルス地区から大砲を引き揚げ、マニラが無防備にならぬように、当夜中に城壁内へ移すべしと総督は命じた」(40)。パリアンが突然蜂起し、挟み撃ちになる危険があったのだ。報告が事実ならば、非常に大きな恐怖と打撃に耐えて、自他の兵力を冷静に計算、最も効果的な戦略展開ができる時を、総督は極めて自制的に狙っている。橋は撤去、舟類は破壊、川の哨戒を怠らず、パッシグ川を挟んで両岸に分かれた華人集団を合流させないように警戒した。パリアンで騒動が起きれば、城壁上に引き上げた大砲で鎮圧するつもりであったが、華人が城壁に向かって集結する形勢をとり、人数は膨れ上がり、政庁側の不安が増した。暴徒は改宗華人居住区であるトンド地区の教会や修道院を襲撃、同じく改宗華人居住区のビノンドでも教会を占拠した。政庁側では、結集する華人に積極的に攻撃を仕掛けることも考えたが、パリアンがいつ敵に転じるとも知れず、慎重に構えていた。そしてついにパリアンでは十二月二日変化があった。政庁側司令官は他所の華人がパリアンに向かうのを妨げず、彼らが合流して、密集団になるのを見届けると、直ちに火器でパリアンを攻撃、破壊を開始した。火が放たれ、大量の富が灰燼に帰した(41)。十一月末から、修道会や教区司祭にそれぞれ城壁守備の持ち場が割り当てられ、修道会創立者の名前と同じ名を持つ門はその修道会が守った(42)。基本的には守備だが、攻撃に打って出る方面もあり、アウグスチノ会は第一次暴動時と同様活躍した(43)。同会には前身が軍人である会員が確かに多く、パリアンに対峙する攻撃では、城壁に引き上げた大砲の砲手を同会士が務め、控え目に見積もっても三〇〇〇人以上の華人を撃ち殺したと言われる[44]。

以上の状況が華人無差別殲滅令の背景にあると、一応考えられる。華人は同胞が無差別に虐殺されたのを聞き、悲嘆の中で再び復讐の念を燃え上がらせ、アウグスチノ会の宣教基地に武器を持って押し寄せ、基地を焼いたと言う[45]。これを契機として、マニラに限れば、他の地区に追い散らされていた華人が再度集結してくることになった、というのだ。再確認すべきは、ことの順序は上記ほど明確ではないことだ。報告書文に整合性をとりながら整理すると以上になるのであり、別の読み方も可能である。そして事件の時系列順序は因果関係を決定する要因であり、事件発生の順序が異なれば当然因果関係は逆になる。因果関係はコルクエラと政庁の対華人観、改宗華人の対スペイン人観、双方がいかなるものかを解明する一つの鍵であると言え、非常に重要な点であると考えられる。これについては第七節で言及したい。

十二月中旬以降は膠着状態に入り、月末には政庁側が攻撃に出る用意を固めているが、戦闘に持ち込めず、華人追撃を続けた。暴動の長期化が食料や水の逼迫を招いた。華人陣地を政庁側が現地兵と共に包囲、華人逃亡後の遺留品から食料を得て一息つく場面の記述も複数ある[46]。むしろ、これは食料品略取を目的とした行動で、華人包囲と言うより、追い出しだと考えられる場合もある。もとより、生活の一切を華人による流通網に依存していたスペイン人社会であるから、華人が一斉にそこから離脱を余儀なくされた状況では当然の帰結である。モルガは第一次暴動後の状態を「お金があってもモノが買えない状態」と書いたが、正にその再現であった。

一六四〇年が明けると、生き残った華人の一隊はパンパンガへ向かう道に出て、ルソン島北端のパンガシナンあるいはカガヤンを目指した。大陸に向かっての渡海・帰国が目的で、同地でサンパンを作り、大陸へ渡ることで悲劇的最期を避けようする一団である。一方で、元の居所に戻る集団もあったが、完全に勝利する以外生き延びる道はないと多くの者が感じていたという[47]。この間、政庁側は二度攻勢に出た。マニラでは十二月末に戦勝を祝うこともあったが、暴動の終結とはならなかった。華人が政庁側から火器を奪い、それによって彼らが勢いづくこともあったと報告書が記す時、政庁側が存亡の危機にあった可能性は十分想像できるが、史料は語らない。

一月になると現地住民部隊の活躍が報告書に言及されるようになる。これはマニラから離れた地方への暴動の拡散・拡大と、華人との接近戦を意味するのではないか。サンバル族などは、以前政庁に対して大反乱を起こしたことがあり[48]、政庁側がその平定に非常に手間取った勇猛な部族集団であるが、特有の大弓をもって伝統的な装備で参戦している[49]。現地人部隊には、前回暴動では現地言語を知る修道者が付き添ったが、今回はスペイン人修道者が現地人部隊を率いて、指揮を執る場合もあった[50]。暴動の長期化、スペイン人軍籍者の僅少さに対し、三十年前よりも華人が多く、彼らの居住・活動域が広がり、宣教師にしか土地勘のない地にまで、暴動が拡散したことを物語るものではないだろうか。戦闘員の布陣図として浮かび上がるのは、地方での白兵戦では現地兵を前面に出して戦わせ、他方マニラ近郊の競り合いではスペイン兵が火器を中心に据え、的を絞って攻撃を加えるという構図である。現地人部隊をマニラに入れることに対する政庁側の警戒も見てとれ、少数で「支配」するスペイン政庁の苦悩がまたもや窺える。

また、第一次暴動と異なるのは、華人と現地婦人との結婚から生まれたメスティーソ部隊の存在である。彼らはスペイン人の疑惑を浴びながら[51]、十二月以降、政庁軍の側で華人と対峙し、一定の役割を果たした[52]。この層の形成と行動は、実に興味深いテーマであるが、すでに一つの社会階層となるほどの人口に達し、自らを現地人側に置いていることを示す[53]。

報告書は、酷暑・降雨中の悪路で華人を追跡する政庁側の苦労が並大抵ではないことを記す[54]。雨期に入るのを警戒して、和平に向けた交渉が始まったとされるが、和平を急ぐ別の理由が二つ考えられる。①双方、特に政庁側の限界、②報告書や二次史料は全く言及しないが、大陸との交易時期が始まることである。特に②は、華人に援軍が出来る危険、交易の失敗を避けたいという願いが、政庁側に終結を急がせたのではないだろうか。

交渉の中で総督は、教会等に対して破壊行為を働くなら、諸島に残る華人全てを刃に掛けると宣言した。これに対し華人側は、政庁側が自分たちを傷つけなければ、自分たちは何もしない、もし道を開けてくれるならばロス・リンボネス（カビーテ方面）へ向かい、そこでサンパンを作り、大陸へ帰ると応えた。[55] 最後の手段として帰郷を選んだことをRelación verdaderaも記し、マニラに釘や鉄を持ち込み、実際にサンパン作りを始める集団がいたという。[56]

爾後、教会等への攻撃はなくなり、投降する華人が少なからず出てきた。彼らは、暴動への参画は自らの意志に反して強制されたと弁明し、他方で総督の無差別殺戮に深い不信感を示した。後者に対し総督は、「華人と戦いつつ、同じ華人を他方で放置するのは賢明ではない」と回答したと記され、コルクエラが華人を華人として一括していることが再び明らかになる。[57] その後、交渉は終結後に焦点を据え、使者が行き交ったが、交渉仲介者の神父が華人側から危害を受けるかも知れないと感じられるほど厳しい雰囲気であった。[58] 華人司牧担当のイエズス会士とパリアンのアルカルデ・マヨール、エンリケス将軍に対して、華人側は指導者一団が出てきた。[59] 華人の不信と不満の最大の種は十二月に行った無差別殺戮であった。上で保留してきた問題がここでも関係していると考えられる。これも第七節で論じる。

両者の交渉は何とか三月初旬までには妥結、最終的に約八〇〇〇人弱の華人を武装解除、マニラへ護送し、総督はこの最後尾についてマニラへ帰還、凱旋式を執り行った。[60] 三月十五日のことだ。マニラでは彼らを竹矢来の囲いの中に収容し、同年大陸から来た船で二〇〇〇人を送還した。戦闘中に捕虜にした華人は、戦争捕虜としてガレーラ船漕刑に処せられた。首謀者と考えられた者は密かに連れ去られて、斬首された、とRobledo版は言う。ドミニコ会の年代記もこれを肯定する。[61]

「パッシグ川に多くの死体が流れ、半年に亘って川の水は飲めず、バイ湖の魚は人肉を食って肥え太り、食用にならなかった」。これはディアスが記した一文である。[62]

## 三　損害

スペイン側の死者は騒動が長期に亘った割には第一次暴動に比して少なく、四〇〜四五名、現地住民戦死者は三〇〇名余りと言われる。[63] 政庁側の死亡者には戦闘以外での落命者も含まれる模様で、戦闘中の死者数は更に少ない。Relación anónima は、総督が現地住民の負担や消耗を最小限にすべく努め、彼らを大切に扱ったとの一文を認めるが、「戦闘で生じた現地住民犠牲者の合計数を考え、現地住民の貢献に深謝するように」と国王の勅令が一六四二年に出ていることを考慮すると、実際にはもっと多くの犠牲者を出した可能性が高いが、その数に深い関心を示す史料は、少なくとも現在のところ不明である。[64]

他方、華人側の死亡者数には不明な点が多い。そもそもこの時期のフィリピーナス諸島に居留した華人人口に関する記録には大きな差異があり、三万五〇〇〇は有力な数値であるものの、コルクエラの対華人政策、福建など沿海地方の混乱と明朝による海禁復活勅令、諸島全域に華人の居住域が広がっていたことなどを考えると六万という数字が出てきても、あながち荒唐無稽な数値とは言えない。[65] Relación anónima は、華人死者数を二万二〇〇〇〜二万四〇〇〇とし、Relación verdadera はわざわざ「スペイン人の手による死者」との文言を添えて一万七〇〇〇と記す。[66] これは、コルクエラが、自己の命令で生じた死者と認識していた数値と考えてよい。

これらの数値に関して以下三点の可能性が考えられる。①初回暴動の際、総督が報告した死亡者数は一般に指摘される数値の七〇％前後であり、スペイン人が手を下したという認識の有無が数値の違いを生んでいると推測した。そして今回は、共に総督寄りの報告書であるが、Relación anónima と Relación verdadera が挙げる数字は丁度その関係になり、前者が総死者数、後者は政庁の作戦による死者数と政庁が考えていた数の可能性。②諸島が開放空間であり、華人が諸島全体に拡散していたとすると、暴動初期にいち早く暴動地域を離れた者がかなりの数に上り、実際の死者はもっと少ない可能性である。上記の数字は公式の華人数から、投降者・捕虜数を単純に引き算した数値で、実際には意味がないとも考えられる。③報告書が述べるほどには地方では大規模な交戦は行われず、コルクエラは斥候に出す程度の運動を政庁軍に行わせた一方で、華人の方でも政庁軍との遭遇回避に動いていたことは十分考えられる。それが暴動期間を長期に亘らせた理由ともなり得る。同様の観点から、武勲を誇示するために、華人死者数を誇張している可能性も考えられ、死者数は記載数よりも少ない可能性が出てくる。③に関して、以下二点がその裏付けである。第一は政庁側の死者が少ないこと、第二は Relación anónima の筆者はこの暴動中、総督近くで詳細な情報を得ている書き方であるにもかかわらず、華人との接近戦を五回言及するのみで、必ずしも激しい戦闘を描かない。両者が、それぞれの事情で意識的に遭遇を避けていた可能性もある。一方、華人殺戮を目的化しているのに、武装解除された人数が多いのも前回と大きな違いである。注で掲げた表で明らかなように、史料により死者数に大きな差があるのもこの辺りを示しているのではないだろうか(67)。

物的損害としては、完全に破壊された村一三、破壊、焼き討ちにあった教会、修道院施設は一三〜四、その他彼らが通過した道筋にあった家屋の多くが焼かれたという(68)。今回の暴動中に華人が見せた行動の特徴は、教会や修道院、また福音書類や十字架、聖像などキリスト教を表象するモノを破壊の対象にしたこと、少なくともスペイン人の目にはそう見えたことである。教会関係の建物が破壊の対象になったと記録することは、①破壊対象として目立つ建物がその類のものしかない、②それらがスペイン人の存在を象徴、③スペイン人が教会に対して攻撃を受けることに非常に敏感になっている、④実際に「教会」「キリスト教」が華人の怨嗟の的になっていた、概ね以上四点が想起される。おそらくは四点共ある程度妥当するであろう(69)。ただし Relación anónima は、この混乱の中で華人全体というより、むしろ改宗者が積極的にそれらの破壊行為に関与したと主張、彼らが改宗以前信仰していた神々との和解を望み、そのために破壊行為を行ったと理解している(70)。イエズス会士、ドミニコ会士、各一名が殺害されたことや、華人退却後の陣地からアウグスチノ会平修士のひどく損傷された遺体が発見されたことを関係づけて、報告者は華人の怒りが明らかにキリスト教に向けられていると感じている(71)。華人の中で、カトリック信徒と非改宗者の区別の制度化が進んでいたが、信徒もかなり厳しい「頸木」の下に置かれていると感じているとスペイン側で考えていたのかも知れない。換言すれば、信徒には課税の軽減・職業選択の自由・移動の自由・現地女性との結婚他が認められていたとはいえ、別の自由が失われた。宣教師の父権的支配下に置かれ、故国との関わりが断ち切られるなど、身過ぎ世過ぎではなく本心から改宗した者でも、改宗を幸福と感じていない実態を報告書の書き手の方で感じ取っていた可能性がある。[72]更に重要なことは、こうした教会に対する破壊行動が最初から企図されていたというより、たとえば暴動に加わる意志がなかった「信徒」が、「信徒」であるにもかかわらず、政庁側から一切配慮されない事実を前にして、暴動が進む過程で司祭や教会に怨嗟を向けることになった可能性である。これについては第七節で論じる。

以上の損害に加えて、パリアン焼失で失われた資産は五〇〇万ペソに上るとされる。[73]また、ドミニコ会史家は、福建で宣教活動に従事していた同会修道士が、事件の報復措置として迫害され、追放されたと語る。[74]蓋然性があると考えられる一方で、明清交替期の内部事情が部外者を追放に処したに過ぎないにもかかわらず、時期の一致をドミニコ会側が報復行動と理解していた可能性もある。

## 四　事後処理

この時期、漳州府あるいは海澄県月港を管轄する地方政府が正確には誰で、どの程度機能していたのか、あるいは海商間の連絡・連携がどのようなものかを解明する必要があるが、一六四〇年の交易時期に来航した船は少なかった。[75]ショーニュの研究が船舶数を七隻とする以外に、以下の証言がそれを傍証する。つまり、良好な航海に恵まれたにもかかわらず、マニラからアカプルコに来航したガレオン船は一隻で、しかもその船載荷のシルクは非常に少ない、との行がヌエバ・エスパーニャ副王の報告にある。[76]アカプルコ到着荷の僅少さは大陸からの入荷量が非常に少ないことを意味する。

では、なぜ華人船は来なかったのか。一六三九年の対華人交易は成立しており、翌年のガレオン船もアカプルコから到着しているので、スペイン側に購買力はあった。一六三六年から一六三八年まで、総督の恣意的な指示もあり交易が不調だったので、華人が回収できていない掛け売り代金もあるところから、華人側の交易意欲は大きかったはずである。現に前年は、例年よりも多くの船が来た。この状況で来航船減少の理由として考えられるのは二点である。漳州他、商人の送り出し拠点がこの暴動を知って、来航を控えた。マニラ側の購買力云々よりも、流通に携わり得る諸島在の華人不在への危惧であり、総督の対応に対する不安である。他方、一六三八年～四二年に、大陸では全国的な飢饉発生があったと言われ、同時に福建・広東の沿海地帯が王朝交替期の混乱の舞台となった時期という事情である。

以上を含んだ上で、コルクエラの事後処理を検討していきたい。事件後ヌエバ・エスパーニャに向けて彼が送った暴動に関する第一報は、一六四〇年七月二十四日付のもので、内容は暴動発生の事実、救援金の送致と兵員派遣を要請するのみである。経過等の報告は稿を改めると言い、詳しい状況説明を全く行わない(77)。ヌエバ・エスパーニャ副王はこの書簡を受け、国王に事件を報告する書簡を一六四一年一月一日付で作成、別個に受け取った報告書があるので、それを国王とインディアス枢機会議に転送すると述べる(78)。しかし、筆者が調査した限りでは、セビーリャのインディアス関係総文書館に、「報告書」と同定できる文書は所蔵されない。他方、インディアス枢機会議は、副王書簡を受けて一六四二年一月二十五日、同件を国王に報告しているが、コルクエラの短い一文をそのまま転載、「幸いなる勝利」の文言を付け加えるのみで、事件の経過や原因には一切言及しない(79)。コルクエラが、稿を改めるとした報告文とは、実は Relación verdadera ではないかとも考えられる。もしその推測が正しいとすれば、「軍功報告書」の色濃い報告書である。コルクエラには「軍事的勝利」以外に関心がなかったのか、アクーニャのように事後処理にほとんど言及せず、また自分がとった処置の遵法性や華人の死亡者数が多数に上る理由を形式的にさえ言及しない。この辺りの事情には以下三点の背景が推測できる。①アクーニャ自身の遵法精神もさることながら、ベナビーデス大司教が自らを「正義の番人」と任じ、歯に衣を着せぬ批判で総督を追い立てた。しかしコルクエラの場合、彼に諫止できる人材を寄せ付けなかった。②コルクエラに対するレシデンシアの罪科には、暴動や華人施策に責任を問う項目はなく、彼の失政の中には数えられていない。スペイン人社会は、この事件を「華人が不当にも起こした暴動」の鎮圧、またその成功として捉えており、その適法性を云々する意識はない。③対大陸観の変化である。一六〇三年には華人を外国人として認め、華人の管理権では大陸の帝国、少なくともその地方政府に配慮する必要がある、あるいは釈明しなければ、大陸から報復を受けるかも知れないと理解されていた。しかしこの時期、大陸の事情とマニラ側の対華人観の双方から、大陸への外交的配慮は消散していた。

以上いずれの項にも蓋然性がある程度認められるが、現在利用できる史料だけでは確実なことは言えない。インディアス枢機会議も情報や説明の不足に不満を感じたのではないか、と第一節で言及した。[80]

具体的な事後処理としては、報告書類に残る断片的な表現を繋ぎ合わせると、以下四点がある。

第一は「華人三〇人をサンパン一隻に乗せてチナへ向かわせ、暴動とそれに起因する華人の死は華人自身に責任があること、騒動は完全に終結したので商人はマニラに来航しても安全であり、例年同様商人を受け入れる」と言わせた。[81] Relación verdadera と Robledo 版[82]がこの件に言及する。

使者派遣の実効果は別問題として、コルクエラが、政庁には華人の死に責任がないことを漳州側に通知したと総督寄りの文書が記録すること自体は注目に値する。もし、放置しても華人は来航すると確信する、あるいは完全に華人は自己の権限下にあると考えていたならば、総督はこうした使者派遣も行わないし、少なくとも報告書で言及する意味もないことになる。では何のためにこれらの文言がコルクエラ寄りの文書に加えられる必要があったのか。蓋然性のある状況として以下三つの場合が考えられる。

① 暴動終息は三月であるので、使者を出した時期は不明ながら、当然それ以降であろう。三月は例年なら華人船が来航し始める季節である。ショーニュの研究では、同年の最初の船は六月上半期に記録される三隻である。[83] 因みに前年の第一船到着は二月に記録される。この二点から考えられるのは、予定時期に一隻も来港しないので、通商の意志、安全に迎える意志、資金があることを伝えさせた、つまり呼びに行かせた可能性である。従って、

使者の行き先は商人仲間であったのかも知れない。使者が、前回のようにスペイン人ではなく、華人であることがそれを示唆するとも考えられる。いずれにしても、同年関税を払って来港したのは七隻に過ぎない。彼の経済政策の柱である華人・華人船関係の税収入に明らかに甚大な影響を与えたであろう。

② アクーニャとコルクエラの対大陸観は一見大きく異なるようにも見えるが、実は両者の報告書の表現の違いに我々が惑わされているのであって、コルクエラもアクーニャ同様に大陸の勢力を恐れ、アクーニャと同様の弁明使を送る必要があると考えていた。ただ、Relación anónima の筆者は、大きな問題との認識を持たず、これを記さなかった。

③ コルクエラ周辺がこの事柄に言及したのは、交易が不調に終わった際の責任回避として報告に入れ込む必要があると考えられた。

おそらく①が最も蓋然性が高いと思われる。

第二の処理は、大陸からの交易船の帰国便に華人二〇〇〇人を乗せて、帰国させたことだ。(84) 強制送還である。投降者の残り六〇〇〇人程度は便がある時に送還する予定と述べる。(85) しかし、従来から勅書は諸島のインフラ維持のために六〇〇〇人を必要人数と認めていたので、この者らを帰国させるつもりはもとよりなかったのではないか。実際に帰国させたという史料は、管見の及ぶ限りではない。滞留税が徴収できなくなるばかりか、諸島内流通、大陸との通商、農漁業、家内労働の維持者がいなくなるからだ。他方、送還された者の弁別基準に言及する史料もなく、カトリックか否かも基準とならなかった可能性もある。(86) 後述するようにコルクエラの主観には、信徒の方が非改宗者よりも政庁に安全分子という認識は既にないと考えられる上、彼にとって諸島滞留者が信徒である必要は必ずしもなかったのではないだろうか。安全度にそれほど差がないなら、多額の税を支払う非改宗者の方が都合が良いからだ。

第三、華人に対する課税強化である。法的には、一六一〇年以来非改宗華人は年額八ペソ五レアルを滞留税として課された。これに対してコルクエラは総督着任後直ちに新課税を行った。従来は禁じられていた大マニラ圏から地方に向かうことを非改宗華人に許す代償に、一一レアルを課した。この時期も、マニラの半径五レグア外への非改宗華人の立ち入りを禁じるインディアス法は生きている。従来はこの禁令を華人は賄賂によって反故にしていた。総督はこれを免許税とすることで、華人の支払い先をスペイン人から国王へ変更したわけだ。非改宗者で、大マニラ圏から出る者への課税額は一〇ペソとなっていた。暴動後、コルクエラはこの税制を改定して、全非改宗華人に一〇ペソ課すことを命じた。この課税は、自らの意志で諸島に留まる非改宗華人に止まらず、政庁が強制徴用して、越冬させる者も対象としたか否かについては確証が摑めない。目的は彼らを罰し、「従属的で奴隷的な状態に置く」ためとしている。更に、外敵に備える警備強化目的税として年間二ペソを上乗せ課税することを提案、実行しようとした。しかしながら、こちらはスペイン人住民に阻止された。

アクーニャは暴動の翌年、華人商船と華人が来航せず、代わりに大陸の行政府が戦艦を送ってくるのではないかと恐れた。しかし、コルクエラは、少なくとも史料で見る限りではアクーニャのような危惧も感じず、むしろ懲罰として増税を打ち出すという強い姿勢に出たわけだ。暴動の原因が、第六節で言及するごとく、総督の任命した役人の失策にあることを諸史料は認めていながら、レシデンシアの告発状では暴動の最終的責任への指摘がないことから、暴動発生の要因をコルクエラの華人政策と結びつけてスペイン人社会は考えていなかったと言える。レシデンシアで華人への重税が全く問題とされなかったわけではないが、暴動とは関係づけられない。

第四はマニラ市を囲む壕の増強、増築など物理的防衛施設の拡充である。言うまでもなく、外敵や内部の「危険」分子への備えである。

以上を一六〇三年の暴動後のアクーニャを中心とした事後処理と比較すると、華人と大陸の当局に対する対応、評価概念に著しい変化が認められる。アクーニャは大陸の帝国を非常に恐れ、諸島挙げて弁明使を送り出す一方で、暴動終息後、華人への借財返却や華人から保護預かり資産の返却に精励し、言わば「誠実な対応」を前面に出して、華人にある種の敬意を示した。これに対して、報告書の論調を見る限りでは、コルクエラには華人と大陸の帝国への畏怖はほとんど認められない。膨大な華人を入島させ、種々の課税を行い、財源として苛斂誅求する姿勢で臨みながら、一方で非常に少数の首都守備隊しか配置しない。入手できる史料に拠る限りでは、暴動に対する予知も警戒感もほぼ皆無、彼らが暴動を起こし得る危険をほとんど想定していない。この二つは一脈通じ、一つのことの表裏と言えるかも知れない。換言すれば、どのような扱いを受けても華人は来島し、諸島に居留する意志を持つ、それゆえに政庁のどんな要求にも最終的には対応すると確信していたようにも見える。華人に対する評価の更なる転回を見てとるべきであろうか。

## 五　計画性の有無

使える史料の種類が少ないので確実なことは言えないが、手持ちの史料からは以下の点が指摘可能である。全体的な論調としては、①華人はスペイン人に反乱をくわだてる、あるいは統治権を奪うなどの気持ちを持たない、②社会の中で平穏に働き、働けば金を得ることができるという生活を華人は守る意志があり、争乱は利益にならないと理解していると一般に認められている、③カランバが入植者にとって過酷な環境である一方で、監督者モラが常識の欠片もない苛斂誅求を行ったので、華人は止むを得ず立ち上がったという事情を総督近辺も認めている。計画性を時として肯定する文言を記す Relación anónima も、彼らが用意し得た武器や戦術の稚拙さなどの状況証拠から、後述するようにカランバでの抑圧に耐えかねて「突発的」に暴動を起こしたとの結論に傾いている。

他方、数的圧力[87]、文明力、旺盛な生活力、強い上昇志向にスペイン人が目を向ける時、それは彼らの反抗心、あるいは暴動への下心として語られる。彼らが自分たちの不利を有利な状況に変える希代の戦略を持ち、天賦の聡明さ、勤勉さは自分たちに勝ると心底畏れたからだ。スペイン人の警戒感は、彼らの本質に向けられた時、もっとも鋭くなる。たとえば Relación anónima は常に冷静に物事を分析しているにもかかわらず、時々感情を露わにする。華人は自分たちが二万六〇〇〇人以上であり、それに対してスペイン人が集められるのはせいぜい三〇〇〇人程度であることを知っていて、華人はこの臨戦地では自分が主人であると堅く信じている、と思わず語る。(88) こうした言葉は、この時期のスペイン人にも華人に対する絶えざる疑惑と警戒感があったことを示す。結局一六〇三年当時と差があるように見えても、一皮めくれば同じ恐怖感情がどっしりと横たわることに基本的変化はない。それが華人に対する政策が一貫性を欠く理由であることは、第六章でも述べたとおりである。

他方、計画性を疑うスペイン人の「勘」は全て妄想であったのだろうか。前回の暴動では諸島在の華人が大陸の帝国と連携してスペイン人を挟み打ちにする意図があると政庁側は言い立てていたが、『明実録』などの明朝側の史料に基づいて、事態を合理性という観点で整理すると、明国が暴動事件に武力をもって介入する意志や、諸島からスペイン人を追い出すなどの意図を有した可能性は極めて薄いと結論した。

第一次暴動を分析した項でも述べたように、銀貨を中華大陸近くまで遠路運んで来る、その銀貨を大陸が生産する大量のシルクと交換する、諸島内の交易と生産の多くを華人に委ね、彼らに気前よく銀貨を差し出すスペイン人を諸島から追い出してしまったならば、華人が失うものは非常に多く、得るものはほとんどない。さらにこの交易から上がる利益を大陸側窓口の官民が吸い上げる構造がある限り、たとえ中央政府が諸島侵略の意志を持ったとしても、様々な口実で福建等の地方政府がそれを妨げたとさえ考えられる。つまり、マニラという位置と銀貨を持つスペイン人の価値を知っている者ほど、諸島からスペイン人を追い出すことが自己の利益に反することを認識していたであろう。そこをスペイン人は看取し、華人は決して諸島から退去しない、決して来航を止めない、決して彼らの財産を危険に晒さないという確信のようなものが出来上がっていたと、換言できるかも知れない。少なくともコルクエラの強気の徴税姿勢、マニラの防衛体制にはその確信があるように見える。

他方、スペイン人と華人の間には既に敢えて破壊できない関係が幾層にも出来上がっている。華人なしには諸島の日常生活は成立せず、アメリカから送られる銀貨も宝の持ち腐れとなるのであり、華人が自分たちにとり危険な存在と考えても、追放するほどのことはできないのである。

今回も本土からの援軍を華人は期待しているとスペイン人が疑っていたことを示す記述は見られる。では今回も大陸の帝国は自国外侵略の意図を持たなかった、と言い切ることができるであろうか。いつとは時期を限定することなく、大陸の帝国や華人には諸島を植民化する意図が全くなかったとは言えないと指摘する華僑研究者もいる。(89) 更に、『明実録』の中にも、呂宋を困らせるのは極めて容易とした勇ましい文言が見られないわけではないが、(90) 既に華南は明清交替の戦場となっていた。以上の意味で、大陸の帝国が計画的に諸島を侵略する意図が成立する状況にはなかったと言える。

だが、見方を変えると、明朝という王朝が国の統一支配に強い意志を持っていた時期には、部分の無秩序が全体に広がるのを恐れて、部分の暴走を抑止する力が働いた。だが本土混乱期には私的な切り取り合戦が起き、むしろ諸島が簒奪される危険は増していたと言える。具体的には巨大海賊の跋扈であり侵攻計画である。この時期の政庁側が諸島にとり危険な実体として言及するのも個人勢力、即ち海賊が諸島奪取に動くという噂である。諸島居住の華人が外部と連携して、「蜂起・反乱」を計画していると言い立てる時、提携相手は最早大陸の帝国ではなく、諸島近辺を遊弋する海賊である。同時期流れていた代表的な話は五点ある。

第一例は Relación verdadera およびモンファルコンが言及するものだ。即ち大陸の海岸を荒らしている海賊イクアン・サングルス某と示し合わせて、一六三九年のクリスマス前夜の土曜日に蜂起し、スペイン人を殺害する計画があったというものだ。(91) この日は裏切りには絶好の機会で、クリスマス前夜の寸劇を見にスペイン人が集まるところを、祝祭に駆けつけた風を装って城内に入り、隠れて一夜を過ごし、クリスマスの朝一斉にスペイン人を襲う計画である。一六〇三年の暴動も祝日の前夜に起きている。話の信憑性を手持ちの史料では確認できないが、祝日前夜が暴動決起日だったとされる話が多いのは、祝祭に現を抜かした翌朝の自らの姿を思い浮かべると、その時が最も危険と認識していたことが背景にあるのではないだろうか。Robledo 版が言及する話は、プロットが類似する点で同じ噂と考えるべきかも知れないが、時期が一六三九年の復活祭とされる点で、現実の事件とは前後関係がかなり異なる。

第二例はカビーテ港での華人虐殺の後、囁かれたものである。即ち、カビーテにおける十二月初旬の華人大虐殺は、結果的には正しかったとするものだ。なぜなら、正に虐殺当夜に決起する計画があったのであり、計画では村全体に火を放ち、スペイン人の家屋を類焼に任せて焼き払い、スペイン人殺害を企図したというものだ。その証拠として、裕福な改宗華人の家から多くの旗ものが発見されたと Relación anónima は伝える。(92) 同計画は進行中の暴動とはむしろ無関係で、前年マニラで捕縛、拷問に掛けられた華人海賊の報復行為と解釈されている。(93) Robledo 版の話と部分的には共通する。

第三例は和平交渉の中で、華人無差別殺戮を総督が命じたことを華人が非難した際、捕虜にした華人から外部と組んだ反乱計画を聞き出したからその処置をとったと総督は反論している。(94) これが第一例と同一の可能性はある。

第四例は事件後の記録だが、大陸の元マンダリンが、彼と親しい海賊がスペイン人に殺害されたことを恨み、諸島を個人的に略取する計画を立てたとするもので、第二例と共通する部分がある。(95)

第五例は一六四二年付のモンファルコン報告書に現れるもので、カランバでの入植地に不満を持つ華人が、別個にくわだてられていた諸島全体に及ぶ暴動計画に合流したというものだ。(96)

風評、観察、自らの華人に対する抑圧的行動への自覚、スペイン人と華人人口の極端な不均衡、こうしたものがスペイン人の心中で混合され、多勢な華人が突如自分たちに立ち向かってくればどうなるのかという恐怖を掻き立てられ、カビーテでの虐殺のような結果に立ち至った面は否定できない。予防的虐殺の正当性に疑念を挟み、しかも予防的虐殺の対象としてカトリック華人まで含むという、そんな現実には目を背けたいと Relación anónima は記述しつつ、他方で虐殺を決行したのはむしろ神の恵みであったと語る矛盾に陥る。無辜の華人殺戮に対する呵責の念を、反乱計画があったとする話で、無意識であれ希釈しようとする感情の存在は否定できない。海賊が跋扈するこの時期、こういう噂は常に流れていたであろうから、むしろそうした噂と暴動・虐殺を結びつけたと言うべきかも知れない。

そして、諸島外の勢力が関与する噂が出る背景は、僅かだが明国側史料で確認できる。『明実録』一六三一年一月二日の項では、明朝が福建に再び海禁を施いたことで、土地がない同地方では、生活苦から海賊になるものが逆に増加していると述べており、この海域が海賊の猖獗を極める時代に向かっていることを認めている。[97] 一方、台湾をその手に収めた鄭成功が諸島を狙い、諸島居住の華人と通じて第三次の暴動（一六六二年）となったことは、これら噂が現実味を持つことを示すと言え、一六〇三年の政庁の恐怖よりはむしろ根拠があるものと言わねばならない。

では、今回の暴動がこうした動きとどの程度連携していたのか、以上の状況を基に以下のように推し測ることは可能ではないだろうか。即ち、カランバでの暴動そのものには当然小さな謀議は存在した。しかし、これが多くの地域に広がることを最初から計画していた、あるいは何らかの勢力と連携し、それを頼みに立ち上がったものではない。即ち現実に多くの者が暴動に加わり、特にバイ湖の周囲を移動したが、その移動には秩序も戦略も見てとれず、武器の種類と質は相変わらず乏しい。また海上からの支援に関する報告も現在のところ皆無である。ある意味、コルクエラが失政を問われかねない意味を持つ暴動であることや、武勇を喧伝したい彼の立場を考えれば、外部勢力と組んだ侵略に立ち向かったとする方が、コルクエラには都合が良いはずである。しかし、そうした面をコルクエラ寄りとする報告書がほとんど言い立てないことは、暴動が外部勢力と連携している認識はなかったと判断させる有力な材料となる。また既述のように、暴動側の集結・運動は生き延びる手段の調達、仲間との関係維持、政庁軍から身を守ることが主目的であったと見る方が現実的である。

他方で、諸島の混乱に乗じようとする勢力があったことも事実であり、彼らの方ではこの混乱を好機と見ていた可能性は否定できない。

## 六　原　因

今回の暴動は、前回とは異なり、暴動発生の時点が非常に明快で、直接原因に関して当時の諸史料は一致している。また、アクーニャが無辜の華人を軍事行動に巻き込まぬように、また彼らの資産の扱い等では法的正当性を維持しようと苦しんだのに対して、書簡から見る限りではコルクエラにはそうした配慮もしくは苦悩は認められない。むしろ積極的に華人殲滅に有効な手段を勘案していたと言える。それは両者の性格の違いに起因するところもさることながら、暴動発生の状況だけを見れば、明らかに華人が先鞭をつけたと見えるからである。しかしながら、諸島全体に暴動が広がり、これほど長く続いた背景のひとつには、ディアスが指摘するように、華人が自分たちの勝利でこの争いを収めぬ限りは、政庁による過剰な報復、厳罰のみが待っているという深い絶望感、政庁に対する強い不信感があったと言えよう。[98] そうした絶望感は日頃の政庁の彼らに対する対応から培われたものと考えられるが、本節では暴動発生の原因を近因と遠因に分けて検討していきたい。

## 1　近　因

一言で言うならば、内政、特に対華人政策の失敗である。以下三点を指摘できよう。

第一に、史資料が一致して語る事件の直接的発端は、カランバ入植地での華人の絶望であり、同地を統括したアルカルデ・マヨールのモラの苛斂誅求である。[99] コルクエラに近い Relación verdadera は、誠に簡潔に「モラが口銭を迫り、農業従事者たちに余りに過酷な扱いをしたことが、華人たちが反乱を起こす原因となった」と述べる。つまり入植地管理を任されたモラの統治能力欠如、具体的には倫理観および、華人の性向・資質への洞察力の欠如である。華人から賄賂を取り立てながら、賄賂に効き目があることを華人に示さず、疲弊させ絶望に導いたことだ。

カランバは広大な平原で、ここにコルクエラが目をつけたことは誤りではなかった。十八世紀初めの三十年ほどをマニラに生きたディアスは、カランバを目に遮るものとてない広大な田畑であり、最も豊饒なるゆえにマニラの食糧庫、六〇〇〇人の華人が農耕する地域だと述べている。[100] だが開墾当時は沼沢が広がる瘴癘地であり、入植初年度の一六三九年、二〇〇〇〇人前後から、僅か半年余りで三〇〇〇人以上の死者が出たという。一五%以上の死亡率である。病の蔓延から労働力は不足し、現金化するための収穫が期待できない中で、一人当たり二五ペソの年貢納入期限が迫っていた。支払えない状況は明らかだったが、監督官モラは一切の妥協や考慮を拒否し、額面どおりの金額を要求した[101]。以上が事態発生の直接原因だとする点では諸史料は一致する。彼をこの職務に任命し、華人の怨嗟が発火点に達するまで気がつかない、あるいは無視したのはコルクエラの監督責任でもある[102]。

第二に、この入植には最初から問題があり、それが底流に燻っていた。入植者徴用の方法である。華人社会に二〇〇〇人の入植者を揃えるよう求めたが集まらず、籤引きで該当者を選び出したと、内田氏は Robledo 版から推測している[103]。不運の籤を引いた者は「カトリック信徒、異教徒を問わず[104]」、「信徒既婚のサングレイ、そして異教徒華人に家や土地を放置して来るよう」に総督が命じた、とモンファルコンは伝える[105]。信徒既婚華人の多くは現地女性と結婚して、農漁業従事者が多いと考えられるが、異教徒と記される華人には、商売に従事した者、大陸からの短期出稼ぎ者も混じる可能性が高い。

華人は自己のアイデンティティーを職業に置く傾向は薄く、社会的上昇への単なる手段と見ることは既に第六章で言及した。その意味で彼らが好む仕事と忌諱する仕事があった。前者は、大小様々な商売である。恐らく自己の才覚を的確に発揮でき、即利益となって自己に還元されるからであろう。そうした才覚に自信がない者が就く仕事に農漁業等があり、誰もが非常に忌諱するのは生命を直接危険に晒す仕事である。こう考えると、入植を強制された上、病者・死者が続出するのを、華人がどれほど否定的な気持ちで眺めたかが窺い知れる。

華人の意志に反した徴用が悲劇的な結果を招いたのはこれが最初ではない。既に諸島のスペイン人でさえ忘れていたかも知れないが、一五九三年の総督ダスマリーニャス殺害である。ガレーラ船漕手に徴用された華人が自分たちの境遇にどれほど絶望し、恨みに思ったかは、第六章で『東西洋考』を引いて明らかにした。カランバでは、多くが元来好まぬ仕事に突如徴用されたこと、既婚者は家族や土地から切り離されていたこと、何よりも死者、病者が大量に出る土地柄に生命の危険を強く感じ、彼らの忍耐が限界に達したのであろう。

諸島の食料輸入依存体制、それによる銀貨流失を食い止めるために、何事にも工夫があり、器用で壮強な華人を開墾に携わらせる案は誰もが考えるところであった。史料に残る限りでは、具体的提言を最初に行ったのはマニラ大司教（一六二三年）[106]、その後タボラ総督が農業生産性向上に華人を活用する提案を行っている。総督の目的は、諸島がメキシコと華人搬入物へ過大に依存する体質の改善、諸島の王会計を黒字化することであったが、他にも造船では木材の豊富なカンボジアで竣工を手掛けるなど思い切った策をとった。[107]要塞や橋梁建設などでは、華人の指導者と「相談」の上、彼らの醵金で資金を捻出、完成させていた実績がある。このことは二つのことを物語る。①華人は金銭的貢献に対しては、許容度がかなり大きいこと、②このように企画・実行力があったタボラの統治期間は五年余りで、決して短くはないが、彼にしても華人を使う開墾事業を提案しながら実際に始めるには至っていない。何がその理由にあるのか現在のところ不明であるが、おそらく最大の問題は人集めにあったのではないか。華人、特に非改宗の華人はどう考えてもスペイン王の臣下ではなく、法的強制力がないことが、この進捗に関係していたであろう。それを強制徴用で一挙に実現したところに明らかな無理がある。

第三、この入植は強制されたものである上に、年間二五ペソという年貢支払いが付いていた。華人の声が全く記録されないので、彼らがこの額自体をどのように考えていたかは不明である。まず、二五ペソという額をどう考えるべきであろうか。修道会、特に史料に名前が挙がるのはイエズス会であるが、彼らの所有地で小作に就く華人の場合、二〇ペソ程度を年貢として徴収される他に、鶏などの物納を求められている。従って、この金額自体は「相場内」と言えるかも知れない。ただ、モンファルコンは、暴動の原因の一つに華人に掛けられた税を数え、税の総額を考えるべきだと指摘する。つまり、華人が徴収されるのはこの小作料だけではなく、他にも税支払いがあり、他方、徴収人は、予め決められた額を集金できない時、徴収額の帳尻を合わせるために、同一の華人から複数回取り立て、彼らを追いつめていた、と言う。[108]当時非改宗華人に課された税額は法的には八ペソ五レアルであり、大マニラ圏を離れる者には一一レアル追加課税があった。[109] この税がカランバ等への強制入植者にも課せられたとするならば、三五ペソ以上の額を一人で支払う者が少なからずいた可能性がある。この金額の軽重を知るには以下の数字が参考になるかも知れない。スペイン人火縄銃兵の給与月額六ペソ、モスケット銃兵八ペソ等々、[110] 非ヨーロッパ系下級船員月額給与一・五〜四ペソ、鉄一ピコ（六四キログラム弱）二ペソ、現地住民の租税一単位（通常成人二名）半ペソである。

正規の課税額にモラが吸い上げ続けた賄賂を加算すると、出費は更に嵩む。だが華人の要求はあくまでもこの年の年貢の軽減であった、と史料は語る。それは、華人が諸島との関係を保って生きる意思の傍証と捉えてよいであろう。この姿勢の華人を絶望に追い込んだとすれば、それは失政と言わざるを得ない。華人は、希望がある限り過酷な環境に非常に良く耐えるが、絶望に対しては見切りが早いという、第六章で引用した宣教師の言葉を思い出すべきだった。

この事態、つまり徴税を強行する背景として重要な状況がある。コルクエラは、マニラへの赴任時にアカプルコでマニラからの荷物が滞貨しているのを見た。またメキシコのアウディエンシアの検査・査定官キロガがガレオン船交易抑圧政策をとるのを知ったことだ。マニラからの貨物を非常に高く評価し、多額の関税を課すやり方である。総督は、これに対抗すべきと考え、一五三七年のガレオン船マニラ解纜を取り止めさせた。これは二重の意味でマニラに重大な打撃を与えた。一つは、スペイン人住民が投資先を失うことである。それは華人に掛け売り代金回収不能を意味した。もう一つは、華人がスペイン人に元手がないことを知っているので一六三八年は来航を控え、それが政庁の税収不足を惹起するという負のサイクルを回転させたことだ。[111] Robledo 版は、暴動の原因としてこの件を重視しており、本件を冒頭において事件を語り始める。[112] いずれもが、王会計・スペイン人・華人の収入を著しく減少させる帰結を招いていた。この作り出された不況は、暴動を惹起する環境や複数の遠因を作り出したと考えられる。

## 2 遠因

コルクエラは意欲に満ちてマニラに着任した。いくつかの「改革」を行ったが、その最大のものが華人を対象とした税を引き上げ、それによって王会計の収入を増加させたことだ。これを国王に報告する彼の一六三六年の報告書は活気に満ちている。(113) その後も華人を標的にした様々な政策を打ち出し、徹底して華人を収入源とした。この方針は彼の統治政策の中心をなし、財政政策では終始大黒柱である。初年度の税収増というこの成功が原体験と言えるのかも知れない。この方針は彼の華人観と密接に関わり合うと考えられる。

ところで、滞留華人から徴収される諸税が、最も安定し、纏まった額の王庫収入源であることは一六二〇年代から指摘されており、実際にこれを前面に押し出したのは総督タボラである。一六〇〇年からこの海域を脅かし始めたオランダとの戦争、南から定期的に諸島を窺うホロ・ミンダナオ勢、諸島の安全保障に必要と考えられた台湾、領有を誇示したモルッカ諸島の島々、これらを実効支配しているという認識はその哨戒活動から生まれたが、それは諸島の王会計に多大な出費を強い、巨額の赤字を恒常的に生んでいた。コルクエラが着任早々王会計を富ませてみせると力んだのにはこの背景があった。軍人の彼が諸島自体の生み出し得る富の開発に関心を示した様子はない。メキシコから持ち込まれる銀貨の「増幅装置」であった対日交易も断絶していた。ネットワークと敏捷性を要するカントリー・トレードに精を出す個人はいても、政庁としてこれに関心を示したタボラは例外である。結局、来航する華人商人、および出稼ぎの華人に掛ける滞留免許税と彼らの搬入品への関税が最も安定した収入源となることに、彼はひたすら頼った。この実態を反映していると考えられるのが、同時期の統治文書類に華人に言及する文書、華人の滞留許可証を巡る文書が多いことである。(114) 華人滞留許可証発行数(115)とその値上げ、(116) 華人の醵出金は主たるテーマである。華人人口の増加で、トンド地区の華人を地区内パリアンから分離させ、新たな共同体とし、その共同体にも政庁への醵出基金を作る命令、(117) パッシグの小さな川中島に黒人が住みつき、イエズス会が司牧を始めたが、そこに一定数の華人が居住すること、(118) 市の要塞化に華人から醵金を募り、七万六七六五ペソ（一六三七年）の収入を得たこと、(119) 華人の滞留許可証価格を一一レアル引き上げたこと、(120) キアポの村に住む改宗華人を労働提供と賦役から解放するインディアス法の命令、(121) これらの案件をインディアス枢機会議とやり取りする書簡が残る。その実績の一つが非改宗華人からの税収の増加で、一六三六年の時点で一二万ペソ、一六三八年、三九年には華人二・五〜三万人を捕捉し、この収入が二三万ペソ以上に上ったというものだ[122]。

モンファルコンやその他コルクエラを批判する人々は、この徴税が暴動の根底にあるとして、彼の課税強化政策を批判する。彼の対華人課税を徹底して批判するのは、アウディエンシアの検察官セバスティアン・カバジェロの一六四四年の文書である[123]。これはコルクエラのレシデンシアにも用いられたのではないかとも推測され、二二項にわたってコルクエラの課税政策を批判する[124]。論点は、①彼には新税創設の法的権限はないのに次々と新税を課した、②醵金であれば許されても、課税では、貧者にも一律負担を負わせるので、不正である、③彼の華人への課税政策は諸島に損害を与えた、の三点にある。②と③が惹起した具体的損害とは以下である。

ⓐ 諸島における主たる農業労働者は華人であるが、彼らは一〇ペソという大金が課されることで、自由に働きに来て、土地を耕作することができなくなった。法律は農民に利益と特権を寛大に許しているのに、この課税が原因となって、華人農民が来航せず、土地は肥沃であるにもかかわらず、米という主要食糧を欠くことになった。漁業従事者や他の仕事に関しても同様である。

ⓑ 就労のため来島する華人は、故国から一レアルさえも携行しない。一般滞留税一〇ペソ、要塞化税一二レアル、その他の免許税を払うには、労賃や販売価格にそれを転嫁させる必要があり、これが原因となって物価の全てが高騰した[125]。

以上の二点に加えて、「彼らに更なる課税を行い、彼らに障碍を作るならば〔我々は〕リスクを背負い込む。かくも広範囲で、多くの厳しい取り立てや割当金を課して彼らを抑圧すると、いかに彼らがこの諸島との交易から上げている利益が大きくとも、来航を止めてしまう」とカバジェロは言う。

だが、全てが事実でない。現にコルクエラが重税を掛けても彼らは来航した。彼の統治期間中、来航船数が劇的に減るのは、政策的にアカプルコ行き航海が停止された一六三七年、暴動後の四〇年、大陸の自然条件の良くなかった四一年、四四年である。従って、重税が華人の来航意欲を削ぐという議論は、彼らが到来するかどうかという点を尺度とすれば、必ずしも正鵠を得ていない。来航を左右するのは、商売が可能かどうかであり、華人・大陸側の政治・自然条件である点は、この時期も変わりなさそうである。コルクエラへの批判には、華人の身の上、来航者数の減少への懸念を表明する文言はあるものの、批判の中心論点は課税の法的手続きにあり、その真意は、華人への課税強化分が労賃や物価に転嫁されて物価が高騰し、更にはスペイン人が従来私的に華人から巻き上げていた賄賂が免許税化で途絶える、ないしは減少したことへの恨み、もしくは逆恨みにあることが語るに落ちて明らかになる。

結局、重税自体に華人が耐えると判断したコルクエラの目は正しかったことになる。ただし、暴動が全島に広がる背景として、重税、正確には税金が新設されて、支払うべき総和が増加していることが華人を集結させる力になっていたことは否定できないであろう。むしろその意味では、上記の批判とは逆に、醵金の方が裕福な華人に影響を与えるだけにことは深刻であったと言えるかも知れない。ガレオン船来港が中断した翌年、大変多くの戦艦や戦争準備の多額の経費を王会計で満たすことができないことは明らかで、マニラにある銀貨が華人の商売が求めるよりも少ないことを知ると、現在醵出している以上の負担を負わされるだろうという不満が華人に起きたという指摘がある。(126) ホロ等の遠征がこれに先立つ二年間で行われており、既述のごとく、戦果がコルクエラの言うほどではないことが事実ならば、それは戦利品という収入がないことを意味し、遠征は財政的にも失敗である。同じ時期にガレオン交易が失敗していることを考えれば、この時期の戦費調達は何から行われたのであろうか。一度の遠征でも戦費は巨額に上る。スペイン人としての市民権を持つ者は九〇人余りいたが、交易不調の中では彼らからの醵金は非現実的である。結局、華人大商人に醵金を求めたであろう状況が強く示唆される。同時に彼らの掛け売り代金の未回収もある。この辺りの事情はスペイン側の史料に基づく限りでは、この交易の支配者はスペイン側であるように見えるが、実は華人側に度重なる醵金に応じうる大きな収益構造があったのではないかと考えさせる状況である。華人商人は多くの局面で損金や醵金を負担している。それでも来航するのは、それらを必要経費と考えた上で上手く商品価格に転嫁し、きちんと利潤が上がる構造に整えられていたからであろう。労働者の個人的立場は確かに弱かったであろうが、大陸においてもそれには変わりなく、富と良い生活を得るチャンスが大陸におけるよりも彼らに多いので来島したと考えるのが最も妥当であろう。この辺りの帳尻が華人の側で合うかどうかが、彼らの交易継続への意欲や来航数と関係するのであろう。

ところで、前回の暴動時には五〇〇人余りの商人が政庁の保護を受けている。アナイ（アンハイ〔安海〕）商人と呼ばれた廈門からの一団のようで、この推測が正しければ大規模商人である。ところが今回そうした集団に言及する文言を史料中に見つけることが困難である。強いてその集団ではないかと推測可能な人々を挙げるとすれば、一〇〇〜二〇〇名ほどの規模で沼地の窪みに隠れていて、助命された一団である。[127]もしこの人々が件の海商集団であるとすると、大幅に減少したことになる。

大規模商人の来航が減少する要因があるとすれば、マニラ側と大陸側、各一点原因とおぼしき事柄を指摘できる。暴動に先立つ三年近くの交易の不調、従ってスペイン人の借金が華人に返済される目処も立たず、購買力としての銀貨が不足しているので、来航を一時的に取り止めていた可能性である。後者としては、海禁政策復活、明清交替期の混乱で直接交易に携わることを止めた大規模商人が少なくない可能性である。いずれにしても、これもスペイン側の政策よりも、銀貨で商売が可能か否か、および大陸側の事情が華人の動きを決定したと見るのが妥当であろう。

同時に、第一次暴動以降の三十余年間に来島・居留する華人の構成階層とその割合に変化の様子が窺えることである。上記のカバジェロの「諸島における主たる農業労働者は華人である」という言葉もこれを裏書きする。これには間違いなく上記の動乱や海禁復活も関係していそうだが、華人が諸島を出稼ぎ先ではなく、移住地として認識していく方向にあった可能性が考えられる。一般的には、海外に関係する華人の主流は、①華商、②華工、③華僑、④華裔へと移行するもので、①から②に主流が移るのは十八世紀の現象だと言われるが[128]、諸島が早くから華人の渡航地になっていたこと、本土から近いこと、銀貨そのものを労賃として受け取ることができるという魅力から、他の地域よりこの移行が百年早く起きていた可能性がある。つまり、商人から、労働者へ華人の主流が移っていると言えるのではないだろうか。その傍証の一つは以下である。

一六一〇年代から二〇年代を通して、フィリピーナス植民地は破滅の危機に瀕していると悲鳴にも似た書簡が総督から本国へしばしば送られているが、実は一六〇〇年代前半は、植民地史全体を通しても最も諸島が繁栄した時期の一つであり、中華大陸との交易が高止まりで安定した時期である。タボラ総督は対漳州交易を非常にうまくいっていると言明し、既に一六三一年にはマニラ市周辺だけで二万四〇〇〇人を超える華人がいると報告している。[129] これを裏付けるのはショーニュの研究である。[130] それは、関税収入が一六一〇年代から上昇を始め、一六三〇年から一六三五年頃に一つのピークのあることを示す。これはタボラの報告文と一致する。モノが動く背後では当然ヒトも動いており、居留華人数が既に高水準に達したこととも符合する。この点を念頭に置いて、コルクエラ時代の華人関係の収入増を考察すると、必ずしも交易が順調でないのに税収が増加するのは、華人来航者や居留者が急増したのではなく、捕捉率と課税対象案件の増加に理由があると言える。そして、交易が低調であるにもかかわらず、華人の捕捉数が増加するのは、課税対象主体が定住性の高い労働者、移住者であることを示すものであろう。

この華人構成の構造変化は、スペイン人に華人や大陸政権に対する意識変化を惹起し、これがコルクエラの対華人観形成に影響を与え、それが対華人政策に影響、暴動の遠因になっている可能性を指摘したい。つまり、①「華人は労働者」とする概念を一般化させた。②華人を労働者に一括分類した上に、その構成員に見られる不良分子の存在から、彼らに対するイメージの低下である。[131] これらはサラサール司教やアクーニャらが示した華人に対する一種の敬意を消滅せしめた要因と考えられる。この状況を反映していると考えられる一六三〇年代の報告文書には、華人に対する敬意を込めた表現を見つけることは難しい。十八世紀初めの約三十年をマニラに生きたディアスは、華人に非常に大きな関心を持ち、彼らの商行為における卓越性を高く評価、全体像をかなり正確に評価していると考えられる文言を残すと同時に、非常に大きな警戒心を露わにし、スペイン人がごく少数になった際を捉えては殺害の機を常に窺う労働者として描いている。他方、それほどの関心を払いながらも華人文化等への言及はほとんどなく、一五八〇年代の「同等の他者」として理解、評価した姿勢とは別物の雰囲気が支配する。また彼は、富裕層華人が無産の同胞に対して非常に冷たいことも指摘している[132]。華人は、一部を除いて「労働者」に位置づけられ、富裕層の華人とも繫がりがない集団と位置づけられたと言えそうだ。

「労働者」と位置づけられた華人への評価低下が、華人人口の増加を何の警戒もなく許容する雰囲気の後ろ支えをしていたと言えるのではないか。この状況は、暴動発生時に三万五〇〇〇人余りが大マニラ圏にいたという数字を採用するならば、かくも大きな華人集団に警戒感を微塵も抱かず、僅か三〇〇名ほどの守備兵しか置いていなかった現実の背景と言える。つまり油断ならない集団だと考えてはいたが、最早完全な他者ではなく、諸島の社会階層の中に取り込まれたと見られていたのではないだろうか。華人の方でも「華人」のゆえに暴動に訴えたのではなく、彼らに著しく苦になる問題があったので、その緩和を求めたに過ぎない。華人にもそれぞれの生き方があったが、華人として一括されたゆえに、華人として行動したのである。それについては次節で述べる。

史料が偏っていることもあるが、心を持った人としての華人に言及する同時期の史料を得るのが難しいのも、この状況を反映したものであろう。コルクエラは、華人を資金源と見なした点ではタボラと同じスタンスだが、対応には決定的な違いがある。あくまでも史料に現れた文言でしかないが、国王への両者の報告文書を比較すると以下二点で最も異なる。①橋梁や城壁の修復などの土木事業や戦費などの費用捻出では、タボラは華人の頭領格と相談の上、醵金を募るという一種の手続きを踏んでいる。諸島で商売するという華人の意欲に目をつけ、彼らと共存共栄を図るという姿勢を見せながら、資金や労働力の提供を受けた。少なくとも彼はそう国王に報告している。しかしながら、コルクエラの場合は、この手続きを全く経ない、あるいは実際は経ていたかも知れないが、国王にそれを報告しない。報告しないということは、その手続きの重要性を認識していない場合の方が蓋然性は高いであろう。政庁内部の意思決定においても独断専行型のコルクエラが、華人の意向は上手く忖度できたとも考え難い。

これを裏付けるとおぼしき報告がある。華人が投降するにあたり非常に緊張したやり取りがあったが、それは、コルクエラが個々の華人の身分状況の違いに留意しない点に、華人が非常に深い不信感を抱いていたからだ、と報告書は言う(133)。Relación anónima は総督の怒りが極度に高じればどのような事態に至るかも知れぬと危惧して、華人を説得にあたったスペイン側の人物の存在を伝える。ディアスは、その人物として、タボラの死後、臨時総督代理を務めたエラッソの名を挙げる(134)。パリアンの火災時に華人が不穏な動きを見せた時、パリアンに乗り込み、彼らに平静を取り戻させた勇気をタボラが国王に称えた人物である。ディアスの言に拠ると、彼は華人と信頼関係を築いており、そのことが険しい状況下、政庁側の行動を保証した。逆に言えば、コルクエラの姿勢が、華人をただただ絶望させていたと言える。重税そのものよりも、華人集団を尊重し、信頼醸成する姿勢を持つか否か、華人が絶望を抱かない関係を持てるかどうかが華人との共存の要諦にあり、それを育てなかったことが遠因にあると言えよう。

## 七　一六〇三年暴動との相違点と背景の変化

第二節〜第四節で考察の必要を指摘しながら、議論を先送りしてきた問題に立ち戻る。即ち、総督の対華人観であり、カトリック華人が「華人」と「カトリック」のどちらに最終的帰属意識を感じるかという問題である。結論を先に言うならば、スペイン人には「カトリックである」か否かが人種や出身に優先すると考えられていたが、コルクエラの中では華人は「華人」としてのアイデンティティーを優先させる人々だとの認識が生まれていた、と言えそうだ。他方、スペイン人社会のルールでは「カトリックである」ことが優先されることに気づき、それに合わせ、期待した華人もいた。相手の社会ルールに双方が多少気づいた点である。

論点は以下にある。コルクエラは暴動中に華人の無差別殺戮を命じた。報告書が「無差別」と言う時、何か追求される科の有無に頓着しないという意味と共に、帝国の大義との関係で「カトリックであるか否かの区別もなく」と読むべきである。後者の意味については、改宗者か否かで社会的扱いに大きな差があったことや、サンティアゴ・デ・ベラ総督らが非常に熱心に改宗事業を応援する立場をとったことを取り上げて考察した。改宗が華人を「他者」から「身内」に変える装置と考えられたのではないかとの点を既に指摘してきた。

コルクエラは十二月五日までに二度の無差別虐殺命令を出し、それが実施されたと報告書に基づいて記述してきたが、ここで重要になるのは、華人暴徒の教会や宣教師死体への破壊・損壊、およびサンタ・クルス地区華人住民の暴動への合流との時間的前後関係である。Relación anónima の記述は不鮮明ではあるが、特にサンタ・クルス地区の改宗華人が暴動に合流する事態の場合、一応この事件が先に起き、それに対してコルクエラが「無差別虐殺」で対応したと読める。しかし、事実は逆で、カトリック華人の政庁への明白な敵対行為よりも、コルクエラの無差別殺戮の方が先んじて行われた可能性はないのであろうか。その場合は、政庁に不文律としてあった流れをコルクエラは覆したことになる。この意味するところは重要と考えられるので、個々に論じていきたい。

まず、第一の場合である。Relación anónima が述べるのに拠れば、サンタ・クルス地区の華人は暴動中の同胞に帰順を説得するために暴動集団との接触許可を総督に求めた。この申し出を行う華人の真意を総督は強く疑念しながら、彼らの行動を許可したという。その理解は、改宗華人は、血縁としての華人同胞に対してよりも「カトリック」教会にまず帰属し、その教会に背くことは大それたことである。カトリック教会の保護者はスペイン政庁側なので、従って彼らがスペイン政庁に反旗を翻すことなどないというものである。サンタ・クルス地区の住民の行いはその法則に則り、暴徒化した華人にスペイン政庁に投降するよう説得するのは当然と見えたが、コルクエラは改宗華人の真意に疑念を持った、と少なくとも記録者は考えたのである。結果は総督の疑念どおりになり、地区住民は政庁側を裏切った、と記録者は主張する。ただし、これには二つのケース、①サンタ・クルス地区の華人指導層は最初から同胞に合流する意図を持っていた、②指導者層の意思に反して末端の華人がなし崩し的に同胞に合流してしまい、結果として両者が合流した、の場合が考えられるが、政庁側にはどちらも同じに見えたであろう。その「事実」から、全ての華人を同一視し、暴動に関わる意志なくスペイン人の家内労働者として城壁内にいる華人およびカビーテ港の、おそらくは政庁の工廠で働いていたであろう華人も「暴徒の一味」として虐殺され、改宗者も除外されなかったという因果関係で描いている。この総督のやり方を生き残った改宗華人が知るに至り、自分たちの改宗や日頃の従順に一切顧慮しない総督のやり方への憤懣を爆発させ、和平交渉で相互信頼を醸成するのに苦労した。そして暴動の中で目立った行動は、教会やその中の聖像などカトリックを表象するするモノや、聖職者にぶつけることだったとするものである。これが報告書の最も一般的な理解である。

ただ、他の解釈もあり得る。以下である。報告書の書き手、イエズス会士には総督が命じた無差別、予防的殺戮は不当であるとの判断が働いており、彼にその責任が帰されることがないように、一定の配慮を働かせてコトの起こった順序を適宜調整して、有り体に言えば因果関係を逆にして以上を記録した可能性である。つまり、コルクエラは最初から華人を改宗者か否かで区別などしておらず、「華人」である限り政庁にいつ反逆するとも限らぬという姿勢で彼らに臨み、暴動鎮圧のために、華人には「無差別」に殺戮を仕掛けた。これに対して、暴動に加わらない華人、特に華人信徒がコルクエラを首班とする政庁に絶望を深めたとする状況である。その結果が宣教師の死体への損壊であり、信徒が積極的に特にキリスト教を表象するモノ・建物等の破壊を行い、和平交渉では総督への不信感を非常に強く示したという状況が起きた、とする解釈である。この原因と結果の関係では、コルクエラに少なくとも道義的責任がかかるので、前後関係を非常に曖昧にして報告書を認めたという可能性である。この筋書きに立てば、サンタ・クルス地区の華人が暴徒に合流したことや、特に信徒が進んで教会等に破壊行為を向けた状況にも合理的説明がつきやすく、和平交渉で間に立ったイエズス会士が生命の危機を感じるほど厳しい感情を華人からぶつけられたとの報告が非常によく理解でき、真実味が出てくる。いずれの解釈が真実により近いのかは現在入手できる史料では判断不能であるが、この暴動に至るまでのコルクエラの対華人姿勢、一つにはカトリック信徒と非改宗者、定住者と往来者の区別など一切行わず、カランバの開墾地に投入するなどの姿勢から推測すれば、後者の蓋然性はかなり高い。

しかし、第二の状況が事実であったとしても、一概にコルクエラを責めるべきでないかも知れない。ここで思い出されるべきは一七六二年の第五次暴動で、カトリック華人が一つのまとまりとして扱われる程度にまで大きくなっていて、彼らが政庁の予期しなかった行動に出たことである。即ち、この暴動は外敵イギリスがマニラを封鎖し、植民地政庁が一時亡命を余儀なくされたことが契機になったものだが、華人はカトリックも含めて、スペインにとっての外敵イギリス軍と組む行動に出たのである。これは二重の意味で政庁に打撃を与えた。①政庁はカトリック華人を一応は「身内」と認識していたが、華人の方では立場を自己決定し、イギリス軍を支援した。彼らがカトリック帝国を「内側」から窮地に陥れる挙に出ることで、信仰を同じくすることは何も保証しない事実をスペイン人に知らしめた。②華人が手を組んだ相手が、選りに選ってスペインの不倶戴天の敵、帝国にとり最も忌むべき「異端者」であったことだ。事件後、政庁はカトリックも含めた華人を追放対象として事後処理をしており、華人にはカトリックと異教徒の二種類があるのではなく、華人はあくまでも華人であると、政庁に根本的な思考転換を強いた。華人ネットワークの強さ、スペイン帝国の中に住み、帝国の大義たる信仰を共有しながらも帝国を否定する者もいることを植民地社会全体が明白に思い知った事件であった。

コルクエラは任期終了時のレシデンシアで、手酷いしっぺ返しを諸島のスペイン人から受けたほど、人心掌握という点でひどく低い評価しか与えられない人物である。政治的・経営的能力、もしくは調整力は総督の能力として欠くべからざるものである。それには人情の機微を察知する能力も含まれると思うが、それが彼には欠落していたことは明らかである。今次の暴動の原因を考える時、明らかにその点が影響している。しかしながら、戦場での戦の趨勢を読む、あるいは彼我の勢力を即時に読んで戦略を立てる点では非常に優れた能力の持ち主ではないかと、少なくとも報告書の伝えるところと暴動鎮圧という結果から見て判断できそうだ。ただ報告がすべて総督寄りであることに留意は必要であるが。この点に注目すると、以下の推定も可能になる。つまり、和平交渉で、華人の無差別殺戮を華人側から批判された時、彼が「華人と戦いつつ、同じ華人を他方で放置するのは賢明ではない」と回答したことは既に述べた。このことは、カトリック華人が一つの集団を作るようになり、スペイン人側に身を寄せなくとも華人としての帰属意識と両立させて生きていける状況ができており、その現実から生じる彼らの独立的動向をコルクエラが感受し、もはや「安全」ではないと考えて行動した可能性がある。彼らが「カトリック華人」として生き始めていた可能性は否定できない。改宗者やその子孫が多くなれば、スペイン人に擦り寄って、その保護下に入らなくとも生きていけるからである。他方、その中には当然素行のよろしくない者も出てくる。異教徒の華人とカトリック華人の間の区別が不鮮明になってくる。もしそうだとすれば、第一次暴動の植民地社会にはまだ見られなかった現象と言える。このことは地区教会名簿などで洗礼数とともに今後実証していくべき課題である。

言葉を換えれば、改宗者が少ない内は、スペイン側の思い込みと華人の行動はほぼ一致したが、カトリックの人数が大きくなれば、彼らは彼らの意志で動くことも可能になり、当然この「一致」は消散する。すでにこの時点でそうした時期に入りつつあった、と考えるべきではないかと言いたいのである。事実、爾後スペイン人のカトリックへのこだわりが、華人に関してそれほど通用しないことを思い知らされていくことになる。華人の方では、こうしたイデオロギー的な面を従来の彼らの生き方に従って、言わば私的な層へと下げて、その伝統的な生き方に従い始めたということである。この違いは、第I部で扱った、大陸「明」本土に入って庶民の行動を実見したルッジェーリやサンチエスらが非常に衝撃を感じた事態、宗教がヨーロッパ人が考えるところの社会性を持たないという点と一脈を通じる。

華人をカトリックか否かで区別しないコルクエラの華人観は、華人、少なくともカトリック華人に大きな不信感を植え付け、また無差別虐殺の根底にあるものであろう。我々に考察可能な史料がスペイン側の、しかもコルクエラ寄りのものでしかない点は、検証可能な範囲を非常に狭めているが、「カトリック華人」がコルクエラの無差別攻撃に対して非常に大きな怒りを向けたとする Relación anónima の記述に以下の側面を読み取るのは不可能であろうか。もし、この記述が偏りのない現実を述べているとするならば、まだカトリック華人の社会が、その百年後の自己決定に生きた華人カトリック社会までは行き着かず、自らはスペイン人カトリック社会の周辺を形成していると華人の方でも自己認識していた点である。カトリックか否かを最優先するスペイン人の社会通念に従えば、改宗者は徴用や暴動の最中にも特別扱いされてしかるべきだと考えていたが、今次の暴動ではその期待は悉く裏切られ、華人であるということが彼らの運命を決定した。他方、コルクエラは、信徒もまず華人であり、彼らは華人のアイデンティティーをカトリックのそれより優先させるだろうと先を読みすぎ、カトリック華人の期待を裏切ったと言える。歴史を上から俯瞰するならば、一つの進みゆく現実、即ち丁度互いの社会システムの一端を双方がそれとなく気づき始め、相手の行動様式を読もうとした点から逆に齟齬が生じ、この暴動が激化したと言えなくもない。これは冒頭で結論として先に提示した点の背景であると考えられないであろうか。また、カランバからマニラに最初に向かった一団にカトリック華人が含まれていたことは、彼らがスペイン政庁に反旗を翻えすという意味ではなく、むしろ本当に嘆願を目的としていたことを示す事象として捉えてよいのではないだろうか。

こういう状況にあることが明らかになればこそ、更にコルクエラがカランバの状況に少しでも配慮するのが自らの役割と心得、華人の指導者層を活用するなどの意志を持てば、この暴動は防ぎ得た可能性が極めて高い。スペイン統治期前半に起きた暴動の内、前回と今回は外部勢力の関与や介入が認められない暴動であるからだ。人権抑圧、支配と被支配という観点からこれらの歴史を批判的な目で見るならば、帝国を代表する植民地政府、さらに政庁の役人個人が、ニューカマーを酷く抑圧している構図となり、事件自体はスペイン側の史料からでさえ酷いものであったことは明白である。

しかし、もっとマクロな視点に立つならば、華人は自らの幸運を求めて、自らの意志で諸島に来島、居住したと言えよう。政庁は帰国を禁じたわけでもなく、暴動後も移住や交易が途絶したわけではない。つまり、両者は共に他者を必然的に必要とする関係に立ち入ったことで、華人とスペイン人の関係を集団として見る場合、一方が他方に一方的に隷属しているのではない。政治システムや商業システムが異なろうと、双方が自己の満足を得ようとすれば、他者の満足も忖度する必要があり、便宜を図り合い、共存せざるを得なかった。暴動という暴発点に達しはしたが、華人とスペイン人の間の著しい不均衡の中に一つの均衡が出来ており、それが政庁側の警戒感を薄めることとなっていたとも言えることは既に述べた。異なるシステムに両者が依然として属しながら、言わば「戦略的同調・共存」が自然発生的に成立していたと言えよう。この同調がそれなりに機能し始めるためには、相互に全く未知なる者が遭遇して僅か十年ほどの年月を要したに過ぎないという構図も見えてくるのではないか。

他方、帝国のイデオロギーを華人が完全に拒絶したかと言えば、第二次暴動時には既にカトリック華人集団が現れている。モノを介した戦略的共存が成立した後、華人は時間を掛けてカトリックというイデオロギーを彼らの伝統と融和させる形で受容していったと言えよう。今日、華人とその末裔の居住区のカトリック教会の活気と繁栄ぶりには一種の感慨を覚えざるを得ない。

本章冒頭で言及した、内田氏の先行研究との相違点に議論を進めて、本章を締め括りたい。内田氏は、この事件の中にスペイン人にあるスコラ的な傾向を指摘した。すなわち、「神はあらゆる被造物に『本性』もしくは『形相』を与え、それによって被造物は、それらが現在あるところのものを余儀なくされ、彼らに固有のものを求めることを余儀なくされている」との点を挙げて、この観念を持って華人をスペイン人が判断したことがこの暴動の終末を惹起したと結論づける。今次の暴動におけるコルクエラの判断——それはスペイン人に共有された可能性は少なくない——や、事件の二世代後に生きたディアスがこの暴動を詳しく描く筆致において、内田氏の結論が妥当する部分はなくはない。しかしながら、内田氏の指摘は第二次暴動に関して妥当する部分があったとしても、第一次暴動を考察してきた限りでは、第一次暴動にはあたらないと言わねばならない。一六〇三年当時、華人の本性に本質的悪を見る人間がいなかったわけではないとしても、少なくとも政庁は彼らの故国に丁重な外交使節を送り、誠意ある書簡を送るのを見た。さらに改宗者でなくとも華人の中には自らが保護すべき集団があると認識して、暴徒と分けて対応しようとする努力の跡を見た。暴徒を決して華人の本性と関連づけて論じているわけではなかった。互いに利益を守り合うべき他者として、ある種敬意を持って遇する場面もあった。従って、スペイン人の対華人観は最初から神学的思考で固定されていたのではなく、むしろ近辺で惹起される事件や状況が、対華人観の醸成に影響を与えたと見るべきではないであろうか。第I部で見たサラサール司教の例はその最たるものであると言えそうだ。この意味では、ディアスの対華人観が非常に厳しいのは、彼が暴動を経験し、スペイン人と華人の関係が不幸な状況に陥った時期を生きていたことと無関係ではない。スペインは、中世末まではイベリア半島がイスラームに対するフロンティアを演じ、「キリスト教徒であること」を強く意識して歴史を生きてきた。(135) カトリックでの国家統合後は、プロテスタント諸地域との対峙において「カトリック」の守護者としての意識が強いことから、自他を区別するメルクマールを国籍や人種よりも宗教においてきた。その意味でスペインはイデオロギー的ではあるが、ここで示される時系列的な観察に立てば、スペイン政庁の対華人観はもっと現実的な状況に支配されていると見ても良いのではないか。

## 注

(1) 第十一代総督(一六三五?~一六四四年)。ブルガレス生まれ。アルカンタラ騎士団員。コルクエラ子爵の甥と言われる。その経歴については史料がないが、コルクエラ自身が一六五三年に国王宛に書いた覚書(マドリード国立図書館蔵手稿文書、BNM, R/37346)からある程度明らかになる。彼は任期終了後(一六四四年八月十一日)、レシデンシアで禁固五年、二万五〇〇〇ペソの罰金を科せられた。同文書は、刑満了後の帰国時に、自己の潔白を国王に訴えたものであるが、文面は総監時代の強気の文書と比較すると哀れを誘う。同文書によれば、一六一一年からフランドルで、月給八ペソの一兵卒として軍務に就き、一六一七~一六二三年、メディナ・デル・カンポで少尉として軍役を務めた。その後一六二七年まで他所で勤務。その後、オランダがインディアスへ送る予定で建造していた三艦隊八〇隻のガレオン船団偵察の命令を受け、インディアス、および艦隊との関わりが始まった。一六三三年にパナマ総督に任命され、一八カ月勤務したところでフィリピーナス総督を拝命、甥を伴い、一六三五年六月マニラに着任した。彼の在任期間は九年に亘り、当時まででは最も長い。解放後カナリア諸島の総督に就いた。彼以前に、レシデンシアでこれほど過酷な処遇を受けた総督はいない。起訴罪科を見る限りでは、自己の使用人に便宜を図った等の項目以外は、具体的かつ私的な利益収奪や統治上の失策を告発されているわけではない。彼は、托鉢修道会を王権の侵害者として扱い、他方でイエズス会を深く信任、多くの利権・利益を後者に供与したと言われる(AGI, Filipinas 8, r. 3, n. 31, n. 35)。従って前者は明らかに自己の利益を侵害されたと理解し、彼の人間性、能力を極めて厳しく批判する文書を残した。手法に問題はあったものの、彼の政策自体は王会計の収入増加を目途としていた（Cf., De la Costa［1967］, pp. 377–380, pp. 400–402）。他方、彼の使用人が華人の滞留税四〇〇〇ペソを着服していたことなどが告発されている（「総督ファハルド宛勅書［AGI, Filipinas 330, l. 4, f. 125］」）。

（2）通信統制はこの時代の一つの特徴と言え、総督府の中で総督の地位が上昇する反面、アウディエンシアの地位が低下した一六二〇年代末には認められた現象である。少なくとも現在インディアス文書館に保管される限りでは、ニーニョ・デ・タボラの時期には、既に国王やインディアス枢機会議宛報告書簡の差出人に以前の多様性が消え、総督書簡が文書の大半を占めている。たとえば朱印船焼き討ち事件だが、その経緯や解決策、加害者としてのスペイン側の事件処理に言及する文書はすべてタボラのものである。彼の意を体して、交渉事に働いたイエズス会士ペドロ・モレホンでさえ、国王宛やイエズス会本部宛書簡は多く現存するにもかかわらず、この件に一言半句たりとも言及する書簡を残していないと考えられる（参照、平山［二〇〇〇］）。

（3）ここで使用した文書は、マドリード国立図書館に所蔵される手稿文書（“Relación verdadera del levantamiento de los Sangleyes en las Filipinas y de las vitorias que tuvo contra ellos el Governador don Sebastian Hurtado de Corcuera, el año pasado de 1640 y 1641, Madrid”, *Sucesos del año de 1640*［BNM, Ms. 2371］。レタナが編集した史料カタログ（*Estadismo de las Islas Filipinas por el padre Fr. Joaquín Martínez de Zúñiga*, Madrid, 1893）と十九世紀に書かれたフィリピーナス史（*Aparato Bibliográfico*, Manila, 1864）に翻刻されている。しかし、レタナの翻刻には、手稿文書にある一部が脱落している。

（4）パステルスはイエズス会の年次報告の中に置かれた文書としている。Blair & Robertson. はイエズス会士の手になると推測する（vol. 29, p. 16）。報告書は、概ね暴動の全容を語り、比較的公平な視点を持つと判断される。ただし、当時イエズス会士は、コルクエラから特別な愛顧を受けており、彼の数少ない側近の役割を果たしていた点を忘れてはならない。

（5）内田晶子「一六三九年のマニラにおける中国人暴動」『お茶の水史学』第一八号、一九七四年、一―一四頁。

（6）こうした報告書簡執筆における著しい観点の相違は、この時期には他の案件にも認められる。たとえば、暴動前に行われたホロ島遠征に関して、総督は大成功だと語り、インディアス枢機会議は、同報告に基づき、国王にその旨を伝える。他方、おそらくは通信統制をすり抜けて極秘裏に送られたと考えられるマニラ大司教ゲレロの書簡は、現実には総督が報告するような成果はなく、兵は疲弊してマニラに戻ったが、ホロ島の方ではそれほどの痛手を被っておらず、総督は事実を歪曲していると語る（Isacio Rodriguez, *Historia de la Provincia Agustiniana del Smo. Nombre de Jesús de Filipinas*, vol. II, Valladolid, 1984, p. 186）。因みに両者は仇敵関係にあった。彼の側近的存在のイエズス会士もホロ遠征を「無駄だった」との記録を残している（De la Costa［1967］, pp. 388–389）。

（7）内田［一九七四］、一四頁。

（8）内田氏は、Relación anónima はコルクエラに批判的な立場から執筆されたと見ているが、本稿は、パステルスが筆者をイエズス会士とする説に与する一方で、事実を述べようとする意志の中で、総督に批判的な言葉を使いもするが、基本的にはコルクエラを支持する姿勢を維持すると判断した。

（9）「マニラ大司教宛勅書、一六四二年十月二十四日付（AGI, Filipinas 330, n. 187）」。

（10）Díaz［1890］. 特に四〇二―四三〇頁。

（11）内田［一九七四］、三頁。張維華［一九八二］、八三頁。

（12）クラーク・アレハンドロ（アテネオ大学〔フィリピン〕）は、漳州府に記録が残らないのは、今次の暴動で華人の多くが死亡もしくは諸島を離れ、爾後来島する華人の出身地が、漳州から泉州に変わったからだと言う。今後検討に値する提言である。

（13）内田［一九七四］、一―二頁。

（14）正確には、バイ湖南岸、カランバ村に隣接した入植地。一六三九年一月に開設（内田［一九七四］、二―三頁［(Robledo 版)］）。

（15）デ・ラ・コスタによれば、二名の聖職者が殺害された（De la Costa［1967］, p. 390）。またディアスは、殺しただけでは満足できず、死体を切り刻んだと言う（Díaz［1890］, p. 404）。

（16）ディアスは、華人のことを本性が残酷で、金銭で周囲の状況を変えることでは誰にも勝り、また非常に金銭にこだわる人々として描く。これは十八世紀初頭のスペイン人の一般的な華人理解を反映している可能性があるが、その意味では一六〇三年と比べると、この一世代間に華人に対する感情は悪化している傾向が看取できる。華人はモラを殺害したことで、政庁が必ず自分たちに罰を下す、しかも下手人であるかどうかに関わりなく処罰を下すだろうと絶望して、多くが暴動に参加したという（*Ibidem*, p. 404, pp. 431-432）。

（17）暴動発生の知らせは二十日、市中と周辺地域に大砲二発で知らされた。一六四二年、国王から謝意が下ったのは、スペイン人側の損害を低く抑えるために周到な指揮を執ったと強調した（Pastells, t. IX, p. CCLI）点を評価されたのだろう。

（18）Robledo 版では、カタナと火器が挙がる（内田［一九七四］、五頁）。

（19）入植者は約一五〇〇～二〇〇〇人、既に死者、病人が多数出ているから、行動可能な人数はもっと少ないはずである。集団が三〇〇〇人と言うのは、誇張か、途中で他所の華人が合流したかであろう。

（20）「イエズス会年次報告書一六三九―一六四〇年（Pastells, t. IX, p. CCXLIII）」。

（21）現地住民部隊についてはRobledo 版が詳しい。パンパンゴ族には部族内に指揮者がいた模様だが、アウグスチノ会レコレクト派の修道士が指揮している部隊もある。総勢約四〇〇〇、火器・火縄銃合計五〇〇があったと言う（内田［一九七四］、五―六頁）。

(22) 日本人は他のグループと混在していたという説、一〇〇人程度で一個隊として日本人司祭に率いられていたという説(Díaz [1890], p. 409; Relación verdadera, f. 602v)、五〇人の部隊で、日本人ドン・イアン・マンソが指揮していたとの説がある。日本人は二三人以上の戦死者を出したとディアスは言う(Díaz [1890], p. 409)。Relación verdadera に拠れば一カ所で二四人以上の死者を出している(f. 602)。

(23) イエズス会士は「三〇〇〇人以上」とする(Pastells, t. VIII, p. CCXLV)。

(24) モンファルコンは、一六三五年の国王宛報告書で、テルナテ方面守備隊に出ている者も含めて、諸島に属するスペイン人を三三三八人とする(Pastells, t. VIII, p. CCLXVIII)。Relación anónima はマニラで動員可能な兵力を二八八人と言うが、実人数はもっと少ない。この差は、一つにはマニラ・ガレオン便の途絶で、先立つ四年間、兵の補給が円滑に行われていない一方で、ホロ島遠征等、軍事行動がこの時期絶え間なく行われて、消耗が大きかったことから、名簿上の人数(補充は記録されても、死亡者を削除していない)と実際に兵役に就けた人数の違いにあると考えられる。

(25) ディアスは、この命令はカビーテのみならず、地方全域を対象としていたと言う(Díaz [1890], p. 413)。Relación verdadera は、「マニラにいる限りのすべての華人を聴訴官ディエゴ・デ・リベラが探し出して首を切った」と伝える(f. 602v)。

(26) 大して重要でないことでも、コルクエラの意に反すれば、理由を考慮せず過大な罰を科すなどの報告があり(「国王宛モンファルコン書簡、一六四一年五月十一日付[AGI, Filipinas 28, n. 11]」)、特に暴動中は、その指揮権に逆らえなかったであろう。

(27) Relación anónima は、わざわざ「私は誰の命令に拠るのか知らないが」と明記する(p. 221)。華人であること以外、何ら罪科がない者の予防的殺戮は、法律上問題がある、とこの報告者には理解されていたと考えられる。ディアスは、総督がこの命令を出したと明言する(Díaz [1890], p. 412)。Relación verdaderani に関しては本章注(25)を参照。

(28) それでもスペイン人は多くの華人を隠したという。「至る所に彼らの叫びや泣き声が聞こえ、こんな危機の最中にも同情の自然な感情を呼び起こした」(Relación anónima, p. 222)。

(29) この命令にはスペイン人も狼狽えたと、イエズス会士は述べる(*Ibidem*, p. 224)。

(30) 諸修道院から司祭を呼び、信徒には告解、非改宗者には洗礼の秘蹟を授けて、死の準備をさせた点を、イエズス会士は賞賛している(*Loc. cit.*)。改宗者も一切顧慮されず、華人であるがゆえに殺害されたことがここでも明らかになる。

(31) デ・ラ・コスタは「銃殺」と述べる。武器弾薬の節約が至上命題であった点を考えれば、「斬首」に妥当性がある。

(32) ディアスに拠れば、出ていった者が二度と戻らないことから、華人は虐殺に気づいた(Díaz [1890], p. 413)。他方、イエズス会士は、華人が絶対肌身から離すはずのない巾着をスペイン人が持っているのに順番待ちの華人が気づき、呼び出しは殺害のためと気づいたと言う（Relación anónima, p. 224）。

（33）前掲書。他に Juan Ferrando, *História de los PP. Dominicos en las Filipinas y en sus misiones del Japón....* t. 1, Madrid, 1870, pp. 416–419.

（34）Díaz［1890］, p. 413. Relación verdadera はこの件に一切言及しない。

（35）この修羅場を生き延びたのは、この事件をマニラに伝えた二〜三人のみだと言う（Relación anónima, p. 226）。

（36）Díaz［1890］, p. 410.

（37）タボラと共に諸島に着任し、彼に仕えた将軍である。一六二八年一月に起きたマニラ大火の際に華人が不穏な動きを見せたが、彼は自らパリアン内に入り、事態の収拾を図った点に特に言及して、タボラはその勇気と有能さを称える書簡を国王に宛てた（Colín-Pastells., t. I, p. 235）。

（38）その数は、報告書によってかなり異なる。Relación anónima は少数と示唆するが（p. 217）、Relación verdadera は一万五〇〇〇人と言い、ディアスは六〇〇〇人と言う（p. 409）。

（39）Relación anónima, pp. 216–217. ディアスに拠れば、サンタ・クルス地区の華人はコルクエラ自身を人質にしようとしていた。またモーロ人地域（ミンダナオ方面であろう）から伝令のためにマニラに上ってきた兵もスペイン人の分遣隊と共に送られた（Díaz［1890］, p. 423）。

（40）Relación anónima, p. 219.

（41）Relación anónima に拠れば、「暴動側に以前よりも多くの人間が集まったのを見て、思い切って攻撃を仕掛けた」（pp. 216–219）。ディアスは、パリアンに火を放ったのは総督側で、スペイン人がこの宝の山を気にしている限り、戦いに専念できないので、その未練を断つためであったとも言う。そして、二〜三時間で焼け落ち、石の柱のみが残った。不動産はスペイン側の財産。市の資産三〇〇〇ペソ、個人資産八万ペソ以上が消失したという（Díaz［1890］, p. 412）。

（42）総督はスペイン人以外、日本人などは全住民登録させ、配置につかせた（Relación verdadera, f. 602v）。

（43）アウグスチノ会管区長は、華人集団の渡河が予測される地点で隊長として警戒にあたった。彼に従った他の托鉢修道会の修道者を含め全員を、一〇日に亘って扶養したという（Rodríguez［1984］, p. 174）。

（44）焼死、火炎から逃れてスペイン人の刃に斃れる、あるいは川に飛び込み、そこで待ち受けた政庁側の軍に殺害される、更に自死などで大部分の人が亡くなったという（Díaz［1890］, p. 413）。

（45）Relación anónima, p. 236. 総督は十二月二日付で、アウグスチノ会管区長に宛て、大砲鋳造のために修道院の鐘供出を書簡で求めた。暴動拡大か、華人による大砲の奪取などの事態が想像できるが、鐘の供出自体は暴動後も続いた（Rodríguez［1984］, p.

168)。ポルトガル人が日本から閉め出されて、銅の入手先をなくした影響もあるのだろう。

(46) Relación anónima, p. 231, p. 232, p. 234.

(47) Relación verdadera, f. 603.

(48) 一五九一～一五九二年にネグリート族と連携して、政庁に反乱。生き残った者は、複数の地方に強制移住させられた。そのやり方が正当かどうかについて、修道者たちが国王に見解を述べ、行き過ぎのあることを非難する文書が残る（「国王宛修道者書簡、一五九二年一月十九日付［AGI, Filipinas 84, n. 62］」）。

(49) 十二月七日にサンバル族が加わった。アウグスチノ会士が付き添い、サンティアゴ・デ・カステルー大尉が指揮した（Relación anónima, p. 230; Díaz［1890］, p. 415）。

(50) アウグスチノ会士ファン・デ・ソウサは八〇〇人のサンバル族を指揮している。彼らの教区担当司祭である。

(51) ディアスに拠れば、ビノンドックは、神父一名が華人メスティーソと共に守っていた。城壁の中に一六〇人以上のカトリック華人が保護されていたが、総督は彼らが同国人に伝言や信号を送り続けていると理解したので、彼らを予防的にマニラの刑務所で収容するため、マニラに送るよう命じた（Díaz［1890］, pp. 405, 413）。

(52) 日本人部隊が一部隊と言われるのに対し、メスティーソ隊は二部隊（一隊一〇〇人編成）編成された（Relación verdadera, f. 602）。

(53) 彼らが現地住民の方へ自他共に分類する傾向を持つ背景には以下三点が考えられる。①華人では子の社会階層は父親の出身階層に属すると言われるが（斯波［一九九五］、一〇七頁）、母系的な現地住民社会の影響で、現地住民である母親との紐帯が強い、②父親は、現地住民女性と結婚するには一般論として改宗が必須で、その結果華人社会から離脱を余儀なくされ、むしろ現地住民化で保護されている、③一般論として華人と現地婦人との家庭はカトリックであり、メスティーソはその家庭で育つことで、カトリックの秩序観に関心が向きやすい。

(54) Relación anonima, p. 243.

(55) *Ibidem,* p. 245.

(56) 当初許可しなかったが、結局「陛下の金庫から必要なものを全て整えて、送り出した」と報告する（Relación verdadera, f. 603）。これは政庁が把握した一団に過ぎず、全体の一部とも考えられ、そうなれば、暴動終結までにかなりの数の華人が諸島を脱出した可能性がある。

(57) Relación anónima, p. 247.

| | カビーテ | パンパンガ | ブラカン① | トンド | バイ | パンガシナン | イロコ | マニラ城壁内 |
|---|---|---|---|---|---|---|---|---|
| R. A. | 1,300 | | | | | | | 1,300 |
| R. V. | | | 2,000 | 2,000 戦闘で | | | | |
| Robledo | 1,300 | 1,400 | 300 | | 150 | 180 | | 1,600 |
| Díaz | 1,000＋600 | 1,800 | 500以下② | 300 斬首③ | 200 斬首④ | 500斬首 | 100 虐殺 | |

R. A. は，Relación anónima の略，R. V. は Relación verdadera の略．
①最も華人が多いところ．
②農園労働者である．追い散らされて逃走した．
③この中で暴動が起きたので，他の地域の者と合流できなかった者が斬首された．
④カランバの暴動に同調していたと見られた者を殺害．Relación verdadera に拠れば，他にサンタ・クルス地区からパリアンへ泳いで渡ろうとした華人は4000人死亡．これにも誇張が窺える．マリベレーレスへ渡ろうと，20隻で来て暴動に合流を企図した者の内，650人が殺害された．

(58) *Ibidem*, p. 245.

(59) イエズス会士はオノフレ・エスブリイ。トルトサ生まれ、当時二十八歳。一六四七年、マカオに向かう途次、華人海賊に殺害された。他方、華人指導者を「マンダリン」と呼ぶ史料もあるので、時期を考慮すると、福建の諸生（科挙の最初の試験に合格した者）程度の者、明朝に荷担する読書人等が来島していたことも考えられる。Relación anónima は、この人物を「大胆かつ傲慢、猜疑心が強く、和平交渉には反対を唱えていた」と記す（p. 246）。

(60) Relación verdadera はその数を七七九三名と述べる。二月二十四日を交戦状態終了日とする。凱旋式には、騎兵、トランペット隊、パンパンゴ歩兵部隊、カガヤン・サンバル弓兵部隊、現地住民槍兵、華人捕虜、スペイン人歩兵、陸軍司令官、総督の順で行進し、参戦した義勇兵騎兵がアンティポロのキリスト画を掲げて進んだ。総督は鎮圧に入る前、ノベナ（九日間に亘る願掛け念禱）を済ませて指揮を執り始めた（f. 603）。

(61) 一一人が密かに海上へ引き出され、処刑された（内田［一九七四］、四頁）。ドミニコ会史家フェランドは、暴動を指導した主立った者は処刑され、パリアンの司牧司祭一人が華人に殺害されたと述べる（Ferrando［1870］, p. 419）。

(62) Díaz［1890］, p. 427. フェランドも同様に語り、自死するものが多かったと言う（Ferrando［1870］, p. 420）。Relación anónima は三度にわたって自死する華人に言及する（p. 222, p. 226, p. 239）。

(63) Relación anónima, p. 249.

(64) 「一六四二年付コルクエラ宛国王勅書（Blair & Robertson., vol. 35, pp. 125-126）」。おそらく、モンファルコンの報告に基づき出された勅書と考えられる。

(65) 大マニラ圏に三万五〇〇〇以上、内訳ではパリアンに一万八〇〇〇、サンタ・クルス地区に一万五〇〇〇、その他トンドやカビーテでは数千、そして様々な地方に滞留税を払って一万人がいたとRelación verdadera（f. 602）は記す。この数値は、何らかの形で捕捉されていたものだろう。他に改宗後現地婦人と結婚して地方にいる者や非合法に滞在した者を含めれば、六万という数字は十分に現実味を持つ。

（66）*Ibidem*, f. 602v. 宮廷では二万人と理解している（「国王宛枢機会議書簡、一六四二年二月六日付［AGI, Filipinas 2, n. 39］」）。モンファルコンは原因として華人数が多すぎることを盛んに指摘するが、死者数には言及しない［AGI, Filipinas 2, n. 25］。

（67）死亡者数は報告書によって異なる。デ・ラ・コスタは数値の参照先を明示しないが、数字から見る限りではディアスに拠っている可能性が大きい。ここに各史料が挙げる数値を入れていくと、かなり大きな差がある。このことは、数値自体が非常に不正確であることを示すものではないだろうか（前頁表参照）。

（68）Relación anónima, p. 251. 内田氏は一七カ所の村落を挙げているが、Robledo版に基づくものであろう。

（69）略奪した修道院から引きずり出した書籍で、胸板や他の防具を作っていた（*Ibidem*, p. 241）。

（70）「彼らの持つ像は戦の神に似た伝説を持つ。この神の鎮撫のためにキリスト教の破壊を行う……。その偶像が、自分はそれ〔キリスト教神への破壊行為〕で鎮撫され、以前受けた危害を意に介さない、と話しかけた。全ての教会を焼き、冒瀆し、キリスト教徒にあらゆる危害を加えるなら、お前たちを守ろう」と言ったという説明を受けたと報告者は語る（*Ibidem*, pp. 237–238, p. 242）。

（71）*Ibidem*, pp. 240–242.

（72）たとえばイエズス会士が管理する居住区では鶏肉の供出の強要、他に修道会所有の農地に華人を選択的に入れ、多額の年貢を徴収していたなどの報告、あるいは告発文書や、それを禁じる勅書（AGI, Filipinas 330, l. 4, f. 171 v）がある。

（73）Relación verdadera, f. 602 v. 教会と家屋で二〇〇万ペソの損害としている。

（74）Ferrando［1870］, p. 420. 追放されたのは、フアン・バウティスタ・デ・モラレスおよびフランシスコ・ディアス。

（75）ショーニュに拠れば、一六三九年の来港華人船数は三〇隻（他に、マカオから三隻、台湾から四隻を記録）に対して一六四〇年の華人船は七隻（他にマカオから三隻、台湾から一隻）である（Chaunu［1960］, p. 157）。

（76）「国王宛ヌエバ・エスパーニャ副王書簡、一六四一年一月一日付（AGI, Filipinas 2, n. 34）」。

（77）「ヌエバ・エスパーニャ副王宛書簡（AGI, Filipinas 36, n. 33）」。「同諸島には三万人以上の華人が住んでおり、彼らが反乱を起こした。この島には僅かな貧しいスペイン人しか住んでいないのに、神の憐れみのお陰で、これを終息させた」と述べるのみである。後段では、救援金と人を求める。

（78）AGI, Filipinas 36, n. 34.

（79）AGI, Filipinas 36, n. 38.「三万人以上が諸島に住んでいたが、その内二万人以上が首を切られ、既に平定された」とのみ告げる。

インディアス枢機会議は、同年二月には次期総督としてファハルドの名を挙げ、総督交替を期した。枢機会議の議事録は、時期的にヌエバ・エスパーニャ行きフロータの解纜後にあたり、迅速に彼を任地に送り込むにはどうすべきかを検討していることを明らかにする（前掲文書後半）。交替は、コルクエラ自身の数回にわたる転出希望を受けたもので、更迭を意味しない。

(80) 他方で、宮廷が当植民地に対して持続的関心をどの程度払っていたかについて明確なことは不明な点が多い。

(81) *Relación verdadera*, f. 602.

(82) 内田氏は Robledo 版に基づき、以下述べる（一二頁）。「総督は『中国に、この暴動の原因、経過、結末を知らせておくのが便宜である、と気づき』次のような内容を認めて船にことづけた」。「〔サングレイは〕理由なくして蜂起し、止むを得ぬ必要性によって我々は対抗した。彼らの邪悪な抵抗、執拗な強情、必死の野蛮行動によって引き起こされた多くの死は、我々の望むところではなかった。……中国とマニラ市との交易が継続することを希望する。マニラ市の存続・栄光・繁栄は、この交易にかかっているがゆえに」。

(83) Chaunu［1960］, p. 223.

(84) *Relación verdadera*, f. 603.

(85) *Loc. cit.*

(86) 内田氏もこの点を指摘する（九―一〇頁）。デ・ラ・コスタは信徒と非改宗者を弁別していることを当然視するが、判断理由を示しておらず、彼自身の思い込みの可能性がある。改宗者であることを顧慮しない表現は、第一次暴動中にもなかったわけではないが、例外的であった。十八世紀初めのディアスなどでは、改宗者も、華人である限り十分信頼がおけない、と言い切る。改宗が華人であることを変えるものではないという見方が、改宗者が多くなってから広がったと言えるかも知れない。

(87) 「もし各スペイン人が華人五〇人を血祭りに上げたとしても、最後は自分たちが勝利者になり、この諸島の主人になると、華人は考えていた」（*Relación anónima*, p. 220）。単純な人口比では、華人はスペイン人の百倍から二百倍近い。ディアスは人数比だけでは捉えきれない恐怖を語る（Díaz［1890］, p. 431）。

(88) *Relación anónima*, p. 228.

(89) 斯波［一九九五］、七一頁。

(90) 万暦四十五年八月一日［一六一七年八月三十一日、巻一二一、一〇五五七頁］。

(91) 「これ〔圧政〕に理由を得て、華人は蜂起した。パリアンの者、サンタ・クルスの者、マニラ郊外の者が連携し、チナ海岸を遊弋する海賊イクアン・サングルスと示し合わせていた。一六三九年のクリスマス・イブの翌土曜日を裏切りに絶好の機会と申し合わせた。この日は職人の全ての親方が、五人、もしくはそれ以上の供を連れて市内に入ることになっていた。大工、仕立て屋、石工、刀師、刺繍職人、銀細工師、他のこうした類の職人で、鳥、若鶏、雌鳥、その他彼らの間で用いるものを手に入城する。それらを持ってスペイン人の家に入るのだ。夜分まで家に留まり、パン屋や修道院にいて市中で休憩する。クリスマスの日が明けると、肩に非常に大きな梁を担いで五〇人が〔城内に〕入り、その縄が切れたと見せかけて城壁門から敢えて落とし、大きな悲鳴を上げ、それを合図に、警戒心のないスペイン人の家に華人が押し入って、寝首を掻き、暴動に入る。パン屋は城壁門と壁を確保しに駆けつけ、パリアンの者がマニラ市の主となる。警備兵が門を固めたり、梁を取り上げたりしないようにする……。〔スペイン〕婦人には触れたり殺したりはせず、後で使用人にするために取っておく。その後、海賊イクアンに知らせ、ヌエパ・エスパーニャから到来予定の大船を彼が拿捕するように、との計画だった。しかし、神はそのような悪事の成就を許されなかった。なぜなら、バイの者が我慢できずに早まってしまい、十一月十九日土曜日夜、アルカルデ・マヨールのモラ、司祭一人を殺害し、家に火をつけたからだ」（Relación verdadera, f. 602）。

(92) Relación anónima, p. 226.

(93) *Loc. cit.*

(94) *Ibidem*, p. 227.

(95) 「昨年〔一六四〇年〕八月、マカオでは戦争部門の大マンダリン、ユアンなる者が同国人の死に報復するためにマニラに渡る予定だと言われていた。彼は、〔昔は〕有名な海賊であり、オランダ人とも戦ったことがあり、彼らの船を焼いたこともあった。今日ではオランダ人の大の友達であると言われている。マカオからの逃亡黒人が火器の使い手として非常に優秀だと考えられていたので、彼は何人か連れていた」（「アントニオ・デ・サンタ・マリア神父書簡、一六四一年［Blair & Robertson., vol. 35, p. 117］」）。

(96) 「国王宛モンファルコン書簡、一六四二年六月十六日付（AGI, Filipinas 2, n. 25）」。

(97) 『明実録』崇禎三年十二月一日の項［巻一一、二四五〇頁］。

(98) 植民地支配下の住民の反乱は常にこうした感情に支配されているのも確かであり、たとえばインド大反乱の時にも指摘されており（長崎［一九九〇］、八五―九四頁）、今回に限ったことではない。ここにスペイン人と華人の関係の変化のひとつを読み取るべきであろう。

(99) ディアスによれば、諸島の役人は一般的に強欲で、こうした職にある者はいろいろ要求するものだが、モラは特に酷かった。華人たちは日頃の経験から、注意深く「彼の強欲に餌を与えるよう努めた」が、「日ごと強欲の度は増大し、常軌を逸するまでに達した」。また人に懲罰を与えることに躊躇しない人物である（Díaz［1890］, p. 404）。

(100) 前掲箇所。

(101) 「アルカルデ・マヨールによって絶えず収奪された。その結果、彼らは誠に重いこの頸木を自らの首から取り去ることを願い、最後の手段に出たのである。彼らを統治している者の殺害を決め、その地で実行に移し、全てのインディオ〔現地民のこと〕の村、およびスペイン人の所有物にできる限り大きな損害を与えながら、マニラが見えるところまで進んで来た。そこでパリアンやその周辺にいる華人と呼応しようとした。蜂起しない限り〔総督に〕知らせることはできない、大義は彼らの方にあったけれども、彼らの行いを総督が許すように求めるつもりであった。これが成功しなければ、彼らは自らの数の多さに頼んで、町を更に包囲するつもりであった」（Relación anónima, pp. 209-210）。

(102) コルクエラのモラに対する知遇が始まる時期は明らかではないが、一六三六年には彼を推薦するコルクエラの文書があり、華人の保護官として推挙している（AGI, Filipinas 85, n. 84）。この開墾の総指揮を一六三九年にモラに委ねた。ドクトール（doctor）と呼ばれるので、法学博士であった可能性もある。この時期コルクエラは多くの人事を、彼の一存で覆したと訴えられている（AGI, Filipinas 29, n. 2）。

(103) 内田［一九七四］、三頁。

(104) 前掲箇所（Robledo 版を史料としている）。

(105) 「国王宛モンファルコン書簡、一六四二年六月十六日付（AGI, Filipinas 2, n. 25）」。

(106) 「国王宛マニラ大司教セラノ書簡、一六二三年八月十三日付（Pastells, t. VI, p. LII）」。ただし、ドミニコ会士ベルナルド・デ・サンタ・カタリナが華人の有能さから、彼らを農業者として定着させることができれば有益だと、一六〇三年に説いている（「国王宛一六〇三年十二月十五日付［AGI, Filipinas 84, n. 120］」）。

(107) 造船はオランダとの戦争から絶え間ない需要に迫られていたが、カビーテ付近の木は切り尽くし、遠くに材木を求めねばならず、それが現地住民に多大な負担となっていた。そこで木材他が豊富なカンボジアでの造船を実現させた。

(108) 「国王宛モンファルコン書簡、一六四二年六月十六日付（AGI, Filipinas 28, n. 25）」。

(109) "Información del fiscal sobre licencia de Sanglyes" 1644（アウディエンシアの査察官の華人滞留許可についての報告書［Blair & Robertson., vol. 35, pp. 185-190］）.

(110) モルガ［一九六六］、三八四頁。

(111) ショーニュによれば、一六三七年は五〇隻、一六三九年は三七隻、漳州から来航しているのに、一六三八年は一六隻でしかない。またこのことは、スペイン船の運行状況を見て華人船が来航していることを物語る。船の大小もあるので、来航船数のみで船載荷量を判断するのは危険であるが、同年は、明らかに関税収入が少なかったことを物語る。

(112) 内田［一九七四］、七頁。

(113) 「国王宛総督書簡、一六三六年六月三十日付（Pastells, t. VIII, p. CCXLVI）」。

(114) 「国王宛総督書簡、一六三六年六月三十日付（前掲とは別書簡。AGI, Filipinas 40, n. 16）」。華人に新規許可証を出してもアウディエンシアが言うような不都合はないと主張する。

(115) 「国王宛総督書簡、一六三六年六月三十日付（AGI, Filipinas 8, r. 6）」。

(116) 「国王宛総督書簡、一六三六年六月三十日付（AGI, Filipinas 4, r. 50）」。

(117) AGI, Filipinas 8, r. 3.

(118) *Ibidem.*

(119) *Ibidem.*

(120) AGI, Filipinas 8, r.15.

(121) AGI, Filipinas 43, r. 3.

(122) Blair & Robertson., vol. 35, p. 190.

(123) 同時期の文書ではないが、この時の議論を支えたであろう論理は以下の文書に一部見ることができる。つまり、この課税は不正だと断じる。「こうした税を設けることを、コルクエラはまず陛下に問うべきであった。公共事業を始める点では、課税の前に陛下に問うべきである。要塞の修繕やその他のことに備えた王会計の資金が払底していたとしても、そういう使途では、課税対象は市民と住民であり、華人のような外国人や短期滞在者ではない。華人は交易のために来航し、翌年チナに帰国するのであり、チナに家、家族や子供を持っているのだから、この課税は彼らへの重石でしかない。城壁の修理や要塞化は、彼らは外国人なので、受益者ではない。それどころか、彼らにとって非常に侮辱でさえある。それらは彼らに対する憎悪の象徴として導入されたのであり、彼らにはそれを支払う義務はない。この〔経費〕には毎年トランプの独占販売から上がる三〇〇〇ペソを、陛下が手当てしておられるが、それでは不足なら、城壁や要塞から保護を受ける住民や関係者が負担すべきものである」（「華人免許税に関する査察官の報告、マニラ発、一六四四年［Blair & Robertson., vol. 35, pp. 187–193］」）。

(124) 前掲箇所。

(125) 「賃金は以前二レアルで済んだものが、四〜五レアル支払われても、働こうとしない。これらの仕事をこなせる者が他にいないので、彼らが要求するものを与えないと働いてくれないというわけだ。その結果、物価は、たとえば以前二レアルであった靴が四レアルにもなっている。以前二ペソで仕立ててくれた上着は、今や四～五ペソする。全てに同様のことが言える。こうした値上げ現象は、全て滞留税が一〇ペソに上がった一六三九年に始まった」。「一六三九年では……二ファネガ〔一ファネガ＝五五・五リットル〕の米が四レアル、一〇ペソで四〇ファネガ、つまり二二リットルの米が買えた。ところが一六四三年では、一ファネガは二ペソ、小売りではもっとする」（前掲カバジェロ報告書、一六四四年〔Blair & Robertson., vol. 35, p. 194〕）。

(126) Juan de la Concepcíon, *Historia General de las Filipinas*, Manila, 1788, t. 9, p. 368.

(127) パリアンの後背地にある沼沢地に二〇〇人ほどの商人が泥に埋まって隠れていたが、全員手に十字架を持って出てきた。全員暴動には関与していないのが分かったので助命された、と Relación anónima は伝える（p. 223）。助命されたとの点で、この人々が助命するに足る、あるいは暴動に加わるはずのない「裕福な商人」であった可能性がある。ディアスは一〇〇名ほどが池に住んでいて、無関係を示して命乞いをしたと伝える（Díaz〔1890〕, p. 412）。

(128) 斯波〔一九九五〕、八頁。斯波氏は、海外に展開する華人を現地社会との関わり方の特徴から、以下大まかに四段階に分けている。華商は季節風に乗ってモノを売り買いしに来る人、華工は労働者、華僑は現地に住み着き、資本投下をして、様々な流通等に従事する者、華裔は華僑の二世以上の子孫、現地にほぼ同化した人である。

(129) Pastells, t. VIII, p. CLXV, p. CLXXVIII.

(130) Chaunu〔1960〕, pp. 86–87, 153–157. 直接生死に関わらない贅沢品、つまりシルクと銀の交換の方が、関税免除品である食料品や軍需物資などの必需品よりも交易の動向を敏感に反映するであろう。また密輸は需要に比例するであろう。従って、全交易量の把握にショーニュの研究は十全でないとしても、なお非常に有効な研究である。

(131) 華人船で来航する多くの華人が問題を起こしており、それに適切な手段を講じるべしとの勅書が同時期出ている（AGI, Filipinas 313, 340）。

(132) Díaz〔1890〕, pp. 435–436.

(133) 内田〔一九七四〕、九一一〇頁。

(134) Díaz〔1890〕, pp. 426–427.

(135) アメリコ・カストロ（Américo Castro, *España en su historia*, Barcelona, 1983）や山内昌之（『ラディカル・ヒストリー』中公新書、一九九一年）などが特にこの点を強調している。

# 終　章　ヒトの移動と邂逅

フィリピーナス諸島領有は、基本的には「スペイン帝国」が地球の西半球に展開する意志の中でのフロンティアの西漸[1]、明確な目標としてはモルッカ諸島獲得と「チナ」への関心の中で行われたことである。本書は地球一元化の接続点としてのフィリピーナス諸島、そこで惹起された「ヒトの移動と邂逅」を当事者の対応に焦点を当てて実証し、「ヒトの移動と邂逅」で惹起される種々の局面を論理的に捉えることを課題とした。第Ⅰ部では言説分析を実証に基づいて行い、スペイン人の対他者の基本的思弁と実認識を論証し、第Ⅱ部ではそのような精神性のスペイン人と華人の間に惹起された事件に即してその意味を実証かつ分析し、第Ⅰ部と第Ⅱ部を時系列の面から照射するという課題を課した。

本章では、これまでの考察に基づきながら、この課題に対してどのような論証を行ったかを整理し、地球一元化という歴史軸の中で、マニラの事例が「ヒトの移動と邂逅」にどのような意味を持つのか、改めて提示したい。

第Ⅰ部では、フィリピーナス諸島を中心舞台として政庁樹立の初期に起きた明国宣教に関する議論を、それに参画した三人の論者を中心にして論じた。これは当事者が「チナ事業」と呼ぶもので、明国の宣教のための軍事侵攻・統治までを想定した計画、およびその正邪に関する議論を主題にしている。一義的には、外国人の入国を厳しく管理する明国に対し、スペイン側が考える形での宣教活動は不可能であると判明した時点で、宣教開始の手段として軍事行動が視野に入れられ、それには本国の大がかりな支援が必要との認識において、その運動の正当性を国王に対して証明する必要から形成された議論である。自らに対等な他者はいないとする明国の帝国理念が、新大陸において概念化された他者に対する姿勢の見直し・再議論をスペイン人に要求し、精神・物質共に高度に発達した社会を展開し、自己を主張する他者に対してとるべき行動についての議論を導き出させたと言える。「スペイン帝国」が世界全体に向けた「使命」を意識する限り、起きるべくして起きた事態であり、議論ではないだろうか。この議論は、爾後今日に至るまで続く複数の地域システムの邂逅・地球一元化が惹起する問題の本質に関わるという意味で検討に値する。

議論は他者に対してとるべき正しい行動と帝国の使命行使についての認識、および明国に対する認識から成る。前者に関しては、論者全員がサラマンカ学派という当時の最先端思想を意識していながら、結論を左右する判断要所が異なり、異なる結論に至る。新大陸を対象とした同様の議論は多いが、「ヒトの移動と邂逅」の面から当地域に焦点を当てた議論は少ない。それには二つの理由がある。第一点は、本国は「西の西の端」にある同植民地に関心を注ぐには余りに多忙であり、しかも王権にとっては出超に悩む小さな植民地でしかなかった。第二点は、新大陸と当諸島の住民を同一視したので、現地住民はスペイン人には「既知」のヒトであり、ヒトに対する正当な行動議論は解決済みと考えられてきた点である。しかし、序章や第六章で述べた交易史におけるマニラの世界史上における位置に注目すれば、スペイン人がこの地で邂逅し、特別な関心を払ったのは、華人と「チナ」である。それは同諸島に向けたインディアス法の内、華人関係のものが半数に上ることからも窺える。

他方、新大陸に関する議論と「チナ」を対象にした議論は、以下二点で異なる。第一、新大陸の議論は、征服活動が事実先行で急速に既成化された中、既遂の行動に対して正当化できる範囲を限定する議論であったが、「チナ事業」は、これから行う対他者行動の正邪に関する議論である。第二、新大陸の議論は、邂逅した他者を真正な人間として認め、その権利を保障すべきか否かに争点があったが、後者では高度な文明を持つ「対等の他者」、更には新大陸におけるようにその場に居合わせた征服者の手に負える相手ではない他者を対象とした議論である。

議論が交わされた時代背景にも留意すべき点が二点ある。第一は、帝国の自己意識である。時代は、いわゆる「アルマダ沖海戦」でスペイン・カトリック帝国が世界に誇った大艦隊が大打撃を被る（一五八八年七月）直前にあたり、他の大陸にも領土を有し、少なくともヨーロッパ世界では最大・最強の勢力、世界帝国たる自己認識を持ち、帝国の使命感において世界ルールの設定者という意識が実を伴うと見えた時期である。第二は、もっと長い時間軸から見たものだが、「チナ事業」の主体が「明国遠征」にあるという意味で、時代背景の認識が極めて重要となる。スペインは確かにヨーロッパと新大陸でルール設定者として振る舞うことは可能だったかも知れないが、地球規模で見る場合、十九世紀以降の状況とは明らかに異なる。従来の「チナ事業」に関する研究はこの点への留意において多くの困難を抱えており、議論の本質が見逃される場合も少なくなかった。この点は、第Ⅱ部を考慮に入れると具体性を持つ。

「チナ事業」に関する三者の議論の要点は以下である。サンチェスは明国の地を踏んだ経験から、チナ全土の改宗には軍事的征服が必要だと主張した。それに対し、マニラ司教サラサールは、当初受けたチナに関する情報に基づき、チナ征服は正当だと訴えたが、その後六年間に得た新たな情報が、「チナ事業」を不当と判断させたと、国王に訴えた。アコスタは、直接マニラに関係した宣教師ではないが、サンチェスの報告を基に見解を表明し、サンチェスを完璧に反駁したと見える論文を著した。ただしその背景には当時のイエズス会が置かれていた複雑にして厳しい状況がある。

三者の立場と思想上の相違点には三点指摘すべき点がある。第一、主義や主張以前に、三者の経験の違いがある。即ち、戦争を避ける方向性の主張を展開したのはサラサールとアコスタだが、サラサールにはフロリダ宣教の経験があり、アコスタは副王トレドに従い、スペイン人に抵抗する部族の平定行動を実見聞している。前者のフロリダにおける宣教成果は惨憺たるもので、他の二者に比して年齢が高く、新大陸との関わりが長い分、征服行動の愁嘆場を実際に見聞している。後者も戦争が惹起する惨禍やそれから生じる混乱や悲惨さに言及する時、そこには目撃者の言葉としての重みがある。彼らに対し、サンチェスは征服行動の傷跡を実見していない。従って被征服民が受ける惨禍について前二者とは比較にならないくらい無知である。

第二、明国に対する認知度では、サンチェスが短期間といえども実際に華人社会の中に立ち、大きな衝撃を受けている。サラサールは華人を知ってはいるが、マニラに居留する華人と明国本土の華人の立場が全く異なることを考慮すれば、ほぼ無知である。アコスタにも未知の世界であり、後両者の議論は明らかに伝聞から形成された自己のイメージとの対話であり、観念論の域に留まる。ただし、司教は、僅かな情報をチナ宣教が正当に行われるべく懸命に生かそうとしている

第三、ラス・カサスにおいてもカトリック宣教における武力行使は完全に否定されていないが、三者とも、宣教における武力行使を否定しない。従ってその権利の保留の程度が三者で異なると言う方が適切であろう。サラサールの判断基準は、宣教師が自然法上の権利を脅かされた時や武力や虐待を伴う拒絶には、正当防衛の範囲として武力行使を容認するが、自由な通行・通商を求めること自体への武力行使には否定的である。彼には是非を振り分ける基準、もしくは原則が三者の内で最も明確である。そして、目的と手段は共にその原則に沿わなければならず、目的は手段を正当化するものではない。手段の正当性が担保できなければ目的の放棄、保留もあり得、原則論的である。現実世界と論理的正当性を融合させようという意思が強く滲む。ただしミクロ的な情報や現実認識しか得られない状況では、小さな出来事で判断が左右に大きく揺れる。議論のテーマが大きい割には小さな現実に振り回され、現実への知悉がない場合には観念論が前面に出る。

原則という点では、アコスタの場合、誤解を恐れず敢えて言えば、無原則の原則とも言え、極めてプラグマティックだと本稿は結論づけた。その選択基準は「善がより勝る」、あるいは「悪がより少ない」であり、絶対的基準はない。その見極めは、彼の真骨頂たる鋭い観察に拠る洞察力、バランス感覚に基づく。自他の相対化が彼において優れていることを第四章では強調したが、それはこの選択基準とも関係する。より良い結果は現実の直視から生まれるのであり、自他の相対化はその結果とも言える。ただし、バランスが僅かでも崩れれば、手段に暴力性や不当性が目立つことになる場合も十分あり得る。「チナ事業」に関する見解はその結論としてあり、決して従来考えられてきたように、単なるサンチェスへの反駁ではない。あらゆる手段を宣教の選択肢と考え、論理の整合性より、現状に最も適した処置を取ることを優先していると考えられる点を指摘した。この認識を欠けば、彼の論述にある個々の主張は一

貫性を欠くようにも見える。

サンチェスの場合は、原理としてはアコスタに近く、むしろ同系統とも言える。だが、アコスタに顕著に認められた自他の区別を論理的に整理し、目的・手段・結果を客観視する作業が、明国の現実から受けた衝撃で吹きとび、目的が極めて重視され、明らかに手段は目的によって正当化されるとの立場をとったと言える。ただし、彼に認められる観察の客観性、洞察力、それを言語化する力と直言する努力は、彼が優れた人文主義的批判力を持つことを示す。

ところでサラサールとアコスタを比較すると、両者は共にサラマンカ学派の専門教育を受け、その学問的伝統を強く意識していながら、問題に対する取り組み方への二大手法を奇しくも代表していると言える。サラサールにあっては、原理・原則を立て、それを規矩として手段の正当性を測りつつ対応するので、その規矩に合わない事象を知るや、劇的に態度を転換した。後者の場合は、目的達成への過程の中で、常に実態に合わせて、より害の少ない方を選び取り、目的に向かって行くやり方で、経過中の判断は当事者にしか明らかではない。この場合「害が少ない」と判断するのは行為者、つまり一方の当事者であり、彼に「神」の目から見た公平さが保証されるかとなると難しい。サラサールでは行為者と被行為者が原理的に対称であるべく意思が働いているのに対して、アコスタでは理性を単数と考える時点で非対称である。彼が自他の客観視において優れている点に留意すれば、両者の姿勢の背景には彼らが対象としたヒトに対する観念の差が影響していると考えられる。

他者に対してどうあるべきかの議論が存在すること自体は、キリスト教という「絶対的正義」の存在を前提にした、言わば原則を重んじる思考による。更に自己の行為が自己の滅びを惹起し得るというカトリック信仰にある危機感の伝統の中で生じてきた現象であり、それを動かす原理はカトリック伝統にある二つの要素、すなわち宣教の義務と神の前での自他の平等性である。二つがアクセルとブレーキの役割を果たし、一方に議論が極端に傾くのを抑止する。特に後者は、自他の相対化を促す要因である。自己が他者に対して優位にあるという確信の中でも単にルールを強要するのではなく、自他を相対化すべきという論理が働くよう自己規制するアコスタの議論に見えたものである。従って、議論の動機は他者の権利擁護などという現代の人権派的発想にあるのではなく、正に国王も含めた個々の人間の魂の救済にあるのであり、それゆえにこそ、これほど真剣、かつ長期に亘るのである。(2) つまりここでカトリックは公私の世界を繋ぐ「公共善の鎹」の役割を果たしていると言えよう。

そして、本稿で取り上げた議論は、新大陸での宣教問題では征服民と被征服民という関係の非対称性ゆえに見逃される面を有する。即ち、チナに対しては「高度文明の他者」という観念が働くことで、自他を対等に位置させねばならないという意識を引き出した。この点で現代に与える示唆は新大陸の議論よりも大きいと結論づけた。

また三者の論点整理とそれらを歴史的背景に据えた時見えてくるのは、よく言われるように自己が他より優位にあるという自信こそがこうした議論へ余裕を与えたと言える点であり、これは特にアコスタの議論において顕著に窺え、逆に明国を実見することで、その自信が打ち砕かれたサンチェスにおいて、武力で打撃を与えるべきだとの禁じ手へ手が伸びるという一例という見方も可能であろう。

第Ⅱ部のテーマはフィリピーナス諸島に居留する華人とスペイン人の間に惹起された暴力紛争である。スペイン統治期前半に起きた大規模な華人の暴動としては五回が記録されているが、その最初の二回を取り上げた。暴動に関する報告書が、平時には語られない状況、本音や習慣等を露わにする可能性が大きいことに注目したからである。各事件に言及する史料に沿って経過確認をした後、その原因と対応行動、および双方の行動の理由に焦点を当て、時代背景の推移にも注目しながら論じた。時代は、第Ⅰ部の時期からそれぞれ一世代、二世代後にあたる。マニラ―漳州間の交易は隆盛の一途にあり、それは双方とも背後にある大きな世界を組み込んで動き、両者の関係途絶は双方に推定不能なほどの打撃を与える関係に立ち至っていた。第Ⅰ部では、スペイン人が薄々気づいていたに過ぎない他者「帝国」が、第Ⅱ部では実存としてスペイン人に感じ取られている。第Ⅰ部では観念論を軸においたが、第Ⅱ部では実証を重視し、異なるシステムに属する二集団が邂逅した時、両者にいかなる行動や感情が惹起されるのかに焦点を当てた。

一六〇三年十月に起き、約一カ月半に亘った第一次暴動は華人・スペイン人双方に甚大な被害をもたらしたが、この暴動については明国側にも僅かながら史料が残るので、両者を照会して双方の暴動に対する解釈を比較した。全く異なる政治システム世界の邂逅、他者の行動を自分の尺度で測り合うことが、事件の根底と事後処理の根本にあることを実証した。また、双方が他者を必要とするゆえに、自然発生的に構築された相互関係を破壊しないように事態の収拾を図ろうとする姿も実証した。同時に、スペイン側文書に残る明国に対する恐怖感には第Ⅰ部のサンチェスの議論の根底にある恐怖と通底するものが見え、それは、当然言説で論じられるような整理された彼我の関係ではない。またスペイン側は大量の死者を出しながらも、対他者行動の原則として第Ⅰ部で言及した姿勢を守る、あるいは守るべく努力する、少なくともその意識が働く場面が立ち現れ、観念論が観念論で終わらないことを確認することになる。他方、華人が自律性を持った実体であることが実証された。

第二次暴動は一六三九年十一月から一六四〇年三月まで続いたもので、暴動の時間的、および平面的広がりは前回よりも大きい。それは三十年間で華人の存在が量と生活空間双方で広がったことを意味しており、実際スペイン人の生活や社会インフラは彼らへの依存度をさらに高め、特に経済・流通面での依存は、不可逆的な状況に至っていた。諸島経済がマニラ・ガレオンに不健康なまでに依存する一方で、総督と本国に諸島開発・経営のビジョンがないことの歪みが露呈した部分でもあり、それは諸島の役割が新大陸と中華大陸の接続地点としての役割が極めて大きいことの裏面でもある。両者の極端な数的アンバランス、華人の利発さがスペイン人社会に惹起する恐怖、にもかかわらず経済・流通面での華人への全面的依存の現実は常々スペイン人の精神不安の最大要因であったが、その極端な不安定の中で双方が自己の生活を守るために危ういところで一つの均衡点を見いだし、安定状態が保たれていた。それを暴動の発火点まで至らしめたのは、明らかに華人の性向・特質をスペイン政庁が読み誤り、彼らに絶望感を与えたことであり、直接の暴動発生原因は総督の失政にあると結論づけた。

この背景の一つに中華大陸の政治的変化が惹起したと見られる居留華人の質変化と、それに対する政庁側の対大陸観と対華人観の変化がある。東南アジアに発達した華人居留地域では、華人住民の主体が華商から華工へと変化する経過を経ていくが、それは十八〜十九世紀の現象であるとされる。華人がいち早く居留し始めた諸島では、他の地域より少なくとも一世紀早くその状況に移行していた実態とも言えると推定した。同時期、正に明清交替期の混乱の直撃を受けた華南にとり、フィリピーナス諸島は、地理的に最も隣接し、さらに豊富な銀とマニラの都市化により常に高い労働需要を有したことから、上記現象が他所より一世紀早く見られたと考えられるが、その状況から華人を単なる労働者として見る環境が出来、それが当初に見られた華人やチナに対する敬意を失わせたと言える。

以上はスペイン側から見た第一次、第二次暴動の概要であり原因であるが、特に後者は加害者とも言うべきスペイン側の記録を辿るだけでも、救い難いばかりに酷い事件である。だが、それはこの事件のみを眺めた場合であり、マクロな視点に立てば異なった姿が見えてくると論証した。

二つの事件を通過点として、スペインの諸島植民開始から一六五〇年辺りまでを通しで見ると、以下の状況が見えてくることを確認した。

① 華人は同諸島に強制連行されたわけでも、常に本人が忌む労働を強制されたわけでもなく、他方明国側が強制的に送りだしているわけでもない。各事件後、華人の来航や定住を政庁が禁じたわけでもなく、むしろそうならないことを望み、実際に交易や来航船数は少し長いスパンで見れば低下していない。

② 両次の暴動発生時を比較すると、華人の居住域、行動域は三十五年間で確実に広がっている。だが、課税対象の拡大や課税強化などむしろ来航者に負担を課す政策を政庁はとっているので、華人には条件が悪化していると見える中でも彼らは来島を重ね、居留したと言える。

③ ②から見て、華人の動きは従来考えられているより遥かに自律的で、スペイン政庁の政策よりも、彼らの事情（商売、自然、政治等の状況）に注目する方が、来航船数や華人数の数的変化が理解しやすい。また、スペイン政庁による課税や醵金という金銭的抑圧には、それを吸収する巨大な収益構造構築の可能性さえ考えられる。

④　華人は、諸島内に非常に巧妙かつ根深い商活動網を張り巡らしていた。スペイン人はこれを利用しつつも、改めて彼我の関係を冷静に考える時、流通網のほぼ全体が彼らに握られている状況に戦慄している。しかしその政治的・経済的危険性をスペイン人が「支配者」として認識したところで、自分でそれを担う意志もなく、生活の日常的便宜を失う覚悟もない中では、制御不可能であり、華人の商品の船載・供給は多岐にわたりスペイン人の生命線である。

このように見てくると、諸島における華人とスペイン人の関係は、スペイン側の史料に拠る限り支配・被支配の関係と見えるが、大局的には明らかに華人側の事情で動いており、そうなると彼らは従来考えられていたのとは異なり遥かに自律性を持った集団と言える。マニラ・ガレオンの運行さえ彼らの財力に依存する年が複数想定できる事態を考慮に入れると、自律性以上のものさえ窺える。

他方、華人には来航しないという選択枝もあった筈である。しかしそれには自己の利益を犠牲にしなければならない。双方共に他者の存在から受ける利益に大きな期待を抱いていたゆえに、関係を断絶できなかったと言えよう。その意味で両者は戦略的共存、「一人勝ちできない」状況に立ち入っていると指摘してきた。これは正に現代の地球一元化が我々に突きつけている現実である。しかもこの実態が端緒に就くまでに要した時間は僅か十年に満たず、不即不離の関係が出来上がってしまうまで一世代を要しない状況には驚嘆を禁じ得ない。歴史的偶然は、銀中心の貨幣経済に踏み出し、ますますその傾向を強めていた明・清国、人口圧が高く、しかも潤沢に商品を集荷可能な地に折り良く成長していた福建、その外港月港もしくは廈門と指呼の地に、スペイン人が陣取ったことであり、後者が明・清国に極めて需要が高い銀を調達し続けられたこと、双方がモノや贅沢に関心を強く持つ時代に立ち入っていたことである。

地球規模でモノ・ヒト・カネ・情報が動く現実に気がつき、その問題点に深い憂慮を抱きながらも止められない、それが世界現象として日常的に人々の口に上り始めたのはごく最近のことだが、この点でも当時期マニラはそのプロトタイプの経験をしていたことになる。政治システムも文明の原理も全く異なる両者が、世界に変革を来すほどに達するモノの量を扱いながら、決定的な負の関係に陥ったのは、八十年余りの中で二度しかないと見るならば、共存を維持するのが常態と言え、関係維持の姿にこそ特筆すべきものがある。

以上の現象に対して、スペイン帝国の宣教という国是には、これを無視する相手をどうしても自分の土俵に引きずり出そうとする意志が窺える。西欧中心主義には、理論の核としてキリスト教があることは既に述べた。その理論核は物理的に地球規模での中心を主張する以前から存在したが、それが新世界の征服・統治によって肉付けされたことがアコスタの議論から見えてきた。宗教的色彩が政治的判断に混じることを「中世的」と呼ぶ傾向があるが、それ自体に一つの価値判断が働いていると言うべきで、宗教的であろうが経済的イデオロギーであろうが、それを帝国の主張する「ルール」と見るならば、帝国に乗せてそれを他者に慫慂するという現実には変わりはない。同じ「ゲーム」に参加させようという意志は、「ルール」の実体とは無関係ではないだろうか。宗教であることでスペイン人に特有の心理と見るよりも、希釈された形では西欧世界全体が共有する心理であると言え、姿を変えた形でその連続性を今日に見ることができる。スペイン側の居留華人宣教にイデオロギーの共有による安全保障という意味合いが潜むのではないかとは指摘したとおりである。華人はその意図に気付き、期待する一方で、長期的には彼らの在り方に拠った。

一五八〇年代半ば、フェリーペ王は銀が片務的に明国に向かうことに懸念を表明した。だが、やがてそうした原則的な主張はスペイン本国からは、諸島放棄論以外には聞かれなくなる。そして結果から見るならば、フィリピーナス諸島をスペイン帝国が「支配した」ことが、帝国の何に裨益したかについては非常に心許ない。しかしそれは地球一元化が進行する歴史では絶対言及せざるを得ない場であり、その影響が地球規模であるのは間違いない(3)。

他方、一文明の世界化はむしろ強い反発を惹起する。華人もカトリックには当初極めて無関心であった。だが、第二次暴動が明らかにしたように、カトリック華人が一つの集団になり、こちらもまたスペイン人から自律的に行動することで数的成長の兆しが窺えた。そして、現在フィリピンは東・東南アジア域で唯一のカトリック国である。華人居住地域にある諸教会が、平日から多くの華人で賑わい、それは他地域にも見られないほどである。華人のカトリック性にある種違和感を表明する見解がないわけではないが、カトリック教会が彼らのものとなったことは間違いない。

両者の関わりの解明は、まだ圧倒的にスペイン側の史料に拠っている。対呂宋交易が数量面で圧倒的な量を誇っていたとすれば、明・清国側史料によっても証拠づける余地はまだあるはずである。第二次暴動では、諸島居留の漳州華人がほとんど死に絶えたゆえに史料が残らないとも言われるが、本稿では脱出した華人も多いのではないかと推測した。その観点に立てば、清国側史料を絶望視するのは少し早いと考えられる。

一方、帝国の重要な使命としてのカトリック化では、華人の改宗過程について未詳の部分が大きい。彼らの改宗過程、改宗の原理などという華人教会発展のプロセスを、現地修道会の文書等を通じて具体的数量で明らかにしていくのがその一つの方法と考えられる。この両面から進めていくなら、緒についたばかりのこの地域の「ヒトの移動と邂逅」に関する研究は、地球一元化が惹起する窺うに最も困難な局面の解明をもう一歩進めることになるのではないだろうか。

注

（1）「国王のダスマリーニャス宛指令書」は、一五八九年の時点で「明国本土、コーチシナ、チャンパ、カンボジア、シャム、パタニ、ジョホールは現時点では我々のものではないが、やがてそこへ至る道が開かれる。それらは通商による交渉関係に限るものではない、なぜなら平定され、征服を受けるものであり」と国王は指令を出しており、領域空間という意味では明中国さえもが終点ではない（一五八九年八月九日付、サン・ロレンソ発［Bliar & Robertson., vol. 7, p. 142］）。

（2） Pagden［1982］, p. 18.

（3） Cf., William S. Atwell, "Ming China and the Emerging World Economy, c.1470–1650", *The Cambridge History of China*, vol. 8, Cambridge University Press, 1988, pp. 376–402. 中国のモノはもちろん陸路で西へ向かっていたが、動いた量では太平洋を渡った方が、大衆化という点で陸路を凌駕すると言えよう。

# あとがき

本書は、研究者として第一歩を踏み出した時以来取り組んできた研究の成果を、「地球一元化」の視点から新しい知見を得て纏め直したものである。端緒は、学恩深い、故ホセ・ルイス・アルバレス・タラドゥリス先生が、本書第四章の核となったアコスタのサンチェス反駁論文を日本語に翻訳するようお勧め下さったことである。第五章で考察対象としたドミンゴ・デ・サラサールの論文も先生との対話の中で示唆を頂いたものだ。スペイン史研究の二大分野は「大航海時代」と「スペイン内戦」だが、その一つにこうして分け入ることになった。以上に対して、サンチェスに関する研究は、アコスタとサラサールを知るには彼らに課題となったサンチェスの「チナ事業」が何なのかを突き詰めなければならないと考え、史料を求めたことに始まる。彼が残した史料は、スペイン人が新大陸との関与で得た経験とは異なる世界との邂逅が「チナ事業」の根底にあることを筆者に認識させ、テーマは自ずと変化することになった。つまり、彼が宣教対象とした世界の属性を強く意識する必要を感じ始め、東アジアに視座を持つ者こそ取り組むべき問題だと考えるようになったことだ。

他方フィリピーナス諸島における華人暴動の研究は、華人との暴力的対峙に同諸島の聖職者・神学生まで自発的に武器を持って参画し、悲壮な状況にあることを本国に伝えたスペイン人社会の報告書をマドリード国立図書館の手稿古文書セクションで読んだことが契機である。暴動に関する報告書は同諸島に陣取ったスペイン人の物理的・心理的状況と彼らが失いたくないものの内容を明らかにするもので、世界史上においてマニラが持つ意義と新大陸に関する議論との違いを実証的に知らしめ、第Ⅰ部のテーマ理解に不可欠と考え、課題とした。

本書に収めた論文は、既発表のものをベースに、新しい知見を加えて大幅に書き直したものである。元になった既発表の論文は左記の通りである。

第一章

「グローバリゼーションとマニラ」『帝塚山学術論集』第一五号、二〇〇八年。

「フィリピーナス総督府創設期の対外関係（序）――カトリック帝国と東・東南アジア（1565-c.1650）」前掲誌、第一〇号、二〇〇三年。

第二章・第三章

「明宣教におけるアロンソ・サンチェス神父の選択」、川村信三編『超領域交流』、上智大学出版会、二〇〇九年。

「アロンソ・サンチェス神父と対明戦争――第二次マカオ出張報告（一五八四年）」『帝塚山経済学』第五巻、一九九六年。

「アロンソ・サンチェス神父とシナ遠征論」『帝塚山大学論集』第七一号、一九九一年。

第四章

「フィリピーナス総督府創設期の対外関係（Ⅳ）――イスパニア・カトリック王国の対明観（ホセ・デ・アコスタ神父の例）」『帝塚山学術論集』第一四号、二〇〇七年。

第五章

「フィリピーナス総督府創設期の対外関係（Ⅲ）――イスパニア・カトリック王国の対明観」前掲誌、第一二号、二〇〇五年。

「フライ・ドミンゴ・デ・サラサールとシナ問題への意見」『帝塚山大学論集』第六一号（一九八八年）、第六八号（一九九〇年）。

第六章

「フィリピーナス政庁における対チナ人観、対明観（Ⅰ）――マニラにおけるチナ人暴動事件を通して」『帝塚山経済・経営論集』第一六巻、二〇〇六年。

第七章

「フィリピーナス政庁における対チナ人観、対明観（Ⅱ）――マニラにおけるチナ人暴動事件（一六〇三年）を通して」『帝塚山学術論集』第一三号、二〇〇七年。

第八章

「フィリピーナス政庁諸島における対チナ人観、対明観(Ⅲ)——マニラにおけるチナ人暴動事件(一六三九—一六四〇年)を通して」前掲誌、第一三号、二〇〇六年。

これまで研究を続けることが出来たのは誠に多くの先生、先輩、同僚のご指導のお陰である。ここで全ての方のお名前を記すことは出来ないが、深い感謝を込めて、研究の大きな転機との関りで以下申し述べたい。

大学院でお世話になった川北稔先生は、比較の視点を持つ重要性を常々お教え下さった。どこまで実現できたかは心許ないが、そのお言葉は常に筆者に指針となった。その指針の下に得た第一の転機は、一九九四年、勤務先の帝塚山大学から与えられた八ヶ月間の外地研修である。イエズス会トレド管区文書館で初めて手稿古文書に触れ、本格的な手稿古文書に挑む準備を行った(同館の文書は大部分が筆写で、明晰な文字のものが多い)。その後セビーリャのインディアス総文書館、シマンカス総文書館、ローマのイエズス会文書館へと移り、本格的に未刊行の手稿古文書と直接向かい合うことになった。当初の読解速度は、隣に居合わせた欧米人研究者に憐れみの感情を呼び起こした程のものであったが、正に新天地が開けたと筆者には思えた。この間お世話になったのは、『イダルゴとサムライ』(拙訳、法政大学出版局、二〇〇〇年刊)の著者、フアン・ヒル先生と夫人コンスエロ・バレラ氏である。先生は今年スペイン、歴史アカデミアの会員になられたが、誠に気軽にご自宅にお招きくださり、研究上の相談のみならず、手稿文書の読解困難な文字までお教え下さった。

第二は、川北先生のご紹介で桃木至朗先生に東洋史関係の基本図書を懇切にご教示いただき、先生御主催の「海域アジア史研究会」にお誘い下さったことである。そのお陰で東・東南アジア側の視点に導かれ、スペインや他のヨーロッパ側の史料からは伺うことが全くできない部分が幾分か見えるようになり、フィリピーナス諸島のスペイン人の意味を従前より奥行深く考察可能になったと思う。同諸島が世界史上に持つ意味の大きさを具体的に理解する土台を得た。

第三は、グローバル・ヒストリーの歴史観を主唱しておられるお一人、秋田茂先生のご指導を得たことだ。先生のお陰で、支配・被支配の地域史の中に、人と人、文明と文明の関係の普遍的な問題への意識を探る研究をグローバル・ヒストリーの観点から照射することで、今日的な意義を問うことが可能となり、本書となった。更にスペイン史学会でお世話になった諸先生方のことも忘れるわけにはいかない。

出版事情が厳しい中、今日ここに本書が日の目を見ることができるのは、「スペイン文化省と日本の大学間における文化協力協定」グラシアン基金の出版助成のお陰である。スペイン経済が厳しい状況下、国民が忍耐を強いられるにも拘らず、寛大な助成を下されたことには言葉に言い尽くせぬものがある。また、法政大学出版局、前編集代表秋田公士氏にはここに深い感謝の念をもって御礼申し上げたい。筆者の事情で生じた原稿の遅れを忍耐強くお待ち下さり、種々のご提案を下さった。索引や表の作成でお世話になった帝塚山大学経済学部合同研究室の出石さんにもお礼申し上げたい。

私事にわたり恐縮だが、最後に父母・家族の折々の理解・協力に感謝を表したい。今は昔のこととなったが、筆者の長期海外出張では日本に残した子にも帯同した子にもそれぞれに寂しい思いをさせ、夫には負担が掛かったことなど、思いは尽きない。

平成二三年十二月

平山篤子

| スペイン人数 | 関税収入（単位ペソ）（税率3％，1606年以降は明船6％） | | | | | | 備考 |
| --- | --- | --- | --- | --- | --- | --- | --- |
| 主にマニラの兵力 | 日本人 | 華人（食糧，軍需物資は非課税） | | ポルトガル人 | ガレオン船出入の有無 | | |
| | | | Chaunu | | 入港 | 出港 | |
| | | | | | ◎はあり | | |
| | | | | | ◎ | ◎引き返す | |
| | | | | | | | キアポのイエズス会エンコミエンダには華人カトリックが増加傾向で，この年徴税件数は500件 |
| | | | | | | | 広東から関係修復使節来航（誰が派遣者か不明） |
| | | | | | | | 清朝，華南沿岸地域に遷界令を出す |
| | | | | | | | 商品売買・工匠が多い．4,000人以外は異教徒．鄭成功が諸島に投降を呼びかけ，多くの華人（2,000人ほど）が死亡した．1,300人ほどが帰郷 |
| | | | | | | | 「かつてない程に居留者・来航者共に少ない」 |

| | 華人人口 | | | | | 明船来航数 | | 日本人・船 |
|---|---|---|---|---|---|---|---|---|
| | 通信文書 | | | Trechuelo 著 | 通信文書・修道会年代記等 | 通信文書 | Chaunu | |
| | 滞在者数 | 来航者数 | 総数 | | 改宗者・信徒 | | | |
| 備考 | | いずれも複数の書簡参照，数時は数値併記 | | | | | | |
| 1655 | 華人大工200人，華人＋メスティーソ理髪師200人 | | | | | | 総数３隻 | |
| 1656 | | | | | | | | |
| 1658 | | | | | | | 総数15隻，マニラ入港13隻，その他２隻 | |
| 1661 | | | | | | | | |
| 1662 | パリアンに15,000人 | | | | 4,000人以上 | | | |
| 1678 | 6,000人未満 | | | | | | | |

＊網掛け行は大暴動発生年，

| スペイン人数 | 関税収入（単位ペソ）<br>（税率３％，1606年以降は明船６％） | | | | | | 備考 |
|---|---|---|---|---|---|---|---|
| 主にマニラの兵力 | 日本人 | 華人<br>（食糧，軍需物資は非課税） | | ポルトガル人 | ガレオン船出入の有無 | | |
| | | | Chaunu | | 入港 | 出港 | |
| | | | | | ◎はあり | | |
| | | | | | ◎ | 欠航 | |
| | | | | | ◎ | ◎ | バイバイのパリアン火事 |
| | | | | | ◎ | ◎３隻 | １隻はメキシコに安着 |
| | | | 1641〜45年<br>18,599<br>（売買推定総額<br>310,000） | | ◎ | ◎ | 総督ファハルド，サン・ガブリエルにパリアン建設 |
| | | | | | ◎ | ◎ | |
| | | | | | ◎ | ◎ | 出航後カガヤンで座礁 |
| | | | | | | | |
| | | | | | ◎ | ◎ | |
| | | | | | 不明 | ◎ | |
| | | | 1646〜50年<br>9,999<br>（売買推定総額<br>166,200） | | ◎大破して入港 | ◎ | パリアン内，華人理髪師，工人，各200名．<br>マニラ付近の改宗華人を，パリアンではドミニコ会が管理．ここには非改宗者が多い．トンドはアウグスチノ会が管理．メスティソと改宗者が居住，ただし人数は多くない．ビノンドはドミニコ会が管理．メスティソと改宗者が多い．キアポはイエズス会の管理．改宗華人多数 |
| | | | | | ◎ | ◎引き返す | |
| | | | | | ◎ | ◎ | |
| | | | | | ◎ | ◎ | |
| | | | | | ◎１隻座礁 | ◎ | |

著者紹介

平山篤子（ひらやま あつこ）

Yale University, Yale Divinity School (M.A.R.)
大阪大学大学院文学研究科博士後期課程単位認定退学.
現在，帝塚山大学経済学部教授.
主要著書・訳書
川村信三編『超領域交流史の試み』（共著）上智大学出版，2009 年.
フアン・ヒル『イダルゴとサムライ』（翻訳）法政大学出版局，2000 年.

スペイン帝国と中華帝国の邂逅
——十六・十七世紀のマニラ

2012年 2 月15日　初版第 1 刷発行

著　者　平山篤子
発行所　財団法人 法政大学出版局
〒102-0073 東京都千代田区九段北 3-2-7
電話 03 (5214) 5540 振替 00160-6-95814
組版・印刷：三和印刷，製本：誠製本


ISBN 978-4-588-37501-9

# 索　引

# 人名索引


ア　行

アウグスチヌス
San Augustín　197
アクアヴィーヴァ，クラウディオ
Acuaviva, S.J., Claudio　91, 94, 99, 107, 110-114, 151, 157, 174-182, 209-211
アクイーナス，トマス
Aquino, Tomás de　195-197, 221
アクーニャ，ペドロ・デ
Acuña, Pedro de　303, 330-332, 334, 339, 340, 342, 343, 345, 347, 350-354, 362, 364, 370, 371, 374, 375, 381, 392, 394, 395, 401, 409
アクーニャ，ペドロ・ブラボ・デ
Acuna, Pedro Bravo de　369
アコスタ，ホセ・デ
Acosta, S.J., José de　64, 74, 113, 116, 131-136, 138, 139, 148, 149, 156, 167, 169-176, 178-180, 182, 184, 186-195, 197, 199, 201-215, 226, 250, 258, 261, 298, 433-436, 440
「カテキズム」　148, 169, 170, 173, 199, 207, 209
「サンチェス反駁（論文）」　116, 131, 134-136, 169, 170, 174, 175, 177, 180, 182, 190-192, 194, 201, 212
「第一論文」　157, 183, 185, 186, 189, 210
「第二論文」　157, 164, 168, 176, 181, 185, 189, 192, 193
自他の相対化　185, 186, 190, 194, 201, 434, 435
洞察力　191-193, 206, 434
アドゥアルテ，ディエゴ
Aduarte, O.P. Diego,　238, 257, 264, 265, 268, 303, 321, 368
アリストテレス
Aritotele　197, 213
アルセガ，フアン・デ
Arcega, Juan de　337, 369
アルファロ，ペドロ・デ
Alfaro, OFM., Pedro de　104, 234, 259, 263
アルヘンソーラ，バルトロメ・レオナルド
Argensola, Bartolemé Leonardo　83, 326, 331, 335, 337, 339, 343, 350, 353, 354, 356, 361, 367, 368, 371, 374, 375
アルマサン，クリストバル・テジェス・デ
Almazán, Cristóbal Téllez de　358, 370
アレキサンデル六世（教皇）
Alejandro VI　10, 69
イクアン・サングルス
398, 426, 427
イサベル，カトリック女王
Isabel la Católica　68
イスラ，フアン・デ
Isla, Juan de　369
板倉重政　22, 30, 62, 364
ヴァリニャーノ，アレハンドロ
Valignano, S.J., Alejandro　86, 87, 91, 94, 98, 99, 106, 107, 110, 121, 124, 142, 147, 149, 151, 152, 154, 158, 159, 161, 167, 177, 178, 189, 202, 207, 211, 215, 301
ヴィリャロボス（隊），ルイ・ロペス・デ
Villalobos, Ruy López de　53-55
ヴォランテ，フアン
Volante, O.P., Juan　152, 154, 155, 228, 253, 254
ウルダネタ，アンドレス・デ
Urdaneta, OSA., Andrés de　10, 12, 54
永楽帝　55
エスブリイ，オノフレ
Esbrí, S.J., Onofre　424
エラスムス
Erasmo de Rotterdam　21
エラソ，ロレンソ・デ
Eraso, Lorenso de　384, 411
エル・カノ，フアン・セバスティアン・デ
El Cano, Juan Sebastián de　54
エレラ，ディエゴ・デ

Herrera, OSA., Diego de　78
閻應龍　328, 363
エンカン（華人　洗礼名　バウティスタ・デ・ベラ）　303, 337, 353, 354, 368, 374
エンリケ枢機卿（ポルトガル王）　80
エンリケス（将軍），アロンソ・デ
Enríquez, Alonso de　388
エンリケス，マルティン
Enríquez, Martín　77
王時和　329, 345, 347, 358, 362, 364-366
王泮（嶺西道）　135
王望高　82, 102, 103, 373
オルテガ，フランシスコ・デ
Ortega, OSA., Francisco　79, 88
温純（都御史）　348, 363, 365

カ　行
学聚　373
カストロ，フアン・デ
Castro,O.P., Juan de　159, 237, 255, 256, 264, 333, 430
カノ，メルチョール
Cano, O.P., Merchor　197, 221
カバジェロ，セバスティアン
Caballero, Sebastián　406, 408
カブラル，フランシスコ
Cabral, S.J. Francisco　87, 91, 109, 135, 141, 147, 158, 162
カルロス一世（神聖ローマ帝国皇帝としては「カール五世」）
Carlos I（V）　52-54, 106, 109, 213
カンセル，ルイス
Cancer, O.P., Luis　215, 222, 223, 248, 251, 260, 261
ガンドゥージョ，ルイス
Gandullo, O.P., Luis　342
許孚遠　55, 324
キロガ，バスコ・デ
Quiroga, Vasco de　267
キロガ，ペドロ・デ
Quiroga, Pedro de　404
ゲバラ，ディエゴ・デ
Guevarra, OSA., Diego de　369
ゲレロ，エルナンド・デ
Guerrero, OSA. Hernando de　419
高寀　328, 345, 346, 351, 358, 363, 365, 366
コエリョ，ガスパール
Coello, S.J., Gaspar　99, 167
コーボ，フアン
Cobo, O.P., Juan　18, 19, 21, 27, 237, 238, 246, 253-256, 264, 300, 302, 303, 306, 307, 321, 322
ゴメス，ペロ
Gómez, S.J., Pero　87, 107
コルクエラ，セバスティアン・ウルタード・デ
Corcuera, Sebastián Hurtado de　214, 287, 294, 295, 317, 319, 378, 381, 383, 385, 386, 388, 389, 392-397, 400-407, 409-422, 426, 428, 429
コロンブス，クリストバル・デ
Colón, Cristóbal　4, 10, 40, 66
ゴンサーレス，ヒル
González, S.J., Gil　177-179, 210, 211

サ　行
ザビエル，フランシスコ
Xavier, S.J., Francisco　54, 174, 199, 214
サラサール，フランシスコ・ドミンゴ・デ
Salazar,O.P., Francisco Domingo de　23, 28, 60, 74, 83-85, 88-90, 95, 96, 103, 104, 108, 111, 117, 130, 134, 145, 159, 217-231, 233-268, 280, 289, 291, 297, 300, 302, 306, 307, 310, 409, 418, 433-435
「第一書簡」　226, 230, 251, 253
「第二書簡」　226, 227, 251
「1584 年書簡」　240-242, 251, 252
1590 年見解　96, 97, 159, 220, 234, 239, 240, 246-248, 252, 267, 313
1583 年見解　19, 60, 88, 95, 104, 145, 153, 165, 207, 220, 226, 240, 245-248, 251, 252, 255, 257
「調査報告書」　220, 226, 230-233, 243, 244, 248, 251, 252, 259
サラサール，ヘロニモ・デ
Salazar, Jerónimo de　362, 365, 375
サルバティエラ，クリストバル・デ
Salvatierra, O.P., Cristóbal de　104
サンチェス，アロンソ
Sánchez, S.J., Alonso　25, 32, 56, 57, 59, 68, 74-76, 82, 84-99, 103-111, 113-155, 157-160, 162-164, 166, 167, 169, 171, 173, 175-186, 188, 189, 191-193, 199, 202, 205, 207, 208, 210, 212, 218, 224- 226, 228, 229, 232, 234, 239, 242-245, 247, 253-255, 259, 261, 262,

266, 268, 291, 306, 316, 415, 433, 434, 435-437
第一次チナ（マカオ）出張　85, 104, 120, 129, 143, 147, 225, 245
第二次チナ（マカオ）出張　89, 92, 110, 136, 137, 177, 243
「国王宛報告書」　92, 95
「第一報告書（Relación I）」　56, 87, 95, 104-106, 117, 124, 131, 135, 141, 158
「第二報告書（Relación II）」　63, 90, 95, 117, 122, 124, 131, 135, 136, 137, 139, 146, 152, 158
洞察力　113, 115, 119, 435
プロクラドール　25, 84, 93, 97, 154, 177, 199, 240, 291
「覚書」　68, 93, 117, 131, 210
「入国覚書」　68, 93, 110, 117, 126, 127, 129, 158, 160, 163, 164
サンタ・クルス，ドミンゴ・デ
Santa Cruz, O.P., Domingo de　223
サンデ，フランシスコ・デ
Sande, Francisco de　59, 81, 82, 84, 85, 88, 103, 120, 126, 141, 263, 294
サンティバネス，イグナチオ
Santibáñez, O.F.M., Ignacio（マニラ大司教）307
簫基　315
スマラガ，フアン・デ
Zumárraga, OFM. Juan de　59
スンタイ（華人）　354, 368
セグゥアン，トマス（華人）　265
セデーニョ，アントニオ
Sedeño, S.J. Antonio　85, 99, 103, 104, 111, 157, 167, 176, 261, 311
セビーコス，フアン
Sevicos, Juan　314
セプルベダ，フアン・デ
Sepúlveda, Juan de　213
セラノ，ガルシア・デ
Serrano, O.P., Garcia de　304, 317, 402, 403, 428
ソテロ，ルイス
Sotero, O.F.M., Luis,　102
ソト，エルナンド・デ
Soto, Hernando de　260
ソト，ドミンゴ・デ
Soto, O.P., Domingo de　197, 217, 221
ソリア，ディエゴ・デ
Soria, O.P., Diego de　253, 254, 268, 340, 370

タ　行
ダ・クルス，ガスパール
Cruz,O.P.,  Gaspar da　123, 151, 162, 165, 168
ダスマリーニャス，ゴンサーロ・ゴメス
Dasmariñas, Gonzálo de Gómez,　97, 217, 224, 253, 268, 316, 323, 368
ダスマリーニャス，ルイス
Dasmariñas, Luis　60, 63, 324, 337, 339, 368
タボラ，フアン・ニーニョ・デ
Tabora, Juan Niño de　27, 31, 32, 58, 60, 214, 313, 317, 321, 403, 405, 409-411, 419, 422
張居正　11
張嶷　328, 329, 334, 344, 346-348, 363, 366, 373, 374
チリノ，ペドロ
Chirino, S.J., Pedro　99, 103, 104, 113
ディアス，カシミロ
Díaz, OSA, Casimiro　292, 309, 311, 379, 384, 388, 401, 409, 411, 417, 418, 420-423, 425-427, 430
鄭成功　31, 400
テーリョ・デ・グスマン，フランシスコ
Tello de Guzman, Francisco　63, 352
ドゥエニャス，フランシスコ
Dueñas, Francisco　84, 92, 259
徳川家光　29
徳川家康　29, 62, 332
徳川秀忠　29
トバル，アントニオ
Tovar, S.J., Antonio　173
豊臣秀吉　29, 30, 62, 81, 99, 123, 124, 127, 193, 293, 321, 332, 364
スペイン政庁に対する朝貢勧告　30, 99
暴君　62
トルデシーリャス，アグスティン・デ
Tordesillas, O.F.M., Agustín de　263
トーレス，コスメ・デ
Torres, S.J., Cósme de　54

ナ　行
ナダル，ヘロニモ
Nadal, S.J., Jerónimo　172, 208
ナルバエス，パンフィロ・デ
Narvaez, Pamfilo de　260

ハ　行
（聖）パウロ　187, 195, 204
パジオ，フランシスコ
Pasio, S.J., Francisco　87, 137
支倉常長　102
バニェス，ドミンゴ・デ
Báñez, O.P., Domingo de　221, 260
パブロ・デ・ヘスス
Pablo de Jesús O.F.M.　104
パラシオス，ローペ・デ
Palacios, Lope de　263
万暦帝　323, 326-328, 333, 346, 347, 360, 366
ベーガ・イ・カルピオ，ローペ・デ
Vega y Cárpio, Lope de　29
ビトリア，フランシスコ・デ
Vitoria, O.P., Francisco de　4, 52, 100, 132, 133, 139, 182, 183, 186, 187, 196, 197, 213, 214, 217, 219, 221, 224, 248-252, 257, 258, 260
ファハルド・イ・チャコン，ディエゴ・デ
Fajardo y Chacón, Diego de　426
フアン・デ・サン・ペドロ・マルティル
Juan de San Pedro Mártir, O.P.　308
フィゲロア，ロドリゴ・デ
Figueroa, Rodrigo de　368
フェリーペ三世
Felipe III　58, 332, 333
フェリーペ二世
Felipe II　12-14, 16, 20, 26, 44, 52, 53, 56-58, 73, 80, 81, 84-86, 88, 89, 92, 94, 96, 98, 100, 102, 104, 106, 107, 114, 152, 157, 163, 172-175, 177, 180, 181, 186, 209, 218, 222, 225, 227, 260, 237, 274, 302, 320
破産　53
中央集権化政策　172, 174
プラサ，フアン・デ
Plaza, S.J., Juan de　110, 213
ブルゴス，ヘロニモ・デ
Burgos, O.F.M., Jerónimo de　104, 259
フロイス，ルイス
Flois, S.J., Luis　107
ベテタ，グレゴリオ
Beteta, O.P., Gregorio　223, 261
ベナビーデス，ペドロ・デ
Benavides, Pedro de　337, 369
ベナビーデス，ミゲール・デ
Benavides,O.P., Miguel de　21, 120, 237, 239, 255-257, 264, 302, 311, 321, 328, 331, 333, 336, 337, 339, 340, 342, 344, 350, 351, 354, 356, 358, 359, 364, 367, 368, 392
ベラ，サンティアゴ・デ
Vera, Santiago de　89, 93, 96, 110, 111, 236, 237, 239, 242, 245, 264, 265, 267, 289, 300, 303, 306, 311, 312, 317, 322, 412
ベルナルド・デ・サンタ・カタリナ
Bernardo de Santa Catalina, O.P.　368, 428
ペレイラ，ガレオテ・デ
Pereira, Galeote de　123, 203
ポーロ，マルコ
Polo, Marco　4, 102, 274
ポブレ，ホアン
Pobre, O.F.M., Juan　104, 338, 368
ボバディーリャ，ディエゴ
Bobadilla, S.J., Diego　214, 306, 307, 323

マ　行
マゼラン，フェルナンド・デ
Magallanes, Fernando de　10, 26, 54
マリン，ヘロニモ・デ
Marín, OSA., Jerónimo de　101
マルドナド，アントニオ・リベラ・デ
Maldonado, Antonio Ribera de　370, 373
マンリケ，フランシスコ
Manrique, OSA., Francisco　28, 88
メディナ，フアン・デ
Medina, OSA., Juan de　295, 320, 321
メルカード，フランシスコ・デ
Mercado , Francisco de　263
メルクリアン，エベラルド・デ
Mercurián, S.J., Everardo de　98, 173, 200, 208
メンドーサ，アントニオ・デ
Mendoza, S.J. Antonio de　102, 107, 110, 157, 167, 178, 183
メンドーサ，フアン・コンザレス・デ
Mendoza, OSA., Juan Gónzalez de　60, 81, 102, 108
モグロビエッホ，トリビオ・デ
Mogroviejo, Toribio de　208
モトリニア
Motolinia（Toribio de Benavente）O.F.M. 267
モヤ・イ・コントレラス，ペドロ
Moya y Contreras, Pedro　224

モラ，アリアス・デ
Mora, Arias de　380, 381, 396, 401, 402, 404, 420, 427, 428
モルガ，アントニオ・デ
Morga, Antonio de　83, 282, 289, 310, 316, 331, 335, 338, 343, 345, 350, 351, 353-356, 362, 367, 371, 386
モレホン，ペドロ
Morejón, S.J., Pedro　214, 419
モンファルコン，フアン・グラウ・デ
Monfalcón, Juan Grau de　378, 398, 399, 402, 403, 406, 421, 424, 425

ヤ　行

ユアン（華人海賊）427

ラ　行

ラーダ，マルティン・デ・ラ
Rada, OSA., Martín de la　60, 77-79, 81, 101, 158, 160, 299, 321
ラス・カサス，バルトロメ・デ（チアパの司教）
Las Casas, O.P., Bartolomé de　4, 120, 146, 182, 198, 206, 217-219, 222-225, 247-252, 257-261, 434
ラベサーリス，グイード・デ
Lavesaris, Guido de　55, 101, 102
リッチ，マテオ
Ricci, S.J., Mateo　89, 91, 94, 105, 106, 108, 109, 116, 135, 142, 151, 152, 155, 160, 162, 167, 178, 189, 203, 205, 210-212, 215, 243, 302, 305, 342
リバデネイラ，マルセロ・デ
Ribadeneyra, O.F.M., Marcelo de　104, 304
リベラ，ディエゴ・デ
Ribera, Diego de　383, 421
林鳳　78, 81, 82, 101, 102, 299, 303, 337, 373
ルッジェーリ，ミケーレ
Ruggieri, S.J., Michele　86, 89-91, 94, 106, 108, 109, 116, 121, 124-126, 134-137, 145, 147, 149, 153, 154, 158, 159, 166, 189, 190, 202, 212, 302, 415
レガスピ，ミゲール・ロペス・デ
Legazpi, Miguel López de　11-13, 20, 55, 59, 77-78, 79, 101, 319
レメサル，アントニオ
Remesal, O.P., Antonio　21, 222, 237, 256, 260, 268
ロス・リオス・コロネル、エルナンド・デ
Los Rios Coronel, Hernando de　82, 83, 314, 317, 369
ロンキーリョ・イ・ペニャローサ，ゴンサロ・デ
Ronquillo y Peñalosa, Gonzalo de　84, 88, 104 117, 226, 234, 267, 294
ロペス，グレゴリオ
López, S.J., Gregorio　374
ロマン，フアン・バウティスタ
Román, Juan Bautista　89-91, 122, 141, 145, 242, 243, 266, 311
ロヨラ，イグナシオ・デ
Loyola, S.J., Ignacio de　125, 154, 171, 174, 208

# 地名索引

# 事項索引

タ　行

マ　行

# 主要参考文献

# 和　　文

アクィナス，トマス『神学大全』高田五郎他訳，創文社，1963年.
アコスタ，ホセ・デ『新大陸自然文化史（上・下）』増田義郎訳注，大航海時代叢書，岩波書店，1996年.
アコスタ，ホセ・デ「パードレ・ホセ・デ・アコスタと『対明戦争について』」金澤篤子訳注，『サピエンチア』第12号，1978年.
アコスタ，ホセ・デ「パードレ・ホセ・デ・アコスタと『対明戦争を正当化する諸論拠に対する反論』」平山篤子訳注，『サピエンチア』第19号，1985年.
アブー＝ルゴド，ジャネット『ヨーロッパ覇権以前；もう1つの世界システム』佐藤次高他訳，岩波書店，2001年.
生田滋「インド洋貿易権におけるポルトガルの活動とその影響」『ヨーロッパ世界の拡張―東西貿易から植民地支配へ』世界思想社，2000年.
生田滋「近世初頭の東南アジアにおける世界秩序」『思想』第801号，1991年3月.
生田滋『大航海時代とモルッカ諸島』中公新書1433，中央公論社，1998年.
伊藤不二男『ビトリアの国際法理論』有斐閣，1965年.
猪木武徳『文芸に現れた日本の近代』有斐閣，2004年.
岩生成一「板倉重政の呂宋遠征計画」『史学雑誌』第45巻，1929年.
岩生成一『朱印船貿易史の研究』弘文堂，1958年.
ヴァリニャーノ，アレハンドロ『日本のカテキズモ』家入敏光訳，天理図書館，1969年.
上田信『海と帝国―明清時代』講談社，2005年.
内田晶子「一六三九年のマニラにおける中国人暴動」『お茶の水史学』第18号，1974年.
王利他『チナ　在野の文明』児島弘一郎訳，図説中国文明史9，創元社，2006年.
岡本良知『十六世紀日欧交渉史の研究』復刻版，原書房，1974年.
岡本良知『キリシタンの時代――その文化と貿易』高瀬弘一郎編，八木書店，1987年.
『華夷變態』上巻，林春勝，林信篤編，東洋文庫叢刊，東方書店，1981年.
可児弘明・斯波義信・遊仲勲編『華僑・華人事典』弘文堂，2002年.
クルス，ガスパール・ダ『十六世紀華南事物誌』日埜博訳，明石書店，1987年.
科野孝蔵『オランダ東インド会社：日蘭貿易のルーツ』同文舘出版，1984年.
川勝義雄『中国人の歴史意識』平凡社選書91，平凡社，1986年.
川島元次郎『朱印船貿易史』内外出版，1921年.
岸本美緒『清代中国の物価と経済変動』研文出版，1997年.
岸本美緒「東アジア・東南アジア伝統社会の形成」『岩波講座 世界歴史13』岩波書店，1998年.
クロスビー，A. W.『ヨーロッパ帝国主義の謎：エコロジーから見た10～20世紀』佐々木昭夫訳，岩波書店，1998年.
黒田明伸『越境する通貨』青木書店，1999年.
ケイメン，ヘンリー『スペインの黄金時代』立石博高訳，岩波書店，2009年.
小島幸枝「新出資料マニラ版ドチリナキリシタン二種（1593年刊）について」『東洋文庫書報』1979年.
小葉田淳『金銀貿易史の研究』法政大学出版局，1976年.

小葉田淳『日本鉱山史の研究』岩波書店，1968 年.
ザビエル，フランシスコ『聖フランシスコ・ザビエル全書簡』河野純徳訳注，平凡社，1985 年.
斯波義信『華僑』岩波新書 362，岩波書店，1995 年.
笑笑生『金瓶梅』小野忍・千田九一訳，岩波文庫 14-1，岩波書店，1973 年.
ショーニュ，ピエール『ラテン・アメリカ史』文庫クセジュ 160，白水社，1955 年.
杉山正明『モンゴル帝国と長いその後』講談社，2008 年.
杉山正明「帝国史の脈絡」『帝国の研究』山本有造編，名古屋大学出版会，2004 年.
スペンス，ジョナサン『マッテオ・リッチ記憶の宮殿』古田島洋介訳，平凡社，1995 年.
関哲行・立石博高編訳『大航海の時代——スペインと新大陸』同文舘出版，1998 年.
染田秀藤『大航海時代における異文化理解と他者認識——スペイン語文書を読む』渓水社，1995 年.
染田秀藤『ラス・カサス伝』岩波書店，1990 年.
高瀬弘一郎『モンスーン文書と日本』八木書店，2006 年.
高瀬弘一郎『キリシタン時代の研究』岩波書店，1973 年.
高瀬弘一郎『キリシタン時代の貿易と外交』八木書店，2002 年.
張維華『明史歐州四國傳注釋』上海古籍出版社，上海，1982 年.
張燮『東西洋考』中華書局，北京，1981 年.
辻善之助『増訂 海外交通史話』内外書籍，1930 年.
東京大學史料編纂所纂『大日本史料』第十二之十二（復刻版），東京大学出版会，1965 年.
長崎暢子「インド大反乱と情報伝達」『移動と交流』柴田三千雄他編，岩波書店，1990 年.
『バタビア城日誌　2』中村孝志編，村上直二郎訳，東洋文庫 205，平凡社，1972 年.
羽田正『東インド会社とアジアの海』講談社，2007 年.
濱下武志，川北稔編著『支配の地域史』山川出版社，2000 年.
濱下武志『朝貢システムと近代アジア』岩波書店，1997 年.
濱下武志「『華僑』史に見る社会倫理」『思想』第 801 号，岩波書店，1991 年.
バンガード，ウィリアム『イエズス会の歴史』岡安喜代他訳，原書房，2004 年.
ハンケ，ルイス『アリストテレスとアメリカインディアン』佐々木昭夫訳，岩波新書 青 -889，岩波書店，1974 年.
ビトリア，フランシスコ・デ『人類共通の法を求めて』佐々木孝訳，岩波書店，1993 年.
『平戸オランダ商館の日記』永積洋子訳，岩波書店，1969-1970 年.
平川祐弘『マッテオ・リッチ伝，1, 2, 3』東洋文庫 141, 624, 627，平凡社，1969-1997 年.
平山篤子「アロンソ・サンチェス神父とシナ遠征論」『帝塚山論集』第 71 号，1991 年.
平山篤子「アロンソ・サンチェス神父と対明戦争——第二次マカオ出張（1584 年）」『帝塚山経済学』第 5 巻，1996 年.
平山篤子「フィリピーナス政庁における対チナ人観，対明観（Ⅰ）——マニラにおけるチナ人暴動事件を通して」『帝塚山経済・経営論集』第 16 巻，2006 年.
平山篤子「フィリピーナス政庁における対チナ人観，対明観（Ⅱ）——マニラにおけるチナ人暴動事件（1603 年）を通して」『帝塚山学術論集』第 13 号，2007 年.
平山篤子「フィリピーナス諸島における対チナ人観，対明観（Ⅲ）——マニラにおけるチナ人暴動事件（1639-1640 年）を通して」『帝塚山学術論集』第 13 号，2006 年.
平山篤子「フィリピーナス総督府創設期の対外関係（序）（Ⅱ）（Ⅲ）（Ⅳ）——カトリック帝国と東・東南アジア（1565-c.1650）」『帝塚山学術論集』第 10 号（2003 年），第 11 号（2004 年），第 12 号（2005 年），第 14 号（2007 年）.
平山篤子「フライ・ドミンゴ・デ・サラサールと支那問題への意見（1）（2）（3）（4）」『サピエンチア』第 20 号（1986 年），第 21 号（1987 年），『帝塚山論集』第 61 号（1988 年），第 69 号（1990 年）.
平山篤子「明宣教におけるアロンソ・サンチェス神父の選択」『超領域交流』川村信三編，上智大学出版会，2009 年.

平山篤子「シャムにおけるスペイン人による朱印船ジャンク焼き討ち事件（1628年）」『帝塚山経済・経営論集』第10巻，2000年.
ヒル，フアン『イダルゴとサムライ』平山篤子訳，叢書ウニベルシタス693，法政大学出版局，2000年.
フーンス，フリート・コイエット『オランダ東インド会社と東南アジア』生田滋訳注，大航海時代叢書，岩波書店，1988年.
フランク，ギュンター『リオリエント――アジア時代のグローバル・エコノミー』山下範久訳，藤原書店，2000年.
フリン，デニス『グローバル化と銀』秋田・西村編，平山訳，山川レクチャーシリーズ7，山川出版社，2010年.
フロイス，ルイス『日本史』松田毅一・川崎桃太訳，中央公論社，1977-1980年.
細野浩二「明史校証零余――明実録と明史稿列伝の間」『中国正史の基礎的研究』早稲田大学文学部東洋史研究室編，早稲田大学出版部，1984年.
松井透「近代西欧のアジア観と植民地支配――イギリスのインド支配をめぐって」『思想』第530号，岩波書店，1968年.
松井透『イギリス支配とインド社会』東京大学出版会，1987年.
松浦章『中国の海商と海賊』世界史リブレット63，山川出版社，2003年.
松浦章『中国の海賊』東方書店，1995年.
松浦章「清代の海洋圏と海外移民」『アジアから考える3，周辺からの歴史』東京大学出版会，1994年.
松森奈津子『野蛮から秩序へ』名古屋大学出版会，2009年.
『明史』張廷玉等撰，中華書局，北京，1974年.
『明實録』中央研究院歴史語言研究所，台北，1966年.
村尾進「珠江・廣州・マカオ」『明末清初の社会と文化』小野和子編，京都大學人文科學研究所，1996年.
村上直二郎訳注『異国往復書簡集』改訂復刻版，雄松堂書店，1966年.
メンドーサ，ゴンサーレス・デ『シナ大王国誌』長南実訳，矢沢利彦訳注，大航海時代叢書，岩波書店，1965年.
桃木至朗編『海域アジア史研究入門』岩波書店，2008年.
百瀬弘「明代の銀産と外国銀に就いて」（1933年）「清代における西班牙弗の流通」（1936年）『明清代社会経済研究』研数出版，1980年.
モルガ，アントニオ・デ『フィリピン諸島誌』神吉敬三訳，箭内健次訳注，大航海時代叢書，岩波書店，1973年.
箭内健次「マニラの所謂パリアンに就いて」『台北帝国大学文政学部史学科研究年報』第5輯，1938年.
矢野仁一『近代支那外国関係研究』弘文堂書房，1928年.
山内昌之『ラディカル・ヒストリー』中公新書1001，中央公論社，1991年.
リッチ，マッテーオ，アルヴァーロ・セメード『中国キリスト教布教史』川名公平訳，矢沢利彦訳注，大航海時代叢書，岩波書店，1982年.
リード，A.『大航海時代の東南アジアI――貿易風の下で』平野秀秋，田中優子訳，叢書ウニベルシタス570，法政大学出版局，1997年.
和辻哲郎「大航海時代通信2」『イエズス会と日本1』大航海時代叢書，1981年1月.
和辻哲郎『鎖国――日本の悲劇』筑摩書房，1950年.

# 欧　文

一次史料集（未刊行のものを除く）


Acosta, José de: *De procuranda Indorum Salute, Pacificación y colonización*, Luciano Pereña ed. Corpus Hispanorum de pace, v. 23, C.S.I.C., 1984.

Acosta, José de: *De procuranda Indorum Salute: Predicación del Evangelio en las Indias,* introducción, traducción y notas, Francisco Mateos ed. B. A. E., vol. 73, Madrid, 1952（邦訳『世界布教をめざして』青木康征訳, 岩波書店, 1992 年〔第三書まで〕).

Aduarte, Diego: *Historia de la Provincia del Santo Rosario de la Orden de Predicadores en Filipinas, Japón y China,* C. S. I. C., 1960.

Argensola, Bartolomé Leonardo: *Conquista de las Islas Malucas al Rey Felipe Tercero, nuestro señor*, Zaragoza, 1891.

Astráin, Antonio: *Historia de la Compañía de Jesús en la asistencia de España*, Madrid, 1913.

*Beng sim po cam o Espejo rico del claro Corazón*: primer libro China traducido en lengua Castellana, Fidel Villarroel ed. University of Santo Tomas Press, Manila, 1986.

Blair, Emma Helen and James Alexander Robertson, ed.: *The Philippine Islands, 1493-1898*, Reprinted. 1973.

*Cartas de Indias* I, II, Ministerio de Fomento, Madrid, 1877.

Colín, Francisco: *La labor Evangéica; ministerios apostólicos de los obreros de la Compañía de Iesús, fvndación y progressos de su provincia en las islas Filipinas*, Pablo Pastells ed., Barcelona, 1903-1904.

Concepción, Juan de la, *Historia General de las Filipinas, conquistas espirituales y temporales de estos españoles dominios, establecimientos progresos y decadencias* ... Manila, 1788.

*Doctrina Christiana en letra China, compuesta por los padres ministros de los Sangleyes, de la Orden de Sancto Domingo*, por Keng Yong, China, en el Parián de Manila. Edición facsímile publicada por la Orden de Santo Domingo en 1972.

*Documenta Índica* 18 vols. (I-XIII, XVII, XVIII, Joseph Wicki. ed., XIV- XVI, Joseph Wicki and John Gomes ed.) Monumenta Historicae Societatis Iesu, vol. 118, Roma, 1948-1988.

*El Libro de Marco Polo, Las Apostillas a la Historia Natural de Plinio el Viejo*, preparado por Juan Gil, Alianza Editorial, 1992.

Ferrando, Juan: *Historia de los PP. Dominicos en las Filipinas y en sus misiones del Jopón...*, Madrid, 1870.

Guzmán, Luis de: *Historia de las missiones que han hecho los religiosos de la Compañia de Iesús para predicar el sancto Evangelio en la India oriental, y en los reynos de la China y Iapón,* Tenri Central Library, Yushodo Booksellers, Tokyo, 1976.

Hanke, Lewis, ed.: *Cuerpo de Documentos del siglo XVI, sobre los derechos de España en las Indias y las Filipinas*, México, 1943.

*Monumenta Mexicana,* 5 vols., Félix Zubillaga ed., Monumenta Historica Societatis Iesu, Roma, 1959-1990.

*Monumenta Peruana,* 8 vols., Antonio Egaña ed., Monumenta Historica Societatis Iesu, Roma, 1954-1986.

Pastells, Pablo: *Historia general de Filipinas / Catálogo de los documentos relativos a las islas Filipinas existentes en el Archivo de Indias de Sevilla*, Pedro Torres y Lanzas, Barcelona, 1927-1931.

Pérez, Lorenzo: *Origen de las Misiones Franciscanas en el Extremo Oriente*, Madrid, 1916.

*Recopilación de leyes de los reynos de las Indias*, Julian de Paredes ed., Ediciones Cultura Hispánica, 1973.

Remesal, Antonio de: *Historia General de Las Indias Occidentales y Particulares de la Gobernación de Chiapa y Gua-*

*temala*, tomo I - II, Biblioteca Porrúa, 1988.
Retana, W. E., ed.: *Archivo de Bibliófilo Filipino,* 5 vols., Madrid, 1895-1896.
Retana, W., ed.: *Aparato bibliográfico de la historia general de Filipinas*, deducido de la colección que posee en Barcelona la Compañía General de Tabacos de dichas islas, Manila, 1864
Retana, W. E. ed.: *Estadismo de las Islas Filipinas*, por el Padre Joaquín Martínez de Zuñiga, Madrid, 1893.
San Agustín, Gaspar de: *Conquista de las Islas Filipinas (1565-1615)*, Manuel Merino ed., C. S. I. C., 1975.
Valignano, Alejandro: "El Projecto de Embajada del Papa a la China y el Padre Alejandro Valignano, S. J. (1588-1603)", J. L. Alvarez-Taladriz ed.,『天理大学報』第 91 号 , 天理大学, 1974 年（邦訳・平山篤子訳「シナへの教皇使節派遣計画とアレハンドロ・ヴァリニャーノ神父（1）(2)」『帝塚山論集』第 76 号［1992 年], 第 80 号［1994 年]).
Valignano, Alejandro: *Apología de la Compañía de Jesús de Japón y de China (1598)*, J. L. Alvarez-Taladriz ed., Nara, 1998.
Wade, Geoff ed. and trans.: *Southeast Asia in the Ming Shi-Lu*, a digital open access resource http://www.epress.nus.edu.sg/msl/en.

二次史料
Allen, Paul C.: *Phelipe III, and the Pax Hispanica, 1598-1621*, Yale University Press, 2000.
Alvarez-Taladriz, José Luis: "Censula del Visitador Padre Alejandro Valignano, S. J. por el visitante Padre Alonso Sánchez, S. J. (1584)",『サピエンチア』第 13 号, 1979 年.
Alvarez-Taladriz, José Luis: "En el IV Centenario del Breve EX PASTORALI OFFICIO（1585-1985)",『サピエンチア』第 20 号, 1986 年.
Atwell, William S.:"International Bullion Flows and the Chinese Economy, Circa 1530-1650", *Past and Present*, No. 95, 1982.
Atwell, William S.:"Ming China and the Emerging World Economy, c.1470-1650", *The Cambridge History of China*, vol. 8, Cambridge University Press, 1988.
Atwell, William S.:"Another Look at Silver Imports into China, ca. 1635-1644", *Journal of World History*, vol. 16, no. 4, 2005
Bataillón, Marcel: *Erasmo y España*, México, 1966.
Bauzon, Leslie E.: "Deficit Government, Mexico and the Philippines Situado, 1606-1804", *East Asian Cultural Studies Series*, No. 21, The Centre for East Asian Cultural Studies, Tokyo, 1981.
Bayly, C.A.: " 'Archaic' and 'Modern' Globalization in the Eurasian and African Arena", Hopkins［2002］.
Bernal, Rafael: "The Chinese Colony in Manila", Felix［1966］.
Bernal, Rafael: *México en Filipinas, estudio de una transculturación*, México, 1965.
Boxer, Charls. R.: *The Great Ship from Amacan, annals of Macao and the old Japan trade, 1555-1640,* Lisboa, 1959.
Boxer, Charls. R.: "Plata es Sangre: Sidelight on the Drain of Spanish American Silver in the Far East, 1530-1750", *Philippine Studies xviii*, New York, 1970.
Boxer, Charls. R.: *Portuguese Conquest and Commerce in Southern Asia, 1500-1750*, Variorum Collected Studies Series, Ashgate, 2002.
Boxer, Charls. R.: *The Portugal Seaborn Empire 1415-1825*, London, 1969.
Brook, Timothy: *The Confusions of Pleasure, Commerce and Culture in Ming China*, University of California Press, 1999.
Canny, Nocholas and Anthony Pagden ed.: *Colonial Identity in the Atlantic World, 1500-1800*, Princeton University Press, 1987.
*Carta Magna de los indios*, Escuela de Salamanca. Corpus Hispanorum de Pace 27, C. S. I. C., Salamanca, 1988.
Castro, Americo: *España en su historia*, Barcelona, 1983.
Chan, Albert: "Chinese-Philippine Relations in the Late Sixteenth Century and to 1603", *Philippine Studies* 26, New York, 1978.

Chaunu, Pierre: *Les Philippines et le Pacifique des Ibériques, XVIe-XVIIe-XVIIIe siècles*, París, 1960.
Chen, James: "Bridging East Ocean and West Ocean: Hokkien Merchants in Maritime Asia Prior to 1683, with a Special Reference to the Ports of East Asia" (Paper Prepared for the Workshop, "Northeast Asia in Maritime Perspective" 29-30, October 2004).
Costa, Horacio de la: *The Jesuits in the Philippines, 1581-1768*, Harverd University Press, 1967.
Cummins, J. S.: *A Question of Rites, Friar Domingo Navarrete and the Jesuits*, London, 1993.
Cummins, J. S.: *Jesuit and Friar in the Spanish Expansion to the East,* Variorum Reprints, London, 1986.
Díaz, Casimiro, OSA.: *Conquistas de las Islas Filipinas*, Valladolid, 1890.
Díaz-Trechuelo, Lourdes: *Filipinas. La gran desconocida (1565-1898)*, EUNSA, Pamplona, 2001.
Díaz-Trechuelo, Lourdes: "Tratado de Tordesillas y su proyección en el Pacífico", *Revista española del Pacífico*, Asociación Española de Estudios del Pacífico, Nº 4, Año IV, Enero-Diciembre, 1994.
Diaz-Trechuelo, Lourdes: "The role of the Chinese in Philippine domestic economy", Felix [1966].
Elliott, John: *Empires of the Atlantic World*, Yale University Press, 2006.
Elliott, John: *Spain, Europe & the Wider World 1500-1800,* Yale University Press, 2009.
Elliott, John: "Britain and Spain in America: Colonists and Colonized", *The Stenton Lecture 1994*, The University of Reading, 1994.
Felix, Jr., Alfonso ed.: *The Chinese in the Philippines 1570-1770*, v. 1, Historical Conservation Society, Manila, 1966.
Fernández, Pablo: *Dominicos donde nace el sol: Historia de la provincia del Santísimo Rosario de Filipinas de la orden de predicadores,* Barcelona, 1958.
Flynn, Dennis O., Arturo Giráldez and James Sobredo ed.: *European entry into the Pacific: Spain and the Acapulco-Manila Galleons:* The Pacific world: lands, peoples and history of the Pacific, 1500-1900, v. 4, Variorum, 2001.
Flynn, Dennis O., Arturo Giráldez ed.: *Metals and monies in an emerging global economy:* An expanding world, v. 14, Variorum, 1997.
Gayo, Jesús: *Ideas Jurídico-Teológicas de los Religiosos de Filipinas en el siglo XVI sobre la conquista de las islas*, La Universidad de Santo Tomás, Manila, 1950.
Gernet, Jacques: *China and the Christian impact,* Cambridge University Press, 1990（『中国とキリスト教』鎌田博夫訳，法政大学出版局，1996 年）.
Guerrero, Milagros: "The Chinese in the Philippines", Felix [1966].
Gutiérrez, Lucio: "Domingo de Salazar O. P., Primer obispo de Filipinas (1512-1594). Estudio crítico-histórico sobre su vida y su obra", *Filipiniana Sacra* 11, Manila, 1976.
Gutiérrez, Lucio: "Domingo de Salazar O. P., Primer obispo de Filipinas (1512-1594). Trabajo misional y civilización en México y Florida (1553-1576)" *Filipiniana Sacra* 12, Manila, 1977.
Gutiérrez, Lucio: "Domingo de Salazar's Struggle for Justice and Humanization in the Conquest of the Philippines (1579-1594)" *Filipiniana Sacra* 14, Manila, 1979.
Gutiérrez, Lucio: *Historia de la Iglesia en Filipinas,* MAPFRE, Madrid, 1992.
Gutiérrez, Lucio: "Labor evangelizadora y Misional de Domingo de Salazar en Filipinas, 1581-1591" *Filipiniana Sacra* 13, Manila, 1978.
Hamashita, Takeshi: *China, East Asia and the global economy: regional and historical perspectives*, Linda Grove and Mark Selden ed., Abingdon, Oxon, Routledge, 2008.
Ho, Ping-ti: *Studies on the Population of China, 1368-1953,* Harverd University Press, 1967.
Hopkins, A. G., ed.: *Globalization in world history,* London, 2002.
Huys, Johan Leuridan: *José de Acosta y el origen de la idea de misión Perú, siglo XVI,* Perú, 1997
Lisi, Francesco Leonardo: *El tercer concilio limense y la aculturación de los indígenas sudamericanos:* estudio crítico con edición, traducción y comentario de las actas del concilio provincial celebrado en Lima entre 1582 y 1583, Universidad de Salamanca, 1990.
Llorente, Miguel de la Pinta: *Actividad Diplomática del P. José de Acosta*, Madrid, 1952.
Lopetegui, León: *El Padre José de Acosta y las misiones*, C. S. I. C., Madrid, 1942.

Lozano Navarro, Julián J.: *La compañía de Jesús, y el poder en la España de Los Austorias*, Cátedra, Madrid, 2005.
Martínez Millán, José: "La crisis del《partido castellano》y la transformación de la Monarquía Hispana en el cambio de reinado de Felipe II a Felipe III", *Cuadernos de Historia Moderna*, 2003, Anejo II.
Medina, Miguel Ángel: "Paralelismo entre La《Doctrina Christiana en lengua española y la Mexicana》y la《Doctrina en la lengua china》", Servicio de Publicaciones de la Universidad de Navarra, 1990.
Min-hsiung Shih: *The Silk Industry in Ch'ing China*, Ann Arbor, Center of Chinese Studies, University of Michigan, 1976.
Morga, Antonio de: *Sucesos de las Islas Filipinas*, W. E. Retana ed., Madrid, 1909.
Neira, Eladio y Hilario Osio: *Misioneros Dominicos en el Extremo Oriente, I.* 1587-1835, Hong Kong, 1990.
O'Rourke, Kevin and Jeffrey Williamson: "After Columbus: Explaining Europe's Overseas Trade Boom, 1550-1800", *The Journal of Economic History*, vol. 62, no. 2, 2002.
O'Rourke, Kevin and Jeffrey Williamson: "When did globalization begin?" *European Review of Economic History*, No. 6, Cambridge, 2002.
Ollé, Manel: *Empresa de China*, Barcelona, 2002.
Pagden, Anthony: *European Encounters with the New World*, Yale University Press, 1993.
Pagden, Anthony: *La caida del hombre. El indio americano y los origenes de etnología comparativa*, Madrid, 1988.
Pagden, Anthony: *Lords of all the World: Ideologies of empire in Spain, Britain and France c. 1500-c. 1800*, Yale University Press, 1995.
Pagden, Anthony: *Peoples and Empires, Modern library*, New York, 2001（『民族と帝国』猪ノ原えり子・立石博高訳，講談社，2006 年）.
Pagden, Anthony: *Spanish Imperialism and the Political Imagination*, Yale University Press, 1990.
Pagden, Anthony ed.: *The Languages of Political Theory in Early-Modern Europe*, Cambridge University Press, 1990.
Pagden, Anthony: *Worlds at War*, New York, 2008.
Parker, Geoffrey: *The Grand Strategy of Philippe II*, Yale University Press, 1998.
Parry, J. H.: *The Spanish Seaborn Empire*, University of California Press, 1966.
Pérez, Lorenzo: *Origen de las Misiones Franciscanas en el Extremo Oriente*, Madrid, 1916.
Pérez, Luño, Antonio Enrique: *La Polémica sobre el Nuevo Mundo*, Madrid, 1992.
Phelan, John L.: *The Hispanization of the Philippines, Spanish Aims and Filipino Responses, 1565-1700*, The University of Wisconsin Press, 1967.
Phelan, John L.: *The millennial kingdom of the Franciscans in the New World: a study of the works of Geronimo de Mendieta (1525-1604)*, Berkeley, University of California Press, 1956.
Pidal, Menéndez ed. ："Judios y Portugueses. La Inquisición" *Historia General de España*, Madrid, 1966,
Quiason, Serafin D. : "The Sampan Trade, 1570-1770", Felix [1966].
Reid, Anthony: *Charting the shape of Early Modern Southeast Asia*, Silkworm Books, 1999.
Reid, Anthony, ed.: *Sojourners and Settlers, Histories of Southeast Asia and the Chinese*, Allen & Unwin, 1996.
Remmelink, Willem: *The Chinese war and the collapse of the Javanese State*, 1725-1743, Leiden, 1994.
Ricard, Robert: *The Spiritual Conquest of Mexico*, University of California Press, 1966.
Rodríguez, Isacio: *Agustinos en América y Filipinas*, Actas del Congreso Internacional, Valladolid, 1990.
Rodríguez, Isacio y Jesús Alvarez Fernández: *Historia de la Provincia Agustiniana del Smo. Nombre de Jesus de Filipinas*, vol. II (1966), Vol. VI (1994), Valladolid.
Saito, Akira: "Creation of Indian Republics in the Spanish South America" *Integration and Division between Universalism and Localism in Jesuit Mission Reports and Histories: Sophia University International Colloquium 2005 Report*, Shinzo Kawamura, S. J. & Cyril Veliath, S. J.ed., The Sophia University Research Group for Jesuit Mission Reports and Histories, Tokyo, 2006.
Santamaria, Alberto : "The Chinese Parian", Felix [1966].
Shulz, William: *The Manila Galleon*, New York, 1959.
Souza, George: *The Survival of Empire: Portuguese Trade and Society in China and the South China Sea, 1630-1745*,

Cambridge University Press, 1987.
Subrahmanyam, Sanjay: *The political economy of commerce: southern India, 1500-1650*, Cambridge University Press, 1990.
Subrahmanyam, Sanjay: *The Portuguese Empire in Asia 1500-1700. A Political and Economic History*, Cambridge University Press, 1993.
*Sínodo de Manila de 1582, Domingo de Salazar*; José Luis Porras Camuñez ed., Sínodos Americanos 8, Colección Tierra Nueva e Cielo Nuevo 27, C.S.I.C. Madrid, 1988.
*The Cambridge History of China*, The Ming Dynasty, 1368-1644, Frederick W. Mote and Denis Twitchett ed., Cambridge University Press, 1988.
Ucerler, M. Antoni J. "Valignano's Mission Principles and East Asia", Kawamura & Veliath, ed. [2006].
Vega y de Luque, Carlos Luis de la: "Proyectos de la Conquista de China", *Boletín de la Asociación Española de Orientaristas*, vols. 15-18, 1979-1982.
Ven, Hans van de: "The Onrush of Modern Globalization in China", Hopkins [2002].
Venturi, Tacchi : *Opere Storiche del P. Matteo Ricci, vol. I*, Macerata, 1911.
Vermeer, E. B. ed.: *Development and decline of Fukien Province in the 17th and 18th Centuries*, SINICA LEIDENSIA, v. XXII, Leiden, 1990.
Villanueva Pérez, Manuel: *Alonso Sánchez y sus viajes y embajada*, Tesis doctoral para la Universidad de Sevilla, Sevilla, 1907.
Viner, Jacob: *Studies in the Theory of International Trade*, George Allen & Unwin, 1937.
Vitoria, Francisco de: "De iure belli", "De Indis", *Relecciones del estado, de los Indios, y del Derecho de la Guerra*, por Antonio Gómez Robledo, "Sepan Cuántos, n. 261", Porrúa, 1974.
Wills, Jr., John ed.: *China and Maritime Europe 1500-1800*, Trade, Settlement, Diplomacy, and Missions, Cambridge University Press, 2011.
Wolfgang Franke: *China and the West*, trans. by R. A. Wilson, University of South Carolina Press, 1967.

通信文書，修道会年代記，二次文献等から見る

# フイリピーナス諸島居留華人数・来航船数

| | 華人人口 | | | | | 明船来航数 | | 日本人・船 |
|---|---|---|---|---|---|---|---|---|
| | 通信文書 | | | Trechuelo 著 | 通信文書・修道会年代記等 | 通信文書 | Chaunu | |
| | 滞在者数 | 来航者数 | 総数 | | 改宗者・信徒 | | | |
| 備考 | | いずれも複数の書簡参照，数時は数値併記 | | | | | | |
| 1570 | 40人 | | | | | 4 隻 | | 20 人 |
| 1571 | | | 150人 | | | | | |
| 1572 | | | | | 40人 | | | |
| 1573 | | | | | | 8 隻 | | |
| 1574 | | | | | | | | |
| 1575 | | | | | | 12〜15隻 | | |
| 1576 | | | | | | | | |
| 1577 | | | | | | 9 隻 | 9 隻 | |
| 1578 | | | | | | | 9 隻 | |
| 1579 | | | | | | | | |
| 1580 | トンドにも若干（一部改宗者） | | | | | 21隻 | 19隻 | |
| 1581 | | | | | | | 9 隻 | |
| 1582 | | 4,000人以上 | | | | 20隻以上 | 24隻 | |
| 1583 | | | | | | | | |
| 1584 | | 3,500〜4,000人 | | | | 30隻以上<br>38隻 | | |
| 1585 | 2,000人以上 | 5,000人 | | | | | | |
| 1586 | | 10,000人以上<br>4,000〜5,000人 | 10,000人 | | 48人 | | | |
| 1587 | | 3,000人以上 | | | | 30＋α隻 | | |
| 1588 | パリアン華人商店150 | | 10,000人以上<br>合計で10,000人以上 | アルカイセリア600人，漁師＋職人他300人 | 改宗者・信徒数約150人 | 48隻来航，30隻余りが来航 | 総数46隻，マニラ入港36隻 | |

| スペイン人数 | 関税収入（単位ペソ）（税率３％，1606年以降は明船６％） | | | | | | 備考 |
|---|---|---|---|---|---|---|---|
| 主にマニラの兵力 | 日本人 | 華人（食糧，軍需物資は非課税） | | ポルトガル人 | ガレオン船出入の有無 | | |
| | | | Chaunu | | 入港 | 出港 | |
| | | | | | ◎はあり | | |
| | | | | | | | |
| | | | | | ◎ | ◎ | マニラにスペイン政庁開設 |
| | | | | | ◎ | ◎引き返し | |
| | | | | | ◎ | ◎ | |
| | | | | | 不明 | ◎ | |
| | | | | | ◎ | ◎ | |
| | | | | | 遭難 | 不明 | 海賊林鳳来襲，70隻以上 |
| | | | | | ◎ | 不明 | |
| | | | | | ◎ | ◎アカプルコに到着せず | |
| | | | | | ◎ | ◎大船１隻遭難 | |
| | | | | | ◎ | ◎大船大破引き返し | |
| | | | | | ◎ | ◎ | 華人船舶載貨から３％の関税徴収開始 |
| | | | | | ◎小舟のみ | ◎ | |
| | | | | | ◎ | ◎ | 命令に反し，マカオに向かう |
| 兵力200 | | | | | ◎ | ◎ | 諸島の収入33,000ペソ 支出41,831ペソ |
| | | | | | ◎ | ◎ | |
| 兵力800 | | | | | ◎ | ◎ | ロハス書簡「毎年フイリピーナスよりチナへ持ち去る銀は30万ペソに達し，今年は50万ペソ以上になる」．当年華人からの収入は10,000ペソ |
| 兵力600～800 | | | | マカオから２隻来航 | ◎ | ◎英海軍に奪取さる | 勅書「チナと交易をするのはフイリピーナスの住民のみ」 |
| 兵力600～800 | | | | 30万ドゥカード以上舶載(黒人奴隷100人を含む) | ◎ | ◎ | 英海賊に大船（600t）を拿捕される．他の１隻は遭難 |

フィリピーナス諸島居留華人数・来航船数　(31)

| | 華人人口 | | | | | 明船来航数 | | 日本人・船 |
|---|---|---|---|---|---|---|---|---|
| | 通信文書 | | | Trechuelo 著 | 通信文書・修道会年代記等 | 通信文書 | Chaunu | |
| | 滞在者数 | 来航者数 | 総数 | | 改宗者・信徒 | | | |
| 備考 | | いずれも複数の書簡参照，数時は数値併記 | | | | | | |
| 1589 | 4,000人，パリアン居住者2,000人 | | 4,000人 | | | 11隻 | | |
| 1590 | パリアン居住者3,000～4,000人，華人商店200 | 7,000～8,000人 2000人往来 | 10,000人 | | | | | |
| 1591 | パリアン居住者2,000人 前後，トンド居住者40人 | | | | | | 21隻 | |
| 1592 | | | | | | 28隻 | | 約1,000人 |
| 1593 | | | | | | | | |
| 1594 | 常時10,000人，セブ島200人 | | | | | | | |
| 1595 | | | | | | | | 5 隻 約1,000人 |
| 1596 | | | 12,000人（12,000人追放後の数） | | | | 総数40隻 内 6 隻は1597年 | 600～700人程度 |
| 1597 | ルソン島居住者 10,000人 | | 7,000人 | | 500人 | 14隻 | 14隻 | 同上 |
| 1598 | | | | | | 14隻 | | 同上 |

| スペイン人数 | 関税収入（単位ペソ）（税率３%，1606年以降は明船６%） | | | | | | 備考 |
|---|---|---|---|---|---|---|---|
| 主にマニラの兵力 | 日本人 | 華人（食糧，軍需物資は非課税） | | ポルトガル人 | ガレオン船出入の有無 | | |
| | | | Chaunu | | 入港 | 出港 | |
| | | | | | ◎はあり | | |
| | | | 1588～90年 4,909（売買推定総額 163,640） | | 欠航 | 欠 航 | 前年の明国内の疫病発生と戦争が関係し，来航が困難であった |
| | | | | | ◎ | ◎ | トンドはドミニコ会が司牧．マニラの郊外で漁労・農業従事者6,000～7,000人 |
| | | | 1591～95年 22,065（売買推定総額 735,500） | | ◎遭難 | ◎ | パリアンの店舗数200軒 |
| | | | | | ◎ | ◎ | |
| | | | | | ◎ | ◎引き返し | 総督ダスマリーニャス，モルッカ遠征途上，漕手の華人にスペイン人（40余人）と共に殺害される |
| | | | | | ◎ | ◎ | 許孚遠が帰国をを促し，5,000人帰国．在島宣教師数154名 |
| | 約1,000人，日本船からの買い上げ総額 3,115ペソ | | | | ◎ | ◎ | |
| | ３人の日本人からの買い上げ額 152ペソ | | 1596～1600年 24,155.5（売買推定総額 805,170） | | ◎ | ◎３隻出航 | 95～96年パリアンの再建．大船サン・フェリーペ号土佐で座礁．在島宣教師数254名 |
| | 日本船から 1,941ペソ分買い上げ | | | | ◎ | ◎ | パリアン焼失 |
| | 明・日本船からの関税総額 3,971ペソ，取引総額 132,367ペソ | | | | ◎ | ◎ | テーリョ書簡「チナは毎年80万ペソ，時に100万ペソ以上の商品を持参して多大な利益を上げる．停泊料は出港時に500ペソ」 |

フィリピーナス諸島居留華人数・来航船数　(33)

| | 華人人口 | | | | | 明船来航数 | | 日本人・船 |
|---|---|---|---|---|---|---|---|---|
| | 通信文書 | | | Trechuelo 著 | 通信文書・修道会年代記等 | 通信文書 | Chaunu | |
| | 滞在者数 | 来航者数 | 総数 | | 改宗者・信徒 | | | |
| 備考 | | いずれも複数の書簡参照, 数時は数値併記 | | | | | | |
| 1599 | パリアン居住者3,000人以上, 華人店舗数400～500 | | | | | | 19隻 | 同上 |
| 1600 | 滞留税総額98,000ペソ, 居住者15,000人以上 | | 15,000人 | | | | 25隻 | 日本船5隻 |
| 1601 | | | | | | | 29隻 | 日本船4隻 |
| 1602 | パリアン居住者8,000人以上, 店舗400. ディラオに拡大. ビノンド, バイバイに改宗者500人程度居住 | | | | | | 18隻（マニラ入港船のみの数） | 日本船3隻 |
| 1603 | 20,000人? キアポに250人居住, アウグスチノ会の農園に250名以上 | | 諸説あり. 24,000人死亡, 500人残留. 他に25,000人死亡, 3,000人残留 | 6,533人来航 | | | 総数16隻, マニラ入港14隻, 他はパンガシナンなど | 8隻 日本人1,300～3,000人程度 |

| スペイン人数 | 関税収入（単位ペソ）（税率３％，1606年以降は明船６％） | | | | | | 備考 |
|---|---|---|---|---|---|---|---|
| 主にマニラの兵力 | 日本人 | 華人（食糧，軍需物資は非課税） | | ポルトガル人 | ガレオン船出入の有無 | | |
| | | | Chaunu | | 入港 | 出港 | |
| | | | | | ◎はあり | | |
| | 日本からの船載貨への関税74ペソ１トミン11グラノ（取引総額約 2,500ペソ） | | | ８隻．ポルトガル船日本発２隻 | ◎ | ◎ | |
| | 日本船から買い上げ物資の関税収入142ペソ５トミン９グラノ（総額 約4,800ペソ） | 35,000～40,000 | | | ◎ | ◎大船２隻遭難 | ノールト「メキシコより毎年150万ペソ以上の銀が送られる．パリアン拡大，ただし木造．オランダ初襲来 |
| | 日本船から買い上げ物資の関税収入148ペソ７トミン６グラノ（総額 約4,900ペソ） | | | | ◎大船１隻マニラで座礁 | ◎遭難 | 前年の遭難者を救助してマニラに連れ帰る |
| | 日本船から買い上げ物資の関税収入132ペソ６トミン７グラノ（総額 約4,300ペソ） | | | | ◎ | ◎２隻とも大破 | フランシスコ会士イグナシオ・デ・ロヨラ「フィリピーナスへは毎年200万ペソの銀が送られ，それは全て，華人の所有に帰す」 |
| 800人<br>諸島全体で1,200人程度 | 日本船から買い上げ物資の関税収入153ペソ１トミン１グラノ（総額 約5,100ペソ） | | 1601～05年 30,304.2（売買推定総額 1,010,140） | | ◎大船マニラで座礁，他の１隻は遭難 | ◎１隻は引き返し，他は遭難 | 華人暴動発生．ミンダナオから来襲．100万ペソ以上の損害．マニラ出航のサン・ヘロニモ号(800t)．２隻の遭難で25万ペソ以上の損失 |

| | 華人人口 | | | | | 明船来航数 | | 日本人・船 |
|---|---|---|---|---|---|---|---|---|
| | 通信文書 | | | Trechuelo 著 | 通信文書・修道会年代記等 | 通信文書 | Chaunu | |
| | 滞在者数 | 来航者数 | 総数 | | 改宗者・信徒 | | | |
| 備考 | | いずれも複数の書簡参照，数時は数値併記 | | | | | | |
| 1604 | | 4,000人<br>1,500～<br>5,500人 | | 457人滞留 | | | 総数15隻，マニラ13隻，カガヤン，イロコ入港各1隻 | 6隻 |
| 1605 | パナイ，オトンに相当数居住，ルソン島全体では1,648人，パリアンに700～800人，マニラに1,500人居住 | | 5,500人～15,000人との説もある | 3,977人来航，3,687人帰国，滞留1,648人，残留者290人 | | | 18隻 | 日本船6隻 |
| 1606 | マニラに1,500人居住，パリアンに6,000人未満居住 | 6,533人来航 | | 9,000人滞留 | | | 総数26隻，マニラ入港25隻 | 日本船少なくとも1隻．課税対象外の物資舶載船が他にある可能性．日本人店舗91 |
| 1607 | | | | | | | 総数39隻<br>マニラ入港37隻 | |

| スペイン人数 | 関税収入（単位ペソ）（税率3％，1606年以降は明船6％） | | | | | | 備考 |
|---|---|---|---|---|---|---|---|
| 主にマニラの兵力 | 日本人 | 華人（食糧，軍需物資は非課税） | | ポルトガル人 | ガレオン船出入の有無 | | |
| | | | Chaunu | | 入港 | 出港 | |
| | | | | | ◎はあり | | |
| | 日本船から買い上げ物資の関税収入49ペソ6トミン4グラノ（総額約5,100ペソ） | | | | ◎（小船） | ◎2隻とも座礁，遭難 | 交易終了後華人多数が帰国．スペイン人も帰国，財産のマニラ脱出を図る． |
| | 日本船から買い上げ物資の内，課税分60ペソ1トミン6グラノ（総額約2,000ペソ），対日輸出関税1,905ペソ（総額約63,500ペソ） | | | | ◎ | ◎ | パリアンが旧場所に再建．マニラ市の再建のために労働者として華人居住．スペイン人歩兵200人，2個軍団が到着 |
| | 日本船から買い上げ物資の内，課税分21ペソ3トミン6グラノ（非課税も入れて総額約1,200ペソ），対日輸出関税3,339ペソ（総額約111,300ペソ） | 32,113（売買推定総額535,216） | | | ◎ | ◎ | パリアン完全に復興．9区画に店舗・住宅500軒 |
| | 船としての関税入金はない．商人単位での関税支払い総額は約45ペソ，買い上げ物資額は約880ペソ | 37,174（推定売買総額619,567） | | | ◎ | ◎ | |

| | 華人人口 | | | | | 明船来航数 | | 日本人・船 |
|---|---|---|---|---|---|---|---|---|
| | 通信文書 | | | Trechuelo 著 | 通信文書・修道会年代記等 | 通信文書 | Chaunu | |
| | 滞在者数 | 来航者数 | 総数 | | 改宗者・信徒 | | | |
| 備考 | | いずれも複数の書簡参照,数時は数値併記 | | | | | | |
| 1608 | 8,000人 | | | | | | 総数39隻 マニラ入港33隻 | 日本人約3,000人.暴動を起こす.2隻入港の可能性あり |
| 1609 | パリアンに8,000人以上居住,交易に従事.華人店舗数400 | | | | | 41隻 | 総数41隻,マニラ着37隻 | 3隻 |
| 1610 | | | | | | 41隻 | 総数41隻,マニラ着35隻 | |
| 1611 | | | | | | | 総数21隻,マニラ入港20隻 | |
| 1612 | 許可書発行収入97,916ペソ,単純計算で12,240人 | | 15,000人 | | | | 総数46隻,マニラ入港45隻 | |
| 1613 | | | | | | | | |
| 1614 | | | | | | | | |
| 1615 | 許可書発行収入総額53,832ペソ,約6,730人 | | | | | | | |
| 1616 | | | | | | | | |
| 1617 | | | | | | | | |

| スペイン人数 | 関税収入（単位ペソ）（税率3％，1606年以降は明船6％） | | | | | | 備考 |
|---|---|---|---|---|---|---|---|
| 主にマニラの兵力 | 日本人 | 華人（食糧，軍需物資は非課税） | | ポルトガル人 | ガレオン船出入の有無 | | |
| | | | Chaunu | | 入港 | 出港 | |
| | | | | | ◎はあり | | |
| | 約504ペソの日本商人宛支払い記録が残る | 38,288（売買推定総額638,133） | 1606～10年 この年から関税率は6%に． 460,390.6（売買推定総額7,673,177） | | ◎ | ◎大船1隻遭難 | 諸島の収入120,561ペソ，支出255,578ペソ |
| シルバ新総督と共に600人の救援部隊到着 | 関税額79ペソ，物資搬入総額約2,660ペソ | 1609～10年 131,341（売買推定総額2,189,017） | | | ◎ | ◎1隻遭難，2隻安着 | 前マニラ臨時総督ロドリゴ・デ・ビベロ座乗船，房総半島，岩和田で遭難．家康の援助で翌年メキシコに帰国 |
| | | | | | ◎ | ◎大船1隻遭難，引き返し | |
| | | 26,053（売買推定総額434,217） | | | ◎3隻 | ◎ | |
| | | 95,639 | | | ◎2隻 | 欠航 | 正式な法令によって滞留税1人につき8ペソ徴収 |
| | | 69,427 | 1611～15年 64,482（売買推定総額1,074,700） | | ◎2隻 | ◎ | インドへ17,000ペソを積んで，軍需物資調達に向かう．行方不明 |
| | | 36,105 | | | 欠航 | | 1613年スペインからカラベラ船7隻出航．5隻がインド経由で到着．350人歩兵，240人水兵，100人水夫．大部分がポルトガル人 |
| | | 41,558 | | | ◎ | ◎ | 上記艦隊の残り2隻の内1隻が入港．インドへ向け救援要請．イエズス会士が，ガレオン船4隻を回航 |
| | | 23,377 | | | 欠航 | ◎引き返し | カマリネスで建造中の大船，小船2隻，ミンダナオからの来襲で焼かれる |
| | | 37,179 | | | ◎ | ◎座礁 | インドより来航．醵金でメキシコに向け1隻派遣 |

フィリピーナス諸島居留華人数・来航船数　(39)

| | 華人人口 | | | | | 明船来航数 | | 日本人・船 |
|---|---|---|---|---|---|---|---|---|
| | 通信文書 | | | Trechuelo 著 | 通信文書・修道会年代記等 | 通信文書 | Chaunu | |
| | 滞在者数 | 来航者数 | 総数 | | 改宗者・信徒 | | | |
| 備考 | | いずれも複数の書簡参照，数時は数値併記 | | | | | | |
| 1618 | パナイ，100人余りが居住 | | | | | | | |
| 1619 | | | | | | | | |
| 1620 | | | | | | | 総数23隻，マニラ入港13隻 | |
| 1621 | | | ルソン島15,000＋5,000〜6,000人(不法滞在) | | | | | |
| 1622 | | | | | | | | |
| 1623 | | | | | | | | |
| 1624 | | | | | | | | |
| 1625 | | | | | | | | |
| 1626 | | | | | | | | |
| 1627 | | | | | | | 総数21隻 | |
| 1628 | 滞留税総額98,000ペソ | | | | | | 総数９隻 | |
| 1629 | パリアン華人店舗数800 | | | | | | 総数２隻 | |
| 1630 | 滞留税総額90,000ペソ | | | | | | 総数16隻 | |
| 1631 | | | 24,000人 | | | | 総数33隻，改宗華人船長船５隻 | |
| 1632 | | | | | | | 総数16隻，関税が14%の船あり | |
| 1633 | | | | | | | 総数30隻，大船29隻，改宗華人船長船２隻 | |

| スペイン人数 | 関税収入（単位ペソ）（税率3％，1606年以降は明船6％） | | | | | | 備考 |
|---|---|---|---|---|---|---|---|
| 主にマニラの兵力 | 日本人 | 華人（食糧，軍需物資は非課税） | | ポルトガル人 | ガレオン船出入の有無 | | |
| | | | Chaunu | | 入港 | 出港 | |
| | | | | | ◎はあり | | |
| | | 5,770 | 1616～20年 37,843（売買推定総額630,720） | | | | 現地婦人との結婚で人口が日々増加 |
| | | 11,148 | | 1,172 | | | |
| | | 27,797（他に80,000の史料あり | | 8,903 | ◎大破して入港 | ◎大船2隻座礁 | 勅令「6,000人を守ること」 |
| | 人数3,000 | 6,692 | 1621～25年 データなし | 9,653 | ◎ | ◎遭難 | 勅令遵守のために，多数に帰国を強いる．パリアンには1603年の暴動時より多くが居住」（司教セラノ書簡）．20年代に入ると，サングレイの性質が変化して，定住型へ |
| | | 8,040 | | 7,370 | ◎ | ◎ | 「トンド地区に500名のメスティーソが居住」 |
| | | 1,759 | | 4,238 | ◎ | ◎ | |
| | | 2,998 | | 5,444 | | | |
| | | 10,894 | | 6,917 | | ◎ | |
| | | 22,580 | | 10,248 | ◎ | ◎ | |
| | | 20,385 | | 9,092 | ◎ | ◎ | |
| | | 2,943 | 1626～30年 18,623（売買推定総額310,383） | 3,036 | ◎ | ◎ | 諸島の収入150,000ペソ，支出550,000ペソ．勅令「華人はすべてパリアンに居住のこと」．ビノンド居住の華人は改宗者 |
| | | 3,957 | | 641 | ◎ | ◎ | パリアン火事（3月13日） |
| | | 6,287 | | 11,645 | 遭難 | ◎引き返し | |
| | | 18,344 | | 7,480 | 欠航 | 欠航 | マニラで出航準備中に沈没．インド経由で本国と通信 |
| | | | | | ◎ | ◎ | 勅令「6000人を守れ」再発令 |
| | | | 1631～35年 34,284（売買推定総額571,400） | | ◎ | ◎ | |

| | 華人人口 | | | | | 明船来航数 | | 日本人・船 |
|---|---|---|---|---|---|---|---|---|
| | 通信文書 | | | Trechuelo 著 | 通信文書・修道会年代記等 | 通信文書 | Chaunu | |
| | 滞在者数 | 来航者数 | 総数 | | 改宗者・信徒 | | | |
| 備考 | | いずれも複数の書簡参照，数時は数値併記 | | | | | | |
| 1634 | 滞留免許税収入 135,904 ペソ（計算上約16,988人）．ビノンドとパリアンの合計で 22,000 ～ 24,000人 | | | | | | 総数26隻，改宗華人船長船 2 隻 | |
| 1635 | 滞留免許税収入 116,916 ペソ（計算上は約14,614人）．パリアンには20,000人以上居住 | | 30,000人（モンファルコン），約14,114人 | | | | 総数40隻 | |
| 1636 | 滞留免許税収入 170,000 ペソ（計算上は約19,000人） | | 30,000人（少なくとも） | | | | 総数30隻 | |
| 1637 | マニラに14,000人居住．パリアン内20,000人居住 | | | | バイバイ居住の改宗華人納税 580 件（現地人の納税単位に準ずるとすれば，2 名 1 単位），納税額は 1 単位10レアル．カマリネスで87単位改宗華人から徴税 | | 総数50隻 | |
| 1638 | 10,000人 パリアン居住者10,000～20,000人 | | 20,000人 諸島全体で25,000～30,000人 | | | | 総数16隻 | |
| 1639 | 滞留免許税収入 230,000 ペソ（計算上約30,000人） | | 33,000人滞在，23,000人殺害される | | | | 総数30隻 | |
| 1640 | | | | | | | 総数 7 隻 | |

| スペイン人数 | 関税収入（単位ペソ）<br>（税率３％，1606年以降は明船６％） | | | | | | 備考 |
|---|---|---|---|---|---|---|---|
| 主にマニラの兵力 | 日本人 | 華人<br>（食糧，軍需物資は非課税） | | ポルトガル人 | ガレオン船出入の有無 | | |
| | | | Chaunu | | 入港 | 出港 | |
| | | | | | ◎はあり | | |
| | | | | | | ◎ | 1618〜1633年，パリアンでの受洗者数4,752名（アドゥアルテ）．臨時総督サラマンカ，華人にパリアン以外での居住を許可．ただし特別居留税義務づけ．これにより，パリアンとトンド出て，諸島各地に居住へ |
| | | | | | ◎ | ◎ | |
| | | | | | ◎ | 欠航 | 諸島の収入543,900ペソ，支出850,700ペソ |
| | | | 1636〜40年 27,484（売買推定総額458,070） | | 欠航 | 欠航 | 諸島の収入243,922ペソ，支出857,340ペソ．メキシコに向けガレオン船マニラ解纜せず．メキシコの査定官キロガが査定額を大幅に値上げし，関税徴収を強化したことが主因 |
| | | | | | 欠航 | ◎小船 | メキシコからガレオン船２年間来港せず |
| 市民数90名以内，諸島管轄内スペイン人登録者数3,336人 | | | | | ◎ | ◎ | 到着の大船２隻，ヌエバ・セゴビアで座礁．華人600人溺死 |
| | | | | | ◎ | ◎１隻 | コルクエラ，マニラ郊外での華人居住を禁止．ビノンド・バイバイにパリアン新設．その他地域で居住を厳禁 |

| | 華人人口 | | | | | 明船来航数 | | 日本人・船 |
|---|---|---|---|---|---|---|---|---|
| | 通信文書 | | | Trechuelo 著 | 通信文書・修道会年代記等 | 通信文書 | Chaunu | |
| | 滞在者数 | 来航者数 | 総数 | | 改宗者・信徒 | | | |
| 備考 | | いずれも複数の書簡参照,数時は数値併記 | | | | | | |
| 1641 | | | | | | | 総数 8 隻 | |
| 1642 | | | | | | | 総数34隻 | |
| 1643 | | | | | | | 総数30隻 | |
| 1644 | 滞留免許発行収 入120,000ペソ | | | | | | 総数 8 隻.オランダが2 隻略奪.イロコスに1 隻入港 | |
| 1645 | パリアン華人店舗1,200 | | | | | | 総数11隻 | |
| 1646 | | | | | | | 総数17隻 | |
| 1647 | | | | | | | 総数17隻 | |
| 1648 | | | | | | | 総数 7 隻 | |
| 1649 | 15,000人 | | | | | | 総数14隻 | |
| 1650 | | | | | | | 総数10隻 | |
| 1651 | | | | | | | 総数 9 隻 | |
| 1652 | | | | | | | 総数 4 隻,マニラ着3 隻 | |
| 1653 | | | | | | | 総数 8 隻,内サンパン4 隻 | |
| 1654 | | | | | | | 総数 8 隻 | |